معجم الحوار

معجم الحوار

مفاهيم أساسيّة من المسيحيّة والإسلام

طبعة جيب

بتكليف من مؤسّسة أويغن- بيزر

إصدار ريشارد هاينتسمان

بالتعاون مع بيتر أنتس، مارتن تورنر، معلّى سلچوك
وخالص آلبيرق

HERDER

FREIBURG · BASEL · WIEN

تعريب

الدكتور صلاح فخري
الدكتور سرجون كرم
الدكتور جان يوسف
السيّد أحمد عرفاوي

تدقيق

السيّدة عبلة معلوف

إشراف وتنسيق

البروفسور الدكتور جورج تامر

Gefördert durch:

Bundesministerium des Innern, für Bau und Heimat

aufgrund eines Beschlusses des Deutschen Bundestages

إلى جانب مشاريع حوار مسيحيّة – إسلاميّة أخرى لمؤسّسة أويغن بيزر يتمّ إصدار »معجم الحوار. مفاهيم أساسيّة من المسيحيّة والإسلام« بتمويل مشترك من الصندوق الأوروبيّ للاندماج وكذلك من وزارة الداخليّة الألمانيّة الاتحاديّة بناء على قرار لمجلس النوّاب الألمانيّ.

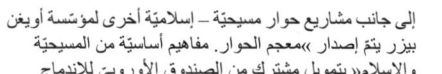

الهيئة الاستشاريّة للناشرين الأتراك:
البروفسور الدكتور أحمد نديم سرينصو، البروفسور الدكتور محمود آي، الأستاذ المشارك الدكتور أنـگين أردم، الأستاذ المحاضر الدكتور إحسان چاپچي أوغلو والأستاذة المشاركة الدكتورة إسراء گوزَلر.

دار نشر هيردر (شركة ذات مسؤوليّة محدودة)، فرايبورغ / برايسغاو ٢٠١٦

جميع الحقوق محفوظة www.herder.de

ISBN 978-3-451-39374-7

محتوى الكتاب

مقدّمة

ينتمي الحوار من منطلق مسيحيّ مع ديانات وعقائد أخرى، إلى جانب مجالات الأبحاث اللاهوتيّة المسيحيّة الخاصّة، إلى صلب مهامّ مؤسّسة أويغن – بيزر التي تأسّست في العام 2002. فضمن الحوار بين الأديان والثقافات تهتمّ المؤسّسة بموضوع التفاهم بين المسيحيّة والإسلام لما له من أهميّة اجتماعيّة. خلال بحثها عن شريك مناسب للحوار العلمي – اللاهوتيّ سنحت الفرصة عام 2005 لمؤسّسة أويغن – بيزر بإقامة ندوات متعاقبة بين ميونخ وأنقرة حول الموقف الأساسيّ الواعي المسيحيّ والإسلاميّ بالاشتراك مع كليّة الإلهيّات في جامعة أنقرة .
وأثناء المحاضرات التي استخدم فيها الباحثون المسلمون اللغة التركيّة والباحثون المسيحيّون اللغة الألمانيّة اصطدم المترجمون ذوو الكفاءة العالية بمشكلة عصيّة ألا وهي انعدام وجود مراجع أساسيّة مناسبة عند الطرفين، فحانت الساعة من أجل سدّ هذا النقص الحاصل. كان من حسن حظّ مؤسّسة أويغن – بيزر أنّها وجدت في كليّة الإلهيّات في جامعة أنقرة شريكًا كفئًا وبارزًا، كما أنّها حظيت بعميدة الكليّة السابقة معلّى سلچوك وبنائب العميد الحالي البروفسور خالص آلبيرق ناشرَين مشاركَين معها متحمّسَين جدًّا لمثل هكذا معجم. وتجلّت سمة التقدير البارزة في مؤازرة رئيس جامعة أنقرة البروفسور الدكتور أركان إيبيتش لهذا العمل وفي تشجيعه على نشر النسخة التركيّة للمعجم من خلال جامعة أنقرة.
على هذا الأساس تمكّنت مؤسّسة أويغن – بيزر من تولّي المبادرة والاضطلاع بمسؤوليّة هذا المشروع الصعب الذي يشكّل عملاً رائدًا ذا مستوى عالٍ ومجهود كبير، كما تبيّن ذلك خلال سيرورة العمل. وقد قامت المؤسّسة بالاشتراك مع الناشرَين المسلمَين الآنفَي الذكر بتكليف ناشرين مسيحيّين وهم البروفسور الدكتور بيتر أنتس والبروفسور الدكتور ريشارد هاينتسمان والبروفسور الدكتور مارتن تورنر، أمّا المسؤوليّة العلميّة الكاملة فتولّاها البروفسور الدكتور ريشارد هاينتسمان. تعاون الناشرون فيما بينهم لسنوات طويلة وقاموا بمجهود منقطع النظير لإعداد المعجم كما ألّفوا مقالات بأنفسهم.
ظهر المعجم المكوّن من مجلّدَين في خريف عام 2013 باللغة الألمانيّة عن دار هردر، كما ظهر بالتوازي باللغة التركيّة وهو الآن في طبعته الثانية. إنّ توفّر الطبعات باللغتين التركيّة والألمانيّة معًا يتيح للمسلمين ذوي الأصول التركيّة المقيمين في ألمانيا اللجوء عند اللزوم إلى الطبعة التركيّة للمعجم.

إنّ تحقيق طبعة الجيب هذه ينبغي أن يسهّل العبور مستقبلاً إلى حوار مسيحيّ – إسلامي موضوعيّ وبنّاء وأن يمهّد له، إذ تمّ اختيار أهمّ 373 مادة لطبعة الجيب من أصل 667 مادة يحتويها المعجم في طبعته الكاملة، كما تمّ التخلّي عن طبع الجداول العلميّة الموجودة فيه.

وتخضع طبعة الجيب إلى التصميم التالي:

– تنحصر طبعة الجيب في المصطلحات الأساسيّة للمسيحيّة والإسلام التي تمّت صياغتها في إطار حوار جوهريّ بين الثقافات كما في إطار وجهات نظر ذات صلة اجتماعيّة. ولا تضمّ المقالات أيّة تعليقات علميّة دينية أو ما شابه ذلك، بل يتمّ استعراض الديانتين، المسيحيّة والإسلام، بشكل مستقلّ عن بعضهما البعض.

– تمّت كتابة المقالات حول المواضيع الإسلاميّة من قِبَل باحثين مسلمين حصرًا، كما المقالات حول المواضيع المسيحيّة من قِبَل باحثين مسيحيّين، وباللغتين التركيّة والألمانيّة. ووضعت مسألة ترجمتها إلى لغة أخرى المترجمين أمام تحدّ كبير. ويصوغ الكتّاب التعابير الأساسية وفقًا لقناعاتهم اللاهوتيّة والثقافيّة واعتمادا على طرائقهم العلميّة وهم يتحمّلون المسؤوليّة العلميّة عن مقالاتهم.

– تمّت للمرّة الأولى في طبعة الجيب كتابة المقالات التالية: الإسلام الأوروبي / اليورو إسلام (إسلاميّ)، الوصايا الدينيّة والحقّ الدَّوْليّ (مسيحيّ)، الكنائس الشرقيّة (مسيحيّ)، الكنائس الأرثوذكسيّة (مسيحيّ)، أخلاق البيئة (مسيحيّ / إسلاميّ).

تعتمد طبعة الجيب على مشروع المعجم الذي لم يكن ليتحقّق لولا مساهمة عدد من المشاركين الذين تمّ ذكرهم في الطبعة الأولى من المعجم.

لم تكن الجهود المبذولة لتحقيق المعجم لتؤتي ثمارها لولا الدعم السخيّ من جهات راعية رسميّة وخاصّة. ونخصّ بشكرنا العميق الصندوق الأوروبيّ للاندماج، ووزارة الداخليّة الاتحاديّة، والدائرة الاتحادية للهجرة واللاجئين، والبرلمان الألمانيّ، ومؤسّسة روبرت بوش، ومؤسّسة كوتش – اسطنبول، بالإضافة إلى جهات راعية خاصّة وأصدقاء لمؤسّسة أويغن – بيزر، خصوصًا بربارة لامبرشت – شادييرغ وعضو مجلس الأمناء في مؤسّستنا الدكتور أولريش فيكسلر. كما نتوجّه بالشكر الخاصّ للمساهمة الفعّالة والحصيفة في تحقيق طبعة الجيب إلى مساعدنا العلميّ السيّد الدكتور هانّس برويتيغام والسيّد إردوغان كاراكايا.

كما نودّ توجيه الشكر أيضًا إلى دار نشر هردر على الإشراف الطباعيّ القيّم لطبعة الجيب من خلال السيّد الدكتور رودولف فالتر، وعلى التعاون الممتاز مع المدقّق اللغويّ المسؤول عن النشر الدكتور جرمان نويدورفر.

ميونخ، صيف ٢٠١٦
الدكتور هاينر كوستر
المدير التنفيذيّ لمجلس مؤسّسة أويغن – بيزر

مقدمة الطبعة العربية لمعجم الحوار.
مفاهيم أساسيّة من المسيحيّة والإسلام

عطفًا على مقدمة الطبعة الألمانية نودّ أن ننوّه بأن الترجمة العربية لمعجم الحوار، وبشكل خاص ترجمة المفاهيم المسيحية الأساسية الواردة فيه، إنما الغرض منها أن تساعد اللاجئين القادمين إلى ألمانيا من بلاد عربية على التعرف على الثقافة الألمانية المطبوعة بالديانة المسيحية، ما ينبغي أن يسهّل اندماجهم فيها. ولا تتعلق المفاهيم الأساسية المسيحية بالدِّين، فقط، بل أيضًا بمفاهيم محورية فيما يتعلق بالعيش المشترك في المجتمع الواحد. وتهيمن روح ليبرالية على المواد التي يتضمنها المعجم. وحين ينشغل الواحد منا بدين آخر، تنفعه العودة، في كثير من الأحيان، إلى القيم الأساسية في دينه. لهذا السبب، تم أيضًا تعريب المواد التي أعدها أساتذة مسلمون من جامعة أنقرة.

طبعة الجيب العربية لمعجم الحوار متوفرة للبيع في المكتبات. ويستعمل الكتاب في إطار عمل الجمعيات الخيرية ومجموعات المساعدين المتطوعين والمنظمات المسيحية والإسلامية التي تتعامل والمهاجرين العرب.
لقد تكونت لدى مؤسسة - أويغن – بيزر خبرات إيجابية جدًّا من خلال استعمال الطبعة الألمانية لمعجم الحوار. مفاهيم أساسيّة من المسيحيّة والإسلام في عملها التربوي والحواري، كما في الدورات التدريبية للعاملين في الجمعيات الخيرية والناشطين في مجال الدمج الاجتماعي، وفِي الحلقات التي تضم شبيبة مسيحية وإسلامية، وفِي مشاريع الحوار بين الأديان في المدارس، والحلقات التدريبية للمعلمين والمعلمات، وفِي أسابيع دراسية مسيحية - إسلامية لطلاب الجامعات وفِي التعليم الجامعي. ينبغي تعديل هذه الخبرات وتبنيها حين استخدام الطبعة العربية للمعجم.
ونحن ندين بالشكر الجزيل لوزارة الداخلية الاتحادية من أجل الدعم المالي السخي التي قدمته لتمويل ترجمة الكتاب وطباعته وتوزيعه.
أشرف على ترجمة النص الألماني إلى اللغة العربية البروفسور الدكتور جورج تامر. إننا نشكره وفريقه المؤلف من السيد أحمد عرفاوي، د. جان يوسف، د. سرجون كرم، د. صلاح فخري والسيدة عبلة معلوف على التعاون الممتاز بيننا وبينهم.
كما نشكر الأستاذين في جامعة أنقرة خالص آلبيرق وأحمد نديم سرينصو ومساعدتهما توبة هاشم أوغلو لمراجعة المواد الإسلامية وإبداء الملاحظات.

اعتنت دار نشر هردر في فرايبورغ، وبالأخص السيد لوقا ترابرت، بطباعة الكتاب.

ميونيخ، في شهر شباط / فبراير 2018

د. هاينر كوستر
مدير مجلس المؤسسة

شتِفان تسِنْز مايستر
عضو مجلس المؤسسة

ملاحظات

طبعة الجيب العربية من معجم الحوار. مفاهيم أساسيّة من المسيحيّة والإسلام تعريب لطبعة الجيب الألمانية التي صدرت سنة 2016 في دار نشر هردر، في مدينة فرايبورغ في برايسغاو. تختلف الطبعة العربية عن الطبعة الألمانية المذكورة في نقطتين:

1. بخلاف الطبعة الألمانية، حيث ذكرت المذاهب الشرعية الإسلامية مجتمعة، تذكر هذه المذاهب، في الطبعة العربية، واحدة واحدة، حسب الترتيب الأبجدي.

2. تمّت في الطبعة الألمانية معالجة مفهومي »المعجزة« و»الكرامة« تحت مفهوم »المعجزة«. أما في الطبعة العربية فقد تمّ الفصل بين المفهومين ليذكرا كلٌّ على حدة.

مدخل

إنّ الإحاطة بخصوصيّة هذا الكتاب توجب المعرفة بقصّة نشوئه، ففي البداية لم ترد فكرة تأليف معجم مسيحيّ – إسلاميّ للأوساط العلميّة المتخصّصة، التي اهتمت مساهمة ملموسة على صعيد الوضع الاجتماعيّ في ألمانيا التي يعيش فيها حوالي أربعة ملايين مسلم، أكثر من نصفهم من أصول تركيّة. وكما تبرز التوتّرات الظاهرة والخفيّة، فإنّ غياب الحدّ الأدنى من الفهم المتبادل والقابليّة للحوار في ما يتعلّق بالديانة الأخرى يجعل التعايش السلميّ المشترك في مجتمع تعدّدي كمجتمعنا غير ممكن.

من أجل ذلك أرادت وتريد مؤسّسة أويغن – بيزر المساهمة – بما يمليه عليها وعيها لذاتها ورسالتها – في إرساء التفاهم بين المسحيّين والمسلمين وذلك من خلال ندوات مع علماء أتراك وألمان. وعليه فقد تمّ توجيه دعوة إلى زملاء من تركيا، وبالتحديد من جامعة أنقرة، لأن يكونوا شركاء في العمل المشترك، وقد قبلوا الدعوة.

ومنذ الفعاليّة الاولى تحت عنوان الكرامة الإنسانيّة التي تُوّجت شأن نظيراتها اللاحقة بإصدار يحمل عنوان (ندوات حوار دينيّ وثقافيّ لمؤسّسة أويغن – بيزر، المجلّد الأوّل: الكرامة الإنسانيّة. القواعد الأساسيّة في المسيحيّة والإسلام. الناشر: ر. هايتسمان وم. سلچوك وآخرون، شتوتغارت: كولهامر 2007) ظهرت عقبة بالكاد يمكن تخطّيها وهي افتقاد المصطلحات المناسبة للمواضيع المركزيّة التي يمكنها إتاحة المجال أمام ترجمة ملائمة. ولم يكن الأمر مستندًا فقط على حقيقة عدم امتلاك المبحث المعنيّ على الأرجح في كلا الديانتين معادلاً موضوعيًّا، الأمر الذي أوجب وضع تعابير جديدة؛ وإنّما على أبعد وأعقد من ذلك فقد كان المبحث المعنيّ يتطلب معرفة مسبقة له حتّى يمكن فهمه من القراءة الأولى.

لقد أدّت المعادِلات اللغويّة إلى تفاوتات في الإصطلاحات أو على الأقلّ كان لها دلالات أخرى بين الطرفين. لهذا السبب خطرت لمؤسّسة اويغن – بيزر فكرةِ توضيح المصطلحات بواسطة معجم متخصّص وبالتالي خلق المقوّم أولاً لحصول فهم متبادل معقول ولإجراء حوار مثمر. وأثناء ذلك كان واضحًا منذ البداية لجميع المشاركين أنّ المفاهيم الإسلاميّة الأساسيّة يجب أن تعالَج من قِبَل كتّاب مسلمين والمفاهيم المسيحيّة الأساسيّة من قِبَل كتّاب مسحيّين لكي يتمّ التعبير عن حقيقة أفكار الديانتين بطريقة نزيهة، وهذا الأمر هو حالة فريدة إذا ما قيس بالمعاجم المسيحيّة – الإسلاميّة الأخرى. وهكذا فإنّ هذا الكتاب هو النتيجة الحتميّة لمعضلة ملموسة، وبناء عليه لا يتعلّق أمره بكتاب متخصّص لحلقة ضيّقة من

العلماء بل بمؤلَّف علميّ متين يساعد شريحة العامّة الواسعة في الحصول على معلومات موضوعيّة ومعلّلة.
يمكن أن يُطرح السؤال حول جدوى بذل مجهود في هكذا مشروع، أو حول ما إذا كان للدين مستقبلاً أيّ دور محدّد يلعبه في التعايش الاجتماعي المشترك، فإزاء انتشار واسع للعلمانيّة تبدو المشاكل والتوتّرات داخل المجتمعات التعدّديّة فعلاً في التباينات الثقافيّة والإثنيّة أكثر منها في التباينات الدينيّة. إنّ هويّة الإنسان تنمو سابقًا ولاحقًا بسرعة كبيرة – بشكل واعٍ أو لا واعٍ – بفعل الدين الشخصيّ الذي يجد موطئ قدمه وتشكّله في الثقافة الخاصّة. ومن خلال الثقافة يعاود هذا الدين تأثيره على الإنسان، ما نتيجته أنّ مجتمعًا، يفهم نفسه ويتصرّف إلى حدّ بعيد على أنّه علمانيّ، يكون مصقولاً بأفكار دينيّة تقليديّة.
في أثناء ذلك نصطدم اليوم بظاهرة تتلخّص في أنّ المضامين الأساسيّة لدين ما ليست هي التي تحدّد الوعي العامّ، وإنّما ما يحدّده غالبًا هو تغريبه وتحريفه المفروضان تاريخيًّا، ما يؤدّي بالدين في النهاية إلى ادّعائهما لنفسه. وبما أنّه لا يجوز مطلقًا أن يتعلّق الأمر في حوار دينيّ بالتخلّي عن الهويّة الخاصّة، فإنّه من المهمّ جدًّا التفريق بين الجوهريّ في الدين وبين الشكل التعبيريّ العشوائيّ. فمن خلال التركيز على الصلب الحقيقيّ للموضوع تنتفي العقبات بنفسها التي تبدو غير قابلة للتخطّي طالما هناك تعلّق بالظواهر الجانبيّة.
من أجل توسيع دائرة الرؤية على الشامل الوافي في كلّ ديانة تمّ كذلك استيعاب كلمات أساسيّة لا نظيرَ لها في إحدى الديانتين إلا أنّه لا يمكن التخلّي عنها بالنسبة إلى وعي الديانة الخاص لذاتها.
لقد انبثقت من هذا الترابط بين الدين والثقافة الرؤى المتعدّدة التي تساعدنا على بناء جسور الفهم والتي يمكن كذلك أن تكون هي عقبات أثناء التلاقي. ولا يتعلّق أمر كونها جسورًا أو عقبات في مسألة التعايش، أو مسألة العمل المشترك مع أناس ذوي رؤى أخرى، بالإنسان الفرد غالبًا، إذ إنّ الأحكام المسبقة والاتهامات التعميميّة يمكنها أن تؤدّي في هذا المجال أيضًا الدور نفسه الذي يؤدّيه إبداء التعاطف العفويّ والمشاعر.
إنّ الفهم المتبادل والعمل المشترك يشترطان لغة مشتركة لا ينحصر مجالها في التمكّن من الكلمات والقواعد وإنما أبعد من ذلك، فهي تصوّب على استجلاء آفاق الفهم المرتبطة بالمصطلحات الأساسيّة. والكتاب الموضوع هنا هو أوّل خطوة نوعيّة لاستجلاء هكذا آفاق فهم للمصطلحات الأساسيّة في المسيحيّة والإسلام. لقد أصبح جليًّا من خلال الاجتماعات بين الناشرين الأتراك المسلمين من كليّة الشريعة الإسلاميّة في جامعة أنقرة والناشرين الألمان في مؤسّسة أويغن – بيزر أنّه رغم وجود الكنائس والرعايا المسيحيّين طيلة عدّة قرون في تركيا فإنّ اللغة التركيّة يغلب عليها الطابع الإسلاميّ بشكل كبير بحيث يعجز الكلام تمامًا عن التعبير باللغة

التركيّة عن أفكار أساسيّة معيّنة في المسيحيّة. كذلك هو الحال في اللغة الألمانيّة التي يغلب عليها الطابع المسيحيّ بشكل كبير، فلا يمكن التعبير غالبًا بشكل ملائم عن أفكار إسلاميّة إلا بصعوبة. وهكذا تصطدم مثلاً الدروس الدينيّة الإسلاميّة في اللغة الألمانيّة بعجز تعبيريّ مزدوج: أوّله عجز لغويّ لتلاميذ ذوي أصول مهاجرة وثانيه غياب مصطلحات الشريعة الإسلاميّة المتخصّصة. لذا يرغب هذا المعجم المقدّم إلى الرأي العامّ في تخطّي هذا العجز وفي الإشارة نوعًا ما من خلال ألفاظ مستحدثة إلى أنّ مفاهيم ومصطلحات كثيرة ليست متطابقة في رؤية المسيحيّين والمسلمين لها. ووحده الذي يعرف التباينات والميّزات الخاصّة يمكنه التصرّف بطريقة ملائمة ويشرع في عمل مشترك من أجل مصلحة الجميع. إذًا، يكمن هدف هذا المعجم المنجز إلى مدّ الجسور بين المسيحيّة والإسلام، فالأمر لا يدور بالتالي حول عرض للمسيحيّة وللإسلام من زاوية علم الاديان أو حول تقديم رسالة استشراقيّة في المصطلحات الأساسيّة الإسلاميّة، بل سيتمّ عرض المسيحيّة والإسلام بطريقة لاهوتيّة نابعة منهما كما يفهمه الممثّلون المؤمنون في كلتا الديانتين بناء على كفاءاتهم المتخصّصة.

إنّ التقاليد اللغويّة المختلفة لا تصيب فقط المصطلحات اللاهوتيّة المتخصّصة، بل تمسّ أيضًا أساليب العرض العلميّة كما النتائج. لقد أظهر لاين باير (Lyun Payer)، انطلاقًا من مقارنة النموذج الطبّي بين الولايات المتحدة الأمريكيّة وبريطانيا وألمانيا وفرنسا، مدى إمكانيّة حدوث اختلافات في التشخيصات والعلاجات لعوارض المرض الواحد (ل. باير، بلاد أخرى، معاناة أخرى. أطبّاء ومرضى في أنكلترا، فرنسا، الولايات المتحدة الأميركيّة وفي بلادنا هنا. فرانكفورت/على الماين [وأماكن أخرى]، كامبوس 1993). هكذا اختلافات تظهر بوضوح أكثر في العلوم الإنسانيّة وبالتالي في علم اللاهوت. فالمقال المكتوب باللغة التركيّة أو باللغة الألمانيّة يمكن أن يشبع كاملاً رغبة قرّائه والتوقّعات المرتجاة من المستوى العلميّ وذلك في محيطه اللغويّ المحلّي، أمّا في محيط اللغة الأخرى فيمكن أن يثير نصّ المقال أسئلة لا يخطر على البال طرحها في السياق اللغويّ الأصليّ، ناهيك عن انتظار جواب عنها. علاوة على ذلك تأتي أشكال عرْضية مختلفة مثل توصيفات سطحيّة تركّز بشكل قويّ على ترابط سياق المقولة التاريخي في إطار اللاهوت الألمانيّ، ومن جهة أخرى هناك الاهتمام ذو الارتباط العقيديّ مع الموضوع المعنيّ في البحوث الإسلاميّة. ويعدّ ميدان مقارنة الأبحاث اللاهوتيّة مجالاً مثيرًا جدًا قلّما تمّ الالتفات إليه.

إنّ المعجم المطروح هنا يقدّم لهذا المضمار مرارًا وتكرارًا مادّة منظورة، كون مقالاته الصادرة باللغتين الألمانيّة والتركيّة لم تُترجم حرفيًّا بل حسب المعنى مع مراعاة احتياجات القرّاء وتبايناتهم اللغويّة. وبالنظر إلى مسؤوليتنا جميعًا إزاء التعاطي السلميّ وإلى جهودنا من أجل السلام وللتفاهم بين شعوب العالم، فإنّ

معرفة ماهيّة وكيفيّة تفكيرنا وما الذي يحدّد تصرّفاتنا جميعًا لا يشكّل مجال معرفة خاصّ لقلّة قليلة من العلماء. فجميع الساعين إلى تعاون مشترك معنيّون بهذا الأمر، وتحديدًا ممثّلو الطوائف الدينيّة كالأئمّة والكهنة، وأساتذة مادّة الدين وكذلك واضعو خطط التدريس والتأهيل، وتلميذات وتلاميذ المدارس الثانويّة وطلاب جميع الاختصاصات، وأصحاب القرار في السياسة والاقتصاد، وممثّلو الإعلام، والفلاسفة وعلماء الدين، كذلك جميع المهتمّين بالموضوع. حسبُ هذا المعجم أن يقدّم خدمة جليلة للجميع وأن يؤدّي في المجال الناطق باللغة التركيّة كما في المجال الناطق باللغة الألمانيّة إلى نشوء جوّ من الفهم المتبادل بين المسلمين والمسيحيّين وجميع الناس الآخرين ذوي النوايا الحسنة في المجتمع وذلك من أجل مصلحة الجميع والتعايش المشترك السلميّ بين الناس.

الناشرون:
ريشارد هاينتسمان وبيتر أنتس ومارتن تورنر – ألمانيا
معلّى سلچوك وخالص آلبيرق – تركيا.

معجم الحوار

إبراهيم (من وجهة نظر مسيحيّة)
يعدّ إبراهيم إلى جانب اسحق ويعقوب واحدًا من آباء إسرائيل. وقد عاش، وفقًا لروايات سفر التكوين المتراكمة (سفر التكوين 11: 10–25: 10)، في النصف الأول من القرن الثاني قبل الميلاد. أمّا في المصادر المعاصرة خارج الكتاب المقدّس، فليس ما يثبت ذلك، إلا أنّ الاسم مطروح في الاستعمال ويظهر في طريقتين: أبرام وإبراهيم (انظر سفر التكوين 17) من دون أيّ اختلاف في المعنى بين طريقتي الاستعمال (»الاب المكرّم/الجليل«). ويظهر الجدال في ما إذا كان إبراهيم شخصية تاريخيّة. في العهد القديم هو متزوّج من سارة ووالد اسحق، ولكن لديه ولد آخر هو اسماعيل من زوجته الثانية هاجر (سفر التكوين 16). ومن المفترض أنّ تعود أصوله إلى بلاد ما بين النهرين. بناء على أمر من الله الذي يضع قصص إبراهيم تحت موضوع العهد أي الوعد بذريّة كبيرة وامتلاك فلسطين وتبرّك شعوب الأرض به، ارتحل مع زوجته سارة وابن أخيه لوط إلى فلسطين (سفر التكوين 12:1–7) وهناك افترق عن لوط والتقى بملك أورشليم الكاهن ملكيصادق (سفر التكوين 13 وما يليها) قبل أن يتكرّر الوعد عبر ظهور إلهيّ (سفر التكوين 15). وتم إبرام العهد بعلامة الختان (سفر التكوين 17). استوطن إبراهيم الخليل حيث حاول قبل خراب سدوم وعمورة أن يثني الله عن قضائه (سفر التكوين 18). وكانت لولادة الابن اسحق تداعياتها التي تمثّلت في طرد هاجر واسماعيل (سفر التكوين 21). وتشكّل عمليّة امتحانه من قبل الله نقطة الذروة، إذ أمره الله أن يضحّي بإسحاق ثمّ حيل دون ذلك بتدخّل ملاك (سفر التكوين 22). بعد موت سارة اشترى إبراهيم أرضًا في الجليل يُدفن فيها مع زوجته وأولاده (سفر التكوين 23). ومن المفترض أنّه مات عن عمر 175 عامًا ودفن في الجليل (سفر التكوين 25). في المزمور 47: 10 يجتمع شرفاء الشعوب على أنّهم شعب إله إبراهيم لتعظيم ملك الأمم يهوه. في العهد الجديد أصبح إبراهيم انطلاقًا من سفر التكوين 15: 1–6 تمثيلاً للنموذج الأصليّ للإنسان المؤمن (رومية 4؛ غلاطية 3؛ العبرانيين 6: 13–17؛ 7: 1–10؛ 11: 8–19؛ رسالة يعقوب 2: 21–24). ويطرح لوقا 16: 19–31 تصوّر تلقّف المتوفّين في حضن إبراهيم. يعتبر إبراهيم نموذج اندماج للديانات التوحيدية الثلاث: اليهوديّة والمسيحيّة والإسلام، كونه يلعب دورًا في هذه الديانات الثلاث، ولكن تتقدّم عليه في كلّ منها الشخصيّة الفردية التي تطبع كلّ ديانة، أي موسى ويسوع ومحمد.
مارتن أرنيت

مواضيع ذات صلة: **ختان؛ يهوه.**

إبراهيم (من وجهة نظر إسلامية)

ورد إسم إبراهيم 69 مرة في القرآن، فهو الملقب »بخليل الله« (سورة النساء 4 الآية 125)، وكذلك »بأبي المؤمنين« (سورة الحج 22 الآية 78). لقد كان إبراهيم حليمًا، بطيء الغضب، متذللاً لخالقه، طائعًا ومنقادًا لأمره (سورة هود 11 الآية 75). أما عن ولادة إبراهيم فلقد جاء في الأثر أنه قد ولد تقريبًا عام 2000 أو عام 1900 قبل الميلاد في مدينة أور الواقعة بين مدينتي الكوفة والبصرة.

يتضح من آيات القرآن الخاصة بإبراهيم بأن توجهه إلى وجود الله كان توجهًا ذاتيًا، فقد اهتدى إليه وحده من خلال مراقبته للطبيعة من جهة، وكذلك من خلال العقلانية والتفكير المستمر من جهة أخرى. ومن هذا المنطلق يُعد إبراهيم من أهم الأنبياء، وذلك لأنه اهتدى إلى وجود الله وآمن به عن طريق فطرة الإنسان الطبيعية، وعلى هذا الأساس قام إبراهيم بدعوة قومه للإيمان بالله وعبادته (سورة الأنعام 6 الآية 76–79).

طبقًا لما جاء في القرآن فقد حاول إبراهيم أن يبيّن مدى الحماقة في تعدد الآلهة ومنطقية الإعتقاد بوجود الإله الواحد. فعندما أراد أن يثبت عجز الآلهة التي كان يعبدها قومه آنذاك أمسك بيده فأسًا وأخذ يهوي على الأصنام، يكسرها ويحطم حجارتها فجعلها جذاذًا إلا كبير هذه الأصنام فقد علق الفأس في عنقه. ونتيجة لذلك حُكِمَ عليه بالحرق، فأمر الله النار أن تكون بردًا وسلامًا عليه فخرج منها سالمًا معافى لم يُصب بأي أذى ﴿قُلْنَا يَـٰنَارُ كُونِى بَرْدًا وَسَلَـٰمًا عَلَىٰٓ إِبْرَٰهِيمَ﴾ (سورة الأنبياء 21 الآية 69).

لقد برهن إبراهيم حبه اللامتناهي لله وارتباطه به من خلال إستعداده التام للتضحية بولده، فجزاه الله على إيمانه وإخلاصه بإنقاذ ولده من الذبح وفداه بكبش عظيم.

يُعتَبر إبراهيم للكثير من المسلمين أول من قام بمناسك الحج، وهم يؤمنون أيضًا بأن أول بيت لله وضع للناس على وجه البسيطة هو في ذلك المكان الذي يضم الكعبة اليوم. لقد بين الله لإبراهيم وكما جاء في القرآن مكان البيت (سورة الحج 26 الآية 22) وأمره أن يرفع قواعده ويقوم ببنائه مع ولده إسماعيل (سورة البقرة 2 الآية 127)، وبعد أن فرغ إبراهيم وولده إسماعيل من بناء الكعبة أمره الله أن ينادي في الناس بالحج إلى هذا البيت وأن يطهره (سورة الحج 26 الآيات 22، 27، 28). يذكر المسلمون إسم إبراهيم مع إسم محمد سوية عند كل صلاة.

محمد قاتر

مواضيع ذات صلة: **الأضحية؛ فطرة الإنسان الدينية.**

اتّجاه الصلاة (من وجهة نظر مسيحيّة)
بينما يكون اتجاه الصلاة في اليهوديّة نحو الهيكل وباتجاه القبلة في الإسلام نحو مكّة، فإنّ المسيحيّة تتبع الاتجاه السائد من الناحية التاريخيّة الدينيّة ألا وهو مطلع الشمس أي الشرق. فصوبه تنظر الكنيسة إلى المسيح شمس العدل الذي سيعود مرّة أخرى.
وكانت الكنائس تُبنى، حسب الإمكانيّة، على محور الشرق – غرب. ولمّا انتفى لاحقًا توجيه الكنيسة نحو الشرق، بقي في الطقس الكاثوليكي (وكذلك في كنائس الإصلاح) بشكل فعليّ التوجّه المشترك للشعب وللكاهن نحو المذبح، أو صليب المذبح، الذي تمّ تصوّره رمزيًّا على أنّه الشرق. وكذلك انطلقت ليتورجيا الكنيسة الكاثوليكيّة، التي تمّ تجديدها في المجمع الفاتيكانيّ الثاني (1962–1965)، من التوجّه المشترك لجميع المصلّين نحو المذبح، إلا أنّها رأت ممكنًا إحاطة الكاهن والرعيّة به من جوانب مختلفة. وبعد أن تحوّلت هذه الإمكانيّة فعلاً إلى قاعدة نشأ نوع من سوء فهم عُدّ مفصليًّا بالنسبة إلى الليتورجيا المجدّدة ألا وهو وقوف الرعيّة وجهًا لوجه أمام الكاهن. لذلك تمّ تبديل ذلك بطريقة معاكسة ليجري الاحتفال بالقدّاس عبر إدارة الكاهن ظهره للشعب بدلاً من إدارته للربّ.
وحين حصلت جميع الكنائس تقريبًا على مذبح بعد المجمع الفاتيكانيّ الثاني يحتفل عليه الكاهن بالقدّاس متوجّهًا إلى الشعب، نصح البابا بنديكتوس السادس عشر (2005–2013) بعدم إجراء إعادة بناء جديدة للكنيسة ولكن بالتوجّه المشترك صوب صليب المذبح، لأنّ الصلاة في الكنيسة تتوجّه إلى الآب عبر يسوع المسيح. هذه الوساطة المسيحانيّة في هذا الأمر موجودة في كلّ توجّه نحو المذبح، كون هذا الأخير يرمز في المسيحيّة إلى يسوع المسيح.
فينفريد هاونرلاند

مواضيع ذات صلة: **الصلاة؛ الليتورجيا؛ الطقس المقدّس.**

إثبات الواجب الوجود (من وجهة نظر إسلامية)
يرمز مصطلح اثبات الواجب الوجود إلى كل الطرق التي تثبت وجود الله. إذ أن الله تعالى يُعْتَبَر في الدين الإسلامي كحقيقة ضرورية يجب إدراكها ليس فقط من الناحية الإيمانية فحسب، وإنما أيضًا من الناحية العقلانية. فهناك الكثير من الآيات القرآنية التي تدعو الناس إلى التدبر والتفكر بنظام الكون، وبحقيقة الخلائق الموجودة في هذا الكون. لذلك حاول المفكرون المسلمون منذ العصور الأولى للإسلام وبمختلف الطرق إيجاد الدلائل والبراهين التي تثبت وجود الله. تحت الآية القرآنية التالية على عرض الأدلة الخاصة بوجود الله تعالي بطريقة بعدية، وكذلك بطريقة قبلية ﴿سَنُرِيهِمۡ ءَايَٰتِنَا فِي ٱلۡأٓفَاقِ وَفِيٓ أَنفُسِهِمۡ حَتَّىٰ يَتَبَيَّنَ لَهُمۡ أَنَّهُ

ٱلۡحَقُّۗ أَوَلَمۡ يَكۡفِ بِرَبِّكَ أَنَّهُۥ عَلَىٰ كُلِّ شَيۡءٖ شَهِيدٌ﴾ (سورة فُصّلت 41 الآية 53). فبينما تنطلق الطريقة الأولى من المصنوع باتجاه الصانع المبدئ والمنشئ؛ تنطلق الطريقة الثانية من المبدئ المنشئ إلى المصنوع. لقد حاول فيمن حاول من المتكلمين في الحقبة المبكرة كالمعتزلة، وكذلك الأشعري (المتوفى عام 935/ 324)، والماتريدي (المتوفى عام 944 / 333) أن يبرهنوا وجود الله، حيث انطلق تفكيرهم ابتداء من الكون وانتهاء بالله تعالى. فلقد قاموا ومن منطلق الفرضية القائلة بأن »لكل شيء سبب« بتحليل بعض الظواهر كالعِلّيّة، والحركة، والتغيير داخل الكون وحاولوا أن يبرهنوا بأن الكون ما هو إلا نتيجة، ولذلك يجب أن يكون للكون بداية زمنية. وبرهنوا بعد ذلك بأن هذا المخلوق يجب أن يكون قد خُلِق من خلال سبب خارق للطبيعة، من قِبَلِ الله. يقع برهان العلماء المسلمين الخاص بالخليقة في فلسفة الدين اليوم تحت مصطلح الدليل الكوني على وجود الله. يسلك ابن رشد (المتوفى عام 595/1198) في عرضه للأدلة طريقًا مماثلاً: فهو يأخذ تصميمًا مثاليًا متكاملاً كقاعدة للكون ويطور من خلال ذلك حُجّة كلامية قائمة على التوافق والنظام يستدل بها على وجود الله. وعلى العكس من ذلك فقد طور فلاسفة آخرون كالفارابي (المتوفى عام 339/950) وابن سينا (المتوفى عام 420/1037) دليلاً على وجود الله من خلال البرهان الوجودي.

لا يحظى الفرد في هذا النظام الفلسفي بالإهتمام، وإنما الذي يحظى بالإهتمام هو الكون بذاته وتحت وجهة نظر جلية واضحة لا يمكن تعريفها. أما الخطوة التالية فيتم من خلالها ملاحظة الوجود من منطلق كونه ضرورة أو اعتباره إمكانية أو ممتنعًا فقط. فإذا كان كل موجود مركبًا من الإمكانية والحقيقة، فيجب أن يكون هناك سبب للحقيقة، ومن هذا المنطلق يجب أن تكون هنالك كينونة ضرورية.

ينطلق كِلا البرهانين من مصطلح الإمكانية. ولكن هناك فرقًا مهمًا بين كِلي البرهانين على وجود الله: فبينما يقدم الكلاميون البرهان البعدي على القبلي يختار الفلاسفة المذكورون الطريق القبلي.

أنگين أردم

الإجماع (من وجهة نظر إسلامية)

يعبّر الإجماع في الفقه عن اتفاق فقهاء المسلمين على حكم شرعي. وبما أن الأحكام الشرعية التي كان يصدرها النبي محمد في حياته كانت نافذة، لذلك فإن مبدأ الإجماع قد ظهر بعد وفاة النبي محمد. وشروط الإجماع هي: 1) يجب أن تكون المسألة الفقهية قد وقعت بعد وفاة النبي محمد. 2) يشترط في الأشخاص الذين يستنبطون الأحكام الشرعية أن يكونوا مسلمين، وأن يتمتعوا بالكفاءة، وبالملكة الفقهية والفهم السليم. 3) يجب أن تكون المسألة موضع الإجماع مما يتعلق

بالحلال والحرام من الأحكام الشرعية. 4) يجب أن يشترك كل الفقهاء في استنباط الحكم الشرعي.
يُعَدّ الإجماع لدى أغلبية الفقهاء كمرجع جدير بالاعتماد، يعنى بالتطبيقات الدينية. فإذا انعقد الإجماع، طِبقًا للتعريف، فهو حجة شرعية يجب اتباعها، ولا يجوز الخروج عنها. لذلك يجب على الفقيه الذي اسْتُشِير في مسألة فقهية أن يتحرى أولاً فيما إذا كان هناك إجماع قد صدر بخصوص ذلك الموضوع.
هناك نوعان من الإجماع، الإجماع الصريح، والإجماع السكوتي: 1) فالإجماع الصريح: هو ذلك الإجماع الذي يتفق من خلاله الفقهاء على حكمٍ ما بإبداء كل منهم رأيه صراحة. 2) أما الأجماع السكوتي: فهو أن يبدي بعضُ المجتهدين رأيهم صراحة، ويسكت الباقون من فقهاء عصرهم عن إبداء آرائهم في تلك المسألة بموافقة ما أبدي فيها أو مخالفته. أما فيما يخص قيمة الإجماع السكوتي البرهانية فهناك ثلاثة آراء: 1) لا يختلف الإجماع السكوتي عن الإجماع الصريح، فهو يُعَدّ حجة وإجماعًا. 2) يمكن قبول الإجماع السكوتي، ولكنه لا يُعَدّ إجماعًا قطعيًا بل ظنيًا. 3) لا يُعَدّ الإجماع السكوتي حجة. وهناك رأي راجح في أصول الفقه يوجب استناد الإجماع دائمًا إلى القرآن، أو الحديث، أو إلى حكم شرعي سابق صدر عن طريق اجتهاد أحد الفقهاء.

طالب تورجان

إجماع المؤمنين / consensus fidelium (من وجهة نظر مسيحية)
يُقصد بإجماع المؤمنين توافق عام لجميع المؤمنين في الكنيسة المسيحية (ضمن الطائفة الواحدة) في قضايا محورية للعقيدة والأخلاق، ولا سيما في تقليد الكنيستين الكاثوليكية والأرثوذكسية. لذلك يعتبر إجماع المؤمنين مصدرًا أساسيًا للمعرفة اللاهوتية. حتى أنه تم التأكيد في المجمع الفاتيكاني الثاني (1962–1965) – في الفقرة 12 من »المسيح نور العالم« للدستور العقائدي المتعلق بالكنيسة – على أن هذه الإجماع خالٍ من الخطأ داخل جماعة المؤمنين في الكنيسة الكاثوليكية. الأساس اللاهوتي لذلك هو الإيمان بأن الروح القدس حاضر في جماعة المؤمنين ويعمل فيهم من خلال تمكينهم من إدراك الحقيقة. وبطبيعة الحال يجب ألا يساء فهم عقيدة إجماع المؤمنين هذه بمعنى أننا نصل إلى حقيقة الإيمان عن طريق الإجماع أولاً. لأن حقائق الإيمان بطبيعة الحال هي في الأصل من إعلان اللـه لذاته كما نجد هذا الإعلان موثقًا في الكتاب المقدس. وبالتالي فإن نتيجة الإجماع ليست حقيقة الإعلان هذه، وإنما فهمها الصحيح وتفسيرها المعاصر. وعلى الرغم من أن الأهمية الأساسية للإجماع العام للمؤمنين لم تتعرض نظريًا لجدل على الإطلاق، ولكن عمليًا كان في ماضي الكنيسة (الكاثوليكية) ولا يزال فيها حتى الآن توتر دائم بين

كلٍّ من السلطة التعليمية التراتبية وإجماع علماء اللاهوت والإيمان الغريزي للمؤمنين. وبينما كان في حقيقة الأمر لإجماع آباء الكنيسة والسلطات اللاهوتية في القرون الماضية أكثر وزنًا من الآراء العامة للمؤمنين، ازداد هذا التناقض حدةً منذ المجمع الفاتيكاني الأول (1869–1870) عندما تم تعريف عبارة »عصمة البابا« التي لم تستنبط سلطة التعليم لدى البابا بشكل صريح من إجماع الكنيسة. من المؤكد أن هذا لا يستبعد حقيقة أن السلطة التعليمية البابوية بتعريفاتها تعبّر عن الإيمان العام لشعب الكنيسة، ولكنها أيضًا لا تفترضه مسبقًا. والحقيقة الناتجة عن أن الأهمية اللاهوتية لإجماع المؤمنين لا تؤخذ بعين الاعتبار بشكل مناسب. غالبًا ما يرافق هذه الحقيقة تباين بين التعليم الرسمي للكنيسة (الكاثوليكية) وبين الإيمان الواقعي لجماعات المؤمنين المحلية، وخاصة في مسائل الأخلاق (أخلاق الزواج والأخلاق الجنسية). ونظرًا لكون المؤمن العادي في الكنائس الإنجيلية يفسّر الكتاب المقدس بنفسه، لا يحظى إجماع المؤمنين في اللاهوت البروتستانتي بأهمية كبيرة.

مارتن تورنر

الإجهاض (من وجهة نظر مسيحيّة)

يُفهم الإجهاض بأنّه الإنهاء غير المشروع والتعسفيّ للحياة الإنسانيّة التي لمّا تولد بعد. وفق الإيمان المسيحيّ يتمتّع كلّ إنسان كمخلوق على صورة الله (سفر التكوين 1: 27) بكرامة خاصّة ذات حرمة لا تُمسّ، تحرّم أن يجعل الإنسان نفسه أداة تتصرّف مكان الله.

بمقتضى هذه الكرامة يكون كلّ إنسان ذي قيمة في حدّ ذاته، فريد ولا يعوّض. فلا أحد يحقّ له تقرير قيمة أو لا قيمة حياة إنسان آخر. كل إنسان – ذكرًا كان أم أنثى، فقيرًا أم غنيًّا، سليمًا أم مريضًا – عنده بلا شكّ الحقّ نفسه في الحياة والحرّيّة والأمان بغض النظر عن مكانته. ووفق إيمان جميع الكنائس المسيحيّة الكبرى تنطبق هذه المقولة حول كرامة الإنسان وخلقه على صورة الله ومثاله حتّى على الحياة التي لمّا تولد بعد، أي من اللحظة التي يتمّ فيها اتحاد البويضة بالخليّة المنويّة. لأنّ الحياة قبل إبصار النور تتضمّن طبيعة الممارسة اللامحدودة للكينونة البشريّة منذ البداية وتتطوّر خلال عمليّة لا تكتمل حتّى مع الولادة. فإن كانت الحياة من قبل إبصار النور إنسانيّة وهبة من الله فلا يحقّ لأيّ كان أن ينهيها. أمّا الذي يقوم بعمليّة إنهائها فإنّه يخالف أوامر الله ويحمّل نفسه إثمًا عظيمًا. ويعرف التقليد المسيحيّ استثناءً واحدًا فقط لما يتعلّق بالحماية المطلقة للحياة التي لمّ تولد بعد، وهو تلك الحالات الاستثنائيّة الخاصّة التي تكون فيها حياة الأم في مقابل حياة المولود، هنا يكون إجراء عمليّة الإجهاض مستحسنًا لأسباب طبيّة. في هذه الحالة لا يتعلّق الأمر

المبنيّ على الحجج بقتل مباشر ومتعمّد للحياة التي لم تبصر النور بعد، وهو الأمر المرفوض في كلّ حالة، بل يتعلّق الأمر بقتل غير مباشر، وإذا جاز التعبير، بعرض جانبيّ لتصرّف جيّد في حدّ ذاته أخذ على عاتقه إنقاذ إحدى الحياتين على الأقلّ.

هانس غونتر غروبر

مواضيع ذات صلة: **الإنسان؛ كرامة الإنسان.**

الإجهاض (من وجهة نظر إسلامية)

الإجهاض، هو إنزال الجنين من رحم الأم عمدًا بعد تلقيح البويضة وقبل موعد الوضع الطبيعي. ويتضمن هذا التعريف كل أنواع الإجهاض التي تؤدي إلى إنهاء عملية الحمل منذ اللحظة الأولى وحتى موعد الوضع الطبيعي.

تبدأ الحياة الإنسانية حسب الفقه عند تلقيح البويضة مباشرة، وعلى الرغم من أن الأهلية القانونية للجنين محدودة وذلك بسبب عدم قدرته على الحياة بدون أمه، إلا أنه يتمتع بحماية قانونية كاملة كإنسان مكتمل. ومن أهم هذه الحقوق هو حقه في الحياة. لقد أصدر الشارع قوانين مختلفة تعاقب تعريض حياة الجنين للخطر. أما فيما يخص الفقه فقد اتفق العلماء المسلمون التقليديون على تحريم الإجهاض إذا ما بلغ عمر الجنين 120 يومًا من تلقيح البويضة واستثنوا من ذلك الحالات التي تكون فيها حياة الأم في خطر، وهناك علماء قلصوا مدة عمر الجنين إلى 40 يومًا أو أقل من ذلك. لقد استند العلماء في رأيهم هذا على آية نفخ الروح في الجنين، وكذلك على الآيات التي تنص على مراحل تطور الجنين (سورة المؤمنون 23 الآية 12، 13، 14؛ سورة الزمر 39 الآية 6؛ سورة نوح 71 الآية 14؛ سورة الحج 22 الآية 5).

لقد أُخذت الآيات الكريمة السالفة الذكر كأدلة غير مباشرة للأحكام التي استنبطها العلماء المسلمون. بالإضافة إلى ذلك فلم يكن آنذاك، وبسبب النقص في المعلومات الطبية، ممكنًا معرفة الوقت الذي يمكن أن يُعتبر به الجنين حيًا، ناهيك عن المدة الزمنية المتعلقة بمراحل تطور الجنين، وعلى هذا الأساس وُجِدت العلاقة بين نفخ الروح وإعتبار الجنين حيًّا. إن الفقهاء الذين كانوا لا يعتقدون بوجود الحياة في الجنين قبل نفخ الروح، كانوا يرتؤون جواز عملية الإجهاض حتى اللحظة التي تُنفخ فيها الروح.

يعود التباين في آراء العلماء الخاص بالمدة الزمنية التي يمكن أن تُجرى بها عملية الإجهاض إلى الروايات المختلفة. إذ يمكن تقسيم العلماء الذين كانوا يجيزون عملية الإجهاض ضمن مدة محددة إلى ثلاثة أقسام:

القسم الأول من هؤلاء العلماء هم الذين أجازوا عملية الإجهاض، أما القسم الثاني منهم فقد أجازوا الإجهاض ولكنهم جعلوه مكروها، أما القسم الثالث فقد أجازوا الإجهاض فقط في الحالات الضرورية وإلا فهو مكروه.
وهناك قلة قليلة من العلماء الذين يحرمون عملية إنهاء الحمل، أو الإجهاض ويضعون شرطًا زمنيًا لذلك وهو منذ تلقيح البويضة، ولا يجيزون الإجهاض إلا في الحالات التي تكون فيها حياة الأم معرضة للخطر.
أما في عصرنا الحديث فإن أغلبية علماء الفقه يعارضون عملية الإجهاض بشكل واضح، ويستندون في آرائهم على المعلومات المستنبطة من تطور الطب الحديث والتي تنص على أن الجنين كائن حي في كل مراحل تطوره.
لقد أثار التطور المتقدم في مجال الطب مناقشات حول عملية إجهاض الجنين المشوه خلقيًا، فهناك بعض علماء الفقه في وقتنا الحاضر يحرمون عملية الإجهاض ويرون بأن هناك إمكانيات في معالجة الجنين المصاب بتشوهات خلقية سواء كان في رحم الأم أم بعد الولادة، ويستندون في ذلك إلى مبدأ الحق في الحياة لكل إنسان وُلد بعوق لا يمكن معالجته، أو أُصيب بعوق في مرحلة من مراحل حياته المتقدمة. وعلى العكس من أولئك فإن الذين يجيزون عملية إجهاض الأجنة المشوهة خلقيًا يشترطون في ذلك وجوب إثبات العوق أو التشوه في الجنين، وإثبات عدم وجود أية إمكانية لعلاج هذا العوق، إضافة إلى أن هذا العوق سوف يؤثر سلبًا وبشكل كبير جدًا على حياة الطفل وحياة أسرته بعد الولادة.
طالب تورجان

مواضيع ذات صلة: **الأخلاقيات؛ الروح؛ الحديث والسنة.**

الإحسان/عمل الخير (من وجهة نظر مسيحية)
الإحسان أو عمل الخير هو تقديم المساعدة للآخرين دون توقع الحصول على مقابل منهم. وهو تعبير عن محبة القريب والنية الطيبة والعطاء تجاه الآخر. ووفقًا لفهم الكتاب المقدس يعتبر الإحسان واللطف والرحمة جزءًا لا غنى عنه من العدالة. فالإحسان مستوحى من رحمة اللـه وصلاحه وهو بالتالي محور الإيمان المسيحي. والصدقة ورعاية الفقراء تعتبر حالات خاصة للإحسان. وبفهم أوسع للمصطلح يمكننا أخذ الإلتزام التطوعي للإحسان أيضًا بعين الاعتبار.
وبحسب الكتاب المقدس يجب أن يحدث الإحسان في الخفاء: يجب ألا تعرف اليد اليسرى ما تفعله اليد اليمنى (الإنجيل بحسب متى 6: 1–4). وثقافة كهذه من المساعدة والعطاء غير الملفت والطبيعي تجاه الآخر تتجنب إذلال المتلقي وكذلك كبرياء المعطي. ينبغي أن تنبع المساعدة من المحبة دون قيد أو شرط وليس فقط كوسيلة لزيادة المجد الشخصي. المهم وفقًا لحكم يسوع هو الموقف الداخلي أثناء

القيام بالإحسان وليس مبلغ الهبة. لذلك تحدث مع التلاميذ عن الأرملة الفقيرة التي ألقت فلسين في خزانة الهيكل واعتبرها نموذجًا يحتذى به، لأنها ألقت أكثر من جميع الذين لم يتبرعوا إلا من فضلتهم (الإنجيل بحسب مرقس 12: 41–44).

تعتبر المبادرات المتنوعة لأعمال الخير جزءًا تأسيسيًا للتقليد المسيحي. ومن سماته الأساسية أنه تجاوز منذ البداية حدود الطائفة والدين والثقافة؛ ولكن هذه الأعمال غالبًا ما تكون مرتبطة بدوافع التبشير. والعديد من المبادرات الخيرية المسيحية تعتبر في يومنا هذا راسخة بنيويًا في الهياكل الحكومية للسياسة الاجتماعية والإعانة التنموية ولفترات زمنية طويلة. وكثيرًا ما يكون المقصود بالأعمال الخيرية العالمية للإعانة التنموية بأنها تعاون تنموي، أي أنها شراكة تعترف باستقلال المتلقين وتسعى لبناء علاقة مساواة معهم.

وما يجب إعادة التفاوض عليه دائمًا على الصعيد المجتمعي هي العلاقة بين الضمان الحكومي للاحتياجات الفردية والعناصر التنافسية لإدارة الرعاية الاجتماعية اقتصاديًا وكذلك المبادرات الخاصة للأعمال الخيرية التي يمكن أن يكون رعاتها أفرادًا أو هيئات اجتماعية (مدنية) كالكنائس. ويسود في ألمانيا منذ القرن التاسع عشر مزيج خاص من عناصر حكومية ونقابية. وفي الوقت الحاضر طورت الأعمال الخيرية الخاصة ديناميكية عظيمة في إطار المؤسسات. ويتم دعمها حكوميًا من خلال إمكانية اقتطاع الضرائب من التبرعات والتخفيضات في قانون المؤسسات مثلاً.

ماركوس فوغت

مواضيع ذات صلة: **الصدقة؛ جمعية الخدمة الاجتماعية (البروتستانتية)؛ العدالة؛ التبشير؛ محبة القريب؛ القربان؛ الرعاية الاجتماعية.**

الإحسان (من وجهة نظر إسلامية)

الإحسان هو إتقان العمل وإنجاز المهمة على أفضل وجه، وعدم الإعتماد على الآخرين، وفعل الخير دون انتظار رد الجميل. ظهرت كلمة الإحسان ومشتقاتها في العديد من الآيات وكلها تتعلق بالله أو بالإنسان، فمثلاً في الآيتين 23 و100 من سورة يوسف 12، والآية 23 من سورة الإسراء 17 وردت كلمة الإحسان بمعنى فعل الخير للآخرين. أما في الآية 112 من سورة البقرة 2 وفي الآية 125 من سورة النساء 4 فجاءت كلمة الإحسان بمعنى إنجاز العمل على أكمل وجه وبطريقة مستقيمة.

وبالنسبة للإحسان المنسوب لله فهو يشير لكمال خلقه، وهذا ما جاء ذكره في الآية 7 من سورة السجدة 32، والآية 3 من سورة التغابن 64. الإحسان الإلهي يُقصد به

أيضًا كرم الله على خلقه، وهذا ما ورد في الآية 77 من سورة القصص 28، والآية 11 من سورة الطلاق 65.

وإذا نُسِبَت صفة الإحسان للإنسان فهي تعني العمل الصالح وحُسن الخلق الناتج عن شعور الإحترام العميق، والإرتباط بالله، والإستسلام له، وهذا ما أشارت إليه الآيات الآتية: الآية 30 من سورة النحل 16، والآية 26 من سورة يونس 10.

يربط القرآن معنى الإحسان بعبارات أخرى، مثل كظم الغيظ والعفو وحسن النية والصبر، وهذا ما نجده في الآيتين 134 و135 من سورة آل عمران 3، والآية 13 من سورة المائدة 5، والآية 115 من سورة هود 11، والآية 90 من سورة يوسف 12. وفي الآيتين 147 و148 من سورة آل عمران 3 يقصد بمعنى الإحسان اطمئنان القلب وثباته وشجاعته بعد تغيرات دامية. وفي الآية 236 من سورة الجمعة 62 وردت كلمة الإحسان بمعنى الرضى والكرم.

وبعد كل هذه المعاني يُستنتج أن الإحسان هو ركيزة كل السلوكيات الإيجابية. حتى أن الأحاديث استعملت كلمة الإحسان بمعنى مماثل. ومن أجمل ما قيل عن الإحسان في كتب الحديث هو حديث جبريل: »الإحسان أن تعبد الله كأنك تراه، فإن لم تكن تراه فإنه يراك« (رواه البخاري ومسلم).

إحسان چاپچي أوغلو

مواضيع ذات صلة: **العمل؛ الملائكة.**

مصادر الحديث:

صحيح البخاري، كتاب الإيمان، باب 37 سؤال جبريل...، رقم 50، عن أبي هريرة.

صحيح مسلم، كتاب الإيمان، باب 1 معرفة الإيمان والإسلام....، رقم 93، عن عمر.

أحكام الطعام والشراب (من وجهة نظر مسيحية)

ترد أحكام الطعام والشراب في الأسفار العبرية في الكتاب المقدس بكثرة. والالتزام بها أمر يميّز الديانة اليهودية. كما أن المسحيين الأوائل، الذين كانوا يهودًا كما هو معروف وكانوا يؤمنون بأن يسوع هو المسيح، كانوا يتقيدون بها. ولكن سرعان ما أثير السؤال عما إذا كان أتباع يسوع من الوثنيين أيضًا، أي من لم يكونوا يهودًا، مجبَرين على التقيّد بأحكام الطعام والشراب في الكتاب المقدس العبري. هذا الأمر جعل الرسول بولس يتدخل لإعفاء غير اليهود من الالتزام بها. لذلك نشأ نزاع بين الرسل. وفي ما سمي بمجمع الرسل، عام 50 م. تقريبًا، في القدس، تم حل قضية النزاع لصالح موقف بولس. وصرح بطرس: »لِذلِكَ أَنَا أَرَى أَنْ لاَ يُثَقَّلَ عَلَى الرَّاجِعِينَ إِلَى اللهِ مِنَ الأُمَمِ، بَلْ يُرْسَلْ إِلَيْهِمْ أَنْ يَمْتَنِعُوا عَنْ نَجَاسَاتِ الأَصْنَامِ، وَالزِّنَا، وَالْمَخْنُوقِ، وَالدَّمِ« (أعمال الرسل 15: 19–20). وهكذا تم عمليًا إعفاء الوثنيين من كافة أحكام الطعام والشراب اليهودية. وبما أن عدد المتحولين من

الأوساط غير اليهودية سرعان ما تجاوز أضعاف عدد اليهود الذين آمنوا بالمسيح، أصبحت المسيحية خالية من أحكام الطعام والشراب، هذا إذا ما غضضنا النظر عن بعض قوانين الطعام تاريخيًا بهدف الصيام.

بيتر أنتس

أحكام الطعام والشراب (من وجهة نظر إسلامية)

يأمر القرآن الإنسان بأكل ما رزقه الله من الطيبات وشكره عليه وعدم الإسراف، وهذا ما أشارت إليه الآية 172 من سورة البقرة 2 والآية 31 من سورة الأعراف 7. يُعد الأكل والشراب من الفرائض في الإسلام، وذلك لأنهما يمدان الإنسان بالقوة ليستمر في العيش والطاقة والنشاط لأداء العبادات والعمل. كما توجد في الإسلام بعض الأطعمة والمشروبات المحرمة، أما بقية الأطعمة فتُعدّ من المباح، وكلمة المباح تستخدم في الفقه لدلالة على العمل الذي ليس فيه ثواب ولا فيه معصية. وهذه الأطعمة يطلق عليها مصطلح حلال وتوصف في القرآن، وتحديدًا في الآية 4 من السورة المائدة 5 بالطيبات. والمحرَّمات من الأطعمة والأشربة هي تلك التي حرمها نص صريح في القرآن والسنة.

ومن المعلوم أيضًا أن القرآن يحرم أكل الميتة والدم ولحم الخنزير، كما لا يجوز كذلك أكل الذبيحة التي سمي عليها غير اسم الله، أو التي لم يذكر عليها اسم الله. ومن بين الذبائح التي يحرم أكلها هي المنخنقة والموقوذة والمتردية والنطيحة وما أكل السبع، باستثناء تلك الذبائح التي ذبحت في الوقت المناسب أي قبل أن تموت. تذكر الآية 3 من سورة المائدة 5 والآية 121 من سورة الأنعام 6 أنه يحرِّم أكل ما ذبح على النصب. بالإضافة إلى ذلك، يحظر أكل الحيوانات آكلة اللحوم التي تستعمل مخالبها لتقطيع فريستها. كما تحرم السنة أيضًا أكل لحم الجوارح، ومن المشروبات يحظّر استهلاك الخمر، وهذا ما جاء ذكره في الآية 90 من سورة المائدة 5.

وإلى جانب ما سبق ذكره، هناك أيضًا تحريم نسبي يخص الطعام والشراب، وهو الأكل بمال تم كسبه بطريقة غير شرعية، مثل السرقة والرشوة والمعاملات القائمة على الربا والاحتيال. ومن المعلوم أن القرآن، وتحديدًا في الآية 173 من سورة البقرة 2 والآية 145 من سورة الأنعام 6، أباح أكل المحرمات بكمية صغيرة عند الضرورة أي عند الخشية من الموت. وبصرف النظر عن الأطعمة والأشربة التي وقع تحريمها تحريمًا قاطعًا، نجد أيضًا ما وقع تحريمه بشكل غير مباشر أي في نص غير صريح، والسبب في تحريمه هو أنه مضر بالصحة. ومن علامات قرب الإسلام لأهل الكتاب هو أن القرآن يبيح للمسلمين أكل طعامهم وشرابهم، باستثناء

المحرَّمات. والعكس جائز أيضًا وهو أن طعام وشرب المسلمين حلال لأهل الكتب السماوية الأخرى، وهذا ما ورد في الآية 5 من سورة المائدة 5.

خالد أونال

مواضيع ذات صلة: **العمل؛ الأضحية؛ الفرائض الدينية؛ المباحات الدينية؛ المحرمات الدينية.**

الآخرة (من وجهة نظر مسيحية)

نشأت فكرة وجود حياة ثانية كعالم للموتى في تاريخ الأديان قبل ظهور المسيحية بزمن طويل. عناصر كثيرة لتصورات الآخرة ما قبل المسيحية دخلت إليها بشكل رئيسي من المعتقدات الشعبية الشائعة لدى المسيحيين، وكذلك من الكتاب المقدس والمؤلفات اللاهوتية الأدبية أيضًا. ومع ذلك لم تكن تأثيرات كهذه دون إشكاليات. فاللوحات الزخرفية التقليدية عن الآخرة كانت مخصصة فقط لتقديم سمات الإسخاتولوجيا المسيحية (علم الأخرويات أو دراسة المعتقدات الدينية المتعلقة بالحياة ما بعد الموت الجسدي ونهاية العالم). والسبب في ذلك يكمن في أن الأبعاد الأخروية لا تزال في معظمها موضوعة في أطر مكانية، لا بل وزمانية أيضًا. يتم تقديم الآخرة على أنها مكان آخر أو فترة زمنية أخرى إلى جانب عالم الأحياء أو خارجه، وبالتالي تصبح حياةً موازية للحياة الأرضية. وبذلك تبدو الحياة الأرضية والحياة الثانية كجزأين مكوّنين للكون، بحيث يتم تقسيم الحياة الثانية أيضًا إلى جزأين: منطقة الكمال (الفردوس، الملكوت) ومنطقة العقاب (الجحيم، جهنم). إلا أنه لا يمكن إنصاف وجهة النظر المسيحية هذه إلا إذا وضعنا الحياة ما بعد الموت في أطر تتجاوز المكان والزمان بشكل مطلق. ولا يمكن فهم الحياة الجديدة التي يهبها الله للإنسان بعد الموت الأرضي بحسب الاعتقاد المسيحي على أنها مرحلة انتقالية بين عالمين. المرجو بالأحرى هو كمال في هذه الحياة وهذا العالم، يتضمن بشكل متغيّر كل ما حدث في الفترة التاريخية لحياة الفرد والكون. في هذه الحالة وبعيدًا عن الزمان والمكان تتحرر الخليقة بأكملها من فنائية الموت ويُمنح الإنسان قربًا جديدًا وبعلاقة شخصية حوارية مع الله »»وجهًا لوجه«« (رسالة بولس الرسول الأولى إلى كورنثوس 13: 12). وبسبب خصائص هذا الكمال المفرحة والرافعة للمعنويات يتم ربطه بشكل مثالي مع الظاهرة الكونية للسماء. وعلى أساس إيمان المسيحيين بإله كليّ المحبة والغفران يمكن تبرير قبول فكرة أن الله سيفتح أمام جميع البشر الطريق إلى هذا الكمال بعد الموت.

ولكن خلق الله للإنسان ككائن له إرادة حرة لا يسمح له أيضًا بأن يخلّص أي إنسان بعد موته رغمًا عنه. ومن هنا كانت ضرورة وجود إمكانية لاتخاذ قرار دائم

ضد اللـه وضد محبته الغافرة والتي يتبعها ابتعاد الإنسان عن اللـه. هذه الحالة المسؤولة لإرادة الإنسان الحرة بالابتعاد عن اللـه تمثل المعنى المسيحي للخطاب التقليدي عن الجحيم. ولأن حالة الطبيعة البشرية هذه – التي تتمحور من حيث المبدأ حول اللـه – لا تتوافق مع طبيعته، ستكون هذه الطبيعة البشرية مرتبطة بالألم والعذاب والمعاناة. ويوم القيامة المرتبط إيمانيًا بمفهوم الآخرة يمكن تفسيره إيجابيًا بأنه لحظة القرار الشخصي النهائي والحر للإنسان بندمه على ذنوبه وقبول محبة اللـه الكلي الرحمة.

مارتن تورنر

مواضيع ذات صلة: **قيامة الأموات؛ الإسخاتولوجيا؛ الملكوت؛ الجحيم؛ الدينونة؛ المحبة.**

الآخرة (من وجهة نظر إسلامية)

الآخرة هي عبارة عن تلك الحياة الخالدة التي تبدأ بعد انتهاء الحياة الدنيوية. إذ يشكل الإعتقاد بالدار الآخرة ركنًا من أركان الإيمان في الإسلام. إذ سوف ينتهي يومَ القيامة النظامُ الكوني، حيث ينشئ الله نظامًا جديدًا. ففي هذا النظام سوف يقوم الناس من قبورهم لتبدأ حياة جديدة. وبعد القيام يُحشر الناس في مكان، حيث يُنْصب فيه الميزان، ويتم الحساب، كل حسب أعماله.

يُعْتَبَر الإيمان مسألة جوهرية في إدراك الدار الآخرة، وأن الإنسان مسؤول أمام الله عن أعماله في الدنيا. وبحسب حكم الله سوف يُثاب الناس أو يُعاقَبون بعد الموت. فجزاء الإيمان هو الثواب ودخول الجنة، وجزاء عدم الإيمان هو العقاب ودخول النار. يشترط الإيمان بيوم القيامة الإيمان بقدرة الله (سورة يس 36 الآية 67) والثقة بحكم الله العادل (سورة المؤمنون 23 الآية 86). لقد منح الله الإنسان الكرامة والعقل، لذلك فإن لكل إنسان القابلية على التمييز بين الصالح والطالح، وبين الحقيقة والباطل، وبين العدل والظلم. إن الله قد أنعم على الإنسان في الحياة الدنيا بنِعم كثيرة (سورة الأنعام 6 الآية 2؛ سورة السجدة 32 الآية 9)، وبذلك فقد حمَّل الله الإنسان مسؤولية كبيرة (سورة الإنسان 76 الآية 1–3؛ سورة هود 11 الآية 7). فالله يضع الإنسان أمام القرار في اختيار العمل الصالح. وبذلك يساهم الإيمان بالآخرة في دعم المسلم في تطوير تصرفاته الأخلاقية. فطِبقًا للاعتقاد الإسلامي سوف يُثاب الصالحون من الناس في الآخرة بالنِعَم الأبدية الحقيقية.

وينبغي على الإنسان أن يستفيد من كل النِعَم الدنيوية التي وهبها الله له، وألا ينسى بأن هذه النِعَم زائلة. فالتشبث بالنِعَم الدنيوية الزائلة يقود إلى الإبتعاد عن القيم كالعدالة، والبر، ونكران الذات، والفضيلة، والتسارع في التسامح، والتضامن

الاجتماعي – فهذه هي القيم التي يُثاب الإنسان من أجلها في الآخرة (سورة النحل 16 الآية 60؛ سورة النساء 4 الآية 38؛ سورة غافر 40 الآية 27).

محمد باچجي

مواضيع ذات صلة: **العمل؛ يوم البعث؛ يوم القيامة؛ العالم.**

الأخلاق (من وجهة نظر مسيحية)

بخلاف »علم الأخلاق« يشار دائمًا إلى »الأخلاق« بأنها الشكل الملموس من الحياة الأخلاقية. ويشمل هذا المصطلح مجمل المواقف والمعتقدات والأعراف التي يقرّها شخص أو جماعة مجتمعية على أنها جيدة ويبنون على أساسها أفعالهم وتصرفاتهم الشخصية بشكل ملتزم. والأهمية الأخلاقية لصفة »جيدة« في هذا السياق يمكن فهمها من خلال النظر لتصرف معين على أنه مناسب ويسهم في نجاح حياة البشر والتعايش فيما بينهم. هذا الأنموذج التفصيلي العام لتوجيه التصرفات يشكّل وحدة متكاملة مع ثقافة الناس ونظامهم المجتمعي، ويصل للفرد من خلال عملية الاندماج في المجتمع. الأخلاق إذًا ليست مسؤولة عن توجيه التصرفات فحسب، وإنما عن خلق الهوية الجماعية والفردية أيضًا.

وكما هي الحال في كافة الثقافات والأنظمة الاجتماعية هناك في المسيحية أيضًا مخزون متوارث من معتقدات وأعراف كهذه يُنظر إليها على أنها جيدة وصحيحة. والأخلاق المسيحية لها جذور في أسفار العهدين القديم والجديد اللذان يحتويان العديد من الإرشادات والوصايا (سفر الخروج 20: 1–17؛ سفر الحكمة 14: 25 وما بعدها؛ رسالة بولس الرسول إلى غلاطية 5: 19–23). ورغم أن الفضل يعود في ذلك إلى سياق الحياة المعاشة آنذاك وكانت الأخلاق تتطلب باستمرار ترجمة واقعية إلى الزمن والثقافة المرادَين. ولكن ما يحفظ كل هذه الإرشادات والوصايا من التغيير ويمنحها طابعها المسيحي هو تفسيرها اللاهوتي، فكل الأفعال بالنسبة للمؤمن المسيحي ليست إلا ردود أفعال على عمل الله الخلاصي السابق لها تجاه الإنسان. وكما حرر يهوه شعبه من عبودية مصر وبالتالي من الضائقة الاجتماعية والقمع (سفر الخروج 1: 13 وما بعدها) وكما افتدى البشرية بواسطة ابنه يسوع المسيح من الخطيئة والذنوب (رسالة بولس الرسول إلى رومية 3: 24)، هكذا ينبغي أيضًا على المسيحي أن يعامل الناس الآخرين: متضامنًا وعادلاً معهم ومراعيًا لهم ورؤوفًا بهم. هكذا ترتبط محبة الله بمحبة القريب في المسيحية ارتباطًا لا انفصال فيه. ففي محبة القريب تتجلى في الوقت نفسه محبة الله (الإنجيل بحسب متى 25: 40). المثال المعروف عن هذا النوع من المحبة هو مثل السامري الشفوق (الإنجيل بحسب لوقا 10: 25–37). الوصية المزدوجة

لمحبة اللـه ومحبة القريب إذًا هي أساس الأخلاق المسيحية وجوهرها في كافة الاختلافات التاريخية والثقافية الاجتماعية المحدِّدة للقيم والأعراف الفردية.

هانس غونتر غروبر

مواضيع ذات صلة: **علم الأخلاق؛ محبة القريب.**

الأخلاق / علم الأخلاق (من وجهة نظر مسيحيّة)

علم الأخلاق هو نظرية تفكير عقليّ ذاتي، يفتّش عن جواب معلّل علميًا للسؤال: »ما الذي يجب علينا فعله؟«. وتفهم الأخلاق المسيحيّة التجربة الإنسانيّة للحريّة وللمسؤوليّة أنّ هاتين لهما الأصل نفسه ومترابطتان بشكل شديد مع بعضهما البعض. نشأت تباينات في اللاهوت الكاثوليكيّ أواخر القرن التاسع عشر بين لاهوت الأخلاق والأخلاقيّات الاجتماعيّة. فالأوّل متصل جوهريًا بالتناقض بين الخير والشرّ فيما تتصل الثانية بالتمييز بين ما هو عادل وما هو ظالم وبالتالي بتكوين هيكليّات النظام الاجتماعيّة.

إنّ استنتاجات الإيمان المسيحيّ من الله الودود تجاه البشر تتمثّل في توجيه الاهتمام المحرّر واللامشروط إلى الآخرين؛ فالأفق الإدراكيّ للمفهوم المسيحيّ لله وللإنسان والخلق يشجّع على أخلاقيّة تضامن وإنسانيّة معيشين. من أجل ذلك تكمن مهمّة الكنيسة، كسلطة أخلاقيّة، في اكتشاف إنسانيّة الإنسان وتعزيز شروط إنسانيّة لتعايش ناجح. وتؤسّس إرادة الله المطلقة في خلاص جميع البشر والخليقة جمعاء – وفقًا للتصوّر المسيحيّ – القيمة الذاتيّة للمخلوق ومطلقيّة كرامة الشخص اللتين يتوجّب استيفاؤهما في سياق الشروط البيولوجيّة والاجتماعيّة للحياة. ويُعتبر مصطلح المحبّة في الكتاب المقدّس التعليلَ الأعمق للأخلاق المطبوعة مسيحيًا، وفي الوقت نفسه أيضًا الأخلاق المتخطّية لكلّ حدود الفضاء الكنسيّ: المحبّة الأكيدة وفق تعاليم الكتاب المقدّس هي حقّ لكلّ إنسان، ووحدها هي تستطيع أن تدرك الإنسان في كرامته المطلقة. في هذا الأفق الإدراكي يوفى كلّ إنسان كرامةً غير قابلة للتجزئة ومستقلّة عن الديانة والجنسيّة والجنس وأيّة خصائص أو إنجازات أخرى. من أجل ذلك لا تبيّن ميزة الأخلاق المسيحيّة نفسها في تعليل للمعايير متاح فقط للمسحيين بحيث يعتبرونه من حقّهم، بل في كونها موجّهة في مسار التخطّي الأساسيّ للخصوصيّة، فهي تتوجّه وفقًا لتطلّعاتها الخاصّة إلى جميع البشر، وبالتالي من الضروري تفسيرها حسب مفهوم الأخلاق الكليّة.

وتعدّ الاخلاقيّات الاجتماعيّة المسيحيّة محاولة للإجابة عن المشاكل المرافقة لعمليّة التطوّر في المجتمعات الحديثة بأساليب علميّة على ضوء الإنجيل، فهي تفهم الإيمان تمكينًا وتكليفًا للمشاركة في تكوين الحياة الاجتماعيّة. فوحدة الحقّ الالهيّ

والحقّ الإنساني تُلزم بالسعي الدؤوب نحو العدالة، والمعيار هنا هو خاصّةً تجارب الواقفين في دائرة الظلّ في المجتمع التي تضعها البشارة بملكوت الربّ في الكتاب المقدّس نصب عينيها (انظر لوقا 4: 18: »رُوحُ الرَّبِّ عَلَيَّ، لأَنَّهُ مَسَحَنِي لأُبَشِّرَ الْمَسَاكِينَ«). من هنا يكون الخيار للفقراء هو تطلّعات الاخلاقيّات الاجتماعيّة المسيحيّة. فمسارها موجّه إلى تشجيع المهارة اللغويّة وكفاءة المشاركة في تشكيل مؤسّسة الكنيسة والمؤمن الفرد في القضايا السياسيّة والاجتماعيّة والاقتصاديّة. كما أنّها تبحث عن معايير واستراتيجيّات لوضع هيكليّات اجتماعيّة وقرارات سياسيّة وإجراءات اقتصاديّة على المسار الممكّن من حصول العدالة والسلام ومسؤوليّة الخلق. وبخلاف السؤال الأخلاقي الشخصيّ عن الحافز والمسؤوليّة في الممارسة العمليّة الشخصيّة، يدور الأمر في الأخلاقيات الاجتماعيّة حول مؤسّسات اجتماعيّة وهيكليّات وأنظمة. فالأساس المنهجيّ للأخلاقيات الاجتماعيّة المسيحيّة هو المبادئ الاجتماعيّة، وقاعدتها مبدأ الشخص الفرد الذي يفهم كرامة الإنسان المطلقة كغايةٍ في حدّ ذاتها معيارًا هاديًا لكلّ نظام اجتماعيّ، تتجلّى في حقوق الحريّة الشخصيّة وحقوق المطالب الاجتماعية وحقوق المشاركة السياسيّة. في الوقت نفسه الإنسان كائن اجتماعيّ يعتمد في أوقات الشدّة على الجماعة والتعاون والمساعدة (تضامن)، إلا أنّه يحتاج في ذلك إلى الحماية من السيطرة الجماعية عبر الأفضليّة الأساسية للوحدة الاجتماعيّة الصغيرة (تكافل). إنّ التهديد الأشمل لأسس الحياة الطبيعيّة من خلال الطريقة المعاصرة في العيش والتدبير يجب مواجهته بمبدأ الاستدامة الذي يفهمه التصوّر المسيحيّ بأنّه موجّه آمر لمسؤوليّة الخلق. فمن الضروري أن يكون الاتصال قائمًا مع الإيمان المطبّق وشهادة الكنيسة من أجل إبراز قدرة إعلان الموافقة على الأخلاق المسيحية وقيمتها أمام خطط الأخلاق العلمانيّة أثناء الجدال الدائر بين القناعات والمصالح المتعدّدة. لذا يرافق التفكيرُ الأخلاقي العقليّ الممارسةَ العمليّة الكنسيّة ويسعى إلى توضيح القدرة المحرِّرة للإيمان المسيحيّ أثناء الحوار الاجتماعيّ، وهذا ما يجب أن يُفهم على أنّه عمليّة تعليميّة تتبادل فيها الكنيسة الأدوار مع المجتمع. ومن كونه حلقة تربط بين اللاهوت والأخلاق الفلسفية والطرائق الاجتماعيّة العلميّة فإنّه يعدّ جسر تواصل بين الكنيسة والمجتمع. وفقط من كونه هكذا فإنّه يفي بشروطه العلميّة الخاصّة ويمكنه أن يعكس واقع حياة الإنسان بطريقة مناسبة.

ماركوس فوغت

مواضيع ذات صلة: **الحريّة؛ المجتمع؛ كرامة الإنسان؛ الأخلاق؛ الأحكام الدينيّة؛ الوصايا العشر.**

الأخلاقيات (من وجهة نظر إسلامية)

يضم مصطلح الأخلاقيات في المفهوم الإسلامي معنى شاملاً واسعًا. فلمفهوم الأخلاقيات الإسلامي علاقة مباشرة بالدين، والشخصية، والسلوك، حيث يُستخدم مصطلح الأخلاق ضمن ثلاث صيغ مختلفة هي: أ) أسلوب الحياة العام (مثلاً الأخلاقيات الإسلامية)، ب) مجموعة قواعد السلوك (أخلاقيات المهنة)، ج) انعكاس التفكّر الفلسفي على قواعد السلوك، وأسلوب الحياة، (مثلاً الأخلاقيات كجزء من الفلسفة). تسود طبقًا للمفهوم الإسلامي علاقة وطيدة بين فلسفة الأخلاق والطبيعة الإنسانية، ونتيجة لذلك فإن الإنسان له القدرة على جعل فلسفة الأخلاق جوهرًا لسلوكه، فهو يمتلك النواة الأخلاقية لذلك. وهذا يدل على أن اتخاذ القرارات التي تميز بين الخير والشر خاضعة دائمًا لفلسفة الأخلاق.

هناك علاقة وثيقة بين حديث الرسول فيما رواه البيهقي عن أبي هريرة أن النبي محمد قال: »إنما بُعثت لأتمم مكارم الأخلاق« (أنظر البيهقي) وبين تصور جميع الناس لفلسفة الأخلاق.

يقف مبدأ قبول النواة الأخلاقية لجوهر الإنسان موقف الضد من المفهوم القائل بأن نشوء الإنسان من مادة قد يكون نتيجة لنظرية التطور التي تفرق بين الأخلاقيات والتقاليد، وبين العادات والآداب. فالأخلاقيات تشير إلى قواعد التعامل العامة والسائدة، أما التقاليد فتشير على العكس من ذلك إلى قواعد التعامل النسبية. وكيفما يكن فإن علاقة الإنسان بخالقه وبجميع الكائنات ما هي إلا جزء من الأخلاقيات.

تُعرف الأخلاقيات عمومًا على أنها إرادة الإنسان في التعامل، فهي فرع من فروع العلوم المعيارية التي توجِد تلك القواعد التي تؤيد أو ترفض ذلك التعامل.

ينقسم علم الأخلاقيات إلى ميدانين، أحدهما نظري يهتم بالمبادئ العامة، وآخر عملي يهتم بالتعليمات والإرشادات الدقيقة والملموسة. فمن أهم المعضلات على الصعيد النظري هو السؤال عن مصدر الأخلاقيات، أما فيما يخص الأجوبة عن هذا السؤال فهي تختلف طبقًا للصلة التي تنتج عن الوجود والقيمة.

يؤمن أتباع مدرسة المعتزلة والمدرسة الماتريدية بأن الوجود والقيم مسألتان مرتبطتان ببعضهما البعض، حيث خلق الله القيم والوجود بميزات نوعية كالخير والشر، فحرم فعل الشر على عباده وأمرهم بفعل الخير. إن للإنسان القدرة على معرفة الخير والشر وبمعزل عن الكتب السماوية، وذلك لأن الله أمر عباده بعمل الصالحات لأن في ذلك الخير لهم في دينهم ودنياهم، ونهاهم عن فعل الشر لأن في ذلك المضرة لهم. أما الأشعرية فهم يؤمنون بالخليقة ذات القيم الحيادية، فبعد أن أرسل الله الرسل عرف الإنسان أن يفرق بين الخير والشر. فكل ما أمر به الله هو خير، وكل ما نهى عنه هو شر. وأما المعتزلة والماتريدية فإنهم يُقَيِّمون أفعال

الإنسان بحسب عواقبها، فالقيمة الأخلاقية مرهونة بالفائدة أو الضرر الناتج عن ذلك العمل. أما الأشعرية فهم يقيسون قيمة العمل ليس بعواقبه وإنما بنيّة الإنسان.

على الرغم من أن التشريعات الأخلاقية الواردة في التيارات الكلامية المذكورة سابقًا تحمل طابع الضرورة، إلا أنه من الممكن أن يخضع أي حكم أخلاقي صدر بحق إنسان ما لأن يكون قابلاً للمناقشة أو الجدل. فالأخلاقيون المسلمون يعطون الجوانب التطبيقية للأخلاقيات وزنًا أكبر من الجوانب النظرية.

يقدم الدين الإسلامي للإنسان في شخص النبي محمد نموذجًا فذًا في تطوير أخلاقياته، فإن النبي محمدًا لم يبلّغ وصايا الله فحسب وإنما عمل بها وطبقها خير تطبيق، فهو بحق خير نموذج للإنسان. لذلك يجب على كل مسلم الاقتداء به قولاً وعملاً لأنه المثل الأعلى للإنسان الكامل في جميع مراحل حياته وفي مختلف جوانبها. فلقد ذكر الله في القرآن أن النبي محمدًا لعلى أدب وخلق عظيم، وذلك أدب القرآن الذي أدبه الله به، والمتجلي في الإسلام وشرائعه ﴿وَإِنَّكَ لَعَلَىٰ خُلُقٍ عَظِيمٍ﴾ (سورة القلم 68 الآية 4). لقد حث الله في القرآن عباده على التأسي بنبيه في أقواله، وأفعاله، وأحواله، وشمائله ﴿لَّقَدْ كَانَ لَكُمْ فِي رَسُولِ ٱللَّهِ أُسْوَةٌ حَسَنَةٌ لِّمَن كَانَ يَرْجُواْ ٱللَّهَ وَٱلْيَوْمَ ٱلْآخِرَ وَذَكَرَ ٱللَّهَ كَثِيرًا﴾ (سورة الأحزاب 33 الآية 21).

يؤكد القرآن والأحاديث النبوية على أن الصدق والأمانة من الفضائل، وذلك لأن الصدق من أولى وصايا الأخلاقيات، إضافة إلى ذلك فإن من الفضائل الجوهرية والأساسية في الإسلام العدالة، والإخلاص، والثقة، والقناعة، والإيمان بالله، والكرم، والصبر.

رجب قيليچ

مواضيع ذات صلة: **أخلاقيات الحوار؛ الضمير؛ الخير والشر؛ الوصايا العشر.**

مصادر الحديث:

البيهقي: كتاب جماع أبواب من تجوز شهادته، باب بيان مكارم الأخلاق، رقم الحديث: 20782، عن أبي هريرة.

أخلاق البيئة (من وجهة نظر مسيحية)

أخلاق البيئة مجال بحثي يتناول القضايا المعيارية للعلاقة بين الإنسان والطبيعة والتكنولوجيا. والمصطلحات البديلة هي »أخلاقيات الطبيعة« أو »علم الأخلاق البيئي« أو »أخلاق الخليقة«. كانت النقاشات في سبعينيات القرن العشرين حول ندرة الموارد وحدود النمو وكذلك عن الخلافات حول مسؤولية الطاقة الذرية الدافع لتطور الأخلاق البيئية كمجالٍ للتفكر متعدد التخصصات وتم نقاشه اجتماعيًا على نطاق واسع. وأخلاق البيئة اليوم تركّز في المقام الأول على تحديات عالمية مثل تغير المناخ والتنوع البيولوجي وحماية التربة والغابات والمياه والحيوانات، وكذلك

النفايات والاستهلاك المستدام، فضلاً عن المسائل التقنية المتعلقة بالتخلي عن الطاقات الأحفورية والنووية أو المنتجات الزراعية المعدّلة وراثيًا.

يسمى الإنسان في العهد القديم (آدم) »من أديم الأرض«، ما يشير إلى تحديد صفة بيئية أساسية للإنسان. فهو »تراب«، الأمر الذي يجعله في محدوديته كمخلوق جزءًا من الأرض، وهذا ينطبق على الجميع، حتى على الملوك. ما يسمى بأمر التسلط في سفر التكوين 1: 26: »يَتَسَلَّطُونَ عَلَى كُلِّ الأَرْضِ« وصم الكتاب المقدس بأنه صاغ البرنامج التاريخي الثقافي لتدمير الطبيعة. ولكن المعنى هنا وفقًا للسياق هو بكل وضوح »تسلطوا على الأرض وعمّروها«. كما أن أمر التسلط رافقه أيضًا »أمر الاعتناء بجنة عدن« (سفر التكوين 2: 15)، والذي ينص على أنّ الإنسان عليه الاعتناء بالطبيعة والمحافظة عليها. وتُذكر في قصة نوح الطبيعة وليس فقط الإنسان كشريك لله (سفر التكوين 9: 13). وتثبت عدة أحكام في سفر اللاويين على أنها اليوم تدابير وقائية ذكية بيئيًا وصحيًا. وتشير بعض الأمثال في العهد الجديد إلى ملاحظات في الطبيعة على أنها صور لملكوت الله (كالبذار الذي ينمو من تلقاء ذاته في الإنجيل بحسب مرقس 4: 26 وما بعدها). ومع ذلك لا تُعتبر اليهودية والمسيحية دينين لعبادة الطبيعة وينأى بنفسه كل منهما بشكل صريح عن عبادة آلهة الطبيعة في بيئة الشرق القديم.

وغالبًا ما يتم التمييز في حيثيات الأخلاق البيئية بين النماذج التالية: مركزية الإنسان في الكون »Anthropocentrism« (من اليونانية: الإنسان كمحور الحياة)، ومركزية الألم »Pathocentrism« (من كلمة pathos اليونانية: الألم الذي ينبغي تجنبه)، ومركزية الحياة »Biocentrism« (من كلمة bios اليونانية: الحياة الواجب المحافظة عليها) ومركزية الطبيعة »Physiocentrism« أو »Ecocentrism« (من الكلمتين اليونانيتين physis: طبيعة، وoikos: منزل، محيط حيوي، نظام بيئي، وهي في صلب الجدال الأخلاقي). وعند تقييم هذه النماذج يجب أن يوضع منهجيًا في عين الاعتبار أنه لا يمكن استخلاص التصريحات المعيارية مباشرةً من عملية التأكد من الحقائق والقوانين الوظيفية للطبيعة (الحكم على مغالطة المذهب الطبيعي). إلا أن نماذج أية أخلاق بيئة تحدد قيمة الطبيعة من خلال الوجود البشري فقط، تبقى نماذج غير كافية.

تعترف أخلاق البيئة في المسيحية من جهة بالمكانة المتميزة للإنسان، ومن جهة أخرى تفسر هذه المكانة على أنها تعبير عن صورة الله ومثاله، وبالتالي تعتبرها تكليفًا لتحمّل المسؤولية. وأية علاقة إنسانية تُفهم هكذا يمكن اعتبارها شرطًا أنثروبولوجيًا وإبيستيمولوجيًا للاعتراف بالقيمة الذاتية للطبيعة.

وتنفيذ هذا المطلب من خلال احترام دائم للمخلوقات الأخرى وكذلك من خلال حماية البيئة بشكل منطقي على المدى البعيد وبشكل مدروس ومنهجي ومستدام، يعتبر بالنسبة للكنائس عملية تعلم متأخرة إلى حدٍ كبير. ومن أجل ذلك يقدّم منشور

البابا فرانسيس »لاوداتو سي Laudato si« (فرانسيس (2015): لاوداتو سي. منشور بابوي حول الاهتمام بالبيت المشترك، الفاتيكان) توجيهًا شاملاً. إحدى الأفكار الرئيسية لهذا المنشور البابوي البيئي الأول في الكنيسة الكاثوليكية هي اعتبار المناخ ملكية جماعية، أي اعتباره كإرث مشترك للبشرية، وبالتالي ينبغي إدارته على أساس مصلحة العالم بأسره بما في ذلك الأجيال القادمة.

ماركوس فوغت

أخلاق البيئة (من وجهة نظر إسلامية)

يقوم مصطلح البيئة في الإسلام على قاعدة مادية ومتافيزيقية معًا. وانطلاقًا من هذين العنصرين الأساسيين، نجد في القرآن العبارات الهامة التالية المتعلقة بعلاقة الإنسان ببيئته: أولاً يخبر القرآن أن الله يُسبِّح له ما في السماوات والأرض، وذلك في الآية 1 من سورة الحشر 59، وفي الآية 44 من سورة الإسراء 17. أما الآية 41 من سورة ق 50 فتخبر أن العلامات والرموز القريبة لبيئة الإنسان تنادي للإيمان بشكل مستمر وفي الآية 6 من سورة الرحمان 55 نقرأ أن النجم والشجر يسجدان لله. كما أن الآية 38 من سورة الدخان 44، والآية 115 من سورة المؤمنون 23 تشيران إلى أن الوجود له قاعدة متافيزيقية من خلال منح القيم المجردة معنى ومقصدًا.

ثانيًا، ينهى القرآن الناس عن سلوك يوحي أن البيئة من ممتلكاتهم، وذلك بتوضيحه أن لله ما في السموات وما في الأرض وما بينهما وما تحت الثرى، وهذا ما جاء ذكره في الآية 6 من سورة طه 20. والجدير بالذكر أن الطبيعة ومنافعها خُلقت لغرض واحد، وهو أن يستفيد منها الإنسان. ومع ذلك لا يعني حق الإستفادة من الطبيعة حق السلطة المطلقة، بل هي بشكل أوضح انتفاع مؤقت له حدود. وفي هذه المدة المحددة توفر الطبيعة جملة من الإمكانيات المتنوعة التي يمكن أن تطرأ عليها تغيرات من خلال عمل الإنسان. فالقرآن يأمر الإنسان استغلال هذه المنافع لإصلاح الأرض، وذلك في الآية 61 من سورة هودٍ 11. وهذا العمل الإصلاحي يجب أن يسعى للوصول إلى الكمال، وهذا ما هو مخطّط له في قصة الخلق الإلهي.

ثالثًا، يذكر القرآن أن الله خلق كل شيء بقدر، وذلك في الآية 49 من سورة القمر 54. كما يحذر الإنسان من عدم الإخلال بهذا القدر والتوازن. ومن علامات التوافق الدقيق للكون والتوازن المذكور أعلاه عدم ظهور فضلات نفاية في الطبيعة رغم ظاهرة الموت المستمرة.

رابعًا، يخبر القرآن أن الإنسان سيواجه مباشرةً عقابات وخيمة في ما إذا لم يحافظ على الطبيعة. وهذا ينعكس بشكل غير مباشر على حماية الطبيعة. وهذا ما نقرؤه

في الآية التالية: ﴿ظَهَرَ الْفَسَادُ فِي الْبَرِّ وَالْبَحْرِ بِمَا كَسَبَتْ أَيْدِي النَّاسِ لِيُذِيقَهُمْ بَعْضَ الَّذِي عَمِلُوا لَعَلَّهُمْ يَرْجِعُونَ﴾ (سورة الروم 30 الآية41).
خامسًا، يشير القرآن إلى أن كل ما هو على الأرض هالك ومحدود، وذلك في الآية 26 من سورة الرحمان 55. وهنا يطلب تحديد ضوابط ترسم أخلاقيات التعامل بين الإنسان والطبيعة، التي تضمن الحياة في المستقبل لكل كائن. وإذا تأملنا في هذه المبادئ الإرشادية، أصبح جليًا وواضحًا أن الإسلام، طبقًا لمعتقد التوحيد، يرى أن البيئة هي جزء من الكل، وبهذا يمنحها الأهمية وينسب لها الحيوية. ووفقًا للمفهوم الإسلامي فإن علاقة الإنسان بالطبيعة تقوم على التبادل. لهذا السبب تم التأكيد على القدر والتوازن المتعلق بالطبيعة، وفي نفس الوقت، التحذير من الوصول إلى نتائج سلبية إذا وقع الإخلال بهذا التوازن، فالإنسان الذي أرسل كخليفة الله في الأرض يُنتظر منه أن يطور أخلاقيات تضبط العلاقة بالبيئة وفقًا لإرادة الله، وبشكل يجعل المرء قادرًا على أن يعلل سلوكه تجاه خلق الله.

شعبان علي دوزگون

آداب اللباس (من وجهة نظر مسيحية)
لا تعرف التقاليد المسيحية في الواقع آداب لباس مسيحية خاصة، رغم أنه كانت هناك بين الحين والآخر داخل منطقة سيادة المسيحية لوائح خاصة بخصوص ملابس غير المسيحيين (ولا سيما اليهود). ما عدا ذلك كانت كافة آداب اللباس ذات طبيعة دنيوية سياسية، أو لها علاقة برجال دين من أجل التمييز بين درجاتهم الكهنوتية، أو لتحديد لباس العبادة الذي يرتدونه. هناك حالة خاصة معينة تتعلق بالوصية للنساء بارتداء غطاء للرأس، كما صاغها بولس الرسول في رسالته الأولى إلى كورنثوس 11: 5–6، أو كما ورد في سياق الآيات 2–16 في الإصحاح ذاته. وبذلك أدخل بولس العادة اليهودية في تغطية الرأس إلى جماعات المؤمنين من أصول وثنية أيضًا. لأن تغطية الرأس بحضور آخرين والملابس المحتشمة والبسيطة تعتبر بالنسبة لبولس من صفات المرأة الفاضلة، وخاصة فيما يتعلق بممارسة الحياة الدينية مثل الصلاة. لذلك لا تزال هناك حتى يومنا هذا في بعض البلدان (مثل إسبانيا) عادة وضع النساء إما قبعة أو قطعة قماش (كالمنديل) على رؤوسهن أثناء القدّاس والصلوات. استخدام غطاء الرأس أثناء مراسم الزواج (طرحة العروس) تم توثيقه في كنيسة روما منذ القرن الرابع الميلادي. وهذه العادة تعود لعرف وثني روماني لتغطية العروس في احتفالات الزواج. إضافة إلى ذلك، تأتي عادة وضع الراهبة لغطاء على رأسها في الأديرة كإشارة إلى أنها أصبحت عروسًا للمسيح.

أما الأشكال الأخرى من أغطية الرأس، كغطاء الأرامل مثلاً، فنراها في مجلات الأزياء، وهذه ليست لها أية مدلولات دينية تُذكر. وبالتالي زالت مع تغيّر الموضة عادة ارتداء غطاء للرأس مع مرور الزمن. وهذا ينطبق أيضًا في معظم البلدان على حضور النساء للصلوات والقداديس.

بيتر أنتس

آداب اللباس (من وجهة نظر إسلامية)

بقي الناس بعد الإسلام يرتدون الملابس والإكسسوارات نفسها التي اعتادوا على ارتدائها قبل الإسلام في شبه الجزيرة العربية. فلقد ورد في القرآن بهذا الخصوص: ﴿يٰبَنِى ءَادَمَ قَد أَنزَلنَا عَلَيكُم لِبَاسًا يُوَارِى سَوءٰتِكُم وَرِيشًاوَلِبَاسُ التَّقوٰى ذٰ لِكَ خَيرٌذٰ لِكَ مِن ءَايٰتِ اللّٰهِ لَعَلَّهُم يَذَّكَّرُونَ﴾ (سورة الأعراف 7 الآية 26)، وكذلك أيضًا: ﴿يٰبَنِى ءَادَمَ خُذُوا زِينَتَكُم عِندَ كُلِّ مَسجِدٍ وَّكُلُوا وَاشرَبُوا وَلَا تُسرِفُواإِنَّه لَا يُحِبُّ المُسرِفِينَ﴾ (سورة الأعراف 7 الآية 31)، ﴿قُل مَن حَرَّمَ زِينَةَ اللّٰهِ الَّتِى أَخرَجَ لِعِبَادِه وَالطَّيِّبٰتِ مِنَ الرِّزقِ﴾ (سورة الأعراف 7 الآية 32). فهذه الآيات تبين إلى جانب العناية بالملبس أهمية البعد الجمالي.

لا تعطي المراجع معلومات حول أي تغيير قام به النبي محمد بعد النبوة فيما يخص ملبسه. إلا أن هناك آية نزلت في بداية الدعوة تقول: ﴿وَثِيَابَكَ فَطَهِّر﴾ (سورة المدثر 74 الآية 4). وهناك أيضًا أحاديث نبوية تبين أن النبي محمد قد أولى مسألة الملبس اهتمامًا، حيث انتقد في بعض الأحاديث أولئك الذين يرتدون الملابس والحلي التي لا تتلاءم مع العرف الصحيح (أنظر صحيح البخاري؛ ومالك بن أنس). انطلاقًا من هذه الأحاديث، وطِبقًا لمفهوم أغلبية المسلمين توجد فيما يخص الملبس ثلاثة مبادئ جوهرية، وهي: 1) ستر عورة الجسم، 2) نظافة وجمالية الملبس، 3) تجنب الإسراف والمبالغة. فطبقًا لهذه القواعد فقط طور المسلمون على مر التاريخ كل حسب ثقافته وبيئته الجغرافية مختلف أنواع اللباس.

إسماعيل حقي أونال

مواضيع ذات صلة: **المرأة**

مصادر الحديث:

1. صحيح البخاري، كتاب اللباس، باب 45 خواتيم الذهب، رقم الحديث 5863، عن البراء بن عازب.
2. مالك، كتاب اللباس، باب 6 ما جاء في إسبال المرأة ثوبها، عن أم سلمة.

أدب المناظرة (من وجهة نظر إسلامية)
أدب المناظرة مصطلح يصف القاعدة الأخلاقية والمنهجية التي يُرتكز عليها في إجراء المناقشات. وقد تطور هذا المصطلح ليصبح اختصاصًا يُدرس في المؤسسات العلمية حتى اليوم، ناهيك عن الكثير من المراجع والمؤلفات التي تتحدث عن هذا الموضوع. لقد تم استخدام منهج أدب المناظرة وقبل كل شيء من قِبل العلماء الذين يهتمون بمجالات الفلسفة ، واللاهوت النظامي، والمنطق.
يوجد في الموروث الإسلامي للمنطق منهجان للمناقشة: 1. منهج الجدل: وهو منهج المناطقة المشائين والذي يعتمد على أحد أعمال أرسطو (المتوفى عام 322 ق.م.) والمعروف بكتاب البرهان. 2. منهج أدب المناظرة: وهو ذلك المنهج الذي يستند إلى أحد أعمال شمس الدين محمد بن أشرف السمرقندي (المتوفى عام 1302 /702) والمعروف بأدب البحث.
أما المناطقة المشاؤون فكان هدفهم من وراء منهج الجدل إقناع المقابل وإسكاته بأي ثمن كان. وللوصول إلى هذا الهدف أعطي الجدليون الحرية الكاملة، بل أكثر من ذلك إذا لزم الأمر، فهم يستطيعون أن يتحركوا إلى الضفة الأخرى حيث تتلاشى قواعد العالم وأنظمته. لذلك أمكن تطبيق الجدل ضمن سياق الثقة الكامنة في قوة تأثير علم البلاغة من جهة، وكذلك ضمن سياق خرق قوانين الأخلاق والمنطق من جهة أخرى.
لقد أبدل السمرقندي بمنهج المناقشة المتسم بالأخلاقية الضعيفة والمستند إلى مذهب المشائين منهجَه الذاتي. فكان هدفه كشف الحقيقة وإظهارها أينما كانت. إذ يجب الوصول إلى هذا الهدف عن طريق تطبيق القوانين المنطقية والأخلاقية. وطبقًا لمفهوم السمرقندي لم يكن الهدف من وراء المناقشات محاولة التغلب على المقابل بأي ثمن كان، وبغض النظر عما إذا كان ذلك صراعًا، أو نزاعًا، أو تبادلاً للرأي. وبسبب ذلك أُعتبر كل هدف لا يستند إلى إيجاد الحقيقة محرمًا دينيًا. لقد وُصِف أولئك الذين اتبعوا منهج السمرقندي بالمعللين والسائلين. أما السائلون فكان واجبهم أن يقودوا من خلال أسئلتهم المعللين لإيجاد الحقيقة، ولا يُسمح لهم بتضليل المعللين من خلال أسئلتهم، كما هو الحال في المناقشات والمجادلات المشائية. فكانت المادة لهذه المناقشات المنهج الوصفي، وبناء وصياغة الأحكام، ولم تكن هناك الحاجة لشخص يدير هذه المناقشات. إضافة إلى ذلك فقد كان يُنتظر من المتناظرين أن يلتزموا بالمعايير التالية: أولاً: يجب على المتناظرين أن يكونوا ملمّين بالمبادئ الأساسية لعلم الوجود الخاص بكل العلوم، ثانيًا: أن يكونوا ملمين بالمصطلحات، ثالثًا: أن يكونوا ملمين بمقدمة المنطق، وبالعناصر التي تؤثر وبشكل مباشر بطبيعة مقدمة المنطق الهادفة، وإلا فليس من الحكمة إجراء أية مناقشة. إضافة إلى ذلك يجب على المعلل أن يلم بالقواعد العامة والخاصة، وكذلك بخاصيات الأوصاف وضروبها عندما تكون المناقشة وصفًا للمادة، فهو ملزم بشرح الأوصاف وبشكل

واضح، لذلك يجب عليه أن يختبر قبل المناقشة المعضلات التي تحتاج إلى الأدلة. إضافة إلى ذلك يجب عليه أن يفكر مليًا فيما إذا كانت طريقة عرضه جلية وواضحة.

أما السائل فإنه يسعى من جهته إلى معرفة عما إذا كانت أوصاف المعلل مطابقة للشروط أم لا، ويطالب بمصداقية عرض المعلل لفرضيته وأدلته. أما فيما يخص الأسئلة والأجوبة لكِلا الطرفين فيجب مراعاة ما يلي: يجب على المعلل ألا يتسرع في إعطاء الأجوبة، وأن يعرف علام يعتمد السائل في مطالبته بالأدلة ولماذا يطالب بها، وعليه ألا يخلط فرضياته بآرائه المستنبطة وأن يكون ملزمًا باستخدام المصطلحات المناسبة لهذا المجال، وأن يعرف القياس الفلسفي المطلق، والإختياري، والوهمي، وكذلك القياس المنطقي، والإستقراء. إضافة إلى ذلك يجب أن يعرف بأن الإستدلال الدائري والتناقضات يجب ألا تحصل سهوًا، حيث ينفي الدليل أو البرهان نفسه بنفسه، أو أن يستند تناقض ما على تناقض آخر سبقه. وينبغي عليه أن يتخلى عن تلك الخصائل، حيث يهزأ من المقابل، أو يقاطعه أثناء حديثه، أو يؤنبه، أو يضله من خلال التعليقات. إضافة إلى ذلك يجب عليه استخدام الاستعارة والمرادف من الكلمات بشكل مناسب، وأن يستخدم كل كلمة في محلها، وألا يتلاعب بالكلمات والألفاظ. كذلك يجب ألا يستعمل ما يُراد إثباته كدليل. إضافة إلى التقصي عن الحقائق وسياقاتها، وعدم دمج المواضيع التي ليس لها علاقة ببعضها البعض على أنها موضوع واحد. وإذا ما اكتشف السائل بهذا الخصوص ضعفا ومنقصة، فله الحق بأن يطالب بالتوضيحات والأدلة.

إن أخلاقيات الحوار مسألة تحدث يوميًا، وإن أولئك الذين يشاركون في المناقشات والمجادلات الفلسفية واللاهوتية والقانونية، وكذلك العاملون في وسائل الإعلام يستطيعون أن يعملوا بهذه الأخلاقيات في إدارة المناقشات والمناظرات.

نجم الدين پـهـلـڤـان

مواضيع ذات صلة: **الأخلاقيات؛ الفلسفة الإسلامية؛ الحقيقة.**

آدم وحواء (من وجهة نظر مسيحيّة)

آدم وحواء هما والدا الجنس البشريّ. ويعني اسم »آدم« في اللغة العبريّة »الإنسان/ الجنس البشريّ«، أمّا اسم حواء فقد اشتُقّ في سفر التكوين 3: 20 من كلمة »الحياة« (»أم كّل حيّ«). في أوّل قصّة للخلق في العهد القديم (سفر التكوين 1: 1–2، 4) التي تُنسب إلى المصدر الكهنوتي فقد أطلق اسم آدم بشكل جمعيّ على الإنسان ذكرًا وأنثى، العنصر الأخير في عمليّة الخلق (سفر التكوين 1: 26–30) وقضي له من خلال المباركة الالهيّة التكاثر والسيطرة المسؤولة على الأرض. يظهر هذا القضاء في شكله الموجز في خلق الإنسان على صورة الله ومثاله. وفق

قصّة الخلق الثانية، والتي ليست مصدرًا كهنوتيًا (سفر التكوين 2: 4 إلى 25) كوّن اللهُ بادئ بدء آدم (الإنسان/الرجل) من تراب الأرض (في اللغة العبرية: الأدمة) وأحياه إذ بثّ فيه روح الحياة. وخُلقت حواء في فعل خلق ثان من ضلع آدم وقُضي لها أن تكون عونًا له في الحياة. بعد السقوط الناجم عن الخطيئة (سفر التكوين 3) طُبعت علاقة الأجناس مع بعضها البعض ومع البيئة المحيطة بتناقض جذري، بعد أن كان تصوّرها الأصلي على أنّها خالية من كلّ توتّر، وتمّ فهم ذلك على أنّه لعنة إلهيّة. فقد أضحت حياة حواء الآن محكومة بالحمل المضنيّ وكذلك بالانجذاب إلى آدم الذي أُعطي في الوقت نفسه حقّ السيادة على المرأة. في المقابل كان على آدم أن يكافح طوال حياته الفشل في العمل بالأرض. وأضحى للطرفين من خلال إدراكهما للخير والشرّ نصيبًا في الإلهيّ إلا أنّهما حُرما من الخلود. في العهد الجديد تمّ تصوير آدم من قبل الرسول بولس (رومية 5: 12–21؛ كورنثوس الأولى 15: 22–23، 45–46) على أنّه صورة سلبيّة نقيضة للمسيح. فعلى العكس من المسيح الذي أتاح الخلاص من خلال طاعته، يمثّل آدم البشريّة قبل المسيح التي ورثت الخطيئة والموت من الانسان الأوّل نتيجة عصيانه. في المقابل ذُكرت حواء في العهد الجديد بشكل عابر (كورنثوس الثانية 11: 3؛ تيموثاوس الاولى 2: 13). تشكّل صورة آدم في العهد الجديد نقطة الانطلاق لعقيدة الخطيئة الأصليّة المسيحيّة المتأخّرة، التي خلالها تمّ تقويم حواء في إطار هذا التصوير العقائدي وتفسيرها على أنّها صورة نقيضة لمريم.

مارتن أرنيت

مواضيع ذات صلة: **الخطيئة الأصلية؛ المرأة؛ الخلق/الخليقة.**

آدم وحواء (من وجهة نظر إسلامية)

يُعتبر آدم، طبقًا للثقافة الإسلامية أول إنسان ونبي على وجه البسيطة، فهو أبو البشر وزوجه حواء. خلقهما الله من مادة واحدة لتنحدر منهما السلالات البشرية (سورة النساء 4 الآية 1؛ سورة الأعراف 7 الآية 189).

يعرض القرآن الكريم قصة خلق آدم وحواء على النحو التالي:

عندما قال الله تعالى للملائكة ﴿إني جاعل في الأرض خليفة﴾، سأله الملائكة قائلين: ﴿أتريد أن تجعل فيها من يفسد فيها ويسفك الدماء ونحن نسبح بحمدك ونقدس لك﴾، فأجابهم سبحانه وتعالى بأنه يعلم ما لا يعلمه الملائكة (سورة البقرة ٢ الآية ٣٠). لقد خلق الله تعالى آدم من تراب وقال له ﴿كن فيكون﴾ (سورة آل عمران ٣ الآية ٥٩)، وبعد ذلك علمه تعالى أسماء الأشياء كلها، وعندما سأل سبحانه وتعالى فيما بعد الملائكة عن هذه الأسماء، اعترفوا بأنهم لا علم لهم بها، والله أعلم بما لا تعلمه الملائكة. بعد ذلك أمر الله الملائكة أن يسجدوا لآدم،

٤٦ الأذان

فاستجابوا لأمره تعالى إلا إبليس فقد استكبر وكان من العاصين (سورة البقرة 2 الآيات 30–34). وعندما سُئِل إبليس عن سبب إمتناعه عن السجود أجاب قائلاً بأنه ليس كآدم خُلق من طين، بل من نار. فزجره الله لإستكباره وعدم إمتثاله لأمر خالقه وطرده من الجنة، وأسكن فيها آدم وحواء، حيث النعيم المقيم، وقال لهما جل وعلا: أسكنا فيها حيث تحبان وكُلا فيها مما تحبان وإياكما أن تقربا هذه الشجرة. ولكن إبليس كان لهما بالمرصاد فوسوس لهما وأغواهما وقال لهما بأنهما سيصبحان كالملائكة ويعيشان خالدَيْن إذا أكلا من ثمار هذه الشجرة (سورة البقرة 2 الآية 35) المحرمة عليهم. وعندما أكلا ﴿بدت لهما سوآتهما﴾ وأخذا يغطيانها من ورق الجنة (سورة الأعراف 7 الآية 19–22). فأخرجهما الله من الجنة وأهبطهما إلى الأرض بسبب عصيانهما وإطاعتهما أمر إبليس. فشعر آدم وحواء عليهما السلام بالندم العميق واعترفا بخطيئتهما فتاب الله عليهما. وهكذا بدأت المغامرة الإنسانية على وجه الأرض. فمن اتبع هدى الله واستقام على الحق فإنه لا يضل في الدنيا ولا يشقى في الآخرة، ومن عصى وخالف فقد عرض نفسه للعقوبة (سورة البقرة 2 الآيات 36–39).

محمد باچـجي

مواضيع ذات صلة: **الزواج؛ الملائكة؛ الخلافة؛ الجنة؛ الخلق؛ الشيطان.**

الأذان (من وجهة نظر إسلامية)

الأذان هو إعلام المسلمين بصوت عال بدخول الأوقات الخاصة بالصلاة. ويتضمن نص الأذان صيغة »الله أكبر«، وصيغة الشهادةِ التي تتضمن كلمة التوحيد. لقد ورد الأذان في القرآن في سورةِ الجمعة ﴿يَـٰٓأَيُّهَا ٱلَّذِينَ ءَامَنُوٓاْ إِذَا نُودِىَ لِلصَّلَوٰةِ مِن يَومِ ٱلجُمُعَةِ فَٱسعَوْاْ إِلَىٰ ذِكرِ ٱللَّهِ وَذَرُواْ ٱلبَيعَ﴾ (سورة الجمعة 62 الآية 9). إن أهمَية الأذان في الأديان المختلفة يمكن أن تُستَنْبطَ من الأحاديث النبوية، فقد جاء في الحديث عندما بدأ المسلمون، بعد الهجرة من مكة إلى المدينة، بالدعوة إلى الصلاة بالأذان، بأن المسيحيين يستخدمون الآلات الإيقاعية الخشبية أو الناقوس، واليهود الشوفار، والزردشتية المجوسية النار لإعلام الناس بوقت الصلاة، أما المسلمون فإنهم يستخدمون صوت الإنسان لرفع الأذان والنداء بأهم أسس العقيدة (أنظر صحيح البخاري).

لقد دُعي المسلمون في بداية الأمر للصلاة بصيغة »الصلاة!، الصلاة!«، وعندما تشاور النبي يومًا ما مع أصحابه بمسألة الأذان جاء عبد الله بن زيد (المتوفى عام 32/653)، وعمر (المتوفى عام 23/644) وأخبره بأن كلمات الأذان قد جاءتهما في المنام (أنظر سنن أبي دواد)، فقال النبي محمد إنها لرؤيا حق إن شاء الله، ومنذ ذلك الحين وإلى يومنا هذا يُرفع الأذان بهذه الصيغة. وبعد ذلك أضاف بلال الحبشي

مؤذن النبي (المتوفى عام 20/641) جملة »الصلاة خير من النوم« لصلاة الفجر، والتي وافق عليها النبي محمد (أنظر سنن الدارمي).
كان يُرفع الأذان في بداية الأمر من على مكانٍ عالٍ، وبعد ذلك بُنِيت المآذن، فبُنيت أول مئذنة عام 58/678 في عهد الخليفة معاوية (المتوفى عام 60/680) وفي عهد عامله على مصر مسلمة بن مخلد (المتوفى عام 682) في جامع عمرو بن العاص في الفسطاط والذي يقع اليوم في حي مصر القديمة، وذلك لرفع الأذان من فوقها، وما زال هذا التقليد مستمرًا حتى يومنا هذا. كان يُرفع الآذان لصلاة الجمعة في عهد النبي محمد وكذلك في عهد خليفتيه أبي بكر (المتوفى عام 13/634) وعمر (المتوفى عام 23/644) بعد أن يدخل الخطيبِ المسجد ليرتقي المنبر، فلما كان الخليفة الثالث عثمان (المتوفى عام 35/656) أُضيفَ أذان آخر قبل صلاة الجمعة وذلك لتنبيه الناس وإعلامهم بدخول وقت الصلاة.
إن الأذان للصلوات الخمس ولصلاة الجمعة سُنّة مؤكدة ومرتبطة بتطبيق النبي لها، وبما أن الأذان يمثل شعار الإسلام فليس من الجائز إلغاؤه. أما فيما يخص صلوات العيدين، وصلوات التراويح في شهر رمضان، وكذلك صلاة الجنازة فلا يُرفع فيها الأذان. يُسمى الشخص الذي يقوم برفع الأذان بالمؤذن، وكان من أشهر المؤذنين في عهد النبي محمد بلال وعبد الله بن أم مكتوم (المتوفى عام 15/636). يحسن للمؤذن في الموروث الإسلامي أن يتصف بصفات معينة، منها أن يكون حافظًا للقرآن عن ظهر قلب ويتمتع بصوت جميل. والذي يحفظ القرآن عن ظهر قلب يُسمى حافظًا.

خالد أونال

مواضيع ذات صلة: **دستور الايمان.**

مصادر الحديث:

1. صحيح البخاري، كتاب الأذان، باب 1 بدء الأذان، رقم الحديث: 604، عن عبد الله بن عمر.
2. سنن أبي داود، كتاب الصلاة، باب 28 كيف الأذان، رقم الحديث 499، عن عبد الله بن زيد.
3. سنن الدارمي، كتاب الصلاة، باب 5 التثويب في أذان الفجر، رقم الحديث:1221.

إرادة اللـه (من وجهة نظر مسيحية)

المشيئة أو الإرادة هي بالأصل مصطلح أنثروبولوجي يشير إلى قدرة الإنسان على الشعور بميل عاطفي تجاه شيء أو هدف أو شخص ويضبط نواياه وأفعاله على هذا الميل. ولأن الإرادة تتعلق في المقام الأول بالقوى العاطفية لدى الإنسان، فهي في علاقة توتر إلى حدٍ ما مع التفكير باعتباره واقعًا للقدرات الفكرية. خاصة وأن كل

شيء موجود في الخليقة، لا سيما في الإنسان كصورة اللـه (سفر التكوين 1: 26)، يجب أن يكون متضمَّنًا في اللـه الخالق بصورة مثالية، يمكن أيضًا وبشكل مماثل افتراض وجود إرادة لدى اللـه. وبما أن اللـه في الإيمان المسيحي تم الإعلان عنه والتعريف به بأنه المحبة، فإن المركز العاطفي للإرادة يكتسب أهمية بالغة في الفكر المسيحي عن اللـه. قبل ذلك كانت علاقة اللـه بشعبه في العهد القديم توصف بخصائص نابعة من دائرة الإرادة. ومن خلال ذلك تكتسب العلاقة بينهما سمة أساسية عاطفية تمامًا تحددها الحماسة والغضب والإحباط أيضًا. وبمجرد أن اللـه رأى أن الخلق »حسنٌ« (سفر التكوين 1: 10)، يمكن القول إنه أوجده بكامل إرادته وموافقته. وبما أن علاقة الإنسان باللـه تقوم وفقًا لحرية الإنسان الخاصة، فإن إرادة اللـه المتعلقة بالإنسان تعطى إطار وصية أخلاقية (قارن بين الوصايا العشر في سفر الخروج 20: 1–17 ووصية المحبة التي أوصى بها يسوع في الإنجيل بحسب مرقس 12: 31). والمطلوب من الإنسان أن يقرر وفقًا لإرادته الحرة أن يقود نفسه والخليقة إلى الغاية المرجوة المستوحاة من مشيئة اللـه. وبناء على الارتباط الجوهري لمشيئة اللـه بالمحبة التي تشكّل جوهره (رسالة يوحنا الرسول الأولى 4: 8)، تحققت المشيئة الإلهية حصرًا كمشيئة خلاص: »الَّذِي يُرِيدُ أَنَّ جَمِيعَ النَّاسِ يَخْلُصُونَ، وَإِلَى مَعْرِفَةِ الْحَقِّ يُقْبِلُونَ« (رسالة بولس الرسول الأولى إلى تيموثاوس 2: 4). والإيمان المسيحي يقوم بشكل أساسي على الثقة بإرادة الخلاص الإلهية هذه. وكمصطلح لذلك يجب فهم الطاعة المسيحية كمقابل لمشيئة اللـه. لذلك بإمكان الإنسان حتى في تلك اللحظات المؤلمة من وجوده، وهي في الواقع تجارب البعد عن اللـه، أن يقبل مفعول مشيئة اللـه، كما فعل يسوع في آلامه (الإنجيل بحسب متى 26: 39). وفي هذا المعنى فإن طلبتنا »لتكن مشيئتك« في أهم صلاة في المسيحية، الصلاة الربانية التي علّمها يسوع لتلاميذه (الإنجيل بحسب متى 6: 10)، يجب فهمها أيضًا كرجاء بأن الإنسان لا ينبغي أن يفرض مشيئة اللـه المفترضة بشكل سلطوي أو حتى باستخدام القوة، بل يترك كل هذا لخطة اللـه الخلاصية وحدها. وبالمقارنة مع صورة اللـه لدى اليونانيين المرتكزة على الفكر، فإن الأهمية المتعاظمة للمشيئة في الفهم المسيحي للـه لم تكن في النهاية السبب في ازدياد تحوّل المشيئة كظاهرة إلى محور الاهتمام فلسفيًا وأنثروبولوجيًا أيضًا (كما هو الحال لدى أغسطينوس 354–430). حتى أنه في بعض الأحيان ظهرت في تاريخ اللاهوت المسيحي اتجاهات بالغت بالتركيز من جانب واحد على مشيئة اللـه وبقدرته الكلية المرتبطة بذلك دون التركيز على فكره وحكمته (ما تسمى بصورة اللـه الاختيارية). وهذا أدى في أقصى أشكاله إلى تعاليم قدرية متشدِّدة، كان من الممكن داخلها أن يتم لعن، لا أساس له، لمجموعة من الناس بواسطة مشيئة اللـه الحرة. ولكن في مثل هذا الشكل من الاختيارية (voluntarism) تم الابتعاد وتحريف صورة اللـه في المسيحية، لأن مشيئة اللـه

وفقًا للوحي المسيحي تعتبر متطابقة دائمًا مع المحبة والرحمة، أي أنه يجب فهمها وتفسيرها كإرادة خلاص عامة.

مارتن تورنر

مواضيع ذات صلة: **الصلاة؛ الطاعة؛ تاريخ الخلاص؛ يسوع؛ حرية الإرادة.**

إرادة الله (من وجهة نظر إسلامية)

إرادة الله تعني القدرة الإلهية على اتخاذ القرارات وتحديد كل شيء وترتيب الأمور وإنجازها. فالقرآن يخبر أن الله يفعل ما يشاء وأن كل شيء يحدث بمشيئته، وهذا ما ورد في الآية 29 من سورة التكوير 81، والآية 16 من سورة البروج 85، والآية 30 من سورة الإنسان 76، والآية 1 من سورة المائدة 5، والآية 14 من سورة الحج 22. والجدير بالذكر أن إرادة الله تمت معالجتها في الفكر الإسلامي في إطار إشكالية علاقة الله مع الإنسان.

يرى الأشاعرة والماتريدية أن السلطة واتخاذ القررات والحكم والتنظيم والإنجاز بيد الله وحده أي أن كل هذه الأفعال مرتبطة بإرادة الله. أما المعتزلة فترى أن الإرادة الإلهية تظهر في الأفعال المرتبطة بسياق وزمن محدد. وطبقًا للتيارات الكلامية الأخرى، تمثل إرادة الله صفة مطلقة وأبدية ومن خصوصيات الله الطبيعية. ومن جهة أخرى يصف المعتزلة الإرادة الإلهية على أنها سلطة فعلية، لا تنكشف إلا في إطار العلاقة بين الله وخلقه، وبهذا يكون الله الخالق عند الخلق، والحي عند الإحياء، والمريد عندما يريد. كما تزعم المعتزلة أن الله هو المريد على الدوام.

ومن المواضيع التي كانت مثيرة للجدل في تاريخ الفكر الإسلامي العلاقة بين الإرادة الإلهية والإرادة البشرية. فالمعتزلة مثلاً كانوا يسعون لإيلاء المزيد من الأهمية للإرادة البشرية، وذلك لأنهم كانوا يرون أن الإرادة الإلهية هي خاصية متصلة بالفعل والزمن والسياق. والعدالة الإلهية هي بنسبة لهم من المواضيع التي يجب أن توضع في المقدمة. أما الأشاعرة والماتريدية فكانوا يرون أن الإرادة الإلهية هي خاصية غير مرتبطة بالزمن وغير خاضعة للتغيير، فهي إذًا على حد قولهم مطلقة. مقارنةً بفكر المعتزلة ضيّق هؤلاء حدود الإرادة البشرية.

إبراهيم آسلان

مواضيع ذات صلة: **العدالة؛ المذاهب الفقهية في الإسلام.**

إرسالية تبشيرية (من وجهة نظر مسيحية)

الإرسالية التبشيرية في المسيحية هي التنفيذ المنهجي لوصية يسوع (لتلاميذه) وإرسالهم لنشر رسالة الإنجيل. لهذا يذكر الإنجيل بحسب متى: »فَاذْهَبُوا وَتَلْمِذُوا جَمِيعَ الأُمَمِ وَعَمِّدُوهُمْ بِاسْمِ الآبِ وَالابْنِ وَالرُّوحِ الْقُدُسِ« (28: 19). للإرسالية في الحياة الكنسية انجاز مزدوج: الأول موجّه نحو الخارج يتمثّل بتبشير الشعوب، والثاني نحو الداخل يتمثّل بتعميق إيمان أعضاء الكنيسة المنتمين إليها. الهدف في حالة الإرسالية الموجهة نحو الخارج هو تعميد الوثنيين (أو الأمم) – كما يسمى إجمالاً غير اليهود الذين لم ينالوا المعمودية في العهد الجديد – وبالتالي إتمام تحولّهم رسميًا إلى المسيحية.

كان العمل التبشيري طوال تاريخ المسيحية يسير غالبًا بشكل منهجي ومهني. فقد أرسلت الكنيسة الرومانية الكاثوليكية بشكل خاص في العصر الحديث إرساليات إلى كافة البلدان ذات السيادة – في آسيا وأفريقيا وأمريكا، لكي تحوّلها إلى المسيحية. غالبًا ما كان المبشرون المتفرغون أعضاء في رهبانيات تنشط بشكل خاص في قطاع التعليم (المدارس والجامعات) ومن خلال جمعيات خيرية عاملة (رعاية المرضى وذوي الاحتياجات الخاصة والمشرفين على الموت، فضلاً عن المصابين بالجذام والسجناء والمحكومين). أما في الكنائس البروتستانتية فلم يظهر النشاط التبشيري المهني إلا تدريجيًا، ما ساهم بدوره في تأسيس جمعيات تبشيرية بروتستانتية كثيرة في القرن التاسع عشر.

وفي النصف الثاني من القرن العشرين أثير نقاش في كثير من الأوساط المسيحية حول ما إذا كان التبشير بهدف تغيير الدين / المعمودية هو ضروري لخلاص البشر أم أنه يمكن لغير المعمّدين أيضًا »الدخول إلى الملكوت«. نشأت هذه المسألة من خلال التطور الاجتماعي السياسي، حيث أصبح واضحًا وفقًا لهذا التطور أن الغالبية العظمى من الناس – بنظرة إحصائية بحتة – لم تنل المعمودية وعلى الأرجح لن تنالها في المستقبل أيضًا. والإجابة اللاهوتية على هذه القضية لها انعكاسات على صورة اللـه وكذلك على فهم الإرسالية التبشيرية. ولكن في غضون ذلك اتضح لاهوتيًا أن مشيئة اللـه في الخلاص الشامل لا تستثني أي إنسان.

بيتر أنتس

مواضيع ذات صلة: **المسيحية؛ الوثنية؛ الملكوت؛ الإسلام؛ اليهودية؛ المعمودية.**

أركان الإيمان (من وجهة نظر إسلامية)

توصف أركان الإيمان على أنها ذلك التعداد الموجز لمبادئ الإيمان الستة الجوهرية، وهي: الإيمان بالله، وبملائكته، وبالكتب السماوية، وبالأنبياء، وبيوم البعث والنشور، وبالقدر خيره وشره من الله تعالى. فتعبير »آمنت« والذي ورد

أيضًا في القرآن (سورة يونس 10 الآية 90؛ سورة يس 36 الآية 25؛ سورة الشورى 42 الآية 15) يشير إلى منع النفس عن كل ما ينافي العقيدة.
إن صيغة الإيمان التي تُتلى في أغلب الأوقات تنص على ما يلي: »آمنت بالله، وملائكته، وكتبه، ورسله، وبيوم القيامة، وبالقدر خيره وشره، وآمنت أن يوم البعث والنشور حق لا شك فيه. وأشهد أن لا إله إلا الله وحده لا شريك له وأن محمدا عبده ورسوله«. لقد وردت كل أركان الإيمان، باستثناء الإيمان بالقدر خيره وشره، في القرآن وبأساليب متنوعة (سورة البقرة 2 الآية 136، 177، 285؛ سورة النساء 4 الآية 136). أما الأيمان بالقدر خيره وشره فلقد ذُكِرَ في بعض الأحاديث النبوية كجزء من أركان الإيمان (أنظر صحيح البخاري)، ولم يُذكر في البعض الآخر من الأحاديث (أنظر صحيح مسلم). إن المبادئ المذكورة في أركان الإيمان تم البحث فيها في الكلام بشكل مفصل. فالإيمان بالله الواحد يشكل المبدأ الجوهري، حيث يتبعه الإيمان بكتبه المنزلة، وبرسله، وملائكته، وباليوم الآخر. لقد صاغ أبو حنيفة مؤسس المذهب الحنفي (المتوفى عام 767/150) في مؤلَّفه الرئيسي »الفقه الأكبر« مبادئ الإيمان التي تمت معالجتها بشكل مفصل في المناقشات المتأخرة.
يحفظ المسلمون أركان الإيمان منذ الصغر عن ظهر قلب، وتُتلى هذه الأركان باللغة العربية في الكثير من المناسبات والمواقف، وخاصة أثناء الوضوء، وعند التوبة والاعتراف بالذنب، وعند مراسيم عقد النكاح.

معمر أَسَن

مواضيع ذات صلة: **يوم القيامة؛ الكتب المقدسة؛ الآخرة؛ يوم الدين؛ النبوة؛ الاعتراف بالخطيئة.**

مصادر الحديث:
1. صحيح البخاري، كتاب الإيمان، باب 37 سؤال جبريل، رقم الحديث 50، عن أبي هريرة.
2. صحيح مسلم، كتاب الإيمان، باب 1 معرفة الإيمان، رقم الحديث 93، عن عمر.

أسباب النزول (من وجهة نظر إسلامية)
أسباب النزول تشير إلى تلك الحوادث في عهد النبي محمد التي كانت سببًا في نزول آية أو عدة آيات قرآنية أو حتى سورة بأكملها، كما يمكن لهذا العلم أن يتناول أيضًا قضية تعرَّض إليها واحد ممن عاش في زمن النبي محمد. تُعتبر روايات أسباب النزول مصدرًا مهمًّا يساعد على تفسير القرآن، فمعرفتها تعين على فهم سياق الآيات المنزلة. وبهذا الشكل كان أصحاب النبي والمفسرون من بعدهم يراعون أسباب النزول عند تفسيرهم للقرآن، حتى قيل إن التفسير ينحصر في بداية الأمر في معرفة أسباب النزول.

يدل لزوم معرفة أسباب النزول على أن القرآن ليس بكلام نظري أو بعيد عن الواقع، بل هو حقيقة يمكن التعرف عليها والعمل بها، فهو بتعبير آخر كتاب هداية. تعتمد كتب علم أسباب النزول على روايات الصحابة الذين عاصروا النبي، فهي تحتوي إذن على تحليلات وأحداث ظهرت في حياة الصحابة. كما توجد أيضًا أحاديث أسباب النزول المستقاة من التفسيرات وأراء اتفق عليها أصحاب النبي.

تُعتبر تفسيرات الصحابة المتفَق عليها وسيلة يمكن أن تعالج القضايا الدينية، فهذا النوع من الروايات يساعد على توضيح فروع علم أسباب النزول توضيحًا ييسر فهم معاني الآيات القرآنية. وقع نقل وتدوين أسباب النزول في أشكال مختلفة، مما أدى إلى نشوء صنفين من هذا العلم:

أولاً: روايات أسباب النزول التي تقوم على تحديد شروط نزول الآيات وشرح سياقها وخصوصياتها، ومن الواضح أن هذا الصنف يعتمد على تحليلات الصحابة التي تجعل القرآن مفهومًا.

ثانياً: تقييم أسباب النزول: يعمل هذا الفرع من علم أسباب النزول على خلق علاقة بين الأحداث التي وقعت في فترة الوحي أو بعدها وآيات قرآنية معينة.

أحمد نديم سرينصو

مواضيع ذات صلة: **التفسير؛ أصحاب محمد؛ الحديث؛ تفسير النصوص؛ الرواية.**

الإسخاتولوجيا (من وجهة نظر مسيحيّة)

نعني بالاسخاتولوجيا [أو علم آخر الزمان] فرعًا يدخل ضمن النظام العلميّ الكامل للاهوت، وبلغة متخصّصة هي مقال في علم العقيدة المسيحيّة. وعلى العكس ممّا يُسمّى بـ علم أوّل الزمان (علم البداية) الذي يتعامل مع خلق الزوجين البشريّين آدم وحواء في الجنّة والمرتبط مباشرة بعمليّة الخلق، يبحث علم الآخرة في ما يسمّى بالأمور الأخيرة (في اليونانيّة: اسخاتا) المتوقّعة بعد نهاية الحياة الفرديّة (الموت) أو بعد نهاية العالم. ويجب في هذا البحث أن يكون تجلّي الله الذاتي الخلاصيّ في يسوع المسيح المعيار المضمونيّ للآفاق التي يرجوها الإنسان خارج حدود الحياة الإنسانيّة. ولأنّ الله تجلّى في يسوع محبّة تمنح، غيرَ مثقلة حرّةً وكاملةً، كلَّ مخلوق سعادة الحياة الكاملة، وبما أنّ الإنسان لا يمكنه الوصول إلى هذه السعادة بشروط الوجود الأرضيّ، فقد نشأ من الإيمان بالوعد الإلهيّ الأملُ في نوع من الوجود غير المتضرّر بعد الآن من عيوب عالم الدنيا (السماء بعد دينونة الله العالم). بناء على هذا الافتراض الأساسيّ لا تنطلق المسيحيّة من تكرار أبديّ متلازم لسيرورة العالم، بل من نهاية للزمان لا يمكن تجاوزها. ومن مفهوم الزمن المستقيم هذا يكتسب التاريخ قيمة المتفرّد غير المتكرّر كما قيمة الفاني. فكلّ ما

حقّقه الإنسان في حياته الأرضيّة وكلّ ما خبره وعانى منه سيدخل في شكل متحوّل في أبديّة الوجود الأخرويّ، التي سيدرك الإنسان فيها اكتماله عبر علاقة شخصيّة مع الله (رؤية مباركة لله). عند قيامة الموتى سيولد الإنسان مجددًا في وحدته الجوهريّة من روح وجسد جديد. ولأنّ الله لا يخلّص أيّ إنسان من دون إرادته فيجب إذًا أن يبقى الجحيم أيضًا ممكنًا مبدئيًا ونظريًّا كوضعيّة للابتعاد الدائم عن الله الذي اختاره الإنسان بحريّته.

مارتن تورنر

مواضيع ذات صلة: **قيامة الأموات؛ السماء؛ الدينونة؛ حريّة الإرادة؛ الزمن.**

الإسلام (من وجهة نظر مسيحية)

واجهت المسيحيين منذ البداية صعوبات بالاعتراف بالإسلام كدين مستقل موحى به وبمحمدٍ كنبي ورسول من اللـه، وذلك لأن المسيحيين مقتنعون بأن الوحي الإلهي للبشر اكتمل مع يسوع المسيح وبواسطته. لذلك ظهر في تاريخ المسيحية الكثير من الآراء الخاطئة حول الإسلام ساهمت بقوة في تعقيد أية علاقة إيجابية بين الدينين، هذا إن لم تجعلها مستحيلة تمامًا. وكان الجانب المسيحي دائمًا ينظر بعدم احترام تجاه غرابة الدين الآخر، لهذا جاءت بعض آراء المسيحيين حول الإسلام سجالية تشهيرية بشكل فاضح ومتعمدة أيضًا.

وبنظرة إلى الماضي لا بد أن ندرك أن المسيحيين في تعاملهم مع الإسلام أنكروا جوهر دينهم المتمثل بالتبشير باللـه على أنه المحبة وما يترتب على ذلك من تفكير وتصرفات، وبذلك ارتكبوا ذنبًا مضاعفًا. لذلك يجب النظر لما يلي من أفكار موجزة حول صورة الإسلام في المسيحية على أن معظمها حالات سوء فهم تاريخية، المسيحيون أنفسهم هم من يتحمّل مسؤوليتها، ومن الضروري حاليًا التغلب على سوء الفهم بالحوار.

- كان المسيحيون عبر قرون ينظرون إلى الإسلام كبدعة نشأت داخل المسيحية، واعتبروا محمدًا نبيًا كاذبًا، وشككوا في مصداقية الرسالة التي جاء بها. وذلك من خلال وصفهم إياه إما بأنه غير مؤهل أخلاقيًا (كزير نساء مثلاً أو ناكر للعهد) أو بأنه مريض (مصاب بالصرع مثلاً). وكان أول المناضلين اللاهوتيين الكبار ضد الإسلام يوحنا الدمشقي (المتوفي قبل عام 753م (749 م). وهو من طائفة الروم الملكيين، وقد شغل منصب رئيس ديوان الجباية المالية في بلاط الخلافة الأموية لفترة من الزمن. وكان قد وصف »Mamàd« ، كما كان يسمي محمدًا، بنبي كاذب مرّ مرورًا عابرًا – بحسب تعبيره – على العهدين القديم والجديد، وأنه كان على علاقة مع الراهب الآريوسي بحيرة، وأنه خرج بعد ذلك ببدعته ونشر شائعات تقول إنه تلقى كتابًا أُنزل عليه من السماء.

- وبذلك تحددت الاتهامات الرئيسية ضد الإسلام على مدى القرون التالية. في حين أن هذه الاتهامات شهدت بين الفينة والفينة خلال العصور اللاتينية الوسطى إضافات غريبة. فعلى سبيل المثال كان يقال في أوروبا إن محمدًا كان كاردينالاً في كنيسة روما، ولمجرد عدم انتخابه لمنصب البابا، قام بتأسيس كنيسة خاصة به في بلاد العرب. لا بل زادت هذه التصورات عبثية أكثر، إذ كان يقال إن محمدًا كان إله المسلمين، أو أحد الآلهة العديدة التي يعبدها المسلمون في مَجمع الآلهة.
- وإلى جانب كل هذه الآراء المتطرفة، كانت هناك جهود جادة للتعرف على القرآن عن كثب. ما أدى لترويج دراسة اللغة العربية وبداية حقبة غنية بأعمال الترجمة. وهكذا كانت هناك دراسات لفلاسفة وفقهاء مسلمين، ولا سيما ابن سينا (المتوفي عام 1037 م) والغزالي (المتوفي عام 1111 م) وابن رشد (المتوفي عام 1198 م). وكان البعض، من أمثال بطرس المبجّل (المتوفي عام 1156 م) وتوما الأكويني (المتوفي عام 1274 م) ونيقولاوس الكوزاني (المتوفي عام 1464 م)، قد بحثوا في القرآن من أجل تسليط الضوء على التناقضات أو التفسيرات المغلوطة الهرطوقية فيه. وفي عصر التنوير كثيرًا ما اعتُبر محمد والإسلام كهجمات تشويهية على المسيحية. منها ما كان سلبيًا مثل مسرحية »محمد« لفولتير (المتوفي عام 1778 م) كمثال للتعصب الديني. ومنها الإيجابي، كما في مسرحية »ناثان الحكيم« للكاتب المسرحي الألماني غوتهولد إفرايم ليسينغ (المتوفي عام 1781 م)، والتي تصوّر الخليفة المسلم صلاح الدين كمثال للتسامح في المسائل الدينية.
- ومنذ بداية القرن العشرين، وبناء على توجيهات الباباوات، بدأ في اللاهوت الكاثوليكي أسلوب إيجابي في التعامل مع الإسلام هدفه في المقام الأول خدمة المصالح التبشيرية والبحث عن نقاط انطلاق ممكنة للتبشير بالمسيحية بين المسلمين. تغيّرٌ كلي في مسار العلاقة مع الأديان الأخرى تم خلال ستينيات القرن العشرين داخل الكنائس الكاثوليكية والإنجيلية بطوائفها، وذلك من خلَال التحوّل إلى الحوار مع أديان أخرى. وهذه كانت المرة الأولى التي يُنظَر للإسلام كدين مستقل بحد ذاته وليس كبدعة مسيحية. وما ترتب من خلال هذا من آثار على اللاهوت المسيحي، التزمت به الكنيسة الرومانية الكاثوليكية فيما سمي بالمجتمع الفاتيكاني الثاني (1962–1965). كذلك داخل الكنائس الإنجيلية كانت هناك تصريحات على جانب كبير من الأهمية، استوجبت عملية إعادة تقييم لاهوتية لمصطلح حوار الأديان ومهامه وأهدافه، والتي عليها يركز اللاهوت المسيحي اهتمامه حاليًا.

هذا ويجب الأخذ بعين الاعتبار – فيما يتعلق بالنظرة المعاصرة للإسلام في أوروبا – أن معظم الآراء المتخذة خلال النقاشات العلنية لا تصدر عن الكنائس المسيحية، بل هي تعبير عن وجهة نظر علمانية للدين وعن القضايا الناتجة عنها.

بيتر أنتس

مواضيع ذات صلة: **التنوير؛ الحوار؛ الأخلاق؛ المجمع الفاتيكاني الثاني.**

الإسلام (من وجهة نظر إسلامية)

يصف الإسلام في جوهره الإيمان بوجود ووحدانية الله تعالى، وكذلك الإنقياد له بالطاعة، والإسلام أيضًا هو الإسم العام لذلك الدين الذي أخبر في القرآن عن جميع أنبياء الله الذين ذكرهم الله تعالى، والذين لم يذكرهم. فكل الأنبياء الذين أرسلهم الله تعالى منذ آدم وحتى النبي محمد، وإن كان هناك اختلاف في شرائعهم، إلا أنهم يتشابهون في جوهر رسالاتهم (سورة المائدة 5 الآية 48). ولأن مصطلح الإسلام يعني الإنقياد والطاعة لله فقد وصِفَ إبراهيم في القرآن بأنه مسلم، أي بأنه منقاد وطائع لله.

لقد ورد مصطلح الإسلام في القرآن وفي السُّنة أيضًا كوصف خاص للدين الذي جاء به النبي محمد، حيث ورد في القرآن بأن النبي محمد هو أول المسلمين، أي أول من استسلم لأمر الله (سورة الأنعام 6 الآية 14؛ سورة الزمر 39 الآية 12). وبالتالي فإن كل إنسان يُسلِم وينقاد لأمر الله بصدق ونية خالصة يُسمى مسلمًا. وإلى جانب هذا المفهوم الإسلامي هناك في القرآن وفي السُّنة أيضًا مفهوم آخر لمصطلح الإسلام ألا وهو الدين الإسلامي الذي جاء به النبي محمد (أنظر سنن النسائي). فالمسلم طِبقًا لهذا المفهوم هو فقط من آمن بالدين الذي أُرْسِل به النبي محمد.

من خصائص الإسلام التاريخي الجوهرية هي قيام الفقهاء، واعتمادًا على العصور التي عاشوا فيها، بتفسير مراجع الإسلام الرئيسية القرآن والسُّنة من جديد، حيث أخذوا يجتهدون ويؤولون ويتوصلون إلى استنباط الأحكام. إن المبدأ الجوهري في الإسلام هو الشهادة، أي »الشهادة بأن لا إله إلا الله وأن محمدًا عبده ورسوله«. وهناك أيضًا أركان الإيمان في الإسلام وهي الإيمان بالملائكة، وبالكتب السماوية، وبالأنبياء، وباليوم الآخر، والحساب. وتُعَدّ الصلاة، والصوم، والزكاة، والحج من الفرائض الأساسية، أو ما تُسمى بأركان التطبيق الديني الخمسة.

يتميز الإسلام من خلال الإيمان بوحدانية الله بشكل واضح عن المعتقدات التي تؤمن بتعدد الآلهة، فالله هو الواحد، الأزلي، السرمدي، والمتعالي. إن الهدف الذي يتوخاه المؤمن يكمن في نيل رضى الله (سورة البينة 98 الآية 8). إذ يجب على الإنسان أن يدرك دائمًا بأن كل عمل يقوم به له مردود ديني. فينبغي على الإنسان

ألا يسجد لغير الله، وألا يستغل القيم العليا والمقدسة لتحقيق أغراضه ومنافعه الشخصية.

إن الإسلام الذي يطلب من الناس الإلتزام بالأوامر والنواهي التي ينالون من ورائها رضى الله، يحرص في نفس الوقت على إبقاء الوعي البشري متيقظًا على مسألة الحساب، فالإنسان سوف يُحاسَب على كل عمل، وعلى كل كلمة يوم القيامة. لقد ورد في الكثير من الآيات القرآنية الإيمان والتقوى في العمل في موطن واحد، وتم التأكيد على أهمية التصرفات الأخلاقية واعتبارها كانعكاس للإيمان (سورة البقرة 2 الآية 25، 277؛ سورة النساء 4 الآية 57، 124). لقد اعتبر النبي محمد التصرفات الأخلاقية التي لا تشوبها شائبة شرطًا جوهريًا في أن يصبح الإنسان مسلمًا (أنظر البخاري؛ وسنن أبي داود). وبناء على ذلك فإن الإسلام لا يُعَدّ من الجانب النظري معتقدًا متصلبًا، وإنما هو معتقد لا ينعكس فقط في مسيرة حياة الفرد فحسب، وإنما أيضًا في مسيرة حياة المجتمع، فهذه المثالية نلمسها في حياة النبي محمد. فالإسلام الذي يحرص على سعادة وراحة الإنسان، يدعو في نفس الوقت الإنسان إلى أن يقيم علاقة ملؤها السلام، والحب، والوئام مع نفسه أولاً، ومع مجتمعه، وخالقه، ومع الكون بأسره.

إن التطورات السياسية، والإجتماعية، والثقافية التي حصلت بعد وفاة النبي محمد (10/632) أدت إلى نشوء اتجاهات فكرية وتيارات في التاريخ الإسلامي. فلقد قادت الصراعات التي وقعت إبان حكم الخليفة الراشدي الثالث عثمان (23/644–35/656) إلى نشوب الخلافات بين صحابة النبي محمد، حيث نشأت على إثرها مناقشات دارت حول السؤال المتعلق بالفِرق التي اجتمعت على الحق وبالفِرق التي اجتمعت على الباطل، وهل أن قتلى هذا الفريق أو ذاك في الجنة أم في النار يوم القيامة. علي بن أبي طالب ابن عم النبي وصهره الذي قَبِلَ في صراعه مع معاوية بالتحكيم، خُذِلَ من قِبَلِ بعض أتباعه بحجة أنه قدّم تحكيم شخص على حكم الله، ولذلك اتُّهِمَ بعدم الإيمان. فلقد عُرِفَت هذه الفرقة باسم الخوارج، حيث مثّلت فيما بعد الرأي القائل بأن الإنسان الذي يقترف الذنوب الكبيرة يُعَدّ من المرتدين ويُعْرَف بميله للتعصب. أما معارضو هذا الرأي فإنهم خالفوا رأي الخوارج وقالوا بأن الحكم على أولئك الذين قُتِلوا في الحروب الأهلية التي دارت بين المسلمين، وكذلك الذين اقترفوا ذنوبًا كبيرًة موكول إلى الله وحده. لذلك فإنهم رأوا عدم ضرر الذنوب – مهما كانت كبيرة – مع الإيمان، ولقد سُمِّيت هذه الفرقة بالمرجئة. أما أولئك الذين ساندوا عليًّا دون قيد أو شرط (الشيعة)، فقد كانوا على قناعة بأن قيادة المسلمين لا تحق إلا لعليّ وذريته، واستندوا في ذلك إلى القرآن وسُنّة النبي محمد.

لقد قادت الآراء المختلفة، فيما إذا كانت الأعمال التي يقوم بها الإنسان نابعة عن إرادته، أم عن إرادة الله، إلى نشوئ تيارين اعتقاديين، هما: القدرية (المعتزلة)،

والجبرية. حيث وقف ضد هذين التيارين أغلبية أهل السُّنة والجماعة. فبينما تلاشت التيارات السياسية والعقائدية السابقة ولم تعد قائمة في عصرنا الحاضر – بإستثناء الشيعة وجزء من الخوارج – تشكل السُّنة، وعلى الرغم من اختلاف الإتجاهات الداخلية فيما بينهم، أغلبية المسلمين.

أما في وقتنا الحاضر فيتبع المسلمون السُّنة فيما يخص الإتجاه الكلامي المدرسة الأشعرية، أو الماتريدية، وأما فيما يخص العبادات والشعائر الدينية فإنهم يتبعون المذهب الحنفي، أو المالكي، أو الشافعي، أو الحنبلي.

ما زال يوجد داخل الإتجاه السُّني آثار بعض آراء الفرق التي ظهرت على سطح العقيدة الإسلامية ولم تعد قائمة في يومنا هذا، كالمرجئة، والجبرية، والمعتزلة. وهكذا نجد مفاهيم المرجئة والمعتزلة داخل المدرسة الماتريدية، والحنفية. أما آراء الجبرية فإننا نجدها داخل المدرسة الأشعرية، وكذلك داخل مدرستي الشافعية والحنبلية.

يشكل السُّنة داخل العالم الإسلامي الذي يضم 1،5 مليار مسلم أكثر من 90 بالمئة، أما بقية المسلمين فهم من الشيعة. إلى جانب ذلك هناك بعض الطوائف الإسلامية الصغيرة الأخرى؛ إضافة إلى فرع من الخوارج، والإباضية، وأتباع تيارات أخرى جديدة نشأت في القرون الأخيرة. من ناحية أخرى يُعْتَبَر المسلمون داخل الديانات السماوية التوحيدية بعد المسيحيين ثاني أكبر ديانة من حيث العدد. وكما مر في الماضي يختلف المسلمون اليوم بحسب ثقافاتهم، وبحسب المناطق التي يعيشون فيها، إلا أن هناك إجماعًا واسعًا بين المسلمين فيما يخص مضامين العقيدة الجوهرية وممارسة الشعائر الدينية.

بينما تمثل بعض الجماعات والتيارات الإسلامية مفاهيم وتطبيقات أكثر صرامة وتقليدية، فإن هناك جماعات أخرى تمثل اتجاهات أكثر اعتدالاً. إذ ترافق مطالبة الإسلام الشمولية كون هذا الدين لجميع الناس، وقابلية الدين الإسلامي على إظهار نفسه على مر العصور وفي كل مكان وبكل مرونة.

إسماعيل حقي أونال

مواضيع ذات صلة: **الشهادتان؛ محمد؛ المذاهب الفقهية.**

مصادر الحديث:

1. سنن النسائي، كتاب الزكاة، باب 73 من سأل بوجه الله، رقم الحديث 2569
2. صحيح البخاري، كتاب الأدب، باب 38 لم يكن النبي صلى الله عليه وسلم فاحشًا ولا متفحشًا، رقم الحديث 6029، عن عبد الله بن عمرو.
3. سنن أبي داود، كتاب السُّنة، باب 16 الدليل على زيادة الإيمان ونقصانه، رقم الحديث 4682، عن أبي هريرة.

الإسلام الأوروبي

1) الإسلام الأوروبي، أو أوربة الإسلام هما مصطلحان شاملان لا يتعديان في مضمونيهما المعاني العامة، ولذلك لا يمكن الإجماع على تعريف موحد لهما، فمن الأهمية بمكان أن نفرق أولاً بين الإستخدام الوصفي والإستخدام المعياري لهذين المصطلحين. يرد مصطلح »الإسلام الأوروبي« الواسع الإنتشار في الدراسات التجريبية للعلوم الإجتماعية وبشكل وصفي، وذلك لوصف واقع الوجود الإسلامي في أوروبا ولوصف عملية تغييره، ولإجراء مقارنة مع البلدان الإسلامية وذلك من أجل إيجاد الإختلافات الممكنة. يحصل كلا المصطلحين على أهميتهما العلمية، واللاهوتية، والإجتماعية الواسعة من خلال محتواهما المعياري الذي يبين من خلال التمعن فيه الإختلافات الواضحة والقائمة بين كِلا المصطلحين. فعلى الضفة الأخرى من الفارق اليسير في الفحوى يتضمن كِلا المصطلحين وبصورة رئيسية الإسلام النهضوي ذا الفكر الإصلاحي والذي يتوافق مع القيم والمعايير الأوروبية، ويتبنى النجاحات العلمية، والفكرية، والسياسية، والإجتماعية، والثقافية للحداثة الغربية.

2-) إن السياقات المباشرة التي نشأت فيها ظاهرة الإسلام الأوروبي كانت نتيجة لخطاب الإندماج. فضرورة الإسلام الأوروبي نابعة من المطالب التي تصوغ وبشكل واسع خطاب الاندماج الذي ينظم على أساسه المسلمون في أوروبا حياتهم، وهذا يتطلب عملية اندماج تهدف إلى ملائمة أطر الشروط الإجتماعية، والثقافية، والقانونية، والسياسية وتطالب من المسلمين الذين يعيشون في أوروبا أن يبذلوا قصارى جهودهم ليس فقط في المجالات الفقهية، والفكرية، وإنما أيضًا في إطار الحياة اليومية للوصول إلى هذا الهدف. وحتى يصل المسلمون إلى المرحلة النهائية من عملية الإندماج، ويصبح الإسلام الأوروبي جزءًا واضح المعالم من المجتمع الأوروبي وأنظمته السياسية والإجتماعية، ولكي نستطيع أن نطلق مصطلح إسلام أوروبا (الإسلام الأوروبي) بدلاً من أن نقول الإسلام في أوروبا، ينبغي أن يكون الإصلاح الإسلامي هو الحل الذي يمهد الطريق إلى أوربة الإسلام ويقود إلى الشعور بالإنتماء للوطن. وفي غضون ذلك تواجه الشريعة الإسلامية القائمة في ألمانيا ضغوطًا ملحة تهدف للوصول إلى إنجازات إسلامية وإصلاحية.

3) على الرغم من أن الإنتشار الواسع لكلي المصطلحين في الخطابات الإسلامية العامة والأكاديمية يثير الإنطباع بأن استخدام هذين المصطلحين هو المفتاح الذي يقود إلى المصطلح التقني لأوربة الإسلام، إلا إنهما يُستخدمان في الخطاب الراهن بأشكال متنوعة وبسمات مختلفة، فهما مصطلحان يمكن استخدامهما في مجالات شتى.

تتضمن التعريفات الفردية للمصطلحات، إذا ما اجتهد المرء في ذلك، تصورات شخصية واسعة، وتوقعات تتضمن النقاط المهمة والواضحة المعالم لتلك

المواضيع. فهناك إلى جانب مواضيع الهوية الثقافية والإجتماعية، ومرورًا بالمشاركات الإقتصادية والتضامنية والسياسية للمسلمين، ناهيك عن تثبيت أنماط ومضامين درس التربية الإسلامية وانتهاء بقواعد التصرف والسلوك اليومية، مواضيع لا حصر لها، فكل استخدام يبرز منظورًا شخصيًا معينًا يكاد أن يكون عشوائيًا. وعلى أية حال فهناك صورة تنازعية للإسلام الأوروبي يصعب في بعض الحالات الملموسة فك رموزها، فهذا الإسلام الأوروبي له علاقة بمختلف الاحتواءات والتعليلات.

من الجدير بالذكر أن هناك اتجاهين يدعم أحدهما الإسلام الأوروبي ويعتبره مسألة ممكنة وموجودة، أو مسألة في طور النشوء، وآخر يوجه انتقادات لاذعة ضد الإسلام الأوروبي ويعتبره شيئًا مستحيلاً ومرفوضًا.

ولكن ثمة سؤال نظري ومعرفي يطرح نفسه ويربط بشكل مباشر المنظور المعياري بالمنظور التجريبي ألا وهو: هل أن الإسلام الأوروبي حقيقة أم رؤية مستقبلية؟ فكل تشريع معياري يحدد كيفية وماهية الإسلام الأوروبي، وتحدد الإجابة عن السؤال التجريبي فيما إذا كان الإسلام الأوروبي موجودًا فعلاً أم في مرحلة النشوء. وهنا تتباين الآراء والمواقف حول حالة الإسلام الأوروبي، وذلك لأن الحالة التي ينبغي أن يكون عليها الإسلام الأوروبي متباينة بشكل كبير جدًا.

4) يُعد بسام طيبي وطارق رمضان من أشهر منظري وممثلي الإسلام الأوروبي، ناهيك عن مناهجهما المتكاملة والفريدة من نوعها. لقد شق الطريق المعياري للمناظرة الأكاديمية العامة والمختصة بالإسلام الأوربي في العقد الأخير طريقه بين قطبي هذه المناهج التي تحدد وبشكل غزير مدى ضرورة وإمكانية الإسلام الأوربي، وتعرض النظرة التعبيرية ذات الوجهة الخاصة بالنظرية المجتمعية المدعومة بالحجج والبراهين الوجودية، والكلامية، والمعرفية، والأخلاقية، والثقافية، والإجتماعية التي توضح طريقة انسجام الإسلام مع أوروبا، وتحدد أهم سماتهما الجوهرية.

لقد رسَّخ بسام طيبي المصطلح المصطنع للإسلام الأوروبي من منظور اجتماعي، لكن لم يحتفظ بفحوى مصطلحه المعياري الخاص بمهمته العلمية. أما طارق رمضان فإنه يمثل الموقف الجدلي بين الإسلام والحداثة، ويحاول أن يجد فقهًا للإسلام الأوروبي. فإذا ما أجرينا مقارنة تحليلية لهذه المشاريع لوجدنا، وبشكل مؤثر، مدى اتساع فحوى الإسلام الأوروبي، وكيف أن الأفكار والمشاريع تتباعد عن بعضها البعض بالرغم من أهدافها المشتركة. يضع طيبي القاعدة لشمولية أوروبية ذات طابع نهضوي، علماني يشبه إلى حد بعيد النظام العلماني الفرنسي. لذلك ينبغي على الدول الأوروبية أن تتخذ النموذج الفرنسي في تحديد العلاقة بين الدين والسياسة مثالاً يحتذى به، حيث يُسمح للمسلمين الأوروبيين أن يستحضروا جوهر الإسلام، ولكن يجب عليهم أن يتخلوا عن الشريعة، وأن يعملوا على أوربة

دينهم من خلال العلمانية ومراعاة الفردية. يُعتبر طارق رمضان من المتمسكين بشمولية إسلامية، حيث يركز نهجه الخاص بالإسلام الأوروبي على الهوية الإسلامية، وفي نفس الوقت يحث المسلمين في أوروبا على وجوب إجراء إصلاح جذري لا بد منه. إضافة إلى ذلك يطالب طارق رمضان بتطوير طرق الإجتهاد، وكذلك بتطوير عملية تطبيق الإجتهاد من خلال مجالس شورى. وكيفما يكن فإن مصطلح الإسلام الأوروبي في كلا المنهجين مثقل بالإلتزامات والمسؤوليات المعيارية، ناهيك عن عدم وجود اتفاق خاص بالفحوى المعيارية يلوح في الأفق.

5) يُعد الخطاب المعياري بكل أوجهه المليئة بالصراعات أمرًا طبيعيًا، وذلك من حيث إمكانية انسجام وتصالح الإسلام الأوروبي تعريفيًّا، ومن خلال ربط قيمه ومعاييره بالقيم والمعايير الأوروبية، فمن المنطقي أن تتراكم كل التعقيدات المرتبطة بتحديد فحوى الإسلام الأوروبي. إن من الأهمية بمكان أن تتحدد في بادئ الأمر الكيانات المتصالحة وبشكل كاف قبل أن يتم التفكير بإسلام أوروبي، وقبل أن توضع خطوطه العريضة. فالجدل القائم في السنوات الأخيرة والمتعلق بالصفات الإجتماعية والثقافية التي ينبغي لكل أمة أن تعمل بها مفتوح على مصراعيه، وأن الإتفاق الخاص بتحديد مفهوم الإسلام وأوروبا مسألة ليست بالهينة.

يثير السؤال المبدئي الذي يعطي الصفات الجوهرية هذا الحجم جدلاً واسعًا حول خطاب عام ومكثف، وهنا تقف المتغيرات، أو بتعبير آخر الجزئيات التاريخية والعموميات الثابتة لأوروبا والإسلام كقاعدة حتمية، وذلك لأن المصالحة الأوروبية الإسلامية مسألة لا يمكن الحياد عنها من قبل الطرفين. فلقد قامت كل التصميمات الخاصة بالإسلام الأوروبي ولغاية هذه اللحظة بمحاولة تحديد العموميات والجزئيات. وبهذا تتضاعف الجهود الخاصة بنهج الإسلام الأوروبي لتشمل الماضي والحاضر، والإنسجام والصراع لكلا الحضارتين (الإسلام وأوروبا)، وكذلك لتشمل الإسلام والمسيحية كدينين عالميين يتجاوزان حدود الوطن. لقد أصبحت ظروف الإندماج النظرية والسياسية من خلال ذلك واضحة المعالم لتكون ظاهرة حضارية وجزءً لما يُسمى بصدام الحضارات العالمي المزعوم. وعند ذلك سوف يُصبح مصطلح أوروبا ساكنًا حضاريًا ومطابقًا لمصطلح الغرب، بينما يبقى التنوع المسيحي بتنسيقاته مع الهيكليات السياسية والإجتماعية رجعيًا. فلا عجب أن ترضى محاولات تحديد العموميات وتحديد الوعي التاريخي الإسلامي والأوروبي والتي تهتم بشكل مكثف بتاريخ أوروبا وبمناهج العلوم الإسلامية التقليدية وعلى رأسها علوم الفقه، وتفسير القرآن، والكلام، والحديث، بنجاح متوسط.

6) يُعد الرقي المعياري للمناهج الموجودة وكذلك للدعوات السياسية العامة المحور المركزي في نقد الإسلام الأوروبي. وهنا تظهر الريبة والشك النابعان من الجانب المسلم، حيث يعتقد المسلمون بأنهم قد يفقدون كلمتهم على دينهم الذي يؤمنون به مما يؤدي إلى إمكانية ضياع مضامين العقيدة الجوهرية.

إن التكيف والتفاعل العملي مع أسلوب الحياة الأوروبية موجودان ضمن إطار أنظمة الدستور. فبغض النظر عن كون المدافعين عن الإسلام الأوروبي هم أنفسهم مسلمون، فطارق رمضان مثلاً يُعد وبسبب انتمائه العائلي من الإخوان المسلمين، يرى مناصرو الإسلام الواحد في الإسلام الأوروبي محاولة عدوانية لشق صف الإسلام والمسلمين، ولتحويلهم عن دينهم. أما منتقدو الإسلام من غير المسلمين فإنهم يرون بأن الإسلام الأوروبي وبرغم كل الإصلاحات ما هو إلا محاولة لأسلمة أوروبا.

نظريًا ومنهجيًا يمكن أن يُلقى اللوم على كِلا الطرفين وذلك بسبب مواقفهم النابعة عن آرائهم الشخصية وسلوكهم الفقهي والتركيبي، فمصطلحاتهم كلّيّة، وغير صالحة للدراسات ذات المنهج التجريبي، ورؤاهم المستقبلية والخاصة بالإسلام الأوروبي يصعب التكهن بها. وعلى الرغم من مطالبتهم نظريًا بمفهوم ديني جامع وبهوية إسلامية، إلا أن الأطر المعيارية المفتعلة تجعل من مسألة خلق التطبيق المتنوع ومن صياغة الهوية مسألة شبه مستحيلة. وخلاصة القول ينبغي علينا أن نتمسك بوجهة النظر التي تدعم الإستخدام الوصفي والتجريبي لمصطلح الإسلام الأوروبي، وتعتبره ضروريًا من الناحية التحليلية، التي تدعونا إلى التخلي عن مصطلح أوربة الإسلام المثقل بالمعيارية والإصطناعية.

أرطغرل شاهين

إسلاموفوبيا (من وجهة نظر مسيحية)

الإسلاموفوبيا أو رهاب الإسلام يعتبر مصطلحًا حديثًا (لفظة مستحدثة)، ظهر في نهاية ثمانينيات أو خلال تسعينيات القرن الماضي، ويُستخدم اليوم في كثير من اللغات الأوروبية. يشير المصطلح إلى موقف معادٍ للإسلام، إما بشكل معارض كليًا للإسلام أو الإعراب عن مخاوف تجاه الإسلام. يعود أصل كلمة إسلاموفوبيا إلى الجمع بين »إسلام« وكلمة »فوبيا« المشتقة من كلمة »فوبوس« اليونانية والتي تعني خوف ورهبة. وهي ظاهرة معروفة منذ زمن طويل في علم النفس، وتظهر عندما يدفع الخوف الناس لأشكال مختلفة من التحاشي أو عندما تمنعهم مخاوفهم من القيام بأي عمل. وفي كل الحالات يظهر الرهاب من خلال أشكال غير عقلانية من التحاشي أو ردود فعل دفاعية. واشتهر المصطلح بشكل خاص من خلال تقرير له صلة بذلك عنوانه Islamophobia. A Challenge for Us All

»الإسلاموفوبيا: تحدٍ لنا جميعًا«، والذي نشرته المنظمة البريطانية المناهضة للعنصرية Runnymede Trust »رنيميد ترست« عام 1997. وازداد استخدام هذا المصطلح أكثر بعد الهجوم على مركز التجارة العالمي في نيويورك وعلى البنتاغون في العاصمة الأمريكية واشنطن في 11 أيلول / سبتمبر 2001. استخدام هذا المصطلح يحمل في ثناياه اتجاهًا عنصريًا وآخرًا معاديًا للدين، ويؤدي إلى تعميم الخوف من الهجمات الإرهابية للمتطرفين الإسلاميين على جميع المسلمين، ما يسمم بدوره مناخ أي تعايشٍ سلمي مع المسلمين في أوروبا.

يُنظر للمواقف المتطرفة في أي دين بشكل مختلف وذلك وفقًا لزاوية النظر. فالذي يحكم عليها من الداخل، لا يعتبرها إلا ظواهر هامشية، لا تمت غالبًا لجوهر الدين بصلة. أما من الخارج فيتم ربطها بشكل وثيق بالدين نفسه، أو ينظر إليها على أنها جزء لا يتجزأ منه.

وربما أقدم هذه الجماعات التي تعمل باسم الإسلام هي جماعة الديوبنديين في شبه القارة الهندية، وحزب الجماعة الإسلامية الذي أسسه في شبه القارة الهندية سيّد أبو الأعلى المودودي (1903–1979)، وجماعة الإخوان المسلمين التي أسسها المعلم حسن البنّا (1906–1949) في مصر. رغم أن الغالبية العظمى من أعضاء الإخوان المسلمين مسالمون ويسعون إلى زيادة تأثير الإسلام في الحياة السياسية من خلال وسائل ديمقراطية، إلا أن الغرب فضّل التوجه بشكل رئيسي إلى جماعاتٍ تلجأ إلى العنف لتحقيق أهدافها السياسية.

وبينما تشكل الحركة السلفية في الإسلام ظاهرة واسعة بمجوعة متنوعة من الفروق الدقيقة، نجد التصور الغربي تجاهها ضيقًا جدًا، بحيث ترتبط بمصطلح السلفية فقط تلك الجماعات التي تسعى لجعل الإسلام اتجاهًا سياسيًا إيديولوجيًا. يُنظر للحركة السلفية، وخاصة في ألمانيا، على أنها اتجاه متعصب يعتبر تأويله للدين التأويل الصحيح الوحيد، ويرفض الديمقراطية والحوار بين الأديان. كما أن هذه الحركة تفسّر الجهاد (أي القتال في سبيل اللـه) كواجب على كل مسلم، ما يضفي شرعية على القتال المسلح وحتى الإرهابي ضد مجتمع الأغلبية. وما أنشطة السلفيين في ألمانيا إلا أحد أسباب زيادة الإسلاموفوبيا، ما جعلهم تحت مراقبة جهاز الاستخبارات الداخلية.

خلال فترة احتلال الاتحاد السوفييتي لأفغانستان (1979–1989) كانت مجموعة من طلبة القرآن (حركة طالبان)، وهي من المدرسة الديوبندية، تقاتل السوفييت بشراسة، واستولت مؤقتًا بعد انسحاب السوفييت على السلطة في البلاد. إلى أن تدخّل الأمريكان وحلفاؤهم في أعقاب أحداث 11 أيلول / سبتمبر 2001 وأجبرت طالبان على التراجع واللجوء منذ ذلك الحين للنشاط السري. كانت الحركة تسعى لنهج متطرف من خلال أعلى درجات التأويل تزمّتًا للإسلام والشريعة، مقيدةً بذلك حقوق المرأة والأقليات الدينية إلى حدٍ كبير، كما أنها لم تتردد حتى إلى اللجوء إلى

العنف المتطرف باسم الإسلام. وتحالف مقاتلو طالبان هؤلاء بين الحين والآخر مع عناصر إسلامية أجنبية كانوا قد دخلوا أفغانستان لمساعدة الأفغان في قتالهم أولاً ضد السوفييت، ثم ضد الأمريكان. وكثيرون من هؤلاء انضموا لجماعة القاعدة بقيادة السعودي الأصل أسامة بن لادن (1957–2011). في البداية اشتهرت القاعدة من خلال كمّ التفجيرات الهائل وأصبح العالم بأكمله يخشى من أنشطتها الإرهابية. وكانت أكثر هجماتها المشينة بلا شك تدمير برجي مركز التجارة العالمي في نيويورك والهجوم على البنتاغون في واشنطن في 11 أيلول / سبتمبر 2001.

كثيرًا ما تذكر وسائل الإعلام في ألمانيا أخبار هجمات لجماعات أقل شهرة مثل جماعة بوكو حرام في نيجيريا أو الجماعة الإسلامية في إندونيسيا. لذلك ليس من قبيل المبالغة إذا قلنا أن الساخطين في أصقاع كثيرة من العالم يجتمعون معًا للوقوف في وجه الحكام ويبررون محاربتهم – غالبًا بشكل عنيف – للأنظمة القائمة من خلال تذرعها بتأويلها الخاص للإسلام. هذا ولا يمكن استبعاد ظهور جماعات جديدة مستقبلاً لها أهداف مماثلة، ما سيزيد من صعوبة محاربة الإسلاموفوبيا والجهود الصادقة لعلماء دين مسلمين ومسيحيين بالمضي في الحوار بين الأديان.

السمة المشتركة لكل هذه الحركات هي أنها لا تسمح إلا لوجهة نظرها في تفسير الفروض الدينية وتأويلها الخاص للنصوص المقدسة. كما تقاتل من هم مختلفين فكريًا في الدين نفسه، وترفض أتباع الديانات الأخرى، وتحارب باسم الدين الحوار بين الأديان، وتسعى للسلطة السياسية كحكم مطلق لها، فضلاً عن نظرتها لأي شكل من أشكال التسوية على أنه ضعف. لذلك يشكل وجودها كمجموعات داخل الدول خطرًا حقيقيًا على التعايش السلمي مع الآخرين الذين يختلفون عنها فكريًا، وقيامها بتأسيس دولةٍ لها اتجاهات كهذه سيشكل تهديدًا للسلم العالمي.

من هنا يجب أن يكون هدف كل الشعوب المحبين للسلام أن يلتقي جميع الناس ذوي النوايا الحسنة في كل أنحاء العالم للتفكير والعمل معًا للنظر في كيفية مواجهة خطر التطرف بشكل عام والتطرف الديني على وجه الخصوص من أجل ضمان التعايش السلمي للجميع.

بيتر أنتس

مواضيع ذات صلة: **الحوار؛ الإندماج؛ الإسلام؛ لاهوت الأديان.**

الإسلاموية (من وجهة نظر إسلامية)
الإسلاموية هو مصطلح جامع لكل تصورات الإسلام الجديدة التي تعبر عن نفسها أيديولوجيًا بطرق مختلفة وتتبوأ سياسيًا مكانة في الصراع مع الحداثة الغربية. لقد حاول المسلمون منذ بداية القرن التاسع عشر مقاومة طموحات الغرب الإستعمارية والتوسعية وعلى مختلف الأصعدة العسكرية، والإقتصادية، والسياسية. حيث نظّم المسلمون في البداية مقاومة ثورية محلية في بعض المناطق في آسيا وأفريقيا. إضافة إلى ذلك فقد نشأ من خلال المقاومة الثقافية، وكذلك من خلال المقاومة من أجل الحفاظ على الهوية صراع شامل مع الحداثة الغربية. لقد ساهم في هذا الصراع علم الإستشراق الغربي الذي جعل من الشرق الإسلامي مادة لبحثه العلمي وأثر بواسطة طريقة التفكير الحديث في طريقة التفكير الإسلامي، حيث انتقد علم الإستشراق المتأثر بالحركات الإصلاحية، والفلسفة الواقعية، والعقلانية الإسلام واتهمه بالرجعية، والهمجية، ورأى أن المجتمعات الإسلامية ما هي إلا نقيض للمجتمعات الأوربية. وقاد هذا النقد إلى إجابة مفادها أن الإسلام قد تجاوز ذلك التقليد الذي لا يتلاءم وروح العصر، واستنبط قراءة جديدة للقرآن الذي يُعَدّ كأهم مرجع ديني، فهذا الإسلام لا يناقض التقدم، فالدين، وطِبقًا للقيم الغربية، منفتح على المساواة، والسلام، وحرية الفرد، والعقلانية، والإنسانية، والديمقراطية. وبذلك فقد تم الرد على دعوى الغرب والإستشراق التي تزعم بأن الإسلام لا يتفق مع هذه القيم. وفي الوقت نفسه كان هناك أيضًا موقف آخر انعزل فيه الإسلام بشكل تام عن تلك القيم. فبين هذين الموقفين المتناقضين جوهريًا كانت هناك مفاهيم إسلامية إقليمية، وزمانية مختلفة فسَّرت الإسلام في ضوء الأيديولوجيات والتيارات كالعقلانية، والليبرالية، والقومية، والتطرف السياسي، والأصولية، والفلسفة الواقعية، والنزعة العسكرية، أو الإجتماعية.
لقد شهدت الذاكرة الجماعية الإسلامية في القرنين التاسع عشر والعشرين انكسارات وتحولات جوهرية. فكان الهدف الذي يكمن وراء جميع الصيغ الإسلاموية هو مقاومة ومناهضة الغرب. ولكن بمرور الوقت بدأ الإسلاميون يفهمون الإسلام، والقرآن، والنبي، وتاريخ نشوء الإسلام، وأنفسهم، وكذلك العالم ضمن الإطار الإصطلاحي للإستشراق الذي كان مرفوضًا لديهم. طِبقًا لمفهوم ليونارد بندرس (المولود عام 1927 بعد الميلاد) قادت هذه العملية إلى تعريف الإسلام مرة أخرى وبشكل كامل وجديد من قِبَلِ علم الإستشراق ضمن إطار الحداثة.
لقد خدم النقد التقليدي الأصولي لجمال الدين الأفغاني (1838–1897 بعد الميلاد) معظم ممثلي الإسلاموية في أفغانستان، وإيران، وفي مصر، والدولة العثمانيَة كنموذج للرجوع إلى التدبر والتأمل في جذور الإسلام وكذلك في المقاومة السياسية. حيث تبعه في ذلك المصري محمد عبده (1873–1936 بعد الميلاد)،

ورشيد رضا (1865–1935 بعد الميلاد)، وكذلك محمد عاكف آرصوي (1873–1936 بعد الميلاد) في استطنبول. وحتى حسن البنا (1906–1949 بعد الميلاد) مؤسس حركة الإخوان المسلمين ذات الإتجاهات القومية، والسياسية، والعسكرية، كان من أتباع الأفغاني وعبده. لقد أصبح سيد قطب (المتوفى عام 1966 بعد الميلاد) من أهم منظري هذه الحركة. أما حزب الجماعة الإسلامية الذي أسسه السيد أبو العلاء المودودي (1903–1979 بعد الميلاد) في شبه القارة الهندية فكان ينتهج سياسة متطرفة ضد الغرب. إلى جانب ذلك نشأت حركة طالبان إبان احتلال الاتحاد السوفيتي لأفغانستان (1979–1989 بعد الميلاد)، حيث ربطت جذورها بشكل وثيق مع السلفية في شبه الجزيرة العربية، وتحولت في نفس الوقت وفي ظل العولمة إلى حركة القاعدة التي تتصف بالنزعة القتالية والفوضوية إلى أبعد الحدود. من جهة أخرى آثر السيد أحمد خان (1817–1889 بعد الميلاد) ، ومحمد إقبال (1877–1938 بعد الميلاد)، وفضل الرحمن (1911–1988 بعد الميلاد) الموقف العقلاني والتحرري المثقف. أما في الدولة العثمانية وفي تركيا فيمكن ذكر بعض المفكرين مثل سعيد حليم باشا (1863–1921 بعد الميلاد)، وبابان زاده أحمد نعيم (1872–1934 بعد الميلاد)، وحمدي يازر الماليلي (1878–1942 بعد الميلاد) كأشهر ممثلين للإسلاموية.

أما إيران الشيعية فعلى الرغم من أنها متأثرة بشكلٍ كبير بالموروث الديني المؤسساتي إلا أن لديها داخل العالم الإسلامي رؤية مختلفة تمامًا، حيث توجد هناك مناقشات جوهرية موجودة أيضًا في الحداثة. فبينما يدافع على سبيل المثال عبد الكريم سروش (المولود عام 1945 بعد الميلاد) عن القيم الحديثة، تقاوم جماعة العلماء بزعامة المرشد الأعلى علي خامنئي (المولود عام 1939 بعد الميلاد) هذه القيم.

محمد باچـجي

مواضيع ذات صلة: **الديمقراطية؛ الأصولية؛ حقوق الإنسان؛ الحركات الإصلاحية؛ السلفية.**

الإسناد / التقليد / الرواية (من وجهة نظر إسلامية)

تُعتبر الرواية الوسيلة لنقل المعرفة في الإسلام. ومن أهم العلوم التي تم نقلها عن طريق السند هي أقوال وأفعال النبي محمد وكذلك أصحابه والتابعين وأشخاص آخرين. أما القرآن فلا يعتبر بشكل صريح جزءًا من هذه الرواية. يتكون الإسناد من ثلاثة أجزاء، هي الراوي والسند والمتن، أي ما ينتهي إليه السند من كلام. وقبل ذكر الكلام المنقول نجد سلسلة من رواة الحديث التي تبدأ بتسمية آخر راوٍ وتنتهي بتسمية أول راوٍ.

والجدير بالذكر أن هذه العبارات العربية يعود أصلها إلى العصر الجاهلي، ثم بدأت تأخذ معاني خاصة مع مرور الزمن، وذلك في سياق نقل الأحاديث والسنة. وقد كره الصحابة نقل الحديث بعد وفاة النبي وذلك لأنهم كانوا يخشون أن يخطئوا فى نقل الحديث وكانوا أيضًا يحرصون على معرفة الرواة إذا تلقوا حديثًا عن محمد من شخص ما، بل كانوا يطلبون القسم من الناقل على صحة الرواية.

ومع ذلك كانت منهجية أصحاب محمد تختلف في التعامل مع النصوص المنقولة، حيث لم تكن هناك طريقة مرسومة في ذلك الوقت تعالج الأحاديث. أدى تراجع عدد الصحابة الذين عاصروا محمدًا، وفي وقت ظهور تيارات دينية وسياسية متنوعة في المجتمع الإسلامي، إلى بداية حقبة جديدة كثر فيها وضع الحديث ما أدّى إلى تداول روايات مختلفة. وهذا ما دفع بالعلماء إلى تطوير مناهج يمكن أن تصون الأحاديث وتصنفها بشكل أفضل ومن بين هذه المناهج ضرورة إظهار أسانيد الرواة والتحقّق من كل اسم ظهر في السند بكل عناية ودقة.

ومن شروط الرواة الإتصاف بالصدق والعدالة والضبط وقوة الذاكرة، وبهذا تزايد ظهور مناهج مرسومة، خاصة بين المسلمين، تهتم بنقد مصادر الروايات وأشكال التحقيق من الرواة. وبهذه الطريقة بُذلت محاولات لضمان صحة الأحاديث، ذلك لأنها تُعتبر المصدر الثاني للإسلام بعد القرآن. ومع ذلك بدت هذه المنهجية لتحقيق صحة الأحاديث غير فعالة، ومن أجل ذلك وقع العمل على خلق توافق بين الأحاديث، والآيات القرآنية، والأقوال والأفعال الصحيحة المنسوبة لمحمد، وروح الإسلام، والأحوال التاريخية، حتى وإن كان السند غير مقدوح في صحته، وتم نقله من رواة يتصفون بالثقة.

محمد أمين أرَن

مواضيع ذات صلة: **الحديث؛ السنة.**

الإصلاح الديني (من وجهة نظر مسيحية)

يُقصد بالإصلاح الديني في البلدان المتكلمة باللغة الألمانية مجمل الأحداث اللاهوتية والكنسية والسياسية التي أدّت في نتيجتها النهائية إلى تقسيم الكنائس في أوروبا (وأمريكا). لذلك يجب التمييز بدقة بين الإصلاح الديني والإصلاح كعملية كنسية داخلية. ويمكن طرح القضية الشائكة على النحو التالي: من المجهود المبذول (كمجهود لوثر 1483–1546 مثلاً) للقيام بإصلاحٍ للكنيسة – كان مطلوبًا قبل مارتن لوثر بزمن طويل – أصبح الإصلاح الدينيّ بمثابة انشقاق في الكنيسة. لذلك تميّز النظرة الكاثوليكية لتاريخ الكنيسة بين إصلاح ديني معاكس (سياسي وعسكري) في النصف الثاني من القرن السادس عشر والإصلاح الكاثوليكي المتزامن للكنيسة بعد مجمع ترينت (1545–1563). وهنا يلعب الاستخدام

اللغوي المتباين هذا دورًا هامًا، فكلمة réforme الفرنسية تقابل في العربية كلمتي الإصلاح والإصلاح الديني على حدٍ سواء، بينما تميّز اللغة الإنكليزية بلهجتيها البريطانية والأمريكية بين الإصلاح والإصلاح الديني.

كانت أحداث الإصلاح الديني ناجمة عن »الاعتراضات الخمسة والتسعين على سطوة صكوك الغفران«، الاعتراضات التي أرسلها مارتن لوثر في 31 تشرين الأول/ أكتوبر عام 1517 باللغة اللاتينية إلى الأساقفة المسؤولين مرفقة مع رسالة طالبهم فيها تقديم أساس لاهوتي أكثر تماسكًا لوعظهم المستمر عن صكوك الغفران. أما رواية تعليقها على باب كنيسة القلعة في مدينة فيتنبرغ، فقد ظهرت بعد عدة سنوات، وهي لأسباب كثيرة على الأرجح أسطورة لم يعد بالإمكان التحقق منها. تسببت الاعتراضات على صكوك الغفران من خلال انتشارها السريع (ما لم يتقصده لوثر) في كل أنحاء ألمانيا والدول المجاورة بحركة شعبية هائلة، كانت ردود فعل الكنيسة والسياسة عليها مثيرة للجدل. ولكن فقط بعد حرم لوثر من الكنيسة في كانون الثاني / يناير عام 1521 وفرض حظر إمبراطوري عليه، اضطر الأمراء وحكام المدن إلى أن يحسموا أمرهم، فيما إذا كانوا سينفصلون عن لوثر أو مواصلة موافقتهم له رغم ذلك، فيتولون حينها بأنفسهم إصلاح الكنيسة في مناطق سيطرتهم. وبذلك بدأت الأحداث، بما فيها من حروب وأعمال عنف، أطلق عليها تسمية »إصلاح ديني«، والتي أسفرت واقعيًا منذ عام 1555 (صلح اوغسبورغ » Augsburger Religionsfriede«) ومن الناحية القانونية الرسمية عام 1648 في معاهدة صلح ويستفاليا في مدينة أوسنابروك بعد حرب الثلاثين عامًا (الأوروبية) الرهيبة عن نشوء كنيستين منفصلتين في ألمانيا.

يُفهم من هذا أن اللاهوت الإصلاحي للوثر وغيره من الإصلاحيين يمكن تقييمه من جديد اليوم من وجهة نظر كاثوليكية أيضًا وبشكل إيجابي تمامًا، في حين أن الكاثوليكية تعتبر الإصلاح الديني كارثة.

لم ينجم عن أحداث الإصلاح الديني كنيسة إنجيلية (بروتستانتية) موحدة، وإنما ثلاث كنائس رئيسية، هي: الكنيسة اللوثرية التي انتشرت في المقام الأول في ألمانيا والنمسا والبلدان الاسكندنافية ومنها امتدّت إلى الولايات المتحدة الأمريكية، والكنيسة الإصلاحية (المشيخية) المنتشرة بشكل رئيسي في سويسرا وفرنسا وهولندا واسكتلندا ومنها إلى الولايات المتحدة الأمريكية، والكنيسة الأنغليكانية في إنكلترا وجميع أنحاء العالم. وبالإضافة إليها تشكل نتيجة الانشقاقات الدائمة عن هذه الكنائس الرئيسية العديد من الكنائس الأصغر، ولكنها قد تكون كبيرة جدًا إقليميًا، ككنيسة المعمدانيين والميثوديين والمينونانيين، فضلاً عن عدد لا يحصى من الكنائس الإنجيلية الحرة الصغيرة والجماعات الكنسية التي لا يعتبر بعضها نفسه كنيسة أبدًا.

وهذا التطورات التي توصف بالتطييف أدت إلى تطييف الحياة العامة بأكملها، والتي من خلالها استمرت الفكرة القروسطية عن الوحدة اللازمة بين الكنيسة والكيان السياسي (أو الدولة) على صعيد إقليمي. ومع قدوم عصر التنوير في القرن الثامن عشر فقط أصبح بالإمكان المضي بالفصل بين الدولة والكنيسة وبالتالي مبدأ حرية الاعتقاد وحرية الضمير.

أوتو هيرمان بيش

مواضيع ذات صلة: **التنوير؛ الكنيسة والكنائس الإصلاحية؛ حرية العقيدة.**

الأصوليّة (من وجهة نظر مسيحيّة)

يُفهم بالأصوليّة أنّها مواقف عقائديّة في مجالات مختلفة تتّسم بتطبيق حقائق وقواعد معترف بها بطريقة مباشرة خالية من الطريقة النقديّة على جميع مجالات الحياة من دون استثناء باعتبارها أصولاً لنظام. في أثناء ذلك تتّم الإساءة للسمة الأساسيّة المعطاة لتعبير الأصول المتمثّلة في كونها الأساس في الواقع والذي يجب أنّ يُبنى عليه أو يُشتَقّ منه. من هذه الناحية إنّ مصطلح الأصوليّة ، الذي تختاره بعض المجموعات الدينيّة وتطلقه على نفسها أيضًا، ينطوي مبدئيًا على تناقض في ذاته. فكلّ شكل من أشكال الأصوليّة له أثر هدّام (ذاتي). يبدو هذا الأمر جليًّاً في المجال الدينيّ كون الميول الأصوليّة هناك تظهر بادّعاء إلهيّ مطلق. وتكمن خصوصيّة الأصول الدينيّة قبل كلّ شيء في إمكانيّة تطبيقها على مختلف المواقف انطلاقًا من تفسير يتّكئ على سياق النصّ، مهما كان الموقف مختلفًا. إنّ هذا الاتكاء على السياق الذي تنفيه الأصوليّة ليس أساسيًا لتطبيق الحقائق المعتقد بها دينيًا فحسب، بل هو أساسيّ لوحيها الأصليّ بالذات أيضًا. ولأنّ تجلّيات الوحي المبرِّرة للدين يصوغها الناس المتلقّين لها دومًا في تصانيف تفكيرهم وكلامهم المشروطة زمنيًا ويتمّ تفسيرها تبعًا لظروف مواقف الحياة التاريخيّة المعيّنة، فلا تظهر أصول الإيمان أبدًا في شكل لا زمنيّ مطلق. لهذا السبب تتولّد الحاجة إلى تأويل جميع مقولات الإيمان. ويجب على هذا التأويل مراعاة الشروط التاريخيّة للوحي كما ظروف الحياة المتغيّرة في الوقت الحاضر والتي يتمّ فيها الإعلان عن الإيمان بشكل جديد. إنّ هذه الديناميّة لعمليّة استحضار الإيمان المتكّئة على السياق مركزيّة بالنسبة إلى المفهوم المسيحيّ. ويتمّ التعبير عن ذلك في الكتاب المقدّس نفسه، وذلك في المواضع التي يتمّ التحذير فيها من فهم أصوليّ متعلقّ بحرفيّة كلمات الكتاب: »الحرف يقتل، ولكنّ الروح يحيي« (كورنثوس الثانية 3: 6). إنّ سمة الحقّيقة المسيحيّة هي في كونها »تحرّر« (انظر يوحنّا 8: 32)؛ فحيث يكون أثر روح الله المحرِّر مقيّدًا أصوليًا، يكون الإيمان المسيحيّ من ناحية مبدئه خاطئًا. على الرغم من أنّ المسيحيّة انطلاقًا من جذورها ديانة مناهضة للأصوليّة بشكل

حاسم، فإنّ تاريخ الإيمان المسيحيّ وحاضره لا يخلوان من أصوليّة متعدّدة الوجوه. ففي حين يوجد في فضاء الكنيسة الانجيليّة الحرّة اتجاه نحو قراءة إيجابيّة حرفيّة للكتاب المقدّس (نشأ عنها معتقد الخلقيّة/خلق العالم وتأريخ نهاية العالم)، يوجد في الفضاء الكاثوليكيّ مواقف رجعيّة تحدّد لتطوّر الكنيسة التاريخيّة طورًا معيّنًا وادّعاء مطلقًا للحقيقة مرتبطًا به وحده. ولعلّ أسباب نشوء المغالطات الأصوليّة غالبًا داخل الأديان في هذا الوقت يعود إلى الترابط الجوهريّ للتوجّه الذي يبحث عنه الإنسان في الديانة مع عامل التغلّب على خوفه من الحياة والمستقبل. فإذا لم تتمكّن الديانة من تأدية وظيفتها في المساعدة على تخطّي الخوف، ينشأ لدى الإنسان ضعف وقلق جوهريّان يمكنه حسب اعتقاده التغلّب عليهما عندما ينظر إلى لحظات نسبيّة في الديانة على أنّها مطلقة. وفقًا للرؤية المسيحيّة يجب التركيز على المحبّة اللامشروطة واللامقيّدة الموجودة في صورة الله كما في جميع نواحي الحياة الإنسانيّة من أجل تخطّي الأصوليّة وتعصّبها الهدّام.

مارتن تورنر

مواضيع ذات صلة: **الاعتقاد بخلق العالم.**

الأصولية (من وجهة نظر إسلامية)

الأصولية هي ذلك التوجه الديني الذي ينادي بالرجوع إلى المبادئ الأساسية لذلك الدين والتمسك بها. وعلى الرغم من أن مصطلح الأصولية غير موجود في العالم الإسلامي إلا أن هناك مواقف تنادي وتطالب بالرجوع إلى المنهج الذي كان عليه الصحابة من التمسك بالكتاب والسُّنة علمًا وعملاً. عندما نستعرض عصور التاريخ الإسلامي المختلفة نجد أن هناك اتجاهات مختلفة للأصولية، فمنها الدينية ومنها السياسية، حيث تطالب بالرجوع إلى القرآن والسُّنة وبالتمسك بهما. لقد ظهر في عهد الخليفة عثمان بن عفان (35/656–23/644) أفراد وجماعات لم تكن راضية عن الطريقة السياسية لإدارة الدولة وطالبت بالرجوع إلى منهج النبي محمد ومنهج صاحبيه أبي بكر وعمر. لقد قوي هذ الإتجاه إبان العصر الأموي والعصر العباسي حيث تجاوزت التطورات السياسية لهذه الحقب مسألة الإيمان والتمسك بالكتاب والسُّنة لتشمل الأصولية المستندة إلى صلة العشيرة وقرابة الدم.

بينما اشترط المذهب الشيعي في القائد السياسي أن يكون من بني هاشم وتحديدًا من آل بيت النبي محمد، فلقد اشترط المذهب السُّني في القائد السياسي أن يكون من قريش، أي من عشيرة النبي محمد.

أما الخوارج فقد كانت أصولهم البدوية دافعًا إلى الرجوع إلى القرآن والتمسك به وإلى تطوير مفاهيم خاصة بهم، حيث شكلت تلك الميول نوعًا من أنواع الأصولية السياسية. إضافة إلى ذلك فلقد اتخذ العلماء المسلمون الذين يستندون في آرائهم إلى

الحديث النبوي اتجاهًا أصوليًا، وذلك لأنهم جعلوا من أسلوب حياة النبي محمد وحياة أصحابه ومن تبعهم المثل الأعلى، وأكدوا أن الدين عبارة عن الأعمال المثالية المتجسدة في حياة النبي محمد وسُنته، ورأوا أن الرجوع إلى هذا الأسلوب هو الحل الأمثل في النهوض من الانهيار الأخلاقي، وأنشأوا طريقة جديدة في التفسير حيث دعموا التمسك بالمعنى الحرفي المباشر الذي يشير إليه ظاهر نصوص المصادر الدينية ودعوا إلى تجنب كل شكل من أشكال التأويل.

يظهر الفكر الأصولي في تعامله مع النصوص الدينية في الحقبة التقليدية الممتدة إلى القرن العاشر الميلادي ليس فقط الرجوع إلى المعنى الحرفي لنص القرآن والحديث النبوي وإنما أيضًا لنصوص المذاهب الإسلامية. لقد ظهر في أوساط المذهبين السُني والشيعي اتجاهًا متشددًا في التعامل مع النصوص الدينية يقوم على ظواهر النصوص والابتعاد عن القياس والرأي، أما في الأوساط السُنية فقد تمثل هذا الاتجاه بالمذهب الظاهري، وأما في الأوساط الشيعية فقد تمثل بالإخبارية وهي فرقة من الإمامية.

لقد كانت الأزمات السياسية والاجتماعية وكذلك النكسات العسكرية التي حصلت عبر التاريخ الإسلامي سببًا في ظهور الاتجاهات الأصولية. ففي الحقب الامبريالية والاستعمارية حيث كان المسلمون مغلوبين على أمرهم ومُسْتَعْمَرينَ بدأوا يضعون قيمهم الدينية والثقافية موضع البحث والدراسة، فكان ذلك سببًا في تقوية الاتجاه الأصولي، والمواقف التقليدية في الحداثة.

لقد تطورت الأصولية في عصرنا الحاضر من خلال تيارين: أما التيار الأول فهو يدعو إلى الوقوف ضد الاستعمار الغربي وضد القيم الغربية والرجوع إلى القيم الإسلامية التقليدية النابعة من أسلوب حياة المسلمين في مراحل الإسلام الأولى.

فعندما ننظر اليوم إلى العالم الإسلامي نجد بأن هذه النوع من الأصولية قد بدأ فعلاً ووجد طريقه إلى الحركات السياسية الأيديولوجية والرجعية، فهذه الحركات لا تقاوم التغيير المدني الحديث للمجتمع فحسب، وإنما أيضًا تقاوم الإرادة العلمانية الصلدة. إن هذا النوع من الأصولية يجب أن يُنْتَقَد وذلك لأنه يرفض القيم التي جاءت بها الإنسانية، ويغلق الباب أمام التطورات الجديدة، ويزيح خصوصيات ومزايا الدين المفعمة بالحيوية والقابلة للتفسيرات وبذلك يفتح الباب على مصراعيه للرجعية.

أما التيار الثاني فإنه ينتقد الموروث الإسلامي ليبين بأن القيم الموجودة في الغرب ما هي إلا تطبيق لشرائع الإسلام وأن القرآن والسُنة قد تم تفسيرهما من جديد طبقا للقيم الغربية الحديثة وطبقا للطرق العلمية. إن أهم الانتقادات والمآخذ الموجهة ضد هذا التيار هي أن القيم التي جاء بها الموروث الإسلامي عبر القرون لم تُراعَ حق رعايتها، إضافة إلى ذلك فإن هذا النوع من الأصولية لا يمكن الأخذ به بسبب موقفه الساذج.

ومن هذا المنطلق نستطيع أن نتحدث عن الضرورة التي تدعو إلى تطوير تراث ضد الأصولية يعطي الإنسان المعاصر الأولوية ويحافظ في نفس الوقت على القيم الجوهرية للموروث الإسلامي.

سونمز قوتلو

مواضيع ذات صلة: **المذاهب الإسلامية؛ الإسلاموية؛ السلفيّة.**

الأعياد (من وجهة نظر مسيحيّة)

يمكن تمييز الأعياد المسيحيّة بين:

1. أعياد مرتبطة بالتاريخ الخلاصيّ للسيّد (الأعياد السيديّة).
2. أعياد القدّيسين (الأعياد غير السيديّة).
3. أعياد مبنيّة على أفكار لاهوتيّة.

تحتفل أقدم الأعياد بالأحداث الخلاصيّة في حياة يسوع، إلا أنّ الكنيسة القديمة تحتفل أيضًا بتذكار القدّيسين. ومنذ القرن الثالث عشر تحتفل الكنيسة بما يسمّى أعياد مبنيّة على أفكار لاهوتيّة ، والتي لا تذكّر بحدث خلاصيّ محدّد بل بفكرة روحيّة أو لاهوتيّة. من بين جميع الأعياد سيتمّ الحديث عن الأعياد الكبرى فقط، وبعدها ستتمّ الإشارة إلى الأعياد الخاصّة لكنيسة الإصلاح.

1. الأعياد السيديّة: لا يتعلّق الأمر في الأعياد المسيحيّة الاحتفاليّة بعمليّة تذكّر ذهنيّ لأحداث ماضية، إنّما تحتفل الكنيسة بالحدث الخلاصيّ نفسه وفي الوقت نفسه تعرف نفسها في الليتورجيا عبر هذا الحدث. وللأعياد المسيحيّة الاحتفاليّة أبعاد استحضاريّة، كما هو الأمر في الليتورجيا بشكل عامّ. لهذا السبب لا تتحدّث النصوص الليتورجيّة عن الماضي البعيد بل عن اليوم، يومنا بالذات الذي ظهر فيه المسيح وقام وعاد إلى الآب. وبذلك يرتبط مفهوم العيد المسيحيّ بالممارسة التطبيقيّة لعيد الفصح اليهوديّ العهدقديمي، والذي تتماهى فيه الجماعة المحتفلة بالعيد مع الإسرائيليّين الذين خلّصهم الله من العبوديّة في مصر وأخرجهم إلى الحريّة.

1. 1 يوم الأحد عيدًا مسيحيًّا أساسيًّا:

يشكّل اليوم الأوّل من الأسبوع، أي اليوم الواقع بعد السبت أهمّيّة كبيرة للكنيسة الحديثة في الزمن العهدجديدي. فهو يوم قيامة يسوع (متى 28: 1؛ مرقس 16: 2، 9؛ لوقا 24: 1؛ يوحنّا 20: 1)، واليوم الذي اجتمع فيه تلاميذه، إذ يتحدّث سفر أعمال الرسل 20: 7 عن حصول اجتماع لكسر الخبز ويعني به ربّما عشاء السيّد

(الإفخارستيّا). لقد انتفى السبت لدى المسيحيّين ليحلّ محلّه اليوم الواقع بعده يومًا للربّ (انظر كورنثوس الأولى 16: 2؛ رؤيا يوحنّا 1: 10).
إلا أنّه لا يجب علينا أن نفهم الأحد من منطلق التخطّي والتجاوز للسبت، فهو يتبنّى بدوره جوانب السبت. فكما أنّ هذا الأخير هو يوم راحة بعد إتمام عمليّة خلق العالم تمّت إحالته على الخلق، كذلك هو الأحد يومًا أوّلاً لأسبوع الخلق. وكما أنّ السبت هو الساعة المسيحانيّة واستباق للجماعة السيّدة الحرّة، يشير الأحد كذلك كيوم ثامن إلى إتمام عمليّة الخلق بخلق جديد للحياة من خلال القيامة. لذا كان من الملائم جدًّا أن يصبح الأحد يوم راحة بعد التحوّل في موقف قسطنطين (313)، وقام المسيحيّون بتبديل المعنى الوثنيّ الأصلي للأحد (إشارة إلى كوكب الشمس إلهًا للأفلاك) وبإسقاطه على المسيح شمس العدل (ملاخي 3: 20).
ويعدّ احتفال الإفخارستيّا صلب احتفال الأحد المسيحيّ (قدّاس، ليتورجيا إلهيّة، مناولة)، حتّى ولو أنّ الكنائس البروتستانتيّة لا تلتزم دائما بهذه الممارسة، إذ إنّها تحتفل غالبًا بالقدّاس الإلهيّ يوم الأحد على شكل قدّاس وعظيّ (من دون مناولة).
إنّ الضرورة الداخليّة لاحتفال القدّاس الإلهيّ يوم الأحد ليست مستقلّة عن الراحة عن العمل التي تضمنها السياسة، بل إنّ هذه الراحة عُرفت قبل التحوّل في موقف قسطنطين وتوجد أيضا في مجتمعات تحدّد لها يومًا آخر.
في يوم الأحد، الذي يصفه المجمع الفاتيكانيّ الثاني (1962–1965) باليوم الأساس للعطلة، يتوجّب على المؤمنين المسيحيّين وفقًا لقوانين هذه المجمع الاجتماع لسماع كلمة الربّ والاشتراك في طقس القربان المقدّس فيحيوا بذلك ذكرى آلام الربّ يسوع وقيامته ويشكروا الله (دستور في الليتورجيا المقدّسة 106). ويشكّل مدى تقبّل قدّاس الأحد الإلهيّ إشارة مهمّة إلى قوّة ترابط الإيمان المسيحيّ والكنائس.

1. 2 الفصح

لقد احتفل الجيل الأوّل للمسيحيّين اليهود بالفصح اليهوديّ، إلا أنّهم ربطوه أيضًا بتذكار المسيح، إذ تشهد عظة الفصح لمليتون الساردي (توفّي قبل عام 190) المنقولة من القرن الثاني على احتفال سنويّ بالفصح المسيحيّ كان يجري طوال الليل ويتمّ فيه تذكّر خروج بني إسرائيل من مصر كما آلام المسيح وموته وقيامته.
ولقد امتدّ الجدال حتّى إلى القرن الرابع حول ما إذا كان يجب الاحتفال بعيد الفصح السنويّ في الرابع عشر من نيسان الواقع فيه الاكتمال القمريّ الربيعيّ الأوّل وعيد الفصح اليهوديّ، وبالتالي يُحتفل به في أيّام مختلفة من الأسبوع، أو إقامته دائمًا في يوم الأحد التالي للاكتمال القمريّ الربيعيّ الأوّل (والواقع دائمًا بعد الفصح اليهوديّ) كما أكّد مجمع نيقيا (عام 325). إنّه من الأهمّيّة بمكان بالنسبة إلى عيد الفصح المسيحيّ والإيمان المسيحيّ أن يضمّ سرّ الفصح الموت والقيامة، وليس

تقزيمه وحصره فقط بالانتصار على الموت. فخلاف ذلك تصبحِ المسيحيّة ديانة منتصرة، حيث لا مكان للفشل فيها، وفي النتيجة النهائيّة لا أملَ فيها حين يدهم الموت والعذاب.

ويُعرف منذ القرن الرابع التطبيق الأورشليميّ الذي يوزّع احتفال عيد الفصح السنويّ بشكل مسرحيّ تأريخيّ على عدّة أيام. ويشكّل هذا التطبيق سمة أيّام الفصح الثلاثة المتمثّلة في آلام يسوع المسيح وموته وقيامته إلى يومنا هذا. ففي العشيّة السابقة ليوم الجمعة العظيمة (خميس الأسرار) يتمّ إحياء عشاء يسوع الوداعيّ الذي قام أثناءه بغسل أرجل التلاميذ حسب يوحنّا 13، ووزّع الخبز والخمر علامة لجسده ودمه بعد أن تلا عليهما صلاة الشكر (كما جاء في كورنثوس الأولى 11: 23–25؛ مرقس 14: 17–25؛ متى 26: 20–29 ولوقا 22: 14–22). عند حلول الساعة التاسعة من بعد ظهر الجمعة العظيمة (حوالي الساعة الثالثة) يقام الاحتفال بآلام المسيح وموته، فيتمّ فيه الإعلان عن آلام الصلب (يوحنا 18: 1–19، 42)، وتلاوة طلبات وتكريم الصليب بالإضافة إلى المناولة من قربان قدّاس خميس الأسرار. ويُعتبر سبت النور يوم الرقاد في القبر ويدوم لحين حلول الغروب، أي بدء أحد القيامة، عندها يتمّ الاحتفال بسهريّة الفصح: فبعد مديح الفصح الاحتفاليّ تتمّ قراءة نصوص من العهد القديم والعهد الجديد، خصوصًا النصوص التي تروي قصّة الخروج من مصر (سفر الخروج 14: 15؛ و15: 1) ومن ثمّ إنجيل الفصح (متى 28: 1–10؛ مرقس 16: 1–7؛ لوقا 24: 1–12). كما يتمّ تعميد المرشّحين للمعموديّة وتجدّد الرعيّة وعد المعموديّة خاصّتها قبل أن يُختتم بالاحتفال بالإفخارستيّا.

وتنتمي إلى عيد الفصح مدّة تحضير تتكوّن من أربعين يومًا (الصوم الكبير) المسمّاة أيضًا بفترة التوبة أو فترة الصوم تبدأ بيوم أربعاء الرماد، بالإضافة إلى خمسين يومًا فترة احتفال لاحقة تختتم زمن الفصح بعيد العنصرة.

1. 3 العنصرة

في اليوم الخمسين بعد الفصح يُختتم زمن الفصح بعيد العنصرة (pentekoste تعني باليونانيّة خمسين يومًا)، الذي نزل فيه الروح القدس على التلاميذ وبدأت به البشارة بالإنجيل. وليس هذا العيد بعيد مستقلّ للروح القدس وإنّما يحدّد، شأن عيد صعود المسيح إلى السماء، جانبًا من جوانب بشارة القيامة الفصحيّة: فالمسيح القائم من بين الأموات يعود إلى الآب، ولكنّه لا يترك تلاميذه كالأيتام وإنّما يرسل إليهم الروح القدس الذي من خلاله يبقون مرتبطين به ويقوى إيمانهم شهودًا عليه.

1. 4 عيد الميلاد

منذ القرن الرابع تعرف الكنيسة عيد ميلاد المسيح في اليوم الخامس والعشرين من ديسمبر، وهو اليوم الذي تحتفل فيه روما الوثنيّة منذ العام 274 بإله الشمس الذي لا يُقهر. وفي الواقع هناك محاولة لتفسير تاريخ عيد الميلاد على ضوء حساب تاريخ ليوم موت المسيح، إلا أنّ الفرضيّة التاريخيّة الدينيّة تبدو أكثر احتمالاً: عيد الميلاد المسيحيّ هو جواب على العيد الوثنيّ ومغيّر لمعناه، فالمسيحيّون يحتفلون بولادة المسيح الذي هو شمس العدل (ملاخي 3: 20).

يعود أقدم قدّاس بعيد الميلاد إلى القدّاس الذي أقامه البابا ليون الأوّل الكبير في مدينة القدّيس بطرس وكان الإنجيل المقروء فيه هو نصّ إنجيل يوحنّا 1: 1–18 ذا الأهمّية اللاهوتيّة إلى يومنا هذا. أمّا في أورشليم فقد تمّ في القرن الرابع إقامة قدّاس منتصف الليل في كنيسة المهد في بيت لحم. وتماهيًا مع التقليد الأورشليميّ أقيم لاحقًا قدّاس في القرن السادس في البازيليك الرومانيّة سانتا ماريا ماجيوري (كنيسة القديسة مريم الكبرى البابويّة) التي كان يوجد فيها كنيسة صغيرة داخلها تحمل اسم (إلى المغارة). وتليت في هذا القدّاس قصص طفولة المسيح من إنجيل لوقا (2: 1–14) التي لا تزال تُقرأ إلى يومنا هذا في قدّاس منتصف الليل لعيد الميلاد.

ونادرًا ما قامت الكنيسة الشرقيّة بأخذ عيد غربيّ وتبنيّه، إلا أنّه منذ نهاية القرن الرابع يتمّ الاحتفال كذلك في الشرق يوم الخامس والعشرين من ديسمبر بعيد الميلاد. ويؤدّي تقيّد مختلف الكنائس الشرقيّة بالتقويم اليوليانيّ إلى أنّ الاحتفال بعيد الميلاد يحصل أوّلاً عندما يقع السابع من يناير في التقويم الغريغوريّ.

تمتدّ فترة عيد الميلاد حتى يوم الأحد الواقع بعد ظهور السيّد (الأحد بعد السادس من يناير) وتسبقها دائمًا فترة زمنيّة مكوّنة من أربعة آحاد تبدأ بناء عليه بيوم الأحد الواقع مباشرة بعد الثلاثين من نوفمبر. وتسمّى هذه الفترة بالزمن السابق والتحضيريّ لعيد الميلاد، وكان في الماضي يتمّ فيها القيام بصيام بسيط. أمّا اليوم فهي تعتبر فترة انتظار سعيد موجّه إلى تذكار المجيء الأوّل لابن الله وتجسّده بشرًا بالإضافة إلى رجوعه في آخر الزمان. وحتّى في الزمن الذي تصاب فيه العلاقات المسيحيّة بالتراخي، يشهد عيد الميلاد وقدّاديسه إقبالاً كبيرًا، كونه لا يتمّ الاحتفال فقط بولادة ابن الله بل بالطفل في المغارة وبالتقاليد المرتبطة بهذا العيد أيضًا من تبادل للهدايا، الأمر الذي يجعل هذا اليوم عيدًا للعائلة وينحى بهذه التقاليد إلى احتلال مكانة مهمّة في حياة الإنسان.

2. أعياد القدّيسين

يلعب موضوع تبجيل القدّيسين في الكنائس الشرقيّة كما في الكنيسة الكاثوليكيّة دورًا بارزًا. ففي كل يوم تحتفل الكنيسة بذكرى قدّيسين معيّنين، علمًا أنّ بعضهم يتمّ

تبجيلهم في بعض المناطق فقط. تولي الروزنامة الليتورجيّة الكنسيّة العالميّة أولويّة مطلقة للاعياد التالية:

− أعياد السيّدة العذراء الثلاثة: (عيد مريم أمّ الله في الأوّل من يناير؛ عيد انتقال السيّدة العذراء (الى السماء) في الخامس عشر من أغسطس؛ عيد الحبل بلا دنس في الثامن من ديسمبر).

− أعياد ثلاثة لقدّيسين واردين في الكتاب المقدّس: (عيد الرسولين بطرس وبولس في التاسع والعشرين من يونيو؛ عيد ولادة القدّيس يوحنّا المعمدان في الرابع والعشرين من يونيو؛ عيد القدّيس يوسف خطيب والدة الله مريم في التاسع عشر من مارس)

− بالإضافة إلى عيد جميع القديسين في الأوّل من نوفمبر.

3. الأعياد المبنيّة على أفكار لاهوتيّة

لا تنطلق الأعياد المبنيّة على أفكار لاهوتيّة من حدث معيّن في التاريخ الخلاصيّ، بقدر ما هي تنشأ من موقف تقويّ معيّن وتُفهم على أنّها اعتراف بسرّه الإيمانيّ.

3. 1 عيد الثالوث الأقدس

أدخله عام 1334 في مدينة أفينيون البابا يوحنّا الثاني والعشرين إلى الكنيسة جميعها، إلا أنّ هذا العيد لم يتمّ فرضه بشكل كامل على ما يبدو إلا في كتاب الصلوات لعام 1570 بعد مجمع ترنت.

3. 2 عيد الجسد

إنّ عيد الجسد المسمّى في أيّامنا الحاضرة بعيد القربان المقدّس (جسد ودم المسيح)، والذي يُحتفل به بعد أحد الثالوث الأقدس معروف منذ العام 1246 في مدينة لييج. ولقد تمّ اعتماده عيدًا في كنائس العالم عام 1317 من البابا يوحنّا الثاني والعشرين، وذلك بناء على مصادقة البابا أوربان الرابع عام 1246 باعتماده في الكنيسة كلّها. وترجع أصول هذا العيد التاريخيّة إلى رؤى تلقّتها المتصوّفة الطوباويّة جوليانا من لييج عام 1208، ويتطابق مع رغبة نشأت في القرون الوسطى برؤية الإفخارستيّا، أي القربان المقدّس.

وبما أنّ كنائس الإصلاح قد رفضت موضوع تبجيل الإفخارستيّا خارج احتفال القدّاس فقد اتّخذ عيد القربان المقدّس والطواف المرافق له في الزمن اللاحق للإصلاح سمة مذهبيّة خاصّة وبالتالي مناهضة له.

بالإضافة إلى هذا العيد يجدر ذكر عيد قلب يسوع (يوم الجمعة الثالث بعد العنصرة) وأحد يسوع الملك (الأحد الأخير في السنة الكنسيّة).

4. أعياد كنائس الإصلاح
يعود زمن الأعياد الخلاصيّة التاريخيّة الكبرى (الأحد، الفصح، عيد الصعود، العنصرة، عيد الميلاد، الغطاس، أحد الثالوث) إلى التقليد المشترك السابق لحركة الإصلاح فتمّ بالتالي تبنّيها من قبل كنيسته. بالإضافة إلى ذلك هناك أيضًا أيّام إحياء تذكارات مهمّة: عيد الإصلاح ويوم الصلاة والتوبة.
ويذكّر عيد الإصلاح الواقع في الحادي والثلاثين من أكتوبر (في سويسرا يقع في الأحد الأول من نوفمبر) بانطلاقة حركة الأصلاح وبالرسائل أو القضايا الخمس والتسعين العائدة لمارتن لوثر في اعتراضه على صكوك الغفران والتي نشرها هذا الإصلاحيّ، وفق المرويات الأسطوريّة عنه، في الحادي والثلاثين من أكتوبر.
يُحتفل بيوم التوبة والصلاة يوم الأربعاء السابق للأحد الأخير في السنة الكنسيّة ويذكّر بضرورة الرجوع الدائم إلى الله.
أمّا في الأحد الأخير في السنة الكنسيّة فتحتفل الكنيسة البروتستانتيّة بيوم الأحد الأبديّ يومًا لتذكار الموتى والذي أُدخل منذ العام 1916 بناء على قرار القيصر فريدريش فيلهلم الثالث (أحد الأموات).

فينفريد هاونرلاد

مواضيع ذات صلة: **سلطة الدولة؛ إفخارستيا؛ صيام؛ أورشليم؛ إصلاح؛ تقليد؛ تقويم.**

الإفخارستيّة / العشاء السريّ / عشاء السيّد (من وجهة نظر مسيحيّة)
توجد ثلاث تسميات للاحتفال بالقدّاس الإلهيّ: الإفخارستيّة في الكنيستين الكاثوليكيّة والأرثوذكسيّة، العشاء السرّيّ في الكنيسة البروتستانتيّة، وعشاء السيّد تعبيرًا مسكونيًّا لتجنّب أيّ تداعٍ مذهبيّ محدّد، ولكنّه قائم على تبريرات جيّدة من الكتاب المقدّس (انظر كورنثوس الأولى: 11، 20). وكلمة قدّاس Messe تعبير تقنيّ في الكنيسة الكاثوليكيّة للإعلان عن أوقات الاحتفال بالإفخارستيّة مثلاً. والعبارة مشتقّة من تحيّة الحِلّ القديمة لإطلاق المؤمنين من الكنيسة والتي كانت متداولة قبل النموذج الليتورجي للمجمع الفاتيكاني الثاني (1962–1965): »إذهبوا، إنّه حِلّ [أو إرسال] Ite, missa est«.
تعتبر الإفخارستيّة من الجانب النظريّ والتطبيقي صلب خدمة القدّاس الإلهيّ المسيحيّة، وحسب التعليم الكاثوليكيّ فإنها حرفيًّا الطقس الأهم على الإطلاق. وعلى الرغم من التباينات بين الكنائس على اختلاف مذاهبها يبقى النموذج الأصلي للإفخارستيّة في القدّاس الإلهيّ واحدًا: تقدمة مع تراتيل؛ قراءات من الكتاب المقدس (في المبدأ قراءتان، أحداها من الأناجيل الأربعة)؛ والتفسير من قبل الكاهن أو الواعظ وهو عمومًا متقدّم القدّاس الإلهيّ؛ التصريح بدستور الإيمان من قبل الرعيّة؛ تقديم القرابين لتحضير الإفخارستيا. ثمّ يتبع ذلك الأنافورة، وهي

الصلاة الأهمّ، بتمجيد صنائع الله العظيمة في التاريخ الخلاصيّ، كما قصّة العشاء الأخير ليسوع مع تلاميذه، وفيها يتمّ الكلام عن استحداث عشاء السيّد عبر كلام يسوع عن الخبز والخمر وأمره بتكراره.

ويُختتم القدّاس الإلهيّ بصلاة السيّد (أبانا الذي)، تبادل تحيّة السلام بين المؤمنين ثمّ المناولة أو توزيع القربان المقدّس على المؤمنين ثم صلوات الشكر ومباركة متقدّم القدّاس الإلهيّ كما إرسال أو حِلّ المؤمنين بكلمات »إذهبوا بسلام«. وتجري عمليّة توزيع القربان المقدّس في الكنيسة الكاثوليكيّة عادة على شكل قطعة خبز، ويتمّ الشرب من الكأس فقط في خدمات القدّاس الإلهي في الرعايا الصغيرة (على سبيل المثال عند الزواج أو مناسبات خاصّة). وفي الكنائس الأرثوذكسيّة تتمّ مناولة العنصرين، بحيث يغمّس المتناول الخبز الإفخارستيّ قبل أكله في الخمر الإفخارستيّ. وفي الكنائس الإنجيليّة تتم مناولة العنصرين مبدئيًا. ومنذ زمن الكنيسة القديمة يتمّ إقامة الإفخارستيا كتذكار للموتى ولقيامة يسوع بقناعة أنّ هذا التذكار لا يتمثّل بمجرّد تفكير عقليّ بيسوع، بل أكثر من ذلك بشكل قدّاس إلهي يكون فيه يسوع المسيح في موته وقيامته غير مرئيّ ولكنّه في الحقيقة حاضر فيه يشاركه المؤمنون المائدة المشتركة، كما فعل تلاميذه في العشاء الأخير قبل موته.

من هذا الاعتقاد تطوّرت في القرون الوسطى نظريّة حضور المسيح الخاصّ في قرابين الخبز والخمر التي تبقى محافظة على شكلها الخارجيّ. إلا أنّ هذا النظريّة وعلى عكس ما كانت تصبو إليه في الأصل قادت إلى مفاهيم قائمة على الإيمان الخرافي وسوء الفهم. بالإضافة إلى ذلك ظهر في أواخر العصور الوسطى نظريّات وتطبيقات قبل كلّ شيء لاحتفال الإفخارستيا وكأنّه أضحية، ممّا أدى إلى طمس المعنى الأساسي للإفخارستيا بشكل كامل. لهذا السبب رفض المصلحون في القرن السادس عشر – مارتن لوثر (1483–1546)، هولدريخ تزفينغلي (1484–1531)، جون كالفن (1509–1564) ومساعدوهم وأتباعهم – هذه النظريّة القروسطيّة، إلا أنّهم تمسّكوا بطريقة مختلفة – خاصّة لوثر – بحضور المسيح في الاحتفال وبطريقة خاصّة بحضوره في الخبز والخمر.

لقد أوضحت الكنيسة الكاثوليكيّة سوء الفهم وتجاوزت إساءات الاستعمال، ولكنّها فيما عدا ذلك شدّدت على النظريّة التقليديّة. وهكذا بقي النزاع من دون حلّ حتّى القرن العشرين وما زال يمنع حتّى اليوم تحقيق الجماعة على مائدة السيّد بين الكنائس المسيحيّة. وفي نهاية المطاف تمّ في القرن العشرين إزالة سوء الفهم إلى حدّ كبير عبر التأثير الذي لعبه الحوار المسكوني بين الكنائس المسيحيّة وعبر الإصلاح الليتورجيّ من قبل المجمع الفاتيكاني الثاني للكنيسة الكاثوليكيّة، كما أنّه تمّ تجاوز إساءات الاستعمال. بناء على ذلك هناك أمل في أن تعترف الكنائس المسيحية في المستقبل المنظور في ما بينها باحتفال الإفخارستيا كما هو الحال في

المعموديّة وبالتالي أن تقرّر السماح للمؤمنين التقدّم بشكل متبادل بينها إلى المناولة. ولقد تمّت معالجة التعليلات اللاهوتيّة لهذا الهدف.

أوتو هيرمان بيش

مواضيع ذات صلة: **خدمة صلاة؛ سرّ مقدّس.**

الأقليات الدينية (من وجهة نظر مسيحية)

أوجد علم الاجتماع مفهوم الأقليات ليقصد به مجموعات داخل المجتمع تتميّز عن مجموعات أخرى غيرها من خلال معيار مثبتٍ تجريبيًا مثل الأصول أو اللغة أو الدين، وتمثل هذه المجموعات من حيث العدد أقلية بشكل واضح، وتحتل في الوقت نفسه مكانة مغبونة سياسيًا أو اجتماعيًا أو ثقافيًا. وهذا يعني أن الأقليات دائمًا أقل شأنًا من الأغلبية المهيمنة التي غالبًا ما تكون قومية. وهذا المفهوم حلّ في المجتمعات التي شهدت عمليات هجرة واستيطان محل التمييز بين المواطنين والأجانب، وبين السكان المحليين والمهاجرين. وبدلاً من التقسيمات الاجتماعية يؤكد مفهوم الأقليات على ما يوحّد، لأن الأقليات يعيشون بشكل دائم مع أغلبية. إضافة إلى ذلك فإن الطرفين مسؤولان، ولكن الأغلبية في نهاية المطاف هي المسؤولة إلى حدٍ كبير عن تحديد مكانة الأقليات وتطورها داخل المجتمع. لذلك فإن مفهوم الأقليات جيد لصياغة نتائج الهجرة وما ينشأ عنها أيضًا من جماعات دينية جديدة. وهنا يكتسب هذا المفهوم أهميته وخاصة عندما تكون هناك ديانة أو كنيسة رسمية للدولة (كما في انكلترا مثلاً) أو دستور علماني صارم يعيق التعاون بين دوائر الدولة والمؤسسات الدينية إلى حدٍ كبير (كما هو الحال في فرنسا). واستنادًا إلى حقوق الحرية العامة المنبثقة من حقوق الإنسان تطالب الأقليات الدينية هناك بتوفير الظروف التي تسمح لها بممارسة شعائرها الدينية بحرية.

وتنشأ في الوقت نفسه من خلال حماية الأقليات الدينية ارتباطاتٌ جديدة بين الدولة والطائفة الدينية من جهة وكذلك حالات التنافس بين الطوائف الدينية المختلفة من جهة أخرى. لذلك يمكن أن تؤدي حالة الأقليات إلى أشكال من التمييز الإيجابي (كالمحاصصات وتوزيع المقاعد في الأحزاب وحصص تمويل المدارس الخاصة وما شابه). وبدون هذه النقائص يمكن ضمان وضع الأقليات الدينية في دول محايدة دينيًا من خلال دستورها الذي يرفع العلاقة بين الناس بمختلف أديانهم إلى مستوى واحد من خلال قانون أحوال شخصية استثنائي. هكذا يحظر القانون الأساسي (الدستور) الألماني التمييز ضد الناس على أساس اقتناعاتهم الدينية أو السياسية (القانون الأساسي، المادة 3، الفقرة 3). ويقدّم للطوائف الدينية تعليمًا دينيًا مقارنًا لأطفالها في المدارس الحكومية (القانون الأساسي، المادة 7، الفقرة 3). وهذه الحقوق سارية المفعول بغض النظر عن وضع المواطن. وبهذا أصبح بمقدور

المسلمين ممارسة دينهم في ألمانيا بحرية – حتى قبل إنشاء أية منظمة إسلامية كشريك محاور مع الدولة.
فضلاً عن ذلك فإن الطريق إلى قوانين الأحوال الشخصية في الدساتير الغربية يسمح أيضًا للتجمعات الدينية الجديدة بتنظيم أنفسها بشكل مستقل عن الجماعات الدينية القائمة مثل الكنائس. وهذا الأساس يمكّنها، علاوة على ذلك، من الدخول في حوار شخصي مباشر من أجل صياغة حياتهم الدينية بصيغة جديدة في علاقتهم بمؤمنين آخرين ضمن دولة واحدة تجمعهم.

بيتر غراف

مواضيع ذات صلة: **الحوار؛ المجتمع؛ حقوق الإنسان.**

الأقليات الدينية (من وجهة نظر إسلامية)
الاقلية الدينية هي جماعة تعتنق ديانة معينة تختلف عن تلك التي تعتنقها الأكثرية داخل المجتمع الواحد. فقد سنت البلدان الإسلامية منذ ظهور الإسلام في القرن السابع ميلادي قانونًا يحمي الأقليات المسيحية واليهودية ثم عباد النار والهندوس وجمعات دينية أخرى وكل هذه الأقليات كانت تُلّقب بأهل الذمة. وبهذا القانون تمكنت كل الجماعات الدينية من تعليم وتبادل تعاليم دينها، وممارستها والتحدث بلغتها وامتلاك العقارات وهذا ما نتج عنه أن البلدان الإسلامية أصبحت تتسم بالتعددية الدينية والثقافية والعرقية، علمًا بأن التفاوت في الحقوق والواجبات بين المسلمين وغير المسلمين كان واضحًا.
أستخدم مصطلح الأقلية الدينية سنة 1914 وذلك في رسالة ديبلوماسية أرسلتها الدول الكبرى لدولة اليونان تحفز فيها على حماية حقوق السكان المسلمين في جزر بحر ايجه. وعلى الرغم من تداول مصطلح الأقلية الدينية بعد نهاية الحرب العالمية الأولى فإنه لا يوجد له تعريف موحد في القانون الدولي لحقوق الإنسان، وخصوصًا أثناء المعاهدات الدولية المبرمة في العقود الأخيرة والتي تحتوي على ضوابط لفائدة الأقليات الدينية. أيضًا قرارات الأمم المتحدة غير مُلزمة، يلاحظ فيها تجنب صياغة تعريف لمصطلح الأقلية الدينية، وهذا ناتج عن وجود حساسيات وآراء مختلفة بين الدول في هذه القضية.
لا يتناول الجدال القانوني الراهن كثيرًا قضية صياغة تعريف مناسب لهذا المصطلح، بل إن مدار النقاش يركز بشكل عميق حول حماية وتأمين حقوق الإنسان أو الجماعات ذات معتقدات وأنماط حياتية مختلفة وهذا بغض النظر عن إنتمائها للأقلية الدينية أم لا. وهذا يعني أن الإنتماء للأقلية الدينية لا يكون شرطًا ضروريًا للحصول على هذه الحقوق والإعتراف بها قانونيًا.
اليوم هناك ضابط قانوني يلزم الدولة باتخاذ إجراءات عادلة تقوم على مبدأ

المساواة وذلك لتأمين حرية الإعتقاد وممارسة الشعائر الدينية لكل مواطن. يضمن مفهوم الأقليات الدينية التي تأخذه تركيا بعين الاعتبار على المستوى الدولي الأقلية غير المسلمة التي تم ذكرها في معاهدة لوزان سنة 1923 وهي الجماعات الدينية اليونانية والأرمينية واليهودية.

وفي فترة المفاوضات حول إمكانية إنضمام تركيا للإتحاد الأوروبي وضع تحديد معايير في كوبنهاغن تعزز حقوق الأقليات الدينية في عدة مجالات منها حق التعليم الديني وممارسة الشعائر الدينية والثقافية والحفاظ عليها، وأيضًا حق إستعمال اللغة الخاصة. أدت هذه المعايير إلى ظهور وجهات نظر جديدة تخص موضوع التعامل مع الأقلية على الرغم من ان القيم المذكورة أعلاه تُصَنف من بين القيم العامة الدينية التي تم إدراجها في جدول اعمال السياسة التركية، تبقى حماية الأقلية الدينية من التمييز العنصري مهمة ثابتة لجميع الدول وبما في ذلك الإتحاد الأوروبي.

محمد پاچجي

مواضيع ذات صلة: **الحوار داخل الأديان؛ الجزية؛ حقوق الإنسان؛ الحرية الدينية؛ الشيعة.**

الإلحاد (من وجهة نظر مسيحيّة)

منذ بداية العصر الأوروبيّ الحديث يُفهم الإلحاد بأنّه الرأي القائل بانعدام وجود إله شخصيّ أو أيّ مسبب مطلق ومتعالٍ للعالم. في الوقت نفسه يتمّ التمييز بين إلحاد نظريّ متأمَّل فيه وإلحاد تطبيقيّ غير متأمّل فيه. فالإلحاد النظريّ تطوّر نتيجة ترقّي تفسير العلوم الطبيعيّة لنشوء العالم ونتيجة المعارف الفلسفيّة وانتقاد السلطة في عصر التنوير (وليس بالضرورة أن تكون هذه النتيجة حتميّة). ولدى أبرز ممثلي الإلحاد الفلسفيّ (لودفيغ فويرباخ (1804–1872)، كارل ماركس (1818–1883)، أو الأكثر تمايزًا مثل فريدريش نيتشه (1844–1900) وسيغموند فرويد (1856–1939) ولدى وجوديّين أمثال جون بول سارتر (1905–1980)، الذين لا يمكن اعتبارهم ملحدين بما في الكلمة من معنى) يكتسب الإلحاد بالذات أحيانًا (كما في الديانة المنتقَدة) وجوهًا تبشيريّة، عسكريّة وحتى غير متسامحة. والسبب في ذلك أنّ هؤلاء المفكّرين إلى حدّ ما من أصحاب الرأي القائل أنّ مستقبل سعادة الإنسان متعلّق بتخطّيه كلّ ديانة. وبالكاد يوجد هذا الشكل المتطرّف من الإلحاد في الوقت الحاضر.

يتمّ الحديث عن إلحاد تطبيقيّ عندما لا يدخل الإيمان بالله أو تصوّره في طريقة حياة الإنسان ومن دون أن يتمّ إنكاره صراحةً بشكل نظريّ. ويمكن لهذا النوع من الإلحاد التطبيقيّ أن يتحقّق عندما يقرّ الإنسان صراحةً بانتمائه إلى ديانة إلا أنّ سلوكه يكون غير ما يدّعي. هذه الظاهرة بالتحديد من الإلحاد ضمنًا (بمعنى السلوك

وكأنه لا وجود لله) تمّت معالجتها في نصوص الكتاب المقدّس بشكل مفصّل على أنّها عبادة أوثان ورياء. ومنذ الاعتراف بحريّة الأديان وجب على اللاهوت المسيحيّ تقبّل الإلحاد أيضًا على أنّه رأي يمكن للإنسان أن يختاره بملء حريّته التي أرادها له الله. ولم تعد استراتيجيّة اللاهوت المسيحيّ في الوقت الحاضر تجاه الإلحاد تقوم على عقوبة إقصاء الملحدين عن الرعيّة الكنسيّة، وإنّما على محاولة البحث عن جذور الإلحاد العميقة وإيجاد أجوبة لاهوتيّة لها. وتعود أسباب الإلحاد، في حالات كثيرة تتحمّل فيها الكنيسة المسؤوليّة، إلى تعثّر تطوّر الدين (أخلاق معادية للحياة وقيود نظام سلطويّة)، وفي أغلب الأحيان أيضا إلى السؤال المبرَّر: كيف يمكن الإيمان بعد الآن بإله طيّب على الرغم من الألم الشخصيّ والعامّ الذي لا يوصف الحاصل في العالم.

مارتن تورنر

مواضيع ذات صلة: **الأوثان / عبادة الأوثان ؛ الرياء / النفاق؛ نقد الدين.**

الإلحاد / إنكار وجود الله (من وجهة نظر إسلامية)

يُفهم الإلحاد على أنه كل تفكير يُنْكَر من خلاله وجود الله أو وجود أية قوة خارقة، أو أن يُنْفى تأثير الله في هذا الكون، أو أن تُنْسَب صفات الله إلى قوى أخرى. وإذا ما أمعنا النظر في التاريخ الإسلامي لوجدنا كمًّا هائلاً من المصطلحات التي تحمل نفس معنى الإلحاد: كـالدهرية، والزندقة، والكفر، والشرك، واللاأدرية، إلخ.

مبدئيًا هناك نوعان من الإلحاد: أما النوع الأول فيتمثل برفض ابن الراوندي (المتوفى عام 243/857) ومن تبعه الإيمان بالله وبالروح، لذلك وُصِفَ هو وأتباعه بالملحدين، أو المعطلة. أما النوع الثاني من الإلحاد فهو الشرك؛ فالشرك عبارة عن نسب صفات الله وما هو من فعل الله إلى غيره.

إن من الأهمية بمكان أن يتم التفريق بين الملحدين الذين ينكرون وجود الله، واللاأدريين الذين يمثلون الفرضية القائلة بأن وجود الله مسألة لا يمكن معرفتها، والمشككين الذين يدَّعون بأن الإدراك خارج الحواس مسألة غير موجودة. فلقد تم على نحو خاطئ وصف مناصري اللاأدرية، والشكوكية في الكتابات الإسلامية على مرّ العصور بالإلحاد والزندقة. وطِبقًا لهذه الحقيقة يوجد لمصطلح الإلحاد الكثير من التعريفات المختلفة.

لقد لعب مصطلح الإلحاد دورًا مهمًا في الصراعات بين المدارس الكلامية. إذ اتهمت الإتجاهات الإعتقادية الإسلامية المختلفة كل اتجاه لا يوافق آراءها أو طريقة تفكيرها بالإلحاد. فعلى سبيل المثال وصِفَ في التاريخ الإسلامي المعتزلة الذين اعتبروا بأن القرآن مخلوق، وكذلك التأليهي وعالم الطبيعة الطبيب والفيلسوف أبو بكر الرازي (المتوفى عام 313/925)، وكذلك فلاسفة آخرون،

ومتصوفون يؤمنون بفلسفة وحدة الوجود، بالإلحاد والزندقة، والكفر. وبما أن هذه الإتهامات لا يمكن أن تستند إلى القرآن فإنها لم تجد القبول من قِبَلِ كل المؤمنين على الإطلاق. وهذا يدل على أن مصطلح الإلحاد لم يُسْتَخْدَم بمفهومه الضيق وإنما بمفهوم واسع جدًا. يرمز الإلحاد إلى جانب إنكار وجود الله ووحدانيته إلى عدم الإعتراف بمبادئ الإيمان، وإلى خلل في الإيمان، وكذلك إلى عدم الإنتساب إلى دين ما. لذلك فقد تم الحث على مراعاة السياق دائمًا عندما يدور الحديث عن الإلحاد.

گوربوز دنيز

مواضيع ذات صلة: **الإشراك؛ الإنكار؛ الارتداد عن الدين؛ الرافضة؛ العلمانية.**

الله (من وجهة نظر مسيحيّة)

الإيمان المسيحيّ من الناحية التاريخيّة اللاهوتيّة هو تطوّر متأخّر نسبيًّا في ما يتعلّق بالسؤال الإنسانيّ العام عن الألوهيّ. وكما بيّنت بالتحديد أبحاث علم ظواهر الأديان في القرن العشرين (رودولف أوتو، 1869–1937) فإنّ جذور تصوّر الله من الناحية الكونيّة تكمن في تجربة المقدّس. فقد وُصف المقدّس بالأمر الذي تمّت خبرته موضوعًا مثيرًا للخوف وللشغف في الوقت نفسه. ضمن هذه الحالة من الإبهام والغموض يتمثّل للإنسان سرٌّ مهولٌ جارف ومثيرٌ. ينشأ التصوّر الدينيّ للإلهيّ إذًا من ردّة الفعل حيال تجارب الحياة الإنسانيّة العنيفة سلبًا وإيجابًا، كما وينشأ جوابًا على التحدّيات الوجوديّة المرتبطة بهذه التجارب. إنّ صورة الله المسيحيّة الخاصّة لها جذورها في تجربة الشعب اليهوديّ الدينيّة، فالتجربة اليهوديّة مع الله تعبّر عن نفسها بالشكل الأتمّ في التصريح الوارد في سفر الخروج (3: 14) من العهد القديم الذي يُعلن فيه الله عن نفسه بقول مباشر: »أنا هو الذي هو«. وإذا كانت هذه العبارة قد فُهمت أو تُرجمت بشكل صحيح، فإنّها تعلن عن نواة صورة الله اليهوديّة – المسيحيّة. ففي الأصل العبريّ لا تصف عبارة »أنا هو الذي هو« هويّة ذاتيّة ثابتة ومتحرّرة من الزمن بالمعنى الميتافيزيقيّ، بل لها معنى موجّه بقوّة نحو المستقبل، انطلاقًا من شكل الفعل، إذ إنّها تريد معنى: »أنا هو الذي سيكون هنا من أجلكم«. فالأمر يتعلّق بعبارة يتحدّث فيها الله نفسه عن ذاته ويُعلن فيها عن جوهره الداخليّ، ما يشترط وجوب حيازة الله نفسه على صفات شخصيّة كون أنّ شخصًا بذاته فقط له المقدرة على الإبلاغ عن نفسه لغويًّا. من خلال تكرار المقولة الجوهريّة ذاتها مرّتين متتاليتين تمّ التعبير تجاه الآخرين أجمعين عن الهويّة الذاتيّة واستقلاليّة الله وسيادته. ونتيجة لذلك، فإنّ إعلان الله الشخصيّ عن ذاته للإنسان هو قرار نابع عن حريّة مطلقة، فليس من الضرورة أن يحصل في حال من الأحوال. وبما أنّ جوهر الله هو موضوع مقولته الذاتيّة الحرّة،

فيصبح واضحًا أنّ هذه السيادة والاستقلاليّة تتعلّقان كذلك وبشكل خاصّ بإدراك العالم على أنّه مخلوق: العالم ليس حالة ضروريّة، بل هو نتيجة قرار الله باجتراح الخلق محدّدًا ونهائيًا، لهذا السبب لا يمكن للخلق أن يكون بنفسه. ينطبق الأمر نفسه على العلاقة الحواريّة للتجلّي الإلهي الذاتيّ مع الإنسان. فالله الذي يفهم ذاته يمكنه في الواقع أن يعبّر عن نفسه لغويًا للإنسان ويتلقّف بالتالي إجابة هذا الإنسان، مع أنّه ليس مضطرًا إلى ذلك. فعندما يعلن الله الأبديّ نفسه في الخليقة والوحي في دائرة الزمن والتاريخ، فإنّ ذلك يجري انطلاقًا من الحرّيّة والرحمة والنعمة. بناء على هذا التأكيد على حريّة الله يكون الإدراك اليهوديّ – المسيحيّ لله محدّدًا بقوّة من خلال لحظة إرادة الله؛ الأمر الذي يعني أنّ الله في الواقع متسامٍ ومتعالٍ على العالم إلا أنّه تتمّ خبرته في تاريخ ذلك الشعب على أنّه القدرة التي تفتتح المستقبل الذي يتحقّق فيه وحيه وإعلانه. إنّ أساس هذا التاريخ الخلاصيّ هو العهد الذي عقده الله مع شعبه والمعبّر عنه في وصاياه العشر. فهويّة الله الذاتيّة الدائمة والمطلقة لا تُبطل من خلال فعله التاريخيّ الخلاصيّ، إذ إنّ تسامي الله الدائم إنّما هو شرط لسلوكه الخلاصيّ الموجّه نحو المستقبل: فلأنّ الله سيبقى قطعًا وفيًّا لوعده إلى الأبد بشكل لا يتغيّر، يمكن إذًا للإنسان المؤمن أن يضع ثقته خلال الزمن في ذلك بشكل حتميّ. لقد ارتبط تحقيق الخلاص في اليهوديّة (العهد القديم) بانتظار المسيح. وخلافًا عن اليهود يؤمن المسيحيّون بأنّ هذا المسيح ظهر في شخص يسوع الناصريّ في شكل تاريخيّ ملموس (العهد الجديد). ففي بشارة يسوع تمّ تعميق التصوّر اليهوديّ للعهد الإلهيّ من خلال تجربة الله أبًا محبًّا، وبالتالي فتح الباب أمام انتشار هذا التصوّر في المبدأ بشكل يتخطّى الشعب اليهوديّ. يتبيّن في سيرورة حياة يسوع أن محبّة الله الآب ترافق الإنسان حتى في أقصى لحظات التخلّي الإلهيّ والموت (على الصليب) وتقدّم للإنسان في المواقف، التي تبدو ميؤوسًا منها، بدايةً جديدة انطلاقًا من قوّة الحياة الإلهيّة (رحمة، مغفرة، قيامة). فلأنّه تمّ إعلان المحبّة بشكل منقطع النظير في بشارة يسوع وحياته على أنّها الصفة الإلهيّة الأعمق، يؤمن المسيحيّون بيسوع ابنًا لله وإلهًا أصبح إنسانًا (تجسّد) متساويًا في طبيعته الإلهيّة مع الآب. في سياق تلاقي المسيحيّة الناشئة مع الفلسفة اليونانيّة القديمة دخلت مصطلحات نظريّة إلى تصوّر الله المسيحيّ الذي كان قد تمّ التعبير عنه في نصوص الكتاب المقدّس على شكل أمثال وروايات خبراتيّة، وبذا أصبح مضمون اللاهوت المسيحيّ الناشىء ذا أصول يهوديّة – عهدقديمة، أمّا المصطلحات المستعملة فتعود إلى التقليد الفلسفيّ اليونانيّ قبل كلّ شيء. وانبثق من توليف الإيمان بالله اليهوديّ – المسيحيّ والاصطلاحيّة الفلسفيّة اليونانيّة نظرية الثالوث الإلهيّ التي تقول إنّ المسيح كان موجودًا ككلمة إلهيّة (لوغوس) قبل الزمان والخلق في وحدة مع الروح القدس في الله الآب. بذلك يتمّ التعبير عن حقيقة الله المسيحيّ وفقًا للمفهوم المسيحيّ بأنّها

حدث ديناميكيّ للحياة والمحبّة المطلقتين (التولّد الثالوثي الداخليّ) وتواصل مطلق (الكلمة الإلهيّة الداخليّة). لقد وجد عدد كبير من مصطلحات اللاهوت الفلسفيّ الميتافيزيقيّة، خلال سيرورة التاريخ الفكريّ، طريقه إلى مفهوم الله المسيحيّ (على سبيل المثال الجوهر الحتميّ والمطلق، العقل المطلق، الحقيقة المطلقة، العلّة الأولى، اللانهائيّة، تطابق الأضداد). ومع أنّ ذلك ترافق بوضع شروط من أجل الانتشار والتبرير الأفضل للإيمان المسيحيّ بالله، إلا أنّ مخاطر تجلّت في تغريب تجربة الله المسيحيّة الأصليّة من خلال تصنيفات تبقى خارجيّة بالنسبة إليها (مشكلة جعل المسيحيّة هللينيّة). فقد كان من الصعب جدًّا تصوّر وضع البعد الشخصي والتاريخيّ الخلاصيّ لمصطلح الله المسيحيّ على سبيل المثال في دائرة الفلسفة اليونانيّة، كون المفاهيم الموافقة في هذه الأخيرة إمّا غير موجودة أو يتمّ تقويمها حتّى على أنّها متعارضة مع التصوّر المسيحيّ الأصليّ. لذلك تبقى مهمّة اللاهوت المسيحيّ في مواصلة تطوير المصطلحات التي تمّ تبنّيها من الفلسفة للتمكّن من التعبير عن الخاصّ في تجربة الله المسيحيّة.

إنّ العناصر المرسومة حتّى الآن لمفهوم الله مشتركة بين جميع أطياف الكنائس والمذاهب المسيحيّة، وتقع التباينات فقط في البحث أوّلاً عن الطرق الممكنة لمعرفة الله. فالتقليد التعليميّ الكاثوليكيّ يتمسّك بإمكانيّة معرفة الله بعقل طبيعيّ، أي بعقل فلسفيّ صاف، من دون أيّة علاقة بالوحي المبرّر لمعرفة الوجود الإلهيّ (والصفات الفرديّة)، في حين يتمّ التأكيد في بعض تيّارات اللاهوت البروتستانتيّ على استحالة التوصّل إلى الله بالقدرة المعرفيّة العقليّة، والذي لا يمكن معرفته إلا إذا أعلن نفسه من خلال الوحي (اللاهوت الجدليّ).

مارتن تورنر

مواضيع ذات صلة: **الحوار؛ الحريّة؛ تاريخ الخلاص؛ المسيح؛ التوحيد؛ الشخص؛ الثالوث.**

الله الآب (من وجهة نظر مسيحيّة)

تضفي أديان كثيرة سمات أبويّة على الآلهة الكبرى، وبالتالي فهي تشدّد بذلك على موقعها في دائرة الآلهة (زوس مثالاً) وقدرتها على الخلق أو عنايتها بالبشر ورعايتها لهم جمعًا أو أفرادًا، على سبيل المثال الحاكم (انظر مزمور 2: 7) أو المصلّي الذي يخاطب الله كأب له (انظر إرمياء 3: 4 . 19).

فالأنبياء في الدرجة الأولى يستخدمون تعريفات مجازيّة تصوّر الله كآبٍ (أو كأمّ) لوصف علاقته بشعب إسرائيل الذي أقام معه العهد، وذلك بتشديد شعوريّ أيضًا (انظر إشعياء 1: 2؛ هوشع 11: 1 . 3). ولم يتقدّم هذا التصوّر ويحتلّ صلب صورة الله إلا مع بشارة يسوع، بحيث أصبح موضوعًا رئيسًا في اللاهوت المسيحيّ. فعبارة المخاطبة الآراميّة أبّا التي يستخدمها يسوع تجمع الإجلال

والثقة، فهو يستخدمها من أجل وصف علاقته الخاصّة مع الأب السماويّ من جهة، ومن أجل التأكيد على علاقة الثقة التي للإنسان بالله الراعي من جهة أخرى. ويطبع كلا الاستخدامين أيضًا المقولة المسيحيّة القديمة عن الله كآب:

أ) يفهم العهد الجديد الله أبًا ليسوع المسيح (رومية 15: 6)، فهو يشترط هنا استمراريّة إله إسرائيل ويُظهر في الوقت نفسه علاقة يسوع الضاربة في القدم بهذا الله، كما أصله وبعثه بالإضافة إلى تجلّي الله الذاتي وتوجّهه للإنسان في شخص يسوع التاريخيّ.

ب) تجد علاقة الثقة الإنسانيّة معناها الأعمق في صلاة السيّد – أبانا الذي – التي تُعتبر الصلاة الرئيسة للمسيحيّة (متى 6: 9–13). ففي أمثال يسوع الواردة في العهد الجديد يتمّ استحضار ملاقاة الله الرحيمة للإنسان بالإشارة إلى موقعه وفعله كأب (على سبيل المثال لوقا 15: 11–32). وتبيّن عظة الجبل المعرفة الأبويّة ورعاية الله للإنسان والاهتمام به وكذلك شعور الاطمئنان الذي تولّد لدى أبناء الله (متى 6: 25 0 34). إنّ موضوع الله كأب أضحى سمة جوهريّة للغة الصلاة المسيحيّة وفكرة تصوّر الله، فالعهد الجديد وحده يضمّ مائتين وخمسين برهانًا على ذلك. يُضاف أنّ موضوع الله كأب يعمّق وعي الكنيسة الأولى لنفسها كجماعة عائليّة.

يجدر في مواجهة سوء الفهم البيولوجيّ التشديد على أن طريقة الكلام اليهوديّة – المسيحيّة تنطوي على سمة مجازيّة عكس ما هو الحال في أساطير الآلهة الوثنيّة التي تتحدّث عن التناسل والإنجاب. ويجدر في مواجهة التأويل السهل للقب الأب التأكيد على أنّ طريقة الكلام هذه لا تحدّ من تسامي الله وقدسيّته. غير أنّ الصورة الشخصيّة تساهم بشكل جوهريّ في تمكين المؤمنين من الاقتراب من التسامي الإلهي من دون وجل وبكل ثقة.

كنوت باكهاوس

مواضيع ذات صلة: **بنوّة الله؛ يسوع.**

الله (من وجهة نظر إسلامية)

يجسد لفظ الجلالة »الله« في الإسلام الذات الإلهية العلية. فبينما يمكن استخدام لفظة »تنكري« في التركية، وكذلك لفظة إله في العربية في حالتي المفرد والجمع، نجد في المقابل استحالة إمكانية استخدام لفظ الجلالة »الله« في حالة الجمع، أو إمكانية استخدامه كأي اسم آخر من الأسماء. لقد قال الله في القرآن وفي أكثر من موضع عن ذاته العلية بأنه الله الواحد: ﴿لا إله إلا الله﴾ (سورة الصافات 37 الآية 35؛ سورة محمد 47 الآية 19).

ينعت الله ذاته في القرآن بأسماء كـ«الرحمن، والرحيم، والعليم، والقدير، والودود، والرزاق، والغفور« والتي أسماها جل وعلا بـ«أسماء الله الحسنى«، فهذه الأسماء تحدد في نفس الوقت معنى لفظ الجلالة »الله«. لقد استنبط المتكلمون من »أسماء الله الحسنى« صفات معينة لله تعالى، وهذه الصفات هي الحياة، والعلم المطلق أو المعرفة اللامحدودة، والإرادة، والقدرة المطلقة، والقدرة على السمع وعلى البصر، وعلى الكلام، وكذلك القدرة على التكوين بلا احتذاء أو اقتداء. إلى جانب ذلك فقد تطور في علم الكلام ما يُعرفُ بالصفات السلبية، وهو ما نفاه الله سبحانه عن ذاته، وتعالى عنه. يُظْهِر الإسلام فيما يخص الإيمان بصفات الله تشابهات كبيرة مع الأديان التوحيدية.

يحث القرآن الناس على التفكر والتدبر في جوهر وصفات الله. فالدلائل الخاصة بصفات وجوهر الله التي وردت في القرآن تشير وبشكل كبير إلى نظام الخليقة وإلى الهدف الذي يكمن وراءها حيث أصبحت من خلال الخبرة جلية وواضحة. وعلى الرغم من أن القرآن يقول بأن الله يُدْرَك في هذه الدنيا بشكل غير مباشر من خلال الحواس، إلا أن هذا القول لا يسمح بالتأويل الذي يذهب باتجاه مذهب اللاأدرية. إن هذا الرأي المكتسب من القرآن قد أثر بشكل عميق في فكر الإسلام حيث قاد إلى نهج مدعم بالأدلة يقود إلى معرفة الله، فلقد طور العلماء المسلمون مثل هذه الأدلة. إن مبدأ وحدانية الله، وسموه، ووجوده المطلق يتطلب فصلاً وجوديًا غير قابل للإلغاء بين الخالق والخليقة. فهذا الفصل لا يعني بأن الله بعيد عن العباد، فهناك آيات مثل ﴿وَإِذَا سَأَلَكَ عِبَادِى عَنِّى فَإِنِّى قَرِيبٌ﴾ (سورة البقرة 2 الآية 186)، أو ﴿وَنَحنُ أَقرَبُ إِلَيهِ مِن حَبلِ ٱلوَرِيدِ﴾ (سورة ق 50 الآية 16) تشهد على قرب الله من العباد.

محمد سعيد رچبر

مواضيع ذات صلة: **صفات الله؛ إثبات الواجب؛ المعرفة الصوفية لله؛ المعرفة الفلسفية لله؛ الإنسان كعبد لله؛ أسماء الله الحسنى.**

الألم (من وجهة نظر مسيحية)

المقصود بمصطلح »الألم« هو ذلك الإحساس السلبي الذي يعيشه المرء رغمًا عنه كشيء لا معنى له ومعادي للحياة ويتجلى بآلام جسدية أو نفسية أو روحية. ولأن الألم كان بهذا المعنى مترافقًا باستمرار على ما يبدو مع الوجود البشري (ولا سيما من خلال محدودية الإنسان وتعرّضه للموت)، فهو إحدى قضايا الوجود الأساسية التي تتحدى كافة الأديان. إن خبرة الألم، وخاصة كما صيغت بشكل معبّر في مزامير المراثي [أو مزامير التوبة] في العهد القديم، تجد في المسيحية خلاصًا وليس مجرد حلاً. فمن خلال آلام ابنه يسوع المسيح وموته على الصليب أبدى الله

تضامنًا كبيرًا مع أقصى درجات الألم البشري مؤكدًا أن الإنسان لم يعد وحده في مواجهة حتى الألم الأكثر قساوة. إذ أصبح في مقدور الإنسان التغلب على لحظات الألم عندما يسلّم نفسه مؤمنًا بشكل كامل بالله كما فعل يسوع على الصليب. وبهذا يكون الخلاص من الألم.

إن خبرة الألم قد تصبح بحد ذاتها محطةً للقاء جديد مع الله، لقاء يغيّر الإنسان ويحرره ويخلصه. ومن هذا لا يجب أن نستنتج على الإطلاق أن ألم الإنسان هو شرط ضروري للحصول على الخلاص، لأن الألم بحد ذاته ليس فضيلة مسيحية، بل الفضيلة هي قبول الألم برجاء ثابت. ومن خلال المشاركة بالألم والتي تتبعها محبة الآخرين الفعّالة يصبح الإنسان مخوّلاً لمشاركة الله في عمله الخلاصي.

مارتن تورنر

مواضيع ذات صلة: **الخلاص؛ الفردوس؛ العدالة الإلهية.**

الإلهام (من وجهة نظر مسيحيّة)

الإلهام، حرفيًّا: نفخ الروح، هو المصطلح العلميّ للمنشأ الإلهيّ، وبالتالي لسلطة الكتاب المقدّس الإلهيّة. وكان كتّاب سفر إسرائيل المقدّس، أي العهد القديم، مقتنعون من دون هذا المصطلح بأنّ كتاب الله – الشريعة والأنبياء – هو كلام ملزم تمّ نقله إلى البشر من خلال بشر آخرين. وهذا ما يعبّر عنه العهد الجديد بالتحديد في رسالة بطرس الثانية: »تكلّم أناس مسوقين من الروح القدس بمشيئة الله« (رسالة بطرس الثانية 1: 21)، بالإشارة تحديدًا إلى كتاب إسرائيل المقدّس. وشبيه بذلك ما جاء في رسالة بولس الثانية إلى تيموثاوس: »كلّ الكتاب موحى به من الله...« (تيموثاوس الثانية 3: 16). من أجل ذلك فرض المصطلح نفسه على العهد الجديد بمجرد أن أضحى كتاب المسيحيّين القانونيّ المقدّس منذ القرن الرابع. وكما كان الاعتقاد عند شعب إسرائيل أنّ الله نطق شخصيًّا بلسان موسى والأنبياء، فقد أتاح مصطلح الإلهام للاهوتيّين المسيحيّين، بناء على نصّي بطرس وبولس المذكورين، توضيح إمكانيّة أن ينطق الله شخصيًّا من خلال البشر. وهكذا فرض التصوّر نفسه على مدى قرون بأنّ الروح القدس بالذات هو من زوّد بالنصّ محرّري الكتاب المقدّس – موسى، الأنبياء، المؤرّخين، الإنجيليّين والرسل. فمحرّر الكتاب المقدّس كان إلى حدّ ما سكرتيرًا للروح القدس، ولذلك كان نصّ الكتاب المقدّس بالتحديد حرفًا فحرفًا كلام الله بالذات، بحيث لا يمكن الشكّ في حقيقته، سواء أكان ذلك في التقارير التاريخيّة أو كلام يسوع الحرفيّ أو الإرشادات الدينيّة والأخلاقيّة.

بالطبع لم تغب عن اللاهوتيّين التوتّرات والتناقضات الكثيرة في نصوص الكتاب المقدّس، ما دفعهم من حين لآخر إلى إيجاد حلول حاذقة ما زالت تبهر القارئ

الحديث في أيّامنا، إذ عادوا في غالب الأحيان إلى ما يسمّى بالمنهج المجازيّ الذي يفسّر نصًّا مخالفًا للأخلاق بالمعنى المجازيّ الصوريّ، لا بالمعنى الحرفيّ.
فقط مع عصر النهضة وانطلاق البحوث النقديّة التاريخيّة للكتاب المقدّس بدأ التشكيك في تصوّر ما يسمّى بالإلهام اللفظيّ، وبعد مقاومة طويلة أعاد اللاهوت المسيحيّ التفكير مجدّدًا في إمكانيّة حماية سلطة الكتاب المقدّس بواسطة نظريّة الإلهام اللفظيّ. إنّ اللاهوت المعاصر يقيّم الأمر باختصار على الشكل التالي: الإلهام هو استعارة بلاغيّة لسلطة الكتاب المقدّس يكمن أساسه في ارتباطه بنشوء الكنيسة بشكل وثيق لا يمكن حلّه، ولذا فهو معياريّ. تمامًا وكما تكون وثيقة قيام الجماعة بدايتَها المعياريّة الدائمة، هكذا هو الكتاب المقدّس البداية المصاحبة للكنيسة المسيحيّة، وبالتالي لا يمكن تخطّيه من خلال نصّ لاهوتيّ لاحق. يتمّ التعبير عن ذلك في اللغة التقنيّة بالتالي: الإنجيل هو المعيار الذي يمنح القيمة المعياريّة، فكلّ التعابير اللاحقة للكنيسة وكذلك المبادئ الشعائريّة وقرارات المجامع هي معايير عياريّة معطاة.

أوتو هيرمان بيش

مواضيع ذات صلة: **النهضة؛ الكتاب المقدّس؛ المنهج التاريخيّ النقديّ.**

الإلهام (من وجهة نظر إسلامية)
الإلهام هو معرفة القلب، أو الروح الذاتية التي لا تنبع من العقل، والحواس، ولا من القرآن والسنة، ولا من خلال الخبرات التجريبية. فهي تفقد بذلك قابليتها على كل نوع من أنواع الإثبات. فالإلهام، وكما يُعْتَقَد، مسألة تأتي من الله.
لقد جرت منذ بداية التاريخ الفكري الإسلامي مناقشات حول جوهر الإلهام وقيمته كمرجع معرفي جدير بالثقة. فقد كان المحاسبي (المتوفى عام 243/857) ومن بعده الماتريدي (المتوفى عام 333/944) أول من صرح بأن الإلهام في الدين لا يمكن أن يُعْتَبَر دليلاً على صحة مسألة ما، ولا يملك أية صفة معرفية، وانتقد التيارات التي ادعت بأن المعرفة الناتجة عن العقل والخبرة وحدها لا تكفي، بل يجب الاعتماد أيضًا على الإلهام. أما التيارات الشيعية فقد اعترفت بإلهام أئمتها كمرجع معرفي أكيد، وأن سلطتهم منبثقة من الإلهام. لقد اعتقد أيضًا المتصوفون بالدرجة الأولى وكذلك العلماء والفلاسفة كابن سينا (المتوفى عام 428/1037)، وعبد القادر البغدادي (المتوفى عام 1093/1682)، والغزالي (المتوفى عام 1111 /505) بأن الإلهام مصدر معرفي نافذ المفعول، حيث استندوا في اعتقادهم هذا الى سورة الأنفال 8 الآية 29، وصرحوا بأن مصطلح »الفرقان« الذي ورد في الآية له علاقة بالإلهام. ولكن الفقهاء المتكلمين لا يعدون الإلهام على أنه من المصادر المعرفية الأكيدة. فحسب اعتقادهم يذكر القرآن الإدراك، والعقل، والتنزيل

كمراجع معرفية، إضافة إلى ذلك يشير المتكلمون إلى هذه المجالات الثلاث عندما يتحدثون عن المعرفة، وعن الحقيقة الكاملة التي تُعْتَبَر مادة المعرفة.
تُعَدّ الذاتية وعدم الموضوعية واحدة من أهم أسباب نقد المتكلمين للإلهام. فالإلهام لا يُعَدّ معرفة، وإنما هو مؤشر على الإستعداد البشري الجوهري الذي يمكن أن تُقام عليه المعرفة. وكذلك لا يُعَدّ الإلهام في الكلام والفقه كمرجع معرفي أو فقهي. فالإلهام بالأحرى يعكس عمق وتنوع الكينونة الإنسانية ويبين الإدراك الشخصي الموجود في طبيعة أغلب الناس والذي يحتوي على الإمكانيات والقابليات. وعليه فإن الإلهام يُعْتَبَر خبرة شخصية مثرية للإنسانية.

شعبان علي دوزگون

مواضيع ذات صلة: **التصوف؛ التنزيل.**

أماكن العبادة (من وجهة نظر إسلامية)
أماكن العبادة بمعناها الخاص هو تعبير عن ذلك المكان الذي يُصلى فيه، وبمعناه العام هو كل مكان يُستخدم للعبادة بغض النظر عن الدين أو المذهب. لم يرد في القرآن مصطلح يُعبر عن مكان العبادة، ولكن قد وردت كلمة »بيت«، وطِبقًا للقرآن فإن الكعبة هي أول مكان وُضِع على الأرض للصلاة (سورة آل عمران 3 الآية 96). تُسمى أماكن العبادة في الأديان الإبراهيمية بيوت الله، فلقد أطلق النبي محمد فيما ورد في سنن الترمذي على الكعبة بيت الله (أنظر سنن الترمذي)، وفي عهد النبي محمد بدأ المسلمون ببناء المساجد، حيث شارك النبي بنفسه في بناء أول مسجد (أنظر صحيح مسلم).
طِبقًا للمفهوم الإسلامي تحظى كل أماكن العبادة بنفس الحماية القانونية والدينية، فلقد جاء في القرآن بأن الصوامع والبيع والصلوات والمساجد كلها أماكن يُعبد فيها الله (سورة الحج 22 الآية 40)، وليس هناك دليل أفضل من أن تُذكر أماكن العبادة المسيحية واليهودية جنبًا إلى جنب مع المساجد، فحرمة هذه الأماكن لا يجوز المساس بها إطلاقًا، ويجب أن تتمتع بالحماية تحت كل الظروف. لقد حظيت التعددية الدينية في ظل الحكم الإسلامي ولحقب طويلة عبر التاريخ بتعايش سلمي مشترك ولأسباب متعددة منها أن أماكن العبادة لغير المسلمين قد حظيت كالمساجد بنفس التبجيل والتكريم. فحرمة أماكن العبادة الدينية والقانونية وعدم المساس بها ليس فقط في وقت السلم وإنما أيضًا في وقت الحرب، فعندما تمت السيطرة على منطقة خيبر عام 7/628، أمر النبي محمد بعدم هدم معابد اليهود وصوامعهم (أنظر الواقدي)، وعلى هذا النهج سار صحابة النبي في كل المدن والأمصار التي سيطروا عليها، فلم يلحقوا ضررًا في صومعة أو كنيسة أو معبد من معابد الزردشتية المجوسية. أما ما حدث في العصور القديمة المتأخرة وفي القرون

الوسطى من تحويل المسلمين لدور العبادة المهمة في المناطق التي سيطروا عليها خلال الحروب إلى مساجد فإنه لم يكن إلا تعبيرًا عن انتقال السيادة والهيمنة للمسلين، فالإسلام في جوهره لا يسمح بهدم المعابد الدينية للأديان الأخرى أو بطمس معالمها واستخدامها لأغراض أخرى.

لا يوجب الإسلام، على العكس من الأديان الأخرى، وجود المسجد لإقامة الصلاة، إذ يستطيع المسلم أن يصلي في كل مكان نظيف، وهذا ينطبق على صلاة الجمعة وصلاة العيدين التي تقام في جماعة، فقد قال النبي محمد فيما رواه البخاري أن الله جعل له ولأمته الأرض كلها مسجدًا وطهورًا (أنظر صحيح البخاري).

طالب تورجان

مواضيع ذات صلة: **الأقليات الدينية؛ المسجد.**

مصادر الحديث:

1. سنن الترمذي، كتاب الحج، باب 3 ما جاء في التغليظ في ترك الحج، رقم الحديث 812، عن علي.
2. صحيح مسلم، كتاب المساجد، باب 9 ابتناء مسجد النبي (ص)، رقم الحديث: 1173، عن أنس بن مالك
3. الواقدي، المغازي، باب 2، ص 680–681.
4. صحيح البخاري، كتاب الصلاة، باب 56، قول النبي (ص) »جعلت لي الأرض مسجدًا وطهورًا«، رقم الحديث 438، عن جابر بن عبد الله.

الأماكن المقدّسة (من وجهة نظر مسيحيّة)

لقد قدّمت بعض الأماكن نفسها في التقليد المسيحيّ على أنّها أماكن مهمّة جدًّا للتذكار. وينطوي تحتها خاصّة أماكن من المفترض تاريخيًّا أنّ يسوع أقام فيها (مثلاً بيت لحم، الناصرة، أورشليم، مكان تعميد يسوع في نهر الأردنّ). فإليها توجّهت وتتوجّه أعداد كبيرة من الحجّاج لتذكار أعمال الله الخلاصيّة. يُطلق تعبير الأراضي المقدّسة مصطلحًا تاريخيًّا عامًّا على المنطقة بكل أماكنها التي تذكّر بحياة يسوع في فلسطين. وكانت رحلات الحجّ إلى الأراضي المقدّسة ولا تزال أمرًا محبّبًا جدًّا، فهي تشكّل تذكارات صرفة لحياة يسوع وأعماله لا تجاوزًا لأورشليم السماويّة التي سيخلقها الله فقط بعد الدينونة. علاوة على ذلك تعتبر رحلات الحجّ إلى أورشليم بالنسبة إلى البروتستانت نوعًا مقابلاً لرحلات حجّ الكاثوليك إلى روما والتي يتمّ التوجّه إليها لزيارة مدافن الرسولين بولس وبطرس. توضح الإشارة إلى روما أمر وجود أماكن أخرى في المسيحيّة كأماكن مقدّسة لها أهمّيّة خاصّة خارج الأراضي المقدّسة ؛ فهي أماكن أقامت فيها شخصيّات مشهورة في التاريخ المسيحيّ أو توفيت فيها وتمّ تكريم مدافنهم (مثلاً

الرسل والشهداء والقدّيسون). وتعتبر بعض طرق الحجّ إلى هذا النوع من الأماكن مشهورة جدًا ويتمّ قصدها حتّى في يومنا هذا (مثلاً طريق مار يعقوب كطريق للحجّ إلى سانتياغو كومبوستيلا في إسبانيا). إنّ تكريم الأماكن المقدّسة هو من التقاليد التقويّة الشعبيّة، أمّا من الناحية العقائديّة فلا يشكّل أيّ معنى بالنسبة إلى الإيمان.

بيتر أنتس

مواضيع ذات صلة: **كتب مقدّسة؛ أورشليم؛ رحلة الحجّ.**

الأماكن المقدسة (من وجهة نظر إسلامية)

لقد دل الله بوحدانيته وأسمائه على ذاته فهو أقدس الأقداس، حيث تنزّه جل وعلا عن كل عيب ونقص، فالقدوس هو أحد أسمائه الحسنى. لذلك لا يجوز تقديس ما هو موجود في الطبيعة، ولا يجوز تقديس الأشخاص، أو الأماكن، أو الزمن، وذلك لأن هذا يتنافى ومبدأ وحدانية الله. تُعَدّ الأماكن المخصّصة لإقامة الصلوات وعبادة الله وحده وعدم التوجه فيها بالدعاء ولا بالإستعانة لغيره، من الأماكن المقدسة، التي تكون وبدون شك خارج ما يسمى بمصطلح القداسة.

تُعْتَبَر الكعبة في مكة المكرمة أول بيت وُضِعَ لعبادة الله وسُمِّي بالمسجد الحرام (سورة آل عمران 3 الآية 96 ؛ سورة الإسراء 17 الآية 1). يُسَمّى بيت المقدس في مدينة القدس وما حوله بالمسجد الأقصى، حيث يُعْتَبَر هذا المكان أيضًا من الأماكن المقدسة (سورة الإسراء 17 الآية 1). فهذه الأماكن جميعها طاهرة ومباركة.

يشمل مصطلح البلد المقدس وفقًا للتفسير القرآني تلك الأماكن والمناطق التالية: القدس، جبل سيناء، دمشق، فلسطين، جزء من الأردن (سورة المائدة 5 الآية 21)، وكذلك الوادي المقدس طوى (سورة طه 20 الآية 12). لم يطلق القرآن مصطلح المقدس على المسجد الأقصى في القدس، ولا على الكعبة وما حولها من الأماكن التي تقام فيها شعائر الحج كجبل عرفة، والمشعر الحرام (سورة البقرة 2 الآية 198)، والصفا والمروة (سورة البقرة 2 الآية 158)، ومِنا، ومزدلفة، ولا على المدينة المنورة.

لقد اكتسبت الأماكن المقدسة هذه الأهمية والقيمة بسبب الإيمان بأن أجر الصلوات التي تقام فيها يضاعف عما سواها من الأماكن. حيث تجرى مراسيم شعائر الحج الذي يُعْتَبَر الركن الخامس من أركان الإسلام في هذه الأماكن المقدسة، فلقد جاء في الحديث أن النبي محمدًا قال إن الصلاة في المسجد الحرام بمكة، وفي المسجد النبوي في المدينة، وكذلك في المسجد الأقصى خير من الصلاة فيما سواها من المساجد (أنظر صحيح البخاري، وسنن ابن ماجة). إن السبب الذي يكمن وراء اكتساب هذه المساجد هذه المكانة العالية هو أن هذه المساجد قد بُنِيَت بأيادي الأنبياء، ناهيك عن كون المسجد الحرام قِبلة المسلمين، أما المسجد النبوي فهو

ذلك المسجد الذي أُسِّس على التقوى، وأما المسجد الأقصى فلأنه كان قبلة للأديان السابقة.

خالد أونال

مواضيع ذات صلة: **القِبلة؛ القدس؛ الحج.**

مصادر الحديث:

1. صحيح البخاري، كتاب فضل الصلاة، باب 1 فضل الصلاة في مسجد مكة والمدينة، رقم الحديث 1190، عن أبي هريرة.
2. سنن ابن ماجة، كتاب إقامة الصلوات، باب 198 ما جاء في الصلاة في المسجد الجامع، رقم الحديث 1413، عن أنس بن مالك.

الإمام (من وجهة نظر إسلامية)

شهد مصطلح الإمام منذ بداية الإسلام تغيرات عديدة في المعنى. فلقد اسْتُخْدِم مصطلح الإمام في الأدب الإسلامي بشكل رئيسي كتسمية أطلقت على ولاة الأمور، وعلى المتكلمين الذين لهم باع طويل في العلم، وكذلك على قادة الحركات الدينية والإجتماعية، إضافة إلى أولئك الذين يؤمّون الناس في الصلاة. ولكن مصطلح الإمام يُطْلَق في الغالب على ولي الأمر، وعلى من يؤمّ الناس في الصلاة. وإلى جانب مصطلح الإمام هناك مصطلح آخر يُطْلَق أيضًا على ولي الأمر، ألا وهو مصطلح الخليفة. أما من الناحية التاريخية فقد تولى خلفاء النبي محمد الذين جاؤوا من بعده إلى جانب واجباتهم في قيادة الدولة إمامة المسلمين في الصلاة. وعلى وجه الأخص نجد أن الخلفاء الراشدين الأربعة أبو بكر (المتوفى عام 13/634)، وعمر (المتوفى عام 23/644)، وعثمان (المتوفى عام 35/656)، وعلي (المتوفى عام 40/661) لم يوكلوا مهمة الإمامة في الصلاة لشخص آخر إلا في حالات نادرة. لقد كانت تُطْلَق تسمية الإمام على ولي الأمر وفي نفس الوقت على من يؤم الناس في الصلاة مما أحدث هذا الأمر مع مرور الزمن التباسًا، لذلك سُمِّي ولي الأمر بالإمام الكبير، ومن يؤم المصلين بالإمام الصغير.

أما الشيعة فلديهم مفهوم آخر للإمام، فهم يُطْلِقون لقب الإمام على علي بن أبي طالب صهر النبي محمد، وعلى ذريته، ويعطوهم أهمية عالية، فهم المعصومون من كل خطأ وذنب. وعلى خلاف ذلك يُسْتَخْدَم مصطلح الإمام في الفقه السُّني في التعبير عن مَن يتولى مهمة إمامة الناس في الصلاة.

يوجد اليوم في كل مسجد رجل يُطْلَق عليه لقب الإمام، وذلك لأن الفقه التقليدي ينص على عدم جواز تولي المرأة مهمة الإمامة في الجمع المختلط. ولكن هناك روايات تقول بأن النبي محمدًا قد أوكل الى نساءٍ مهمة الإمامة في الصلاة في حال كون الجمع جمعًا نسائيًّا فقط (أنظر سنن أبي داود). تجرى اليوم مناقشات حول

تولي المرأة مهمة الإمامة في الصلاة في الجمع المختلط، وذلك لأن مثل هذه الحالات الفردية كانت قد حصلت.

تختلف إجراءات تأهيل، وتكليف، وتعيين الإمام في العالم الإسلامي من بلد لآخر. وبغض النظر عن ذلك يجب على الإمام مبدئيًا أن يكون قادرًا على ترتيل القرآن بشكلٍ صحيح، وبصوتٍ جميل، ويجب أن يكون بالمستوى المطلوب في إمامة المصلين، وفي إلقاء خطبة يوم الجمعة. أما فيما يخص واجباته الأخرى فإنها تختلف من جماعة إلى أخرى.

معمر أسَن

مواضيع ذات صلة: **المدارس الفقهية في الإسلام؛ المرأة؛ الجماعة الدينية؛ الخلافة؛ موظفو المسجد.**

مصادر الحديث:

سنن أبي داود، كتاب الصلاة، باب 62 إمامة النساء، رقم الحديث 592، عن أم ورقة.

الأمّة (من وجهة نظر إسلامية)

يحمل مصطلح الأمّة في القرآن خمسة معانٍ: المعنى الأول هو عالم المخلوقات والتي تشمل الإنسان والجان والطيور والحيوانات، وهذا ما نجده في الآية 113 من سورة البقرة 2، والآية 38 من سورة الأعراف 7، والآية 38 من سورة الأنعام. أما المعنى الثاني فهو جميع البشرية، وهذا أشارت إليه الآية 19 من سورة يونس 10 والمعنى الثالث هو جميع المجتمعات السابقة والحالية، وهذا ما ذُكر في الآية 30 من سورة الرعد 13، والآية 49 من سورة يونس 10، والآية 34 من سورة الحج 22. والمعنى الرابع للأمة هو جميع البشر الذين يؤمنون بالدين الصحيح المنزل من الله وبالإسلام، وهذا ما أشارت إليه الآية 128 من سورة البقرة 2، والآية 92 من سورة الأنبياء 21، كما تشير كلمة الأمة إلى أهل الكتاب الذين يؤمنون بالله ويقدسونه وكذلك الى المخلصين منهم الذين يقرؤون آيات الله، وهذا ما جاء في الآية 113 من سورة آل عمران 3.

ويوجد أيضًا معنى خامس لكلمة الأمة بمعنى جماعة من الأمة الإسلامية، تتكفل بمهمة خاصة، وهذا ما جاء ذكره في الآية 104 من سورة آل عمران 3. وضمن هذه المفاهيم نجد أيضًا معنى آخر لمصطلح الأمة وهو الناس الذين يؤمنون بالنبي ويمارسون الطقوس الدينية وفقًا لسُنته.

استخدم فلاسفة مسلمون وعلماء كالفارابي المتوفى سنة 339/950 وابن مسكويه المتوفى سنة 1030/421 والماوردي المتوفى سنة 1058/450 وابن خلدون المتوفى سنة 1406/808 مصطلح الأمة بمعنى المجتمع أو الشعب، ذلك رغم عنايتهم عناية خاصة في استعمال الكلمات المركبة، نذكر منها على سبيل المثال

أمة محمد وأمة الاسلام. أما المؤرخون المسلمون فهم يستعملون مصطلح الأمة في صيغة الجمع للتعبير عن مجتمعات تاريخية مختلفة.
وفي القرنين التاسع عشر والعشرين بعد الميلاد اكتسبت كلمة الأمة أهمية سياسية، وذلك بعدما تم احتلال مناطق مختلفة من العالم الإسلامي من قِبل القوى الامبريالية. وردًا على الإحتلال وكوسيلة نجاة تمّ استعمال عبارة الأمة الإسلامية وحركة الوحدة الإسلامية، ومن الشخصيات التي نادت بهذه العبارات السلطان عبد الحميد الثاني (1842–1918 بعد الميلاد) وجمال الدين الأفغاني (1838–1897 بعد الميلاد). وفي هذه الفترة المذكورة ظهرت في كل أرجاء العالم الإسلامي أفكار وجمعيات تحث على الوحدة الإسلامية.
أدى اكتساب المصطلح نزعة سياسية إلى نقاشات ساخنة حول مجموعة من الإيديولوجيات مثل العنصرية والقومية. ومن المعروف أن الإسلام يحرّم العنصرية، لذلك اتفق علماء المسلمين عمومًا على أن العنصرية لا تنسجم مع فكرة الوحدة الإسلامية، ومع ذلك لا يوجد اتفاق حول مسألة هل أن فكرة الوحدة الإسلامية تنسجم مع القومية أم لا. ومن المفكرين الذي يرون وفقًا لشروحهم التقريبية أن هذا الإنسجام ممكن، نذكر علي ضياء كوك آلب (1875–1924 بعد الميلاد) ومحمد نامق كمال (1840–1888 بعد الميلاد) محمد عاكف أرصوي (1873–1936 بعد الميلاد) وبابانزاد أحمد نعيم (1872–1934 بعد الميلاد).
محمد بيرق دار

مواضيع ذات صلة: **الجماعة؛ الإمام؛ علم اجتماع الدين؛ العالم.**

الإنجيل (من وجهة نظر مسيحيّة)
يرمز مصطلح الإنجيل في الاستعمال اللغويّ اليونانيّ بالدرجة الأولى إلى خبر جيّد وسعيد، وفي كلّ حال خبر مهمّ. وقد كان هذا المصطلح مستخدمًا في طقوس العبادة في الامبراطوريّة القديمة إبّان العصور المسيحيّة الأولى. وقد تمّ استخدامه بصيغة المفرد من قبل بولس الرسول بتأثير من النبي إشعياء (أنظر على سبيل المثال سفر إشعياءء 40: 9؛ 52: 7) للدلالة على رسالة الخلاص (المعلنة شفويًّا) والمتعلّقة بموت يسوع المسيح وقيامته (انظر مثلاً رومية 1: 1–4). أما في قصص العهد الجديد فيرمز مصطلح الإنجيل من جهة إلى كرازة المسيح ببشارة ملكوت الله التي تجلّت في أعماله (انظر مرقس 1: 14 وما يليها)، ومن جهة أخرى إلى البشارة الرسوليّة (التي لا يمكن فصلها عمّا سبق) مجرّد إعلانها يسوع المسيح الوسيط المنقذ والمفوّض من الله (انظر مرقس 1: 1). بدءًا من القرن الثاني (مع القدّيس يوستينوس الشهيد (توفي حوالي عام 165) والقديس إيرينيئوس (توفّي حوالي عام 203 تمّ نقل المصطلح السائد اليوم في المفهوم الأدبيّ إلى النصوص التي تقصّ

قصة أعمال يسوع المسيح وموته وقيامته. وفي حدود عام 200 بعد الميلاد تم إثبات أربعة أناجيل قانونيّة للمرّة الأولى في ما يسمّى بقانون موراتوري. إنّ المفهوم الأصليّ الذي يدلّ على وجود إنجيل واحد فقط ليسوع المسيح يطرح نفسه في الاستعمال اللغويّ »الإنجيل كما كتبه مرقس إلخ...«. وتنسب الاناجيل القانونيّة الأربعة إلى الرسول متّى (حوالي عام 80 بعد الميلاد) والرسول يوحنّا (حوالي عام 90 بعد الميلاد) والرسول التلميذ مرقس (حوالي 70 بعد الميلاد) والرسول لوقا (حوالي 80 بعد الميلاد). إلا أنّ المصطلح يجد استعمالاً بشكل أو بآخر وبأقل دلالة في الأسفار غير المعترف بها على أنّها قانونيّة (مثل إنجيل توما وإنجيل يعقوب التمهيديّ). وتترابط ثلاثة من الأناجيل القانونيّة من الناحية الأدبيّة: يتقدّم إنجيلا متى ولوقا بإزائيّتهما المشتركة وكونهما مصدرًا لأقوال المسيح (الوثيقة ق) على إنجيل مرقس الذي يُعدّ أقدم إنجيل على الإطلاق. تشكّل نصوص القصص الإزائية هذه (التي تعني وضع الأناجيل من الناحية الأدبيّة إزاء بعضها البعض) أساس إعادة البناء التاريخيّة لحركة يسوع. أمّا إنجيل يوحنّا فإنه في الواقع يقدّم أوّلاً في المجال الطوبوغرافيّ التسلسليّ معلومات موثوقة تخدم في مجموعها دفع الإنسان للتفكّر بسرّ شخص المسيح كتجلّي للإله المحبّ المتجسّد إنسانًا. وانطلاقًا من النوع الأدبيّ فإن الأناجيل هي نصوص قصص تروي أحداثًا وسيرة بنيّة تبشيريّة، فهي تربط نوع نصّ السيرة (بالمعنى القديم) بطريقة خلاقة مع نموذج العهد القديم في العصور اليهوديّة المتأخّرة لحياة الإنسان الموافق لله (على سبيل المثال العادل المتألم). وفي كونها كريستولوجيا مرويّة فهي لا تخدم فقط الصورة المكوّنة لاحقًا لأساس تاريخ المسيحية، بل أيضًا استحضار يسوع المسيح وأعماله الخلاصيّة في فصل القراءة أثناء القدّاس الالهي.

كنوت باكهاوس

مواضيع ذات صلة: **كريستولوجيا؛ أساليب نقديّة تاريخيّة ؛ يسوع.**

الإنجيل (من وجهة نظر إسلامية)

على العكس من المسيحية ينظر الإسلام إلى الإنجيل على أنه كتاب الله المنزل على نبيه عيسى ليبلغ رسالة الله إلى بني إسرائيل. يُعد الإنجيل واحدًا من الكتب الأربعة الرئيسية التي أنزلها الله على رسله وأنبيائه ليبلغوا الناس رسالاته. فلقد ورد في الذكر الحكيم بأن عيسى أخبر بني إسرائيل بأنه مصدق لما بين يديه من التوراة ومقر بها وأنها من عند الله، وأنه مؤمن بها ولا يخالف شيئًا من أحكامها إلا ما خفف الله عن أهلها في الإنجيل فأحل لهم بعض الذي حُرم عليهم (سورة آل عمران 3 الآية 50)، وأنه قد بشر برسول يأتي من بعده اسمه أحمد (سورة الصف 61 الآية 6). لقد جاء في القرآن بأن الإنجيل هو هدى إلى الحق، ونور يستضاء به في حل

المشكلات وإزالة الشبهات (سورة المائدة 5 الآية 46)، وجعل الله في قلوب الذين اتبعوه رأفة وشفقة ورحمة ومودة (سورة الحديد 57 الآية 27)، وأن أولئك الذين لا يؤمنون بما بين أيديهم من الكتب المنزلة، ولا يراعون ويحافظون على ما نزل في التوراة والإنجيل ليسوا على شيء من الدين (سورة المائدة 5 الآية 47). وطبقا لما جاء في سورة المائدة 5 الآية 14–15 فهناك مفهوم سائد لدى المسلمين وهو أن المسيحيين لم يراعوا ما جاء به الإنجيل، وأنهم أدخلوا تغييرات اعتباطية عليه، وأخفوا بعض الحقائق الموجودة فيه. إضافة إلى ذلك يختلف القرآن مع الأناجيل الأربعة اختلافًا جذريًا فيما يخص طبيعة السيد عيسى المسيح في كونه نبيًّا فقط، وكذلك في مسألة صلبه.

محمد قاتر

مواضيع ذات صلة: **المسيحية؛ القرآن؛ الوحي؛ النبوة؛ الزبور؛ التوراة؛ العلامات.**

الاندماج / الدمج (من وجهة نظر مسيحيّة)

أ) عامّ

يعرض الاندماج مشروع علم الاجتماع التقليديّ (إميل دوركهايم (1858–1917)، هربرت سبنسر (1820–1903)) الذي يسم تحوّلاً اجتماعيًّا في مجتمع يؤدّي إلى صهر المجموعات غير المتجانسة في وحدة اجتماعيّة متكاتفة مع بعضها البعض. وبهذا يشير الاندماج وفقًا لجوهر كلمته إلى إعادة إنتاج كليّة اجتماعيّة ومجتمع قيم مشترك خاصّة عندما تستدعي التحوّلات الاجتماعيّة ضمّ مجموعات أو توجّهات في المجتمع إلى الحياة العامّة. لهذا السبب أصبح الاندماج شعار المناقشات المركزيّ ومصطلحها حول تداعيات الهجرة والاستيطان في أوروبا، فهو يتميّز من جهة عن مفهوم الاستيعاب والتحوّل الثقافي، وهو الأمر الذي تنتظره الدول التقليديّة المستقطبة للهجرة، أي أن تكون مهمّة المهاجرين القادمين التبنّي الكامل لتوجّهات المجتمع المضيف. من جهة أخرى يقف الاندماج في مواجهة معناه المعاكس وهو التفكّك، الذي لا يؤدّي فقط إلى فصل الجماعات الجديدة عن الأكثريّة وفقًا لسمة المنشأ واللغة والديانة والجنسيّة، بل إنّه يؤدّي أيضًا إلى تبخيس أعضائها اجتماعيًّا باعتبارهم أجانب ليسوا في موقع النظير لهذه الأكثريّة لكي ينتموا إليها. ففي حال أسفرت هذه العمليّات من جانب الأقليّة إلى تكوين هويّة خاصّة للجماعة أي إلى انفصال مرغوب منها شخصيًّا، فستنشأ إذًا مجتمعات موازيّة لها توجّهاتها الخاصّة. في مقابل ذلك تحدّد عمليّات الاندماج حلاً وسطًا تفاوضيًّا بين الميول ذات النزعة التماثليّة والمتحوّلة إلى الثقافة الجديدة من جهة والميول ذات النزعة الانفصاليّة من جهة أخرى، والتي يُطلق عليها في النقاشات الحديثة الإدراج والتهميش. في نهاية الأمر تكمن الديناميكيّة الحقيقيّة لعمليّات

الاندماج الاجتماعيّة في كونها لا يتمّ تطبيقها على أساس المجموعة فقط، بل يتمّ تشكليها على أساس الشخص الفرد وذلك بناء على قاعدة حقوق المواطنين والأشخاص والإنسان. فليس من طالب أو رجل أو امرأة، مهاجرًا كان أم لم يكن، يمكن تصنيفه اجتماعيًّا لوحده ضمن مجموعة محدّدة انطلاقًا من جنسيّته، أو الإشراف عليه اجتماعيًّا أيضًا. تحت هذه الاعتبارات يتمّ استبدال المفاهيم الدمجيّة حاليًّا بمفهوم المشاركة المتمحور حول المشاركة الشخصيّة في الحياة العامّة كما المشاركة المتساوية في تشكيل هذه الحياة من قبل جميع السكّان، الأمر الذي يتطلّب عمليّات تعليميّة لمعالجة الاختلافات الثقافيّة والتي لا يمكن تحقيقها بشكل مشترك إلا عبر الحوار.

يُطلق الاندماج كشعار ومصطلح مركزيّ بشكل مناسب على عمليّة التوافق الأوروبيّة في الاتحاد الأوروبيّ، فبه يتمّ الاعتراف بأصالة جميع الأمم واللغات والثقافات والأديان من جهة، ومن جهة أخرى تتمّ به دعوة جميع مواطني الاتحاد الأوروبيّ إلى تشكيل الاتحاد الأوروبيّ كليّةً هيكليةً من خلال التبادل الدوليّ والتعدّديّة اللغويّة واللقاء بين الثقافات.

بيتر غراف

ب) الاندماج/ الدمج اللاهوتيّ

يعتمد الاندماج من الناحية الاجتماعيّة على إنتاج شموليّة اجتماعيّة ومجتمع قيم مشترك. من أجل تحقيق هذا الهدف قام عام 2010 المجلس العلميّ في ألمانيا، وهو الهيئة الاستشاريّة العلميّة العليا في البلد، بالتوجّه إلى الطوائف الدينيّة في توصياته من أجل مواصلة تطوير علوم الدين والعلوم المتعلّقة بالدين في المدارس الألمانيّة العليا وبالتصريح «أنّ دولة القانون الديمقراطيّة الحديثة لها، من أجل تحقيق الهدف، مصلحة حيويّة في جعل توجّهات مواطنيها ومواطناتها تصبّ في استقرار الكيان الكامل ومواصلة تطويره بشكل مثمر» (ص. 57). من أجل ذلك فإنّ النداء موجّه إلى جميع الأديان للمساهمة في استقرار ومواصلة تطوير الكيان، وكلّ رفض (انفصال، إقصاء، مجتمع مواز) يضرّ بهذا الكيان وهو من الناحية الأخلاقيّة عديم المسؤوليّة. إلا أنّ التأقلم الكامل (التماثل/الاستيعاب والتحوّل الثقافيّ) ليس ضروريًّا وبالكاد يكون ممكنًا في حالة المحافظة على الهويّة الدينيّة. لذلك يشكّل الاندماج تحدّيًا مستمرًا لكلّ من الطوائف الدينيّة في مجتمع تعدّديّ عقائديًّا من ناحية تقرير إلى أيّ مدى يمكن التأقلم وأين يكون وضع الحدود ضروريًّا.

بيتر أنتس

مواضيع ذات صلة: **الحوار؛ المجتمع.**

الإندماج (من وجهة نظر إسلامية)

الإندماج الاجتماعي هو مصطلح ذو محتوى اجتماعي وسياسي هادف. فالمحتوى الإجتماعي يُسْتَخْدَم في التعبير عن تعايش مختلف الفئات الإجتماعية والثقافية في جو يسوده التناغم والوئام؛ فهذه الفئات الإجتماعية تتميز عن بعضها البعض من الناحية العِرْقية، والقومية، واللغة، والدين، والعادات، والتقاليد، إضافة إلى سمات الهوية السياسية، والإجتماعية، والثقافية التي تميزها عن بعضها البعض.

أما من الناحية السياسية فإن الإندماج هو عملية تخطيط وتنفيذ الإجراءات للسعي في حل المشكلات الناشئة، قبل كل شيء، عن حركات الهجرة. فهذه الإجراءات تعمل على تكييف التعايش الذي يسوده الوئام تحت الظروف الإجتماعية المتغيرة. فبسبب التطلعات الإجتماعية يتحرك التعايش المتناغم بين السكان المحليين وبين المجموعات المهاجرة على مختلف الأصعدة ليحتل مكان الصدارة. فالقابليات والقدرات اللغوية التي ينبغي أن تضمن التحاور الإجتماعي والتأثير المتبادل من كِلا الطرفين تلعب الدور الرئيسي في عملية الاندماج. إضافة إلى ذلك تؤخذ بعين الإعتبار الجوانب الهيكلية، والثقافية، والإجتماعية، والنفسية، والسياسية لعملية الاندماج: فالمقصود بالجوانب الهيكلية هنا إمكانيات المهاجرين القانونية في الحصول على مكانة اجتماعية؛ أما الجوانب الثقافية فالمقصود بها هنا حالة التكيف المتبادل والتحول في العلاقات بين سكان البلد المحليين والمهاجرين. ويُقْصَد بالرؤية الإجتماعية الجيرة الحسنة، والزمالة في العمل، والمشاركة في المجتمع المدني. أما الجانب السياسي النفسي فهو يعبر عن الانتماء الذي ينبغي أن يشعر به المهاجرون لذلك المجتمع ولتلك الدولة التي يعيشون فيها؛ وينبغي في نفس الوقت على سكان البلد المحليين من جهتهم أن يلاقوا المهاجرين بنفس الرغبة والإقبال.

أما بالنسبة للتطبيق السياسي فإن لكل شخص معنى توقعاته الشخصية. وهذا يدور أساسًا حول مسألة مفادها: من يجب أن يتكيف مع من، وإلى أية درجة.

يتعلق الأمر في الخطاب السياسي بالإندماج الأحادي الجانب، والإندماج التعددي، وكذلك الإندماج المتبادل. فالإندماج الأحادي الجانب يطالب المهاجرين بالإعتراف غير المشروط بالثقافة المحلية: فينبغي على المهاجرين أن يتنازلوا عن عقليتهم وطبائعهم التي أتوا بها من بلدانهم، أو أن يغيروها على الأقل، وذلك لأن السكان المحليين يرون أن تلك العقليات والطبائع تشكل عائقًا في طريق التعايش وتساهم في فشله.

يشترط مؤيدو الإندماج التعددي عملية التعارف القائمة على الاحترام المتبادل، فهذه الخطوة تستند على الإعتراف بالآخر، وعلى التسامح. وهذا ينطبق على غير المسلمين الذين يعيشون في مجتمعات ذات أغلبية مسلمة، وكذلك على المسلمين الذين يعيشون في مجتمعات ذات أغلبية غير مسلمة على حد سواء. فينبغي في

الإندماج المتبادل ألا تلعب تصورات الثقافة السائدة، أو الثقافة الثانوية لدى كل الأطراف أي دور؛ حيث لا ينبغي أن يكون هناك تمسك متصلب بالهوية، وإنما ينبغي على كل الأطراف أن يكونوا منفتحين على التأثير المتبادل ليتعارفوا على بعضهم البعض، وليتبادلوا الأفكار، ويعملوا على تغيير أنفسهم. وعلى الرغم من أن عملية الإندماج المتبادل حسب رؤية سياسيي الإندماج مسألة مرغوب بها، لكنها وبسبب الكثير من الجوانب كالهوية الإجتماعية، والثقافية، وعامل الدين، عملية يصعب تحقيقها. يشير الإندماج التعددي إلى إمكانية اتخاذ الطريق الوسط. فهذا المنهج لن يقف عائقًا في وجه الهوية الثقافية والإجتماعية، طالما أن هناك مقومات جوهرية تعمل على ضم الدين واللغة وتدعمهما.

حسب الرؤية الإسلامية يشكل الحفاظ على الهوية الإسلامية، وما يستدعي ذلك من نمط الحياة المناسب أهمية جوهرية، ناهيك عن المبادئ الأخرى: كالإبتعاد عن التطرف، والتعايش السلمي مع الجيران، وعدم إلحاق الضرر والأذى بأي شخص تحت أي ظرف من الظروف، وعدم مقابلة الظلم بالظلم، وعدم الإساءة إلى معتنقي الأديان الأخرى والازدراء من قيمهم. وعليه فالإسلام لا يرفض اندماج المسلمين في المجتمع الذي يعيشون فيه طالما استطاعوا أن يحافظوا على هويتهم.

إن صعوبة السكان المحليين في التعرف على ثقافة المهاجرين والإعتراف بها تكمن في الرابط الوجداني الذي يربط المهاجرين بثقافاتهم، وبمجتمعاتهم، وأوطانهم التي ينحدرون منها؛ فكل هذه العوامل يمكن أن تؤثر سلبًا على عملية الإندماج في مرحلتها الانتقالية. وبما أن كل هذه العوامل متعلقة بالدين فإنها تدفع إلى الشعور بأن الدين هو العائق الحقيقي الذي يقف في وجه الاندماج. وفي نهاية الأمر ينبغي علينا ألا نغفل عن حقيقة مؤداها أن للاندماج أبعاد كثيرة.

جمال توسُن

مواضيع ذات صلة: **الديمقراطية؛ المجتمع؛ الأقليات الدينية؛ التعددية؛ السياسة؛ الحرية الدينية.**

الإنسان (من وجهة نظر مسيحية)
إن إعلان الكتاب المقدس لرواية الخلق بأن الله خلق الإنسان (بعد خلقه سائر الكائنات الأخرى وبشكل متميز عنها) على صورة الله (سفر التكوين 1: 26)، يُعتبر أمرًا أساسيًا بالنسبة للفهم المسيحي للإنسان، إذ اكتسب الإنسان حينها كرامته وحريته الأصليتين. ومن رواية خلق الله للإنسان كرجل وامرأة (سفر التكوين 1: 27) نفهم أن صفتي الإنسان الجسدية والجنسية كانتا بحسب مشيئة الله، لذلك فهما صفتان جيدتان قيّمتان (وهذا ينطبق على كلا الجنسين على حدٍّ سواء). من خلال الجسدية يتم التأكيد على الدنيوية ومن خلال الجنسية على فردية الإنسان. والكرامة

الإنسانية – ليس فقط كشيء يمكن استبداله، وإنما كسِمة مميزة للإنسان – تنتج بحسب شهادة الكتاب المقدس من علاقة حوارٍ شخصي بين اللـه وكل إنسان بمفرده. إن مخاطبة »أنت« الإلهية أو البشرية من وجهة نظر مسيحية تُعتبر عنصرًا جوهريًا لطبيعة الإنسان.

إن الوصايا والمحظورات التي أملاها اللـه على الإنسان، وهو في حالة الخليقة البدائية في الفردوس (سفر التكوين 2: 15–17) تُعتبر بمفهومها الإيجابي تعبيرًا عن أن الإنسان، وفقًا للمشيئة الإلهية، ينبغي أن يعيش حياته بحرية مسؤولة عن أفعاله. وهذه الهبة، أو ربما المهمة الرفيعة، تتضمن أيضًا بطبيعة الحال إمكانية الفشل والإخفاق، التي منها تولد الخطيئة والشر التي تعتبر تهديدًا للإنسان. ويمكن التعبير عما يسمى بعقيدة الخطيئة الأصلية، وهي صعبة الفهم، بأن صورة اللـه في الإنسان تضعف – على الأقل – بسبب إغراء الخطيئة (وفقًا للفكر الكاثوليكي) أو أنها تتعرض لأضرار بالغة (بحسب الموقف البروتستانتي).

يُظهر عمل يسوع المسيح الخلاصي أن اللـه لا يتخلى عن الإنسان حتى عندما يتحول الإنسان بعيدًا عن اللـه. وحتى في حالة الفشل المطبق يقدّم اللـه للإنسان فرصة حياة جديدة. فالإنسان المخلّص من خلال الإيمان بمحبة اللـه بيسوع المسيح يمكنه اعتبار نفسه »ابنًا للـه« (رسالة بولس الرسول إلى رومية 8: 14–21) ويعيش وفقًا لذلك. ومن خلال البنوة للـه (التي عاشها يسوع) يصل الإنسان إلى حالة كمال لا تعود خلالها الضرورات الملحة للقوانين الإجتماعية أو الأخلاقية أو حتى الدينية تحدد حياته، بل يجد نفسه في حرية المحبة (انظر: رسالة بولس الرسول الأولى إلى كورنثوس 13: 1–12، أو مقولة القديس أغسطينوس [354–430] الشهيرة: »أحبب وافعل ما تشاء«).

مارتن تورنر

مواضيع ذات صلة: **الخطيئة الأصلية؛ الأخلاق؛ الحرية؛ الضمير؛ بنوة اللـه؛ صورة الإنسان؛ كرامة الإنسان.**

الإنسان (من وجهة نظر إسلامية)

يُعتبر الإنسان أعظم مخلوقات الله، فكل نِعَم الدنيا مسخرّة له وهذا ما ورد في سورة البقرة 2 الآية رقم 30 وسورة التين 95 الآية رقم 4، ومن مظاهر هذا التعظيم هو إعطاء الإنسان قدرات تجعله المخلوق الأول رتبة عند الله، ومن هذه القدرات هي المعرفة والتفكير والإرادة والكلام، لذلك كُرم الإنسان في الإسلام أعظم تكريم.

تقُص سورة السجدة 32 الآية 9 أن الإنسان خلقه الله من طين ثم نفخ من روحه فيه، أما في سورة البقرة 2 الآية رقم 30 و34 فقد ورد أن الله أمر الملائكة أن تسجد للإنسان الذي جعله الله خليفته في الأرض، وهذا ما نفذته الملائكة فيما بعد. كما

ذُكر في الآية القرآنية رقم 172 من سورة الأعراف 7 أن الله سأل نفوس البشر في بداية الخلق: ألست بربكم؟ فأقروا بذلك، وبهذا يكون قد أخذ الله ميثاقًا على الناس جميعًا قبل خلقهم وهذا يعني أن كل إنسان مفطور على الإيمان وطاعة الله، وقد جاء بيان هذه الفطرة في سورة الروم 30 الآية رقم 30.

إن آدم وحواء هما أول البشر. وقد عاشا في الجنة متبعين أوامر الله حتى غرهما الشيطان الذي حملهما على إرتكاب المعصية، إلا أنهما نَدِما على ذلك وأظهرا توبتهما، فغفر الله لهما، ولكن رغم هذه المغفرة أخرجهما الله من الجنة وهذا ما ورد في سورة البقرة 2 من الآية رقم 36 إلى الآية رقم 37 وسورة الأعراف 7 من الآية رقم 22 إلى الآية رقم 25. وحسب التعاليم الإسلامية لم تؤدِّ هذه الخطيئة إلى ظهور الخطيئة الأصلية الموروثة التي تشمل كل الخلق، بل هي خطيئة تنسب فقط لآدم وحواء.

يؤول إنتفاع الإنسان بقدرته الفكرية إلى الإدراك بشكل أساسي أن وجوده عائد إلى ذات خارقة للطبيعة وأن النظام الكوني مسخر له وبهذا يُفهم لماذا خُلق الكون. وقد جاء ذكر هذه المعلومة في سورة البقرة 2 الآية رقم 213 وسورة الروم 30 الآية رقم 30. إلى جانب ذلك أوحى الله إلى المصطفين الأخيار من أنبيائه علمًا تتجلى فيه أثار رحمة الله، فالإنسان يتحمل مسؤوليته في استغلال الإمكانيات المتاحة له التي تمهد له طريق البحث عن الحقيقة والعمل بها. وقد استفاد إبراهيم على سبيل المثال من عقله في معرفة الذات الخالدة وذلك بتقديره للأشياء الزائلة. فهذا الفهم والإدراك يمكن أن يبلغه كل إنسان والدليل ما ورد في سورة الأنعام 6 من الآية رقم 75 إلى الآية رقم 81. ومن هنا يفهم أن الإنسان لديه قدرة فطرية تمهد له طريق معرفة الله. وطبقًا لهذا المفهوم يكون الكفر أمرًا لا ينسجم مع فطرة الإنسان.

ومن الواضح أن الإنسان في وضع يتسم بالتناقض الذي يشير إلى علة وجوده الأخيرة على الأرض، فعليه أن يخضع لامتحان في الدنيا بصفته مخلوقًا مخيَّرًا بين الإيمان والكفر وبين الخير والشر، ثم تعرض النتائج في الآخرة وهذا ما ورد في سورة الملك 67 الآية رقم 2 وسورة الإنسان 76 من الآية رقم 2 إلى الآية رقم 3. إن كل إنسان عمل عملاً صالحًا واتبع في حياته قيمًا أخلاقية عالية سيُجزى بعطاء غير مقطوع الخير في الجنة.

أنكين أردم

مواضيع ذات صلة: **الميثاق؛ يوم الآخرة؛ الفطرة؛ الشيطان.**

الإنسان عبدًا لله (من وجهة نظر إسلامية)
يُعتبَر كل إنسان في الإسلام عبدًا لله إذا كان يؤمن بالله كخالق وباعث للحياة، واذا كان موقنًا بأنه ليس معزولاً وحيدًا في الدنيا. فعباد الله هم الذين يتبعون أوامر الله بإخلاص ويعملون الأعمال الصالحة النافعة وقلوبهم متصلة بالله إتصالاً دائمًا. وبهذا المفهوم يكون معنى العبادة في القرآن الإتصال بالله.
وتتجلى هذه العبادة ظاهريًا من خلال الإلتزام بالعبادات وهذا ما ذكر في سورة طه 20 الآية رقم 14. وهذه العبادات تشمل الأوامر والنواهي، والجدير بالذكر هنا أن عبادة الانسان لا تقتصر على ممارسة الشعائر الدينية فحسب، بل تشمل أيضًا جميع أفكار المؤمن والأعمال التي تنبثق منها.
تعني العبادة كذلك الرأفة والرحمة والوقاية، فالقرآن، وتحديدًا في سورة البقرة 2 الآية رقم 112، يخبر أن من أسلم وجهه لله فسيرزق الأمن والسعادة، كما يوضح القرآن أن الانسان هو من عباد الله منذ ذلك العهد الذي أخذه مع الله في بداية الخلق وشهد فيه بوجود الله وخضوعه لحكمه، وقد ورد هذا في سورة الأعراف 7 الآية رقم 172، كما يجب على كل من يعبد الله ألاّ يمجد آلهة أخرى وهذا ما تم ذكره في سورة البقرة 2 الآية 83، أو يطري كائنًا من كان وأتى هذا النهي في سورة المائدة 5 الآية رقم 76 وسورة الأنبياء 21 الآية رقم 66، فالواجب على العابد ألاّ يستسلم إلا لله ولا ينتظر العون إلا منه. إن الأنبياء المرسلين بلغوا مقومات العبادة للبشر وذلك بسن مبادئ دينية وأخلاقية. ويمكن تلخيص هذه المقومات كالآتي: الاعتراف بالله اعترافًا يليق به، عبادته والايمان به وباليوم الآخر وعدم الفساد في الأرض.
إن نقيض العبادة هو التكبّر، فالعابد يعلم أنه مخلوق غير كامل، ولكن الله له الكمال المطلق. ومن صفات العابد أيضًا أنه عارف لحدوده وعالم لقدراته وعجزه.
علي شعبان دوزگون

مواضيع ذات صلة: مكان الصلاة.

أهل السنة (من وجهة نظر إسلامية)
أهل السنة تعبير يطلق على من قال أنه يتبع طريقة أو سُنة النبي وأصحابه. وأحيانًا تستخدم عبارة أهل السُنة والجماعة. أما فيما يخص المسائل الدينية فهم يتبعون سُنة النبي وأصحابه. وفيما يتعلق بمسألة من هو أول من استخدم هذا المصطلح فهي محل خلاف، ووفقًا لرواية عن سعيد بن جبير المتوفى سنة 95/714 كان ابن عباس (68/687)، وهو أحد أصحاب النبي، هو أول من استعمل مصطلح أهل السُنة، إلا أنه توجد روايات أخرى تشير على أن ابن سيرين المتوفى السنة 728/ 110 أو الحسن البصري المتوفى سنة 728 / 110 هو أول من استخدم هذا المصطلح.

لم يكن المصطلح في الـ 150 عاما الأولى من الإسلام يشير إلى مذهب مستقل، بل كان يطلق فقط على من كانوا يدرسون روايات الأحاديث وسُنة النبي، ولم يقع ظهور أهل السُنة كمدرسة عقائدية مستقلة إلا في القرن التاسع، وكان أبو حنيفة المتوفى سنة 150/767 من الأوائل الذين أثروا في ازدهار التعاليم السنية، وذلك بمعالجته لعقيدة التوحيد وتناول موضوع النبوة والإيمان والأعمال والهداية والآخرة ورؤية الله في الدار الآخرة والشفاعة. شهدت الجماعة السنية انقسامًا إلى عدة اتجاهات، منها الاتجاه السلفي القائم على تعاليم أحمد بن حنبل المتوفى سنة 241/855.

وبعد قرن واحد تقريبًا ظهرت تيارات أخرى تزعمتها شخصيات عدة كالأشعري المتوفى سنة 324/936 والماتريدي المتوفى سنة 333/944. قام هؤلاء بتطوير وتنظيم التعاليمِ السنية، مما جعل الكلام السني يعير العقل، إلى جانب الأساليب التقليدية، أهميةً للاستدلال في المسائل المذهبية. ونتيجة لهذه التطورات تراجع تأثير كلام المعتزلة تدريجيًا. والفرق بين أهل السنة والجماعات الأخرى يظهر في مضمون التدريس الذي يركز على أن القرآن كلام الله ولم يُخلَق وأن صفات الله حقيقية وقديمة وكل ما يحدث لا يكون إلا بقضاء الله وقدره، وأن الله سُيرى في الآخرة، كما أن أهل السنة تعترف بأن الخلفاء الراشدين الأربعة هم خلفاء شرعيون، أما فيما عدا ذلك فهم يتفقون كليًا مع الإتجاهات الإسلامية الأخرى في موضوع الشهادة والعبادات. تمثل أهل السُنة أغلبية المسلمين في الوقت الحالي.

معمر أسَن

مواضيع ذات صلة: **المذاهب الفقهية؛ الأمة.**

أهل الكتاب (من وجهة نظر إسلامية)

أهل الكتاب هو إسم يُطلق في القرآن على اليهود والنصارى الذين يؤمنون بالكتب المقدسة، أي التوراة والانجيل. توجد في القرآن آيات تتحدث عن أهل الكتاب، والمراد في هذه الآيات يختلف باختلاف السياق التاريخي. فأحيانًا يقصد بأهل الكتاب اليهود فقط، وهذه الإشارة نجدها مثلاً في الآية 144 من سورة البقرة 2 والآية 2 من سورة الحشر 59، ويمكن أن تشير أيضًا إلى المسحيين، وهذا ما ورد في الآية 64 من سورة آل عمران.

يؤكّد القرآن أن موسى مؤسس اليهودية وعيسى مؤسس المسيحية، وأنهما كانا يقومان على معتقد النبي إبراهيم، أما دعوتهما إلى دين الله فقد بدأت قبل ظهور محمد. يلاحَظ أنه لا يتم مدح أهل الكتاب في القرآن، إلا من وُصِف منهم بأنه مخلص لدين الله، وهذا ما ورد في الآية 113 و199 من سورة آل عمران 3. ورغم أن أغلب هذه الجماعات، حسب الإشارات القرآنية، ابتعدت عن عقيدة الدين

الإلهي المنزلة مع مرور الوقت، فأهل الكتاب لا ينتسبون إلى المشركين. ووفقًا للقرآن يجوز أكل طعام وذبائح أهل الكتاب، وهذا ما جاء ذكره في الآية 5 من سورة المائدة 5، كما يجوز للمسلمين زواج اليهوديات أو المسيحيات ولا يشترط على الكتابيات أن يسلمن، ومع ذلك يجب أن يكون زوج المرأة المسلمة مسلمًا.

عاش اليهود خلال فترة الوحي، أي ما بين 610 و632، في اليمن والمدينة التي كانت تسمى يثرب. أما المسيحيون فكانوا موجودين في نجران وفلسطين والحبشة أو القرن الإفريقي. وقد نشأ أول اتصال اجتماعي وسياسي مكثف بين المسلمين والمسيحيين إثر الهجرة إلى الحبشة التي وقعت مرتين، وذلك في سنة 615 و616 بعد الميلاد. وقد استقبل ملك الحبشة في ذلك الوقت المسلمين الذين اتخذوا بلده ملجأ لهم بحفاوة وأحسن ضيافتهم. وفي سنة 631 بعد الميلاد زار وفد مسيحي رفيع المستوى من منطقة نجران المدينة، ورغم ذلك نشبت الحرب ضد المسيحيين. وقد جرت غزوة مؤتة، وهي مدينة موجودة في الأردن اليوم، بسبب قتل المسيحيين سفيرًا دعاهم إلى الإسلام. أما غزوة تبوك، وهي مدينة موجودة في السعودية اليوم، سنة 630 بعد الميلاد، فتأتي بعد إعلان بيزنطية الحرب الرامية إلى التصدي للتوسع الإسلامي. وفي ذلك الوقت نزلت الآية 29 من سورة التوبة 9، التي تهدف إلى تنظيم العلاقات مع أهل الكتاب الذين يعيشون تحت الحكم الإسلامي.

والجدير بالذكر أن العلاقات مع يهود المدينة في السنوات الأولى بعد الهجرة كانت جيدةً، إلا أنها ساءت فيما بعد. وفي العقود التالية كانت العلاقات بين المسلمين واهل الكتاب متقلبة، وذلك حسب الظروف. رغم ذلك تمّ احترام حقوق أهل الكتاب في ظل حكم المسلمين، كما كانت الدول الإسلامية لعدة قرون موطنًا لكثير من أهل الكتاب الذين لم يجبروا على تغيير دينهم. فقد كانوا من المقرين بسيادة السلطة وملتزمين بدفع الجزية مقابل توفير الأمن والحماية لهم. ومن حقوقهم حرية ممارسة طقوسهم الدينية. وكانت جميع قيمهم كحق العيش والملكية مصونة ومحفوظة. بالإضافة إلى ذلك كانوا يمنعون من الخدمة العسكرية. وما شجع المسلمين أيضًا على حسن معاملة أهل الكتاب هي أحاديث النبي محمد، ومنها الحديث الآتي: »ألا من ظلم معاهدًا أو انتقصه أو كلفه فوق طاقته أو أخذ منه شيئًا بغير طيب نفس فأنا حجيجه يوم القيامة« (سنن أبي داود).

محمد پاچجي

مواضيع ذات صلة: **صحيفة المدينة؛ الحوار بين الأديان؛ الهجرة؛ الجزية؛ الوحي.**

مصادر الحديث:

سنن أبي داود، كتاب الخراج والإمارة والفيء 33، باب في تعشير أهل الذمة ...، رقم 3052.

الأوامر الدينية (من وجهة نظر إسلامية)
تُعَرَّف الأوامر الدينية في سياق علم المنهجية لأصول الفقه على أنها ما يُطلب فعله من الإنسان وهي عكس النواهي. طبقًا للقرآن وبالنظر إلى الأوامر الدينية فإن هناك جوانب مختلفة يتم مراعاتها، حيث يُفرَّق بين الفرض أو الواجب، والمباح، والمندوب أو المستحب. أما الفرض فإنه العمل الذي يُعتبر ضرورة مطلقة حيث يجب على المكلف أن يعمله. أما المباح فهو ذلك العمل الذي لم يرد في فعله أو تركه ثواب أو عقاب. وأما المندوب أو المستحب فهو ذلك العمل الذي يُستحب فعله من غير إلزام ويثاب فاعله إذا فعله ولا يستحق تاركه العقاب.
ولكي يُصَنَّف عمل ما على أنه فرض يجب أن يكون بصيغة الأمر على وجه التأكيد والإلزام إضافة إلى وجوب معاقبة تاركه والوعد بالثواب لفاعله.
هناك عوامل خارجية تلعب دورًا مهمًا في تصنيف الأوامر، ومن هذه العوامل طريقة وأسلوب التصريح عن الأمر، والهدف الذي يكمن وراءه، ووضعية المأمور، والسياق الذي يجعل الأمر نافذًا للمفعول. ولكي يكون الأمر واجب الإلزام والتنفيذ يجب أن يتخذ وطِبقًا للمذهب الحنفي صيغة الأمر الدالة على الوجوب. إن مبدأ إثابة المحسن على إحسانه، وعقاب المسيء على معصيته، وكذلك الوعد والوعيد ما هي إلا حوافز ودوافع تعمل على الالتزام بالأوامر بشكل فعلي. ثمة مبدأ عام تجسده الآية الكريمة ﴿لَا يُكَلِّفُ ٱللَّهُ نَفسًا إِلَّا وُسعَهَا﴾ (سورة البقرة 2 الآية 286)، فعند التحليل الدقيق لجوهر الأمر وسياقه الذي وُضِعَ فيه يمكننا أن نعرف فيما إذا كان الأمر واجب الإلزام وضروريًا أو أنه مستحبًا حيث يكون المأمور مخيرًا بين فعله وتركه. تتطلب صياغة الأوامر والنواهي وكذلك تنفيذها رهافة في الحس، فعندما نقرأ الآيات القرآنية التي تتضمن الأوامر والنواهي لا نجد فيها دائمًا أسلوب الأمر، وإنما أحيانًا أسلوب التمني، أو أسلوب الإخبار. من الأوامر الرئيسية التي وردت في القرآن هي: الصلاة، والصيام، والزكاة، والعفو، والتسامح، وقول المعروف، والتسابق إلى فعل الخيرات ودعم الناس لبعضهم البعض في ذلك.

شعبان علي دوزگون

مواضيع ذات صلة: **الفرائض الدينية؛ الوصايا العشر.**

الأوثان/الوثنيّة (من وجهة نظر مسيحيّة)
الوثن أو الوثنيّة هي الترجمة التي اختارها مارتن لوثر (1483–1546) انطلاقًا من شتيمة (غوتس / غبي) التي يستخدمها العهد القديم غالبًا بطريقة انفعاليّة عنيفة أحيانًا لتسمية عبادة الآلهة الأخرى أو الغريبّة مقابل عبادة إله إسرائيل المكرّم وحده. وتقف الوصايا العشر ضدّ الوثنيّة في تحريمها الرسم وتحريم الآلهة

الغريبة (سفر الخروج 20: 3–5)، فهي لا تضع وجود الآلهة الأخرى موضع تساؤل وإنّما تحرّم تكريمها لدى شعب إسرائيل.
إنّ المواجهة مع الآلهة الغريبة لم تحصل في الواقع تاريخيًّا عبر موسى، بل سبق أن بدأها أنبياء القرن التاسع قبل الميلاد إيليا وإليشع وتمّت مواصلتها من قبل النبيّ هوشع خصوصًا، وكان مسرحها مملكة إسرائيل الشماليّة حيث كان للإسرائيليّين علاقة وثيقة مع إله الخصب الكنعانيّ بعل. وفي الحقبة الآشوريّة الحديثة دخلت عناصر آشوريّة في عبادة أورشليم، تمّ إقصاؤها والقضاء عليها في إطار عمليّة الإصلاح الشاملة للعبادة والتي قام بها يوشيا ملك يهوذا (620 قبل المسيح؛ سفر الملوك الثاني 22 وما يليها). ولم تعرف الوثنيّة نهايتها التامّة في الواقع إلا مع السبي البابليّ (587 / 586 قبل المسيح). لقد تمّ فهم السبي في إطار التقويم الأخلاقي الدينيّ الجديد لتاريخ إسرائيل ويهوذا والمطبّق حاليًا على أنّه عقاب على عبادة الأوثان (سفر الملوك الثاني 17: 12 ومواضع أخرى). ويقف العجل الذهبيّ مثالاً أساسيًّا على الوثنية والصنم (سفر الخروج 32). إلا أنّ مؤلّف إشعياء 40–55 وجزء السبي الموضوع بعد زمانه في كتاب إشعياءء يعارض مطلقًا وجود آلهة آخرين وتتمّ السخريّة منهم بشكل اعتياديّ (إشعياء 44؛ إرمياء 10 ومواضع أخرى). ويصف المزمور 82 في أسلوب دراميّ أسطوريّ سقوط الآلهة أو خسارتها لألوهيّتها التي تقيس نفسها وفقًا لمعايير أخلاقيّة.
ويثابر العهد الجديد على النظرة الانفعاليّة (كورنثوس الأولى 12: 2)، فعابدو الأوثان يتّم فصلهم من الجماعة (كورنثوس الأولى 5: 11). غير أنّه نشأت صراعات ملموسة حول موضوع التلذّذ باللحم المقدّم أضحية للأوثان، فقد تمّ تحريمها في مجمع الرسل (أعمال الرسل 15؛ غلاطية 2: 11–13)، في حين سمح بها بولس مبدئيًّا بناء على تصوّره للحريّة المسيحيّة، ولكنّه قيّدها انطلاقًا من أسباب متعلّقة بالرعاية الروحيّة تجاه المسيحيّين الضعفاء (كورنثوس الأولى 8: 8–11).
وبذلك فإنّ تبرير عبادة الأوثان تمّ تحويله بشكل سديد من الإدانة النمطيّة لطريقة الممارسة إلى تقويم المعنى العقليّ.

مارتن أرنت

مواضيع ذات صلة: **الأخلاق؛ العبادة؛ التوحيد؛ الأحكام الغذائيّة / أحكام الطعام والشراب.**

الأيقونة/تحريم الأيقونات (من وجهة نظر مسيحيّة)
تشترك المسيحيّة مع اليهوديّة والإسلام في تحريم رسم صورة لله؛ وجاء هذا التحريم في الوصايا العشر في العهد القديم (سفر التثنية 5: 8؛ انظر أيضًا سفر الخروج 20: 4). فقد كان لهذه الوصيّة في الأساس وظيفة تمييز شعب إسرائيل،

الذي يؤمن بإله واحد، عن الديانات المتعدّدة الآلهة المحيطة به والتي كانت تعبد الصور. فتعالي الله فوق كلّ ما هو أرضيّ تمّ التعبير عنه من خلال هذا التحريم مشكّلاً السمة البارزة للإله يهوه. وفي الوقت نفسه يقدّم العهد القديم لفكرة صورة الله معنى جديدًا وإيجابيًا غير متوقّع: فالإنسان المخلوق، رجلاً وامرأة، يتمّ تحديده في قصّة الخلق صورةً لله ومثالاً له، خلقه الله بنفسه وأراده كذلك (سفر التكوين 1: 26 وما يليها)، ومن خلال ذلك يكون للإنسان وحده نصيب في قدسيّة الله وكرامته. وينتصب الإيمان في مركز رسالة العهد الجديد في أنّ الله انطلاقًا من حرّيّة حبّه لم ينطو على نفسه في تعاليه، بل ظهر بالجسد في يسوع المسيح من دون أن يتخلّى عن هذا التعالي. وأصبحت فكرة الصورة نمط الوساطة المركزيّ لحقيقة هذا الإيمان، فالمسيح هو »الصورة الوحيدة التامّة للذي لا يُرى« (كورنثوس 1: 15) التي يمكن أن تقف إلى جانبها صور أخرى لله تامّة بشكل أو بآخر. ورغم هذا النهج في ما يخصّ اللاهوت الإيجابيّ للصورة نشأت منذ القرن الثامن في الامبراطوريّة البيزنطية الرومانيّة الشرقيّة صراعات عنيفة نوعًا ما بين تيار تعظيم الأيقونات وتيّار يدعو إلى تحطيمها. وفي مجمع نيقيا الثاني (787) وكردّة فعل على الصراع بشأن الأيقونات، تمّ إدراك الصيرورة المرئيّة لله غير المرئيّ في يسوع المسيح شرعيّةً لاهوتيّةً بحيث يمكن تقديم الإكرام والتحيّات، وليس العبادة، للأيقونات المستخدمة في الليتورجيا أو في الحياة التقويّة الشخصيّة. ومع أنّ جوهر الإنسان (صورة الله ومثاله) وكذلك مدلول المسيح (صورة الذي لا يُرى) يتمّ تقديمهما في اللاهوت المسيحي عبر اللجوء إلى فكرة التصوير، فإنّ الأمر يتعلّق بتقاليد مختلفة لا يجوز الربط بينها بطريقة مباشرة. فبينما يتمّ التأكيد في فكرة صورة الله ومثاله، بمعنى التشابه، على الاختلاف أيضًا بين الله والإنسان، فإنّ الحديث عن عمليّة التجسيم في إشارة إلى المسيح يعني في المقام الأوّل أنّ الله يظهر فيه بطريقة ملموسة.

مارتن تورنر

مواضيع ذات صلة: **التعالي.**

الإيمان (من وجهة نظر مسيحيّة)
يجدر التمييز أوّلاً بين المفهوم المسيحيّ للإيمان ومفهوم الاستخدام اللغويّ اليوميّ لهذا المصطلح. إنّ الإيمان في السياق الدينيّ لا يعني القبول بوقائع من دون معرفة أسس متينة أو أكيدة لها. ففي المعنى الراسخ يعدّ الإيمان المسيحيّ علاقة ثقة الإنسان بالله باعتباره شخصًا. ولا يتمّ الاعتقاد من ناحية أوّليّة بأقوال ومضامين محدّدة، بل إنّ النقطة المرجعيّة في هذا الأمر هي الله نفسه في وعده بالخلاص. يتمثّل الإيمان في العهد القديم في إتمام فعل الأمانة والوفاء بين الله وشعبه المختار،

إذ إنّ الإنسان يمكنه في الإيمان بوعد الله الخلاصيّ الفوز بمقام ثابت (مثالنا المعياريّ على ذلك ابراهيم)، حتّى ولو بدا له مستقبله مجهولاً. فشرط هذا التشبّث ونتيجته هنا طاعة الوصايا الإلهيّة. بالنسبة إلى يسوع في العهد الجديد فإنّ الإيمان بإنجيله هو شرط للتحوّل المفعم بالخلاص وغير المتوقّع في الوجود الإنسانيّ، والذي يتجلّى في التحوّل إلى المسيحيّة والعجائب (على سبيل المثال مرقس 1: 15؛ مرقس 5: 36). يكتسب الإيمان كذلك في السياق اللاحق لحدث القيامة دلالة اعتراف بالحدث الخلاصيّ المتمثّل بصليب وقيامة ابن الله اللذين شهد عليهما الرسل واللذين يمكن تثبيتهما قولاً ومضمونًا داخل جماعة المؤمنين الكنسيّة (دستور الإيمان). نتيجة لذلك ظهر التمييز في التقليد اللاهوتيّ بين المضمون الموضوعي والنظريّ للإيمان (الإيمان الذي يُعتقد به) وفعل الإيمان الوجودي التطبيقيّ (الإيمان الذي به يتمّ الاعتقاد). وفي سيرورة تاريخ اللاهوت وحتّى يومنا هذا يدور النقاش والجدال في مختلف الطوائف حول ما إذا كان ممكنًا تحقّق الانسجام بين الإيمان المسيحيّ والحقيقة العقليّة الفلسفيّة، وإلى أيّ مدى هذا الأمر ممكنٌ.

مارتن تورنر

مواضيع ذات صلة: **إبراهم؛ الإنجيل؛ دستور الإيمان؛ الله.**

الإيمان (من وجهة نظر إسلامية)

يُعَبِّر الإيمان كمصطلح فقهي فقهي عن الاعتقاد المستند إلى الأدلة والبراهين في الاعتراف والإقرار بوجود الله ووحدانيته، والإيمان بأنبيائه وبموثوقية رسالات الله التي أُنْزِلت إليهم. فعندما يُذكر مصطلح الإيمان في القرآن فإنه يشير إلى الإيمان بالله، وبالأنبياء، وبالكتب السماوية، وبالملائكة، وبيوم القيامة (سورة البقرة 2 الآية 177، 285).

يُعَد الإيمان بالقدر خيره وشره أيضًا من دعائم الدين، ولكن الإيمان بالقدر خيره وشره لم يرد في القرآن بشكل صريح، وإنما ورد فقط في الأحاديث النبوية (أنظر صحيح مسلم). فمن يؤمن ويعترف بمبادئ الإيمان هذه فإنه يُنْعَت بالمؤمن. إضافة إلى ذلك فإن الإيمان الذي يضم أيضًا الطاعة والانقياد والاقتناع الصادق يُعْتَبَر سلوكًا وحنكةً ذات اتجاهاتٍ معرفيّة ووجوديّة. لقد تم التأكيد في الكثير من الآيات القرآنية على أن الإيمان هو حدث يحصل في القلب حيث يشعر به الإنسان (سورة المائدة 5 الآية 41؛ سورة الأنعام 6 الآية 125؛ سورة النحل 16 الآية 106؛ سورة الحجرات 49 الآية 14؛ سورة المجادلة 58 الآية 22).

يُعْتَبَر مصطلح »القلب« الذي يرد في القرآن مرادفًا متطابقًا تقريبًا مع العقل، حيث تشير بعض الآيات القرآنية إلى أن القلب يشترك في عمليات التفكير والفهم (سورة

الأعراف 7 الآية 179؛ سورة الحج 22 الآية 46؛ سورة محمد 47 الآية 24؛ سورة ق 50 الآية 37). إن القلب الذي يتحقق فيه الإيمان الذي يشعر به الإنسان يُعْتَبَر مركز الأحداث المعرفية كالوعي والبرهان. وبناءً على ذلك فإن هناك علاقةً وثيقةً جدًا بين القلب، الايمان والعقل.

يمكن لمكونات الإيمان، كوجود الله ووحدانيته وكذلك الاقتناع بأن الكون قد خُلِق من قِبَلِ إلهٍ واحدٍ، ناهيك عن ضرورة الأنبياء، أن تُعزَّز وتُقَرَّ عن طريق العقل المستند إلى نتائج البراهين. فالإسلام يفضل الإيمان المستند إلى العقلانية والتفكير النقدي؛ ولا يحبذ الإيمان الخالي من التفكير النقدي.

لقد اعتبرت التيارات الإيمانية المختلفة في الإسلام والتي اشترطت ضرورة العلاقة بين الإيمان والمعرفة أن الإيمان هو المعرفة، وأن الكفر نابع عن نقص في المعرفة الإلهية، ناهيك عن وجود علاقة وثيقة بين الإيمان والإسلام.

وإن كان هنالك اختلاف في صيغتي كِلا المصطلحين فإنهما في نهاية الأمر متطابقان تقريبًا (سورة البقرة 2 الآية 136؛ سورة يونس 10 الآية 84؛ سورة الحجرات 49 الآية 17؛ سورة الذاريات 51 الآية 35–36). إن الإسلام هو المظهر الخارجي للإيمان، وبالتالي فإن هناك علاقة وثيقة بين الإيمان والمعاملة. فالإيمان عمل مصدره القلب، وثمار الإيمان هي الأعمال التي تصب في مصلحة الإنسانية، لذلك نجد عبارة ﴿ٱلَّذِينَ ءَامَنُواْ وَعَمِلُواْ ٱلصَّٰلِحَٰتِ﴾ قد وردت في القرآن مرارًا وتكرارًا (سورة البقرة 2 الآية 25، 82، 277؛ سورة آل عمران 3 الآية 57؛ سورة النساء 4 الآية 57، 122، 173؛ سورة المائدة 5 الآية 9، 93).

معمر أَسَن

مواضيع ذات صلة: **أركان الإيمان؛ النبوة؛ العقلانية.**

مصادر الحديث:

صحيح مسلم، كتاب الإيمان، باب 1 معرفة الإيمان والإسلام، حديث رقم 93، عن عمر.

البابا (من وجهة نظر مسيحية)

البابا هو الاسم الرسمي لأسقف روما، وهو خليفة الرسول بطرس والرئيس الأعلى للكنيسة الكاثوليكية، وبذلك يكون رئيس أكبر طائفة مسيحية.

إن مكانة الرسول بطرس المميّزة مقارنةً بالرسل الآخرين واضحة في العهد الجديد (انظر: الإنجيل بحسب متى 16: 16–19؛ الإنجيل بحسب لوقا 22: 31 وما بعدها؛ الإنجيل بحسب يوحنا 21: 15–19). تعود خلافة أساقفة روما لبطرس الرسول إلى القرن الثالث الميلادي تقريبًا، وفي إطار وعيهم أهمية هذه الخلافة شغل هؤلاء الأساقفة مكانة رائدة في الكنيسة، مكانة اعترف بها أساقفة آخرون وكنائس محلية أخرى. أما الإطار القانوني لهذه المكانة المميّزة فقد جاء تدريجيًا في

عدة خطوات. فإحدى المحطات الهامة لتوطيد أولوية البابوية كانت زمن الإصلاح الكنسي في أوج العصور الوسطى وازدهار القانون الكنسي المرتبط بذلك الإصلاح. المجمع الفاتيكاني الأول (1869–1870) قدّم تعريفًا عقيديًا لعصمة البابا وأولويته القضائية. وبذلك أصبحت أولوية البابا من ناحية رسمية أيضًا بما لا شك فيه إحدى القضايا الإيمانية في الكنيسة. ومن خلال المجمع الفاتيكاني الثاني (1962–1965) تم تعزيز مكانة البابا بتنصيبيه رئيسًا لكلّ الأساقفة.

يعتبر البابا معلم الكنيسة وراعيها الأعلى. كما تعتبر سلطته الروحية، جغرافيًا وماديًا، بغض النظر عن القيود التي يفرضها الحق الإلهي، سلطة غير محدودة. بالتأكيد لا يمكنه استخدامها تعسفيًا، بل يجب أن تخدم خلاص النفوس وخير الكنيسة بأسرها. في حين أنه ليست هناك أية إمكانية قانونية لإعادة النظر في إدارة البابا لمنصبه.

أما كنائس الشرق غير الكاثوليكية وكذلك الكنائس الإصلاحية فهي لا تعترف بأوليّة البابا. وليس هناك حاليًا أي إجماع على تقييم البابوية في الجهود المسكونية الساعية لتقارب الطوائف المسيحية. وكان البابا يوحنا بولس الثاني (1978–2005) قد دعا إلى مثل هذا الإجماع (راجع: المنشور البابوي »ليكونوا واحدًا« عام 1995).

يتم شغل منصب البابا عن طريق الانتخاب. ولجميع الكرادلة الذين لم يجتازوا الثمانين عامًا الحق في الانتخاب. نظريًا، يمكن انتخاب أي رجل كاثوليكي، ولكن منذ قرون لم يُنتخب إلا أحد المرشحين من لجنة الانتخاب نفسها. وفترة خدمة البابا هي مدى الحياة، ويمكنه بكامل حريته أن يستقيل من منصبه.

كما أن البابا هو رئيس دولة الفاتيكان، أي أنه يمتلك سلطة دنيوية أيضًا. وهذا المنصب يخدم وظيفته الدينية ويضمن استقلاله كزعيم روحي للكنيسة، لطائفة يشكّل مؤمنوها سُدس عدد سكان العالم تقريبًا.

شتيفان هيرينغ

مواضيع ذات صلة: **الرتب الكنسية؛ التدرج الهرمي؛ الأفضلية القانونية.**

البرهان على وجود الله (من وجهة نظر مسيحيّة)

نفهم بالبرهان البيان العقليّ الدامغ على صحّة (تحقّق) أو خطأ (بطلان) الأحكام بواسطة مبرّرات تجريبيّة منطقيّة أو قائمة على علم الوجود. إنّ البرهان على وجود الله هو حجّة عقليّة علميّة لا يتمّ فيها فهم وجود الله بالرجوع إلى التقاليد الدينيّة أو وحي الكتب المقدّسة، بل يتمّ ذلك وحده من خلال وسائل العقل الطبيعيّة. ويعتبر بولس (رومية 1: 20) هكذا نوع من المعرفة الطبيعيّة بالله أمرًا ممكنًا. لقد قُدّمت البراهين على وجود الله في التقليد إمّا بسوقها من مصطلح الله نفسه (المذهب الانثولوجيّ للبرهان على وجود الله: أوغسطينوس (354–430)، أنسلم

كانتربري (1033–1109)، رينيه ديكارت (1596–1650)، وإمّا من خلال التعرّف إلى الله من ارتقائه على الأمور الدنيويّة النهائيّة كعلّة متسامية أولى لوجود العالم ونظامه (المذهب الفيزيائيّ للبرهان على وجود الله: أرسطو (384–322 قبل الميلاد)، توما الأكوينيّ (توفّي 1274).

ومفيد أكثر الكلام عن البرهان على وجود الله في حالة عدم فهم مصطلح البرهان بالمعنى الصارم للعلوم الطبيعيّة على أنّه تحقّق تجريبيّ. فالبنظر إلى حقيقة الله يمكن الكلام عن البرهان بالمعنى القياسيّ فقط كما يمكن لعمليّة التبرير العقليّة للعلوم الإنسانيّة تسميته بالبرهان. عندئذ ينشأ تباين كبير بين عمليّة البرهنة في جميع العلوم الأخرى والبرهان الفلسفيّ على وجود الله: كون أنّ الله كموضوع للبرهان لا يمكن مطلقًا إدراك كنهه بالفكر الإنسانيّ، فلا يمكن إذًا للبراهين على وجود الله أن تظهر بمظهر ادّعاء الحقيقة الكافية بشكل ملزم. بناء على عدم القدرة على إدراك الله يبقى الإيمان بالله حرًّا، وبالتالي يبقى للبراهين على وجود الله وظيفة توضيح أنّ الإيمان بوجود الله لا يتنافى ومبادئ العقل الإنسانيّ، أي أنّ الإيمان والعقل متجانسان.

مارتن تورنر

مواضيع ذات صلة: **الإيمان؛ الله؛ معرفة الله؛ العقل؛ الحقيقة.**

البسملة (من وجهة نظر إسلامية)

يبدأ الكثير من المسلمين كل عمل ديني أو دنيوي بذكر البسملة، حيث يقولون: »بسم الله الرحمن الرحيم«. فلقد وردت صيغة البسملة في سورة النمل في خطاب سليمان لملكة سبأ، حيث بدأ خطابه بصيغة البسملة (سورة النمل 27 الآية 30). إضافة إلى ذلك فإن كل سورة من سور القرآن تبدأ بالبسملة ما عدا سورة التوبة، التاسعة في تسلسل سور القرآن الكريم.

هناك خلاف بين علماء الدين المفسرين فيما إذا كانت صيغة البسملة جزءًا من السورة أم لا، ونرى هذا الخلاف جليًا في سورة الفاتحة، فهل تُذكر صيغة البسملة في الصلاة أم لا، وإذا ذُكِرت، هل تُتلى بصوت عالٍ، أم بصمت؟ يتم إختصار صيغة البسملة في الحياة اليومية إلى »بسم الله«. لقد حث النبي محمد على إستفتاح كل عمل ديني أو دنيوي بالبسملة، وذلك لأن البسملة تجعل ذلك العمل مباركًا من الله (انظر مسند ابن حنبل). يوجب الفقه إستنادًا إلى سورة الأنعام (سورة الأنعام 6 الآية 121) وكذلك إلى الأحاديث النبوية ذكر إسم الله كقاعدة شرعية عند تقديم الأضاحي وعند ذبح الذبائح عمومًا، لذلك فقد حُرِّم أكل كل شيء لم يُذكر إسم الله عليه.

هناك الكثير من المراجع التي أُلفت في الموروث الإسلامي والتي تتحدث عن فضل وبركة، وحكمة البسملة. فلقد كانت تُعد البسملة كدليل على التقوى عندما يفتتح المؤلف كتابه بها. لما للبسملة من فضل كبير فقد زُينت جدران المساجد، والمدارس، والأسواق والبيوت بالألواح المزخرفة بصيغة البسملة. فالبسملة تُعد من القواعد المهمة والراسخة في نفوس المسلمين، حيث يذكرها المسلمون قبل كل عمل، أو عند إغفال كل عمل، وكذلك عندما لا تجري الأمور بما تشتهيه أنفسهم. فعندما يذكر العبد المؤمن البسملة يتذكر الخالق الذي يعطيه القوة، فهي إستعانة الإنسان بقدرة الله حين يبدأ الإنسان فعل الأشياء، فبالبسملة يُعبر الإنسان عن حبه لخالقه ورجائه في أن يوفقه الله بعمله.

أنـگين أردم

مواضيع ذات صلة: **الأضحية؛ الحلال؛ الحرام.**

مصادر الحديث:

مسند ابن حنبل، باب ٢، ص ٣٦٠، رقم الحديث: ٨٦٩٧، عن أبي هريرة.

البعث والنشور (من وجهة نظر إسلامية)

المراد بيوم البعث والنشور هو إحياء الموتى ونشرهم من القبور لتجزى كل نفس بما عملت، فلقد ورد هذا اليوم في القرآن الكريم وفي عدة مواضع. فعندما يُنفخ في الصور النفخة الأولى يموت كل من في السموات والأرض إلا من شاء الله أن يبقيه، أما النفخة الثانية فهي نفخة البعث، وهي صيحة توقظ الأموات حيث يقوم جميع أهل القبور من قبورهم أحياء (سورة الانفطار 82 الآية 4؛ سورة الزمر 39 الآية 68)، ثم يحشرون بعدها إلى الحساب والجزاء (سورة يس 36 الآية 51)، وكأنهم يستبقون مسرعين إلى هدف قد نصب لهم (سورة المعارج 70 الآية 43).

لقد جاء في القرآن الكريم أن المشركين سألوا مستغربين عن الكيفية التي تُحيى بها العظام وقد أصبحت رميمًا، فأجابهم القرآن الكريم بأن الله الذي خلق هذه العظام أول مرة قادر على أن يحييها مرة أخرى وهو بكل خلق عليم (سورة يس 36 الآية 78–79)، فالله تعالى قد خلق الإنسان ولم يكُ شيئًا، فأنشأه وجعله بشرًا سويًا، ليَعْتَبِرَ بذلك ويعلم أن من أنشأه من غير شيء لا يعجز عن إحيائه بعد مماته وإيجاده بعد فنائه.

يرى المتكلمون أن الروح هو ذلك المصطلح الذي يمتزج بالجسد ويشكل منه النفس الإنسانية، فهي مرتبطة بالجسد، وبموت الإنسان وخروج الروح تنتهي كل الوظائف الروحية. ولكي يأخذ الثواب أو العقاب الإلهيان بعد الموت مفهومهما الطبيعي، يجب أن يقوم الأموات ليس فقط بأرواحهم وإنما أيضًا بأجسادهم.

إن الله تعالى قد أقسم بالقيامة على أنه قادر على إعادة خلق الإنسان، بل وأكثر من

ذلك فهو جل وعلا قادر على أن يرد يوم القيامة بنان الإنسان كما كانت وبنفس الدقة (سورة القيامة 75 الآية 4)، وهذا دليل يستدل به المتكلمون على أن قيام وبعث الإنسان سوف يكون روحًا وجسدًا.

أما الفلاسفة المسلمون فإنهم وعلى العكس من المتكلمين على قناعة بأن آية خلق بنان الإنسان هي مسألة مجازية وليس لها علاقة بالقيام الجسدي، أي أن الذين سوف يُبعثون من القبور هم الموتى أنفسهم، وأن العبد الذي سوف يُثاب، أو يُعاقب يوم الحساب هو نفس الشخص الذي عاش في الحياة الدنيا. وبغض النظر عن ذلك فإن الطريقة التي يتحدث بها الفلاسفة المسلمون عن القيام الروحي للموتى لا تنكر مسألة الثواب والعقاب ولا تتعارض معها.

شعبان علي دوزگون

مواضيع ذات صلة: **الآخرة؛ الساعة؛ الروح/النفس؛ الثواب والعقاب؛ إقامة الأموات؛ القيامة.**

بنوّة الله (من وجهة نظر مسيحيّة)

يُستخدم مصطلح بنوّة الله في العهد الجديد (رسالة يوحنّا الأولى 3: 1) وفي التقليد اللاهوتيّ المرتبط به لوصف العلاقة بين الله والإنسان والتي هي سمة مميّزة للمسيحيّة. فلقد تمّ تصوّر هذه العلاقة بناء على نموذج الارتباط بين والدٍ وأبنائه. ويمكن فهم التصوّر الكامن خلف مفهوم الأبوّة كاملًا انطلاقًا من صورة الله في يسوع وخبرة الله معه. فيسوع اكتشف في إله التقليد اليهوديّ إلهًا محبًّا وتطرّق إلى ذلك في كلمات صلاة أبانا الذي. ويتمّ التأكيد في حديث يسوع عن الأب الإلهيّ على الحميميّة والطمأنينة والرعاية والرحمة والمحبّة اللامشروطة التي يوليها أبٌ صالح لأبنائه. يعبّر يسوع في مثال الابن الضائع (لوقا 15: 11–32) عن أنّ الأب الإلهيّ يتقبّل أولاده في جماعته حتّى ولو أنّ هؤلاء قد أداروا له ظهورهم وابتعدوا عنه بطريقة جديرة باللوم، وهو يفعل ذلك لا مسامحًا فقط، بل بسعادة نابعة من داخله أيضًا. وتعكس علاقة الناس المؤمنين بالله الأب على أنّهم أطفال مفهوم الحريّة الناتجة من هذه العلاقة المسيحيّة الجديدة بالله. فالطفل متميّز أمام الراشد بأنّه لم يتأطّر بعد ضمن هيكليّات محدّدة وأنّ الباب مفتوح أمامه على عدد كبير من إمكانيّات الحياة. لقد وجد يسوع في هذا الانفتاح الحرّ للأطفال مضمونًا مركزيًا لبشارته بملكوت الله، ما قاده إلى ملاقاة الأطفال بعطف وتقدير كبيرين، وهذا أمر لم يكن معروفًا في العالم القديم (متّى 18: 1–5). وبما أنّ يسوع نفسه في الإيمان المسيحيّ هو ابن الله، فيتمّ إدراكه إذًا نموذجًا وصورة أصليّة لبنوّة الله. يتبيّن من ذلك أن بنوّة الله الممنوحة والمصرّح بها بالإيمان للمسيحيّين لا تشكّل هويّة، بل هي مشاركة في أبوّة الله ليسوع. لذا لا يعتبر وصف البشر بأبناء الله تصغيرًا،

وإنّما على العكس من ذلك ارتقاء مباشرًا بالإنسان إلى جوار الله. على الرغم من أنّ بنوّة الله مصطلحٌ أساسيّ في اللاهوت المسيحيّ، إلا أنّه تمّ التركيز عليها من قبل عدد قليل نوعًا ما من اللاهوتيّين (على سبيل المثال ميستر إكهرت (توفّي 28/1327)، ويعقوب بوهمه (1575–1624) وأويغن بيزر (1918–2014).
مارتن تورنر

مواضيع ذات صلة: **الله الآب؛ يسوع؛ الإنسان.**

تاريخ الخلاص (من وجهة نظر مسيحيّة)
يشكّل مصطلح تاريخ الخلاص عاملاً أساسيًا لوعي الإيمان (اليهوديّ – المسيحيّ) لذاته وبالتالي لصورتي الإله والإنسان المسيحيّتين، فهو يقول إنّ الوحي التوراتيّ – المسيحيّ لا يبلّغ فقط عن الجوهر المجرّد لصفات الله، بل إنّه يشهد شهودًا أساسيًّا على تجلّي الله الذاتيّ المخلّص والمحرّر في التاريخ. ولقد كان التاريخ بالنسبة إلى شعب إسرائيل القديم بعد الخليقة المكان الأبرز لظهور الله، إذ تمّت خبرة الإله التوراتيّ يهوه بشكل رئيس مرافقًا وحاميًا ودليلاً للشعب في طريقة (الخروج) من العبوديّة في مصر إلى الأرض الموعودة عبر مخاطر البحر الأحمر. ويعكس كتّاب العهد القديم سلوك الله دائمًا على ضوء التاريخ الخاصّ للشعب وبالعكس، فالمحن في التاريخ (السبي البابليّ [القرن السادس قبل الميلاد] مثلاً) تمّ تفسيرها من الأنبياء كنتيجة لعصيان الشعب لإلهه. من ناحية أخرى يسيطر الاعتقاد بأنّ الله سينتقم مستقبلاً من جميع الأعداء والقوى التي تهدّد شعبه الخاص، شعب إسرائيل. ولكن لم يُقصد فقط سلوك الشعب تجاه الله في الإطار التاريخيّ، بل علاقة البشريّة جمعاء والبشر الأفراد بالخالق. في غضون ذلك يبدأ التاريخ بخطيئة السقوط الأصليّة وطرد الزوج الإنسانيّ الأوّل من الجنّة (سفر التكوين 3: 1–24). فانطلاقًا من مصدره يعتبر التاريخ حركة نقلها الله تاريخًا علمانيًا إلى العالم. ويظهر هذا الأمر في المصائب الكثيرة التي سبّبها العديد من البشر في التاريخ، ولا تكون تاريخ خلاص إلا عندما يتجلّى الله في الزمن بطريقة تفتح الطريق أمام الإنسان للعودة إلى الجماعة مع الله. ولأنّ ذلك يمكن أن يحدث فقط بنعمة الله، فإنّه محرّم مبدئيًا على المسيحيّين تأسيس ملكوت الله بقوّتهم الذاتيّة المفترضة (من خلال الحرب المقدّسة مثلاً). لقد فُسّر تجسّد الله تاريخيًا في يسوع المسيح من قبل اللاهوت المسيحيّ تحوّلاً من تاريخ العالم إلى تاريخ الخلاص. ففي قيامة يسوع يلاحظ أن الله يخلّص الخليقة جمعاء والبشر أفرادًا على الرغم من السقوط في الخطيئة ويرغب في قيادتهم جميعًا إلى مستقبل خلاصيّ. ولأنّ الزمن الأرضي في نهائيّته يضمّ دومًا احتمال الخطيئة، فإنّ الخلاص التاريخيّ لن يكتمل إلا حين يبلغ هذا الزمن نهائيّته يوم القيامة. لهذا السبب يتضمّن المفهوم المسيحيّ

لتاريخ الخلاص ضرورة الإيمان بنهاية الزمن. لقد كان لبنية الإيمان التأليفية في ما يتعلّق بتاريخ الخلاص نتائج فلسفيّة – أنثروبولوجيّة مهمّة: فإذا كان يُنظر للإنسان على ضوء تاريخ الخلاص (الخطيئة والخلاص) فلن يعود التركيز على تحديد جوهره وما يتعيّن عليه فعله، إنّما على وجوده الشخصيّ في الحدث الزمن المنتهيّ للتاريخ.

مارتن تورنر

مواضيع ذات صلة: **النعمة؛ الخلاص.**

التأويل (من وجهة نظر إسلامية)

التأويل هو بذل الجهد في نقل ظاهر اللفظ أو النص إلى معانٍ أكثر عمقًا ودلالةً. أما في القرآن واللغة العربية فيعني مصطلح التأويل تفسير القصص والأحلام، وهذا ما ورد في الآيات 6 و21 و44 و100 من سورة يوسف 12. ووفقًا للآية 7 من سورة آل عمران 3 يعني التأويل أيضًا تفسير القرآن.

وفي العلوم الإسلامية، يستخدم مصطلح التأويل بمعنى المنهج الذي ينتهجه العلماء لفهم الوحي وتفسيره. وحتى يفهم الوحي بشكل يتوافق مع الحقيقة وإغلاق كل أبواب التفسير الفاسد، عمل المفسرون الذين يركزون في تفاسيرهم للقرآن على شرح المميزات المعجمية والبلاغية الدقيقة، على تطوير مصطلح يصف ظاهرة استعمال اللفظ بمعانٍ عدة، وهو المجاز. أما المتكلمون فقد اعتنوا بتطوير مصطلح التأويل.

يهدف التأويل إلى رد معنى النص إلى الغاية الأصلية المرادة منه. وهذا يحتاج إلى مجهود فكري لمعرفة المعنى الحقيقي الموجود وراء النص. ووفقًا لرأي الماتريدي المتوفى سنة 333/944، كان تفسير القرآن، الذي يعتبر، بحسب فهمه، في الأساس شرح المفردات، مهمة الصحابة، بينما التأويل مهمة العلماء.

يُعد تأويل الآيات القرآنية جهدًا يتجاوز حدود تفسير وتبيين المعاني الحرفية، فهي طريقة لا تلزم إلزامًا شديدًا على التفسير الحرفي للقرآن. بالإضافة إلى ذلك، يُعتبر التأويل منهجًا قويمًا لتفادي التعميم المطلق للمعاني الحرفية للكلمات. ومن أهداف التأويل أيضًا تجاوز المقارنة المعجمية المحضة، وذلك لبناء صلة بين كتب الوحي والسياقات المتنوعة. فعملية التأويل إذًا تفتح مجال الشرح للنص شرحًا قابلاً لفهم جديد. وهذا الفهم الجديد نتيجة تفاعل بين النص والمؤول. وهذا يُعَدّ الأسلوب الوحيد لفهم معاني النص على أكمل وجه.

عند التأويل، يأخذ العالم دائمًا المعرفة والثقافة والخبرة كخلفية واسعة لتفسير النص واستنباط الأحكام منه. فالعلماء على دراية بهذه الضرورة، لذلك فهم مازالوا

يهتمون بتفسير القرآن بشكل فعّال، معتمدين على معرفة مستوحاة من سياقات جديدة، وبهذا على نهج يتم الوصول به إلى تفسيرات جديدة.

شعبان علي دوزگون

مواضيع ذات صلة: **التفسير؛ عالم دين؛ قاضٍ شرعي.**

التبرير (من وجهة نظر مسيحية)

يدل مصطلح التبرير، مثل مصطلح النعمة أيضًا، على علاقة الله الكاملة بالإنسان وعلاقة الإنسان بالله. كما أنه يتضمن كافة العناصر المتضمنة أيضًا في النعمة. إلا أن التبرير يشير إلى العلاقة بين الله والإنسان بعيدًا عن النعمة في أربع نقاط أساسية متميزة.

— أولاً، يشير التبرير حصرًا إلى عمل الرحمة الإلهي في الإنسان، ولكنه لا يشير أبدًا إلى واقع نوعي داخلي في الإنسان.

— ثانيًا، يركز المصطلح على عمل الله في الإنسان الخاطئ، العمل الذي يتغلب على خطيئة الإنسان.

— ثالثًا، يتضمن مصطلح التبرير دائمًا الإشارة إلى يسوع المسيح وعمله الخلاصي، في حين أن النعمة معمول بها منذ بدء الخليقة، أي قبل المسيح أيضًا.

— رابعًا، ومن أجل ذلك فقط يرتبط مفهوم التبرير بتصور واضح لحكم قضائي بالبراءة من الخطيئة التي »لا يحسبها« الله (قارن: رسالة بولس الرسول إلى رومية 4: 8 مع سفر المزامير 32: 2).

يذكر العهد القديم حقائق التبرير ولكن دون ذكر كلمة التبرير. فالله يعترف بأن الإنسان بار يحفظ وصاياه ويتوكل عليه في كل أحداث الحياة. وفي هذا المعنى يعرف كتاب بني إسرائيل المقدس التبرير أيضًا فقط من خلال الإيمان. وخير مثال على ذلك هو ابراهيم الذي آمن بكلمة الله وحسبه الله له برًا (سفر التكوين 15: 6). وهذه وثقها بولس أيضًا (رسالة بولس الرسول إلى رومية 4: 1–25). فمن خلال ابراهيم – وتقريبًا من خلاله حصرًا – يصبح التبرير بالتوازي مع النعمة في اللاهوت المسيحي مصطلحًا محوريًا لعمل الله في الإنسان. وذلك بربطه حصريًا ومن البداية بالإيمان. لأنه، كما يذكر بولس، إنه ليس فقط الوثنيون، بل اليهود أيضًا لم يطيعوا ناموس الله وهم بالتالي وبدون أي تمييز خطأة وأعوزهم مجد الله (راجع: رسالة بولس الرسول إلى رومية 1: 18–3: 20). ولذلك ليس هناك الآن إلا طريقًا واحدًا للخلاص: الإيمان بيسوع المسيح وبدون أعمال الناموس (رسالة بولس الرسول إلى رومية 3: 21– 31). سواء كان بولس هنا يقصد بأعمال الناموس اتباع التوجيهات الأخلاقية للناموس أو مجرد أعمال العبادة الطقسية (مثل تقديم الأضاحي والتطهير والختان)، فهذه الأعمال باتت حاليًا موضوع

نقاش حيوي بين علماء الكتاب المقدس. ما لا جدال فيه هو أن بولس أيضًا يعتقد أن عمل اللـه التبريري هو صورة لحكمٍ بالبراءة في المحكمة.
وفي الكنيسة الأولى تم دمج جوهرَ تعليم بولس بتعليم النعمة المتطور، وبات الحديث حينها عن النعمة المبرِّرة. ومن خلال ترجمة كلمة dikaiosis اليونانية ، والتي تعني »التبرير«، إلى كلمة iustificatio اللاتينية (انظر: iustum facere)، أصبح هناك أساس للجدال مع لاهوت الكنائس الإصلاحية. لأن المعنى المعجمي لكلمة iustificatio هو »التبرئة«. وبربط ذلك مع الانحرافات في عقيدة النعمة في العصور الوسطى المتأخرة سنرى أن التبرير لم يعد حكمًا بالبراءة، وإنما تجديدًا نوعيًا للإنسان، مقترنًا بطلب تجديد أخلاقي (التبرر بالأعمال).
وفي هذا السياق وجد اللاهوت الإصلاحي مرة ثانية أن التبرير هو الحكم بالبراءة بدون شرط مسبق، وهو أساس علاقة جديدة بين اللـه والإنسان الذي يتبع التجديد الداخلي للإنسان إضافة إلى أعماله الصالحة، ولكن هذا الحكم ليس متطابقًا مع العلاقة الجديدة نظريًا وروحيًا. ولأن اللاهوت الكاثوليكي يدافع عن تعليم النعمة القديم الذي تمت تنقيته من سوء الفهم وسوء الاستخدام، وصل الأمر في أوائل القرن العشرين إلى الجدال بشأن التبرير الشرعي والفعال (التبرير كحكم براءة في المحكمة أو كتجديد داخلي للإنسان).
وقد اتضح اليوم بأن الإصلاح على أساس الإيمان فقط لا يعني أن يكون الاجتهاد الأخلاقي والأعمال الصالحة غير مهمة أو حتى أنها غير ضرورية. بل على العكس هي نتيجة مباشرة وعفوية للإيمان الحقيقي، وبدون هذه النتيجة لا يعتبر الإيمان على الإطلاق إيمانًا بالمعنى الكتابي والإصلاحي الكامل. وعلى العكس لا يعني التركيز الكاثوليكي على المحبة المرتبطة بالإيمان بأن الإنسان – الخاطئ – نفسه يستحق تبريره من قبل اللـه ولو جزئيًا فقط من خلال الأعمال الصالحة أيضًا. فالمحبة الفاعلة بمجملها لدى الإنسان هي حصرًا هدية من نعمة اللـه اللطيفة والفعّالة. وهكذا أمكن توقيع الإعلان المشترك بشأن عقيدة التبرير بين الاتحاد اللوثري العالمي والكنيسة الكاثوليكية بتاريخ 31 تشرين الأول / أكتوبر 1999، وجوهر هذا الإعلان تحدده العبارة التالية: على الرغم من التطور النظري والمفاهيمي المختلف لم تعد عقيدة التبرير، التي فهمها الطرفان بشكل صحيح، قضية تقسم الكنيسة.

أوتو هيرمان بيش

مواضيع ذات صلة: **النعمة؛ الناموس؛ الحركة المسكونية؛ الإصلاح الديني.**

التبليغ (من وجهة نظر إسلامية)

يعني التبليغ إيصال إشارة أو معلومة أو رسالة أو خبر أو أمر. يهدف التبليغ إلى أن يجعل معلومات متوفرة في جهة ما معروفة في الجهة الأخرى وأن يشركها فيها. هكذا بلّغ الأنبياء ما منحهم إياه الله، بواسطة الوحي، من معلومات ورسائل وأوامر وإشارات ونصائح وإيضاحات إلى أقوامهم. وهذه كانت مهمة النبي محمد الأساسية. وهذه ما أظهرته جليًا آيات قرآنية مثل الآية 40 من سورة الرعد 13 والآية 48 من سورة الشورى 42 والآية 12 من سورة التغابن 64.

ويعني التبليغ في القرآن الكريم أن النبي بلّغ الآيات التي أوحيت إليه من دون أي تعديل وأسمعها الناس في محيطه. التبليغ هو، نتيجة ذلك، المهمة الأخصّ بالنبي. وهو يبشر وينذر ويدعو إلى الحق (سورة الأحزاب 33 الآيتان 45_46). إلى جانب ذلك، على النبي دعوة الناس إلى العدل والصلاح. ولا تتماهى هذه المهمة، جوهرًا، والتبليغ. فمن أجل هذه، ينبغي أن يكون النبي ذَا علم وكفاءة وقدرة على الإقناع. وفِي القرآن: ﴿ادْعُ إِلَىٰ سَبِيلِ رَبِّكَ بِالْحِكْمَةِ وَالْمَوْعِظَةِ الْحَسَنَةِ وَجَادِلْهُم بِالَّتِي هِيَ أَحْسَنُ﴾ (سورة النحل 16 الآية 125). وتصرح هذه الآية بأنه ينبغي على النبي أن يستعمل أسلوبًا معيّنًا حين يدعو الناس إلى الحق. وبسبب الصفات التي تميزه كإنسان ونبي، فعليه توجيه الدعوة بطريقة مقنعة وفعّالة. فليس كافيًا أن ينقل النبي الآيات الموحى بها إليه من غير تحريف إلى مخاطَبيه، بل عليه أن يستخدم قدراته التواصلية بشكل فعّال، ليكون تبليغه مقنعًا. يفرّق القرآن، إذًا، بين التبليغ والدعوة.

بعد موت النبي، تابع المسلمون التبليغ. وتقارب مفهوما التبليغ والدعوة من حيث المضمون، عبر تاريخ الاسلام. هكذا يعني التبليغ الْيَوْم تعريف المسلمين وغير المسلمين بالإسلام، وإطلاعهم عليه وتقريبهم إليه.

خالص آلبيرق

مواضيع ذات صلة: **القرآن؛ موسى؛ الخطبة؛ النبوّة**

التجسّد (من وجهة نظر مسيحيّة)

إنّ التجسّد، الذي يترجم عادةً في اللغة الألمانيّة بـ صيرورة الإله بشرًا، هو مصطلح مختصر يصوّر على ضوء وجهة نظر خاصّة جميع ما يعنيه يسوع المسيح في تعاليمه وحياته وموته وقيامته إلهًا للعالم والبشر وفقًا للإيمان المسيحيّ. ويوجد أيضًا العديد من هكذا مصطلحات مختصرة لحدث المسيح، على سبيل المثال: مصالحة، تبرير، سلام مع الله وحياة في الروح القدس. إنّ مصطلح التجسّد ليس من الكتاب المقدّس، إلا أنّ العديد من نصوص الكتاب تقترب منه جدًا على شكل تعابير خصوصًا في يوحنّا 1: 14، كما في رسالة كورنثوس الثانية 5: 19 وفي

فيلبي 2: 6 وما يليها. تكمن وجهة النظر الخاصّة التي تبرز مصطلح التجسّد في شهادة الإيمان أنّ الله قد أصبح بالفعل إنسانًا، وارتبط إذًا بالعالم والبشر من دون قيود. بعد أن اعتبر بعض اللاهوتيّين المسيحيّين المنفردين في الفترة ما بين القرنين الثاني والرابع الميلاديّين وتحت تأثير الفلسفة اليونانيّة القديمة المتأخّرة أنّ التجسّد يتنافى وتسامي الله، اكتسب هذا المصطلح – حرفيًّا كما ورد في يوحنّا 1: 14 صار جسدًا – أولويّة أمام المصطلحات الرئيسة الأخرى. فأصبح المصطلح نوعًا من الاحتجاج الحادّ ضدّ الاعتراضات الفلسفيّة الهللينيّة وتمّ تبنّيه لهذا الغرض في دستور الإيمان التابع لمجمع نيقية (325) والقسطنطينيّة (381): تجسّد وتأنّس. وبعد جهود فكريّة كبيرة وجدالات عنيفة تمّ النجاح في التوصّل إلى توضيحين جوهريّين: ليس الله من أصبح بشرًا، بل الكلمة المساوية لله الآب في الجوهر، أي الأقنوم الثاني من أقانيم الله الثلاثة، هو من أصبح بشرًا. ولم يحدث هذا الأمر في شكل يمزج الإلهي بالإنسانيّ، وإنّما توحّدت في يسوع المسيح الطبيعة الإلهيّة والطبيعة الإنسانيّة غير ممتزجتين وغير منفصلتين (مجمع خلقيدونية، عام 451). وهكذا يتمّ النظر إلى التجسّد، كما يفهمه الإيمان المسيحيّ، على أنّه ليس الكلمة الأولى المستخدمة حول حدث المسيح، بل الكلمة الملأى بالتوقّع لا بالسرّ. لقد أدّى هذا الأمر بطريقة معقّدة إلى أن يعتبر لاهوت الشرق المسيحيّ التجسّد مجمل حدث الخلاص وذلك بإغفال الصليب وقيامة المسيح. ودام هذا الأمر إلى أن ظهرت العبارة الرسميّة المصوغة من بعض آباء الكنيسة: الله أصبح إنسانًا لكي يصبح الإنسان إلهًا.

أوتو هرمان بيش

مواضيع ذات صلة: **مسيحانيّة؛ خلاص؛ روح قدس؛ صليب؛ ثالوث.**

التجنيز والتكفين (من وجهة نظر إسلامية)

طبقًا للشريعة الإسلامية يجب إعداد جثمان المتوفى ضمن شعائر معينة، وهذا يشمل إغلاق العينين، وخلع الملابس، والغسل، وربط الذقن ووضع الجثمان بشكل مستقيم وحفظه في مكان بارد. وبعد عملية الغسل يتم تكفين المتوفى بقماش أبيض، ثم يُصلى عليه ويُدْفَن. يتحدث القرآن الكريم في غير موضع عن الموت ولكن لم يتم الحديث عن شعائر ومراسيم الدفن. فلقد ورد في القرآن الكريم بأن قابيل بن آدم وقف حائرًا أمام جثمان أخيه ولم يعرف ماذا يفعل، فبعث الله له غرابًا ينبش الأرض ليريه كيف يواري سوأة أخيه، وبذلك يُشير القرآن الكريم بهذه القصة إلى وجوب دفن جثمان المتوفى (سورة المائدة 5 الآية 31). ولأن الإعتقاد الإسلامي لا يرى في الموت نهاية للوجود الإنساني، وإنما بداية لحياة أبدية، وأن كرامة الإنسان فوق الموت، لذلك يتم غسل الميت، ويُعَطّرُ جثمانه بالعطور، ويوضع جثمانه في

القبر دون تابوت، وترافق هذه العملية أدعية للمتوفى، حيث يوضع الجثمان على الجهة اليمنى للجسم، ويكون باتجاه القبلة، فهذا هو المعهود في عملية الدفن في الإسلام. ولكن هناك تقاليد وأعراف تختلف من بلد إلى بلد، ومن مكان إلى مكان، وعلى الرغم من ذلك فإن عملية الغسل، والإسراع في عملية الدفن من الفرائض التي لا يختلف عليها المسلمون في كل أنحاء الأرض. أما شعائر الدفن فلقد وردت في كتب الشريعة وفي الحديث الشريف في باب الدفن.

خالد أونال

مواضيع ذات صلة: **القِبلة؛ الفرائض الدينية.**

تحقير المقدّسات (من وجهة نظر مسيحيّة)

يُعرف الكفر – التجديف – تحقير المقدّسات بأنّه عمليّة نابعة عن نيّة سيئة واعية ومقصودة لتحقير الله وشتمه وشتم اسمه وكذلك تحقير الأفكار والكلمات والأدوات التي لها اعتبار مميز في إطار قدسيّته (على سبيل المثال: الكتب المقدّسة، العبارة الإيمانيّة، الطقوس، أدوات إقامة الشعائر، الكنائس، الأسرار). وليس من المستغرب أن يكون وقع التجديف/تحقير المقدّسات في المجال اليهوديّ – المسيحيّ شديدًا، كونه يعدّ انتهاكًا للوصيّة الثانية من الوصايا العشر (سفر الخروج 20: 7: »لا تنطق باسم الرب الهك باطلا، لأن الرب لا يبريء من نطق باسمه باطلا«؛ انظر أيضًا سفر التثنية 5: 11). إنّ القوّة التدميريّة لعمليّة تحقير المقدّسات تجد أساسها في المقام الأوّل في أنّ الإنسان حين يكفر بالله لا يتغطرس فقط على إخوانه في الدين بل على الله نفسه أيضًا، وبالتالي فإنّه يقبّح بذلك نظام الخلق. والتحقير في جوهره هو نفي للنهائيّة الشخصيّة وينشأ عنه مفعول اجتماعيّ مجلجل كونه إهانة وانتهاك لمشاعر المؤمنين الدينيّة. بيدّ أنّه يجدر التفريق في السياق الاجتماعيّ تحديدًا بين النوايا التي تقف حقيقةً خلف الأقوال التي تمّ الشعور بها أنّها تجديف. فمن جهة يمكن أن يكون التقليل من شأن ديانة غريبة هو القصد، مقابل توضيح خصوصيّة الإيمان الخاصّ وعظمته بالنسبة إلى الذات من دون أن يكون الأمر موجّهًا إلى أتباع الديانة الأخرى. في هذا المفهوم ترد في العهد القديم تسمية آلهة الأديان الأخرى بـ»الأوثان« (على سبيل المثال مزمور 135: 15). ويجدر طبعًا الابتعاد عن هكذا أشكال من العرض الدينيّ الذاتي في عصر التواصل العالميّ الحديث، لأنّ الأثر الخارجي يمكن أن يساء فهمه ويؤدّي إلى عواقب وخيمة؛ خصوصًا في المجال الفنّي إذ يمكن لعناصر تجديفية أن تدفع الإنسان المتديّن إلى إعادة التفكير بمضامين إيمانه التي أضحت روتينيّة أو إلى فهم الاستعمالات المسيئة للديانة على أنّها الديانة، وبهذا المفهوم يصبح تحقير المقدّسات إطارًا مشروعًا للنقد الدينيّ. ولا يجوز تبرير أشكال محقّرة للمقدّسات

يؤدّي استخدامها بشكل مسبق إلى إهانة الناس المؤمنين. ويطرح السؤال نفسه هنا حول طريقة ردّة فعل المؤمن المسيحيّ تجاه هذا النوع السلبيّ من تحقير المقدّسات. حسب المثال الأعلى المتمثّل في يسوع الذي تمّ اتهامه بالتجديف في سياق فهمه لنفسه أنّه المسيح (مرقس 14: 60–65) لا يجب الردّ مطلقًا على التهجّمات التجديفيّة وإنّما مواجهتها بمحبّة الأعداء (متى 5: 44). لذلك، وكما ورد في العهد القديم، إنّ عقاب تحقير المقدّسات المحتمل هو من حقّ الله وحده.

مارتن تورنر

مواضيع ذات صلة: **الأوثان/عبادة الأوثان؛ نقد الدين.**

تحقير المعتقدات والمقدسات (من وجهة نظر إسلامية)

إزدراء الأديان هو الإنتقاص من القيم، والمعتقدات، والرموز الدينية. فلقد ذكر القرآن الكريم والأحاديث النبوية مواقف تم فيها الطعن في الدين والتجاوز على الذات الإلهية (سورة النساء 4 الآية 46؛ سورة الأنعام 6 الآية 108). ورد في كتابات الفقهاء والمتكلمين مصطلح إزدراء الأديان في ثلاثة معان وهي: أولاً: إزدراء الوقت، أي لعنة القضاء والقدر الذي قسمه الله للإنسان، ثانيًا: إهانة رُسل الله تعالى، وأخيرًا الإنتقاص من صحابة النبي. لقد حث القرآن الكريم المؤمنين على عدم سب المشُرِكين وآلهتهم لكيلا يسبوا الله بغير علم (سورة النساء 6 الآية 108). يتضمن سب الأديان والإزدراء منها ومن شخصياتها ورموزها إستخدام الألفاظ، أو إقتراف الأعمال التي تنتقص منها ومن قيمها الدينية. يُعتبر ازدراء القرآن، والتوراة، والإنجيل، أو الكتب السماوية الأخرى، وكذلك الإنتقاص من الأنبياء، وعدم توقيرهم والحط من قدرهم علامة على عدم الإيمان.

أما فيما يخص الإنتقاص الذي لا يهدف إلى الإهانة بعينها وإنما يهدف إلى إبراز عبارة فلسفية أو أدبية، كعمل مقارنة ما، أو لضرب الأمثال والحكم، أو لنظم قصيدة، فإن ذلك لا يُعد إزدراء أو إنتقاصًا، وعلى الرغم من ذلك يُزجر ذلك الشخص ويُؤنب. عندما يتم تحليل مواقف المدارس الفقهية الإسلامية فيما يخص إزدراء الأديان، نجد أن هناك آراء متباينة حول الشخص الذي اقترف عملية الإزدراء، فيما إذا كان مسلمًا أو غير مسلم. فبعض العلماء يعدون المسلم الذي قام بعملية الإزدراء مرتدّاً وخارجاً من الملة. والبعض الآخر يرون أن توبة الإنسان الذي لم يمس الذات الإلهية مقبولة، أما توبة الإنسان الذي إنتقص من الذات الإلهية وارتد عن الملة فلن تُقبل أبداً. وهناك علماء آخرون يرون أن الله يقبل التوبة عن الإنسان بغض النظر عن الذنب الذي اقترفه طالما أنه أبدى الندامة على فعلته وأعلن توبته. أما إذا كان الشخص الذي قام بالإنتقاص من القيم الدينية غير مسلم،

فتُعتبر فعلته جنحة ولا يسري عليه ما يسري على المسلم، ولا توجد لكلتا الحالتين أية أحكام في القرآن الكريم.
لا يرى المذهب الحنفي الإزدراء والمس بالذات الإلهية على أنه جنحة يمكن تثبيت عقوبتها بشكل واضح، ولذلك تبقى مسألة الحكم متعلقة برأي وقياس القاضي الذي يتولى تلك القضية، فإذا ما كرر شخص ما عملية الإنتقاص والمس بالذات الإلهية، أو رفض إعلان توبته وندمه فإن القاضي يحكم عليه بعقوبة الإعدام. فعلى سبيل المثال يقول البزازي (المتوفى عام 827/1424) وهو أحد فقهاء الحنفية بأن الله تعالى يقبل التوبة من أولئك الذين تجاوزوا الحد في الذات الإلهية، ولكنه لا يقبل توبة من انتقص من نبيه، وعليه يرى البزازي بأن تجاوز الحد في الذات الإلهية ذنب تُقبل توبته، أما من يسب النبي فإنه يتحتم قتله حدًا ولا تقبل توبته قضاء. يميل المذهب الحنفي عمومًا إلى إمكانية التكفير عن كل أنواع الذنوب من خلال التوبة والندم. ومع الأسف الشديد فلقد تم، وبسبب فتوى البزازي، اعتبار الكثير من المفكرين الذين تبنوا آراء دينية مخالفة للمعهود ملحدين، وألحق بهم أشد العذاب.
أما المذهب الشافعي فإنه يرى، انطلاقا من الحقيقة التي تقر بعدم وجود أية عقوبة في القرآن تلزم الحد على من يتجاوز على الذات الإلهية، بأن الناس الذين لا يعتنقون الإسلام ويعيشون في دول مسلمة تنطبق عليهم البنود الواردة في معاهدة الحماية الموقعة معهم.
أما اليوم فيجب أن نرى موضوع إزدراء الأديان والإنتقاص من القيم والرموز الدينية ضمن إطار حقوق الإنسان. إضافة إلى ذلك يجب علينا أن نحترم في عالمنا الحديث وبشكل مبدئي معتقدات الآخرين. وبالمقابل يجب على كل فرد يُنتقص ويُزدرى من دينه أو من قيمه ورموزه الدينية أن يتصرف تجاه ذلك بشكل عقلاني دون أن يُقابل المثل بالمثل، حيث ينتقص من أديان الآخرين ويهين معتقداتهم، وألا يلجأ إلى العنف أو إلى أي تصرف عدواني.

شعبان علي دوزگون

مواضيع ذات صلة: **التكفير؛ الإنكار؛ الإعتراف بالخطيئة؛ إقتراف الخطيئة.**

التحوّل لدين آخر (من وجهة نظر مسيحية)
المقصود بالتحوّل لدين آخر هو توجّه شخص بشكل واع إلى جماعة دينية أخرى أو التحوّل من طائفة لأخرى أو من مذهب مسيحي لآخر. إن إمكانية التحوّل لدين آخر تعتبر إحدى تجليات حقوق الإنسان في الحرية الدينية ويجب احترامه كحق فردي. وبناء عليه يجب رفض حالات التحوّل القسري لدين آخر والتي حدثت عبر التاريخ لدى كافة الجماعات الدينية تقريبًا.

تعود جذور تغيير الدين إلى بدايات تاريخ الكنيسة. فبينما كان المسيحيون لا يزالون في البداية يُعتبرون بشكل مؤقت جماعة يهودية، تم بعدها بوقت قصير الاعتراف بهم كجماعة دينية مستقلة. ومثال على ذلك، يمكن النظر لبولس كمتحوّل من اليهودية إلى المسيحية بعد أن آمن بيسوع المسيح (انظر: أعمال الرسل 9 ورسالة بولس الرسول إلى غلاطية 1). والكنيسة الأولى جمعت أتباعها فقط من خلال تغييرهم لدينهم، لأن الكنيسة المسيحية لم تكن قادرة بعد على النمو بشكل بديهي تبعًا لأصول العائلات المسيحية. ومع بداية الاختلافات الطائفية في المسيحية باتت هناك إمكانية تغيير المعمّدين كنيستهم والتحوّل إلى كنيسة أخرى.

أما تحوّل غير المعمّدين إلى المسيحية فهو مرتبط دومًا باستقبالهم ليتورجيًا – كنسيًا بأحد الأسرار المقدسة، أي الاحتفال بسرّ المعمودية. كما يتم تحوّل شخص معمّد من طائفة مسيحية إلى أخرى بشكل منتظم في إطار صلوات طقسية، وإن لزم الأمر يتم ضمن احتفال يتخلله قبول أسرار مقدسة (مثل: سرّ الميرون وسرّ الأفخارستيا أو تناول القربان المقدس).

إن تحوّل المعمّد إلى طائفة دينية غير مسيحية لا يلغي معموديته بحسب وجهة النظر المسيحية، أي أن المتحوّل عن المسيحية يبقى سرّيًا عضوًا في الكنيسة. ومع أن تحوّلاً كهذا تحترمه الكنيسة لأسباب تتعلق بشريعة الطبيعة، إلا أن هذا لا يعني استبعاد الكنيسة الرد عليه بعقوبات روحية، من خلالها تلفت انتباه المتحوّل إلى أن ابتعاده عن الكنيسة والإيمان المسيحي سيجعله عضوًا خارجًا عن الكنيسة. إن انضمام المعمّد إلى طائفة دينية غير مسيحية يعني الارتداد وهذا ينطوي على عقوبة الحرم من الكنيسة. كما أن التحوّل من طائفة مسيحية إلى أخرى يمكن أن يؤدي أيضًا إلى سلسلة من العقوبات. فالكنيسة الكاثوليكية مثلاً تعتبر التحوّل من الطائفة الكاثوليكية إلى الإنجيلية انشقاقًا (وهرطقة)، وينتهي أيضًا بالحرم من الكنيسة.

في البلدان التي يكون فيها الانتماء الديني والطائفي للمواطن مهمًا ومسجلاً وفقًا لقانون الدولة (كما في ألمانيا مثلاً)، يتم توثيق التحوّلات الدينية في معظم الحالات بشكل قانوني أيضًا.

شتيفان هيرينغ

مواضيع ذات صلة: **حقوق الإنسان؛ الحرية الدينية؛ السر المقدس؛ المعمودية.**

التحوّل الديني (من وجهة نظر إسلامية)

ينقسم التحول الديني في الموروث الإسلامي إلى اعتناق الإسلام أو ما يُسمى بالإهتداء، أو الرجوع عن الإسلام، أو ما يُسَمَّى بالردة: فاعتناق الإسلام يعني دخول الإنسان في دين الإسلام، حيث يعلن الشهادتين غير مكره أو مجبر.

للتحول الديني علاقة جوهرية بحرية العقيدة: فإذا كانت هناك حرية للإنسان في اعتناق دين ما، فيجب أن تكون له الحرية أيضًا في ترك هذا الدين. ولو أننا ألقينا نظرة على التجارب التاريخية لوجدنا أنه ليس هناك أي دين قد تقبل في يوم ما الخروج عنه واعتناق دين آخر. توجد في الموروث الإسلامي أحكام وعقوبات في حد الردّة قد تصل إلى عقوبة القتل، ومن الجدير بالذكر أنّ أسباب إقامة الحدّ في مسألة الردة هي سياسية أكثر من كونها دينية، وذلك لأن القرآن لا يرى لمن ارتدّ عن الإسلام عقابًا دنيويًا؛ بل أن الذي يرتدّ عن الإسلام سيكون عقابه في الآخرة (سورة البقرة 2 الآية 217؛ سورة آل عمران 3 الآية 86–90؛ سورة النساء 4 الآية 137).

يعطي الإسلام في مسائل العقيدة وزنًا لإرادة الإنسان ويعطيه الحرية مع تذكيره بعواقب الآخرة، والدليل على ذلك ما جاء في الآية القرآنية التالية: ﴿وَقُلِ الحَقُّ مِن رَّبِّكُم فَمَن شَاءَ فَليُؤمِن وَّمَن شَاءَ فَليَكفُر﴾ (سورة الكهف 18 الآية 29). ولقد ورد في الحديث عن ابن عباس فيما رواه عن النبي محمد أنه قال: »كانت المرأة من نساء الأنصار تكون مقلاة فتجعل على نفسها، إن عاش لها ولد، أن تهوّده، فلما أجليت النضير كان فيهم من أبناء الأنصار فقالوا لا ندع أبناءنا فأنزل الله ﴿لَا اِكرَاهَ فِى الدِّينِ﴾ (سورة البقرة 2 الآية 256) (أنظر سنن أبي داود؛ والطبري).

لقد ورد في القرآن أن الله قد أمر النبي محمدًا صراحة بعدم ممارسة الضغط وإجبار الناس على دخول الإسلام، لأنه ليس عليهم بمسلّط، ولا بمسيطر يحملهم على ما يريد (سورة ق 50 الآية 45؛ سورة الغاشية 88 الآية 22). وأمر الله نبيه أيضًا أن يدعو الناس بالحكمة والموعظة الحسنة: ﴿اُدعُ اِلى سَبِيلِ رَبِّكَ بِالحِكمَةِ وَالمَوعِظَةِ الحَسَنَةِ﴾ (سورة النحل 16 الآية 125)، وكذلك أمر المسلمين بتبني نفس التصرف، أي المجادلة بالجميل من القول (سورة العنكبوت 29 الآية 46). وطِبقًا لهذا المبدأ، فإن النبي لم يعاقب أحدًا من المرتدين (أنظر مسند الإمام أحمد بن حنبل). ترى أغلبية المسلمين أن عقوبة المرتد في الإسلام بيد الله وحده، ولا يحق لإنسان أن ينزل العقاب بإنسان آخر (أنظر سنن أبي داود). ولهذا فإن الناس لا يستطيعون فقط أن يعتنقوا في حياتهم أديانًا مختلفة فحسب، وإنما يستطيعون أيضا رفض الإيمان بتلك الأديان. فهذا الإختيار مرهون فقط بالقناعات الشخصية. وعلى الرغم من اتخاذ الفقهاء عمومًا موقفًا يرى أنّ من ترك الإسلام قد سلك الطريق الخطأ، إلا أنهم، مع ذلك، يوافقون، وبشكل مبدئي، على عدم التدخل في شؤون الآخرين، وأن ذلك يدخل ضمن نطاق مسؤولية الفرد. رغم هذا فإن بعض الدول الإسلامية اليوم لا تعترف بهذا المبدأ.

إسماعيل حقي أونال

مواضيع ذات صلة: **الإلحاد؛ إنكار وجود الله؛ الآخرة؛ الإنكار؛ حرية الأديان.**

مصادر الحديث:

1. سنن أبي داود، كتاب الجهاد، باب 126 في الأسير يُكْرَه على الإسلام، رقم الحديث 2682، عن ابن عباس.
2. الطبري، جامع البيان، باب 4، ص 546.
3. مسند الإمام أحمد بن حنبل، باب 2، ص 452، رقم الحديث 9832، عن أبي هريرة.
4. سنن أبي داود، كتاب الحدود، باب 1 الحكم فيمن ارتد، رقم الحديث 4358، عن ابن عباس.

التربية الدينيّة (من وجهة نظر مسيحيّة)

التربية الدينيّة هي تمرير الإيمان الخاصّ إلى الأولاد والشباب لترقية تطوّرهم الديني. وتجري التربية الدينيّة حياتيًا في عمليّات التعليم الطبيعيّة، إذ إنّ القواعد الأساسيّة لها توضع في العائلة والرعيّة والبيئة المحيطة وتطال، في كونها مرافقة للشباب، جميع مجالات التنشئة الاجتماعية ذات الطابع اللغويّ والثقافيّ والاجتماعيّ. يختبر الأولاد والشباب المبادئ الأساسيّة لإيمانهم عن طريق عمليّات تعليم غير موجّهة في عيشهم المشترك للإيمان وفي أشكال الأعياد المشتركة والتطبيق الدينيّ. في الوقت نفسه تشكّل الجماعات الدينيّة دائمًا جزءًا من المحيط الاجتماعيّ والسياسيّ والثقافيّ فهي تقف في تفاعل مستمرّ مع محيطها بشكل تتضمّن فيه أشكالُ التوجّه الدينيّ المتوفّرة طبيعيًّا مفاهيمَ موروثةً أيضًا في ما يتعلّق بإدراك المحيط وتقويم نظرتها إلى العالم.

من جهة أخرى إنّ التربية الدينيّة هي مهمّة يتولاّها معلّمون مدرّبون ومربّون، أئمّة ورجال دين محترفون عاملون في المؤسّسات العامّة والدينيّة والحكوميّة مع مراعاة التكوين الدينيّ في حضانات الأطفال والمدارس وفي العمل مع الشباب والراشدين.

هذه المرحلة من التربية الدينيّة يقرّرها مربّون محترفين ينتمون مبدئيًّا إلى الطائفة الدينيّة نفسها، وتتجاوز مهمّتهم إسداء التوجيهات الدينيّة وتتقرّر بمفاهيم تؤدّي إلى التكوين الدينيّ للشباب. بمقتضى ذلك تتعرّض التربية الدينيّة المحترفة والممارَسة إلى جوانب اكتشاف الذات في المجتمع الحديث، أنتروبولوجيّة ونفسيّة وثقافيّة معلّلة. بالإضافة إلى ذلك تتعرّض هذه التربية إلى حقول مهمّة للتعلّم مدى الحياة.

لا يمكن أن تقتصر التربية الدينيّة في المجتمعات الحديثة على الجماعة الدينية الخاصّة، وإنما عليها الاعتناء بنظرة تتخطّى الحدود الدينيّة والاجتماعيّة والثقافيّة، وهذا ليس لإقناع شباب الديانة الواحدة فقط، بل لتحقّق اعترافًا بها جماعةً دينيّةً في المحيط المشترك. بالنظر إلى التحوّل الراهن الحاصل في نظرة الإنسان إلى العالم ومكانة الرجل والمرأة في الشراكة والعائلة، تطرح التربية الدينيّة مواضيع جوهريّة وجديدة كذلك حول التوجّه الدينيّ. ويتطلّب هذا الأفق

الواسع مفاهيم مشيّدة على الحوار وتعدّد التخصّصات تتعلّق بالتكوين والتدريب الإرتقائي للمربّين الدينيّين في جميع الأديان.

بيتر غراف

مواضيع ذات صلة: **العائلة؛ الرعيّة.**

التربية الدينية التقليدية (من وجهة نظر إسلامية)

يتضمن مصطلح التربية الدينية التقليدية مفهومًا يقر بأن خط سير التربية بأجمعه ذو طابع ديني، حيث تؤثر مضامين القيم الدينية ومفاهيمها شكلاً وموضوعًا وبشكل تدريجي بمضامين وأهداف المحاضرة، وكذلك بطرائق ومعايير تقييم التربويين، إضافة إلى مكان المحاضرة ومادتها التعليمية، ناهيك عن التصورات الخاصة بالمحاضرة الجيدة والتربية الحسنة تحت مراعات خصوصيات المعلمين والتلاميذ. تقوم التربية عمومًا على وعي التربية الدينية، أما وقائع، وظواهر، ومواضيع الدين فإنها تُفسَّر طبقًا لرؤية النصوص المقدسة. هناك بعض التربويين الدينيين الذين يتبنون في مجال التربية الدينية التقليدية مذاهب تربوية مختلفة، فعلى سبيل المثال يرفض البعض منهم كل شكل تربوي لا يتطابق والنصوص الدينية المقدسة، بينما يميل البعض الآخر إلى الاستفادة من التطورات العلمية. وكيفما يكن فإن كلا الفريقين متفقان على العناصر المبدئية للتربية الدينية.

لقد كانت هناك أزمنة في العالم الإسلامي اعتمدت التربية فيها فقط على الدين، حيث رأت التربية في تلك الأزمنة في القراءة والكتابة في كل مرحلة من مراحل التعليم، وفي مضامين المواد التعليمية ذات الطابع الديني هدفًا دينيًا ترنو للوصول إليه، حيث لعبت المدارس الدينية في هذا المجال دورًا حاسمًا. يشكل القرآن الكريم في الإسلام ينبوع التربية، والثقافة الدينية، فهو يمثل للمسلمين النقطة الجوهرية لاعتقادهم الديني، ولأسلوب حياتهم. فالمسلمون يقرؤون القرآن ويتدارسونه، ويفهمونه، ويتدبرون معانيه، فهم بذلك يختارون سبيل حياتهم القويم. توجد التربية الدينية التقليدية في المساجد، والمدارس الدينية، وما شابهها من المؤسسات. لذلك فمن الأهمية بمكان أن يكون المعلم عارفًا بالقرآن والسُّنة وأن يتمتع بقدرات على التدريس. إن هدف التربية الإسلامية هو استخدام التربية التي سنها النبي محمد في تربية وإنشاء الإنسان الصالح، وكما جاء في القرآن والسُّنة النبوية ﴿المؤمنون الذين يؤمنون بالله ويعبدوه، ويعملون الصالحات﴾.

رجائي دوغان

مواضيع ذات صلة: **مؤسسات التربية والتعليم الدينية؛ الشهادة.**

ترجمة الأسفار المقدسة (من وجهة نظر مسيحية)
بدأت ترجمة العهد القديم من اللغة العبرية إلى لغات أخرى في اليهودية قبل بداية تقويمنا المسيحي. فقد تمت ترجمة أسفار الكتاب المقدس العبرية إلى اللغة اليونانية (الترجمة السبعينية) وإلى اللغة الآرامية (תרגום ترجوميم أي »ترجمات«). والمسيحيون فعلوا الأمر ذاته مع أقوال يسوع التي ترجموها إلى اليونانية وليس إلى العبرية أو الآرامية. فالعهد الجديد بأكمله موجود باللغة اليونانية فقط. ويقتبس الكتاب المقدس العبري (مسيحيًا: العهد القديم) من الترجمة اليونانية (السبعينية). وسرعان ما أضيفت ترجمات أخرى: إلى اللغة القوطية (ترجمة أولفيلاس للكتاب المقدس) والسريانية والقبطية والإثيوبية والأرمنية والجورجية واللاتينية (ترجمة فيتوس لاتينا Vetus Letina »اللاتينية القديمة« وترجمة Vulgata فولغاتا). وفي مطلع العصر الحديث كانت هنالك ترجمات أخرى ساهمت جزئيًا بشكل كبير في توحيد اللغة القومية للدول المعنية، كترجمة مارتن لوثر للكتاب المقدس في ألمانيا عام 1534 مثلاً أو ترجمة الملك جيمس في إنكلترا عام 1611. لم يُترجَم أي كتاب آخر في العالم بقدر ما تُرجم الكتاب المقدس. إذ كانت هناك ولا تزال حتى الآن ترجمات جديدة، كما في ألمانيا مثلاً ترجمة العهد القديم لليهود لمارتن بوبر وفرانتس روزنتسفايغ خلال السنوات 1926–1938، والترجمة الموحدة خلال السنوات 1962–1980، وترجمة »الكتاب المقدس بلغة عادلة« خلال السنوات 2001–2006.
حاليًا وعلى أساس الترجمات الأولى زمنيًا يعيد البحث العلمي دراسة النسخ الأصلية التي كانت في متناول المترجمين، إذ إنه من الممكن على هذا الأساس التحقق من أخطاء في النقل من نسخ المخطوطات الأصلية.

بيتر أنتس

مواضيع ذات صلة: **العهد القديم؛ الكتاب المقدس.**

ترجمة القرآن (من وجهة نظر إسلامية)
تُرجم القرآن الذي أنزل باللغة العربية إلى لغات أخرى مع مرور الزمن. وكانت ضرورة الترجمة قد أثيرت خلال حياة محمد، حيث سُمح في قصة مشهورة لصحابي من أصول غير عربية، وهو سلمان الفارسي المتوفى سنة 36/656، أن يترجم سورة الفاتحة إلى اللغة الفارسية. أما النقاش حول جواز ترجمة القرآن إلى لغة أخرى فقد أثير أساسًا في الوقت الذي بدأ فيه ظهور المذاهب الفقهية. ونجد في هذا الموضوع رأيين سائدين: مجموعة من الفقهاء التي ترى أن ترجمة القرآن ضرورة حتمية، أما المجموعة الأخرى فترى أن القرآن غير قابل للترجمة بسبب أسلوبه المعجز وصبغته الأدبية المتميزة. ومع هذا الإختلاف، نجد عمليًا أن القرآن

ترجم إلى لغات أخرى. كما يروى أن القرآن تمّت ترجمته لأول مرة سنة 745 بعد الميلاد إلى اللغة البربرية وتوجد رواية أخرى تكشف عن ترجمة تعود إلى سنة 884/883 بعد الميلاد. أما الترجمة الأولى التي وصلت إلينا فهي تلك التي أنجزت بأمر من منصور بن نوح المتوفى سنة 796 بعد الميلاد، وهو أمير فارسي حكم الدولة السامانية. وفي الوقت الراهن توجد نسخة من هذه الترجمة في المكتبة السليمانية باسطنبول. وهناك أيضًا نسخة أخرى في المكتبة الحكومية والجامعية بولاية ساكسونيا. أما الترجمة الأولى الى اللغة التركية فقد ظهرت، كما هو معروف، في مطلع القرن الحادي عشر. وتعود أول ترجمة إلى لغة اوروبية، وهي اللاتينية، إلى سنة 1143 بعد الميلاد والتي لم يقع نسخها إلا في سنة 1543 بعد الميلاد. وبناءً على هذه النسخة تمت ترجمة القرآن إلى اللغة الإيطالية، وبعدها إلى اللغة الألمانية. كما يروى أن مارتن لوثر المتوفى سنة 1546 بعد الميلاد ترجم القرآن عن اللغة اللاتينية. أما الترجمة الأولى إلى اللغة الألمانية التي ترجمت مباشرةً من اللغة العربية من قبل دافيد فريدريش ماغرلين فكانت تحت عنوان »الكتاب المقدس التركي«. بعد ذلك تُرجم القرآن إلى عدة لغات أخرى.

وقد أثير الجدال حول قابلية ترجمة القرآن مرة أخرى في القرن التاسع عشر بعد الميلاد وبقي ضاريًا خلال القرن العشرين بعد الميلاد. وكان هذا النقاش حاضرًا خصوصًا في تركيا بالتوازي مع عملية إدخال اللغة التركية في العبادات والشعائر. في هذا السياق، كُلِّف محمد عاكف أرصوي المتوفى سنة 1936 بعد الميلاد على خلفية قرار برلمان وزارة الشؤون الدينية بترجمة القرآن إلى اللغة التركية، وبعدها بقليل نقلت هذه المهمة إلى محمد حمدي يازر المتوفى سنة 1942. وقد وُصفت ترجمته بالدلالية، لأنه كان يرى أن ترجمة القرآن إلى لغة أخرى يؤدي إلى ضياع المعاني، ولهذا اهتم بإضافة عبارة »ترجمة دلالية« في المواضع التي تعرضت لنقصان أو ضياع لغوي، وذلك لتغطية تقصيره في عملية الترجمة. هذه الطريقة أصبحت نموذجًا يحتذى به بدرجة أنها استخدمت في الترجمات اللاحقة إلى اللغة التركية. وهكذا يتضح أن كل ترجمة للقرآن قائمة على فهم ذاتي للمترجم، لذلك يمكن القول أن كل ترجمة هي في نفس الوقت تفسير.

خالص آلبيرق

مواضيع ذات صلة: **الكتب المقدسة؛ القرآن.**

التسامح (من وجهة نظر مسيحية)

التسامح هو الاعتراف النظري والعملي أو احترام الاختلاف مع شخص آخر، وبالتالي هو عكس التمييز أو الاضطهاد. وعلى الرغم من أن التسامح يشمل كافة مجالات الحياة (الانتماء العرقي، التقاليد الثقافية، أنماط حياة معينة، إلخ...)،

تطورت فكرة التسامح مع بدايات القرن الثالث قبل الميلاد أصلاً من مشكلة التنوع الديني. ورغم أن المسيحية نفسها كانت في بداياتها مستندة إلى مراسيم تسامح من الأباطرة الرومان (غاليريوس، عام 311، وليسينوس، عام 313)، اتسم تاريخ الكنيسة (أو الكنائس) بالتعصب إلى حدٍ بعيد. بدءًا من تجربة الانقسامات الطائفية واكتشاف شعوب كثيرة غير مسيحية في بداية العصر الحديث، وكذلك مواجهة الكنيسة (أو الكنائس) مع عصر التنوير والتعددية الدينية وحتى الوقت الحاضر، كل ذلك أدى إلى بداية اعتماد المسيحية الإيجابي لفكرة التسامح، ما بات يتناسب مع الاعتراف بحرية الاعتقاد. وكانت لرفض المسيحيين للتسامح أسباب تتعلق بالسلطة السياسية وكذلك أسباب أيديولوجية، إذ غالبًا ما كانت كل كنيسة مسيحية تعتبر نفسها الديانة المثالية والوحيدة التي تمتلك الحقيقة. ولكن مبدأ ادعاء الحقيقة لا يستبعد من الناحية اللاهوتية التسامح، بل بالأحرى يشترط وجوده، لأن الحقيقة لا يُبحث عنها ويقبلها إلا المواطن الحر. ومع أن كلمة »تسامح« لا وجود لها في أسفار الكتاب المقدس، إلا أنها متضمنة في وصية يسوع في محبة القريب. إذًا، رغم أن التسامح يتوافق مع المبادئ الأساسية للإيمان المسيحي، لا يزال هناك إلى يومنا هذا خلل في التطبيق العملي للتسامح في المجتمعات المسيحية، لا سيما فيما يتعلق بالإسلام والمواطنين المسلمين (كقضية بناء المساجد في مدن أوروبية مثلاً). كما تظهر حدود التسامح أيضًا وفقًا للفهم المسيحي، عندما يتسم الاختلاف بحد ذاته بالتعصب أو عند تقييد حرية إنسان آخر. ولا يمكن التسامح مع التعصب، كما أنه لا يجوز الإساءة من خلال التسامح لكرامة الإنسان وحقوقه.

مارتن تورنر

مواضيع ذات صلة: **ادعاء الحقيقة المطلقة؛ الاندماج؛ الإسلام؛ الإسلاموفوبيا؛ محبة القريب؛ الثيوقراطية.**

التسامح (من وجهة نظر إسلامية)

يحمل مصطلح التسامح وفقًا للمفهوم الإسلامي معنيين: المعنى الأول هو التمتع بموقف التفهم في الحياة اليومية، وبهذا يكون معنى التسامح التساهل والتعاطف والتغافل عن الأخطاء الصغيرة والعفو عنها ونبذ الكراهية والعنف، وهذا ما جاء في الآية 109 من سورة البقرة 2، والآية 13 من سورة المائدة 5، والآية 22 من سورة النور 24، والآية 89 من سورة الزخرف 43، والآية 14 من سورة التغابن 64. أما اليوم فلا يحمل مصطلح التسامح معنى تحمّل الآخر فحسب، بل يشمل أيضًا جواز الإختلاف ضمن إطار محدد والإعتراف بالأديان الأخرى وطقوسها واحترامها، ومكافحة التمييز ضد الأقليات.

يمثل الله منبع التسامح في الأديان التوحيدية التي تهدف في مبادئها إلى زرع الحب والرحمة والحنان في قلوب الناس. فالقرآن مثلاً يبين أن الخالق قادر على أن يجعل جميع الناس مؤمنين لو شاء. لهذا فإن إكراه الناس على اعتناق الدين ليس من المهمات التي أُرسل من أجلها الأنبياء، وهذا ما أشارت إليه الآية 99 من سورة يونس 10. ونجد في القرآن أيضًا أن الله جعل لكل واحد شرعةً ومنهاجًا، ولو أراد الله لجعل جميع البشر أمةً واحدةً، وهذا ما ذكر في الآية 48 من سورة المائدة 5. وبهذا يشير القرآن إلى أن الإنسان جُبل على أن تكون له وجهات نظر مختلفة حول الدين. حتى أن هناك عمليات إكراه وإجبار تم استنكارها من الآية 4 إلى الآية 9 من سورة البروج 85، وتذكر الآيات أن عملية الإكراه مورست في الماضي ضد طوائف دينية أخرى، أما المسلمون فقد كشف تاريخهم أنهم كانوا أساسًا متسامحين تجاه أتباع الأديان الأخرى، وهو ما يتماشى مع معاني الآيات القرآنية وأحاديث وسنة محمد. من جهة أخرى، ظهرت تصرفات تعصبية من قبل بعض الجماعات المسلمة، مستمرة إلى العصر الحديث، تتناقض مع المفهوم الشامل للتسامح في الدين الإسلامي، وهو ما أدى إلى سوء فهم هذا المصطلح. ويعود هذا أيضًا إلى وجود جماعات متطرفة تفسر مصادر الدين، وتحديدًا الآيات القرآنية والأحاديث المتعلقة بالحرب، منفصلة عن سياقها، وترمي هذه التفسيرات إلى تحقيق مصالح سياسية شخصية.

يخبر القرآن أن محمدًا كان يعامل من حوله بلين وتسامح، وهذا ما أشارت إليه الآية 159 من سورة آل عمران 3، كما كان يسعى دائمًا طوال ثلاثة وعشرين سنة، أي أثناء نبوته، الى معاملة أتباع الأديان الأخرى بتسامح.

وما يمكن أن يشار إليه أن محمدًا سمح في صحيفة المدينة بسنّ قانون يخول اليهود ممارسة معتقداتهم وطقوسهم بحرية. والجدير بالذكر أيضًا أن محمدًا سمح لمسحيين من نجران أن يُصلوا في المسجد، وهذا ما أشارت إليه رواية ابن سعد.

أما بالنسبة للنزاعات التي مورس فيها العنف ضد يهود المدينة، وكان قد عاشها محمد، فهي راجعة خصوصًا إلى أسباب سياسية وليست لها علاقة بدوافع طائفية أو دينية بشكل مباشر. رغم هذا، مازال الكثير من العمل مطلوبًا للوصول إلى درجة التسامح التي يطالب بها الإسلام.

اسماعيل حقي أونال

مواضيع ذات صلة: **صحيفة المدينة؛ الحوار بين الأديان؛ الأقلية الدينية؛ محبة القريب.**

مصادر الحديث:

ابن سعد، الجزء 1، صفحة 268

السرخسي، المبسوط، الجزء 1، صفحة 37.

التصوّف (من وجهة نظر مسيحية)

التصوّف هو ذلك المسار التحرري إلى بُعدٍ لا يمكن فهمه بالكلمات، ولكنه يطغى عاطفيًا بشكل كامل على الإنسان. لذلك لا يرتبط التصوّف بديانة معيّنة ولا بالدين بشكل عام. وبالرجوع إلى مكوناتٍ من الفلسفة الأفلاطونية (الجديدة) وضع ديونيسيوس الأريوباغي المتحول [المنتحل لاسم ديونيسيوس، تلميذ بولس الرسول (أعمال الرسل 17: 34)] في نهاية القرن الخامس وبداية السادس الميلاديين لاهوتًا تصوفيًا باطنيًا بقي ملزمًا لتراث التصوّف المسيحي. ولأن المسيحية تؤمن بأن اللـه محبة وتفهم اللـه المطلق بالمقام الأول بشكل عاطفي، كانت دائمًا مرتبطة منذ بداياتها ارتباطًا قويًا بتجارب وطرق تفكير تصوفية. وأهم ما جاء فيها كان التفسير التصوّفي لتجسد المسيح تاريخيًا. فقد فسّر أغسطينوس (354–430) الوحي المسيحي بأنه تجربة تنويرية داخلية. وتحدث الفيلسوف وعالم اللاهوت الألماني مايستر إكهارت (1260 تقريبًا – 1327 تقريبًا) عن ولادة اللـه في أعماق النفس البشرية. كما ركّز الفيلسوف والمتصوف الألماني ياكوب بومه (1575–1624) على البعد التصوفي للخلق والتجسد. وفي سياق تاريخ التصوّف المسيحي كثيرًا ما نشبت صراعات بين المتصوف وتقاليد الكنيسة ومؤسساتها. أهم سمات جزء كبير من التصوّف المسيحي تكمن في أن وظيفة أية مرجعية ناقدة في الحكم على تجربة تصوّفية ما تعزى للعقلانية الفلسفية.

مارتن تورنر

مواضيع ذات صلة: **المحبة؛ التصوّف؛ الفلسفة المسيحية؛ العقلانية؛ التقليد.**

التصوف (من وجهة نظر إسلامية)

تشتق كلمة التصوف المستخدمة في العلوم الصوفية الإسلامية من الكلمة العربية الصوف، وهذا يعني أن التصوف يدل في الأصل على لبس ثياب مصنوعة من الصوف. وفي الحقيقة كثرت الأقوال في اشتقاق التصوف من مصادر مختلفة. إلا أن جميع هذه الدلالات الإشتقاقية لا تشرح علاقة المصطلح بجذر الكلمة.

وبما أن لبس الصوف كان علامة على الزهد في عهد محمد وبعده يظهر القول في الإشتقاق المذكور أعلاه مقنعًا. وأول من حمل إسم الصوفي هو أبو هاشم الكوفي المتوفي سنة 150/767.

تتبع الصوفية في التقاليد الإسلامية منهجًا آخر مقارنة بالفلسفة وعلم الكلام، وذلك فيما يخص مسألة الوجود والمعرفة والأخلاق. فأهل التصوف يرون أن الوجود هو وحدة مطلقة. أما الوجود المتعدد فهو ناتج عن خداع الحواس. ولإمكانية فهم الواقع فهمًا سليمًا تعطي الصوفية أهمية خاصة للحدس والتجربة في العلاقة بين اللـه والإنسان، فالتصوف يهدف إلى تثبيت علاقة حية بين اللـه والإنسان في كل لحظة

وذلك باستخدام نموذج الإنسان الكامل الذي هو بدوره مرتكز على سُنّة محمد كمثال يُقتدى به.
ترتكز الصوفيّة على القرآن والسُنّة ولكنها تعتمد أيضًا على مصادر أخرى للمعرفة تتجاوز الوحي والعقل كالكشف والإلهام وتعد هذه المعرفة الكشفية والإلهامية غير مطلقة إلا أنها يمكن الإعتماد عليها في حال عدم مناقضتها لمبادىء الأساسية للدين.
يُعتبر الشرط الأساسي للتقرب إلى الله والتوحد معه هو تطهير النفس وتخليصها من حب الدنيا والشهوات وهذا يمكن الوصول إليه عن طريق عملية تعليمية تزود المتعلم بمعارف تفيد النفس والجسد والعقل والخلق.
الهدف الأول للمتصوف هو الخوض في تجربة حب الله، أما كل علاقة حب دنيوية أو اهتمامات في الدنيا فيجب أن تمهد الطريق لتحقيق هذا الهدف، فكما أن الإنسان يمكن أن يصاب بمرض جسدي، فهو متعرض أيضا لضيق عقلي.
لذا فإن التصوف يهدف إلى تحويل رذائل الإنسان إلى فضائل بواسطة الرجوع إلى التربية الباطنية. ويصف أهل التصوف هذه العملية بتشكل خصال الإنسان عن طريق التعرف على الخصال الالهية لذا فإن المتصوف هو شخص يسير على هذا الدرب آملاً أن يصل إلى مرحلة النضج الأخلاقي وفي نفس الوقت يسعى المتصوف للقيام بأعمال يبرهن فيها عن أهمية البعد الديني في الحب.
ونتيجة لهذا الإعتقاد الذي يرى أن الله خلق كل شيء في شكل جميل فإن المتصوف يحاول أن يتأمل الحسن والجميل في كل المخلوقات ولهذا فهو يبذل مجهودًا يسلك به طريقًا يحقق له أقصى درجات السعادة في الحياة، كما أدى وضع الفكر الصوفي الجانب الباطني في المقام الأول إلى إعطاء الصفات العقلية والخلقية أكثر إهتمامًا من الشكل الظاهري وفي الوقت الراهن يوجد في العالم الإسلامي طرق مختلفة في التصوف مما جعلها فرعًا خاصًا من فروع العلوم التي تُدرّس في الجامعات الدينية التركية.

اللجنة

مواضيع ذات صلة: **معرفة الله؛ المحبة في الفكر الصوفي؛ النشوة الصوفية؛ طريق التصوف؛ المعجزة.**

التضامن (من وجهة نظر إسلامية)
يُقصَد بالتضامن التعاون المتبادل والتآزر في مجتمع يعتمد أفراده بعضهم على البعض الآخر. وقد جاءت فريضة الزكاة مقرونة في مواضع كثيرة من القرآن مع فريضة الصلاة، بل هناك أيضًا آيات تحث على إخراج الصدقات، فضلاً عن أداء الزكاة، ومساعدة المحتاجين، بدايةً بالفقراء ذوي القربى والعُيل المقيمين في مناطق قريبة، وهذا ما أشارت إليه الآيات التالية: سورة البقرة 2 الآيات 110 و177

و277 وسورة النحل 16 الآية 90 وسورة الإسراء 17 الآية 26 وسورة المؤمنون 23 الآية 4 وسورة الروم 30 الآيات 38 و39. تعد فريضة الزكاة فريضة إلهية وركنًا من أركان الدين الخمسة, ما لا يجعلها عبادةً اختياريةً، تقوم على قرارت فردية. في هذا كله مؤشر لأهمية التضامن في الإسلام.

وفقًا لرواية من صحيح البخاري، عد محمد الأنانية من الصفات المذمومة وفي صحيح مسلم يذكر أنه قد دعا إلى تأدية الزكاة ونبذ الكراهية والعدوان والحسد. كما توضح أحاديث أخرى متعلقة بهذه المسألة أن محمدًا وسع مفهوم الصدقة الذي لا يقتصر على إعطاء الفقير الغني المال فحسب، بل لتشمل أيضًا مجموعةً كبيرةً من المعاملات الإنسانية، نذكر منها على سبيل المثال الكلام الحسن ومقابلة الناس بالإبتسامة. ويمكن أن نقرأ جوهر التضامن في الحديث النبوي التالي: »لا يؤمن أحدكم حتى يحب لأخيه ما يحب لنفسه« (رواه البخاري)، أما المثال الملموس عن التضامن الإجتماعي فيظهر من خلال سلوك المسلمين في المدينة، وتحديدًا الأنصار الذين احتضنوا المهاجرين من مكة سنة 622 بعد الميلاد وقدموا لهم كل الدعم والمساعدة.

وفي السياق نفسه، يؤكد الإسلام بشكل خاص على ضرورة تقديم يد العون والمساعدة بأسلوب لا يمس كرامة وشرف المستفيد. كما يذكر محمد من جهة أخرى أن المسلم مسؤول أمام الله عن عمله تجاه غير المسلمين، وفي الحديث الآتي الذي رواه أبو داود يتبين أن قتل غير المسلم، الذمي، الذي يمثل جزءًا من المجتمع الإسلامي جريمة عقابها النار: »من قتل معاهدًا في غير كنهه، حرم الله عليه الجنة«. وبهذا يكون النبي قد وضَّح أن التعايش السلمي مع أتباع الديانات الأخرى في المجتمع من الأمور التي يمكن أن تتحقق. وفي الوقت الراهن أصبح التضامن في المجتمعات الإسلامية من الأمور التي تؤدّى نوعًا ما بالتعاون مع المؤسسات الحكومية والخاصة.

إسماعيل حقي أُونال

مواضيع ذات صلة: **الصدقة؛ الملكية؛ المجتمع؛ الأقلية الدينية؛ محبة القريب؛ الزكاة.**

مصادر الحديث:

صحيح البخاري، كتاب الأدب، باب 61 الكبر، رقم 6071، عن حارث ابن وهب.

صحيح مسلم، كتاب البر والصلة، باب 23 النهي عن التحاسد...، رقم 6526، عن بن أنس مالك.

صحيح البخاري، كتاب الإيمان، باب 7 من الإيمان...، رقم 13، عن بن أنس مالك.

سنن أبو داود، كتاب الجهاد، باب 165 في الوفاء...، رقم 2760، عن أبي بكر.

التطوّر (من وجهة نظر مسيحيّة)

تتكوّن الفكرة المركزيّة لنظريّة التطوّر من أنّ أنواع الكائنات الحيّة المختلفة لم تكن في البداية على الحالة التي هي عليها اليوم، بل هي تطوّرت خلال فترة زمنيّة طويلة جدًا وانتصبت في خطّ نسب مشترك. وقد قام تشارلز داروين (1809–1882) وألفرد راسل والاس (1823–1913) في القرن التاسع عشر باكتشاف الآليات والتغيّر أي الطفرة كما الاصطفاء الطبيعيّ التي إليها كلّها تستند عمليّة التطوّر. فوفق هذه النظريّة تطوّرت الأنواع من كائنات حيّة بسيطة عبر تغيّرات متتابعة بسيطة تمّ توريثها للذريّات اللاحقة وأدّت بفعل ضغط التأقلم مع المحيط (البقاء للأقوى) إلى نشوء أشكال أكثر تعقيدًا وصولاً إلى تعدّدية الأنواع في الوقت الحاضر. وقد وضعت كذلك نظريّة التطوّر منذ البداية نصب عينيها ضمّ نشوء الإنسان إليها، وتمّ في القرن العشرين التأكيد على النظريّة واستكمالها من خلال استنتاجات علم الوراثة وعلم الأحياء الجزيئيّ، ومنذ ذلك الحين »ليس هناك معنى في علم الأحياء إلا على ضوء التطوّر« كما يقول ثيودوسيوس دوبجانسكي (1900–1975). في أثناء ذلك تمّ تطوير نماذج إيضاحيّة لنشوء أوّل الخلايا القادرة على التكاثر أي الجزيئيّات الضخمة. ولقد فرضت فكرة التطوّر نفسها خارج إطار علم الإحياء مبدأ إيضاحيًّا ناجحًا، إذ تمّ تطبيقها على تطوّر الكون في المرحلة السابقة للحياة كما على تطوّر الثقافات. وبالتالي أصبح التطوّر مصطلحًا أساسيًّا لتفسير العالم بطريقة علميّة، لم يعد الواقع يُفهم وفقه على أنّه حجم ثابت لا يتغيّر، بل عمليّة ديناميكيّة مكوّنة من نشوء وفناء دائمين. وبقيت النتائج الفلسفيّة والعقائديّة النابعة من نظريّة التطوّر موضع جدال كما في السابق، فمن بين القضايا نوقشت قضية مدى توافق نظريّة التطوّر مع نظريّات الخلق الإلهيّة. فالمشكلة الأساسيّة في النقاش لا تكمن في تعارض نظريّة التطوّر مع الإيمان بإله خالق، وخصوصًا إذا ما تمّت مراعاة السياق التاريخيّ للنشوء الواردة في أخبار الخلق في الكتاب المقدّس أي النظر إليه تاريخيًّا. ولهذا السبب يفترض عدد كبير من المسيحيّين حتى الآن أنّ هناك توافقًا بين نظريّة التطوّر والاعتقاد بعمليّة الخلق. فالمشكلة الأساسيّة تكمن بالأحرى في أنّ نظريّة التطوّر تجعل الإيمان بالله أمرًا يُستغنى عنه لأنّها قادرة على تبرير نشوء الحياة وتنوّعها وتعقيداتها بشكل ناجح على قاعدة طبيعيّة صرفة من دون الرجوع إلى علل متعالية وفوق طبيعيّة. ويندرج تحت نقاط الجدال أيضًا إلى أي مدى يمكن تطبيق أصناف نظريّة التطوّر وأبحاث السلوك على السلوك الإنسانيّ والثقافة الإنسانيّة ونقلها إليهما (الداروينيّة الاجتماعيّة، علم الأحياء الاجتماعي).

آرمين كراينر

مواضيع ذات صلة: **نظريّة الخلق؛ خلق/خليقة.**

التطور (من وجهة نظر إسلامية)
لقد كان التساؤل الذي يهتم بالكيفية التي خلق الله بها الكون وما فيه من المخلوقات دائمًا محط اهتمام للعلماء المسلمين. فيرى مثلاً جابر بن حيان (ت. 200/815)، والنظّام (ت. 835 / 221، أو عام 845 / 231)، والجاحظ (ت. 869 / 255)، والبيروني (ت.443/1051)، وابن طفيل (ت. 581/1185) بأن الكون وما فيه من المخلوقات تم خلقه بصورة تدريجية.
ساد في الإسلام اتجاهان يوضحان نظرية التطور؛ أما الإتجاه الأول فإنه يرى بأن المخلوقات بجميع أنواعها وتعقيداتها قد نشأت على شكل تطور متسلسل. فتُعد مثلاً الطحالب، ومحار اللؤلؤ، والمرجان من الأحياء التي تمر بالمراحل الإنتقالية الأولى، فهي أحياء تنتقل من طور الموت إلى طور الحياة. أما النباتات التي تنتقل في أطوارها من الطور النباتي إلى الطور الحيواني فهي أشجار النخيل بأنواعها كنخيل التمر. أما القردة فقد كانت تُعد نوعًا انتقاليًا بين الحيوان والإنسان، وهذه النظرية الأخيرة ارتضاها الجاحظ والبيروني على وجه الخصوص. وأما المنهج الثاني فإنه يرى بأنه تم في البداية خلق نوع رئيسي لكل مخلوق من المخلوقات، حيث تطورت عنه وبشكل تدريجي كل الرتب التصنيفية الثانوية، وبحسب هذا الإتجاه ليس هناك مرحلة انتقالية بين الأنواع، وهذا ما عرضه ابن طفيل في مؤلفه حي بن يقظان. لقد وصف الجاحظ في كتاب الحيوان، والبيروني في كتاب الجماهر في معرفة الجواهر والذي يتحدث عن الأحجار الكريمة، الأسباب التي تُدعى اليوم بنظرية التطور، كتأثير البيئة المادية، والصراع من أجل البقاء، والتكيف مع البيئة الحياتية التي تُأثر بالنظام الإنتقائي الطبيعي. أما البيروني فإنه يرى بأن الإنسان يستطيع أن يؤثر هو أيضًا بالنظام الانتقائي الطبيعي، ومنذ ذلك الحين أطلق العلماء المسلمون على نظرية التطور مصطلحات مختلفة مثلاً: »الحكمة التي تظهر مرة تلو الأخرى«، أو »التكميل«.
لقد وصلت تصورات النشوئيين المسلمين إلى الغرب في القرنين السادس عشر والسابع عشر عن طريق التراجم التي أثرت بالمفكرين هناك. حيث نجد أولى تلك التأثيرات في أفكار نظرية التطور عند لامارك (1744–1892)، وبوفون (1707–1788) اللذين يُعتبران من رواد نظرية التطور التي وضع أسسها الحديثة فيما بعد كل من داروين (1809–1882)، وفالاس (1823–1913). بعد أن وصلت أفكار داروين إلى العالم الإسلامي في القرن التاسع عشر، بدأ العلماء المسلمون ينقسمون إلى مؤيد ومعارض لهذه النظرية. فكان جمال الدين الأفغاني (1838–1897) من أول المعارضين المسلمين لهذه النظرية. وحتى يومنا هذا يرى بعض العلماء المسلمين أن النظرية الدارونية ما هي إلا إلحاد ومادية، حيث تقوم المادة نفسها بتحديد وجودها وصيرورتها. فهؤلاء المعارضون يؤمنون بأن نظرية التطور تلغي وجود الله كخالق لهذا الكون.

هناك جماعات دينية وتيارات تقليدية في تركيا تعمل جنبًا إلى جنب مع مؤسسات في الولايات المتحدة الأمريكية على دحض النظرية الدارونية وتدافع عن الخلقية والتصميم الذكي. على العكس من ذلك يرى علماء كبار كمحمد حمدي يازير (1878–1942)، وعمر نصوحي بيلمن (1882–1971) بأنه ليس هناك تضاد أو تناقض بين الفكرة الدارونية والاعتقاد الإسلامي.

محمد بيرق دار

التعاليم الدينية والقانون المدني (من وجهة نظر مسيحية)

في الدولة الدستورية العلمانية ينظم مبدأ حرية الاعتقاد والضمير العلاقة بين الدين والدولة. وفي دولة محايدة دينيًا وعقائديًا يسود القانون بشرعيته العامة من حيث المبدأ على المعايير الأخرى من خلال تنظيم العلاقة قانونيًا بين رعايا هذه الدولة. وأولوية القانون راسخة على تلك المعايير المرتكزة على مصادر دينية أو فلسفية، هي في تاريخ العالم الغربي نتيجة للصراعات الدينية (العنيفة أحيانًا)، والتي تركت أثرها مع بداية العصر الحديث على الذاكرة الثقافية والسياسية. ففي المجتمع الحديث والتعددي دينيًا وفلسفيًا لا يشترك أفراد الدولة برأي واحد بخصوص السؤال عن الطريق المؤدية إلى الخلاص، وعن وجود الله، وماهيّة التعاليم الفلسفية الصحيحة، وكلٌّ منها يسهم في التعايش المجتمعي. عندما تكون الدولة محدَّدة بجماعة أو وجهة نظر دينية معينة، حينها سيكون النظام السياسي نفسه مصدرًا لصراعات متواصلة. وعندها لن يكون بإمكان الدولة القيام بمهمتها الحقيقية المتمثلة في ضمان السلم الداخلي. لذلك تكون قضايا الخلاص (الديني) في الدولة العلمانية منفصلة عن تلك المتعلقة بالسيادة السياسية. ويكون اختصاص الدولة بالأمور الدنيوية كالسلام والأمن والقانون، وليس بالأمور السماوية؛ فقضايا الدين والحقيقة تُترك في إطار حرية المواطنين.

إن حرية الاعتقاد والضمير تعني في أشمل معانيها حرية المرء في قدرته على تحديد ما يؤمن بأنه صحيح، وإن كان يؤمن أساسًا، وبماذا يؤمن، وكيف يمارس إيمانه بمفرده، أو ضمن جماعة مع آخرين، ويحدد نمط حياته وفقًا لتعاليم دينية. ومن خلال ذلك تعترف الدولة أيضًا بكرامة الإنسان القادر بجوهره الذاتي على اتخاذ القرارات الأخلاقية وتحمل مسؤوليتها أمام ضميره، سواء كانت هذه القرارات الضميرية مستندة على الدين أو مصادر صنع القرار الأخرى. كما أن الدولة تحترم أيضًا إمكانية تطور القرار الضميري – في ظروف معينة – إلى إجبار إلزامي على الامتثال لمعايير دينية تتناقض مع معايير الدولة. لا تدخل التعاليم الدينية والقانون المدني عادةً في الدولة العلمانية في صراع، لأن القانون المدني والتعاليم الدينية تركز على مواضيع مختلفة: فلا الدولة العلمانية تفرض

دستور إيمان معين، ولا تعلن مسؤوليتها عن قضايا دينية بحتة، كتحديد شكل طقوس العبادة أو التعليم الديني مثلاً. ولكن بما أن الدولة من جهة أخرى تطالب بشكل عام بالامتثال للقانون المدني، قد يصل الأمر بخلاف ذلك إلى صدام، عندما تكون التعاليم الدينية مستندة على سلوك المؤمنين الظاهري الذي ينظمه القانون أيضًا، صراعٌ لا يمكن حله إلا على حساب قانون الدولة أو على حساب التعاليم الدينية. وفي النظام القانوني لجمهورية ألمانيا الاتحادية يحظى التشريع الديني بمكانة بارزة مقابل قوانين الدولة، لدرجة أنه يتضمن تأكيدًا على الإعفاء من الالتزام بالامتثال لقانون الدولة كحق دستوري: تنص المادة 4 (المعطّلة حاليًا) من الفقرة 3 في القانون الأساسي [الدستور الألماني] على أنه يمكن الامتناع عن أداء الخدمة العسكرية لأسباب تتعلق بحرية الاعتقاد والضمير. إلا أنه وكإجراء تعويضي فُرض على رافضي أداء الخدمة العسكرية خدمة بديلة تزيد عن المدة الزمنية للخدمة العسكرية. وموضع الخلاف هنا هو مدى شرعية انتهاك أو تقييد الحقوق الأساسية الأخرى كنتيجة للاستناد إلى التعاليم الدينية. فقد ألغت المحكمة الدستورية الاتحادية في إحدى القضايا إدانة جنائية لزوج رفض نقل الدم في المستشفى لإحدى زوجاته لإنقاذ حياتها – وكانت الزوجة قد رفضت نقل الدم إليها لأسباب دينية مصرّحةً بذلك أيضًا وهي بكامل قواها العقلية.

وفي حال الاعتراف باستثناءات مبرَّرة دينيًا فيما يتعلق بالامتثال للقانون المدني فعلى الدولة أخذ مبدأ المساواة بعين الاعتبار: فعندما يُسمح مثلاً بوجود استثناءات لقانون حماية الحيوان ليتسنى ذبح الحيوانات بدون تخدير لأسباب دينية (ذبح »الشحيطه« في اليهودية)، حينها لن يكون هذا الاستثناء فقط من حق الجزارين اليهود وحدهم، بل والمسلمين أيضًا.

عندما يحدث التصادم بين التعاليم الدينية والقانون المدني تحظى أحكام القضاء بأهمية خاصة، وغالبًا ما يكون لها في هذه القضايا الكلمة الفصل. ويظهر هذا جليًا في قضية الملابس ذات الدلالة الدينية في المدارس، القضية التي نوقشت بشكل مكثف في ألمانيا، ألا وهي قضية غطاء رأس المعلمات المسلمات. طُرح هنا على طاولة البحث العديد من المبادئ الدستورية التي واجهت حالة من التوتر وكان على الدولة خلق توازن لها بين حرية الاعتقاد الإيجابية للمعلمات اللواتي يرغبن بارتداء غطاء للرأس حتى أثناء التدريس في المدرسة، فهذا بالنسبة لهن يمثّل معيارًا دينيًا ملزِمًا وبالتالي فإن أي حظر حكومي لغطاء الرأس سيكون بالنسبة لهن بمثابة منعهن من ممارسة مهنتهن، هذا من جهة؛ ومن جهة أخرى حرية الاعتقاد السلبية للتلاميذ والتلميذات وحق التربية لأوليائهم الذين يمكنهم أن يصرّوا على وجوب قيام الدولة بوظيفتها التربوية بشكلٍ يتوافق مع مبدأ الحياد الديني والأيديولوجي. وقد أكدت المحكمة الدستورية الاتحادية على أنه بموجب القانون الأساسي [الدستور] لا يجب فهم الحياد الديني والأيديولوجي بمعنى الفصل

الصارم بين الكنيسة والدولة، »وإنما باعتباره موقفًا منفتحًا وشاملاً يدعم حرية الاعتقاد لكافة الطوائف«. (المحكمة الدستورية الألمانية، BvR 1436/02 2).
ولم تحدد المحكمة الدستورية في حكمها المتعلق بغطاء الرأس (لعام 2003) بنفسها حجم الدلالات الدينية المسموح بها في المدرسة بشكل تفصيلي، وخاصةً البت باعتبار السلام المدرسي مصابًا بالخلل، بل تركت تحديد ذلك، بناءً على السيادة الثقافية للولايات، لبرلمانات الولايات المسؤولة عن تحديد حجم الدلالات الدينية المسموح بها في قانون كل ولاية على حدة. ونتيجة لذلك انتهى الحكم إلى خليط من التشريعات الاتحادية المختلفة. وفي حكمها الأخير المتعلق بغطاء الرأس (لعام 2015) بشأن قانون المدارس في ولاية شمال الراين ويستفاليا – والذي نص على حظر صارم على ارتداء غطاء الرأس -، لكنها اعتبرت في الوقت ذاته الرموز المسيحية واليهودية مسموحًا بها، حكمت المحكمة الدستورية الاتحادية بأن الحظر الشامل لا يمكن توافقه مع حرية الاعتقاد لدى المعلمة، لأن ارتداء غطاء للرأس باعتباره أداء واجب ديني يمكن حظره فقط في حال تهديد ملموس (وليس مجرد تهديد معنوي) للسلام المدرسي أو لحياد الدولة (BvR 471/10 1).
كما تُعتبر المعاملة غير المتساوية للدلالات الدينية انتهاكًا مخالفًا للدستور وضد القانون الأساسي المتعلق بالمساواة.
إجمالاً يمكن القول إن النظام الدستوري لجمهورية ألمانيا الاتحادية بمبدئه العلماني والصديق للأديان في الوقت نفسه، أي مبدأ حياد الدولة دينيًا وأيديولوجيًا، يتيح – أيضًا في مجتمع أصبح متعدِّدًا دينيًا – خلق توازن بين القانون العلماني في الدولة الديمقراطية ومطالبات بشرعنة تعاليم دينية في المجتمع. ومن المناسب أن نتحدث عن هذا المبدأ كفصل تحرري بين الدين والدولة.

تينه شتاين

مواضيع ذات صلة: **الممارسة الدينية؛ خدمة الصلاة.**

تعدّد الآلهة (من وجهة نظر مسيحية)
يشير تعدّد الآلهة إلى الاعتقاد الديني بوجود العديد من الآلهة. ومن الأشكال الخاصة لتعدد الآلهة وما لها من تيارات متداخلة مع بعضها هناك الهينوثية »Henotheism« (وهي عبادة إله أعلى على رأس عدة آلهة أخرى) وكذلك المونولاترية »Monolatrism« (عبادة إله واحد دون إنكار وجود آلهة أخرى).
الهينوثية والمونولاترية تصبان جزئيًا في الوحدانية أو عبادة الإله الواحد »Monotheism«، وذلك عندما يُعتبر على سبيل المثال الإله الأعلى خالقًا للآلهة الأخرى، وأن هذه الآلهة عبارة عن مظاهر لخصائص الإله الأعلى وقدراته المختلفة، أو عندما يتم إنكار وجود آلهة أخرى خلال عبادة الإله الواحد.

بالمقابل يمكن أن تصب أشكال معينة من الوحدانية في الواحدية »Monism« أو وحدة الوجود »Pantheism«، وذلك عندما يُنظر مثلاً إلى الإله الواحد كمبدأ للواقع بأكمله. لذلك لا يمكن دائمًا الفصل بشكل واضح بين هذه الأنواع المذكورة للإيمان باللـه في الواقع المعاش للأديان. كما لا يمكن البت بوضوح في مسألة التصنيف التاريخي لتعدد الآلهة باعتباره مثلاً شكلاً محرّفًا لفكرةٍ وحدانية أصيلة (فيلهلم شميت، 1868–1954) أو العكس، أي اعتبار تعدد الآلهة الشكل الأصلي للدين (دايفد هيوم، 1711–1776).

إن فهم اللـه في الكتاب المقدس العبري كان في البداية مونولاتريًا، وكان انتقاد بعض الأنبياء (مثل إيليا أو هوشع) موجهًا ضد عبادة بني إسرائيل الطقسية لآلهة أخرى. وتحوّل هذا الفهم في فترة السبي البابلي (خلال القرن السادس قبل الميلاد) إلى الوحدانية. ومنذ تلك الفترة فصاعدًا تعرضت عبادة العديد من الآلهة لرفضٍ جدلي كعبادة باطلة (مثل عبادة الأصنام والأوثان)، وهو الأمر الذي استمر في العهد الجديد أيضًا (انظر مثلاً: رسالة بولس الرسول إلى رومية 1: 23). ومع ذلك لا يزال هناك تأثير لبعض السمات العملية لتعدد الآلهة متمثلة بشكل الإيمان بالملائكة وإبليس والشياطين أو في بعض جوانب تكريم القديسين. كما أنه كثيرًا ما تعرّض تعليم الثالوث المسيحي للنقد من وجهة النظر اليهودية والإسلامية باعتباره انتكاسة وعودة إلى تعدد الآلهة.

تحوّل التعارض الجدلي بين تعدد الآلهة والوحدانية منذ عصر التنوير جزئيًا إلى النقيض، بحيث أصبح التسامح يُعزى الآن لتعدد الآلهة، ويعزى للوحدانية بالمقابل الميل للتعصب والعنف الديني. ولكن هذه التناقضات الأيديولوجية غالبًا ما تخطئ في تقديرها لتعقيدات أسباب التعصب أو التسامح الدينيين وكذلك للتيارات المتداخلة لمفهوم اللـه في الديانة الحية. ويمكن البرهان على ذلك فلسفيًا ولاهوتيًا بأن الحقيقة الإلهية لا بد أن تكون لأسباب منطقية حقيقة وحيدة عندما تتجاوز أي شيء آخر (تسمو عليه). إلا أن هذا التفرّد أو هذه الوحدانية لا تُفهم من الناحية العددية، بل بمعنى تميّزٍ يسمح لمجموعة متنوعة من التمثيلات الموافقة أو الرمزية، طالما أنه لا يتم الخلطُ بين الرمز الممثل مع ما يرمز إليه.

بيري شميت لويكل

مواضيع ذات صلة: **اللـه؛ الوثنية؛ الوحدانية؛ الرمز؛ السمو/التفوق؛ الثالوث.**

تعدّد الزوجات (من وجهة نظر مسيحية)

المقصود بتعدّد الزوجات عمومًا هو ذلك النوع من الزواج الذي يمكن معه لرجل أن تكون لديه أكثر من زوجة في آن واحد وكذلك أن يكون لامرأة أكثر من زوج في الوقت ذاته. هناك في الكتاب المقدس حالتان خاصتان فقط لتعدد الزوجات، وهما

موجودتان فقط في العهد القديم: تعدد الزوجات المتعاقبة في حالة الطلاق (سفر تثنية الاشتراع 24: 1–4) أو في حالة وفاة الزوجة وكذلك تعدد الزوجات المتزامن الذي يمكّن الرجل الزواج بأكثر من زوجة في الوقت ذاته من أجل ضمان إنجاب الأطفال (سفر التكوين 16، 29). وتشريع تعدد الزوجات هذا في العهد القديم والذي يروى في حالة ابراهيم فقط لم تتبناه المسيحية على الإطلاق. ورفض تعدد الزوجات نجده مرتبطًا ارتباطًا وثيقًا بإدخال مفهوم التوحيد في فترة لاحقة في العهد القديم. فالعهد بين اللـه الواحد مع شعبه المختار إسرائيل تم عرضه رمزيًا في صورة الزواج، وهذا أدى بشكل غير مباشر إلى الربط بين تعدد الزوجات وتعدد الآلهة الذي تجب محاربته. وبخلاف شعب إسرائيل القديم كان يُنظر في المسيحية منذ بداياتها إلى الزواج الأحادي على أنه شكل الزواج الوحيد المتوافق مع تعاليم يسوع. ووفقًا للعقيدة المسيحية تتناقض فكرة تعدد الزوجات مع الموافقة الضرورية والكاملة للزوج أو الزوجة ومع وجود الحب الشخصي المتبادل والمتكامل كما دعا إليه يسوع في العلاقة بين الرجل والمرأة (الإنجيل بحسب متى 19: 3–12). ولكن بما أن أي شكل من أشكال الزواج يدين بوجوده ليس فقط للأوضاع الدينية الأخلاقية بل والاجتماعية والاقتصادية أيضًا، كالحاجة مثلاً إلى أيدي عاملة في الأسرة أو أهمية إنجاب الأطفال، يجب ألا يتم رفض تعدد الزوجات ببساطة مفرطة، بل يجب في الوقت نفسه إعداد هياكل اجتماعية واقتصادية تتيح للجنسين العيش معًا في زواج وحيد أساسه الحب بين شخصين وإخلاصهما المتبادل.

هانز غونتر غروبر

مواضيع ذات صلة: **الزواج؛ الأسرة؛ المرأة؛ الزوجة؛ المحبة، الحياة الجنسية.**

تعدد الزوجات (من وجهة نظر إسلامية)

تعدد الزوجات هو أن يتزوج الرجل أكثر من زوجة في وقت واحد، أما التعدد للمرأة فهو غير جائز. كان تعدد الزوجات منتشرًا في المجتمع العربي وهذا ما كانت عليه الحضارات السالفة، إلا أنه لا توجد آية في القرآن توصي بتعدد الزوجات أو تحفز عليه، حتى أن الآية 3 من سورة النساء 4 التي تتخذ أصلاً في تشريع التعدد، تهدف لحماية حقوق البنات اليتامى.

ومع ذلك استطاعت فكرة التعدد أن تكون لها الصلاحية على المستوى القانوني بين المسلمين منذ بداية التاريخ الإسلامي إلى الوقت الحالي، والسبب يعود إلى التفسيرات البعيدة عن معاني القرآن، ويظهر هذا على سبيل المثال في التطبيق العملي في المجتمع المسلم، وهو أن التعدد يمارس نسبيًا بحرية ودون الرجوع إلى الشروط التي وضعها القرآن، وللتوضيح أن تعدد الزوجات لا يمثل جزءًا إضافيًا يندرج ضمن العبادات التعاملية، تتم مرارًا وتكرارًا محاولات استخراج حكم التعدد

من كل حالة على حدة، ورغم ذلك تعد هذه المسألة من المسائل غير المجمع عليها، مما أدى إلى غياب ممارسة تطبيقية موحدة لها، فكيفية تعدد الزوجات تتغير بتغير المجتمع والمنطقة، ففي بعض البلدان كتركيا وتونس حصل إلغاء التعدد قانونيًا، وفي بعض البلدان الأخرى كسوريا ولبنان ومصر تفرض قيود مهمة فيما يخص التعدد وهو الإقرار في وثيقة بالحالة الإجتماعية يتم مراجعتها من المحكمة أو تسليم إقرار من جهة المرأة.

يرى أغلب المسلمين سواء في الماضي أو الحاضر أن الزواج الأحادي هو الزواج المشروع. صحيح أن الكثير من الطبقات الإجتماعية المسلمة تؤيد أيضًا تعدد الزوجات من المنظور الديني والفقهي، إلا أن الأشكال والهياكل الثقافية والإجتماعية تبقى رافضةً لتعدد الزوجات، ومن الأسباب التي أدت إلى تقييد ممارسة تعدد الزوجات هي الموانع القانونية والإجتماعية والإقتصادية، ففي ماليزيا مثلاً: تتم ممارسة التعدد من النخبة الحاكمة، فهو يعتبر من الأمور الكمالية، هذه الممارسة تظهر أيضًا عند النخب في الريف. وعلى خلاف الفرضية المشهورة يُعد تعدد الزوجات في جنوب إفريقيا من الممارسات النادرة، أما في الدول العربية، وبالتحديد في منطقة الخليج، فإن نسبة انتشار تعدد الزوجات عالية بالمقارنة مع بلدان أخرى. وفي الوقت الراهن يبقى تعدد الزوجات من القضايا التي تثير نقاشات حادة في إطار النقاشات التقليدية والحداثوية والنسائية والعلمانية.

إحسان توكر

مواضيع ذات صلة: **الزواج؛ الأسرة؛ الجنس.**

تعليم الإيمان والأعراف (من وجهة نظر مسيحيّة)

إنّ تعبير تعليم الإيمان والأعراف هو المصطلح الجامع لأسس تعاليم الكنيسة المضمونيّة والسلوك المسيحيّ المثاليّ الذي يتحقّق من ذلك. وفي الطوائف المسيحيّة الكبرى (الكاثوليكيّة، الأرثوذكسيّة، البروتستانتيّة) تعدّ قرارت مجامع نيقيا (325)، القسطنطينيّة (381)، أفسس (431) وخلقيدونية (451) أساسًا لدستور الإيمان. تتضمّن هذه القرارات الإيمان بأنّ يسوع، واحدًا من الأقانيم الثلاثة لله الواحد الأحد، هو على حدّ سواء إلهٌ حقّ وإنسانٌ حقّ مولود من مريم العذراء. ومن خلال سلوك يسوع يمكن بطريقة مثاليّة استقراء ماهيّة الجوهر الإنسانيّ الحقيقيّ: محبّة لامتناهية تحترم الإنسان الآخر وتقف إلى جانبه في لحظات الشدّة حتّى لو كان هذا الآخر عدوًّا له (انظر متى 5: 43–48). وكخيط واضح يمتدّ السؤال في الكتاب المقدّس: »أين أخوك؟« بدءًا من سؤال الله لقايين (أنظر سفر التكوين 4: 9) وصولاً إلى سؤال الديّان يوم القيامة (انظر متى 25: 34–36). فالأمر الساري هو: »[أيّها الإخوة الأحباء] لنحبّ بعضنا بعضًا، لأنّ

المحبّة هي من الله، وكلّ من يحبّ فقد وُلِد من الله ويعرف الله. ومن لا يحبّ لم يعرف الله، لأنّ الله محبّة. بهذا أُظهرت المحبّة فينا: أنّ الله قد أرسل ابنه الوحيد إلى العالم لكي نحيا به« (رسالة يوحنا الأولى 4: 7–9). بيسوع المسيح يتلاقى البشر بالتالي مع الله (انظر يوحنّا 14: 9. »من رآني فقد رأى الآب«)؛ فيسوع المسيح هو خطّ التماس بين الألوهيّة والبشريّة. لهذا السبب يرتبط اللاهوت في التعاليم المسيحيّة بعلم الإنسان في شكل وثيق. فجميع التعليمات الملموسة المتعلّقة بالسلوك ليست إذًا سوى تبرعم منهجيّ لوصيّة المحبّة، كما عبّر أوغسطين (345–430) عن ذلك بقوله: »أحبَّ وافعل ما تشاء«. ولا ننكر أنّ تنظيمات تافهة غالبًا ما أعاقت في عمليّة الممارسة والتطبيق النظرةَ نحو التوجّه الأساسيّ وأدّت مرّات عديدة إلى تحديد مبالغ فيه للسلوك على ضوء الوصايا والنواهيّ؛ الأمر الذي حوّل المسيحيّة بلا ريب، وبالاستناد إلى حدّ ما إلى شيفرة السلوك اليهوديّة أيضًا، إلى ديانة للوصايا والنواهي. لذلك فإنّ المهمّة المستعجلة الملقاة على عاتق علم اللاهوت والتبشير هي وضع المحبّة من جديد في صلب تعاليم الإيمان والأخلاق.

بيتر أنتس

مواضيع ذات صلة: **دستور الإيمان.**

التفسير (من وجهة نظر مسيحيّة)

التفسير هو فنّ وعلم تأويل مكتوباتٍ، وخصوصًا الكتاب المقدّس، بالنسبة لأحد الأديان. وفي المسيحيّة هو تأويل أدب الكتاب المقدّس في عهديه القديم والجديد. وينتمي تأويل النصوص في المسيحيّة منذ بداياتها إلى لاهوتها وليتورجيّتها وتقواها، فكتّاب العهد الجديد يؤوّلون نصوص العهد القديم بطرق مختلفة. وتقرأ المسيحيّة الأولى في المبدأ كتاب إسرائيل المقدّس على ضوء شخص يسوع المسيح، فهي تجد في هذه النصوص أنّ حاضرًا معيّنًا تمّ الإعلان عنه والإضاءة عليه من خلال حدث المسيح، وتختار تقليد الكتاب المقدّس حول شعب العهد رائدًا استرشاديًّا لفهم الذات الخاصّة وأخلاقها الخاصّة. إنّ عمليّات التأويل المستخدمة في هذا الإطار متغيّرة بشكل كبير وتظهر وفقًا للمقاييس الحديثة ملأى بالتخيّلات إلى حدّ كبير وتعسفيّة كونها لا تهتمّ كثيرًا في أغلب الأحوال بالمغزى التاريخيّ الأصليّ أو بالسياق الأدبيّ. إلا أنّها توافق المدى المفتوح الواسع الذي كان معهودًا في العصور القديمة كما هو حال تأويل قصائد هوميروس أو لاهوت النصوص اليهوديّة الحديثة.

ويندرج تحت عمليّات التأويل المتداولة نموذج تحقيق الوعد: وهو عبارة نبويّة من العهد القديم تمّ ربطها بيسوع المسيح. وغالبًا ما يُنظر إلى تطابق نمطيّ: فالصورة النمطيّة في العهد القديم (ملكيصادق، رحلة بني إسرائيل في الصحراء، المنّ) تدلّ

مسبقًا على صورتها المطابقة في الاتحاد الجديد (يسوع المسيح، رحلة الكنيسة في الزمن الأرضي، الإفخارستيّا). وتكتسب المجازات والاستعارات حسب العهد الجديد أهميّة أكبر، فنصّ الكتاب المقدّس يتمّ تحليله فنيًا على قاعدة ارتباطات لغويّة رمزيّة بالزمن الحاضر، كما أنّه يقدّم بدوره مادّة للتأويل الذي يمكن فهمه من خلال الايمان بالمسيح.
لهذا السبب فإنّ تأويل الكنيسة الأولى للنصوص هو تعبير عن قراءة مسيحيّة ومسيحانيّة: المسيح كامن في العهد القديم وحاضر فيه، والعهد الجديد يميط اللثام عن مغزى العهد القديم (انظر كورنثوس الثانية 3: 12–18). وتعدّ الوصيّة المزدوجة المتمثلة في الدعوة إلى محبّة الله والقريب مفتاح تأويل مناسب للكتاب المقدّس يتكثّف فيها المغزى الكامل له (انظر رومية 13: 8–10؛ متى 22: 37–40). فقط في أوائل العصر الحديث تطوّر الوعي التاريخيّ الذي يفصل بين المغزى التاريخيّ الأصليّ والمغزى المطلوب في الزمن الحاضر (في هذا المجال: تاريخيّ – نقديّ). ففي حين فرضت عمليّات التأويل نفسها في الجامعات البروتستنتيّة اللاهوتيّة إبّان القرنين الثامن عشر والتاسع عشر – وغالبًا ضدّ مقاومة أصحاب المسؤوليّة في الكنيسة وقرّاء الكتاب المقدّس العاديّين، أغلقت الكنيسة الكاثوليكيّة الباب أمام التأويل التاريخيّ النقديّ، ودام هذا الأمر حتّى منشور إلهام الروح القدس للبابا بيوس الثاني عشر عام 1943. وتحقّق الاختراق النهائيّ في الكنيسة الكاثوليكيّة على يد المجمع الفاتيكاني الثاني (1962–1965) من خلال دستور عقائدي في الوحي الإلهيّ (كلمة الله Dei Verbum) في عام 1965. أمّا في العصر الحديث وبتأثير المعارف الفلسفيّة والأدبيّة فيتمّ استكمال الأساليب ذات التوجّه التاريخيّ بأساليب تقيم للقارئ وعمليّة القراءة كما لتاريخ التلقّي وزنًا كبيرًا. وبذلك تكتسب عمليّات التأويل التاريخيّة والعناية بالفهم اللاهوتيّ مدلولاً جديدًا.

كنوت باكهاوس

مواضيع ذات صلة: **المنهج التاريخي النقدي.**

التفسير (من وجهة نظر إسلامية)
هدف التفسير هو كشف الغموض، وإظهار المعنى بما يستدل به عن غيره مما يرتبط به. فالتفسير هو تلك الجهود التي تُبذل في إزاحة الإبهام عن اللفظ المنطوق أو المكتوب لتوضيح مقاصده ومعانيه. يُقصد بالتفسير في المقام الأول وضمن إطار العلوم الإسلامية توضيح معاني القرآن الكريم، وتدبر معانيه، وبيان وجوه البلاغة والإعجاز فيه، وشرح ما انطوت عليه آياته الكريمة.
فلقد نشأ عن الجهود المبذولة في تفسير آيات القرآن الكريم فيما بعد علم خاص

يُدعى علم التفسير. فعلم التفسير ينقسم إلى ثلاثة مستويات: 1) تفسير آيات القرآن الكريم، 2) علم المبادئ والطرائق التي تُتبع في تفسير القرآن، 3) المؤلفات، أو كتب التفاسير التي توضح وتفسر آيات القرآن. لقد بدأ تفسير القرآن مع بداية النبوة، فلقد جاء في الأثر بأن النبي محمدًا هو المفسر الأول للقرآن، فقد كان يوضح ويبين لأصحابه ما غمض وأشكل عليهم من آيات القرآن، حيث نجد اليوم تفسيرات النبي محمد للقرآن في كتب الحديث في باب التفسير. وفيما بعد قام بعض صحابة النبي وعلى رأسهم ابن عباس بتفسير الكلمات التي يلعب معناها دورًا مهمًا في تفسير القرآن. لقد أخذ علم التفسير في عصر التابعين يخطو خطوات واسعة ليشغل مساحةً أكبر في مجال العلوم الإسلامية، حيث وجدت تفسيرات النبي محمد، وصحابته والتابعين طريقها إلى التدوين.

يضم علم تفسير القرآن مستويين جوهريين، ألا وهما التاريخ واللغة: حيث يلعب البحث في المعطيات التاريخية للزمن الذي نزل فيه القرآن على النبي محمد وكذلك الخصوصيات التي كانت تتميز بها اللغة العربية آنذاك دورًا كبيرًا في عملية التفسير. وعلى هذا الأساس فإن معاني الآيات الكريمة يمكن أن تتعلق بزمن نزولها. فالدراسات التاريخية واللغوية تشكل المادة الأساس والقاعدة التي لا يمكن الاستغناء عنها. لقد كان الصحابة يفهمون القرآن بطبيعتهم لأنه نزل بلسان عربي مبين وكانوا يسألون النبي محمد عما أشكل عليهم منه ولذلك لم يفسر النبي، على الراجح من أقوال أهل العلم، كل القرآن، فالأحاديث الواردة في تفسير آيات القرآن قليلة جدًا نسبة إلى القرآن. أما المسلمون المتأخرون فقد بدأوا يجدون صعوبة في فهم القرآن والوصول إلى مقاصده كما ينبغي وذلك لأنهم جهلوا سياق الآيات فكانت توضيحات وتفسيرات الصحابة والتابعين لآيات القرآن الكريم خير معين في إزالة هذه المصاعب.

لقد تم جمع المادة العلمية لتفاسير القرآن الكريم عن طريقين، وهما: التفسير المأثور: وهو كل ما ورد عن الصحابة والتابعين. وإلى جانب التفسير المأثور هناك ما يُعرف بالتفسير الإجتهادي: وهو ما وضعه المؤلفون مستندين في ذلك أيضًا إلى أقوال الصحابة والتابعين، حيث اعتمد هؤلاء المفسرون على حقائق تاريخية ولغوية، إضافة إلى اعتمادهم على مبدأ التأويل في صرف الآيات إلى ما تحتمله من المعاني.

لقد نشأت طِبقًا لاختصاصات المفسرين العلمية تفاسير فقهية، وقضائية، وصوفية، وفلسفية، وعلمية. ويُعد تفسير مقاتل بن سليمان (المتوفى عام 150/767) أول تفسير كامل للقرآن وصل إلينا. ومنذ ذلك الحين أُلفت المئات من تفاسير القرآن.

خالص آلبيرق

مواضيع ذات صلة: **المنهج التاريخي النقدي؛ التفسير.**

التقليد (من وجهة نظر مسيحية)
التقليد هو مصطلح عام لمجمل الروايات الدينية المتوارثة. وهو ذو أهمية كبيرة بالنسبة لفهم الكتاب المقدس وتفسيره. ففي نهاية المطاف لا يمكن تفسير اختيار النصوص التي تكّون الكتاب المقدس إلا من خلال التقليد. ويتضح هذا بالنظر إلى الأسفار العبرية من الكتاب المقدس والتي تتكون من ثلاث مجموعات من النصوص: التوراة (أسفار موسى الخمسة) والأنبياء وأسفار أخرى. وبالمقابل لم توضع نصوص أخرى شبيهة من حيث الأسلوب والمحتوى من الأسفار اليهودية في العهد القديم في الكتاب المقدس. وهناك أيضًا مجموعة أشمل من هذه الكتابات في النسخة اليونانية للعهد القديم (الترجمة السبعينية) التي كتبها اليهود حوالي سنة مئة قبل الميلاد وتحتوي بعض النصوص (سفرَي المكابيين الأول والثاني، ويشوع بن سيراخ مثلاً)، التي لا ترد في العهد القديم من الكتاب المقدس ولا يُعرف لها نص عبري أصلي. ما هو صحيح على أية حال هو أن كتاب اليهود المقدس يتضمن نصوصًا مختلفة تعود الى عدة قرون، ولجميعها أولوية على كافة النصوص الأخرى. ولكنها مع ذلك ليست حاسمة وحدها، لأن اليهود يرون في التوراة الوحي الإلهي المكتوب والذي يضعونه بالمستوى ذاته مع التوراة الشفوية، أي التقليد الديني المتوارث، فيما يتعلق بالسلوك الصحيح والمقبول لدى الله. وبينما تمّ جمع الأسفار العبرية من الكتاب المقدس بشكل نهائي في القرن الأول الميلادي، لم يتم تدوين التوراة الشفوية إلا بعدها بزمن طويل جدًا، أولاً في الجمارا في الفترة بين القرنين الثاني والثالث، ثم في مزيج من الميشنا والجمارا في التلمود (بين القرنين الخامس والسادس)، ونشأت هناك لاحقًا تفسيرات أخرى مثل كتاب »שולחן ערוך شولحان عاروخ« (القرن السادس عشر).
نقل التقليد المسيحي لعدة قرون مجموعتين للعهد القديم مختلفتين بالحجم: النسخة الأقصر من العهد القديم العبري والنسخة الأطول للترجمة السبعينية. وفي فترة الإصلاح الديني اختار مارتن لوثر (1483–1546) النسخة الأقصر، في حين أعلن مجمع ترينت (1545–1563) التزام الكنيسة الكاثوليكية بالنسخة الأطول. يشترك المسيحيون في النسخة الأقصر بالكتاب المقدس نفسه مع اليهود. تضاف إليها بالنسبة للكاثوليك النصوص الأخرى للنسخة الأطول للعهد القديم، وكذلك نصوص العهد الجديد بالنسبة لجميع المسيحيين. تضم هذه النصوص الأخيرة 27 سفرًا: أربعة أناجيل وأعمال الرسل و21 رسالة (معظمها من بولس الرسول)، فضلاً عن سفر الرؤيا المنسوب إلى يوحنا الرسول. وقد اختار التقليد المسيحي هذه النصوص من بين عدد كبير من النصوص المشابهة وجعلها دون غيرها ضمن الكتاب المقدس، في حين لم تُعتبر كافة الأناجيل أو الرسائل أو أسفار الرؤيا الأخرى أسفارًا أصلية مقدسة، وبالتالي ليست جزءًا من الكتاب المقدس. وبهذا

يشمل الكتاب المقدس لدى المسيحيين العهدين الجديد والقديم، في حين أن العهد القديم العبري هو كتاب اليهود المقدس.

بيتر أنتس

مواضيع ذات صلة: **العهد القديم؛ الكتاب المقدس؛ الأصولية؛ التوراة.**

التقليد (من وجهة نظر إسلامية)
التقليد هو عملية نقل قيم معينة ومعايير وسلوكيات. وفقًا للفهم الإسلامي يضمن التقليد نقل الفكر والممارسات اليومية المطوَّرة حسب القرآن والسنّة من جيل إلى جيل.
ووفقًا للفهم الإسلامي، فإن التقليد يضمن أن التفكير وممارسة الحياة اليومية، كما تم تطويرها على أساس القرآن والسنّة، يتم تسليمها من جيل إلى جيل، كما أن الحفاظ على الثقافة البشرية ونقلها للأجيال اللاحقة له الأهمية القصوى لصيانة التقاليد الدينية. والملفت للنظر أن المتكلمين لا يقومون بنقل التقاليد فحسب، بل يشكلونها أيضًا.
من جهة أخرى، تلعب المصادر الدينية المختلفة للأحكام دورًا مهمًا لدى العلماء في التعريف بالخصائص الأساسية للتقليد. ونذكر منها على سبيل المثال الإجماع والإجتهاد والقياس والإستحسان والعرف، لذلك يمكن القول إن التقليد قائم على المصادر الجوهرية للإسلام، وهما القرآن والسنّة، وكذلك تفسيرهما. وبهذا تعتبر هذه المصادر هي النقاط الثابتة التي يتوجه إليها التقليد.
وإذا تم الإلتجاء للاجتهاد في قضية ما مع الرجوع إلى طرق التشريع المذكورة، فحينها يتبين أن التقاليد خاضعة للتغيير. هنا نذكر على سبيل المثال أن المدارس الفقهية عبارة عن مؤسسات تتغير بمرور الوقت وتظهر قابلية تغير التقاليد.
يرى الكلام التقليد على أنه عملية نقل أو إخبار، ويعتبر أخذه بعد مراجعة دقيقة جائز. وأساس هذه المنهجية راجع إلى الآية القرآنية الآتية: ﴿الذين يستمعون القول فيتبعون أحسنه﴾ (سورة الزمر 39 الآية 18). ولاتباع الحسن يجب تطوير معايير معيّنة، مثل الحسن والقبيح والخير والشر والصحيح والخطأ. ثم ينبغي قياس الروايات المنقولة والتقليد الذي تم تطويره بعملية النقل بهذه المعايير. من أجل ذلك يُعد تطوير التقاليد المنقولة للأجيال اللاحقة على أساس العقل والضمير والفهم البشري الصحيح من المهمات الجوهرية، وإلا يتمّ التعرض لخطر الرجوع إلى تقليد الآباء، وهذا ما نقده القرآن وتحديدًا في الآية 170 من سورة البقرة 2.
ومن جهة أخرى توجد تقاليد ثقافية غير قائمة على القرآن والسُنة، لذلك تُعتبر من المنظور الديني غير إلزامية.

شعبان علي دوزگون

مواضيع ذات صلة: **الخلق؛ الكتب السماوية؛ العلوم الشرعية؛ السنة؛ ممثلو الفقه الحنبلي.**

التقويم (من وجهة نظر مسيحية)
تبنى المسيحيون عمومًا التقويم المستخدم في محيطهم. ففي الإمبراطورية الرومانية بُدِئَ بحساب السنوات بعد تأسيس روما (تقويم بداية روما ab urbe condita). وفي القرن السادس تم حساب سنة 753 بعد تأسيس روما باعتبارها سنة ولادة يسوع. وهكذا تبلور تقويم لحساب السنوات بعد (ميلاد) المسيح، والذي تبنته كنيسة روما في القرن الحادي عشر وأصبح معيارًا عالميًا مع مرور الزمن، حتى وإن كانت سنة الميلاد المحسوبة يصعب صمودها أمام المراجعة التاريخية الدقيقة كما يصعب إجراء حساب دقيق لها، لأن الولادة كما وردت في الإنجيل بحسب متى 2: 1 حدثت في زمن حكم هيرودس الذي مات سنة 4 ق.م.، بينما حدثت وفقًا للإنجيل بحسب لوقا 2: 2 في زمن حكم كيرينيوس، والي سوريا واليهودية، الذي لم يستلم منصبه إلا في سنة 7/6 ميلادية.
بالنسبة لتقسيم السنوات كان ما سمي بالتقويم اليولياني الذي فرضه يوليوس قيصر (100–44 ق.م.) سائدًا في الألف الأول. إلا أنه لم يكن هذا تقويمًا دقيقًا، حتى أنه عندما اعتمد البابا غريغوريوس الثالث عشر (1502–1585) التقويم الغريغوري المسمى باسمه سقطت الأيام بين الرابع والخامس عشر من تشرين الأول / أكتوبر عام 1582. وفي حين سارعت البلدان الكاثوليكية إلى اعتماد التقويم الغريغوري، لم يحدث ذلك في روسيا إلا عام 1918 وفي اليونان عام 1924 وفي تركيا عام 1926. بيد أن التقويم اليولياني لا يزال في المجال الليتورجي حتى اليوم معتمدًا في كنائس الشرق. فكافة كنائس الشرق تحسب موعد عيد الفصح تبعًا للتقويم اليولياني، وبالتالي فأن موعده قد يتزامن أحيانًا مع موعده بحسب التقويم الغريغوري، ولكن غالبًا ما يأتي بعده بـأسبوع أو أكثر. كما أن بعض الكنائس الشرقية تحتفل بالأعياد ذات التاريخ المحدد وفقًا للتقويم اليولياني، وبالتالي يتم احتفال الخامس والعشرين من كانون الأول / ديسمبر (عيد الميلاد) وفقًا للتقويم اليولياني الآن في السابع من كانون الثاني / يناير طبقًا للتقويم الغريغوري.
وكان الأول من كانون الثاني / يناير في التقويم اليولياني يعتبر بداية السنة. وبما أن كتب الخدمة الليتورجية [في الكنيسة الكاثوليكية] تبدأ مع الأحد الأول من فترة مجيء الرب [الأحد الرابع قبل الميلاد]، يعتبر هذا اليوم بداية للسنة الليتورجية أو الكنسية.
ويعتبر يوم الأحد وفقًا للحساب اليهودي والمسيحي أول أيام الأسبوع، حتى وإن اعتُبر يوم الإثنين مطلع الأسبوع الجديد في اجزاء كبيرة من العالم. كون بداية اليوم، وفقًا لحساب الزمن لدى اليهود، عند غروب الشمس، له أهميته ليس فقط بالنسبة لأيام الفصح الثلاثة التي تألم فيها يسوع ومات وقام (عيد الفصح)، بل

بالنسبة للاحتفال الليتورجي يوم الأحد وفي أيام الأعياد الرئيسية، التي يبدأ الاحتفال فيها عشية اليوم السابق (صلاة الغروب، والقدّاس الإلهي).

فينفريد هاونرلاند

مواضيع ذات صلة: **يسوع؛ الطقس.**

التقويم (من وجهة نظر إسلامية)

في فترة ما قبل الاسلام تم استخدام التقويم القمري في شبه الجزيرة العربية، ومع ذلك لم يكن هناك نقطة انطلاق ثابتة يتم من خلالها تحديد تواريخ الأحداث. فقد وقع تحديد التواريخ في ذلك العصر من خلال الأحداث الكبرى التي بقيت في الذاكرة، نذكر على سبيل المثال هجوم جيش الحبشة بواسطة الأفيال سنة 571 بعد الميلاد من أجل تدمير الكعبة. وكان هذا الهجوم حدثًا هامًا لأهل مكة، لذلك سمي ذلك العام في التاريخ بعام الفيل.

وقد اتخذت هذه الحادثة في السنوات الأولى من الوحي منطلقًا للتقويم بغية تحديد تاريخ الوقائع التاريخية، ومنها استُخرجت هذه العبارة: »لقد حدث هذا عدة سنوات قبل أو بعد عام الفيل«. وقد حاول الخليفة عمر المتوفى سنة 23/644 خلال خلافته بين سنة 634 وسنة 644 بعد الميلاد تغيير مرجع التقويم. وفي سنة 643 بعد الميلاد عقد الخليفة عمر جلسةً استشاريةً حول تحديد بداية التقويم. وفي ذلك اليوم اقترح علي المتوفى سنة 40/661 الذي كان عضوًا في المجلس الاستشاري باتخاذ هجرة محمد من مكة إلى المدينة مرجعًا لأول سنة في التقويم، وقد قُبِل هذا الاقتراح. وهكذا، بعد أحد عشر عامًا من وفاة محمد، ظهر التقويم الجديد. ثم تم اتخاذ شهر مُحرم شهرًا أول في التقويم السنوي. تتألف السنة من 12 شهرًا، البعض منها يحتوي على 29 يومًا والأخرى على 30 يومًا، تتكون السنة القمرية من 354 يومًا و8 ساعات و48 دقيقة و36 ثانية. لذلك تكون السنة القمرية أقصر من السنة الشمسية بحوالي 10 أو 11 يومًا، وتتنقل كل الأشهر عبر جميع أوقات السنة، وهذا ما يتعلق أيضًا بشهر الصيام رمضان، وأيام الحج، وأيام الأعياد الدينية والليالي المقدسة.

وفي فترة خلافة عمر تمّ إدراج التقويم الهجري رسميًا، ومع ذلك تم استعمال تقاويم أخرى. وفي زمن الدولة السلجوقية تم الإعتماد على التقويم الفارسي القديم، حتى أن غازان خان المولود سنة 1295 بعد الميلاد والمتوفى سنة 1304 بعد الميلاد أحد سلاطين الإمراطورية المنغولية الإلخانية المعتنقة للإسلام، اعتمد كذلك على التقويم القائم على النظام الشمسي.

كما استعمل التقويم التركي ذو 12 حيوانًا المعتمد وقتها من الأتراك ثم من الصين من قبل القراخانيين، وهي سلالة حاكمة في وسط آسيا اعتنقت الإسلام حوالي سنة

950 بعد الميلاد. دام الإعتماد على هذا التقويم إلى القرن الثاني عشر. تتكون السنة وفقًا لهذا التقويم من 24 شهرًا. أما التقويم الرومي فقد استعمل لأول مرة في زمن السلطان العثماني سليم الثالث خلال فترة حكمه بين سنة 1789 وسنة 1807 بعد الميلاد. ويعود أصل هذا التقويم إلى مصر ثم تمّ اعتماده من الرومان. ثم قام يوليوس قيصر بإصلاح تقويمي، تم بعده تحديد اليوم الأول من شهر يناير/ كانون الثاني لبداية السنة، وكان ذلك في سنة 45 قبل الميلاد، فيما بعد، تم تحديث التقويم من جديد، وذلك في سنة 1582 بعد الميلاد على يد البابا غوريغوريوس الثالث عشر. اعتمدت الشعوب الغربية على التقويم الغريغوري أو بعد الميلاد، ومنها الجمهورية التركية التي تعتمد رسميًا على هذا التقويم منذ 26 نوفمبر/ تشرين الثاني سنة 1925 بعد الميلاد.

محمد أوزدمير

تكريم القدّيسين (من وجهة نظر مسيحيّة)

يُقصد بتكريم القدّيسين في المسيحيّة تذكار المؤمنين المتوفّين الذين، وحسب مفهوم الكنيسة، أصبحوا من خلال سيرتهم في الجماعة الكاملة مع الله. وينبع هذا التكريم من وعي الكنيسة على أنّها حيّز مكانيّ وزمانيّ شامل لجماعة الخلاص (رؤيا يوحنّا 5: 9). في التضامن القائم بالصلاة والمساعدة يساهم الجميع في بناء جسد المسيح (كورنثوس الأولى 12). إنّ تكريم القدّيسين يتوجّه إلى الله الذي وحده يستحقّ العبادة. فطلب الشفاعة ليس طريقًا مرجعيًا سماويًّا ولا تقييدًا للتوسّل إلى يسوع (عبرانيّين 7: 25)، وإنّما هو إشارة إلى التضامن. يقدّم القدّيسون المثال على تقبّل دعوتهم الخاصّة، وبالتالي فإن تكريمهم يعدّ إدراكًا من الكنيسة لذاتها بأنّ منح المسيح الخلاص لكنيسته هو أمر ملموس وفي المتناول بشكل جليّ.

ويتمّ البدء بتكريم القدّيسين أوّلاً بعد وفاة الشهداء والقديسين الآخرين من خلال احتفال الإفخارستيا.

بعد الإعلان الرسميّ الأوّل لقداسة من قِبَل البابا (أولريش فون أوغسبورغ 890–973) في العام 993 تطوّر إجراء قانونيّ لهذه العمليّة كشرط للتكريم العلنيّ. ويجدر التمييز بين تكريم (طوباويّي) الكنيسة المحليّة و(قدّيسي) الكنيسة العالميّة. وبناء على النظام الجديد لهذا الإجراء الصادر في عام 1983 أصبح من الضروريّ تقديم دليل على اجتراح الشخص معجزة لإعلان قداسته أو لتكريمه طوباويًّا. ويبرز إعلان القداسة نفسه في تشييد كنيسة أو كنيسة صغيرة عند مدفن القدّيس، وتوزيع الذخائر، والإدراج في روزنامة أعياد القديسين، وعرض الذخائر وحملها، وإقامة التماثيل، والأيقونات أثناء المواكب الدينيّة ورحلات الحجّ.

توجد اللائحة الرسميّة للقدّيسين في لائحة تُدعى بكتاب شهداء الكنيسة الكاثوليكية

(2004) أي في ما يسمّى بالألمانيّة النظام الأساسيّ للسنة الكنسيّة والتقويم الكاثوليكي الأساسيّ الجديد (2004).
لا يوجد في الكنيسة الأرثوذكسيّة إجراء رسميّ لإعلان القداسة. وتؤكّد الإدارة الكنسيّة على التكريم الحاصل. إنّ الانتقاد الصادر من جهة فكر الإصلاح لتكريم القدّيسين بأنّه يقوّض عبادة الله وتوسّل المسيح ولا إشارة عليه في الكتاب المقدّس قد ألهب عمليّة التكريم هذه في القرون الوسطى. فالقدّيسون يستوجبون التذكار والشكر، إذ يشكّلون وظيفة المثال الأعلى ويقوّون الإيمان. لقد تمّ رفض صلاة طلب الشفاعة، إذ يتمّ الكلام عن »تذكار شهود الإيمان« الذي يجد مكانه في العظة. ويمكن الرجوع في ذلك إلى روزنامة الأسماء للكنيسة الإنجيليّة في ألمانيا (1984)

نوربرت فايغل

مواضيع ذات صلة: **الكنيسة؛ الشهيد؛ العظة.**

التكفير (من وجهة نظر إسلامية)
معنى التكفير هو نسبة شخص ما ينتمي إلى عقيدة أخرى إلى الكفر ووصفه بالنفي والإنكار. لقد تطورت في الحقب الأولى للإسلام وترابطت مع النزاعات السياسية مناقشات كلامية. فعلى وجه الخصوص رأى الخوارج الذين انتسبوا إلى الجماعات الإسلامية المبكرة ذات الإتجاهات السياسية والعقائدية بأن الكفار هم أولئك الذين اقترفوا كبائر الذنوب، كالقتل. أما الشيعة، والسُّنة، والجماعات الأخرى التي نبعت اتجاهاتهم الكلامية أساسًا من التطورات السياسية، فقد وصفوا في بعض الأحيان أولئك الذين مثلوا آراء تختلف عن آرائهم فيما يخص الكبائر، والقدر، وصفات الله، وأمورًا أخرى، بالكفر. ومن المعروف أيضًا أن الشيعة اعتبروا كل من خالفهم في مسألة الإمامة كافرًا، وكذا هو الحال بالنسبة للمعتزلة فقد كَفّروا كل من كانت له آراء مختلفة عن آرائهم فيما يخص كلام الله.
يُعْتَبَر الحديث واحدًا من أهم مصادر المناقشات الخاصة بالتكفير المتبادل: »والذي نفس محمد بيده لتفترقنَّ أمتي على ثلاث وسبعين فرقة فواحدة في الجنة واثنتان وسبعون في النار، قالوا: ومن هي يا رسول الله؟ قال ما أنا عليه وأصحابي« (انظر سنن الترمذي؛ وسنن ابن ماجة). لقد قام علماء أهل السُّنة واستنادًا إلى هذا الحديث بتكفير تيارات أخرى، حيث اعتبروا أنفسهم الفرقة الناجية. وبسبب عدم ذكر تلك الفرقة الناجية صراحة، لذلك اعتبرت كل فرقة نفسها هي الفرقة الناجية التي ورد ذكرها في الحديث. لقد انتقد الغزالي (المتوفى عام 505/1111) تطبيق مبدأ التكفير المتبادل، وذلك لأن كل الفرق والجماعات تتبع الدين نفسه. لكن في الوقت نفسه اتهم بعض الفلاسفة المسلمين الذين خالفوا رأيه في بعض النقاط بالكفر.

يستند كل اتجاه من الإتجاهات الكلامية فيما يخص مسائل العقيدة التي تطورت بسبب الأحداث السياسية إلى الاجتهاد. فكان التكفير المستنبط من الأحكام الفقهية سببًا في فرض العقوبات السياسية، والإجتماعية، والإقتصادية. وبسبب هذه العقوبات تم عزل أولئك الذين اتُّهِموا بالكفر عن المجتمع. وحتى في أيامنا هذه يُتَّهَم في بعض البلدان الإسلامية أناسٌ بالكفر. إذ يرى أولئك الذين يسيطرون على الخطاب التكفيري بأن وجهة نظرهم صحيحة مطلقًا، وإن لم يكن موقفهم على صواب، وأن آراء الآخرين لا تمت إلى الحقيقة بصلة. ولإضفاء صفة الشرعية على المفاهيم الذاتية يتم في المناظرات الكلامية وصف الخصم بالشيطنة. لقد أكد القرآن على حرية العقيدة، وعدم السماح لأي شخص مهما كان، أن ينعت الآخرين بالكفر.

معمر أسَن

مواضيع ذات صلة: **الفرقة الناجية؛ الإيمان؛ الإلحاد؛ التحوّل عن الدين؛ حرية الأديان.**

مصادر الحديث:

1. سنن الترمذي، كتاب الإيمان، باب 18 ما جاء في افتراق هذه الأمة، رقم الحديث 2640، عن أبي هريرة.
2. سنن ابن ماجة، كتاب الفتن، باب 17 افتراق الأمم، رقم الحديث 3993، عن أنس بن مالك.

التنوير (من وجهة نظر مسيحيّة)

يُقصد بمصطلح التنوير في المقام الأوّل تيّار في التاريخ الفكريّ الأوروبيّ نشأ إبّان القرنين السابع عشر والثامن عشر. وفي معنى أوسع يُقصد كذلك أفكاره الأساسيّة المتبقيّة التي توجد ملامحها في عصور سابقة ودوائر ثقافيّة أخرى (على سبيل المثال في العالم الإسلاميّ). نشأ التنوير الأوروبيّ أوّلاً في انكلترا وفرنسا بفعل البدايات التجريبيّة في الفلسفة هناك (جون لوك 1632–1704، دايفد هيوم 1711–1766) والعقلانيّة (رينيه ديكارت 1596–1650). ويعرّف عمانوئيل كانط التنوير بأنّه خروج الإنسان من مرحلة القصور العقليّ الذي جلبه لنفسه إلى استخدامه لعقله بنفسه عن طريق الإقدام والشجاعة (مقالة ما هو التنوير؟ عام 1784). فمطلب التنوير وهدفه إذًا يكمنان في تبرير جميع المطالب التقليديّة للحقيقة النظريّة والمعايير التطبيقيّة والسلطة الأرضيّة والمرجعيّة الدينيّة على ضوء مقاييس العقلانيّة البشريّة، وفي انتقادها ونبذها حيث يجب، كما في تحطيمها. ويتفقّ التنوير في مطلبه تحرير الإنسان على قاعدة الاعتماد الطبيعيّ على قدرته العقليّة من دون شكّ مع صورة الإنسان في المسيحيّة. فوفق المفهوم المسيحيّ تتجلّى صورة الله ومثاله في الإنسان في عقل هذا الأخير وإرادته الحرّة

اللذين أصابهما الوهن عبر الخطيئة، إلا أنّهما لم يدمّرا بشكل كامل. قوبل التنوير بداية الأمر من الجانب المسيحيّ بحركات مقاومة عنيفة. وكانت المقاومة المسيحيّة للتنوير وما زالت متعدّدة وموجّهة أيضًا ضدّ مبادئ مسيحيّة أساسيّة، فقد تمّ تحفيز هذه المقاومة غالبًا من قبل السلطة الكنسيّة وانطلاقًا من الرغبة في الحفاظ على السطوة.

من ناحية التقويم الإيجابيّ للعقل البشريّ ينسجم التنوير مع المسيحيّة. ولقد استفاد اللاهوت المسيحيّ، متأخرًا ولكن بشكل دائم، من المواجهة الإيجابيّة مع إنجازات التنوير التي تمّت محاربتها بشكل عنيف. من جهة أخرى تمكّنت المسيحيّة طبعًا من إغناء مصطلح العقل المستعمل في التنوير الكلاسيكيّ والذي تمّ حصره غالبًا بالإدراك العقلانيّ.

وعلى العكس من موقف التنوير فإنّ العقل الإنسانيّ وفق التصوّر المسيحيّ مفتوح غالبًا على خبرات الحياة الأساسيّة ومدرك لحدود قدراته ومقرّ بها وبعجزها عن إدراك الله. حول هذه النقطة تجاه الموقف الربوبيّ يعتبر بعض مفكّري التنوير أنّ الإنسان لا يحصل على حرّية عقله بمقتضى الإيمان المسيحيّ، عندما يترك الله الإنسانَ لمصيره ويتوقّف عن الاهتمام به، بل إنّه يحصل عليها فقط في علاقة الحوار الشخصيّ الدائم مع الله.

مارتن تورنر

مواضيع ذات صلة: **العقل.**

التنوير (من وجهة نظر إسلامية)

إن العلاقة بين الإسلام والتنوير الذي تطور بأبعاده الفلسفية، والدينية، والإجتماعية، والسياسية وحتى الأيديولوجية في الفكر الغربي في القرن الثامن عشر يمكن البحث فيها من اتجاهات مختلفة. لقد أصبح التنوير ينبوعًا بالغ الأهمية للفكر الحديث وذلك بسبب موقفه المتأصل من الحرية وتحمل الفرد للمسؤولية، وبسبب معارضته لكل موقف سلطوي لا يستند إلى العقلانية والمعرفة، بالإضافة إلى مطالبتها كل فرد بالتحلي بالشجاعة والتعامل المسؤول من أجل التحول والتغيير الجذري والعقلاني. تُعتبر الرؤية الدينية سببًا في وجود اتجاهات مختلفة في الفكر التنويري، حيث تمتد من الربوبية والإيمان بوجود الخالق الواحد مرورًا بالشكوكية الفلسفية وانتهاءً بالإلحاد. لقد كانت وما زالت العلاقة بين التنوير والإسلام أو بين التنوير والفكر الإسلامي والمنطلقة من الزاوية التاريخية والناتجة عن إسهامات بعض المفكرين كابن رشد (المتوفى عام 595/1198) مادة للبحث لها القابلية على التطور.

لا شك أن الثروة الفكرية التنويرية قد أثرت في العالم الإسلامي بشكل مباشر وغير مباشر، إذ لم تكن في الإسلام ولأسباب مختلفة حركة موازية لحركة التنوير. وكيفما يكن فهناك على الصعيد النظري بعض التشابهات والتجانسات التي تُلاحَظ بين فلسفة التنوير من جهة وبين المواقف المعرفية والأخلاقية التي يمثلها الإسلام من جهة أخرى.

إن القرآن الذي يحث الإنسان على المعرفة والتحلي بالأخلاق الفاضلة، والدعوة إلى حرية التفكير وتحمل مسؤولية اتخاذ القرارات يقترب بهذا من الموقف الأساسي للتنوير وبشكل ملحوظ، ولكن على الرغم من ذلك فلا يمكننا أن نعتبر الفكر الإسلامي والفكر التنويري وجهان لعملة واحدة تتطابق دون أي اختلاف. فعندما نُقيِّم العلاقة بين الإسلام والتنوير فمن الأهمية بمكان أن نوضح الإتجاهات التي أثرت بالإسلام، ففي حين أن الإسلام يرفض اتجاهات مذهب الشكوكية الفلسفية، والمادية، وكذلك الإتجاهات الملحدة والموجودة في الفكر التنويري، يطالب في نفس الوقت الأفراد بإستخدام عقولهم في الوصول إلى حقيقة الوحي والتنزيل وذلك عن طريق طرح الأسئلة الجوهرية التي تتحدث عن وجود الله مثلاً، وهو بهذا يفرض عليهم مسؤولية أخلاقية. وطبقا لهذا الأساس تحدد العلاقة بين الإسلام وبين الربوبية والإيمان بوجود الخالق الواحد اتجاهًا تنويريًا ذا طابع ديني، فكِلا الإتجاهين يركزان على مسألة العقلانية، ولكن الإسلام يرفض في نفس الوقت مسألة إنكار الذات الإلهية بشكل قاطع، وذلك لأن العقلانية والإيمان بالله تعالى يشكلان مركز الرسالة الإسلامية على حد سواء، فالإسلام يرفض مسألة إنكار الذات الإلهية داخل الفكر التنويري

بالإضافة إلى ذلك يرفض القرآن الكريم الاعتقاد الذي لا يتفق مع العقلانية، أو لا يمت للعقلانية بصلة، ويركز في نفس الوقت على العقلانية القائمة على مبادئ الاعتقاد التي أعلن عنها، ويرى في نفس الوقت أن العقلانية والمعرفة اللتين تنكران الوحي على أنهما اختزاليتان، وضيقتان، ولا تستندان إلى أي أساس. فطبقًا للمنظور الإسلامي يُعْتَبَرُ ما تم ذكره سابقًا عقلانيًا أو جزءًا من المعرفة التي تؤكد بأن المعايير التي وضعها الإنسان ليست نهائية، فعلى الرغم من أن للإنسان القدرة على التفكير واستيعاب المعرفة، إلا أنه مخلوق راجع أمره لخالقه تعالى وملزم بأوامره وتعاليمه.

وخلاصة الموضوع فإن هناك توافق وتنافر بين الإسلام والفكر التنويري فيما يخص بعض القيم الفردية، فهناك توافق مثلاً في المعرفة وتحمل المسؤولية الأخلاقية، وتنافر فيما يخص رفض الإسلام وبشكل مبدئي للاتجاهات التنويرية التي تنكر الإيمان بالله الواحد، وذلك لأن القيادة من خلال الإيمان بالله تعالى ضرورة لا بد منها لتحقيق المثل المعرفية والأخلاقية. فإذا ما تحدثنا عن التنوير الإسلامي، أو التنوير في الإسلام، فلا يمكننا أن ننكر أو نستبعد الموقف النهضوي

الذي يعتبر مسألة التوحيد ضرورة لازمة لا يمكن الحياد عنها. وعندما ينصح الإسلام في الوقوف ضد المواقف غير المبررة والسلطوية، فإنه يرى في التوحيد بركة إلهية في تحقيق المثل العليا.

محمد سعيد رچبر

مواضيع ذات صلة: **الأصولية.**

التوحيد (من وجهة نظر مسيحية)
لأنه من الضروري تعريف اللـه فلسفيًا بأنه كائن سرمدي وكماله مطلق وأنه العلّة الأولى لكل شيء كائن بعده وخارج عنه، يترتب على ذلك بالنسبة للتفكير العقلاني إمكانية القبول بمبدأ واحد فقط كهذا. لذلك تحدث فلاسفة العصور القديمة الوثنية (المتعددة الآلهة) عن وحدانية المبدأ الإلهي (أرسطو 384–322 ق.م.) حتى أنهم جعلوا من الوحدة المطلقة مصطلحًا مفضلاً للمطلق (الأفلاطونية الجديدة). وإلى جانب اليهودية والإسلام تنتمي المسيحية أيضًا لديانات الوحي التي تعتبر عقيدة الوحدانية جزءًا أساسيًا فيها (سفر التثنية 6: 4؛ الإنجيل بحسب مرقس 12: 29).
ما يميز الفهم المسيحي للوحدانية هو الاعتقاد بأن تفرّد اللـه يُنظر إليه كخاصية لا تستبعد الارتباط (مع البشر أو داخل الثالوث الإلهي)، بل تتضمنه جوهريًا. وقد ظهر هذا في التاريخ الديني لنشوء الوحدانية اليهودية – المسيحية. ولم يكن هذا نتيجةً لانعكاس نظري منهجي على طبيعة اللـه، بل نتيجة لرد فعل انعكاسي على معرفة شعب إسرائيل الفريدة للـه.
لم يكن إله العهد القديم يهوه في الأصل إلهًا وحيدًا بمعنى أنه لم يكن إلى جانبه أية آلهة أخرى. بل كان معروفًا أكثر بأنه مرجعية إلهية مسؤولة حصريًا وشخصيًا على شعب إسرائيل (سفر الخروج 5: 3). هذا ما أثبته بشكل خاص من خلال أفعاله المقتدرة أثناء الخروج من مصر (سفر الخروج). وتم التعبير عن تفرّد العهد بين الشعب وإلهه يهوه كعلاقة رمزية تشبه علاقة الزواج. وفي هذه الحقبة المبكرة يمكن الحديث عن عبادة إله وحيد أكثر من الحديث عن الوحدانية (بالمعنى الفلسفي الدقيق الـمُستبعِد لوجود آلهة أخرى). ولم تظهر ما تسمى بـ«حركة يهوه وحده« إلا خلال أزمة السبي البابلي (598–539 ق.م.). وفي إطار هذه الحركة تم الربط بين بقاء شعب إسرائيل على قيد الحياة وبين تجاوز مبدأي لتعدد الآلهة كلحظة تحديد هوية حصرية في تاريخه (سفر التثنية 4: 35): الأمل بالخلاص والنجاة لا يمكن أن يتم إلا من خلال إله واحد هو سيد العالم وخالقه الوحيد.
ومما لا شك فيه أن يسوع وكتّاب العهد الجديد أكدوا على الوحدانية اليهودية. ما أدى إلى ظهور مشكلة كيفية التوفيق بين الإيمان بألوهية المخلص يسوع المسيح والعقيدة الأساسية للوحدانية. والجواب على ذلك هو عقيدة الثالوث الإلـهي

التقليدية، الذي يشكّل خصوصية الوحدانية المسيحية. ومن خلال هذا الجواب لا يُنظر للـه كواقع ساكن وموضوعي وإنما كواقع تواصلي علائقي. عندما يعلن اللـه في التاريخ عن نفسه بأنه الوحيد، يجب حينها أن تتضمن إمكانية الإعلان هذه في طبيعته كإله واحد. إذًا، يجب اعتبار تفرّد اللـه في المسيحية كديانة وحي بالضرورة كعلاقة ثلاثية في المحبة.

مارتن تورنر

مواضيع ذات صلة: **المسيحية؛ اللـه؛ الإسلام؛ يهوه؛ اليهودية؛ الوحي؛ الأقنوم؛ الثالوث.**

التوحيد (من وجهة نظر إسلامية)

التوحيد هو مبدأ الإعتقاد الجوهري والذي يقر بأنه ليس هناك إله غير الله ﴿وَإِلَـٰهُكُمۡ إِلَـٰهٌ وَاحِدٌ لَّآ إِلَـٰهَ إِلَّا هُوَ﴾ (سورة البقرة 2 الآية 163؛ سورة المائدة 5 الآية 73؛ سورة الأنعام 6 الآية 19)، ﴿قُلۡ هُوَ ٱللَّهُ أَحَدٌ﴾ (سورة الإخلاص 112 الآية 1). يشكل التوحيد والإيمان بالله الواحد القاعدة الأساسية التي تميز الإسلام عن باقي المعتقدات التي تؤمن بتعدد الآلهة، وذلك لأن الله بجوهره، وصفاته وأفعاله واحد أحد، هو الخالق، المسيطر، المنشئ، المالك، المحيي، المميت، الرزاق، السميع، الآمر، الناهي، الشارع، المعبود، الواحد، مدبر الكون. يؤمن المؤمنون بأن الله هو رب السموات والأرض وما بينهما، فهو واحد لا شريك له (سورة الشعراء 26 الآية 24، 26؛ سورة النحل 16 الآية 116؛ سورة التوبة 9 الآية 30–31؛ سورة الزمر 39 الآية 3)، تُدعى هذه الصفة الإلهية في الإسلام بالتوحيد والربوبية. إن مبدأ التوحيد هو ذلك الجوهر الذي يجله الإنسان، ويلتجئ إليه في معتقده، وفي كل أعماله الدينية، حيث يكون أحب إلى قلبه مما سواه في عبادة الله الواحد، وهذا لا يليق إلا بذات الله، فالإلوهية هي إفراد العبادة لله، حيث لا يُعبد غيره، ولا يُدعى سواه. وبهذا يشكل مبدأ التوحيد جوهر الإسلام، فليس هناك إله إلا الله (سورة يونس 10 الآية 18؛ سورة يوسف 12 الآية 40).

تبين أسماء الله الحسنى وصفاته الاختلاف الوجودي بين الخالق ومخلوقاته، فوحدانية الله تعني أن الله هو خالق الكون، فهو رب كل شيء ومليكه، وبيده ملكوت كل شيء، وأمره إذا أراد شيئًا أن يقول له كن فيكون، فهو الخالق والمدبر (سورة يس 36 الآية 82؛ سورة الأعراف 7 الآية 54).

رمضان آلتنتاش

مواضيع ذات صلة: **صفات الله؛ الشهادة؛ الله جل جلاله.**

التوراة (من وجهة نظر مسيحية)

التوراة هي مصدر الدين القديم لبني إسرائيل: وتتألف من العقيدة والتعليم. وتحتوي على تاريخ تأسيس اليهودية كعهد بين اللـه والإنسان. تتكون التوراة من التعليم الشفوي والمكتوب، وهذا الأخير تلقاه موسى في سيناء والذي تم توارثه في أسفار الشريعة الخمسة. ويستند فهم اليهودية الذاتي إلى التطبيق المستمر لعقيدة التوراة وتعاليمها. فهي ليست مضمونًا مغلقًا وثابتًا لجميع العصور، بل يتم تحديثها باستمرار من خلال تفسير مصادرها. والفهم اليهودي ينطلق من تشابه أصول المصادر المتوارثة للنصوص رغم تفاوت الفترة الزمنية لكتابتها. وكافة الأقوال تستند أساسًا إلى آراء فردية. وبذلك تثار جدلية مصطلح »الوحي« باعتباره حدث فريد من نوعه. فسلطة التقليد تعود بأساسها إلى الوحي، والوحي بدوره مكفول في التقليد حصرًا. لذلك لا يمكن الإجابة علميًا بشكل مرضٍ على السؤال عن أصل العقيدة. من ناحية أخرى تفسر التوراة التطور المتواصل لتقليد أشكال اليهودية وحيويتها التي تشكّل وتطوّر كلٌ منها بحسب تقاليد خاصة. فالتقليد يتشكل بالسؤال عن مغزى التوراة وأهميتها كوحي إلهي لحالة محددة. لذلك لا يمكن تحديد معنى رسالة التوراة بشكل واضح ولا بشكل نهائي؛ بل بالأحرى يتم استنتاجه في عملية من التعليم والتعلم لا تنتهي. والتلمود كمادة للمتعلمين هو تسمية لمجموعتي النصوص الكبيرتين اللتين نشأتا ما بين القرنين الثالث والسادس الميلاديين في دُور التعليم اليهودية في بلاد بابل (التلمود البابلي) وفي فلسطين (التلمود الفلسطيني أو الأورشليمي). وهاتان المجموعتان هما نتيجة تدوين العقيدة الشفوية الأصلية في خطوتين: التكرار أو التثنية (מִשְׁנָה الميشنا) والتكملة والإتمام (גְּמָרָא الجمارا). وتطبيقها بمسؤولية هي المهمة الدائمة للمفسّر اليهودي الذي يحقق من خلالها مشيئة اللـه في العالم، وبالتالي يساهم في إتمام عملية الخلق. في القانون الكنسي المسيحي يتكون العهد القديم العبري من ثلاثة أجزاء رسمية: العقيدة (التوراة) والأنبياء (נְבִיאִים نيبيئم أو نيفيئيم) والأسفار التاريخية (כְּתוּבִים كيتوبيم أو خيتوفيم). ومن الحروف العبرية الأولى لهذه الكلمات تشكلت لفظة »תנ״ך تناخ«. والفهم المسيحي لها يختلف عن الفهم اليهودي من خلال أن المسيحية تفهم مجموعة هذه الأسفار كوحي من اللـه، ومع ختام تشكيل القانون الكتابي في القرن الخامس، تم تقديم العهد الجديد على العهد القديم. ولهذا التغيير الشكلي محاكاة من حيث المضمون أيضًا؛ فأسفار موسى الخمسة لا يتم فهمها كما في اليهودية كعقيدة وتدوين تاريخ قومي، وإنما كوحي ديني لوعود اللـه وأقواله من خلال أفعال تاريخية.

ميشائيل هاينتسمان

مواضيع ذات صلة: **العهد القديم؛ العهد؛ اليهودية؛ الوحي.**

التوراة (من وجهة نظر إسلامية)
يُطلق إسم التوراة على كتاب اليهود المقدس، الذي أنزل على موسى، حسب كتب الأحاديث ومراجع أخرى إسلامية. تُعتبر التوراة أقدم الكتب السماوية الأربعة، وهي اضافة الى التوراة، الزبور والإنجيل والقرآن. ووفقًا لما جاء في القرآن، فإن الإنجيل أنزل على عيسى، والزبور على داود، والقرآن على محمد. إلا أنه لم يتم تحديد النبي الذي أنزلت عليه التوراة. وفي حقيقة الأمر يمكن القول إن التوراة هي اسم كل ما أنزل بواسطة الوحي على أنبياء بني إسرائيل، ومنهم موسى، لهذا، نجد أن القرآن لم يذكر اسم النبي الذي أنزل عليه التوراة. مع ذلك، أصبح الرأي ثابتًا في المعتقدات والتعاليم الإسلامية والإيمانية أن التوراة أنزلت على موسى.
إنطلاقًا من تفسيرات بعض الآيات القرآنية، يؤمن أغلب المسلمين بأن نسخة التوراة المستعملة اليوم من قبل اليهود طرأ عليها تحريف مقارنةً بالتوراة الأصلية. لكن القرآن يؤكد على أن التوراة هي هدى ونور، وهذا ما ذُكر في الآية 12 من سورة الأحقاف 46، والآية 48 من سورة المائدة 5، والآية 40 من سورة البقرة 2. يرى العلماء أن التوراة مصدر للتشريع، وتحديدًا تلك النصوص التي لا تتناقض مع الآيات القرآنية. كما وضّح القرآن أن التوراة أنزلت من الله وأن الأحبار والأنبياء الذي يطبقون القواعد الموجودة في التوراة لا يقولون إلا حقًا. وأخيرًا نجد أن القرآن يحث اليهود على اتباع منهج التوراة، وذلك في الآية 44 من سورة المائدة 5. والجدير بالذكر أن القرآن لم يذكر أن التوراة طرأ عليها تحريف أم لا، كما توضح الروايات في المصادر الإسلامية، كان بحوزة اليهود في فترة حياة محمد نسخ ملفوفة ومربوطة من التوراة، وقد تم الحفاظ على لفائف في المعابد اليهودية يتمّ بسطها للقراءة من قِبل رجال الدين اليهود. وكما روى المؤرخ العربي الواقدي المتوفى سنة 207/822 طلب محمد من يهودي كان بصدد قراءة التوراة من لفافة أن يخبره عما إذا كان ما يتحدث عنه هو وصف لنبي متوقع، ثم تركه يقسم بكتابه المقدس قبل أن يجيب عن السؤال، لكن الإجابة بقيت مجهولة.
وفي السياق نفسه، يخبر الواقدي أن النبي محمدًا كان دائمًا يراعي حرمة التوراة، وذلك لأنها كتاب منزل من الله. كما يذكر أن النبي أحسن استعمال كتاب التوراة الذي قدم له خلال زيارته لإحدى المدارس الدينية اليهودية. وفي رواية أخرى للواقدي يتضح أن محمدًا أرجع بعض نسخ التوراة إلى اليهود بعدما سقطت في أيدي المسلمين إثر غزوة خيبر سنة 628 بعد الميلاد.

باقي آدم

مواضيع ذات صلة: **الكتب المقدسة؛ اليهودية؛ الزبور.**

مصادر الحديث:
الواقدي، المغازي، جزء 2، صفحة 680 و681.

الثأر (من وجهة نظر إسلامية)
ظاهرة الثأر هي تلك العقلية والممارسة التي تتخذ من عملية القتل المتبادل بين القبائل والعشائر، أو العائلات وسيلة انتقام لأنفسهم. من المعروف أن شبه الجزيرة العربية كانت في عصر الجاهلية، حيث كان نظام القبيلة هو السائد، غارقة بعمليات الثأر والإنتقام الجماعية. فلقد كان ممكنًا آنذاك أن تؤخذ العشيرة بأكملها بذنب عملية قتل فردية، لذلك أبطل القرآن الكريم الثأر الذي كان تطبيقًا سائدًا في عصر الجاهلية وأحل محله قانون القصاص والذي ينص على معاقبة الجاني فقط وألا يؤخذ آخرون بجريرته، إضافة إلى ذلك فلقد قدم القرآن الكريم الصفح والسلام على القصاص. وعلى الرغم من أن الإسلام قد وضع قواعد وقائية جديدة حرمت هذه العُرف الجاهلي إلا أن الثأر ظل يُمارس في المجتمعات المسلمة، حيث تلعب الدوافع الإقتصادية، والثقافية، بالإضافة إلى الدوافع الفردية دورًا في ذلك. تُعد الحالة الإقتصادية، والنزاعات القائمة بسبب تحديد حدود قطع الأراضي، وتفشي البطالة، والفقر، إضافة إلى الصراعات الناشئة عن المصالح الشخصية من الأسباب الرئيسية التي تنتج عنها عمليات الثأر. أما فيما يتعلق بعمليات الثأر الإجتماعية والفردية فهي ناتجة عن خطف الفتيات، أو الصراعات بسبب النساء، أو بسبب القيم الخاصة بالرجولة، والجنوح إلى تطبيق العدالة الشخصية، إضافة إلى التصورات الخاصة بالشرف، والإرث، وسوء التفاهم. وعلى الرغم من أن الدين الإسلامي قد حرّم ذلك إلا أننا نجد بأن عمليات الثأر تُمارس في المجتمعات المسلمة حتى يومنا هذا.

إحسان توكر

مواضيع ذات صلة: **العنف؛ عصر الجاهلية.**

الثالوث (من وجهة نظر مسيحية)
يُعتبر الثالوث الإلهي إلى جانب التجسد (تجسد الله في يسوع المسيح) محور المفهوم المسيحي عن الله. إلا أن صياغة هذه الحقيقة الإيمانية (»الله هو كائن بأقانيم ثلاثة هي الآب والابن والروح القدس«) تعتبر نتيجة تطور عقائدي تاريخي، كانت سمات الفلسفة اليونانية فيه حاضرةً بقوة. وعلى الرغم من أن يسوع لم يعتبر نفسه الأقنوم الإلهي الثاني في الثالوث، أُسندت إليه في أسفار العهد الجديد صفات من طبيعة الله وقوته. والإيمان بأن الله كشف عن نفسه بشكل كامل في يسوع المسيح، يتطلب في نهاية المطاف قبول ألوهية يسوع (التي تم تعريفها في المجمع المسكوني الأول في نيقية عام 325). ومع تعريف ألوهية الروح القدس أيضًا (في مجمع القسطنطينية الأول عام 381) تم وضع الصياغة المفاهيمية لعقيدة الثالوث: كيان واحد في ثلاثة أقانيم. ومع مفهوم الأقنوم تحددت صفة مميزة تتمثل بشكل

معين من العلاقة: الآب والابن والروح ليسوا ثلاثة آلهة، وإنما يشكلون وحدة واحدة ويمكنهم أن يتميزوا عن بعضهم البعض فقط من خلال العلاقة التي تشكل إتمامًا للمحبة المطلقة. فالابن مولود من الآب، والروح القدس هو نفحة المحبة ورابط المحبة في هذه الوحدة. وجوهر أي لاهوت نظري مفاهيمي للثالوث المقدس ومعناه يجب أن يتجلى في معرفة أن اللـه ليس كائنًا مجردًا من الحياة، وإنما تجسيدًا حيويًا وبأعلى الدرجات للمحبة الشخصية المطلقة.

مارتن تورنر

مواضيع ذات صلة: **اللـه الآب؛ البنوة للـه؛ الروح القدس؛ التجسد؛ المحبة؛ الوحدانية.**

الثالوث (من وجهة نظر إسلامية)

الثالوث هو معتقد ديني في المسيحية يرى أن الله ثلاثة أشخاص وهم الآب والإبن والروح القدس. ورغم أن هذا المصطلح لم يستخدم في أي موضع من الكتاب المقدس بشكل صريح، فإن الآية التالية تعد أساس معتقد الثالوث: »فَٱذْهَبُوا وَتَلْمِذُوا جَمِيعَ ٱلْأُمَمِ وَعَمِّدُوهُمْ بِٱسْمِ ٱلْآبِ وَٱلِابْنِ وَٱلرُّوحِ ٱلْقُدُسِ« (إنجيل متى 28: 19). أصبح مصطلح الثالوث محور التصور المسيحي لله في القرن الرابع بعد الميلاد. وفي تلك الفترة تمّ اتخاذ القرار من قِبل مجامع الكنائس القديمة أن أشخاص الثالوث (الآب والإبن والروح القدس) هم مؤلّهون على حد سواء. وهؤلاء ثلاثة أشخاص، وهم إله واحد. وقد تمت صياغة الجملة أن الله ثلاثة أقانيم (أشخاص).

على الرغم من أن الإسلام قريب بشكل خاص من المسيحية والمسيحيين، مقارنة بأديان أخرى، فإننا نجد في تعاليمه نقدًا لتصور الثالوث الذي يُعد من أهم أركان الإيمان في الديانة المسيحية. وهو يصف أولئك الذين يعترفون بهذا المعتقد بأنهم كفار، وذلك لأن القرآن يرفض نظرية الثالوث بشدة: ﴿لقد كفر الذين قالوا إن الله ثالث ثلاثة وما من إله إلا إله واحد﴾ (سورة المائدة 5 الآية 73).

كما أن عيسى الذي يمثل عند المسحيين ثاني أقانيم الثالوث يوصف في القرآن على أنه من بني البشر ونبي:

﴿يَا أَهْلَ الْكِتَابِ لَا تَغْلُوا فِي دِينِكُمْ وَلَا تَقُولُوا عَلَى اللَّهِ إِلَّا الْحَقَّ إِنَّمَا الْمَسِيحُ عِيسَى ابْنُ مَرْيَمَ رَسُولُ اللَّهِ وَكَلِمَتُهُ أَلْقَاهَا إِلَى مَرْيَمَ وَرُوحٌ مِنْهُ فَآمِنُوا بِاللَّهِ وَرُسُلِهِ وَلَا تَقُولُوا ثَلَاثَةٌ انْتَهُوا خَيْرًا لَكُمْ إِنَّمَا اللَّهُ إِلَٰهٌ وَاحِدٌ﴾ (سورة النساء 4 الآية 171). لقد ذكر عيسى أيضًا هذه الحقيقة وأكد عليها عندما أصدر هذا الأمر: ﴿إِن اللَّهَ هُوَ رَبِّي وَرَبُّكُمْ فَاعْبُدُوهُ هَٰذَا صِرَاطٌ مُسْتَقِيمٌ﴾ (سورة مريم19 الآية 36).

إن النقد الموجه لمعتقد الثالوث الذي يذكره القرآن يوحي، وإن لم يكن بشكل واضح، بأن مريم هي أيضًا جزء من الثالوث بدلاً من الروح القدس، وهذا ما

أشارت إليه الآية 116 من سورة المائدة 5: ﴿يَا عِيسَى ابْنَ مَرْيَمَ أَأَنتَ قُلْتَ لِلنَّاسِ اتَّخِذُونِي وَأُمِّيَ إِلَـهَيْنِ مِن دُونِ اللّهِ﴾ ومن هنا نفهم أن الله (الآب) وعيسى (الابن) قد وقع ذكرهما مع اسم مريم عوضًا عن الروح القدس. مع ذلك تعتبر هذه الآية، بصرف النظر عن النقد الموجه لمعتقد الثالوث، نقدًا يظهر توقير المسحيين لمريم الذي يشبه نوعًا من التقديس.

محمد قاتر

مواضيع ذات صلة: **المسيحية، التوحيد، عيسى، مريم.**

الثيوديسيا أو العدالة الإلهية (من وجهة نظر مسيحية)

الثيوديسيا هو مصطلح صاغه غوتفريد فيلهلم لايبنيتس Gottfried Wilhelm Leibniz (1646–1716). ويشير إلى مشكلة التوفيق بين الإيمان بإله قدير وصالح وعادل، ووجود الشر والألم في العالم. وتعود أقدم صياغة لهذه المشكلة إلى الفيلسوف الإغريقي أبيقور (341–271 ق.م.). ويشير مصطلح »ثيو-ديسيا« إلى عدل اللـه وتبريره بالنظر إلى خليقته المتألمة. ولكنه في الحقيقة لا يشير إلى تبرير اللـه، وإنما تبرير الإيمان باللـه. وقد تغيرت أهمية مشكلة الثيوديسيا في سياق الزمن الحديث بشكل كبير. وكان العامل الفاصل هنا في المقام الأول نقد براهين وجود اللـه. وطالما أن المرء انطلق من إمكانية إثبات وجود اللـه منطقيًا، ومع أن السؤال عن السبب في سماح اللـه بالشر كان يطرح نفسه أيضًا، إلا أن عواقب هذا السؤال بقيت هامشية نسبيًا. وبمجرد أن المرء انطلق من عدم إمكانية إثبات وجود اللـه بشكل قاطع، لأن براهين وجوده ليست قطعية، تغيّر كل هذا. فتحول الشر والألم إلى احتجاج إلحادي خطير على الإيمان بوجود اللـه. وفي التقليد المسيحي بُذلت محاولات مختلفة لمعالجة هذه المشكلة. وجاء الحل المسيحي التقليدي مرتبطًا بعقيدة الخطيئة الأصلية، ويقول إن اللـه خلق في الأصل عالـمًا خاليًا من الألم. ولم يدخل الشر والألم والموت إلى العالم إلا بسبب خطيئة الإنسان. بهذه الطريقة تم تبرير اللـه إلى حدٍ ما على حساب الإنسان. وتعيد حلول أخرى الشر الذي يصنعه الإنسان، ما يسمى بالشر الأخلاقي أو السوء، إلى حرية الإرادة التي مثّلت قيمة متميزة وبرّرت سماح اللـه بالخطيئة وكذلك الشر الناتج عنها. ويتم تفسير الشر الطبيعي الناجم عن الكوارث الطبيعية والأمراض كنتيجة للقوانين الطبيعية السائدة في الكون. وبخلاف عالم الفردوس الخالي من الألم يحتوي العالم الحقيقي تحديات ومخاطر أدّت إلى تطور روحي وأخلاقي، إذ وقف الكثير من اللاهوتيين مشككّين أمام محاولات من هذا النوع من الإجابات وأقرّوا بعدم القدرة نظريًا على حل

المشكلة. وكانوا يرون أن مهمة الإيمان لا تكمن في تفسير وجود الشر والألم. وأن الإيمان، بدلاً من ذلك، هو الجهاد العملي والروحي في تجارب مؤلمة.

آرمين كراينر

مواضيع ذات صلة: **العدل؛ الخير والشر؛ الألم؛ الفردوس؛ الموت.**

الثيوقراطية / حكم اللـه (من وجهة نظر مسيحية)

الثيوقراطية هو مصطلح في النظرية السياسية وتشير إلى شكل حكم تعود فيه السلطة السياسية إلى اللـه. وبما أن تحكم اللـه المباشر بالمصائر السياسية مستبعد بشكل واضح، تطالب الأنظمة أو الأيديولوجيات الثيوقراطية بحكم إلهي عبر وساطةٍ من مرجعياتٍ أو أشخاص. فيصبح الحاكم نفسه مثلاً وكأنه مدعوّ من اللـه أو حتى أنه ينحدر من لدنه، أو أن تستند العمليات والقرارات السياسية إلى كتابات موحى بها من اللـه ويؤمن الناس أنه مصدرها. ورغم وجود العديد من التشابكات بين العقيدة الدينية والسلطة السياسية (كحق الإمبراطور الإلهي مثلاً، وما شابه) في تاريخ المسيحية حتى فترة متأخرة من العصر الحديث، إلّا أنه لم تكن هناك إلا حالات نادرة جدًا من الثيوقراطيات المسيحية الصريحة (مثل ثيوقراطية سافوناROLا في فلورنسا في القرن 15). ويكمن السبب في ذلك أولاً في الفصل في بدايات المسيحية بين رجال الدين، والسياسيين، ودرجاتهم الهيكلية (رجل الدين والحاكم، البابا والامبراطور). ولكن بمعنى أعمق لم تكن المسيحية تنوي تنفيذ المشيئة الإلهية بشكل مباشر في السياسة، لأن يسوع أكد بشكل صريح على أن مملكة اللـه التي أعلنها هو وباشر بها »لَيْسَتْ مِنْ هذَا الْعَالَمِ« (الإنجيل بحسب يوحنا 18: 36). فملكوت اللـه لا يستولي على هياكل الحكم السياسية بل يغيرها، لأن المحرومين والفقراء والمتضعين »الأخيرين« سيكونون »أولين« في ملكوت اللـه التي يكرز به يسوع (الإنجيل بحسب متى 20: 16). وبما أن يسوع ينظر بلا شك إلى حكم اللـه كقيمة أخروية، أي كواقع كامل لا يتحقق إلا في الحياة الثانية بعد نهاية التاريخ، وهذا الواقع لا يمكن الشروع به إلا في الزمن الحاضر من التاريخ، فيسوع يميّز بدقة بين ما هو للـه وما ينبغي تقديمه »لقيصر« (الإنجيل بحسب متى 22: 21)، أي ما يقع في نطاق السلطة السياسية. وقد خيّب عمدًا آمال جميع الذين كانوا يتوقعون منه إشعال ثورة سياسية ضد الاحتلال الروماني لمملكة يهوذا آنذاك. وانطلاقًا من هذه المقدمات لا يجوز بالمعنى المسيحي أبدًا تفويض السياسيين بتنفيذ مشيئة اللـه في العالم بشكل كامل، وربما حتى باستخدام القوة في بعض الظروف. لذلك يجب أن تُرفض كل أشكال الثيوقراطية بأنها حتمًا لا تمتّ للمسيحية بصلة. بل بالأحرى يجب أن يكون هدف أية سياسة ذات دافع مسيحي

هو تمكين جميع البشر من اتخاذ قرارات معتقداتهم بحرية، حتى وإن كانت متعارضة مع المسيحية.

مارتن تورنر

مواضيع ذات صلة: **السياسة؛ العظة؛ الدولة؛ اللاهوت؛ الدستور/القانون الأساسي.**

الثيوقراطية / حكم الله (من وجهة نظر إسلامية)
تظهر الثيوقراطية كمحاولة للحصول على شرعية إلهية للحكم السياسي، على أشكال مختلفة. الشكل الأول هو الهيروقراطية والتي تتعلق بحكم رجال الدين. وما هو عارٍ عن الصحة أن الحكم، كما يعتقد، في زمن النبي محمد وخلفائه كان هيروقراطيًّا. وذلك لأن النبي والخلفاء لم يكونوا من رجال الدين. أما الشكل الثاني للثيوقراطية فهو الملكية. حيث يكون الملك الذي يتم منح شخصيته القداسة على رأس الدولة. يلقب الملك بالتعبير المجازي في العديد من الثقافات الإسلامية بظل الله في الأرض، وخاصةً في العصر العباسي (750–1258بعد الميلاد) وفي الدولة العثمانية (1299–1923 بعد الميلاد) كان الحكام يحملون هذا اللقب، ومع ذلك لا ترى المراجع الإسلامية النظام الملكي حكمًا دينيًا، ولا توجد في طريقة حكم النبي محمد أي مبادئ مشتركة مع النظام الملكي. ثم يأتي الشكل الثالث وهو الثيوقراطية بالمفهوم العام، حيث تسير الشؤون النظامية في جميع المجالات الإجتماعية طبقًا لتعاليم مستمدةً مباشرةً من الوحي الإلهي. وهذا النوع من النظام الثيوقراطي كان موجودًا في الإسلام، والدليل على ذلك أن الآيات القرآنية التي نزلت عندما كان محمد قائدًا سياسيًا وعسكريًا تمثل في التاريخ الإسلامي ولفترة طويلة أساس الإجراءات القانونية. إلا أن القرآن نفسه لا يحدد أي شكل من أشكال نظام الحكم الذي يجب أن تسير عليه الدولة. وهذا ما أدى إلى ظهور أشكال مختلفة من الأنظمة عبر التاريخ الإسلامي، مثل الخلافة والسلطنة والإمامات. وحتى الوقت الراهن يبذل الإسلام السياسي جهودًا تهدف إلى إعادة منح تركيبة السلطة الثيوقراطية الأولوية في الحياة السياسية. مع ذلك، هناك اصوات معارضة تكشف أن الثيوقراطية تنتشر بهذه السياسة بشكل غير مناسب وبهذا تكون قد فُهمت فهمًا سقيمًا.
وهناك شكل رابع للثيوقراطية التي تحمل صبغةً أخروية، وتتعلق بنظام الحكم الإلهي في المستقبل، والفكرة تكمن هنا على أن الله سيبني مستقبلاً مثاليًا. وفي الأخروية الإسلامية يوجد إعتقاد ظهور المخلّص في آخر الزمان، الملقب بالمهدي. إلا أن هذا المعتقد يلعب دورًا في الإسلام الشيعي فقط.

حتى يومنا هذا توجد بعض الدول الإسلامية القائمة على أنظمة حكم تحمل صبغةً ثيوقراطيةً. كما أن الجدال القائم بين علماء المسلمين حول تقييم الثيوقراطية في التقاليد الإسلامية مازال مستمرًا.

إحسان توكر

مواضيع ذات صلة: **سلطة الدين؛ الخلافة؛ السياسة؛ الشورى؛ الدولة.**

الجزية (من وجهة نظر إسلامية)

الجزية هي ضريبة فُرضت على غير المسلمين فقط الذين دخلوا في ذمة المسلمين، وهؤلاء يسمون أهل الذمة. لقد نزلت الآية التي تنص على دفع هذه الضريبة الموجودة، وهي الآية رقم 29 من سورة التوبة 9، إبان الحرب بين المسلمين الأوائل والإمراطورية البيزنطية وذلك بعد غزوة تبوك سنة 630 ميلادي. وبعد دفع هذه الضريبة يتعين على المسلمين حماية حقوق الجماعات غير المسلمة، كحق العيش بسلام وحق الملكية وحق حرية المعتقد.

في بادىء الأمر تألفت جماعات أهل الذمة من اليهود والنصارى وجراء توسع المسلمين في مناطق أخرى وقع فرض الجزية على جماعات أخرى كالهندوس والبوذيين والسامريين والغنوصيين والوثنيين والبربر. بينما كان المسلمون يدفعون الزكاة كانت الجماعات غير المسلمة تؤدي الجزية التي كان الحاكم يحدد مقدارها في كل مرة.

وكانت هذه الوضعية تمنع غير المسلمين من الخدمة العسكرية أو حمل السلاح، كما كان لهم قواعد لباس خاصة بهم، كانت تتغير بتغير الخليفة ولا يسمح لهم بممارسة الوظائف العمومية. فُرضت الجزية فقط على الرجال غير المسلمين ذوي الثروات المحددة، حيث لا تُفرض على النساء والصبيان والفقراء وذوي الإعاقة العقلية أو الجسدية. في هذه الحالات كان من واجب الحكم مساعدة غير المسلمين ومساندتهم. إلى جانب ذلك كان القساوسة وذوو الرُتَب الكنسيّة معتقين من دفع الجزية. كما دعا محمد المسلمين إلى معاملة الذميين معاملة بعيدة عن كل أشكال الظلم والحرص على حماية حقوقهم وهذا ما ورد في سنن أبي داود.

ساهمت الجزية في خلق مناخ آمن مهد الطريق لغير المسلمين الذين يعيشون في ظل الإمبراطورية الإسلامية من بناء هويات دينية وثقافية معترف بها وبمظهر متعدد ومتنوع كان مقبولاً بين المسلمين، و هذا ما يسر على مختلف الجماعات الدينية تطوير مفاهيمهم الدينية وأعرافهم وتقاليدهم تطورًا مناسبًا جعلهم مستقلين في شؤونهم الدينية والداخلية. وفي مثل هذا المناخ التعايشي استطاع غير المسلمين عبر القرون الحفاظ على هويتهم وإظهارها. وكنموذج لهذا المبدأ يمكن ذِكر هذين

المثالين: بلاد الأندلس التي كانت تحت حكم المسلمين لمدة 800 سنة وأيضا الدولة العثمانية التي دامت 600 سنة وكان نصف شعبها تقريبًا من غير المسلمين.

محمد پاچجي

مواضيع ذات صلة: **الأقلية الدينية؛ الدولة.**

الجعفرية (من وجهة نظر إسلامية)

تمثل الجعفرية أحد المذاهب الشيعية المبنية على تعاليم جعفر الصادق المتوفى سنة 148/765 وتعرف هذه الطائفة أيضًا بالشيعة الإثني عشرية أو الإمامية، وذلك لأن عقيدة أتباع هذه المدرسة تقوم على تعاليم الإمامية الإثني عشرية. يُطلق إسم الجعفرية عمومًا على جميع الأشخاص والجماعات التي تؤمن أن هناك أدلة واضحة وصريحة على خلافة علي بن أبي طالب المتوفى سنة 40/661 بعد محمد وأن حكمه سيظل مستمرًا إلى غاية نهاية العالم، وذلك بواسطة الأئمة الاثني عشر الذين يتحدّرون من فاطمة بنت محمد وزوجة علي بن أبي طالب.

في بداية القرن التاسع بعد الميلاد تكونت داخل الطائفة الجعفرية توجهات مختلفة تعمل على معالجة القضايا الفقهية فمنهم من كان مؤيدًا لفكرة الاعتماد على الأخبار أو الروايات في استنباط الأحكام وهي تُعرف بالمدرسة الإخبارية. تعتبر هذه المدرسة أن أقوال محمد والأئمة، ولا سيما تلك الروايات المنسوبة لمحمد الباقر المتوفى سنة 735 / 114 وجعفر الصادق، هي المصدر والمرجع لاستخراج الأحكام الشرعية.

وكان لهذا التيار نفوذ إلى غاية منتصف القرن العاشر الميلادي، أما الفرقة الأخرى التي تتبع منهج الإجتهاد في استنباط الأحكام الشرعية من مصادرها المقررة كالقرآن والسُنة فهي المدرسة الأصولية. ترى هذه المدرسة أن العقل والإجتهاد والقياس في استنباط الحكم الشرعي من المصادر الموثوق بها، وهذا ما أكده القرآن والسُنة حسب رأيهم، وبهذا الفكر يكونون قد وضعوا حجر الأساس لعِلم فقهي مستقل.

ولكن هناك علماء من مدينة قم اختاروا التوجه الفكري الأول، وبالتالي كانوا معارضين لكل أشكال الإجتهاد والإستدلال القياسي والتفكير الجدلي. وبضعف نفوذها بدأ العصر المعروف بعصر الازدهار الكلامي الذي لعب فيه الشيخ المفيد المتوفى سنة 413/1022 وتلميذه شريف المرتضى المتوفى سنة 436/1044 وأبو صلاح الحلبي المتوفى سنة 447/1055 دورًا مهمًا، وأيضًا أتباعهم الذين قاموا بشرح مؤلفاتهم وبذلك لقبوا بالأصوليين. عاش المذهب الجعفري عصرًا جديدًا و ذلك عند ظهور أبي جعفر محمد بن الحسن بن علي بن الحسن الطوسي المتوفى سنة 460/1067 الذي سعى فيما بعد إلى توحيد صفوف المذهبين. كما كان يطمح

أيضًا لخلق نظام في الفقه الشيعي على غرار نموذج المذاهب الفقهية السنية الأربعة.

شهدت العقيدة والتعاليم الفقهية الجعفرية تطورًا مهمًا خلال الدولة الصفوية الذي امتد حكمها من سنة 1501 إلى سنة 1722 بعد الميلاد. أظهر الصفويون، وهم سلالة من آل صفويان نشأت في شمال إيران وتحديدًا في أردبيل، ميلاً للمذهب الجعفري وذلك أثناء زعامة الجنيد المتوفى سنة 864/1460. وخلال حكم الشاه إسماعيل المتوفى سنة 930/1524 تم إقرار المذهب الجعفري مذهبًا رسميًا للدولة الصفوية.

وفي هذا العصر استظهر أتباع المنهج الاجتهادي على الفِرَق الأخرى استظهارًا قويًا جدًا وهناك نشروا هذا الرأي وهو أن على الجماعة الشيعية استنباط الأحكام بواسطة العلماء اثناء غيبة الإمام الأخير، وطبقًا لذلك وجب ظهور العلماء أو الخضوع لعالِم محدد وهو ما يسمى بمنهج التقليد.

واستنادًا لهذا المنهج الفكري، ازدهرت تعاليم ولاية الفقيه التي يعتبر صاحبها قائد الثورة الإيرانية الخميني المولود سنة 1902 والمتوفى سنة 1989. يرى الخميني أن دور العلماء ينبغي أن يعادل دور النبي، لذلك عليهم إنجاز مهمتهم وأيضًا امتلاك نفوذ سياسي في غيبة الإمام الثاني عشر، كما أن أتباع المذهب الجعفري لا يوافقون في وجهات نظر معينة الآتية من مذاهب فقهية أخرى، فالإختلاف يظهر مثلاً في تأييد أصحاب المذهب الجعفري زواج المتعة الذي يسمح للرجل المتزوج بزواج مرأة غير متزوجة أو أرملة لفترة محددة من الزمن، كما يؤيد المذهب الجعفري جواز جمع الصلوات الخمس ونظرية الأئمة معصومون.

يقر الدستور الإيراني اليوم الفكر الجعفري مذهبًا رسميًا للدولة، لذلك يعيش معظم أصحاب المذهب الجعفري في إيران، ثم تأتي دول أخرى كالعراق وأذربيجان ولبنان والبحرين وسورية وأفغانستان والسعودية وباكستان وبنغلاديش والهند، أما في تركيا وتحديدًا في مدينة قارص وأرداهان وإغدير فهناك أتراك ذوو أصول أذربيجانية من أنصار العقيدة والتعاليم الفقهية الجعفرية، وكذلك الفرقة العلوية القزلباشية وجماعة البكتاشية الحاملتان للوسام الصفوي اللتان تتبنيان أيضًا المذهب الجعفري، إلا أن هذا التبني يحمل صورةً رمزيةً نوعًا ما، فهو يقوم فقط على الإعتراف بالقيادة الفكرية لجعفر الصادق دون الرجوع إلى تعاليمه الفقهية.

سونمز قوتلو

مواضيع ذات صلة: **الفتوى؛ الخلافة؛ المذاهب الفقهية.**

الجماعة (من وجهة نظر مسيحيّة)
تُعتبر الجماعة في استعمال الكنيسة اللغويّ اتحادًا متجذّرًا في إيمان مشترك لأشخاص يعترفون بإنجيل يسوع المسيح ويقيمون الاحتفال بخدمة الصلاة. فالجماعة هي التجلّي المكانيّ لكنيسة يسوع المسيح الواحدة المقدّسة الجامعة الرسوليّة. ويحمل مصطلح ايغليزيا (كنيسة، جماعة) في نصوص العهد الجديد معنى مزدوجًا، الأوّل هو الكنيسة بمعنى الجماعة كاملة والثاني بمعنى مكان أو بيت الجماعة. وتجري عمليّة القبول في الجماعة من خلال المعموديّة ويتمّ تأكيدها في احتفال الإفخارستيا/عشاء السيّد (كورنثوس الأولى 11–12). بالنسبة إلى بولس فالجماعة المجتمعة هي جسد المسيح (كورنثوس الأولى 12: 12–27). نشأت الجماعات المسيحيّة الأولى في المدن. وتتمّ هيكلة الجماعة من خلال وظائف معيّنة. ففي العصور الأولى تشكّلت هيكليّات متعدّدة جرى توحيدها بادئ ذي بدء تدريجيًّا. إلا أنّه تمّت المحافظة بشكل دائم في جميع التغييرات الحاصلة على الرتب الرئيسة والشرفيّة والثانويّة. تعدّ رتبة الأسقف والكاهن والشمّاس من أهمّ الرتب المعروفة في أيّامنا. لقد قادت عمليّة الإصلاح معتمدة على الجماعات السياسيّة إلى توطيد الجماعة المكانيّة، فكان ثمن الاستقلال المتمادي عن التراتبيّة الكنسيّة زيادةٌ في نفوذ الدولة. في المجال الكاثوليكيّ حقّق مفهوم الجماعة في كونها جماعة نقلته النوعيّة في المجمع الفاتيكانيّ الثاني أوّلاً (1962–1965)، فقبل ذلك كان يتمّ التأكيد على الجانب القانونيّ المؤسّساتيّ والمكانيّ لوحدة الإدارة والرعاية الروحيّة. وتبيّن تسمية جماعة الرعيّة الناشئة حديثًا هذا التغيّر الحاصل. فالرعية أو كنيسة الجماعة كانت البرنامج المعياريّ الجديد لإنعاش الحياة الداخليّة الكنسيّة، فأضحى الحضور الفعّال والمشاركة المسؤولة في التصميم بالإضافة إلى التضافر الشخصيّ عناصر جوهريّة في شكل الجماعة الاجتماعيّ. في غضون ذلك توقّفت عجلات هذا المشروع الإصلاحيّ بسبب النقص في المال وفي عدد الكهنة وبسبب التغيّرات الاجتماعيّة أيضًا. ويتمّ تشييد مراكز رعاية روحيّة من دون وجود أفق لسياسة خطّة جديدة في ما يتعلّق بالشكل الاجتماعيّ للكنيسة. إنّ حركيّة التنقّل العالية واستنساخ الأوساط المجمّلة وأشكال التواصل الجديدة غير المرتبطة بمكان كما عمليّات التحطيم المتعدّدة للتقاليد تشكّل التحدّيات الراهنة لمفهوم الجماعة. ويبقى المطلوب من الجماعة تكوين الخيارات المناسبة في كيفيّة خلافة يسوع وكذلك في الاهتمام بالفقراء والمحتاجين خاصّة.

ماركوس فوغت

مواضيع ذات صلة: **الرتب الكنسيّة؛ الشماسة؛ الإنجيل؛ خدمة الصلاة؛ الرعويّة؛ الهندسة المعماريّة الدينيّة؛ المعموديّة.**

الجماعة (من وجهة نظر إسلامية)
مصطلح الجماعة هو مصطلح اجتماعي يصف، مقارنة بالمجتمع ككل، جماعة صغيرة متجانسة من الناس الذين يؤمنون بمعتقد واحد ولديهم نفس القيم، وأسلوب التصرف، ويعملون دائبين في سبيل نفس الأفكار، وتربطهم صلة وثيقة وشخصية ببعضهم بعضًا.
يصف مصطلح الجماعة في الإسلام أولئك الذين يقيمون شعيرة الصلاة مع الجماعة، إذ إن هناك واجبًا دينيًا يقع على الجماعة ألا وهو إقامة صلاة الجمعة، وصلاة العيدين في جماعة، ويُستحسن كذلك إقامة الصلوات الخمس اليومية أيضًا مع الجماعة في المسجد. فالغاية من الدعوة إلى إقامة الصلاة مع الجماعة تكمن في رؤية المسلمين لبعضهم بعضًا مرارًا، وفي تبادل خبراتهم وتجاربهم، وفي تقديم المساعدة لمن يحتاجها.
إضافةً إلى ذلك يأتي مصطلح الجماعة كجزء من مصطلح »أهل السُنة والجماعة«، وهم أولئك الذين يمثلون التيار الرئيسي الذي يتبع سُنة النبي محمد.
أما اليوم فإن مصطلح الجماعة يُستخدم أحيانًا لوصف الجماعات الدينية الجديدة.
إحسان چاپچي أوغلو

مواضيع ذات صلة: **الاعياد**: **القِبلة**؛ **الواجبات**؛ **الدين**؛ **التضامن**؛ **السنّة**؛ **المذاهب الفقهية**.

الجمعة (من وجهة نظر إسلامية)
يُعد يوم الجمعة في الإسلام من أهم وأفضل الأيام ليس فقط لأن المسلمين يقيمون في هذا اليوم من كل أسبوع شعائر صلاة الجمعة وإنما أيضًا لأن أهم الأحداث الدينية حصلت أو سوف تحصل في يوم الجمعة. لقد ورد في المراجع الإسلامية الكثير في فضل يوم الجمعة وفي بركة صلاة الجمعة. فقد ورد في صحيح مسلم عن أبي هريرة عن النبي محمد أنه قال: »خير يوم طلعت عليه الشمس يوم الجمعة ففيه خُلِق آدم وفيه أُدخل الجنة وفيه أُخرج منها وفيه تاب الله عليه وفيه مات وفيه تقوم الساعة« (أنظر صحيح مسلم). ولفضل هذا اليوم المبارك فقد شرفه الله بالذكر والثناء في القرآن حيث أنزل سورة كاملة تُسمى سورة الجمعة. يحث الله في هذه السورة المؤمنين على السعي إلى أداة صلاة الجمعة عندما ينادي المؤذن للصلاة وإلى ترك البيع والشراء أثناء الصلاة (سورة الجمعة 62 الآية 9). أما أول صلاة جمعة للنبي محمد فقد كانت أثناء هجرته إلى المدينة في واد يُدعى وادي رانوناء، حيث أقام صلاة الجمعة وخطب بالمسلمين. أما فيما يخص قواعد صلاة الجمعة فقد وضعها النبي محمد من خلال تطبيقه لها، وثبت أصولها الفقهاء من بعده. تتكون صلاة الجمعة من ركنين أساسين وهما ركعتان والخطبة قبلهما، أما فيما يخص وقت الجمعة فقد اختلف العلماء في ذلك، فذهب الجمهور إلى أن وقتها هو الظهر.

ومن سنن يوم الجمعة الإكثار من الصلاة على النبي محمد، وقراءة سورة الكهف 18، والاغتسال، والتطيب، ولبس أجمل الثياب. وهناك ساعة من يوم الجمعة يُقبل فيها الدعاء، لذلك يجب على المسلم أن يكثر من الدعاء في هذا اليوم. ومن بركات هذا اليوم أن الله يغفر لعباده ما ارتكبوا من آثام وخطايا ما بين الجمعتين، فلقد قال النبي محمد »من اغتسل ثم أتى الجمعة فصلى ما قدر له ثم أنصت حتى يفرغ الإمام من خطبته ثم يصلى معه غفر له ما بينه وبين الجمعة الأخرى وفضل ثلاثة أيام« (أنظر صحيح مسلم). لقد اتفق الفقهاء على أن صلاة الجمعة لا تجب على النساء. لكن النساء يشتركن أحيانًا بالصلاة يوم الجمعة في بعض البلدان الإسلامية. لا يُعتبر يوم الجمعة يوم راحة وإنما يوم عيد متكرر لكل المسلمين (انظر سنن ابن ماجة).

خالد أونال

مواضيع ذات صلة: **الأعياد؛ المرأة؛ الفرائض الدينية؛** آداب **النظافة؛ صيغ التبرك؛ الاعتراف بالخطيئة.**

مصادر الحديث:

1- صحيح مسلم، كتاب الجمعة، باب 18 فضل يوم الجمعة، رقم الحديث: 1977، عن أبي هريرة.
2- صحيح مسلم، كتاب الجمعة، باب 26 فضل من استمع وأنصت إلى الخطبة، رقم الحديث: 1987، عن أبي هريرة.
3- صحيح مسلم، كتاب الجمعة باب 21–22 هداية هذه الأمة ليوم الجمعة، رقم الحديث: 1981، عن أبي هريرة.
4- سنن ابن ماجه، كتاب إقامة الصلوات، باب 166 ما جاء فيما اجتمع العيدان في يوم واحد، رقم الحديث: 1311، عن ابن عباس.

الجنّة (من وجهة نظر مسيحية)

الجنّة بالمعنى الأعم هو تعبير مجازي لحالة الوجود البشري بحسب مشيئة اللـه. وعلى مر التاريخ الديني اليهودي – المسيحي شهد هذا المصطلح تغييرًا كبيرًا في معناه. فالفردوس كلمة دخيلة من اللغة الفارسية القديمة، والتي تعني مكانًا مسوّرًا أو حديقة على الأرض (ولا سيما الحديقة الملكية)، ووردت في العهد القديم، كما في سفر نشيد الأنشاد 4: 13. لم تكن الحديقة الملكية من أجل استرخاء الحاكم فحسب، بل وكانت أيضًا رمزًا طقسيًا للكون الذي ينظمه البلاط الملكي المحاط بالعالم الفوضوي وغير المنظّم. يقول الكتاب المقدس في نسخته العبرية في سياق عملية الخلق إن اللـه خلق لأول زوجين من البشر ما سميت بـ»جنّة عدن« كأفضل مكان ممكن للسكن على الأرض (سفر التكوين 2–3). وفي الترجمة اليونانية للعهد القديم (الترجمة السبعينية) تمت ترجمة »جنّة عدن« إلى مصطلح »فردوس«. و جنّة

عدن بما فيها من أشجار وموقع جغرافي (سفر التكوين 2: 1–14) يوحي ربما بقرب موقع الجنّة من مدينة القدس، وكذلك تعيين الإنسان الأول للعمل فيها وحراستها، تقابل هذه الحديقة منشأة الحدائق الملكية في الشرق القديم. علاوة على ذلك فإنه عندما يذكر النص الكتابي أنه في حديقة عدن توجد شجرة الحياة وشجرة المعرفة [معرفة الخير والشر]، فإن هذا ليس إلا تعبيرًا تصويريًا لحضور صفات إلهية هناك. وبسبب تجاوز وصية اللـه بعدم الأكل من هاتين الشجرتين طُرد آدم وحواء في النهاية من الفردوس.

ونظرًا لمفهوم توافق الأزل (بداية الخلق) والأبد (يوم الدينونة) فإن هذا الفردوس، في العهد القديم وزمن بداية اليهودية، مرتبط بالرجاء باستعادة الموطن الحيوي المثالي في نهاية الأزمنة ووصول المفديين أخيرًا إلى مساكن أبدية (سفر إشعياء 11: 6–9؛ سفر أخنوخ الإثيوبي 25: 4 وما بعدها). وفي العهد الجديد ذُكر الفردوس ثلاث مرات فقط. فهو في الإنجيل بحسب لوقا 23: 43 مكان الموتى الأتقياء. سيأكل فيه الأبرار من شجرة الحياة (سفر رؤيا يوحنا 2: 7). كما أنه المسكن الإلهي ومكان الوحي ولا يمكن الإنسان الدخول إليه إلا في حالة الاختطاف الروحي بشكل كامل (رسالة بولس الرسول الثانية إلى كورنثوس 12: 4). لاهوتيًا، من الأهمية القصوى أن مصطلح الفردوس لا يعني تصورات غير منضبطة للسعادة، بل يشير إلى توجه ديني أخلاقي. وبهذا المعنى فإن تصور الفردوس في التقليد الكتابي قد أُشبع بفكرة العدالة الإلهية.

مارتن أرنيت

مواضيع ذات صلة: **العدالة؛ الرجاء؛ الدينونة.**

الجنة (من وجهة نظر إسلامية)

الجنة هي مكان سعادة الآخرة وجزاء لمن آمن وعمل عملاً حسنًا صالحًا. كما تُعتبر أيضًا دار الحياة الأبدية فيها كل نِعَم الله وخالية من كل أنواع الألام والشدائد.

ذُكرت كلمة الجنة في 147 موضعًا من القرآن، منها الآية رقم 107 من سورة الكهف 18 والآية رقم 11 من سورة المؤمنون 23. وقد وردت بعدة مرادفات كالنعيم أو جنة النعيم في الآية رقم 8 من سورة لقمان 31 والآية رقم 22 من سورة المطففين 83، وجنة عدن في الآية رقم 23 من سورة الرعد 13 والآية رقم 76 من سورة طه 20، كما سُميت الجنة أيضًا بدار السلام وذلك في الآية رقم 127 من سورة الأنعام 6 والآية رقم 25 من سورة يونس 10. كما أشار القرآن وتحديدًا في الآية رقم 50 و66 من سورة الرحمان 55 أن الجنة هي مكان تجري فيها العيون. أما في الآية رقم 15و136 و195 و198 من سورة آل عمران فقد ذُكر أن تحت الجنة أنهارًا تجري. وفي الآية رقم 11 إلى 12 والآية رقم 68 من سورة

الرحمان 55 ومن الآية رقم 28 إلى غاية الآية رقم 32 من سورة الواقعة 56 ذكر بأن في الجنة فاكهة وشتى أنواع النباتات. فهناك يوجد ما تشتهيه الأنفس وما تلذ الأعين (الآية رقم 71 من سورة الزخرف 43؛ الآية رقم 32 من سورة فصلت 41). إلى جانب ذلك يخبر القرآن أن آدم وزوجته (إسم حواء لم يذكر في القرآن) عاشا في الجنة ولكنهما أخرجا منها وجُعلت الأرض مستقرًا لهما وذلك بسبب عصيانهما.

وعلى الرغم من أن عظمة الجنة وصفت في الآيات القرآنية والنصوص المأثورة إستنادًا ألى النعم الإلهية في الحياة الدنيا، فإن عقل الإنسان عاجز على إدراكها واستيعابها والدليل على ذلك في الآية القرآنية الآتية ﴿فَلَا تَعْلَم نَفْس مَا أُخْفِيَ لَهُمْ مِنْ قُرَّة أَعْيُن﴾ (سورة السجدة 32 الآية رقم 17)، كما يوجد أيضًا حديث رواه البخاري يخبّر فيه الله أنه أعد لعباده الصالحين في الجنة ما لم ترَ عين ولا سمعت أذن ولا خطر على قلب بشر.

أما فيما يتعلق بمسألة إمكانية النظر إلى الله في الجنة ففيها إختلاف بين جمهور الفقهاء. فأهل السنة يقرون بذلك، أما المعتزلة فيرون العكس.

إن شعور الأمل في دخول الجنة يمنح طاقة للإنسان تجعله قادرًا على اجتياز مصاعب الدنيا ومستعدًا للتضحية. والإسلام دين يعطي التوجيه الفكري مكانة هامة أن الوصول للجنة لا يُعد الهدف النهائي بل رضا الله. وبهذا يكون دخول الجنة نعمة إضافية من الله.

إسماعيل حقي أونال

مواضيع ذات صلة: **الآخرة؛ يوم الدين؛ المكان ما بين السماء والنار؛ الجنس؛ العقاب والمكافأة.**

الجهاد (من وجهة نظر إسلامية)

الجهاد هو بذل واستفراغ ما في وسع وطاقة الإنسان من قول أو فعل وذلك لمرضاة الله ولإسعاد الإنسان، فهو السعي الاستثنائي في سبيل الله، وهو لا يضم القتال فقط، وإنما أيضًا كل مناظرة، أو مجادلة أخلاقية وروحية. لقد ورد في الفقه الإسلامي إلى جانب مصطلح الجهاد مصطلح آخر مشتق من نفس جذر الكلمة ألا وهو الإجتهاد، فالإجتهاد يضم تلك الجهود العقلانية والفكرية في فهم وتفسير الدين والحياة.

وردت كلمة جهاد في القرآن لأول مرة في (سورة الفرقان 25 الآية 52)، حيث أمر الله النبي محمدًا أن يجاهد الكفار وإنه سوف يحظى بتأييد ونصر من الله.

يهدف الإسلام في المقام الأول إلى أن يعيش الإنسان حياة تكون فيها علاقته بنفسه وبالآخرين وكذلك بخالقه أخلاقية وحازمة المنهج. ومن هذا المنظور ينبغي على

الإنسان أن يستكشف حدوده، وأن يجتهد بمعرفة خالقه. فالإنسان ملزم بإيجاد الحقيقة، وبإدراك السبل المتنوعة التي يمكن أن تقوده إليها. فلقد أكد القرآن على أن جهاد المسلمين لن يذهب سدى (سورة العنكبوت 29 الآية 69).
هناك علاقة وطيدة بين مصطلح الجهاد وبين معنى وجود الإنسان. فلقد ورد في القرآن أن الإنسان قد خُلق لكي يعبد الله مخلصًا له الدين، ولكي يستطيع الإنسان أن يعبد ربه كما ينبغي يجب عليه أن يعرف جوهر الخالق الذي يعبده، وأن يكون هدفه الأول معرفة الله. فعلى الإنسان أن يتخذ كل تدابير الجهاد الممكنة، وأن يستغل كل الإمكانيات والقدرات التي منحه الله إياها بشكل مناسب، ومن أُولى هذه النعم نعمة التفكير.
يلاقي الإنسان في رحلته لإيجاد الحقيقة والفضيلة التي تقربه إلى الله الكثير من العقبات الداخلية والخارجية التي يجب أن يتعامل معها، فلقد تجسدت هذه الحقيقة في حديث النبي، حيث بعد الرجوع من إحدى الغزوات بأنهم رجعوا من الجهاد الأصغر إلى الجهاد الأكبر، أي وجوب تخطي العقبات الداخلية (أنظر العجلوني).
وبذلك يتضح مما سبق بأن الجهاد هو كل دفاع أخلاقي ومشروع ضد التهديدات والهجمات الموجهة ضد كرامة الإنسان، ودينه، وعائلته، ووطنه، وهذا يعني أن الجهاد يُعتبر حربًا مبررة ومشروعة في الحالات الاستثنائية كالدفاع عن النفس (سورة الحج 22 الآية 39). أما ذلك الجهاد الذي يدعو إلى حرب لا مبرر فيها سواء كانت ضد غير المسلمين، أم ضد أولئك الذين يُدْعَونَ بالمسلمين غير المؤمنين، فإنه مسألة غير صحيحة وليس من الدين في شيء، وذلك لأن الإسلام في جوهره يدعو إلى منهج حياة يهدف إلى السلام والطمأنينة والهناء.
أنـگين أردم

مواضيع ذات صلة: **السلام السياسي؛ العنف؛ الحرب؛ السياسة؛ الحقيقة.**

مصادر الحديث:

العجلوني: كشف الخفاء ومزيل الإلباس عما اشتهر من الأحاديث على ألسنة الناس، ص 486، رقم الحديث: 1362.

جهنّم (من وجهة نظر مسيحيّة)
إنّ جميع الأقوال حول العالم الآخر ليست حسب المفهوم المسيحيّ تحديدات مكانيّة ، بل هي أقوال حول طريقة وجود الإنسان. يصوّر الإيمان المسيحيّ جهنّم بطريقة مجازيّة كنقيض للسماء: إنّه وجود للإنسان في جبروته الذاتيّ منفصل إلى الأبد وبطريقة نهائيّة لا يمكن إلغاؤها عن الله.
ووفقًا لصورة العالم في الكتاب المقدّس بالإضافة إلى صورته في القرون الوسطى على حدّ سواء تربط جهنّم في الأصل أيضًا بتصوّر العالم السفليّ المظلم الواقع

تحت سطح الأرض (جيهينا، شؤول)، حيث يتابع الأموات وجودهم كظلال حسب الاعتقاد الشعبيّ. وفي حين أنّ هذا هو تصوّر العهد القديم، فإنّ تصوّر النار الأبديّة كعقاب هو تصوّر حديث انتشر في الواقع في زمن العهد الجديد. والحاسم في مفهوم الكتاب المقدّس أنّ الله له القدرة أيضًا في العالم السفليّ وعليه، وأنّ البشر هناك ليسوا بمفصولين عن الله، ولكنّهم موجودون هناك بطرق مختلفة، كلّ حسب حياته على الأرض.

كما هو الحال بالنسبة إلى السماء تمّ إلغاء المعنى الصوريّ الفلكيّ لتعبير جهنّم، الذي أضحى الآن فقط استعارة بلاغيّة لحالة الانفصال الأبديّ عن الله، أي للعنة. ويجب التأكيد مرارًا وتكرارًا في الرؤيّة المسيحيّة على أن الملعونين في جهنّم هم أيضًا مخلوقات الله ويبقون كذلك، والله كخالقٍ باقٍ يمنحهم كينونتهم. هذا الأمر يقف حائلاً دون نقل مشاعر شخصيّة أو جماعيّة بالانتقام من الله. جهنّم أوّلاً ليس واقع الأشرار أو من يعتبرون كذلك، وإنّما هي الإمكانيّة الشخصيّة المظلمة لقول كلمة »لا« في حريّة وبشكل لا رجوع عنه. فكلّما ازداد أخذ الإنسان أو المؤمن حريّته (أي لكونه الشخصيّ) على محمل الجدّ، كلّما ازداد اعتباره لهذه الإمكانيّة المظلمة. وما إذا كان ممكنًا أن يريد الإنسان في جبروته الخاص الانفصال نهائيًا عن الله، وفي الوقت نفسه توجيه الامتنان له على وجوده، فهذا أمر لا يمكن لأيّ إنسان معرفته. وسيكون مطابقًا لصورة الله في الإيمان المسيحيّ، بشكل لا يمكن معارضته، عندما لا يسمح الله في عظيم محبّته لأيّ إنسان أن يبتعد عنه.

أوتو هيرمان بيش

مواضيع ذات صلة: **القدرة كليّة؛ السماء؛ المحبّة؛ الشخص.**

جهنم (من وجهة نظر إسلامية)

جهنم، طِبقًا للمفهوم الإسلامي، هو ذلك المكان في الآخرة والذي سوف يُعاقب فيه الملحدون والآثمون. لقد وردت كلمة جهنم ومرادفاتها في القرآن في 77 آية (سورة البقرة 2 الآية 39، 81، 126؛ سورة النازعات 79 الآية 39؛ سورة القارعة 101 الآية 9؛ سورة الهُمَزة 104 الآية 4 - 6). ومن ضمن ما جاء في القرآن بأن لجهنم سبعة أبواب (سورة الحِجْر 15 الآية 44). أما أكثر عقوبة ذُكِرت في القرآن فهي عقوبة النار (سورة آل عمران 3 الآية 131؛ سورة التوبة 9 الآية 35)، وفيما ذُكِر أيضًا الحميم (سورة الأنعام 6 الآية 70؛ سورة الحج 22 الآية 19)، وعذاب السَّمُوم (سورة الطور 52 الآية 27).

يرى القرآن أن الأعمال التي يقوم بها الإنسان والنابعة عن الإرادة الحرة، هي التي تُدْخِل صاحبها إلى النار أو إلى الجنة. فهناك صنفان من الناس الذين يُعَذَّبون في جهنم؛ أما الصنف الأول فيضم أولئك الذين تعدوا حدود الله وشرائعه من خلال

انكارهم لوجوده تعالى، وعبادتهم آلهة أخرى، وتظاهرهم بالإيمان والنفاق. فإذا لم يُظْهِر الإنسان في هذه الدنيا ندمه على هذه الأفعال ويرتد عنها فإنه سوف يدخل النار (سورة البقرة 2 الآية 24؛ سورة آل عمران 3 الآية 140؛ سورة النساء 4 الآية 145؛ سورة الأحزاب 33 الآية 73). تقول بعض الآيات بأن هؤلاء العاصين سوف يخلدون في النار (سورة البقرة 2 الآية 39؛ سورة آل عمران 3 الآية 116؛ سورة التوبة 9 الآية 68؛ سورة البينة 98 الآية 6). يرى بعض الفقهاء المسلمين أن مصطلح الخلود لا يعني الخلود الأبدي. فعندما يتحدث القرآن عن الخلود في النار فهذا يعني بأن بعض الناس سوف يبقون في النار مدة أطول من غيرهم من العاصين. وهناك مناقشة قائمة منذ وقت طويل تبحث في رأي بعض العلماء المسلمين القائل بأن للعقوبة نهاية.

أما الصنف الثاني من أهل النار فيتكون من المؤمنين الذين بخسوا حقوق الآخرين. وهنا يُعَدّ من أهل هذا الصنف أولئك الذين ألحقوا الضرر ببيئتهم، وبحياة، وملكية، أو شرف الآخرين عن قصد، كالقتلة، واللصوص، والطغاة، والأفّاكين، والزناة، والهمّازين اللمّازين، والمخادعين، إلخ (سورة النساء 4 الآية 93؛ سورة المائدة 5 الآية 38؛ سورة إبراهيم 14 الآية 22؛ سورة الكهف 18 الآية 29؛ سورة الزُّمُر 39 الآية 60؛ سورة النساء 4 الآية 10؛ سورة الفرقان 25 الآية 68؛ سورة النور 24 الآية 4).

عندما يندم هؤلاء الناس في حياتهم على ما أذنبوا فإن الله واسع المغفرة، فلقد ورد في إحدى آيات القرآن: ﴿إِن تَجْتَنِبُواْ كَبَائِرَ مَا تُنهَوْنَ عَنهُ نُكَفِّرْ عَنكُمْ سَيِّـاَتِكُمْ وَنُدْخِلْكُم مُّدْخَلاً كَرِيمًا﴾ (سورة النساء 4 الآية 31). فمن أصر على المعاصي فإنه سوف ينال أشد العذاب في النار. ولكن ثمة إجماع كبير في الرأي بين علماء المسلمين بخصوص هذا الصنف من الناس مفاده، أن هؤلاء الناس يعاقَبون على قدر معاصيهم ثم يُخرجهم الله من النار. فلقد جاء في القرآن أن الله لا يظلم مثقال ذرة (سورة النساء 4 الآية 40؛ سورة يونس 10 الآية 44). وطِبقًا لعدل الله المطلق يستطيع أولئك المؤمنون الذين يعملون الصالحات الفوز بالجنة، بينما تهدد عقوبات النار الملحدين، والمنافقين، والعاصين.

إسماعيل حقي أونال

مواضيع ذات صلة: **النجاة؛ الثواب والعقاب؛ المعصية؛ الإعتراف بالخطيئة.**

الحب (من وجهة نظر إسلامية)
الحب هو تجربة لا تعرف حدودًا، فهو أساس العلاقة بين الله والانسان وأيضًا العلاقة التي تربط ما بين البشر، ومن هذا المنطلق يمكن فهم الرحمة المذكورة في السورة 21 الآية رقم 107 التي يخاطب فيها الله محمد خطابًا يحمل معنى الحب: ﴿وَمَا أَرسَلنَٰكَ إِلَّا رَحمَةً لِّلعَٰلَمِينَ﴾.
إن الحب عند الله تعالى أمر ضروري، لذا نجد أن رحمته التي تدل على الحب وسعت كل شيء، وهذا ما ورد في سورة الأنعام 6 الآية رقم 12: ﴿كَتَبَ عَلَىٰ نَفسِهِ ٱلرَّحمَةَ﴾. وفي سورة الأعراف 7 الآية رقم 156: ﴿وَرَحمَتِي وَسِعَت كُلَّ شَيءٍ﴾. ويمكن تفسير كلمة الرحمة الواردة في الآيات المذكورة بالحب، وذلك لأن المعنى الأساسي لكلمة الرحمة المستعملة في كل اللغات السامية كالعربية والآرامية والعبرية هو الحب. حتى أن السياق الذي وردت فيه هذه الآيات يؤيد هذا التفسير.
وعلى هذا يتجلى أن الحب هو أساس الدين وأن الخلق كله في الكون آثار حب الله الذي ليس له حدود، فالله يخلق كل شيء يمنح الإنسانية الخير والسعادة بالرحمة أي يعتبر هذا العطاء علامة من علامات حب الله للخلق.
إن كلمة رحمة قد ذُكرت في سبعة وتسعين موضعًا في القرآن، وقد استعملت لتدل على عدة نِعَم أنعم بها الله على الإنسان، كالغيث والقرآن والأنبياء، وبهذا تكون النِعم لا شيء آخر إلا علامة رحمته وحبه لنا ﴿فضل الله عليكم ورحمته﴾، فكل النِعم التي أفضاها الخالق على الإنسان هي دليل على حبه الذي لا نهاية له، وهكذا وصف الله نفسه بأنه الرحمان الرحيم وهما اسمان مشتقان من نفس الجذر، ومنه كلمة رحمة. وبهذا المفهوم يمكن القول أن الله هو الحب، أي لا أحد قادر على أن يفوق درجة حبه وهذا معنى عبارة ﴿أرحم الراحمين﴾ التي وردت في سورة الأعراف 7 الآية 151 وسورة يوسف 12 الآية 64 و92 وسورة الأنبياء 21 الآية 83. أما عبارة الودود فقد ذُكرت في القرآن مرتين، مرة في سورة هود 11 الآية 90 وفي سورة البروج 85 الآية 14.
لقد ذكر محمد في عدة أحاديث جانب الحب في الدين، ثم إجتهد فيه الكثير من المسلمين وخاصة الجماعات الصوفية التي عملت على نشر تعاليم القرآن القائمة على الحب.
إن الإنسان الذي يفقد صلته بالله يعاني من حالة التغرّب، فإن كل شخص يفقد الرغبة في العيش جراء هذه الحالة لا يستطيع أن يعود الى حالته الإنسانية من جديد إلا عن طريق الحب، وعلى هذا يكون الحب ركيزة كل دين سماوي. كما أن الحب لا يُفهم إلا في هذا السياق الشامل، لأن الإسلام دين يهدف لزرع الحب في قلوب البشر وإعلانه كمبدأ يحدد مصيرهم.

صالح آقدمير

مواضيع ذات صلة: **الرحمة؛ النعمة؛ القرآن؛ الرزق؛ حب الآخرين؛ الدين.**

الحج، زيارة الأماكن المقدسة (من وجهة نظر مسيحية)

المقصود بزيارة الأماكن المقدسة أو الحج هو السفر أو القيام برحلة إلى مكان مقدّس بهدف التوجّه داخليًا لحدث الخلاص المحتفى به هناك أو إلى القديس الذي يتم تكريمه في ذلك المكان. ينشد الزائر للأماكن المقدسة ويطلب من خلال طقوس معينة الخلاص الذي يشهد له التاريخ الكنسي أو الطائفة. ويعود أصل هذه الممارسة وشرعيتها إلى أسس الإيمان المسيحي (واليهودي أيضًا)، بأن اللـه أعلن عن نفسه عبر التاريخ في أماكن محددة. تحولت أماكن كهذه للتعرف على الإعلان الإلهي في العهد القديم إلى مراكز عبادة كثيرة الزيارة (انظر مثلاً تكليف اللـه ليعقوب ببناء معبد مقدس في مكان ظهوره له: سفر التكوين 35: 1). ووفقًا لشهادة العهد الجديد كان يسوع أيضًا يحافظ على تقاليد الحج اليهودي (كالحج إلى هيكل القدس مثلاً: الإنجيل بحسب لوقا 2: 41–52). ولكن خلافًا لما هو في الإسلام ليس هناك في المسيحية وصية ملزمة أو فرض للقيام بالحج. وباعتباره تنفيذًا لذكرى واعية لأحداث الخلاص، ذكرى شهدتها جماعة المؤمنين المرافقين لزوار المكان المقدس يمكن أن يقدّم الحج في حالة شخصية استثنائية معونة وتعزية، حتى لو لم تتحقق الطلبات والرغبات المقصودة والمرتبطة بالزيارة. وبمعنى أعمق تعتبر الزيارة للأماكن المقدسة فهمًا رمزيًا لطريق تاريخ الخلاص وحركة حياة الإنسان عبر التاريخ باتجاه الخلاص الإلهي. لهذا السبب تتم الإشارة في التقليد اللاهوتي لجماعة الكنيسة نفسها كـ »شعب اللـه الحاج« (كما ذُكر في المجمع الفاتيكاني الثاني [1962–1965]، دستور الكنيسة نور الأمم 8 مثلاً).

أما الأماكن المفضلة للزيارات فهي المدن التي عاش فيها يسوع (مدينتا بيت لحم والقدس) ومواقع المسيحية المبكرة (روما) وكذلك أماكن تكريم قديسين مشهورين (سانتياغو دي كومبوستيلا)، وفي الآونة الأخيرة، أماكن تسمى بالظهورات المريمية (مدينتا لورد في فرنسا وفاطمة في البرتغال).

مارتن تورنر

مواضيع ذات صلة: **المواقع المقدسة؛ القدس؛ يسوع؛ عبادة؛ مريم؛ الطقس الكنسي؛ الرمز.**

الحج (من وجهة نظر إسلامية)

يُعد الحج من العبادات الجوهرية في الإسلام، فهو كما يُسمى ركن من الأركان الخمسة. ويعود سبب هذه التسمية لحديث رواه مسلم يوضح فيه محمد أن الحج يجب مرةً واحدةً في العمر على الأقل. فكل مسلم، ذكرًا كان أو أنثى، يجب عليه، إذا سمحت له أحواله الحياتية، زيارة مكة ثم عرفات ومنى لأداء مناسك معينة مفروضة وذلك ما بين الثامن والثالث عشر من الشهر القمري وهو الشهر الثاني

عشر من ذي الحجة. يعتبر الحج فريضةً على كل شخص مسلم عاقل بالغ حر يمتلك القدرة المالية والبدنية لهذا الغرض، ومن شروط الحج أيضًا أمن الطريق، كما يعتبر الشخص معذورًا بترك الحج في حال وجدت موانع أخرى.

تعود شعيرة الحج إلى العصور ما قبل الإسلام، حيث كانت تُؤدى وفقًا لعادات المشركين. وقد فرضت بعد الإسلام، وتحديدًا في السنة التاسعة من الهجرة، أي في سنة 631 ميلاديًا إثر نزول الآيتين 96 و97 من السورة رقم 3، وحينها ألغى محمد مناسك الحج القائمة على عادات المشركين، وهذا وفقًا لما روي عن أبي داود. وفي السنة التالية قصد محمد إلى مكة لأداء فريضة الحج، وذلك طِبقًا للشعائر الإسلامية.

وطبقًا لرأي العلماء يتعين على الحاج أن ينوي الحج بواسطة وضع ملابس الإحرام المقترن بأداء فرائض ذات صلة في وقت معين وفي مكان منصوص عليه، وإذا وصل الحاج الحرم المكي، يُسن له طواف التحية حول الكعبة. وفي اليوم التاسع من الشهر الثاني عشر القمري يجب على الحاج الوقوف على جبل عرفة القريب من مكة ورفع كفيه بالدعاء إلى الله، وفيما بعد يطوف مجددًا حول الكعبة بالطريقة المنصوص عليها. ومن مناسك الحج أيضًا المبيت بمزدلفة ورمي الجمرات على الشيطان الذي يُعد من المسائل الرمزية، ثم يأتي السعي بين الصفا والمروة وهما جبلان صغيران، ومن المناسك الأخيرة هو حلق الشعر أو تقصيره قبل خلع ملابس الإحرام وكذلك طواف الوداع حول الكعبة الذي يعد واجبًا على غير أهل مكة.

إن من قصد الحج فقد أدى قبل كل شيء فريضةً من الفرائض التي تعكس مدى إتباع منهج الله، وبالإضافة إلى ذلك تمنح رحلة الحج فرصة التدبر في نتائج الرحلة الكبرى إلى يوم الآخرة التي تنتظر كل إنسان، فهذه الرحلة تذكر الحاج بصورة يوم القيامة، وذلك بسبب كثرة الحجاج المؤمنين، خاصة وهم يطوفون جنبًا إلى جنب حول الكعبة ويؤدون فرائض الحج ويدعون على جبل عرفات بغض النظر عن جنسهم وعرقهم ولونهم ومكانتهم الإجتماعية أو ثرواتهم. تُذَكِر الكعبة عندما ينظر إليها الحاج بالنبي محمد وجميع الأنبياء الآخرين الذين كانوا في خدمة البشر، بالإضافة إلى الجو الروحاني السائد في هذه الأماكن المقدسة التي إذا انغمس فيها الحاج أعطته القدرة في التوجه إلى الله توجهًا ثابتًا تجعله مستمرًا في تطوير شخصيته.

إسماعيل حقي أُونال

مواضيع ذات صلة: **الأماكن المقدسة؛ الكعبة؛ الأضحية؛ الفرائض الدينية؛ العصر الجاهلي.**

مصادر الحديث:

1. سنن أبي داود، كتاب المناسك 95، باب في دخول الكعبة، رقم 2030، عن عثمان بن طلحة.

2. صحيح مسلم، كتاب الإيمان 21، باب قول النبي صلى الله عليه وسلم بني الإسلام على خمس، رقم 113، عن عبد الله بن عمر.
3. صحيح مسلم، كتاب الحج 412، باب فرض الحج مرة في العمر، رقم 3257، عن أبي هريرة.

الحرب (من وجهة نظر مسيحية)

نفهم من كلمة حرب بشكل عام أية مواجهة عنيفة بين الدول أو مجموعات سياسية كبيرة. وتدار الحرب باستخدام وسائل عسكرية لتوقِع أضرار جسيمة، لا بل قد تصل إلى تصفية كل طرف لخصمه جسديًا، وقد يكون القتل هو هدف بحد ذاته. ومن هنا قد تكون أسباب الحرب وأهدافها مختلقة، كأن تكون دفاعًا عن النفس مثلاً أو تهدئة مناطق أزمات أو الوقاية من احتمال هجوم مرتد أو لمكاسب إقليمية أو القضاء على معارضين سياسيين أو حتى الاستيلاء على سلع مادية فقط.

وبسبب الفصل بين الدولة والكنيسة لم تشرّع المسيحية أية قوانين بشأن المؤسسات التي يحق لها إعلان الحرب أو القيام بها أو كيفية حدوثها. إلا أن السؤال الرئيسي، بشقيه الأخلاقي واللاهوتي، هو ما إذا كان القيام بحرب بشكل عام يعدّ أمرًا قانونيًا، وإذا كان كذلك، ففي أية ظروف. لاهوتيًا كان يسود داخل التراث المسيحي باستمرار تحفظ متشدد ضد أي نوع من الحروب. ويتراوح ذلك من رفض مطلق وحتى تقديم شروط غاية في الصرامة قد تسمح باستخدام الحرب كوسيلة أخيرة لتسوية النزاعات. وبطبيعة الحال يُشكّل تاريخ المسيحية الموسوم بالعديد من الحروب أو الدعوات للحروب تناقضًا حادًا مع هذه الرؤية اللاهوتية الأساسية. فالانتقال من الحرب إلى اللاعنف نجده في الكتاب المقدس نفسه. إذ كثيرًا ما يُعتبر اللـه نفسه كأمير حرب (ونشط أيضًا) في العهد القديم (كما في: سفر القضاة 20: 2؛ وسفر الخروج 14: 14). ولكن في الوقت نفسه يتجلى أيضًا الأمل في وعد اللـه بأن تتحول »السيوف إلى سكك للحراثة« في آخر الأيام في مملكة السلام (ميخا 4: 1–4). أما تعليم يسوع الأخلاقي في العهد الجديد فيتميز بشكل كامل باللاعنف ويصل إلى حده الأقصى في وصية محبة الأعداء (الإنجيل بحسب متى 5: 43–48). إن طلب يسوع بعدم التخلي عن العنف المضاد فحسب، بل و»تحويل الخد الأيسر« أيضًا للمعتدي (الإنجيل بحسب متى 5: 38–41)، وظّفه بشكل كامل في سلوكه الشخصي، ليس فقط أنه لم يواجه القبض عليه وتعذيبه والحكم عليه بأية مقاومة تذكر، بل ومنع أتباعه من المقاومة (الإنجيل بحسب متى 26: 52) وصلى من أجل مضطهديه أيضًا (الإنجيل بحسب لوقا 23: 34). ومع ذلك كانت هناك في تاريخ اللاهوت المسيحي (كما في مؤلفات أغسطينوس (354–430) وتوما الأكويني (المتوفى عام 1274) مثلاً) العديد من الآراء المتعلقة بإمكانية اعتبار أية حرب

حربًا عادلة. ويمكن لمثل هذه الآراء أن تكون شرعية لاهوتيًا فقط عندما يُفهم اللاعنف المطلق لدى يسوع بالمعنى الذي يتضمن سلفًا حالة أخروية كهدف للتطور التاريخي للخلاص، حالة لا تزال معلقة في الوقت الحاضر وتُعقد عليها الآمال مستقبلاً. وحتى بلوغ هذه الحالة الأخروية بعد نهاية العالم ستُعتبر أية حرب كحل وسط حربًا مشروعة في أكثر الحالات تطرفًا، وبالتالي فهي حرب عادلة عندما لا يمكن ضمان السلام أو الحفاظ على الأرواح إلا من خلال قبول الحرب باعتبارها أهون الشرّين. ولكن في كل الحالات تعتبر الحرب شرًّا من وجهة نظر مسيحية يجب تجنبها قدر الإمكان. لذلك يرى الكثير من المسيحيين أن عقيدة الحرب العادلة أيضًا مثيرة للجدل. ولكن مما لا شك فيه أنه لا الحرب الهجومية أو الحرب الوقائية مع مبرراتها من العقيدة المسيحية يمكن أن تكون مشروعة أو حتى يجوز القيام بها لغرض الدفاع أو نشر القيم المسيحية. ناهيك عن أن الحق في البدء بالصراع الأخروي بين الخير والشر يجب أن يبقى محفوظًا فقط لدى اللـه نفسه.

مارتن تورنر

مواضيع ذات صلة: الأخلاق؛ السلام السياسي؛ العنف؛ الحروب الصليبية؛ حقوق الإنسان؛ كرامة الإنسان.

الحرب (من وجهة نظر إسلامية)

الحرب تعني الصراع المسلح بين فئتين سياستين أو دولتين، وقد وردت ثلاث كلمات في عدة مواضع من القرآن تحمل هذا المعنى وهي (الحرب والجهاد والقتال). فالجهاد مثلاً هو مصطلح يُعبر عن كل سعي أو مجهود يبذل في سبيل الله ويكون أيضًا بطريقة سلمية.

كانت الحروب التي نشبت في عهد محمد نتيجة صراع سياسي حول الحكم في المنطقة لذلك تكون الآيات والأوامر المنزلة لهذا الغرض، أي الحرب، مرتبطة بظروف تارخية، ومن هنا يُفهم أن تسمية الحروب التي حدثت في ذلك الوقت بالحروب الدينية لا يُعد صحيحًا، حتى أن فقهاء الإسلام يرون أن الحرب هي نتيجة تضارب مصالح. وفي هذا الإطار وقع النقاش حول الأحوال التي يمكن أن تفضي شرعيًا على الحروب، والقواعد الأخلاقية التي يجب أن تتبع في الحرب وبعدها. فالقرآن يشير إلى نزاعات مسلحة، ليس بين المسلمين وغير المسلمين فحسب بل أيضًا بين الفئات المسلمة وجاء ذكر هذا النوع من الصراع المسلّح في سورة الحجرات 49 الآية رقم 9.

نهى محمد عن قتل النساء والصبيان والمرضى والشيوخ وهذا ما جاء في رواية أبي داود، أما فيما يتعلق بأسرى الحرب فيقع التعامل معهم حسب مبدأ التبادل، إلا

أن القرآن ترك الباب مفتوحًا أمام خيار الإفراج عنهم دون عملية التبادل وهذا طبقًا لسورة محمد 47 الآية رقم 4 أو أن يتم الإعتراف بهم داخل دولة المسلمين كمواطنين أحرار. وإذا وجب حشد جنود لحرب ما فإن كل المسلمين وحتى النساء مـأمورون بالمشاركة في حال اقتضت الحاجة إلى ذلك، ولكن في حال مشاركة جيش في الحرب يسقط هذا الفرض عن البقية، وهذا ما ورد في سورة النساء 4 الآية رقم 71. و بناءً على رأي أغلبية فقهاء الإسلام لا تشرع الحرب إلا في حال تم الاعتداء على المسلمين، لأن التعامل السلمي المتبادل هو دائمًا وأبدًا المبدأ التوجيهي.

طالب تورجان

مواضيع ذات صلة: **الجهاد؛ العنف؛ السياسة.**

الحركة المسكونية (من وجهة نظر مسيحية)

تشير كلمة »المسكونية« إلى مجموعة الكنائس المسيحية المنفصلة عن بعضها البعض، كالكنيسة الكاثوليكية، والكنيسة الكاثوليكية القديمة (اسمها في سويسرا: كنيسة المسيح الكاثوليكية)، والكنائس الأرثوذكسية والإنجيلية (البروتستانتية) والعديد من الكنائس الصغيرة – وبعضها كنائس كبيرة في محيطها – ناهيك عن الجماعات الكنسية المتفرقة، وهذه الكنائس تتحاور فيما بينها بهدف التغلب على الانقسامات القديمة.

أصل الكلمة لا علاقة له بالوضع بين الكنائس المنقسمة. فالكلمة اليونانية oikumene، المسكونة، تعني العالم بأسره. كما أن عبارة »الكنيسة مسكونية« تعني: »الكنيسة منتشرة في كل أصقاع الدنيا«، وبحسب معارف ذلك الزمن: في كل البلدان المحيطة بالبحر الأبيض المتوسط.

وظهرت الكلمة مرة أخرى في إطار أنشطة الجمعيات التبشيرية البروتستانتية في النصف الثاني من القرن التاسع عشر. وكانت هذه الجمعيات مدركةً أن الانقسام والحرم المتبادل للشركة بين الكنائس كان (ولا يزال) عقبة رئيسية أمام التبشير في دول ومناطق غير مسيحية. وهكذا سرعان ما نشأت الحركة المسكونية بينها وكذلك بين الكنائس المشاركة، بعد سيادة عدم الثقة في البداية. وكان المؤتمر التبشيري في إدنبره عام 1910 أول أنشطتها البارزة. ونتيجة لذلك وبعد تطورات مرحلية وبداية مسار جديد جاء تأسيس مجلس الكنائس العالمي في أمستردام عام 1948. مجلس الكنائس ليس كنيسة أعلى، وإنما يعتبر وفقًا لصيغته الأساسية الموسّعة عام 1961 (في جمعيته العامة في نيودلهي) »شركة الكنائس التي تعترف بيسوع المسيح بحسب الكتاب المقدس إلهًا ومخلّصًا، وبالتالي تسعى مجتمعةً لتحقيق ما دُعيت من أجله، وهو مجد اللـه الآب والابن والروح القدس«.

كانت الكنيسة الكاثوليكية تنظر إلى الحركة المسكونية دائمًا باهتمام وتعاطف، ولكنها كانت – رغم الدعوات المتكررة – ترفض باستمرار المشاركة فيها. وذلك لأن ممثليها (آنذاك) كانوا يرفضون التعرّض للتهمة المتمثلة بأن مشاركةً كهذه ستعني ابتعادهم عن الفهم الذاتي لكنيستهم التي يعتبرونها كنيسة يسوع المسيح الحقيقية الوحيدة. وهي لذلك ليست عضوًا في مجلس الكنائس، ولكنها تشارك من خلال لاهوتيين كاثوليك مكلّفين لهم حق التصويت في اللجان الرئيسية للمجلس، وخاصة لجنة الإيمان والنظام (Faith and Order).

ومع المجمع الفاتيكاني الثاني (1962–1965) جاء الانفراج في الكنيسة الكاثوليكية. ومع قرار »الحركة المسكونية« للمجمع عام 1964 انضمت الكنيسة الكاثوليكية رسميًا إلى الحركة المسكونية لأول مرة – شجعها في ذلك نشاطها اللاهوتي المسكوني التحضيري خلال العقود السابقة – وانضمامها كان وفقًا لشروط الحركة المسكونية ومبادئها. واللجان المسكونية الوطنية والعالمية ومجموعات العمل المسكوني التي تشكّلت فيما بعد قامت حينها بدراسة العديد من الوثائق التي تمت فيها مراجعة الخلافات القديمة وفيما إذا كانت لا تزال حتى اليوم تمنع جدّيًا شركة الكنائس. وأهم هذه الوثائق حتى الآن هو الإعلان المشترك حول عقيدة التبرير بين الاتحاد اللوثري العالمي والكنيسة الكاثوليكية بتاريخ 31 تشرين الأول / أكتوبر 1999، وتُعبّر عن فكرتها الأساسية: رغم الصياغات اللاهوتية المتنوعة وفقًا للإيمان بالمبادئ الأساسية لعلاقة الإنسان مع اللـه ليس هناك أي انشقاق قادر على الفصل مرة أخرى بين الكنائس اليوم، كما لو أنها لم تكن منقسمة مسبقًا.

أوتو هيرمان بيش

مواضيع ذات صلة: **الحوار.**

الحروب الصليبية (من وجهة نظر مسيحية)

الحروب الصليبية هي عمليات عسكرية في العصور الوسطى كانت تهدف إلى استعادة الشرق الأدنى من سيطرة المسلمين إلى السيادة المسيحية بواسطة جيوش من أوروبا الغربية. أول من أعلن فكرة الحروب الصليبية كان البابا أوربان الثاني (1088–1099) في مجمع كليرمون على شكل زيارة دينية مسلّحة إلى الأراضي المقدسة (إلى القدس بالتحديد). استقبل الشعب هذه الفكرة بحماس هاتفين »Deus lo vult« أي »إنها مشيئة اللـه«. فكانت هناك ست أو سبع حملات صليبية:

- الحملة الصليبية الأولى 1096–1099،
- الحملة الصليبية الثانية 1147–1149،
- الحملة الصليبية الثالثة 1189–1192،

- الحملة الصليبية الرابعة 1202–1204،
- الحملة الصليبية الخامسة 1228–1229،
- الحملة الصليبية السادسة 1248–1254،
- الحملة الصليبية السابعة 1270–1272.

تجدر الإشارة إلى أن تعدادها وتأريخها غير متفق عليه في علوم التاريخ، فقد حدثت مبادرات فردية أكثر من ذلك بكثير ولا يطلق على جميعها رسميًا صفة حملات صليبية. هذه الحملات الصليبية كان يقودها نبلاء رفيعو المستوى، كما شارك فيها نبلاء كثيرون لا يمتلكون أرضًا في أوروبا. فغالبًا ما كانوا يرون في ذلك فرصة جيدة للعمل من أجل مصلحتهم ومن أجل دينهم في آن واحد، حتى أنه يمكنهم أن يصبحوا أثرياء من جراء ذلك. وإذا قتلوا في هذه الحروب كانت مكافأتهم في الحياة الثانية مضمونة بوجودهم في حضرة اللـه (في الملكوت). الأمر الذي جعل حماس الناس لذلك كبيرًا، حتى أنه نُظّمت عام 1212 حملة صليبية للأطفال أيضًا. وسرعان ما شمل مصطلح »حرب صليبية« كافة العمليات العسكرية الأخرى، كشن الغزوات على المناطق الوثنية (في البلطيق مثلاً) فضلاً عن أي عمل مسلح ضد الهراطقة والمرتدين (كالحرب الصليبية على حركة الكاثار الدينية جنوب فرنسا 1209–1229 مثلاً). والهدف من كل ذلك كان إقامة مناطق سيطرة خاصة. لذلك نرى في الأراضي المقدسة دويلات صليبية يحكمها أمراء حرب وكذلك نرى مناطق سيطرة مماثلة في البلطيق بقيادة فرسان رهبان ألمان. إلا أن النجاح لم يحالف أيًا من هذه المشاريع التوسعية بشكل دائم.

وبنظرة إلى التاريخ نرى أن حملات الشرق الأوسط الصليبية أثبتت فشلاً ذريعًا رغم النجاحات المؤقتة وكذلك حالات الإثراء الثقافي من خلال التلاقح مع الثقافة الإسلامية. وعلى الرغم من أن الحروب الصليبية كانت مقررة أصلاً لمساعدة الامبراطورية البيزنطية في حربها ضد المسلمين، إلا أنها ساهمت في تدهور كبير في العلاقات بين المسيحية الأرثوذكسية وكنيسة روما اللاتينية. وأحد أسباب ذلك كان السلوك المبتذل وغير الحضاري للقوات الأوروبية الغربية خلال عبورهم الإمبراطورية البيزنطية، لذلك لا زال مسيحيون أرثوذكس كثيرون يتحدثون حتى يومنا هذا بازدراء كبير عن دخول المسيحيين اللاتينيين إلى القسطنطينية عام 1204. علاوة على ذلك تسببت الحروب الصليبية بالإضرار بالعلاقة بين المسيحيين والمسلمين بشكل عميق. ورغم أن المصادر العربية المعاصرة تذكر الفرنجة كعدو وتقصد بذلك نزاعًا عسكريًا ضد شعبٍ وليس ضد دين، تُفهم الحملات الصليبية اليوم على أنها حرب بين المسيحيين والمسلمين. كما أن الحملات الصليبية كانت في نهاية المطاف سلبية للغاية بالنسبة للعلاقة بين المسيحيين واليهود لأنه كثيرًا ما كان الصليبيون يعبّرون بحرية عن مشاعرهم العدائية في بلادهم الأوروبية قبل بداية حملاتهم إلى الأرض المقدسة وكان أول

الضحايا أمامهم يهود أوروبا. في النهاية تعلمت الكنيسة الكاثوليكية من هذه الحملات الصليبية درسًا، وذلك بعد تخليها إلى أبعد حدٍ ممكن عن فكرة وجود نزاع عسكري مع الإسلام ورغبتها بالتركيز بدلاً من ذلك على التبشير. فخلال هذه الفترة ظهرت رهبانيات التبشير الدومنيكانية والفرنسيسكانية، والأخيرة قامت بذلك اقتداءً بمؤسس الرهبانية فرنسيس الأسيزي الذي رافق عام 1219 جيشًا من الصليبيين متوجهًا إلى مصر ووعد بنجاح أكبر للرسالة المسيحية من خلال الكرازة بالمحبة وليس من خلال الصراع المسلح.

الحديث عن الحملات الصليبية في أوروبا يُساء فهمه باستمرار في هذه الأيام على أنه مشبوه وعدائي وتوسعي، لذلك يُفضّل تجنب توصيف الأوضاع والصراعات الراهنة.

يتضح من كل هذا أن الحروب الصليبية أصبحت القضية الأكثر حساسية في اللقاء بين المسيحيين والمسلمين. لذلك على جميع المهتمين بالتعايش السلمي بين المسيحيين والمسلمين في العالم أن يتجنبوا أية مقارنة من هذا القبيل.

بيتر أنتس

مواضيع ذات صلة: **العداء للساميّة؛ التبشير.**

الحرّيّة (من وجهة نظر مسيحيّة)

يُقصد بالحريّة في مفهومها الأبرز انعدام جميع أشكال القيود التي تؤثّر على كيان وحركة عامل خارجيّ (ظروف) أو داخليّ (جوهر). ويختصّ هذا النوع من الحرّيّة المطلقة بالله اللامتناهي وحده. أمّا إذا أردنا الكلام عن الحرّيّة من زاوية الكيانات المتناهية المحدودة، فإنّ المقصودِ هنا هو تمكين طبيعة الكائن الخاصّة من تحقيق ذاتها من دون إكراه خارجيّ معطّل؛ وفي حالة الكائنات الحيّة الموهوبة فكريًّا يكون المقصود تقرير سلوكها وتصرّفها بنفسها. من وجهة نظر علم الإنسان تتمركز الحريّة في إرادة الإنسان. ويكون الكلام عن حريّة الإرادة جائزًا فقط عندما يحدّد الإنسان عبر قدرته العقليّة صلاح هدف ما ويوجّه سعي إرادته بطريقة تلقائيّة للوصول إليه.

لم تُذكر الحريّة في نصوص الكتاب المقدّس بالاسم، في حين تمّ تصوير سلوك الله الخلاصي دائمًا على أنّه فعل تحرير في كثير من المواضع. فالخروج من مصر، الذي يعتبر جوهريًا في تجربة شعب العهد القديم مع الله (سفر الخروج 1: 1–15، 21)، يُنظر إليه كعمليّة تحرير أساسيّة من الاضطهاد وإنقاذ من السجن في المنفى وسير به الى الاستقلاليّة. وتهدف محبّة القريب، التي أوصى بها يسوع (مرقس 12: 28–34) ومارسها، قبل كلّ شيء إلى تحرير الإنسان من القيود التي سقط فيها بفعل الهيكليّات الاجتماعيّة والأحكام المسبقة وكذلك بفعل آثامه التي اقترفها

بكامل مسؤوليّته (الخطيئة). يحدّد بولس الحرّية صراحة بميزة الإنسان الذي تمّ خلاصه بنعمة الله. إنّ تجربة الحريّة تظهر كعلامة إدراك لحضور الله (الروحيّ): »فحيث روح الله يكون، تكون الحريّة موجودة« (انظر كورنثوس الثانية 3: 17). فبولس يقدّم مسألة تحرير الخليقة بأجمعها من الخطيئة والموت على أنّها هدف نعمة الخلاص الإلهيّ الفاعل في يسوع المسيح (رومية 3: 18–23). تتلاءم الحريّة الموهوبة بنعمة الله وفق بولس كذلك مع إحدى قواعد الأخلاقيات وهي أنّ ليس كلّ شيء مسموح به اعتباطيًّا للإنسان الحرّ فعلاً، بل هو يوجّه سعيه بإصرار واستقامة إلى محبّة الله تلك التي وضعته أوّلاً في هذه الحريّة؛ فأخلاقيّة الحريّة يجب أن تكون أخلاقيّة المحبّة.

لقد تمّ تعليل الحريّة في التقليد اللاهوتيّ للقرون الوسطى بمبدأ الإنسان على صورة الله ومثاله. فوفق توما الأكوينيّ (توفّي عام 1274) إنّ توجّه الإنسان النهائي إلى الله، وهو عمل الصلاح المطلق والأسمى الذي يحرّر الإنسان من كلّ ما يتعلّق بجزئيّات وممتلكات العالم المتناهية.

وفي إطار إصلاح مارتن لوثر (1483–1546) تمّت مناقشة قضيّة مدى تضرّر حريّة الإرادة من خلال الخطيئة الأصليّة، بحيث لا يعود ممكنًا للإنسان التوجّه من ذاته إلى الخلاص. إنّ تشديد لوثر على فعل النعمة المنفردة في حدث الخلاص أدّى بشكل غير مباشر إلى فقدان المرجعيّات المؤسساتيّة الخارجيّة (الكنيسة والطقوس) لأهمّيتها، وبذلك قدّم موقف لوثر مساهمة جلّى في تحرير الإنسان في العصر الحديث من السلطة الجائرة للمؤسسات الحكوميّة والكنسيّة. وعلى الرغم من أنّ الكنائس أبدت مقاومة كبيرة أيضًا تجاه تطبيق حقوق الحريّة الشخصيّة التي تتبعها دول القانون الحديثة، تبقى الحريّة المضمونة والمتحقّقة في هكذا دولة نتيجة حتميّة للتصوّر المسيحيّ حول كرامة الإنسان غير القابلة للهزيمة.

مارتن تورنر

مواضيع ذات صلة: **النعمة؛ الخير والشرّ؛ القضاء والقدر؛ الثيوديسيا؛ العقل.**

الحرّيّة (من وجهة نظر إسلامية)

على الرغم من أن مصطلح الحرية لم يرد في القرآن حرفيًا، إلا أن هناك العديد من الآيات القرآنية التي تشير وبشكل جلي إلى مسؤولية الإنسان الأخلاقية في أفعاله، وتضع الحرية الإنسانية كشرط أساسي في ذلك، فالحرية تلعب طِبقًا للمفهوم الإسلامي دورًا مهمًا في تحمل المسؤولية الأخلاقية، وهذا يعتمد على كيفية تصرف الإنسان بالحرية طِبقًا لإرادته وطبيعته، أو بمعنى آخر فإن القرآن يرى أن أفعال الإنسان هي الفصل الذي يحدد مدى حرية الإنسان. يقول القرآن إن على الإنسان أن لا يظن بأنه قد خُلق سدًى دون أن يُؤمر أو يُنهى (سورة القيامة 75 الآية

36)، فقد جعل الله الحياة الدنيا دار ابتلاء واختبار وعمل فأرسل الرسل وأنزل الكتب وخلق الموت والحياة ليختبر خلقه أيهم أحسن عملاً (سورة الملك 67 الآية 2). إن العلاقة بين الله وعباده من بني البشر تستند طبقًا للتصور الإسلامي على الحرية، فليس هناك شيء في الطبيعة الإنسانية قادر على أن يمنع الإنسان من اتخاذ قراراته بشكل حر، وذلك لأن الله قد جعل للإنسان اختيارًا ومشيئةً وإرادةً يختار بها طريق الخير أو طريق الشر، وبها يفعل ما يريد، وعلى أساسها يحاسب على عمله، فالإنسان هو الذي يقرر آخرته بيديه فإما أن تكون مغفرةً ورحمةً من الله، وإما أن تكون غضبًا وسخطًا من الله.
لقد كانت مسألة حرية إرادة الإنسان منذ بداية الإسلام وما زالت حتى يومنا هذا موضع جدل، فالمادة الأساسية ذات الطابع الفلسفي والكلامي والفقهي والتي تتركز عليها المناقشة تطرح سؤالاً مفاده: هل أن الإنسان حر فعلاً في أفعاله، وإلى أي مدى تتفق هذه الحرية مع الله عالم الغيب والشهادة؟ إن الإجابة عن هذا السؤال تجد مناهج متنوعة في المدارس الفقهية بدأً بالمعتزلة الذين يرون أن الإنسان هو خالق أفعاله وانتهاءً بالجبرية الخالصة والذين يقولون إن الإنسان مجبور على أفعاله كالريشة في مهب الريح فلا حرية له ولا اختيار. ولإثبات أن كِلا المنهجين السابقين مرتبطان بالإرادة الإلهية وبالخلق تبنى علماء السُنة والذي يمثلون التيار الرئيسي في الإسلام نظرية الكسب. يتمثل جوهر نظرية الكسب بأن الإنسان وإن كان حر الإرادة في أفعاله ومسؤولاً عنها، إلا أن أفعاله مخلوقة لله ومقدورة له، وليس له فيها غير اكتسابها، أي أن الفاعل الحقيقي هو الله. لقد اعتبر بعض العلماء نظرية الكسب توسطًا بين مذهب المعتزلة ومذهب الجبرية.
عندما ننظر إلى الحرية من زاوية حقوق الإنسان الأساسية وكذلك من زاوية الحريات الأساسية فإننا نجد بأن الحق في الحياة، وحرية الرأي والعقيدة والفكر، والحرية في الملكية وممارسة التجارة دون أي تمييز عرقي من مبادئ الإسلام الأساسية. وعلى الرغم من ذلك فإن هذه الحريات لا تُعتبر من البديهيات في كل موقف وزمان.

محمد سعيد رچبر

مواضيع ذات صلة: **النجاة؛ القضاء والقدر؛ المسؤولية؛ حرية الإرادة.**

حرية الإرادة (من وجهة نظر مسيحية)
يميز التراث الفلسفي بين الفكر والإرادة باعتبارهما وسيلتين لتحقيق الذات البشرية. وبينما يركز الفكر على المعرفة النظرية للحقيقة، تهدف الإرادة إلى السعي العملي لفعل الخير. ولأن الإنسان يستطيع باستخدام تفكيره أن يعرف ما هو الهدف الصحيح لأفعاله، فهو قادر على توجيه إرادته بنفسه إلى الخير. إن إرادة الإنسان

ليست محدَّدة سلفًا لا من خلال الغريزة ولا تسمح أبدًا لسلطة خارجية بسلب حريتها، حتى وإن كان ذلك بالإكراه. وهذا الفهم الفلسفي وجد في الإيمان اليهودي والمسيحي أساسًا أعمق. فالعقل وحرية الإرادة تنال شرعيتها اللاهوتية من فكرة أن الإنسان بحسب خلقه هو صورة اللـه ومثاله (سفر التكوين 1: 26) ومن خلال عمل يسوع المسيح الخلاصي ارتفع الإنسان إلى »حُرِّيَّةِ مَجْدِ أَوْلاَدِ اللهِ« (رسالة الرسول بولس لرومية 8: 21) (الاستقلال الذاتي للإنسان الخاضع لقانون اللـه). إن النواهي والوصايا العديدة الموجودة في العهد القديم بداية من قصة الخلق (والملخصة في الوصايا العشر) بلغت ذروتها في وصية المحبة في العهد الجديد، وحتى الخاصية اللاهوتية للخطيئة تشترط فهم الإنسان على أنه كائن يمكنه، ويجب عليه تحمل مسؤولية أفعاله الحرة أمام اللـه. جاء توما الأكويني (1225–1274) بفكرة أن مجرد توجّه الإنسان غير المشروط (والمفترض في الإيمان المسيحي) نحو اللـه باعتباره الخير المطلق والأسمى يضع الإنسان في موقف يمكّنه فيه الاختيار بحرية فيما يتعلق بأشكال الخير المحدودة والمحددة والدنيوية. وبإشارته إلى أفكار أغسطينوس (354–430) كان مارتن لوثر (1483–1546) يعلّم أن حرية الإرادة التي منحها اللـه للإنسان عندما خلقه أفسدها سقوطه في الخطيئة لدرجة أن الإنسان رغم قدرته على اتخاذ القرار بحرية في الأمور الدنيوية، إلا أنه لم يعد يستطيع نيل البر أمام اللـه من خلال حرية حركة قوى الإرادة لديه، بل فقط بواسطة نعمة اللـه. ولكن إن كان معلم الكنيسة الكاثوليكية توما الأكويني أو المصلح البروتستانتي لوثر، فقد تمسك الاثنان بقوة بفكرة أن الضمير الشخصي للفرد هو المرجعية الأعلى لتحديد أفعال الإنسان وقيمتها الأخلاقية. وبفضل هذا الأساس المتجذر في حرية الضمير تختلف حرية الإرادة عن الاستبداد الشخصي.

مارتن تورنر

مواضيع ذات صلة: **القدرية؛ الضمير؛ الطاعة؛ الوصايا العشر.**

حرية الإرادة (من وجهة نظر إسلامية)

حرية الإرادة هي قدرة الشخص على تحديد وإنجاز أعماله وفقًا لنواياه وغاياته، كما أن حرية الإرادة لها بُعد لاهوتي، ينطلق من علاقة الإنسان بالله، وبُعد سياسي، إذا تعلق الأمر بموضوع الدولة والإنسان، وبُعد إجتماعي، إذا تمّ النظر إلى علاقات الإنسان في المجتمع، وبما يخص الطبيعة البشرية نجد البعد الأنثروبولوجي، أضافة ألى ذلك.

دارت نقاشات في تاريخ الفكر الإسلامي حول حرية الإرادة، تعالج مسألة جوهر الإرادة الإلهية من جهة، ومن جهة أخرى موضوع حدود حرية الإرادة للإنسان،

كما أن جميع التيارات الكلامية، ما عدا المعتزلة، اعتقدت بالعلاقة غير المتماثلة بين قدرة الله المطلقة والإرادة الإنسانية.
أخذت المعتزلة العدالة الإلهية ومسؤولية الإنسان منطلقًا لها، بينما تناولت الفرق الأخرى القضية من منطلق آخر، وهي قدرة الله المطلقة وعلمه الأزلي وإرادته الأبدية. ترى المعتزلة أن العدل والحكمة يمثلان جوهر الإرادة الإلهية، لهذا منح الله الإنسان، المسؤول عن أعماله، فسحةً لإستخدام عقله وابداعه وحرية إرادته.
أما الرأي الثاني الذي ظهر عند الأشاعرة فهو إقرار الإرادة الإلهية المطلقة، وما ينتج من هذه النظرية هو أن الله يحدّد إرادة الإنسان من قبل.
يرى المعتزلة أن العمل الإرادي هو عبارة عن نتيجة تفاعل القدرة والعقل، لذلك استخدموا كلمة الإرادة بمعنى التمني والرغبة. وفي هذا السياق، يقصد بالإرادة الإلهية عملية الخلق والأمر، أما الإرادة البشرية فتعني الرغبة والابتغاء. ومن هذه الرؤية، يستنتج أن الإنسان يتمتع بحرية الإرادة وأن أعماله لم يحددها الله من قبل.
يؤكد القرآن القدرة الإلهية المطلقة وعدله وحكمته من جهة، ومن جهة أخرى يوضح أن الإنسان اكتسب حرية الإرادة مع تحمله للمسؤولية، وهذا ما يكشف أن مشيئة الله المطلقة لا تقصي حرية الإرادة البشرية.

إبراهيم آسلان

مواضيع ذات صلة: **الحرية؛ المسؤولية؛ العقل؛ إرادة الله.**

الحرية الدينيّة (من وجهة نظر مسيحية)
تعتبر حرية الاعتقاد من حقوق الإنسان الأساسية التي تعود بوجودها لوجود الإنسان نفسه. لذلك تعتبر مكانتها عالمية. إلا أن حرية الاعتقاد ليست أمرًا مسلّمًا به ولم تكن كذلك. فقد احتاج الأمر إلى عملية طويلة ومعقدة ومتعددة الأوجه إلى أن تغلغلت المساواة بين جميع الناس إلى الوعي وتم اعتبار الإنسان كفرد له كيان محدود الحرية. فالإنسان يقف أمام الله مسؤولاً عن نفسه فقط وبالتالي يحتل بفرديته هذه المكانة الأعلى. ورغم أن جذور هذا الفهم للإنسان موجودة في التراث الإيماني اليهودي المسيحي، أصبح هذا الفهم ساري المفعول في بادئ الأمر في الفضاءات العلمانية عن طريق التنوير والتسابق على ترسيخ هياكل ديمقراطية.
كانت الأديان التوحيدية تعاني ولا تزال من صعوبات كبيرة لقبول حرية الاعتقاد. فقد وجدت في ذلك وبدون أي تبرير أن حقها بامتلاك الحقيقة المطلقة سيكون موضع تساؤل، لأن حرية الاعتقاد تقتضي عدم الحكم على حقيقة موضوعية، بل تطالب بحق شخصي للإنسان. وبسبب سوء الفهم هذا فإن المسيحية أيضًا، التي تعتبر نفسها دين الحرية، حاربت حرية الاعتقاد بحزم. كاثوليكيًا، لم يتم التغلب على

سوء الفهم هذا بعواقبه الخطيرة من عدة نواحٍ، والذي كان قد بدأ في القرن الرابع، إلا مع إعلان حرية الاعتقاد (Dignitatis Humanae) في المجمع الفاتيكاني الثاني (1962–1965). وبناء على واقع الإصلاح الديني، تم في الكنيسة الإنجيلية البحث منذ البداية في حرية الاعتقاد – بدأت أولاً كدعوة للتسامح. ولكن ذلك أيضًا استغرق حتى القرن العشرين، قبل أن تتمكن هذه الفكرة من ترسيخ ذاتها بمعناها الشامل، ليس فقط كحرية الدين كمؤسسة، وإنما ببعدها الشخصي أيضًا.

يكمن الأساس الثابت لحرية الاعتقاد في حقيقة أن اللـه جعل الإنسان مرتبطًا بضميره بشكل لا يقبل الانفصال. ليكون الإنسان مسؤولاً أمام اللـه عن أفعاله. لذلك يجب أن يكون قراره الشخصي، المتمثل في فعل الإيمان، كردٍ على مطلب اللـه عملاً نابعًا من حريته الشخصية. فالإيمان والإكراه أمران لا يتقاطعان.

»لا يجوز إكراه الإنسان على السلوك ضد ضميره. ولكن لا يجوز أيضًا منعه من السلوك وفقًا لضميره، وخاصة في كل ما يتعلق بالدين« (Dignitatis Humanae الجزء الأول، فقرة 3).

وبما أن الإنسان في جوهره هو كائن اجتماعي، فإنّ لحقِّه في حرية الاعتقاد بعدًا اجتماعيًا أيضًا. نستنتج من ذلك أنه يجب، ليس على الفرد فقط أن يتحرر من الإكراه في الأمور الدينية، بل الجماعات الدينية أيضًا لها الحق في حرية الاعتقاد. وهذا يشمل الحق في ممارسة العبادة العامة وفقًا لمعايير خاصة بهذه الجماعات، وفي تنظيم حياتهما الخاصة وفقًا للمبادئ الدينية لكل منها، وكذلك في اختيار رؤسائها بحرية. ولكن بشرط عدم انتهاك المصالح المشروعة للنظام العام. وفي حال عدم احترام جماعة دينية لحرية الاعتقاد لدى أفرادها، فإنها ستفقد حقها كجماعة في حرية الاعتقاد. وتؤدي هذه الاعتبارات بضرورة حتمية إلى الإدراك بأن الدين والدولة لا يمكن أن يكونا متطابقين، لأن حرية الاعتقاد لا يمكن تحقيقها إلا في دولة محايدة دينيًا.

وما البديل عن حرية الاعتقاد إلا تشويه للدين والقضاء على كرامة الإنسان.

ريتشارد هاينتسمان

مواضيع ذات صلة: **إدّعاء الحقيقة؛ الرتب الكنسية؛ التنوير؛ الحرية؛ الضمير؛ حقوق الإنسان؛ الأقنوم؛ العلمانية؛ الدولة.**

الحرية الدينية (من وجهة نظر إسلامية)

يقصد بالحرية الدينية حرية الإنسان في اعتناق ما يشاء من أفكار دينية أو معتقد يختاره، والإلتزام بما ينتج من ذلك، كحقوق وواجبات. بَيّن القرآن هذه الحقيقة أن للإنسان كامل الحرية في الإختيار الديني، والمهم في الأمر ليس الإنتماء إلى دين معين، بل تنافس أتباع الأديان في وضع قيم وفي العمل الصالح، وهذا ما ورد في

الآية 48 من سورة المائدة 5. ووفقًا للقرآن، خلق الله الموت والحياة وجعل بعد ذلك يوم الحساب ليختبر الناس، وهذا ما بينته الآية الثانية من سورة الملك 67. أكد القرآن بشكل واضح أنه لا إكراه في الدين، الدليل في سورة البقرة 2 الآية 256. ومن هنا يُفهم أن الإنسان له الإختيار أن يؤمن بما أنزله الله على نبيه أو لا يؤمن، والدليل في سورة الكهف 18 الآية 29، أما الآيتان التاليتان فتأمران محمد بعدم إكراه أحد على اعتناق الدين:﴿وَلَوْ شَاءَ رَبُّكَ لَآمَنَ مَنْ فِي الْأَرْضِ كُلُّهُمْ جَمِيعًا أَفَأَنْتَ تُكْرِهُ النَّاسَ حَتَّى يَكُونُوا مُؤْمِنِينَ﴾ (يونس 10 الآية 99) ﴿فَذَكِّرْ إِنَّمَا أَنْتَ مُذَكِّرٌ لَسْتَ عَلَيْهِمْ بِمُسَيْطِرٍ﴾ (الغاشية 88 الآية 21–22).

من أجل ذلك لم يُلزِم محمد خلال اثنين وعشرين عامًا كنبي أحدًا على اعتناق الدين، كما لم يثبت من أصحاب القيادة الإدارية والعسكرية التي كانت تحت خدمة النبي سلوكًا كهذا. فالله يأمر النبي:﴿ادْعُ إِلَى سَبِيلِ رَبِّكَ بِالْحِكْمَةِ وَالْمَوْعِظَةِ الْحَسَنَةِ وَجَادِلْهُمْ بِالَّتِي هِيَ أَحْسَنُ﴾ (النحل 16 الآية 125). ومن هنا يفهم أن الموقف القمعي في أمور الدين يتعارض مع مبادئ الإسلام. فإن الحرية هي التي تمنح الفرد أن يأخذ قرارًا يؤيد دينًا من الأديان أو يعارضه، أما الإكراه أو القمع فيناقض تطبيق الحرية الدينية. بالرغم من وجود أمثلة في الحياة العملية تحمل صورة معاكسة فإن قول العلماء المسلمين المعتمد على القرآن والسنة يؤكد على أن اعتناق أي دين بالإكراه باطل.

فالإكراه يؤدي إلى الخداع في شخصية الإنسان ويدفعه في إخفاء نواياه الحقيقية. وهذا ما يقود به إلى خصلة النفاق التي تم نقدها في القرآن نقدًا شديدًا، وتحديدًا في الآية 8 و10 من سورة البقرة 2. ولكن رغم ذلك توجد بعض البلدان التي تظهر عجزًا في تحقيق مبدأ الحرية الدينية، ولتجاوز هذه الأزمة يجب على الدولة أن تتعامل مع الأديان تعاملاً يتسم بالاحترام ومعالجة القضايا الدينية معالجةً حياديةً، طالما أنها لا تخل بالنظام العام ولا تنتهك حقوق الآخرين.

إسماعيل حقي أونال

مواضيع ذات صلة: **التجديف؛ المرأة؛ النفاق؛ الإندماج؛ الإعتناق؛ العلمانية؛ الأقلية الدينية.**

حقوق الإنسان (من وجهة نظر مسيحية)

حقوق الإنسان هي الحقوق الأساسية التي يتمتع بها الإنسان لمجرد انتمائه لبني البشر. وذلك بغض النظر عن انتمائه لمجموعة عرقية معينة أو طبقة اجتماعية أو دين أو أيديولوجيا أو تجمّع سياسي، وكذلك بغض النظر عن جنسه أو ميوله الجنسية. وتسعى حقوق الإنسان لفرض شرعيتها في كل أنحاء العالم، كما تريد أن يتم تطبيقها حتى في المناطق التي لا تعترف انظمتها القانونية بها نظريًا، أو في

الأماكن التي يتم تجاهلها عمليًا على أرض الواقع. ويمكن تقسيم حقوق الإنسان وفقًا لمحتوياتها إلى ثلاث مجموعات:

- حقوق الحرية والدفاع الليبرالية (سلوك الفرد تجاه الدولة وحماية حياة الإنسان وسلامته، وحقوق الخصوصية والملكية والحرية الدينية وحرية التعبير)،
- حقوق المشاركة السياسية (الديمقراطية)،
- حقوق المشاركة الاجتماعية (ظروف العمل الإنسانية والضمان الاجتماعي وفرص تعليمية متساوية والاستقلالية الثقافية واللغوية وكذلك الحق في بيئة نظيفة).

وما نطلق عليه اليوم صراحةً في الخطاب الأخلاقي السياسي حقوق إنسان ليس مضمون ديانة ما، وإنما إنجاز للعقلانية العلمانية الحديثة (1776: شرعة فرجينيا لحقوق الإنسان، 1789: الإعلان العالمي لحقوق الإنسان والمواطن). ولم تكتسب فكرة حقوق الإنسان أهميتها العالمية إلا عام 1948 مع الإعلان العالمي لحقوق الإنسان التابع للأمم المتحدة. ويستند هذا الإعلان، من أجل تبرير فرض شريعة حقوق الإنسان عالميًا، على الكرامة الإنسانية التي يتمتع بها جميع البشر على حد سواء.

ووفقًا لفلسفة التنوير الألمانية (الفيلسوف إيمانويل كانط 1724–1804) تتمثل هذه الكرامة في حقيقة أن كل إنسان قادر على تقرير مصيره بحرية لأنه كائن عاقل. ومن أجل الحفاظ على حتمية حقوق الإنسان لا بد من ترسيخها في نهاية المطاف في البعد المطلق واعتبارها بالتالي أفكارًا سامية. وهذا الأساس النهائي لحقوق الإنسان يمكن للأديان أن تقدمه. فمن جهته اكتشف اللاهوت المسيحي بعد فترة طويلة من الرفض والإدانة أن حقوق الإنسان ليست فقط متفقة مع العديد من أساسيات الأخلاق المسيحية، بل ومع تبعات حتمية لصورة الإنسان في المسيحية أيضًا. ومن وجهة النظر المسيحية تُعتبر حقوق الإنسان نتيجة الرأي القائل إن كل فرد بحكم خلقه هو صورة الله الحي (راجع: سفر التكوين 1: 26) وتبقى كرامته مصونة فقط من خلال محبة الله المطلقة. ولأن هذا التعليل المتسامي لكرامة الإنسان يمكن من حيث المبدأ أن تقدمه كل ديانة بأسلوبها الخاص، يمكن أن تلقى حقوق الإنسان استحسانًا في أوساط ثقافية لديانات غير مسيحية أيضًا ويتم تطويرها أكثر.

مارتن تورنر

مواضيع ذات صلة: **حرية العقيدة.**

حقوق الإنسان (من وجهة نظر إسلامية)

حقوق الإنسان هي تلك الحقوق والإحتياجات الكونية الجديرة بالحماية التي تحقّ لكل إنسان. يُستخدم المصطلحان الحق والواجب غالبًا معًا وذلك عائد لعلاقتهما الوثيقة. إذن فكل إنسان متحمل للمسؤولية المشتركة في حماية حقوق إخوانه في الانسانية. ومن الواجبات المماثلة أيضًا هو أن كل شخص عليه أن يكون عالمًا سواءً بحقوقه أو حقوق غيره.

يوافق المصطلح الحديث حقوق الإنسان مصطلح آخر متداول في التقاليد الإسلامية ومذكور في القرآن ألا وهو مصطلح الضروريات الخمس. تشملِ هذه الضروريات: النفس، المال أو الملكية، العرض، العقل والدين. ويُعتبر حِفظُها في الاسلام واجب. فإن هذه القيم وقع ذكرها في الإسلام في عدة شروح لحقوق الإنسان. حيث يؤكد القرآن على حرمة النفس الإنسانية وبهذا تم تحريم قتلها بغير حق. جاء بيان هذه الحرمة وهذا التحريم في سورة البقرة 2 الآية رقم 178 وسورة النساء 4 الآية رقم 29 وسورة المائدة 5 الآية رقم 33 وسورة الأنعام 6 الآية رقم 151 وسورة الاسراء 17 الآية رقم 33، وإلى جانب ذلك روى مسلم أن محمد حرّم كل أشكال الثأر والتعذيب، كما أن حق الملكية للأفراد يُعتبر أيضًا مصونًا يحرَّم إنتهاكه، لذلك حددت الشريعة الإسلامية أشد أنواع العقوبات لمرتكبي جرائم السرقة المشار إليها في سورة المائدة 5 الآية رقم 38، وكذلك أخذ أملاك الناس بغير حق يُعد ذنبًا عظيمًا وهذا طِبقًا لسورة البقرة 2 الآية رقم 188. إن هذه العبارات: فردية الإنسان، شرفه وإحترامه تندرج كلها في الشريعة الإسلامية تحت مصطلح الكرامة، ولصيانتها حدد القرآن مجموعة من العقوبات يعاقب بها من إرتكب المعاصي كالزنا والإستغياب وهذا ما ورد في سورة الاسراء 17 الآية رقم 32 وسورة النور 24 الآية رقم 4. ومن المحرمات أيضًا شرب الخمر وتعاطي المخدرات، بما أنها تضر الجسم والعقل، فعلى الإنسان أن يستخدم قدراته الفكرية وأن يعمل حسب إرادته دون أن يلقي بنفسه إلى التهلكة.

وفي يومنا هذا يتم تفسير الآيات القرآنية التي تنص على العقوبات الجسدية المشددة في سياق حقوق الإنسان، ولكن هناك عقوبات مفروضة لا تلغى لمنتهكي القانون وذلك بهدف فرض تطبيق العدالة، والفكرة وراء هذا المنهج هو تطوير تصورات العدالة بواسطة سَن عقوبات مختلفة من حيث النوعية وكيفية التطبيق.

توضح الآية القرآنية في سورة البقرة 2 الآية رقم 256 ﴿لا إكراه في الدين﴾، أنه لا ينبغي ممارسة الضغط عند أخذ قرارات مرتبطة بالضمير وأن كل إنسان مسؤول عن نفسه في اختيار معتقده. بالاضافة إلى القيم الأساسية الخمسة المذكورة يؤكد القرآن أيضًا على أهمية حفظ الحياة الخاصة للفرد وذلك في سورة النور 24 الآية رقم 27 و58.

فمثلاً لا يجوز استراق السمع للحوارات الشخصية وهذا لضمان تواصل حر. ولحفظ الحقوق الشخصية للفرد يعتبر التجسس والنميمة وإفشاء الأسرار من الأعمال المحرمة وهذا ما تم ذكره في سورة الحجرات 49 الآية رقم 12، كذلك محمد اوضح في خطبته الوداعية حرمة النفس والمال وكرامة الإنسان.

ولكن رغم ذلك لا تزال توجد اليوم في كل أنحاء العالم دول ومجموعات إسلامية وغير إسلامية لا تحترم حقوق الانسان.

إسماعيل حقي أُونال

مواضيع ذات صلة: **الشرف؛ المرأة؛ المثلية الجنسية؛ كرامة الإنسان؛ الأقلية الدينية؛ الحرية الدينية.**

الحقيقة (من وجهة نظر مسيحية)

التعريف الفلسفي للحقيقة هو توافق الفكر (أو الكلام) مع الواقع (غير العقلي). وهذا يفترض إمكانية معرفة الواقع وفقًا لطبيعته التي تكمن علتها الأخيرة في نهاية المطاف في ماهية الوجود بحد ذاته. وبما أنه لا يمكن في الوقت نفسه أن يكون شيء ولا يكون، كما لا يمكن القول بأنه موجود وغير موجود في السياق نفسه، فإن الحقيقة والوجود متطابقان. وعلى الرغم من أن التقليد المسيحي منذ العصور القديمة المتأخرة تلقى مفهوم الحقيقة النظري المجرد من الفلسفة اليونانية القديمة، فإن أبعادًا شخصية ووجودية وتاريخية (تاريخ الخلاص) بفهمها الأصلي للحقيقة من الكتاب المقدس هي التي تحدد مفهوم الحقيقة. وقد ظهر هذا جليًا على مستوى المصطلحات: ففي الكتاب المقدس العبري تقابل كلمة حقيقة كلمة »إِمِتْ«، والتي تعني في المقام الأول الصدق والوفاء والأمانة. ومع أن الحقيقة التي تدّعيها المسيحية لنفسها كديانة وحي تتمتع أيضًا بلا شك بأهميةٍ (انظر مثلاً: رسالة بولس الرسول إلى تيموثاوس 2: 4) مرتبطة بمعرفة الأسرار الإلهية (التي لا يمكن للإنسان عادةً الوصول إليها)، ولكن بما أن حقيقة الإيمان تُعلَن دائمًا من خلال لقاء حواري مع اللـه ويسوع المسيح، يكون لهذه الحقيقة تبعًا لطبيعتها سمة شخصية. لذلك قلما يظهر قبولها في مجموعة من أشكال المعرفة، بل في »الوجود في الحق« (انظر: الإنجيل بحسب يوحنا 18: 37). وهذا لا يحدد الإنسان في بعده الفكري فحسب، بل في كافة أبعاد وجوده، لا سيما في موقفه الداخلي وأفعاله العملية. وهذا الفهم الأساسي والشخصي الوجودي الخاص بالمسيحية لمفهوم الحقيقة يعبّر عنه يسوع بنفسه بصياغة لا نظير لها: »أَنَا هُوَ الطَّرِيقُ وَالْحَقُّ وَالْحَيَاةُ.« (الإنجيل بحسب يوحنا 14: 6). وبخلاف جميع الفلاسفة والموحى لهم ومعلمي الأديان الآخرين لم يكن المسيح يعرف الحقائق وينقلها فحسب، وإنما عرّف أيضًا نفسه شخصيًا بأنه الحقيقة. المضمون الرئيسي للحقيقة المسيحية هو

مسار الحياة الفردية للإنسان-اللـه النموذجي. ويمكن التعبير عن ذلك بأن الحقيقة كحياة ليست مجرد نظرية، بل لها جوهر عاطفي-وجداني أيضًا، وهي متطابقة في اللـه (الثالوث) مع المحبة. ولا يمكن تحقيق هذه الحقيقة الحيوية من خلال رؤى نظرية فقط، بل بما يسمى في العهد الجديد بالطريق الفردي. هذا هو الوجود التاريخي للإنسان كفرد والذي ابتدأه الخلاص الإلهي لينتهي باتجاه اللـه. والمهمة المتميزة للاهوت المسيحي هي ربط هذا البعد الوجودي الشخصي بالخطاب النظري للحقيقة، سواء كان باتجاه الداخل بالنسبة للمؤمن أو باتجاه الخارج بالنسبة للجدال حول ادعاءات امتلاك الحقيقة في أديان وعقائد أخرى.

مارتن تورنر

مواضيع ذات صلة: **معرفة اللـه؛ المحبة؛ الاقنوم.**

الحقيقة (من وجهة نظر إسلامية)

تعني الحقيقة في الإسلام عمومًا أن يشهد المرء بوجود الواقع وينطق بهذه الشهادة. كما أن القرآن يستعمل كلمة الحق عوضًا عن الحقيقة، وهو اسم من أسماء الله الحسنى. تشمل كلمة الحق معاني أخرى، منها الواقع، وهذا ما أشير إليه في الآيتين 6 و62 من سورة الحج 22. أما المعنى الآخر فهو الصدق الوارد في الآية 81 من سورة الإسراء 17. وبهذا يمكن القول إن كلمة الحقيقة لا تعني فقط الأمر الصحيح وتوافق الكلام مع الواقع. فالكلمتان الحقيقة والحق لهما ترابط دلالي ومعرفي.

ينطلق الإسلام من مفهوم للحقيقة مرتبط بالواقع، يضم أيضًا معرفة الواقع الميتافيزيقي. وبهذا لا تنحصر الحقيقة في مجالات المعرفة المادية أو التجريبية، بل إن هناك مسائل يمكن أن تعالج بشكل واقعي بحت، مثل الله والأخلاق والآخرة ويوم القيامة والعقاب والحساب. وفي هذا السياق، تؤكد الواقعية أن المجال الميتافيزيقي جزء من الواقع، وهذا يعني أنه لا يمكن أبدًا التفكير في صحة الإفتراض بشكل مستقل عن الصعيد الأنطولوجي. وكما أن هذه الإفتراضية »العالم موجود« تحتاج لمصداقيتها واقعًا مستقلاً عن اللغة والعقل، فإفتراضية »الله موجود وليس كمثله شيء« لا تُعتبر صحيحة إلا إذا كان الله موجود حقًا وليس كمثله أحد. ولهذا السبب يوضح هذا الرأي بما يخص الحقيقة أن الكلام لا يعتبر موضوعيًا صحيحًا إلا إذا وقع تأكيده على أرض الواقع من قِبَل المعني بالأمر.

ومن المنظور الإسلامي لا يُسمَح بوضع الحقيقة على نفس الخط الدلالي مع القدرة المعرفية المحدودة والناقصة للإنسان. حتى ولو كانت الحقيقة أو مجموعة كاملة من حقائق المعرفة الإنسانية متاحةً جزئيًا. فثمّة أيضًا حقائق تتجاوز المعرفة الإنسانية. وفيما تُحفظ للانسان إمكانية الوصول المعرفي إلى الحقيقة، لا يتم

الزعم بأن الإنسان قادر في أي وقت على أن يدرك الحقيقة بشكل صحيح وأن معرفته تخول له الإحاطة بكل ما هو واقع. ذلك لأن المقياس النهائي للحقيقة ليست تلك المعرفة البشرية المحدودة والحاملة للأخطاء، بل هي علم الله غير المحدود والمعصوم من الخطأ. ومن هنا نفهم أن هناك علاقة ضرورية في الإسلام بين اسم الله الحق والحقيقة. ومن ناحية أخرى يُعد الوحي من آثار رحمة الله التي تقوم بهداية الإنسان، غير المعصوم والحامل لمعرفة محدودة حول الحقيقة، إلى الطريق المستقيم. وبما أن الوحي يمثل جملةً من الحقائق المنزلة من الله، التي تأمر الإنسان بشدة بإستعمال العقل، فإنه مبدئيًا لا يفوق قدرة العقل ولا يتناقض مع مصدر الحقيقة.

محمد سعيد رچبر

مواضيع ذات صلة: **التنوير.**

الحقيقة المطلقة (من وجهة نظر مسيحيّة)
ينشأ ادّعاء الحقيقة من قناعة أنّ المسيحيّة هي نقطة الذروة المطلقة التي لا يمكن الإضافة إليها وأنّها اكتمال تاريخ الدين. فجميع الأديان الأخرى هي إمّا مراحل تمهيدية يتمّ تجاوزها أو هي تشكّلات جديدة مرتدّة عن المسيحيّة. فليس للمسيحيّة ما تتعلّمه على كلّ حال من الديانات الأخرى، كونها انفصلت بجوهرها عنها وأصبحت وفق هذا المفهوم مطلقة.
لقد تطوّرت هذه النظريّة في ما يسمّى باللاهوت البروتستانتي الليبرالي/التحرريّ خلال النصف الثاني من القرن التاسع عشر. وآمن ممثّلوها بقدرتهم، قبل كلّ شيء، على البرهنة عليها تاريخيًّا أي في سياق المقارنة التاريخية للأديان. ولم تشارك الكنيسة الكاثوليكية وكذلك لاهوتها في هذا النقاش كونها مقتنعة من دون أدنى شكّ ولأسباب عقائدية بأن ليس فقط الديانة المسيحيّة بل وأيضًا الكنيسة الكاثوليكيّة هي وحدها كنيسة يسوع المسيح الحقيقيّة، وبذلك تكون هي النقطة القصوى وخاتمة تاريخ الأديان. بدءًا من النصف الثاني للقرن العشرين وخاصّة في أعقاب المجمع الفاتيكاني الثاني (1962–1965) ظهر موضوع ادّعاء الحقيقة على جدول الأعمال ولكن كمثال ردعيّ في إطار الحوار بين الأديان. ففي حين أنّ اللاهوت البروتستانتي يميل من وقت لأخر الى اعتبار جميع الأديان، من حيث المبدأ، طرقًا متكافئة نحو الخلاص (تعدّديّة اللاهوت الدينيّ)، تبحث الكنيسة الكاثوليكيّة في أعقاب توضيح علاقة الكنيسة بالأديان غير المسيحيّة عن إمكانيّة الاعتراف بحقيقة الله في الأديان، وفهم المعتقد الخاصّ على ضوئها، وإدراك فرص التعاون من أجل السلام والعدالة في العالم.

ومن الواقعيّ تثبيت الفكرة: أنّ كلّ مؤمن مقتنع تمامًا بديانته فإنه يقوم بذلك بواسطة ادّعاء غير موضوعيّ للحقيقة أي أنّه – ذكرًا كان أم أنثى – يعتقد أنّ ديانته هي الحقيقة المطلقة وليس مستعدًّا للتخلي عن هذا الاعتقاد في حوار بين الأديان حتى ولو في شكل مؤقّت. ففي موضوع عبارتنا الأساسيّة ادعاء الحقيقة يمكن أن يدور الأمر حول إمكانيّة أو عدم إمكانيّة الحقّ الموضوعيّ. إضافة إلى ذلك يمكن المجادلة بالبراهين رغم كامل التمسّك الصارم اللاموضوعيّ بالإيمان، بمن يملك مثلاً الصورة الأكثر فهمًا لله أو الجواب الإنساني الأكثر وضوحًا عن أصل الألم وكيفيّة تخطّيه. ولكن كما أنّ الايمان هو دائمًا فعل حرّ لا إكراه فيه للقلب الواثق والعقل المؤيّد، فإنّ ادعاء الحقيقة الممكن إثباته عبر براهين لا يوافق عليها الايمان، مستحيل بناء على طبيعته. فالجائز وفق تصوّر لاهوت أيامنا المتوافق عليه الى حدّ كبير بين جميع الكنائس هو فقط القرار المدروس الخاضع للاختبار المكتسب لقوّته عن طريق النقض والشكّ: »إنّني عالم بمن آمنت« (رسالة بولس الثانية إلى تيموثاوس 1: 12).

أوتو هيرمان بيش

مواضيع ذات صلة: **الحوار؛ لاهوت الأديان.**

الحقيقة المطلقة (من وجهة نظر إسلامية)

تمثل عقيدة التوحيد القائمة على مبدأ أن »لا إله إلا الله« جوهر الإسلام وتُعبّر في المقام الأول عن الحقيقة المطلقة. وبما أن هذا المبدأ هو حقيقة الإيمان الجوهرية فلا يمكن التشكيك به بأي شكل من الأشكال، فهو يتضمن عِلم المعرفيات، والمعيارية المطلقة، وتنتج عنه بشكل مباشر أو غير مباشر كل الحقائق الأخرى والقيم العليا، وبمعنى آخر فإن هذا المبدأ الجوهري في نظر الإسلام هو المعيار الذي يحدد الصواب والخطأ، ويحدد أيضًا كل ما هو إسلامي أو غير إسلامي. وعليه فإن الصواب في كل قول أو عمل في الإسلام يجب أن يكون متناغمًا مع مبدأ التوحيد القائم على أن »لا إله إلا الله«، وألا يناقضه من قريب أو بعيد. فهناك معرفة بسيطة تقوم على قاعدة مفادها أن أية حقيقة لا تكون حقيقة إذا ما تعارضت مع الحقيقة المطلقة، وعليه فإن كل حقيقة يجب أن تقر على نحو معين الحقيقة المطلقة.

يمثل الوحي في جوهره الشاهد الحقيقة المطلقة، فهو يبين علم الله المطلق وكذلك صواب المعرفة الذي وضعه الله في العقل الإنساني. يتضمن ادعاء الحقيقة في الإسلام، وكما مر بنا سابقًا، مبدأ وجود الله الواحد الأحد الذي لا يشبهه تعالى ولا يماثله شيء من مخلوقاته لا في ذاته ولا في أسمائه ولا في صفاته. فادعاء الحقيقة في الإسلام والذي يقوم على وحدانية الله وتعاليه، عز وجل، يقر بعدم وجود أي شيء يساويه أو يشابهه، وهذا ما يسمى بمبدأ تطابق الهوية الذي ينص على أنه لا

يمكن أن يكون هناك شيآن أو كيانان منفصلان عن بعضهما البعض ويشتركان بجميع الخصائص، حيث أن مبدأ تطابق الهوية يكون شرطًا للعديد من بديهيات الوجود الأساسية، فالخالق هو الخالق الواحد الغني عن خلقه، والمخلوق هو المخلوق الذي يكون دائمًا بحاجة إلى خالقه.

وطبقًا لذلك يمكننا القول بأن الإختلاف الوجودي بين الخالق والمخلوق يشكل تصورًا موازيًا للتصور الواقعي الذي يستطيع المخلوق من خلاله أن يفرق بين الصواب والخطأ، وبين العلم والجهل، وبين الخير والشر، وكذلك بين الإيمان والكفر، وذلك على أصعدة متعددة، (مثلا على صعيد المعنى، وصعيد علم المعرفيات وكذلك الأخلاقيات).

يمثل الإسلام من الناحية الفلسفية إدراكًا حقيقيًا لدلالة وصواب كل قول، وبهذا يصور الإسلام الله تعالى كحقيقة مطلقة لا يمكن الإستغناء عنها، فعلى هذا الأساس ينظر الإسلام إلى الأديان الأخرى، ولهذا فقد رأى العلماء المسلمون وجوب رفض الإدراكات النسبية أو التعددية، واعتبروا ادراكهم لله تعالى كحقيقة أساسية داخل الأديان السماوية.

محمد سعيد رچبر

مواضيع ذات صلة: **الوحدانية؛ العلمانية؛ التعددية؛ سمو الله وجلاله.**

الحنابلة (من وجهة نظر إسلامية)

المذهب الحنبلي ينسب إلى مؤسسه أحمد بن حنبل المتوفى سنة 241/855 وهو أحدث مذهب من المذاهب الأربعة الكبرى عند أهل السُنة، ويُلقب أتباعه بالحنابلة. عاش ابن حنبل في فترة انتشرت فيها الأحاديث المدونة، وقد قام بدوره بجمع أحاديث كثيرة وصنفها في كتاب اسمه المسند. وفي العصر الكلاسيكي لم يكن ضمن قائمة الفقهاء بنحو جازم، ذلك لأنه كان يعطي الأولوية لعلماء الحديث قبل علماء الفقه. ومن المعلوم أن ابن حنبل لم يؤلف كتابًا في الفقه وأصوله، وإنما أخذ أصحابه مذهبه من آرائه التي تم جمعها ونشرها فيما بعد في كتاب عنوانه »مسائل«. وكما يعود الفضل إلى أبي بكر الخلّال المتوفى سنة 311/923 في ترتيب علوم ابن حنبل ترتيبًا يوافق نظام الفقه الكلاسيكي، وبفضل جهود الخلال أصبح فقه ابن حنبل مذهبًا مستقلاً، حتى أنه لقب بمؤسس المذهب الحنبلي.

استطاع الفقه الحنبلي أن يزدهر ويصبح أكبر مذهب فقهي في نهاية القرن الثاني عشر بعد الميلاد. ومما أدى إلى ثبات وانتشار هذا المذهب ليس فقط التدريس وتصنيف الروايات، بل أيضًا أن ابن حنبل مؤسس العقيدة السلفية، لذلك تأخذ الجماعات السلفية عمومًا الفقه الحنبلي كتوجيه لها. وجراء المواقف العقائدية والسياسية التي اتخذها هذا المذهب اعتبر خلال فترة تأسيسه مذهبًا معارضًا.

رغم أن هناك البعض من الحنابلة الذين عملوا في القضاء عبر التاريخ. نال المذهب الحنبلي هذه الحظوة الرسمية بعد تمرد آل سعود ضد العثمانيين واستيلائهم على الحكم.

أما فيما يتعلق بأصول هذا المذهب، فهي تعتمد على القرآن كأول دليل ومشرع، ولكن لا يجوز هنا الإعتماد على الرأي والإجتهاد عند التأويل، حتى أن التفسير النحوي غير مقبول عندهم. يعرّف الحنابلة السُنة بأنها مضمون جميع الروايات الموجودة، ولكن إذا وجد خلل في سند السنة فهي تُعتَبر أحاديث ضعيفة. كما ترجح الحنابلة الأحاديث على القياس، ورغم أنهم لا يميلون للإجماع كحجة في تشريع، فهم اعتبروها فيما بعد مصدرًا ملزمًا، وهذا يعني أن آراء ابن حنبل قائمة على تعاليم أصحاب محمد والتابعين التي لا يجوز الخروج عنها، فهي بالتالي ملزمة.

يعتمد المذهب الحنبلي إذًا في تشريع الأحكام على القرآن والسنة والإجماع وروايات أصحاب محمد والتابعين، فهي مصادر استنباط الأحكام. وعلى عكس القياس الذي كان يصار إليه عند الضرورة، فالحنابلة يتميزون خاصة في رفضهم للتشريع بالرأي والتقيد بالنصوص تقيدًا صارمًا، مما أدى إلى وصف كل العبادات التي لم يشرعها النص بالبدعة. إلا أن شدتهم في التعامل مع النصوص تراجعت إلى حد ما، وذلك باتخاذهم النية والمقصد كمعيار لتقييم سلوكيات الإنسان.

طالب تورجان

مواضيع ذات صلة: **الأصولية؛ السلفية؛ المذاهب الفقهية.**

الحنفية (من وجهة نظر إسلامية)

الحنفية هي مذهب إسلامي ينتسب للعالِم الجليل أبو حنيفة المتوفى سنة 150/767 الذي يتبع منهجًا خاصًا به في استنباط الأحكام الفقهية، كما ظهرت هذه المدرسة الفقهية كواحدة من الفرقتين الرئيسيتين المتخصصتين في الفقه، وكان ذلك في مدينة الكوفة وهي منطقة موجودة في العراق. كما يُطلق على أتباع هذا المذهب بالأحناف. ومن هؤلاء الذين يمثلون تلامذة أبي حنيفة ظفر بن الهذيل المتوفى سنة 158/775 وأبو يوسف المتوفى سنة 183/798 ومحمد بن الحسن الشيباني المتوفى سنة 189/805، وقد لعب هؤلاء دورًا مهمًا في تأسيس وقيام المذهب الحنفي.

وصل المذهب الحنفي الى طور النضج وتأسيس المدارس في أواخر القرن الحادي عشر الميلادي. ففي الوقت الذي كان فيه علماء المذهب الحنفي يقومون بتجميع وتدوين كل الروايات المهمة للتدوين من جهة، ساهم من جهة أخرى، جعل الدولة العباسية الفقه الحنفي مذهبًا رسميًا لها، في نشوء مدارس لتعليم هذا التوجيه الفقهي. ومن العوامل الأخرى التي لعبت دورًا كبيرًا في هذا السياق هو إقرار الدولة

السلجوقية والعثمانية المذهب الحنفي مذهبًا رسميًا لها. ساهمت كل هذه الأحداث بأن يكون المذهب الحنفي أكثر انتشارًا من المذاهب الأخرى.
تعتمد مجلة الأحكام العدلية خاصةً على تعاليم المذهب الحنفي. تعتبر هذه المجلة من المدونات الأولى القانونية الناشئة في القرن التاسع عشر في العصر العثماني.
يتميز المذهب الحنفي عن المدارس الفقهية الأخرى في النقاط التالية: كانت الحنفية تعتمد على الرأي في استنباط الأحكام وتستند إلى السُنة في القضاء وتتبع منهجًا قائمًا على القياس، فالأحناف يرون أن القرآن والسنة هما الأصلان لباقي المصادر الأخرى. إلا أنه خلافًا لغيره من المذاهب يقوم هذا المذهب بتصنيف السنة والتحقق من صحته، لذلك يعتبر أن الأحاديث لا يمكن أن تلعب الدور التكميلي أو دور النسخ، إلا إذا كان المتن مؤكدًا وموثوقًا به ومقيدًا بالأحكام القرآنية.
ووفقًا لرأي أبي حنيفة يعد إجماع الصحابة حجةً ملزمةً، وفي حالة تعدد الأقوال حول قضية واحدة يتم الإلتجاء إلى عملية اختيار قول من الأقوال، فالأحناف إذًا لم تأخذ من السنة جميع الأحاديث فقط، بل أيضًا أقوال وأفعال أصحاب محمد كمصدر لاستنباط الأحكام الشرعية. وإذا لم يوجد في مسألة نص، فحينئذ يجتهد الأحناف في العثور على الأحكام من القرآن والسُنة التي يمكن أن يُقاس عليها قياسًا مناسبًا. وبهذا قاموا بإحياء الأحكام التي يحتمل وقوعها في المستقبل. ومن هنا نستنتج أن الإعتماد على القياس هو من أهم وسائل الأحناف.كما يوجد مؤشر آخر يبين قوة تعلق الأحناف بطريقة استخراج الأحكام بالرأي وهو الإستعانة أيضًا بأداة الترجيح كأحد الأدلة المفسرة والتي تُعرف بالإستحسان. كما يرى الأحناف أن هذه الأداة تشمل معنيين اثنين، وهما: ترجيح استنباط الحكم بالرأي مع الخروج عن المبدأ العام، وهو الأخذ بدليل خاص موجود متعلق بمسألة ما، أما المعنى الثاني فهو التجاء الفقيه إلى الرأي لاستخراج الأحكام، وذلك في حالة غياب أحكام في القرآن والسنة يمكن أن يقاس عليها.
ومن أهم الخصائص التي يتميز بها الأحناف عن المذاهب الأخرى هو فتح مجال أوسع يرمي لفصل الدين عن التشريع، بالإضافة إلى ذلك قام فقهاء الحنفية بتطوير أراء متعلقة بحرية الفرد وحقوق المرأة، يعد مضمونها قريبًا جدًا من الفكر القانوني الحديث.

طالب تورجان

مواضيع ذات صلة: **الفقه؛المذاهب الفقهية؛ ممثلو التعاليم العقلية.**

الحوار (من وجهة نظر مسيحيّة)

أ) عمومًا

يُطلق مصطلح الحوار على حديث بين طرفين أو عدّة أطراف تدخّلت بشكل شخصيّ في عمليّة التبادل هذه. وفقًا للتعبير اليونانيّ ديا – لوغوس يتضمّن الحوار كلامًا متبادلًا تُبنى فيه على تعبير (لوغوس) عمليّات الإدراك المشترك. من هذه الناحية يؤدّي الحوار إلى نشوء تواصل أو تعليمات، وهو يحتاج إلى شركاء يقدّرون شخص الآخر فيتلقّون كلمته ويوسّعونها من خلال جوابهم الخاصّ. ويجري الحوار بالنسبة لمارتن بوبر (1878–1965) بين شخص منفتح وشخص منفتح. وتدخل أطرافه في علاقة وتستكشف مع بعضها البعض حيّز الما بين بتخطّيها الحواجز بين الأنا والأنت. ويغلق شعور الاحترام للشخص الآخر الباب أمام عمليّة تحديده مسبقًا. بمقتضى ذلك لا يجب إنهاء الحوار، كما يرى مارتن بوبر، طالما يطرح الشركاء فيه أسئلة جوهريّة تشغل تفكيرهم. ولذلك فإنّه من غير المقبول في الحوار بين الأديان حصره بأسئلة أخلاقيّة، بل يجب التطرّق أيضًا إلى الأسئلة اللاهوتيّة المركزيّة. هناك إشكاليّة خاصّة للحوار بين الأديان من وجهة نظر مسيحيّة تنشأ بالنظر إلى مسألة الحقيقة وادّعاء الحقيقة. وفي الوقت نفسه يكون الحوار ناجحًا أيضًا عندما يلقي بأسئلة تؤدّي إلى ما بعدها، وقد أصبح هذا النوع من الحديث منذ أيّام سقراط (توفّي 399 قبل المسيح) قاعدة منهجيّة للفلسفة الغربيّة. وغالبًا ما تنتهي الحوارات السقراطيّة بإدراك حدود المعرفة المزعومة أو التوصّل إلى أسئلة أخرى في أفق أوسع.

ويمثّل الحوار بالنسبة لمارتن بوبر فعل تعلّم تدخله الأطراف بلا تحفّظ وتخرج منه وقد تغيّرت. لذا يتضمّن مفهومه هذا دائمًا بعدًا انتروبولوجيًا لاكتشاف الذات في مرآة الآخر، وهذا البعد هو التعليل في الوقت نفسه لفهم الحوار على أنّه دخول في علاقة من دون شروط مسبقة. يتمّ الحديث عن حوار بين الثقافات أو بين الأديان عندما تكون أطرافه المشاركة منتمية إلى دوائر ثقافيّة مختلفة. ويتطلّب حوار الأديان، إلى جانب ما يسمّى بجزئيّاته، إجراء عمليّة التبادل المتباينة بلغة مشتركة، كما معرفة متخصّصة بالطرف الآخر تتّسم بنظرة مهتمّة تتجاوز حدود الإيمان الشخصيّ.

ويُطلق على الحديث المتخطّي لحدود المذاهب بين الكنائس اسم الحوار المسكونيّ. ولم يعد هذا الحوار منذ المجمع الفاتيكاني الثاني (1962–1965) يُجرى مع الكنائس الإنجيليّة فقط، بل أيضًا مع الكنائس الأرثوذكسيّة الشرقيّة، إلا أنّ أسئلة لاهوتيّة جوهريّة تبرز في الوقت نفسه وتوجب الإجابة عنها للوصول إلى الوحدة المسكونيّة. بالإضافة إلى ذلك دعا المجمع عبر وثيقته (في زماننا) ذات الشكل الجديد إلى حوار لاهوتيّ مع الديانات غير المسيحيّة؛ وهي دعوة موجّهة قبل كلّ شيء إلى اليهوديّة والإسلام ومن أجلها تمّ في الفاتيكان عام 1988 إنشاء المجلس

البابويّ للحوار بين الأديان انضمّت إليه لجنة للعلاقات مع المسلمين. وتركّزت مهمّة هذا المجلس في السنوات الماضية على حوار حول القضايا المشتركة المتعلّقة بتاريخ الثقافة والأخلاق كما بالمواضيع المعياريّة في العلاقة مع المحيط الاجتماعيّ، بحيث إنّ حوارًا لاهوتيًّا يناقش نظريّات الديانات الأخرى ما زال محدودًا في الوقت الحاضر.

بيتر غراف

ب) حوار الأديان

يعدّ الحوار بين الأديان، كمحطّة تلاقٍ بين ممثّلين عن أديان مختلفة، ظاهرةً بدأت في ستّينيّات القرن العشرين واكتسبت مع مرور العقود اللاحقة أهمّية متنامية. وانعقدت أولى أهمّ مؤتمرات الحوار من قبل مجلس الكنائس العالميّ مثلاً عام 1966 في بلدة برمّانا (لبنان) وهونغ كونغ، وعام 1967 في مدينة كاندي (سيريلانكا)، و1970 في بلدة عجلتون/بيروت (لبنان) وزوريخ، وعام 1971 في مدينة أديس أبابا (أثيوبيا). يومها كان الممثّلون المسيحيّون يشكّلون الأكثريّة بشكل واضح. وقد تمّ التطرّق بالمقام الأوّل في هذه المؤتمرات إلى تفسيرات ترتكز على نوع من التقويم اللاهوتيّ للديانات الأخرى (مثلاً دلالة المسيح كأفاتار في الهندوسيّة، كبوداسف في البوذيّة وكنبيّ في الإسلام). وفي عام 1965 حدّدت الكنيسة الكاثوليكيّة موقفها الحواريّ عبر إعلانها المجمعيّ في ما يتعلّق بالعلاقة مع الديانات غير المسيحيّة (في زماننا)، إذ أعلنت بشكل واضح وملزم لجميع الكاثوليك: »إنّ الكنيسة الكاثوليكيّة لا ترفض بتاتًا ما هو حقيقة ومقدّس في هذه الأديان« (رقم 2).

يُظهر تاريخ اللقاء الحواريّ أنّ الممثّلين المعنيّين المشاركين فيه التقوا مع بعضهم البعض باحترام فائق، ومن دون أن يُضطرّ أيّ فريق للتخلّي عن قناعاته. بل على العكس من ذلك، يظهر هذا التاريخ أنّ الحوار يخدم تقليص الاتهامات المتبادلة بين أطرافه والتوصّل إلى أن يعرض كلّ طرف ديانته للآخر بطريقة يدرك هذا الآخر نفسه فيها. بالإضافة إلى ذلك يتعلّق الأمر بالتوصّل إلى عدم وجوب إساءة استخدام الدين لأهداف سياسيّة وإلى تطوير حدس يدرك سوء هذا الاستخدام والتحرّك لمواجهته.

في نهاية المطاف إنّ الهدف المنشود هو الوصول في الحوار إلى مقدرة تقديم المعلومات حول الإيمان الخاصّ بالنظر إلى العروض المتنافسة في سوق الأديان.

إنّ الحوار بين الأديان كما يُفهم لا يسعى إلى ديانة عالميّة موحّدة ولا إلى تبشير أطراف الحوار الآخرين. وهو ليس حوارًا أيضًا حسب مفهوم مارتن بوبر، يلتقي فيه أشخاص من أصول ثقافيّة مختلفة على قاعدة عمليّة مفتوحة للدخول في

العلاقة، بل إنّه يبحث عن الفهم المتبادل والعمل المشترك من أجل سعادة وراحة البشر ومن أجل تعزيز التضامن والعدالة والسلام بينهم.

بيتر أنتس

مواضيع ذات صلة: **ادّعاء الحقيقة؛ الوصايا والنواهي؛ الأقلّيّات الدينيّة؛ الحريّة الدينيّة؛ المجمع الفاتيكاني الثاني؛ الحقيقة.**

حوار الأديان (من وجهة نظر إسلامية)

حوار الأديان هو عبارة عن الجهود التي يبذلها أتباع الأديان والثقافات المختلفة فيما بينهم من أجل التقارب وتبادل المعارف، والبحث عن الحلول الجماعية لتوسيع مدارك خبراتهم الحياتية، فحوار الأديان مسألة تتطلب دعمًا إنسانيًا وأخلاقيًا. إن حوار الأديان مسألة ليست بالغريبة على المسلمين، وذلك لأن القرآن يقر وبشكل جلي بوجود المعتقدات الأخرى (مثل الأديان الكتابية)، فهو يقسم الناس فيما يخص معتقداتهم إلى ثلاثة أقسام: القسم الأول يضم المُشركين، والقسم الثاني أهل الكتاب، أما القسم الثالث فهم المسلمون. والمسلمون هم أولئك الذين يؤمنون بأن محمدًا رسول الله ويعيشون طِبقًا لقواعد الدين الإسلامي الذي بشر به. أما المشركون فهم أولئك الذين يجعلون أنداداً مع الله ونظراء. أما أهل الكتاب فهم أولئك الذين يرتكز إيمانهم على كتاب مقدس، وهم اليهود والمسيحيون، ويرى بعض العلماء المسلمين أن الصابئة والزرادشتية هم أيضًا من أهل الكتاب. لقد ذكر القرآن الكريم المبادئ الرئيسية الثلاثة للدين، ألا وهي توحيد الله، والإيمان باليوم الآخر، والعمل الصالح (سورة البقرة 2 الآية 62). فعندما نطّلع على هذه المبادئ نجد أن هناك تشابهًا كبيرًا بين المسلمين وأهل الكتاب، لذلك يحث القرآن الكريم المسلمين على إجراء حوار مع أهل الكتاب: ﴿وَلَا تُجَٰدِلُوٓاْ أَهۡلَ ٱلۡكِتَٰبِ إِلَّا بِٱلَّتِي هِيَ أَحۡسَنُ إِلَّا ٱلَّذِينَ ظَلَمُواْ مِنۡهُمۡ وَقُولُوٓاْ ءَامَنَّا بِٱلَّذِيٓ أُنزِلَ إِلَيۡنَا وَأُنزِلَ إِلَيۡكُمۡ وَإِلَٰهُنَا وَإِلَٰهُكُمۡ وَٰحِدٞ وَنَحۡنُ لَهُۥ مُسۡلِمُونَ﴾ (سورة العنكبوت 29 الآية 46)، ﴿قُلۡ يَٰٓأَهۡلَ ٱلۡكِتَٰبِ تَعَالَوۡاْ إِلَىٰ كَلِمَةٖ سَوَآءِۭ بَيۡنَنَا وَبَيۡنَكُمۡ أَلَّا نَعۡبُدَ إِلَّا ٱللَّهَ وَلَا نُشۡرِكَ بِهِۦ شَيۡـٔٗا وَلَا يَتَّخِذَ بَعۡضُنَا بَعۡضًا أَرۡبَابٗا مِّن دُونِ ٱللَّهِۚ فَإِن تَوَلَّوۡاْ فَقُولُواْ ٱشۡهَدُواْ بِأَنَّا مُسۡلِمُونَ﴾ (سورة آل عمران 3 الآية 64).

إن هذه التوجهات التي ينص عليها القرآن قادت بين الحين والآخر إلى إقامة علاقات جيدة بين المسلمين، واليهود، والمسيحيين وإلى تبادل للحوار، إذ نجد في مراجع التاريخ الإسلامي أمثلة على ذلك، فبعد الهجرة النبوية بدأ النبي محمد بالاتصال بأصحاب المعتقدات الأخرى وخاصة اليهود. فلقد أبرم معاهدة اجتماعية تستند إلى إقامة العلاقات الجيدة وتقود إلى وحدة سياسية. ففي عام (631) وفد ستون شخصًا من مسيحيي نجران (اليمن) إلى النبي لإجراء حوار

وتبادل للرأي في مواضيع عدة منها شخصية المسيح، حيث تحدث النبي معهم طويلاً، وكان مضيافًا لدرجة أنه سمح لهم بإقامة الصلاة في المسجد (انظر ابن سعد الطبقات).

لقد سار الخلفاء المسلمون على مر العصور على نهج النبي. فمن المعروف أن قصر الخلافة في العصر العباسي كان يضم علماء من مختلف الأديان لإجراء المناقشات الدينية، وكذلك ساد في عهد أمويي الأندلس في إسبانيا مجتمع يتصف بالعيش المشترك وبالتعايش الديني ويستند إلى لغة الحوار بين المسلمين واليهود والمسيحيين. وإن دل هذا على شيء فإنما يدل على أن المسلمين هم أهل لتبادل الحوار مع الأديان المختلفة، وللتعايش معهم، وكذلك لإجراء المناقشات على المستوى السياسي والإقتصادي والثقافي. ومن الجدير بالذكر أن حوار الأديان اليوم آخذ بالتزايد في الكثير من البلدان وعلى مختلف الأصعدة وعن طريق المنظمات المختلفة حيث يوضع موضع التطبيق.

باقي آدم

مواضيع ذات صلة: **المعاداة للسامية؛ وثيقة المدينة؛ الشرك بالله؛ المسيحية؛ اليهودية.**

مصادر الحديث:

ابن سعد، الطبقات، باب ١، ص ٢٦٨.

الحياة الجنسية (من وجهة نظر مسيحية)

يعتبر الجنس جزءًا أساسيًا من طبيعة الإنسان وكيانه كرجل أو امرأة. والحياة الجنسية هي الطريقة التي يعبر خلالها الجنس عن نفسه، بحيث تتحول الشهوة الجنسية إلى واقع ملموس. ووفقًا للكتاب المقدس تُعتبر الحياة الجنسية هبة من الله وحاجة ماسة لتكوين الإنسان، لأنها تتضمن طاقة كامنة جاذبة مثلها مثل الخوف. وفي حال إطلاق العنان لهذه الطاقة فستؤدي إلى التدمير (سفر صموئيل الثاني 11)، أما إذا تمت شخصنتها وتشذيبها فستصبح بالمقابل مصدرًا للحيوية والفرح (سفر نشيد الأنشاد). وتتميز وجهة نظر الكتاب المقدس في الحياة الجنسية لدى الإنسان بأربعة مقولات أنثروبولوجية أساسية:

- الرجل والمرأة هما صورة الله ويتمتعان بالكرامة الشخصية ذاتها (سفر التكوين 1: 27)؛
- مبدأ الجنسين يعتبر جزءًا إيجابيًا وجيدًا في نظام الخلق الإلهي (سفر التكوين 1: 27؛ 2: 18)؛
- الحياة الجنسية تفيد في تكاثر البشر وتتمتع ببركة الله (سفر التكوين 1: 28)؛
- ويتكامل الجنسان بشكل تام بأن يصير الرجل والمرأة جسدًا واحدًا (سفر التكوين 2: 24).

غير أن الخوف من الحياة الجنسية ساد في بداية تاريخ المسيحية. وكان ذلك بتأثيرات من تعاليم ثنوية غير مسيحية، وسوء ظن آباء الكنيسة بالشهوة الجنسية على وجه الخصوص. إذ كانوا يخشون من أن اللذات الحسية تجعل الروح سجينة الجسد وتمنعها من التسامي باتجاه اللـه. والتفسير اللاهوتي لهذه النظرة المتشائمة عن الحياة الجنسية أورده أوغسطينوس (354–430). فكان أي نشاط جنسي يمثل في نظره شرًا من حيث المبدأ. ولا يمكن تبرير هذا الشر إلا عندما تمارَس الحياة الجنسية داخل إطار الزواج وعندما تُوجَّه للإنجاب. ولم تَسُدْ وجهة النظر الإيجابية والمتوافقة مع الكتاب المقدس حول الحياة الجنسية إلا خلال القرن العشرين، عندما أقِر لأول مرة – في سياق تطوير عقيدة الزواج المسيحي – الحب المتبادل بين الزوجين باعتباره المغزى الأساسي للزواج، وعندما تم احترام اللقاء الجنسي بينهما كتعبير عن هذا الحب. وذلك أدى إلى تطور أمكن خلاله بوضوح رؤية السلوك الجنسي البشري في قيمة الإنسان كشخص. ورغم أن اللاهوتيين المسيحيين كانوا ولا يزالون متفقين على أن المكان الوحيد المشروع للعلاقات الجنسية الكاملة هو الزواج، بسبب قدرته على التعبير عن قيم الجنس على أفضل وجه. إلاّ أنه الآن، بعيدًا عن تفسير الحياة الجنسية لدى البشر الذي كان في الماضي موجهًا نحو تكاثر الجنس البشري فقط، يتم التأكيد صراحةً على أن هناك نطاقًا واسعًا من العلاقات الجنسية، بكثافةٍ وأشكال تعبيرٍ متفاوتة، تسبق الشراكة الجنسية الكاملة.

هانس غونتر غروبر

مواضيع ذات صلة: **الزواج؛ الزوجة؛ المثلية الجنسية؛ الشخص؛ تعدد الزوجات؛ الدعارة.**

الحياة الجنسية (من وجهة نظر إسلامية)

تشير الحياة الجنسية إلى أساس الشعور بالاهتمام والرغبة والانجذاب المتبادل بين الرجل والمرأة. وللحياة الجنسية البشرية جوانب بيولوجية وعاطفية، فمن وظائف الحياة الجنسية البشرية مثلاً، كما هو الحال في الكائنات الحية الأخرى، استمرارية النوع البشري عن طريق التناسل. ولكن ليس هذا فحسب، بل للحياة الجنسية وظائف وتأثيرات أخرى متنوعة، فهي للزوجين مصدر الحب والأمن والسكينة والتناغم والسعادة، وهذا ما أكده القرآن في الآية التالية: ﴿ومن آياته أن خلق لكم من أنفسكم أزواجًا لتسكنوا إليها وجعل بينكم مودةً ورحمةً﴾ (الروم 30 الآية 21) وفي الآية 189 من سورة الأعراف 7 نجد وصفًا مشابهًا. وبناءً على ذلك نجد أن زواج الرجل والمرأة من الأمور التي يحث عليها القرآن. بل نرى أيضًا أن القرآن يلزم المجتمع على تقديم مساعدة الزواج لجميع الرجال والنساء الذين هم في سن الزواج ولا يستطيعون الوفاء بمتطلبات الزواج، وهذا ما جاء ذكره في الآية 32 من سورة

النور 24. كما وصف النبي محمد مرارًا وتكرارًا الزواج والممارسة الجنسية ضمن إطار الحياة الزوجية بنوع من أنواع العبادة، وهذا ما رواه مسلم. كما يرفض الإسلام تجنب الزواج من أجل الإمتناع عن الممارسة الجنسية ولا يعتبره علامة من علامات التقوى، وهذا على عكس بعض الأديان والمعتقدات الدينية الأخرى. بل نجد أيضًا أن القرآن يتحدث عن وجود حياة جنسية في الجنة، وهذا ما ورد في الآية 25 من سورة البقرة 2 والآية 20 من سورة الطور 52.

وكانت الحياة الجنسية منذ البداية مندرجة في باب التأملات الدينية والأخلاقية والفلسفية، ومحط أنظار القواعد السياسية والقانونية بدرجة أنها تطورت لتصبح ظاهرة ثقافية. ويعود سبب ذلك إلى تأثير الحياة الجنسية في نمو المحيط الإجتماعي وتمثيلها كجزء للشخصية الإنسانية. وفي السياق نفسه، نرى أن الإسلام يسلط الضوء على المحرَّمات أكثر من المباحات. بمعنى أدق، تعتبر الممارسة الجنسية أو أي شكل من أشكال العلاقات خارج إطار الزواج محرَّمة. ففي موضوع الحياة جنسية لا تنطبق تلك القاعدة الأخلاقية العامة التي تقول إن كل شيء مباح في الأصل ولا تحريم إلا بنص صريح صحيح. ولا تعتبر الممارسات أو العلاقات الجنسية مباحة ومشروعة إلا إذا كانت بين شخصين من جنس مختلف وضمن إطار الزواج. وقد وصف القرآن، وتحديدًا في الآية 151 من سورة الأنعام 6 والآية 32 من سورة الإسراء 17، العلاقات الجنسية خارج إطار الزواج أي الزنا وكل الأسباب الموصلة إليها بأنها من الأعمال المحرَّمة والشنيعة والقبيحة، وعلى عكس التحكم في النفس وضبطها والبعد عن كل أنواعٍ الممارسات الجنسية والعلاقات بأشكالها المتنوعة غير شرعية التي تعتبر سمةً جوهريةً من سمات الأخلاق الإسلامية. ووفقًا لتعاليم الإسلام، تعتبر ممارسة الجنس محرمة إلا إذا كانت ضمن إطار الزواج، فهي لا تكون مشروعةً إلا إذا كانت مبنية على عقد زواج. هذا بصرف النظر عن الممارسة الجنسية ضمن إطار الإسترقاق الذي لم يعد مطبقًا في الوقت الحاضر وكذلك الأحكام المتعلقة به. إن الإسلام يولي الحياة الجنسية أهمية، ليس كوسيلة للتناسل فحسب، بل أيضًا كحاجة نفسية وبدنية.

طالب تورجان

مواضيع ذات صلة: **الزواج؛ الممارسة الجنسية غير الشرعية؛ المثلية الجنسية؛ تعدد الزوجات؛ المعصية.**

مصادر الحديث:

صحيح مسلم، كتاب الزكاة، باب بيان أن اسم الصدقة...، رقم 2329، عن أبي ذر.

الختان (من وجهة نظر مسيحيّة)
الختان هو عمليّة جراحيّة لإزالة غرلة العضو الذكريّ، وهو ليس شائعًا في جميع ثقافات الشرق القديم، خلا المصريّين والإدوميّين والعمّونيّين والموابيّين والإسرائيليّين (إرمياء 9: 24 وما يليها)، وإنّما ليس عند البابليّين والأشوريّين والفلستيّين. ويتعلّق الأمر بطقس شعائريّ يتمّ القيام به عادةً في سنّ المراهقة حين بلوغ سنّ الرجولة. وما إذا كانت هذه العمليّة في الأصل تنطوي على تقديم الغرلة أضحية من أجل ضمان الفحولة الرجوليّة، فإنّها تبقى من باب التخمينات فقط؛ ولا يُفترض بالأسباب الصحيّة أن تلعب أيّ دور في هذا السياق.
لقد أضحى الختان لدى شعب إسرائيل علامة تمييز جوهريّة عن المحيط الوثنيّ بعد الأسر البابليّ، تحصل في سنّ الطفولة، تحديدًا في اليوم الثامن بعد الولادة وتعدّ شرطًا للمشاركة في فصح الربّ (سفر الخروج 12: 48 وما يليها)، أمّا ترك هذا التقليد فعواقبه الإقصاء عن الجماعة. وليس الختان في سنّ الطفولة بالضرورة تجديدًا للأسر البابليّ بقدر كونه موافقًا لطقس يعود إلى ما قبل الأسر. ويُشار إلى أنّ الفتيات لا يتمّ ختانهنّ. في سفر التكوين (17: 9–14) تمّ إرجاع زمن إجراء الختان إلى زمن الآباء الأوائل وتبريره بالعهد الإلهيّ مع ابراهيم. وفي الزمن اللاحق للعهد القديم كان الختان يُعاقب بالإعدام عندما قام ملك السلوقيّين السوريّين غرب الآسيويّين أنطوخيوس الرابع الظاهر (175–164 قبل الميلاد) بمحاولته الفاشلة توحيد الممارسات الدينيّة في مناطق حكمه، وقد لجأ كثير من اليهود خلال فترة مؤقّتة إلى إعادة تركيب غرلة اصطناعيّة. يدور في العهد الجديد الحديث عن عمليّة ختان المسيح في لوقا 1 التي تلعب دورًا مهمًّا قبل كلّ شيء في جدال الرسول بولس مع الدوائر اليهوديّة المسيحيّة كون إنّ هؤلاء طالبوا بختان المسيحيّين الأمميّين أيضًا (غلاطية 2: 3؛ 5: 3) لضمّهم إلى نسل ابراهيم وبالتالي في محاولة أخيرة منهم للإرغام على التقيّد بالناموس اليهوديّ كاملاً. ويعود عدم تطبيق عمليّة الختان على المسيحيّين غير اليهود إلى بولس، فالبنسبة إليه لا يأمر الله بالختان لأنّ نسل ابراهيم ينشأ حين يصبح المسيحيّون من خلال الإيمان واحدًا مع المسيح.
في المقابل يتطرّق الرسول بولس إلى صورة ختن القلوب المذكورة في العهد القديم، أو »الختان بالروح« (رومية 2: 25–29؛ انظر سفر التثنية 10: 16؛ إرمياء 9: 26). من هذه الوجهة يعدّ الختان مثالاً جيدًا عن التحوّل الروحيّ لرمز دينيّ طقسيّ تقليديّ.

مارتن أرنيت

مواضيع ذات صلة: **الميثاق/العهد؛ بولس؛ الطقس الدينيّ؛ الرمز.**

الختان (من وجهة نظر إسلامية)
الختان هو قطع الغلفة التي تغطي الحشفة من العضو الذكري، وطبقًا للإعتقاد الإسلامي فإن الختان هو سُنة إبراهيم والتي أخذتها عنه الديانة اليهودية، وأصبح سُنّة للمسلمين بعد الإسلام. لقد جاء في البيهقي بأن النبي محمدًا أمر بختان حفيديه الحسن والحسين وهما إبنا سبعة أيام (انظر البيهقي).
لم يأت ذكر الختان في القرآن الكريم، ولكنه يعتبر سُنة من السنن التي يتبعها جميع المسلمين، حيث يتم ختان الأولاد قبل سن المراهقة، وترى بعض المدارس الفقهية في الختان ضرورة دينية. فمن واجب الآباء وطبقًا للموروث الإسلامي ختان أولادهم قبل سنة المراهقة. فالختان هو علامة على سن بلوغ الأولاد، حيث تتم عملية الختان بإحتفال يضم الأهل والأصدقاء ويلبس الصبي المختون ملابس إحتفالية. أما فيما يخص ختان الإناث عند بعض الشعوب فإنه يُعتبر موروثًا ثقافيًا ليس له علاقة بالدين الإسلامي.

خالد أونال

مواضيع ذات صلة: **الفرائض الدينية؛ الطهارة؛ السنة.**

مصادر الحديث:
سنن البيهقي، السنن الكبرى، باب 8، ص 56، رقم الحديث 17563.

خدمة الصلاة (من وجهة نظر مسيحيّة)
خدمة الصلاة (أو القدّاس الإلهيّ) هي احتفال مشترك للإيمان المطبوع في المسيحيّة جوهريًا بكلمة الله (الكتاب المقدّس) وبالصلاة. وتعدّ خدمة الصلاة إلى جانب البشارة ومحبّة القريب إجراء أساسيًا للكنيسة ورعاياها. لقد سبق أن التقى تلاميذ يسوع بعد الفصح للصلاة وكسر الخبز، فاحتفلوا إذًا بخدمة صلاة متماهين بممارسة يسوع وشعب إسرائيل الدينيّة (انظر أعمال الرسل 2: 42 . 46؛ 13: 2؛ كورنثوس الأولى 11 وما يليها). أثناء الاحتفال بخدمة الصلاة تصبح الكنيسة حدثًا للتوّ، باعتبار أنّ المعمّدين بالله تتمّ المناداة عليهم فيجتمعون ويقفون معًا أمام الله ليستمعوا إليه ويصلّوا له. فبناء على هذه المهمّة الأساسيّة لجميع الاحتفالات بخدمة الصلاة تتضمّن خدمة الصلاة المسيحيّة بشكل رئيس التلاوات من الكتاب المقدّس والصلاة التي تتمّ بها مخاطبة الله.
تتكوّن خدمة الصلاة في الكنائس الكاثوليكيّة من احتفالات الليتورجيا المنظّمة رسميًا، كما خدمات الصلاة شبه الكنسيّة (المسمّاة بليتورجيا الأبرشيّات) وخدمات الصلاة الشعبيّة التقويّة. وليست أشكال خدمة الصلاة المحبوبة جدًا لدى الشعب، مثل الصلوات القصيرة ومواكب الطواف الكثيرة والصلاة التاسوعيّة (تمارين الصلاة الممتدّة لتسعة أيّام)، ناشئة من التقليد الرومي، وإنّما هي متأثرة إلى حدّ

بعيد بالعادات والأعراف المحليّة، وتشكّل بالتالي تكملة مهمّة لطقس الليتورجيا الرئيس الذي كان يقام باللغة اللاتينيّة حتى زمن المجمع الفاتيكانيّ الثاني (1962–1965) ولم يكن يتيح في المبدأ للمحتفلين بالمشاركة الفعّالة فيه.
في حين أنّ الليتورجيا المنظّمة رسميًا لها هيكليّاتها الواضحة وتتجسّم إلى حدّ بعد من خلال النصوص المحدّدة، يمكن لخدمات الصلاة الأخرى أن يكون لها أيضًا أشكال أكثر حريّة. فهناك الآن جماعات دينيّة تطوّر أشكال خدمات صلاة خاصّة بها، بحيث يكون لصلاة الفرد العفويّة مكانًا فيها. ويتمّ البحث بقوّة عن أشكال أسهل لخدمة الصلاة بتوجيه الاعتبار إلى الذين لا يشاركون بصفة دوريّة في خدمات صلاة الكنيسة أو إلى الذين لم يتعمّدوا وذلك لتيسير وصولهم إلى هذه الخدمة.
فينفريد هاونرلاند

مواضيع ذات صلة: **الليتورجيا؛ الطقس.**

خطبة الوداع (من وجهة نظر إسلامية)
خطبة الوداع هي تلك الخطبة التي ألقاها النبي محمد يوم عرفة من جبل الرحمة أمام آلاف المسلمين وكان ذلك في حجة الوداع عام 623 وقُبيل وفاته بثلاثة أشهر، وسُميت هذه الحجة بهذا الإسم لأن النبي محمد ودع المسلمين فيها.
لخص النبي محمد في خطبة الوداع فحوى دعوته والتي استمرت 23 عاما، فتضمنت هذه الخطبة فيما تضمنته العديد من شؤون المسلمين وواجباتهم وحقوقهم وأمور دينهم ودنياهم. فأمرهم بأن يؤمنوا بالله وحده ولا يشركوا به شيئا، وأكد أن كرامة الإنسان وحياته وماله وعرضه حرمة لا يمكن لأحد المساس بها، وذلك هو أساس الأمن والعدالة في المجتمع، وأمر كل من كان عنده أمانة أن يؤديها إلى من ائتمنه عليها، وحرَّم الربا، وللناس رؤوس أموالهم لا يَظْلِمون ولا يُظْلَمون، وأبطل الثارات التي كانت بين القبائل في جاهليتهم، وذلك لأنها تؤدي إلى تهديد حياة الإنسان وكرامته في العيش، وذكّر بالقصاص العادل في القتل، وألا يؤخذ البريء بجريرة المذنب. وتحدث عن الحقوق والواجبات بين المرء وزوجه كقاعدة صلدة وراسخة للزواج الذي يُعد أهم مؤسسة اجتماعية، وحث الرجال بشكل جلي على مراعاة واحترام حقوق أزواجهم ومعاملتهن أحسن معاملة.
لقد نصت خطبة الوداع بشكل واضح وتصريح صارخ بأن كل ما كان عليه من أمر الجاهلية قد بطل ولم يبق له أي اعتبار، وحثت المؤمنين على مقاومة فتنة الشيطان.
لقد أكد النبي في هذه الخطبة بأن المؤمنين إخوة ولا يحل لامرئ مال أخيه إلا عن طيب نفس منه. وينبغي على المسلمين التمسك بكتاب الله والإعتصام به لكيلا يحيدوا عن الطريق المستقيم. وقال أيضًا »أيها الناس إن ربكم واحد وإن أباكم

واحد وهو آدم، فكلكم لآدم وآدم من تراب، وكلكم سواسية كأسنان المشط فلا فرق لعربي على أعجمي إلا بالتقوى«. وأكد كذلك مسألة مهمة ألا وهي تقسيم الميراث فقال »إن الله قد قسم لكل وارث نصيبه من الميراث«. ومن الجدير بالذكر أن النبي محمد قد بدأ في تطبيق مضامين خطبة الوداع أولاً بنفسه وبأهل بيته وقرابته، وأكد بأن ليس هناك أحد مهما كانت منزلته وحظوته فوق العدالة والقانون.

محمد باچجي

مواضيع ذات صلة: **محمد؛ الخطبة.**

الخطيئة (من وجهة نظر مسيحية)

الخطيئة هي القرار والفعل الواعيان ضد نظام الخير الذي وضع اللـه أسسه أثناء الخلق وأعلنه في تاريخ الخلاص والوحي الكتابي. وتصبح الخطيئة ممكنة ويمكن الحديث عنها بشكل منطقي فقط عندما يُنظر للإنسان ككيان يمكنه امتلاك إرادته وتصرفاته بحرية وبكامل قواه العقلية. فالخطيئة بالتالي ليست فعلاً على الإطلاق، وإنما النية الذاتية التي تجعل الإنسان يرتكب الخطيئة في حالة معينة. وضمير الإنسان وحده يقرر في نهاية المطاف ما يمكن الحكم على أنه خطيئة. والضمير منحه اللـه للإنسان عندما خلقه كمرجعية إدارية عليا وكدليل إرشادي للخير. فعندما يتبع الإنسان ضميره، لن يخطئ، حتى لو كان ضميره مخطئًا في حالة معينة. ويمكن النظر لرفض الإنسان الاعتراف بمحدوديته على أنه أحد أسباب ميل الإنسان لارتكاب الفعل الخاطئ. يفترض اللاهوت البروتستانتي الإصلاحي أن كافة أفعال الإنسان الخاطئة فعليًا محكومة مسبقًا من خلال قانون أساسي خاطئ يجعل من المستحيل عليه أن يعيش في حرية المحبة الإلهية. وهذا ممكن فقط من خلال النعمة والتبرير الإلهيين. وبناء على إعلان اللـه عن نفسه كمحبة غير مشروطة، فإنه من خلال رحمته يغفر كل الخطايا، عندما يعترف الإنسان بأنها خطايا (التوبة) وينفتح بحرية على الغفران الإلهي. كما أن اللـه لا يستطيع أن يخلّص إنسانًا رغمًا عنه، وهذا هو السبب في أن العقاب الأبدي على الخطايا (الجحيم) يجب أن يبقى ممكنًا نظريًا من حيث المبدأ، ولكن الإنسان هو من يحكم على نفسه بذلك من خلال استمراره في الخطيئة.

مارتن تورنر

مواضيع ذات صلة: **الحرية؛ الضمير؛ تاريخ الخلاص؛ التبرير.**

الخطيئة (من وجهة نظر إسلامية)

ارتكاب الخطيئة هو فعل يتحمل المرء مسؤوليته إلى يوم الآخرة وقد تؤدي إلى العقاب. فالخطيئة ترتكب عند الوقوع في المحرمات وإهمال الفرائض الدينية. كما يستعمل القرآن كلمات مختلفة للتعبير عن الخطيئة تختلف عن بعضها البعض الآخر اختلافًا طفيفًا من حيث المعنى، كالإثم والذنب والوزر والجناح والسيئة والحوب.

لا يمكن اعتبار السلوك غير المقصود خطيئة. وهذا ينطبق أيضًا على الفعل المقصود الذي أدى إلى نتيجة غير مقصودة، ولهذا يُعد الشخص معذورًا إذا ترك فرضًا من الفروض أو وقع في معصية ناسيًا أو غير متعمد. كما لا يتحمل المرء مسؤولية التفريط في الأعمال التي يراها علماء الإسلام من المندوبات أو المكروهات.

ومن ناحية أخرى، لا يمكن اعتبار جميع الخطايا جريمة دنيوية بالمعنى القانوني، والعكس وارد أيضًا، أي لا يمكن اعتبار كل سلوك خارج عن القانون خطيئة. ومن أجل ذلك لا يعد السلوك المنسجم مع نظام القانون الدنيوي ضمانًا يصون صاحبه من المسؤولية يوم الحساب، وهذا يعود إلى القاعدة الإلهية أن الأعمال بالنيات. بينما الأحكام الدنوية تهتم في المقام الأول بالشكل الخارجي.

يفرّق القرآن بين الذنوب الصغيرة والكبيرة، إلا أنه لم يحدد الفرق بينهما. أشير إلى هذه الذنوب في الآيات التالية: الآية 31 من سورة النساء 4 والآية 49 من سورة الكهف 18 والآية 37 من سورة الشورى 42 والآية 32 من سورة النجم 53.

تشير الأحاديث إلى بعض الأعمال التي تعتبر من الكبائر، وهي الشرك والسحر والقتل والخيانة الزوجية وأكل الربا وأكل مال اليتيم بالباطل ورفض الخدمة العسكرية والغيبة. كما أن الإصرار على الصغائر وجعلها من العادات يجعلها تصبح كبيرة. والجدير بالذكر أن الذنب الذي يتحمل مسؤوليته المرء يخص دائمًا الفرد، كان ذلك من الزاوية الدينية أو القانونية.

كما يعتبر الشرك، باتفاق علماء المسلمين، أعظم الذنوب وأكبرها، فهو لا يغفر إلا إذا تاب صاحبه. كذلك تؤمن أغلبية العلماء أن الله يمكن أن يغفر معظم الذنوب دون توبة المذنب. فالقرآن يذكر أيضًا أن الله سيغفر الذنوب جميعًا، وهذا ما ورد في الآية 53 من سورة الزمر 39. وبالإضافة إلى ذلك، هناك أعمال تعويضية إلزامية في الإسلام تخدم مغفرة الخطايا.

طالب تورجان

مواضيع ذات صلة: **التعويض؛ الإعتراف بالخطيئة.**

الخطيئة الجدّيّة / الأصليّة (من وجهة نظر مسيحيّة)

يفهم الإيمانُ المسيحيُّ الخطيئةَ الأصليّةَ على أنّها المخالفة الأساسيّة لله التي يخرج معها كلّ إنسان من دون استثناء إلى الحياة. إنّ كلمة الخطيئة الأصليّة شائعة في اللغة الألمانيّة وتؤدّي كثيرًا إلى حالة من سوء الفهم للموضوع لأنها تحمل على اعتقاد أمر آخر يؤدّي مثلاً معنى الخلل الجينيّ؛ ففي اللغة اللاتينيّة للكنيسة ومن بعدها في جميع اللغات الأخرى، ومن بينها أيضًا اللغة الأنكلوسكسونيّة، يتمّ استعمال عبارة تُترجم إلى اللغة الألمانيّة بـ خطيئة الأصل أو المنشأ (الخطيئة من خلال الأصل أو المنشأ). ويفهم العهد القديم، كتاب إسرائيل المقدّس، واقع ما يُقصد بالخطيئة الأصليّة على أنّه وصفٌ لظاهرة. فمغزى قصّة سقوط آدم وحواء بسبب الخطيئة وطردهما من الجنّة (سفر التكوين 3) هو: أيّها البشر إنكّم خطأة منذ زمن سحيق ولا عذر لكم، فكلّ ما هو مضنٍ في هذه الحياة هو نتيجة لذلك! الله خلق الإنسان في أحسن تقويم. في المقابل لا يفكّر العهد القديم في كيفيّة امتداد وبال الخطيئة العامّ إلى جميع البشر منذ البدء.

إنّ جذور النظريّة المسيحيّة حول الخطيئة الأصليّة هي في إشارة الرسول بولس إلى أنّ جميع البشر يحتاجون إلى الخلاص بواسطة المسيح لأنّ »الجميع أخطأ« (رسالة بولس إلى أهل رومية 5: 12)، ويعلّل إشارته هذه بأنّ الخطيئة دخلت العالم بآدم، وبالخطيئة دخل الموت (رسالة بولس إلى أهل رومية 5: 13–21). في سياق التصوّرات البيولوجية القديمة تطوّرت نظريّة أنّ خطيئة آدم كانت بسبب تجبّره وتمجيده لذاته وهي أوّل خروج له عن وصيّة الله، وانسحبت هذه الخطيئة على جميع البشر كونهم من نسل الإنسان الأوّل آدم. هذه النظريّة توضّحت أكثر في سياق التيّارات المعادية للجسد في الفلسفة المعاصرة إبّان القرنين الرابع والخامس بعد الميلاد، بأنّ آدم وحواء ارتكبا خطيئتهما الأولى من خلال شهوة جنسيّة شريرة، ولكنّها لا تلغي مبدأ الحريّة، وتمّ نقل هذه الشهوة (الاشتهاء الشره) إلى جميع الذريّات في الأجيال اللاحقة. لذا، فإنّ كلّ طفل يولد وفي تركيبته شهوة جنسيّة مزروعة، وسيقع حتمًا ضحيّةً لها من خلال خطيئته الشخصيّة في حال لم تتدخّل رحمة الله وتنقذه. وهذا يحصل عندما يغفر الله الخطيئة الأصليّة أي لا يعود يعتبرها ذنبًا؛ إلا أنّ هذا الأمر لا يعني انتفاء العواقب وأثرها في الإنسان أي الاشتهاء الشره ميلاً أساسيًّا للابتعاد عن الله ولتمجيد الذات.

بناء على معارف علميّة جديدة أفضل حول الكتاب المقدس وعلى تصحيحات في علم البيولوجيا تخلّى اللاهوت الحديث في جميع الكنائس المسيحيّة عن التصوّر القديم القائل بانتقال الخطيئة بواسطة عمليّة التلقيح الخبيثة التي تتمّ بالشهوة: آدم وحواء لا يمثّلان الإنسان الأوّل وإنما البشر بشكل عامّ (مقولة الجوهر في شكل مقولة البداية وفق طريقة التفكير العبرانية). إنّ انتقال الخطيئة الأصليّة يتمّ حين يولد كلّ إنسان في خطيئة تشمل البشريّة جمعاء. فإن سألنا من منطلق تاريخيّ،

يتمحور التفكير في الإجابة حول المحرّك الأصليّ للأنانيّة وتمجيد الذات ولـ »تكونا كالله« (سفر التكوين 3: 4) الذي ينتشر في تفاعل تسلسليّ وهوسيّ كنسل في البشريّة جمعاء. وإن سألنا عن ارتداد جوهريّ أي عن حقل ظهور للخطيئة الأصليّة، فإنّ الجواب هو النزعة إلى السلطة وممارستها بواسطة العنف. في هذا المفهوم الجديد لا تتعلّق الخطيئة الأصليّة بعد الآن في شكل أساسيّ بعوامل بيولوجية (الحياة الجنسيّة)، بل باستعلاء الإنسان إجمالاً وبالتالي بنتائجه.

في جميع الأفكار والتأمّلات حول الخطيئة الأصليّة يجب الأخذ بعين الاعتبار أنّ هذه الأفكار تلعب دور الخلفيّة المظلمة للإيمان بالخلاص في يسوع المسيح. فتخطّي الخطيئة الأصليّة يتمّ من خلال الإيمان بالله على أنّه محبّة ومن خلال وصيّة محبّة الله والآخرين التي تتحقّق بسلوك طريق الإيمان بالله.

أوتو هيرمان بيش

مواضيع ذات صلة: **الخلاص؛ الإنسان؛ الخطيئة.**

الخلاص (من وجهة نظر مسيحيّة)

إنّ المسيحيّة، كما تفهم نفسها، هي ديانةٌ خلاصيّة. وفي هذا المفهوم يتمّ تفسير الخلاص بأنّ الله يحرّر الإنسان من حالة تُعتَبَر مشوّومة يتعذّر على هذا الأخير الخروج منها بقدرته الخاصّة. تشترط فكرة الخلاص المسيحيّة تصوّر تاريخ الخلاص في كيفيّة تطوّره في خبرة شعبِ إسرائيلِ العهد القديم مع الله. فالنموذج الأصليّ لسلوك الله الخلاصيّ يتمثّل في تحرير الإسرائيليين من العبوديّة في مصر (الخروج) وقيادتهم إلى أرض كنعان المقدّسة الموعودة، أمر ما كان ليحصل لولا مساعدة الله والأعجوبة التي سمح بحصولها. لقد مكّن تذكّر هذا الفعل الخلاصيّ شعبَ الله من أن يبقى على النجاة لاحقًا في الأوقات الصعبة وذلك بوضع ثقته في مساعدة الله له.

من خلال ذلك يبقى لتجربة الخروج تأثير خلاصيّ في حياة الجماعة كلّها أو في سيرة أشخاص أفراد. وفي البشارة بيسوع وفي أعماله يتمّ التحقّق واضحًا من محبّة الله الآب على أنّها قاعدة التصرّف الإلهيّ الخلاصيّ، الذي حظي به خاصّة الفقراء والمضطهدون والمنبوذون اجتماعيًّا والخطأة من خلال كلمة الله المُحِبّة التي منحهم إياها يسوع. يتّضح في إنجيل العهد الجديد أنّ الويل، الذي يخلّص منه الإنسان، هو التجربة الأليمة للإنسان أو خوفه من عدم وجود قبول له من الناس الآخرين أو من الله حتّى، سواء أكان ذلك بسبب ذنبه الشخصيّ أو عدمه. يقوم الخلاص في الوعد بحصول القبول غير المشروط من خلال محبّة الله التوّابة.

ويُفسّر بولس موت يسوع على الصليب في المقام الأوّل لخلاص جميع البشريّة المكوّنة من اليهود والوثنيّين كما لجميع الخليقة من سقوطها في الخطيئة والموت

(قبل كلّ شيء في الرسالة إلى أهل رومية)، الأمر الذي يمكن فهمه في هذا المجال أنّ ثقة يسوع وتسليمه بقدرة الله حتّى في لحظة التخلّي الإلهيّ المطلق في الموت على الصليب هي النموذج الأصليّ للإنسان المُخلَّص.

بلا ريب سينشأ سوء فهم لدلالة الموت على الصليب الخلاصيّة إنْ تمّ تفسيره على أنّه فدية قُدّمت تعويضًا عن نوع من إهانة وجّهها الإنسان إلى الله، كما هو الحال في نظريّة رد الاعتبار الوخيمة لأنسلم كانتربري (1033–1109). فوفق هذه النظريّة يمكن التعويض عن المسّ بكرامة الله من خلال من له مرتبة الله نفسها، ما جعل التضحية بابن الله ضروريّة لأجل ذلك. هذا النوع من الفهم للخلاص يتعارض والتصوّر المسيحيّ لمحبّة الله وللقدرة الكليّة بشكل قاطع كونهما متساميتين بشكل مطلق على الانتقام وردّ الاعتبار.

مارتن تورنر

مواضيع ذات صلة: **قيامة يسوع؛ الذنب؛ الخطيئة.**

الخلافة (من وجهة نظر إسلامية)

الخلافة هي عبارة عن نظام نشأ بعد وفاة النبي محمد بسبب الظروف السياسية والإجتماعية كمؤسسة، وأسلوب من أساليب الحكم في قيادة المسلمين. وعلى الرغم من أن مصطلح الخلافة لم يرد في القرآن، إلا أن هناك كلمات مشتقة من الجذر نفسه وتحمل معنى »الخليفة« (سورة البقرة 2 الآية 30؛ سورة الأنعام 6 الآية 165؛ سورة يونس 10 الآية 73؛ سورة النمل 27 الآية 62؛ سورة فاطر 35 الآية 39؛ سورة ص 38 الآية 26). تتحدث الآيات التي تم الإستشهاد بها عن قدرة الإنسان في ممارسته للحكم والسلطة على وجه الأرض. وقد ورد مصطلح »خلافة النبوة« بمعناه السياسي في أحد الأحاديث النبوية فيما رواه سفينة عن النبي محمد (أنظر سنن أبي داود). وفيما بعد أُطْلِقت على أولئك الذين تولوا مهام القيادة عدة تسميات كالخليفة، والإمام، أو أمير المؤمنين. لقد شملت مهام خلافة النبي محمد كل مهام القيادة باستثناء المهام النبوية، فكان من مهام الخليفة ممارسة السلطات الدنيوية، وتطبيق القوانين الدينية على الأرض، وكذلك قيادة كل الأمور الدنيوية. ولذلك أُطلق على الخليفة أيضًا تسمية خليفة رسول الله. أما في المفهوم السياسي فتُسْتَخْدم تسمية الإمامة بدلاً من تسمية الخلافة.

لقد اندلعت بعد وفاة النبي محمد (632) أولى المناقشات السياسية في التاريخ الإسلامي والخاصة بتولي منصب الخلافة، فكانت المناقشات تدور حول الشخصية التي ينبغي أن تتولى منصب الخلافة، وكيف يتم انتخاب هذه الشخصية، وما هي المواصفات التي ينبغي أن تتمتع بها. أما الشيعة الذين كانوا يرون أن الخلافة تستند إلى القرآن، وكذلك إلى إرادة الخليفة السابق، فكانوا

يرفضون مبدأ اختيار الخليفة عن طريق الانتخاب. أما الخوارج فقد خالفوا رأي الشيعة الذي يقول بأن الخلافة تستند إلى الكتاب، وكذلك إلى التعيين، وكذلك خالفوا رأي السُّنة الذي يقول بأن الخليفة أو الإمام يجب أن ينحدر من عشيرة النبي محمد، أي من قريش.

طِبقًا للنظرية السياسية السُّنية، يكون الخليفة مسؤولاً فقط أمام الله في ممارسة مهام منصبه، واستنادًا إلى السلطة الممنوحة له فإنه غير مُطالَب بتبرير مواقفه وقراراته للرعية. وعلى الرعية طاعة السلطان والإمتثال لأوامره.

لقد تم في الموروث السياسي للإسلام خلط السلطة الدينية بالسلطة السياسية، حيث فُسِّرت الآيات القرآنية التي يمكن أن تُسْتَنْبط منها السلطة الدينية ضمن سياق السلطة السياسية.

لم تنشأ الخلافة قط بسبب الضرورات الدينية، وإنما بسبب الضرورات الإجتماعية، ولذلك فالخلافة ما هي إلا مؤسسة سياسية. حيث دُعِمت هذه الفكرة بالتجارب التاريخية ابتداءً بعصر الخلفاء الراشدين الأربعة (632–661 بعد الميلاد). أما اليوم فلم تعد الخلافة توجد عمليًا.

رابعة چتين

مواضيع ذات صلة: **الديمقراطية؛ الإمام؛ السياسة؛ النبوة؛ الشورى.**

مصادر الحديث:

سنن أبي داود، كتاب السُّنة، باب 9 في الخلفاء، رقم الحديث 4646، عن سفينة

الخلق (من وجهة نظر مسيحية)

يُعتبر الخلق سمة أساسية للإيمان المسيحي (واليهودي)، وهو ما ورد في الجملة الأولى من الكتاب المقدس: »فِي الْبَدْءِ خَلَقَ اللهُ السَّمَاوَاتِ وَالأَرْضَ« (سفر التكوين 1: 1). وبحسب الاستخدام اللغوي المسيحي تشير كلمة »خلق« إلى فعل إيجاد اللـه للعالم وكذلك إلى نتيجة هذا العمل وهو العالم الذي أوجده اللـه. وتسمية العالم بالخليقة يُعتبر أمرًا أساسيًا بالنسبة للمفهوم المسيحي للعالم. وبذلك يراد القول إن العالم (أو جزءًا منه) ليس أبديًا أو إلهيًا (كما هو في اعتقاد الديانات الوثنية أو في بعض المفاهيم الفلسفية). وباعتبار العالم خليقة لا يعني هذا أنه يخضع لدورة زمنية متكررة إلى الأبد، بل لمسار تاريخي خطّي له نقطتا بداية ونهاية زمنية هما في الوقت نفسه بداية الزمان ونهايته. ففي الخليقة لا يعيد شيء نفسه، بل يكتسب كل شيء خاصية التفرّد. حينها يمكننا في عقيدة »خلق اللـه للعالم من لا شيء« أن نقول إن القدرة المطلقة للـه تشمل الوجود وعدم الوجود. والاعتقاد بأن خلق العالم لم يكن ضروريًا بل مجرد عمل طوعي لقدرة اللـه الكلية، يجد أيضًا تعليلاً في المسيحية، بأن الخلق حدث وفقًا لمشيئة اللـه وأن العالم بالتالي »حسنٌ« بكل الأبعاد التي خلقها

الله فيه (راجع العبارة المتكررة التي ذكرها الله نفسه في قصة الخلق في سفر التكوين، الإصحاح الاول: »وَرَأَى اللهُ ذلِكَ أَنَّهُ حَسَنٌ«). وخلافًا لمفهوم الفلسفة الأفلاطونية والغنوصية مثلاً، فإن الفرق الجوهري بين المطلق والمحدود وفقًا لعقيدة الخلق المسيحية ليس بين الوجود الجسدي والروحي، بل بين الخالق والخليقة. ومن الاعتقاد بأن الله خلق العالم بمشيئته الحرة ووجد بأنه حسنٌ، تستمد المسيحية الرجاء أيضًا بأن الإله الخالق سيخلّص العالم في نهاية الأزمنة من كافة الشرور ويوصله إلى كماله النهائي. وكصورة الله ومثاله وتاج الخليقة يشترك الإنسان أيضًا في قوة الله الخلاّقة وبإمكانه التحكم بالعالم (مهمة السيادة في سفر التكوين 1: 28: »أَثْمِرُوا وَاكْثُرُوا وَامْلأُوا الأَرْضَ، وَأَخْضِعُوهَا، وَتَسَلَّطُوا عَلَى سَمَكِ الْبَحْرِ وَعَلَى طَيْرِ السَّمَاءِ وَعَلَى كُلِّ حَيَوَانٍ يَدِبُّ عَلَى الأَرْضِ«)، طالما أن الإنسان لا يدمر صلاح الأرض الأصلي والمستقبلي، بل يدعمها (الحفاظ على الخليقة).

مارتن تورنر

مواضيع ذات صلة: **القدرة الكلية؛ الرجاء.**

الخلق (من وجهة نظر إسلامية)

إن مفهوم الخلق ينبثق من الإجابة على هذا السؤال: لمن يجب أن تدين جميع الكائنات الحية، ما عدا الله، بوجودها؟ إن الإقرار بوجود الله أمر ضروري وفي الوقت ذاته الإيمان بأن الله ليس له نهاية ولا بداية أي أنه لا يمكن أن تكون له بداية وهو أزلي سرمدي. وهذا على عكس المخلوقات التي لها نهاية وكان يمكن أن تكون غير موجودة. فهي تبعد بنفس المسافة عن الوجود والعدم وتحتاج لسبب مستقل عنها حتى يتحقق وجودها. يوجد في القرآن عدة مصطلحات قابلة للتأويل تبين عملية الخلق الإلهي. وفي المقام الأول استخدمت عبارة البداية التي تشير الى أن الله أوجد كل شيء من العدم، بشكل لا مثيل له.

صحيح أن الفلاسفة المسلمين والمتكلمون أجمعوا على أن الله هو الخالق المطلق، ولكنهم اختلفوا في مسألة إيجاد الخلق، هل كانت واجبة الوجود أم جاءت بعد مشيئة إلهية. فالفلاسفة وأهل التصوف يرون أن إيجاد الخلق أمر أزلي. الله هو الذي تتصف ذاته المطلقة بالكمال والجمال. فهو واجب الوجود ومن صفاته أيضًا الكرم والجود. وبهذا خلق هذا العالم دون أي إستراحة. وبناءً على هذا المفهوم يدين العالم بفضل وجوده إلى الله الذي يعد خالقها ومبدعها ومنشئها. أما المتكلمون فيرون أن إيجاد الخلق هي مشيئة إلهية، وأن ما شاء الله كان، وما لم يشأ لم يكن، ومنه خلق هذا العالم. فقبل إيجاد الخلق كان الله وحده، ثم أنشأ العالم فيما بعد

بمشيئته. من هذا المنظور يكون قد وُجد العالم بعد الله، سواءً كان ذلك من حيث الوجود أو الزمن.
ومن خلال الرأيين السابقين يصبح من الواضح أن التغيير الأساسي إثر عملية الخلق لم يتعرض إليه الله، بل الخليقة، وذلك عند دخولها لحيز الوجود من عدم. بالإضافة إلى ذلك، لا تتضمن أحداث الخلق ظاهرة الإيجاد من عدم فحسب، بل أيضًا الحفاظ واستمرارية العالم. وبهذا المعنى يستنتج بأن عملية الخلق أمر مستمر، وهذا ما أشارت إليه سورة الرحمان 55، وتحديدًا الآية 29. فالخلق كله لا يعمل من تلقاء نفسه، وإلا لما كان معرضًا للهلاك، فالله، كذات واجبة الوجود قطعًا، يمسك الكائنات أن تزول. كما يعد الإنسان الكائن الوحيد القادر على معرفة أنه مخلوق له بداية ونهاية، لذلك توجد في القرآن مصطلحات تبين أحداث الخلق والحفاظ على العالم، ومن شأنها تذكير الناس بمكانتهم الأنطولوجية ومسؤولياتهم الأخلاقية والقدرة الإلهية.

أنـگين أردم

مواضيع ذات صلة: **الإنسان؛ قوة التأثير.**

خلق القرآن / تاريخية القرآن (من وجهة نظر إسلامية)
إن خلق القرآن هي مصطلح يرد في المناقشات الكلامية ويهتم بتلك المسألة التي تبحث في كون القرآن سرمديًا أو مخلوقًا من عند الله. لقد أُثيرت مسألة خلق القرآن في عصور الإسلام الأولى ضمن سياق إحدى المناقشات الكلامية الخاصة بأحد أسماء الله الحسنى. وتأثرت هذه المناقشة أيضًا من خلال التقاء المسلمين باليهود والمسيحيين، وكذلك بالتيارات الفلسفية التي كانت سائدة آنذاك.
كان الجعد بن درهم (المتوفى عام 118/736) مقتنعًا بخلق القرآن وهو أول من اهتم بهذه المسألة. وتبعه بعد ذلك جهم بن صفوان (المتوفى عام 128/745) حيث قام بوضع منهجية لهذه المناقشة. وإضافة إلى ذلك نجد أيضًا أن المعتزلة (القرن 8/2 – والقرن 3/9) الذين نفوا إثبات وجود الصفات الإلهية، وذلك لأنهم فسروا وحدانية الله بشكلٍ صارم، لم يكونوا يؤمنون بأن القرآن سرمدي وإنما كانوا يعتقدون بأنه مخلوق من عند الله. لقد حاول الخليفة العباسي المأمون (المتوفى عام 212/827) جعل هذه النظرية عقيدة رسمية وأقام المحاكم، حيث تم تعذيب العلماء الذين لم يعترفوا بعقيدة خلق القرآن كالإمام أحمد بن حنبل (المتوفى عام 241/855). ومن الذين آمنوا أيضًا بعقيدة خلق القرآن الخوارج (القرن 1/7)، والمرجئة (القرن 1/7–2/8) وجزء من الشيعة (القرن 8–10). إن مسألة خلق القرآن ما زالت موجودة إلى يومنا هذا في بعض المذاهب كالمذهب الزيدي وتحت مسميات مختلفة. أما العلماء السلفيون الذين تبعوا منهج مالك بن أنس (المتوفى عام

(179/795) فإنهم وعلى العكس من المعتزلة لم يروا فقط بأن كلمات القرآن سرمدية وإنما أيضًا طريقة قراءته.

وبين هذين التيارين المتشددين أخذ العلماء السنة الأوائل كالإمام أبي حنيفة (المتوفى عام 150/767)، وابن كُلّاب (المتوفى عام 240/854)، والمحاسبي (المتوفى عام 243/875)، والأشعري (المتوفى عام 324/936)، والطحاوي (المتوفى عام 321/933)، والماتريدي (المتوفى عام 333/944) موقفًا وسطًا، حيث قالوا بأن لفظ القرآن مخلوق وكتابته مخلوقة وقراءته مخلوقة والقرآن غير مخلوق. وفي هذا السياق قال أبو حنيفة: »القرآن كلام الله تعالى في المصاحف مكتوب، وفي القلوب محفوظ، وعلى الألسن مقروء، ... ولفظنا بالقرآن مخلوق، وكتابتنا له مخلوقة، وقراءتنا له مخلوقة، والقرآن غير مخلوق«. إن مسألة خلق القرآن ما زالت مصدر نقاش إلى يومنا هذا.

معمر آسَن

مواضيع ذات صلة: **المنهج التاريخي النقدي؛ القرآن؛ كلام الله.**

الخلود (من وجهة نظر مسيحية)

إن مصطلح الخلود ليس واضحًا. فبالنسبة للـه – كونه الحقيقة المطلقة – يشير الخلود، من ناحية، إلى نفي الموت والمحدودية. واللـه سرمدي لا بداية له ولا نهاية، ولا يخضع لخاصتي الزمان والمكان. ومن ناحية أخرى، فإن هذا المصطلح يتعلق بالسؤال فيما إذا كان هناك احتمال وجود حياة أخرى بعد الموت للإنسان المائت بسبب طبيعته البشرية والحي في حدود الزمان والمكان، ويكون بهذا المعنى خالدًا. ولما كانت هذه المشكلة، التي تعبّر عن توق عميق لدى الإنسان، تشغل البشرية من أقدم الأزمنة، ظهرت هناك محاولات فلسفية ودينية في كافة مراحل التاريخ للجمع بين الأبدية والمحدودية في الإنسان.

يفترض العديد من تعاليم التناسخ وكذلك التفسيرات الفلسفية المستندة إلى أفلاطون (المتوفى عام 347/348 ق.م.)، في إطار صورة لعالم مؤمن بالثنائية الدينية ويفصل بشكل كامل بين المادة والروح، أن النفس بخلاف الجسد هي جزء من الأبدية والديمومة، وهي بالتالي خالدة بحكم طبيعتها.

أما الفهم المسيحي فيختلف عن ذلك بشكل جذري. إذ إن العالم ليس سرمديًا، بل خلقه اللـه. وهذا ينطبق أيضًا على الإنسان الذي لا يتكون من جسد ونفس، وإنما من وحدة داخلية من روح ومادة بحسب مشيئة اللـه. لذلك ينتهي الوجود الأرضي للإنسان بشكل كامل بالموت. غير أن هذا التقييد ليس إلا جانبًا من إمكانية وجود الإنسان. الجانب الآخر هو إيجابية خلق اللـه للوجود وعودته إلى اللـه مرة أخرى. وهذه الميزة الأساسية لا تكون موضع شك بسبب الموت البيولوجي، بل بسبب

الخطيئة باعتبارها ابتعاد الإنسان عن اللـه. ومن خلال التغلب على هذا الانفصال عن اللـه في فعل الإيمان، تكمن إمكانية الخلود ليس للنفس وإنما للإنسان؛ ففي هويته وشخصيته يشارك الإنسان في الحياة الأبدية بالشركة مع اللـه نفسه الذي وعد بها.

ريتشارد هاينتسمان

مواضيع ذات صلة: **الموت**.

الخلود (من وجهة نظر إسلامية)

تقول نظرية الخلود القائمة على التصور الإسلامي، وهي الأكثر إنتشارًا، في المجتمعات الإسلامية، أن مقابل الحياة الهالكة على الأرض ثمّة حياة ابدية في الآخرة. ويمثل الموت بالنسبة للإنسان نهاية الحياة الدنيوية، وفقًا للقرآن، تحديدًا في الآية التالية: ﴿كل نفس ذائقة الموت﴾ (آل عمران 3 الآية 185). بهذا لا يوجد أحد قد وُعِد بالحياة الأبدية في هذه الدنيا، كما أن الحياة الدنيوية تتجه نحو الحياة الأبدية. لذلك تعتبر الحياة الفانية أساسًا دار امتحان، تحمل ضوابط تأمر الإنسان بأن يختار بين الخير والشر، وهذا ما أشارت إليه الآيتان 34 و35 من سورة الأنبياء 21. حتى وإن بقي معنى الأبدية واللانهاية في الآخرة من المسائل الخاضعة للتأويل، فإن هذه الحياة تبدو خالدة سواءً لأهل الجنة أو النار. أما القرآن فقد أعطى الإيمان بالآخرة قيمةً جوهريةً، ذكرت في الآيات مرارًا. ومن جهة أخرى لا تحمل ظاهرة الخلود قيمة ولا يحصل عليها كجزاء خاص في ما إذا كانت جزءًا من حياة الآخرة التي تبدأ يوم البعث والحساب الأخير. وبهذا يكون يوم الجزاء والعقاب من المسائل التي تهم الإنسان أيضًا، سواءً كان شريرًا أو صالحًا. ومع هذا، لا يمكن تأويل المفهوم القرآني للخلود على أنه أبدية حياة الروح فحسب. هذا إذا أخذ بعين الإعتبار أن يوم الآخرة الذي يمثل إلى حد ما بداية حياة الآخرة يعني إحياء الجسد.

كما يرفض القرآن بشكل واضح كل الشكوك المحتملة التي تتناول إمكانية إحياء الجسد، ويؤكد أن الله الذي أنشأ كل شيء من عدم، قادر على أن يحيي عظام الإنسان وهي رميم، وهذا ما ورد من الآية 78 إلى 83 من سورة يس 36. وبعبارات رمزية يعني هذا القول أن الله تمامًا كما أحيى الأرض بعد موتها فهو قادر أيضًا على أن يحيي جسم الإنسان الرميم المتواجد تحت الأرض، وهذا ما أشارت إليه الآية التالية: ﴿يخرج الحي من الميت ويخرج الميت من الحي ويحيي الأرض بعد موتها﴾ (الروم 30 الآية 19) في المقابل، لا يحتوي القرآن على أي توضيحات تخص مادة الروح وخلودها. وما يصح، هو أن هناك آيات تؤكد على وجود الروح، وتبين أن الله نفخ في الإنسان من روحه. لكن هناك تأكيدًا على أن

علم الإنسان محدود حول مسألة الروح ومادتها. وهذا ما تؤكده الآية 72 من سورة ص 38، والآية 85 من سورة الإسراء 17. هذا العِلم المحدود أفضى إلى ظهور آراء مختلفة في الفكر الإسلامي، بدءًا بالمقاربة الثنائية التي تعتقد أن الروح ليست بمادة ومرورًا بالروح المادية.

ونذكر على سبيل المثال الفيلسوف ابن سينا المتوفى سنة 437/1037 الذي يرى أن الروح مستقلة وغير متصلة بالجسم وغير مادية. من جهة أخرى هناك متكلمون لهم رأي آخر، وهو أن الروح جسم لطيف. أما الغزالي المتوفى سنة 505/1111 فقد أتخذ وجهةً معاكسةً وذلك بإضافته شروحًا لاهوتية بجانب تعليلات فلسفية. فقد ذكر أن الروح لا يمكن أن تكون ماديةً وذلك لأنها خلق الله. لهذا السبب لم تتطرق مواجهة الغزالي مع الفلاسفة لقضية هل أن الروح مادة مستقلة عن الجسم، بل تناول مسألة هل أن الحياة بعد الموت لها وجود جسمي أما لا. وفي هذه القضية نجد أن الغزالي يرى عمومًا أنه لا يوجد دليل فلسفي يمكن أن يعارض حقيقة إحياء الجسد التي وردت في القرآن بشكل صريح. وبعد دراسة لكل هذه النظريات يمكن اللجوء إلى هذه الخلاصة القائمة على هذه المقاربة التي تعد الأكثر وضوحًا من المنظور الإسلامي وهو أن الروح تنفصل عن البدن عند الموت، ثم تتصل به مرةً أخرى عند الإحياء في الآخرة.

محمد سعيد رچبر

مواضيع ذات صلة: **البعث؛ الروح؛ الشهادة؛ الآخرة؛ الأجل؛ الموت.**

الخير والشرّ (من وجهة نظر مسيحيّة)

يصوّر الخير تلك النوعيّة التي تحوز على الوجود ما إذا تمّت إرادته عاطفيًّا والموافقة عليه عقليًّا، كونه محفّزًا على الحياة. فالخير هو أمر ينطبق عليه: أنّه من الأفضل أن يكون على ألّا يكون. نتيجة لذلك يعتبر الله أنّه الخير المطلق كونه ملء الوجود. في خير الله وصلاحه ينشأ قراره بإعلام الإنسان عن نفسه في فعل الخلق والخلاص. فكلّ ما يصدر عن الله له حصّة في خيره المطلق. يسري هذا قبل كلّ شيء على الخليقة (الماديّة والمعنويّة) التي استدعاها الله من العدم إلى الوجود. ولقد اعتبر الله بالذات في نصّ الخلق في العهد القديم الدرجات المتتالية للأحياء خيّرة وصالحة على حدّ سواء: »ورأى الله أنّه حسنٌ« (انظر سفر التكوين 1: 4، 10 ومواضع أخرى). ويعدّ الخير الهدف النهائيّ لفعل الخلاص في يسوع المسيح: »ونحن نعلم أنّ كلّ الأشياء تعمل معًا للخير للذين يحبّون الله، الذين هم مدعوّون حسب قصده. لأن الذين سبق فعرفهم سبق فعيّنهم ليكونوا مشابهين صورة ابنه« (رومية 8: 28–29).

وعلى العكس من الخير ليس للشرّ وجود خاصّ به، بل هو يعدّ نقصًا في الوجود والخير، فلا يحتاج إذًا إلى مبدأ ذاتيّ وهو ليس جزءًا من فعل الخلق. إنّ إمكانيّة الشرّ كسقوط من الخير تتحقّق إذا ما خلق الله الإنسانَ ككائنٍ حرٍّ وسمح له بالتالي وبطريقة غير مباشرة إساءةَ استخدام الحريّة؛ هذه الإساءة التي ينبثق منها الشرّ. يتكوّن الميل نحو الشرّ بشكل رئيس عند الإنسان من رفضه الاعتراف بنهائيّته. إنّ توسّل يسوع في صلاة الأبانا للتنجية من الشرّير (متّى 6: 13) يفهمه بولس توسّلاً لتلك النعمة التي تتيح للإنسان مقاومة الشرّ وتخطّيه من خلال الخير (انظر رومية 12: 21).

مارتن تورنر

مواضيع ذات صلة: **الخلاص.**

الخير والشر (من وجهة نظر إسلامية)
يتم استعراض إشكالية الخير والشر في الموروث الإسلامي من خلال منظورين. فالحوادث التي تجلب النفع أو الضر والتي تخص الإنسان بشكل غير مباشر تُقْسم إلى أعمال خيرة أو أعمال شريرة يقوم بعملها الإنسان بشكل فعّال.

أ) الحوادث التي تجلب الخير والشر
يرمز مصطلح الخير إلى كل الحوادث التي تعود بالنفع على الإنسان، بينما توصف كل الحوادث التي تعود عليه بالضرر بالأعمال السيئة. فمن مبادئ الإيمان الجوهرية في الإسلام هو الإعتقاد بأن الكون وما فيه من الخير والشر من صنع الله. لذلك يُعْتَبَر هذا المبدأ أيضًا واحدًا من أركان الإيمان. وبما أن الحوادث جميعها تأتي من عند الله، فهذا يعني بأنه تعالى خلقها طِبقًا لنوايا الإنسان وميوله. وحتى بالنسبة لحوادث الخير أو الشر التي تظهر بشكل مستقل عن إرادة الإنسان، فإن الإنسان يعتقد بأنها من عند الله. فعندما تُسْتَخْدم هذه المصطلحات في سياق الأعمال التي يأتي بها الإنسان عن قصد، تُعْتَبَر كل الأعمال التي يدعو الله عباده إليها ويرضاها لهم أعمالاً صالحة. وعلى العكس من ذلك فإن الأعمال التي لا يرضاها الله والتي تجر على صاحبها اللوم والعقاب توصف على أنها أعمال شريرة.
يرى علماء الكلام المعتزلة والماتريديون أن الصفات التي تشير إلى الخير والشر، موجودة أصلاً في جوهر كل شيء حيث يمكن للعقل الإنساني أن يدركها. أما الأشاعرة فإنهم يرون، وعلى العكس من ذلك، بأن الخير والشر غير موجودين في جوهر كل شيء، وإنما يتم تصنيفهما من خلال إرادة الله.
يتم تقييم الحوادث الطبيعية والإجتماعية من قبل الناس بحسب نتائجها، إن كانت خيرًا فخير، وإن كانت شرًا فشر. فالحوادث الطبيعية تُعْتَبَر بطبيعة الحال حيادية؛

ولكن الإنسان هو الذي يُقَيِّمُها ويصنفها إلى أعمال خيرة، وأعمال شريرة. وعليه فإن الحوادث الطبيعية والإجتماعية لا تملك نفس التأثير على الإنسان، وإنما تُقَيَّم وتُدْرَك بصور متنوعة، حيث يصبح التقييم أكثر صعوبة من خلال الملاحظة، فكم من الأمور قد تبدو في البداية خيرة ومع مرور الوقت تتحول لتصبح بليّة؛ وكم من الأمور التي تُصَنَّف على أنها مصائب ومحن مؤلمة يمكن أن تأتي بالخير في النهاية. لذلك فمن الصعب أن يفرح الإنسان بكل خيرٍ أصابه، ويشكو ويحزن على كل شرٍ أصابه حيث يعتبره عقوبة. فمن الأفضل أن نرى في مثل هذه الحالات الحوادث ضمن سياق الآيتين القرآنيتين التاليتين: ﴿وَعَسَىٰٓ أَن تَكۡرَهُواْ شَيۡـٔٗا وَهُوَ خَيۡرٞ لَّكُمۡۖ وَعَسَىٰٓ أَن تُحِبُّواْ شَيۡـٔٗا وَهُوَ شَرّٞ لَّكُمۡۚ وَٱللَّهُ يَعۡلَمُ وَأَنتُمۡ لَا تَعۡلَمُونَ﴾ (سورة البقرة 2 الآية 216)، ﴿فَإِن كَرِهۡتُمُوهُنَّ فَعَسَىٰٓ أَن تَكۡرَهُواْ شَيۡـٔٗا وَيَجۡعَلَ ٱللَّهُ فِيهِ خَيۡرٗا كَثِيرٗا﴾ (سورة النساء 4 الآية 19). لذلك فلا أحد يعلم مدى الخير الكامن وراء مصاب أو مقدور ما، وكذلك لا أحد يعلم مدى الشر الكامن وراء أمر ظاهره الخير. إن جوهر الأشياء الحقيقي لا يعرفه إلا الله؛ فالله يرى بقدرته كل ما يحدث ويعرف جل وعلا أيضًا ما يخفى من مجرى الأمور.

محيط مَرْت

ب) الأعمال الحسنة والأعمال القبيحة

يرد مصطلح الحسن في القرآن في سياقات مختلفة، فمثلاً يأتي في سياق التصرف الحسن، وعمل الخير، وعبادة الله، والبهجة، والبركة، أو تقديم الإعانات الإجتماعية. أما مصطلح القبح فإنه يأتي على العكس من ذلك في آيةٍ واحدةٍ تتحدث عن المهلكين الممقوتين من الناس (سورة القصص 28 الآية 42). تُسْتَخْدَم هذه المصطلحات في الأدب الديني كتصنيفات أخلاقية للخير والشر. أما في مجال فلسفة الأخلاق الإسلامية فإن هذه المصطلحات تُتَداول وتُقَيَّم ضمن سياق الفضيلة والرذيلة، والحق والباطل، وكذلك ضمن سياق الصواب والخطأ. فصيغ الإيمان، والأفكار، والأعمال التي يرضاها الله تُعْتَبَر من أفعال الخير؛ أما تلك الأفعال التي تجر على صاحبها اللوم والعقاب فإنها أعمال شريرة. فبينما لا يمكن أن يقترن الشر بلفظ الجلالة، نلاحظ أن الخير مقترن بصنائع الله.

لقد ورد كِلا المصطلحين في الكلام ضمن مناقشة إمكانية معرفة الخير والشر من خلال العقل. فلقد اتفقت أغلبية علماء أهل السُّنة الأوائل على أن كل شيء حث الله عليه خير، وكل شيء حرمه شر. وقد شارك هؤلاء العلماء بعض ممثلي المدرسة الحنفية الماتريدية التي نشأت فيما بعد. وعلى العكس من ذلك فإن هناك اتجاهات أخرى وعلى رأسها المعتزلة، والشيعة، وبعض فقهاء المدرسة الحنفية الماتريدية تمثل رأيًا مفاده أن الخير والشر مسألة يمكن إدراكها بالعقل. وطِبقًا لذلك فمن الممكن أن يُعْرَف الخير والشر الذي حدده الله عن طريق العقل. أما المعتزلة

الذين يشيرون إلى النظام الكوني فإنهم يؤكدون في تعريفهم للخير والشر على مبدأ العدالة. فهم برهنوا على أن الإنسان الموهوب بالعقل والذي يعمل على أساس هذا المبدأ قادر على التصرف بشكلٍ أخلاقي لا غبار عليه.
وهناك مفكرون مسلمون آخرون اتخذوا رأيًا وسطًا مفاده أن الخير والشر مسألة يمكن معرفتها من خلال العقل تارةً، ومن خلال تعاليم الدين تارةً أخرى. فلو استخدمنا العقل وحده لما استطعنا أن نميز بين الأعمال الخيرة والشريرة. وإن استطعنا أن نتعرف على الخير والشر من خلال العقل فإننا لولا التنزيل لما عرفنا بأن الخير محلّل، والشر محرَّم. لقد تمت مناقشة تصنيفات الحسن والقبيح الأخلاقية من قبل الفلاسفة المسلمين أيضًا من وجهة نظر علم الوجود. إن الفارابي (المتوفى عام 339/950) وابن سينا (المتوفى عام 428/1037) اللذين ذهبا إلى أن الخير والشر مسألة يمكن معرفتها من خلال العقل رأيا بأن الشر ليس من جوهر المخلوقات.

معمر أسَن

مواضيع ذات صلة: **العدالة؛ التنزيل؛ الفرائض الدينية؛ الثيوديسيا؛ حرية الإرادة.**

دار الإسلام – دار الحرب (من وجهة نظر إسلامية)
لقد قسم الفقه التقليدي البلاد بحسب حكوماتها إلى صنفين وهما دار الإسلام، ودار الحرب. علمًا بأن مثل هذه التقسيمات لم ترد في القرآن، ولا يمكن أن تُعزى إلى السُّنة النبوية. يصف مصطلح دار الإسلام كمصطلح اختصاصي البلد أو الإقليم الذي يتواجد ضمن حدود الحكم الإسلامي والذي تجري فيه الأحكام الإسلامية. وعلى الرغم من أن الأقاليم الإسلامية كانت تُدار فعليًا من قبل حكومات مختلفة، إلا أن الفقه التقليدي يعتبر دار الإسلام كبلد واحد. أما دار الحرب فهو مصطلح يصف الأقاليم التي لا تُحْكَم بسلطان المسلمين ولا تجري فيها الأحكام الإسلامية. وهنا أيضًا يعتبر الفقه كل البلاد كبلد واحد.
تتفق المذاهب الإسلامية على أن الإقليم الذي يوصف بدار الإسلام يجب أن يكون فيه الدين الإسلامي هو دين الدولة السائد. ولكن ثمة تباين في الآراء حول الأقاليم التي اتصفت يومًا ما بدار الإسلام ورجعت بعد ذلك لتصبح دارا للحرب، فما هي الشروط التي ينبغي أن تنطبق على هذه الأقاليم؟ يرى علماء المذهب الشافعي أن دار الإسلام لا يمكن أن تصير دار حرب بأي حالٍ من الأحوال، حتى ولو فقد المسلمون السيطرة عليها. أما أبو حنيفة (المتوفى عام 150/767) ومن تبعه من العلماء فإنهم لا يحكمون على تلك المنطقة أو ذلك الإقليم بأنه دار حرب ما لم تتوفر فيه بعض الشروط، كتغيير نظام الحكم، وأن لا يبقى في ذلك الإقليم مسلم ولا ذمي آمنًا على حياته وماله. وأما معظم الفقهاء فإنهم يرون بأن تغيير نظام الحكم ونظام

القانون كافٍ ليحول دار الإسلام لدار الحرب، أو دار الحرب لدار الإسلام. لقد فقد مصطلح دار الحرب قاعدته على وجه الخصوص في النصف الثاني من القرن التاسع عشر وذلك بعد أن أصبح السلام هو الحالة الطبيعية في العلاقات الدولية. من المعروف أن هنالك نُهُج ما زالت حتى اليوم تستخدم هذا التقسيم الفقهي التقليدي على الرغم من أن السياق التاريخي الذي نشأ فيه هذا التقسيم لم يعد قائمًا منذ زمنٍ بعيد، فهذه النُهُج غير صائبة من الناحية العلمية. ولذلك يجب علينا القول بأنه ليس هناك بلد على وجه البسيطة يوصف من قبل المجتمعات الإسلامية بمصطلح دار الحرب ضمن سياق الفقه التقليدي، أو يُقَيَّم على هذا الأساس.

طالب تورجان

مواضيع ذات صلة: **الصلح**.

الدستور / القانون الأساسي (من وجهة نظر مسيحية)
يعتبر الدستور ذاكرة الديمقراطية. والقانون الأساسي هو النظام الأساسي للدولة الألمانية الذي ينظم المبادئ الأساسية للمجتمع، ويتم انطلاقًا منه تشريع كافة القوانين الأخرى. ويعطي القانون الأساسي ردودًا على المسائل الراهنة المتعلقة بالقانون وفقًا لمعيار المبادئ الأساسية للتعايش البشري المُلزِمة على المدى البعيد وغير القابلة للمساومة ولا يمكن المساس بها. ويشرع دستور الدولة قواعد يتم على أساسها تأسيس سلطة الدولة وتنظيمها، وتفويض أجهزة الدولة وإلزامها بصلاحيات وإجراءات، وتزويدها بسلطات التصرف، وتحديد مضمونها في الحقوق الأساسية وأهداف الدولة. ومن حيث المبدأ يحظى الدستور بأولوية على الحقوق الأخرى.

ويحدد الدستور الخبرة القانونية والرؤى السياسية الموروثة بشكل ملزم بشأن المستقبل. ولا يمكن تحقيق هذا المشروع إلا إذا كان الدستور مدعومًا بثقافة قانونية عامة ويحافظ على حيوية القضايا الدستورية الأساسية – السلام والحرية والديمقراطية والمساواة أمام القانون والمسؤولية الاجتماعية – وذلك عن اقتناع عام بصحة مضمونها.

ويكتسب الدستور قوته المُلزِمة في وثيقة مكتوبة ويسعى في عقلانية اللغة إلى فهم أهم صراعات المجتمع القانوني بالمصطلحات القانونية التقليدية، وإيجاد أجوبة من خلال النقاش فقط عبر الحوار وليس باستخدام العنف.

وينص الدستور على الإطار القانوني المُلزِم للتسامح والحرية والانفتاح التنموي. والتسامح هنا لا يعني استهتار أولئك الذين يصدقون الكلمات الرنانة، بل يتطلب عملاً فكريًا قويًا للفصل بين الصلب والهش، وبين ما لا يقبل المساومة والذي يمكن شراؤه، وبين غير المحدد والذي يمكن ضبطه.

يبرر القانون الدستوري نفسه ويؤكد على فعاليته من خلال قدرة الإنسان على التفكير خارج ذاته ويستنبط من تجاربه ورؤاه نتائج مُلزمة للمستقبل. وبالصورة التي نعترف من خلالها اليوم بالحالة القانونية في المجتمع، التي تعلمنا تكنولوجيا صناعة السيارات والتحكم بقيادتها، لأننا عرفناها وخبرناها، هكذا تترك الخبرة والبصيرة أثرها على القانون الدستوري أيضًا كشرط لسياسة جيدة. ومن شهد حربًا أهلية يعرف أن عليه الإعداد للسلام وبالتالي تأسيس دولة وجعلها تحتكر السلطة. ومن عانى من قمع واستبداد حكومي، سيسعى إلى الدولة من خلال سيادة القانون والفصل بين السلطات ويخفّف من أي التزام مادي بالحقوق الأساسية. والذل يتطلّب ضمان الكرامة للجميع. كما أن تجربة الكراهية والجوع تعلّم أن تماسك المجتمع يتم من خلال نظام أخلاقي مشترك، ويجب أن ينتج عنه حق بانتماء اجتماعي وبتوازن دقيق في المجتمع.

والقانون الأساسي الألماني متأثر بشكل كبير بهذه الخبرات. ومع دخوله حيز التنفيذ في 23 أيار / مايو 1949 أراد الشعب الألماني إنهاء حكم الاستبداد واستبعاد إذلال الناس وقمعهم في المستقبل، وإنهاء المجاعة والحرب بشكل نهائي، وضمان تبرير دائم لسلطة الدولة في دولة القانون والرفاهية الاجتماعية الديمقراطية بواسطة الشعب، وتجديد الدولة عن طريق التشريعات البرلمانية، وكذلك ضمان المصلحة الذاتية للفرد والانفتاح التنموي للدولة وللاقتصاد وللمجتمع على أساس الحرية.

كان القانون الأساسي الألماني قد تجاوز اختبارًا وجوديًا وحيدًا أثناء إعادة توحيد ألمانيا في 1989 / 1990، عندما أسقطت دولتان ألمانيتان متعاديتان الجدران بينهما فقط بقوة الكلمة والتظاهر والصلاة وتوحدّتا سلميًا مرة أخرى. وبذلك أثبت القانون الأساسي الألماني قوة الفكر القانوني وإرادة الشعب في تحقيق الأفضل وكذلك قوة القدرة على الإقناع فيما يتعلق بإحلال السلام وبحقوق الإنسان.

باول كيرشهوف

مواضيع ذات صلة: **الديمقراطية؛ القانون؛ المجتمع؛ حقوق الإنسان؛ حرية الاعتقاد.**

الدستور (من وجهة نظر إسلامية)

الدستور هو وثيقة قانونية أساسية تعرض المبادئ التأسيسية، وأجهزة الدولة التي تمارس السلطة طبقًا لوظائفها. علاوةً على ذلك، يحتوي الدستور على قواعد تضبط علاقة الدولة بالدين. وفي هذا السياق، تعتبر صحيفة المدينة التي تمت كتابتها بعد هجرة محمد سنة 622 بعد الميلاد أول دستور في التاريخ الإسلامي، والسبب يعود إلى محتوى هذه الوثيقة التي تعلن تأسيس دولة، وتعرض عناصرها الأساسية، وأجهزة الدولة، وكيفية إدارتها، والحقوق الأساسية المختلفة، والحريات. مع ذلك تم إثبات أن هذه الوثيقة، من حيث الشكل والمحتوى، لا تعد في الوقت ذاته بداية

تقاليد الدساتير المدونة. بالإضافة إلى ذلك، فَقَدَ محتوى الصحيفة صلاحيته على أرض الواقع، وذلك بعد إنتهاك يهود المدينة لقواعده. إلا أنه لا يوجد نص قانوني مماثل ظهر في حياة محمد أو في فترة الخلفاء والتابعين. ولكن يمكن الحديث عن دساتير شفوية برزت في حقبة الخلافاء الراشدين والدول الإسلامية، كالدولة الأموية والعباسية والفاطمية والدولة الأموية في الأندلس والدولة السلجوقية.

من بعد تحديد أجهزة الدولة ومؤسساتها ووظائفها والحقوق الأساسية والحريات تلعب المصادر الجوهرية للتشريع وللفقه الإسلامي دورًا مهمًا، وهي القرآن والسُنّة والإجماع والقياس والاستحسان والمصلحة والعُرف. لهذا يمكن القول إن النظام القانوني يتم ضبطه طبقًا لمبادئ أساسية مستمدة من القرآن والسنّة، أما المبادئ الأخرى غير الموجودة في المصادر المذكورة، فيتم البحث عنها في مصادر أخرى، طالما أنها لا تعارض القرآن والسُنة.

في العالم الإسلامي، بدأت تظهر المساعي الأولى لتدوين الدستور في المناطق التي كانت خاضعة للدولة العثمانية، نذكر على سبيل المثال دستور 1861 بعد الميلاد الذي تمت المصادقة عليه في مدينة تونس. كذلك تذكر الإصلاحات القانونية التي ظهرت في فترة التنظيمات العثمانية داخل الدولة والتي أفضت إلى كتابة القانون الأساسي وهو دستور الدولة العثمانية سنة 1876 بعد الميلاد.

بعد استقلال معظم الدول الإسلامية تمت صياغة دساتير وفقًا للنموذج الغربي. إلا أن تأثير التقاليد الإسلامية ما زال ثابتًا، وهذا ما يتضح في المبادئ الشاملة المستمدة من القرآن والسُنة. والتي تمثل الأرضية القانونية لها، وأيضًا من العرف الذي يرجع إلى زمن الخلفاء الأربعة. فقد كانت وظيفة قائد الدولة على سبيل المثال قائمة على اتباع سُنّة محمد، والنظام الإداري يتبع أيضًا نموذج دواوين الخليفة الثاني عمر المتوفى سنة 644 / 23، ووظيفة الوزير مستقاة من الممارسات الوزارية في العصر العباسي بين سنة 750 وسنة 1258 بعد الميلاد.

أما اليوم، فإن الإسلام يُعد دينًا ثابتًا للدولة طبقًا لدساتير الدول الإسلامية. ينص دستور الجمهورية التركية المصادق عليه سنة 1937 بعد الميلاد على فصل الدولة عن الدين، وهذا ما يسري في هذه الدولة إلى يومنا هذا. وهذا على عكس الدساتير التي تمت صياغتها سنة 1921 بعد الميلاد وسنة 1924 بعد الميلاد، فهي تنص على تنفيذ قوانين الشريعة بعدما أصبحت تناقش في البرلمان القومي. وعلى أثر إدخال الفكر العلماني بدأ منح البرلمان جملة من الوظائف في عملية سَن القوانين.

من جهة أخرى أصبحت التربية الدينية والتكوين الديني والخدمات المتعلقة به من الشؤون الخاضعة للضمان الدستوري، والقصد من هذه السياسة هو تلبية حاجات الشعب. من المهمات التي أصبحت على عاتق رئاسة الشؤون الدينية توفير الخدمات الدينية وتأطير موارد بشرية لكل المجالات التي لها علاقة بالمعتقد الإسلامي والممارسات الدينية والأخلاقيات الإسلامية، وهذا بمقتضى قانون رقم

429 من دستور 1924 بعد الميلاد. وهناك شؤون دينية أخرى يضمنها الدستور أيضًا، بمقتضى القانون رقم 430 من دستور 1924 بعد الميلاد، منها إنشاء كلية الإلهيات ومدارس تحضير الأئمة والخطباء ومركز تكوين كوادر مخصصة تهتم بالتربية الدينية وخدماتها. وكل هذا التنظيم يسعى لتلبية حاجات الشعب. وينص دستور 1982 بعد الميلاد، المعتمَد حاليًا في تركيا، وفقًا للفصل 24، على توفير الدروس في مادة العلوم الدينية والأخلاق في جميع المدارس الإبتدائية والثانوية، والتي تسعى للحصول على جودة تعليمية عامة. والجدير بالذكر أن الممارسة الدستورية في الدول الإسلامية مختلفة، وهذا على عكس الدول غير الإسلامية التي يكون الدستور فيها المبدأ الأساسي هناك يخضع المسلمون أيضا للدستور والقوانين المعمول بها، وهم ملزمون عند النزاعات بالتوصل إلى اتفاق على أساس قانوني.

جمال توسُن

مواضيع ذات صلة: **صحيفة المدينة؛ الديمقراطية؛ العلمانية؛ السياسة؛ الدولة.**

دستور الإيمان (من وجهة نظر مسيحيّة)

يعني دستور الإيمان في الاستخدام اللغويّ المسيحيّ:

أوّلًا: عنصرًا من عناصر القدّاس الإلهيّ وتحديدًا إجابة الرعيّة كلامًا أو ترنيمًا بعد تلاوة الإنجيل وإلقاء الوعظة من قبل الكاهن أو القائم بالقدّاس (في الكنيسة البروتستانتيّة قبل إلقاء الوعظة) وفيها تعدّد الرعيّة بشكل قطعيّ معترِف (أؤمن بـ...) المضامين الرئيسيّة للإيمان.

ثانيًا: يعني دستور الإيمان فعل الشهادة الخاصّ أو العامّ بحقيقة الإيمان، وخصوصًا بشكل واضح وإعلانيّ في حالات الاضطهاد المتعلّقة بالإيمان.

ثالثًا: يمثّل دستور الإيمان نصّ الإقرار والاعتراف الرسميّ بالإيمان خلال القدّاس الإلهيّ. ويعرف التقليد المسيحيّ ثلاثة صيغ نصيّة رسميّة له: دستور الإيمان الرسوليّ (هو في الأصل الاعتراف بالإيمان خلال طقس العماد لدى كنيسة روما ويعود شكله الحالي إلى القرن السابع)، دستور الإيمان الكبير (الذي تمّت صياغته في مجمع نيقية عام 325 وتمّ توسيعه إلى صيغته الحاليّة عام 381 في مجمع القسطنطينيّة)، والأثناسيوسيّ (وهي صيغة وضعها كاتب غير معروف في القرن الخامس إلا أنّها نُسبت إلى الأسقف أثناسيوس (295–373) الذي كان حاضرًا في مجمع نيقية). هذه الدساتير الإيمانيّة الثلاثة تتشارك جميعها في البناء المضمونيّ نفسه. فبادئ ذي بدء يتمّ الاعتراف بالإيمان بالله من ثمّ الإقرار بيسوع المسيح وفعله الخلاصيّ، خاصّة بالمغزى الخلاصيّ لموته وقيامته وعودته يوم الدينونة،

وفي ذلك يتمّ الاعتراف بالروح القدس الذي بفعله تظهر الكنيسة والمعموديّة ويظهر الأمل بقيامة الأموات كما الحياة الأبديّة.
يركّز دستور الإيمان الرسوليّ على الوقائع الخلاصيّة التاريخيّة. ويتمحور دستور الإيمان الكبير، الذي يُختصر بـ »كريدو/العقيدة«، حول الاعتراف بالتجسّد أي بألوهيّة يسوع المسيح الحقّة وإنسانيّته الحقّة، وتمّ هذا الاعتراف بفعل الجدال والنزاعات التي سبقت عمليّة وضعه. وتعدّ الوحدة الثالوثيّة لله البيان المفصّل والخاصّ في الدستور الأثناسيوسيّ.
ينتمي دستور الإيمان الكبير إلى قدّاس الأحد الإلهيّ وأيّام الأعياد الكبرى مرتّلًا أو منطوقًا به بشكل جماعيّ. ويمكن استبداله في القدّاس الإلهي الكاثوليكيّ كما البروتستانتي بدستور الإيمان الرسوليّ أو بترتيلة توافق مضمونه. أمّا الدستور الأثناسيوسيّ فلا يتم التطرّق إليه في قداديس الرعيّة، غير أنّه يعدّ واحدًا من نصوص الاعتراف في الكنائس اللوثريّة.
لقد قامت المجامع اللاحقة أيضًا في هذا الخصوص بصياغة دستور الإيمان كاملًا مرّة أخرى ووضعته أمام الأطراف المتنازعة من باب الضرورة للتوقيع عليه، كما جرى في مجمع لاتران الرابع (1215) أو مجمع فلورنسا (1439)، إلا أنّ هذه الصياغات لم تصبح نصوصًا توضع في خدمة الليتورجيا. ويسري الأمر نفسه على دساتير الإيمان المعادة صياغتها لاهوتيًّا وأدبيًّا والتي تمّت فيها محاولة التعبير عن حقيقة الإيمان القديمة في صيغتها السابقة ولكن بكلمات موافقة للعصر الحالي. ويعدّ مثالًا على ذلك الوثيقة المعروفة في ألمانيا بعنوان: أملنا. دستور إيمان في عصرنا لجميع سينودس المطرانيّات في جمهوريّة ألمانيا الاتحاديّة (1972–1975).

أوتو هيرمان بيش

مواضيع ذات صلة: **قيامة الأموات؛ التجسّد؛ الليتورجيا.**

الدعاء / الصلاة (من وجهة نظر مسيحية)
الصلاة في المعنى الضيّق هي توجّه الإنسان إلى الله ومخاطبته. وفي المعنى الأوسع يمكن فهم التأمّل الروحيّ والتفكّر على أنّهما نوع من الصلاة، في حال ترك المؤمن نفسه لدوافع روحيّة تقوده، وافتتح تأمّله مبدئيًّا بصلاة واضحة واختتمه بها. وهكذا هو الأمر في التقليد الكنسيّ أيضًا، إذ إنّ القراءة الروحيّة من الكتاب المقدّس مضمّنة في العادة بالصلاة. الورعون في العهدين القديم والجديد هم أناس مصلّون. لقد دار الحديث في الأناجيل مرّات عدّة حول يسوع أنّه كان يصلّي (متى 14: 23؛ 26: 39–44؛ مرقس 1: 35؛ لوقا 5: 16، 12؛ 9: 18، 28 وما يليها). كذلك أوصى يسوع تلاميذه بالصلاة وعلّمهم صلاة أبانا الذي، التي لهذا السبب

تُدعى بالصلاة الربانيّة (متى 6: 9–13؛ لوقا 11: 1–4) وهي الصلاة الأعرق والمشتركة بين جميع المسيحيّين. ومنذ البدء تنتمي الصلاة إلى أشكال التعبير الدينيّ البديهيّة للمسيحيّ الفرد والتجمّعات الكنسيّة. ولم يكن بالمقدور تصوّر عمليّة اتخاذ قرارت مهمّة في الكنيسة الحديثة العهد من دون صلاة (أعمال الرسل 1: 24؛ 6: 6).

ليس القدّاس الإلهيّ المسيحيّ مطبوعًا فقط بالصلوات، بل إنّه في الجوهر حدث صلاة. فالصلاة المسيحيّة الرسميّة تتوجه في المبدأ إلى الآب، وتُعلن من خلال المسيح الابن وتتمّ بالروح القدس. في هذه الحالة تعدّ الصلاة المسيحيّة صلاة ثالوثيّة. غير أنّ التقليد المسيحيّ لا يعرف في الزمن العهدجديدي الصلاة عبر المسيح ومعه فقط، بل أيضًا الصلاة للمسيح (أعمال الرسل 7: 59 وما يليها)، وقلّما توجد صلوات تتوجّه مباشرة إلى الروح القدس.

تعرف بعض التقاليد المسيحيّة كذلك أدعية إلى القدّيسين، خصوصًا إلى مريم والدة الله، إلا أنّه يجب تمييز هذه الصلوات بشكل واضح عن الصلوات إلى الله، لأنّ الدعاء إلى القدّيسين يتمّ فقط من أجل طلب الشفاعة ، أمّا طلب الرحمة أو أيّ شكل من أشكال الخلاص والنجاة فتتمّ طلبتها من الله وحده.

وتوجد إلى جانب صلوات القدّاس الإلهيّ نصوص صلاة تعود إلى جميع القرون قام المؤمنون بتلاوتها بشكل شخصيّ. إلا أنّ الصلاة المسيحيّة ليست مرتبطة في صفة عامّة بنصوص مصوغة مسبقًا، فكلّ مسيحيّ يمكنه الصلاة إلى الله بعباراته الخاصّة. ومنذ فجر الكنيسة من الشائع الصلاة في الصباح والمساء ولدى ساعة وجبات الطعام.

فينفريد هاونرلاند

مواضيع ذات صلة: **النعمة؛ خدمة الصلاة.**

الدعاء (من وجهة نظر إسلامية)

الدعاء هو نوع خاص جدًّا من أنواع الحوار بين الإنسان وخالقه، حيث يعبر الإنسان من خلال الدعاء عن إيمانه، وحاجته لعون الله، وحبه، وشكره، ورغباته ومبتغاه، وارتباطه، ورجائه في المغفرة، وشعوره بالسعادة والحزن. فالدعاء في الإسلام هو أساس كل عمل من أعمال المؤمنين (سورة الفرقان 25 الآية 77). لقد وردت في القرآن أكثر من مائة آية تتحدث عن دعاء الأنبياء والصالحين، وكذلك عن دعاء الأمم. وهناك بعض الآيات والسور التي تُعْتبر نصوصًا نموذجيةً ومثاليةً للدعاء، فسورة الفاتحة هي من أكثر النصوص القرآنية التي تُذكر في الدعاء وذلك لأنها تُقرأ في كل ركعة. أما بعض آيات القرآن فإنها تعالج صيغة وطريقة وتأثير الدعاء.

إن من آداب الدعاء التي ينبغي على الإنسان أن يراعيها هي أن يبدأ دعائه الذي يعبر به عن ندمه واعترافه بالذنب بحمد الله والثناء عليه (سورة الإسراء 17 الآية 110)، وبعد أن يسأل اللهَ ما يريد، ينبغي عليه أيضًا أن ينهي دعاءه بحمد الله وشكره (سورة يونس 10 الآية 10)، وكذلك ينبغي على الإنسان أن يخلص في دعائه لله حيث يتوجه إلى الله بروحه وعقله وقلبه (سورة الأعراف 7 الآية 29 ؛ سورة المؤمن / غافر 40 الآية 14، 65)، وأن يتوسل إلى الله سرًا وعلانية ويتضرع إليه وهو على ثقة ويقين بقدرة الله على الإجابة (سورة الأعراف 7 الآية 55–56؛ سورة الإسراء 17 الآية 110). ومن آداب الدعاء أيضًا ألا يتوجه الإنسان في دعائه إلا إلى الله (سورة البقرة 2 الآية 186) وأن يثق ويوقن بالاستجابة (سورة المؤمن / غافر 40 الآية 60). لقد ورد في سنن الترمذي فيما رواه أبو هريرة عن النبي محمد أنه قال ليس شيء أكرم على الله تعالى من الدعاء (أنظر سنن الترمذي)، لذلك ينبغي على الإنسان أن يلح في الدعاء وكله أمل وإيمان بالإجابة وألا يستبطئ الإجابة فيستحسر عن الدعاء ويدعه (أنظر صحيح مسلم، وسنن الترمذي).

على الرغم من أنه ليس هناك أوقات ثابتة للدعاء إلا أن هناك اعتقاد يذهب إلى أن الدعاء يُستجاب عند الفجر وتحديدًا بين أذان الفجر وإقامة الصلاة في المسجد، وكذلك عند السجود، وعند المطر، وأثناء الصوم، والمرض، والحاجة، وعندما يكون الدعاء في جماعة. إضافة إلى ذلك يُستجاب دعاء الوالدين لأبنائهم، ودعاء المسافر، ودعاء الضيوف، ودعاء المظلومين. ويمكن أن يكون الدعاء بشكل جماعي أو فرادى، ولكن للدعاء الجماعي فضل وذلك لأن الجماعة تمنح العطف والقوة لبعضها البعض.

الدعاء هو كلمات تعبر عن طاعة الإنسان وشكره لله على نعمه التي لا تُعد ولا تُحصى. فهذا الإدراك الذي يتحول من الخواطر إلى الكلمات وإلى التصرف يعتبر الينبوع الدافع والمحرك للإنسان ولعلاقاته الاجتماعية، وذلك لأن الإنسان الذي يستطيع أن يبني علاقة شخصية مع خالقه، قادر على أن يعكس هذ الشعور الحميم في تصرفاته. إضافة إلى ذلك يشعر الإنسان أثناء الدعاء بالسلام العميق وبالسعادة البالغة وبالقرب من الله الذي يعلم سره وجهره، حيث يستطيع أن يحرر نفسه من كل المؤثرات السلبية.

إحسان چاپجي أوغلو

مواضيع ذات صلة: **الجمعة؛ الاعتراف بالخطيئة.**

مصادر الحديث:

1. سنن الترمذي، كتاب الدعوات، باب 1 ما جاء في فضل الدعاء، رقم الحديث 3371، عن أنس بن مالك.

2. صحيح مسلم، كتاب الذكر، باب 91 بيان أنه يستجاب للداعي، رقم الحديث 6935، عن أبي هريرة.
3. سنن الترمذي، كتاب الدعوات، باب 65، رقم الحديث 3479، عن أبي هريرة.

الدفن / الجنازة (من وجهة نظر مسيحيّة)

دفن الميّت هو مسؤوليّة الأقرباء وواجبهم في معظم المجتمعات. ولأنّ الموت يطرح سؤالاً وجوديًا حول مغزى الحياة، فإنّ عمليّة دفن الموتى تتمّ عادةً حسب الطريقة الدينيّة أو على الأقلّ حسب الطقوس. منذ البدء اعتبر المسيحيّون أنفسهم عائلة واحدة يتحمّلون المسؤوليّة فيها تجاه بعضهم البعض حتّى بعد الموت، لهذا السبب لم يكن دفن الموتى بالنسبة للجماعة الكنسيّة مجرّد فعل رحمة (انظر سفر طوبيا 1: 16 وما يليها). في غضون ذلك لم تطوّر الكنيسة ثقافة خاصّة للدفن، وإنّما أشارت إلى السلوك العاديّ والشائع في إقامة الصلاة وتلاوة النصوص.
تنطلق مراسم الدفن المسيحيّ التقليديّة، كما حافظت عليه الكنيسة الكاثوليكيّة إلى أيّامنا هذه، من مكان وضع المتوفّى على النعش. ويكون هذا المكان في العادة منزل المتوفّى، وفي هذه الأيام قاعة النعش في المدفن. وخلال الجنازة تتمّ مواكبة المتوفّى إلى قبره، بحيث يمكن أن تكون الكنيسة محطّة يقام قدّاس له فيها، حاضرًا جسده أم غائبًا، وذلك في حال كانت الرعية المحزونة لن تجتمع بعد الدفن أو في وقت آخر للاحتفال بسرّ الأفخارستيا. وتفهم الكنيسةُ الكاثوليكيّة الدفن الكنسيّ على أنّه خدمة المتوفّى وتعرف مفهوم التضامن من أجل الخلاص بعد الموت، لدرجة أنّ الكنيسة تقف للدفاع عن أعضائها المتوفّين أمام الله.
أمّا كنائس الإصلاح البروتستانتي فهي لا ترفض فقط إقامة القدّاس للمتوفّى، بل إنّها تجد الصلاة من أجل المتوفّين بلا جدوى، وترى في ليتورجيا الدفن قبل كلّ شيء خدمة المحزونين الذين من أجلهم بُشّر بالإنجيل ومن أجل عزائهم وتقوية إيمانهم.
ولأن عادة حرق الميّت، التي دخلت منذ نهاية القرن التاسع عشر، رُبطت بعقليّة مخالفة للكنيسة أو معادية للمسيحيّة (إنكار قيامة الموتى) صدر قرار بمنع الحرق للكاثوليك تمّ رفعه عام 1963، طالما أنّ اختيار عمليّة الحرق لا ينبع من أسباب مخالفة للإيمان. وتفضّل الكنيسة الكاثوليكيّة دفن جثمان المتوفّى في التراب مع مراعاة لدفن جثمان يسوع.

فينفريد هاونرلاند

مواضيع ذات صلة: **قيامة الأموات؛ الإفخارستيا.**

دليل الحدوث (من وجهة نظر إسلامية)
يشير دليل الحدوث إلى عملية حدوث الكون. فبنظرة إلى الكون يصف هذا المصطلح المرور من العدم إلى الوجود. فهذه الفكرة تُعْتَبَر محاولة في إثبات وجود الله الخالق من خلال الخليقة. لقد استُخْدِم مصطلح دليل الحدوث في الكلام الإسلامي لأول مرة من قِبَلِ الجعد بن درهم (المتوفى عام 118/736). وتلقى صيغته المنطقية المقنعة فيما بعد من قِبَلِ المعتزلة في البصرة. أما في زمن ما بعد الغزالي (المتوفى عام 505/1111) فلقد استُخْدِم مصطلح دليل الحدوث سوية مع ذلك المصطلح الذي استخدمه الفلاسفة بشكل متكرر، ألا وهو دليل الإمكانية وضمن نطاق الحقيقة الكلية. يستند دليل الحدوث على أن كل الموجودات متغيرة وآيلة للزوال، لذلك فإن هناك حاجة إلى سبب غير متغير ولا منته. ولإثبات وجود الله استخدم بعض المتكلمين المسلمين، وانطلاقًا من الأشياء الآيلة للانتهاء، طرق القياس والإستدلال. أما طرق القياس فقد اسْتُخْدِمت وبشكل واسع من قِبَلِ الأشاعرة، وأما طرق الإستدلال فقد استُخْدِمت وبشكل رئيسي من قِبَلِ الماتريدي، وكذلك من قِبَلِ المعتزلة. طِبقًا لمفهوم العلماء الذين اختاروا طرق الإستدلال فإنه ليس هناك أي تشابه بين الكون وبين الله، لذلك فإنه من الخطأ بمكان أن تُسْتَخْدَم طرق القياس في دليل الحدوث، وذلك لأن القياس يصنع علاقة بين الأشياء المتشابهة. وبدلاً من ذلك استخدموا طرق الإستدلال التي تعزو الحقيقة الكاملة إلى الله.

لقد أجرى المتكلمون عملية دليل الحدوث على ثلاث مراحل فكرية: 1) يُعْتَبَر كل شيء في الكون حركيًا وخاضعًا إلى التحول والتغير. 2) لا يمكن أن تنشأ الحركة والصيرورة الدائمة في الكون بطريقة ذاتية، وذلك لأنه ليس هناك شيء يمكن أن يكون سببًا لذاته. 3) إن كل شيء يحدث في الكون يجب أن يكون من خلال خالق ومنشئ سرمدي لا بداية له ولا نهاية، فكل شيء موجود من خلال إرادته، وذلك لأن لكل سبب مُسَبِّب. وهذا هو الطريق الوحيد في توضيح الحقيقة ودون الدخول في براهين الدائرة المفرغة كتسلسل الأسباب اللانهائي. فالكون طِبقًا لهذا النهج الفكري عبارة عن المجموع الكلي للوجود الكوني ولكل الفعاليات التي لها بداية ونهاية، والله هو الخالق المنشئ لكل شيء. يدافع دليل الحدوث عن مبدأ الخليقة القرآني ويعلل ذلك بشكل منطقي من خلال الكون. تستند الجهود الخاصة بدليل الحدوث إلى النظرية القائلة بأن القرآن لا يطالب بإيمان عقائدي أعمى بالله، وإنما يدعو وعلى العكس من ذلك إلى إمكانية معرفة وجود الله ضمن حدود العقل ومن خلال التفكر، والتدبر، والاستنتاج.

إبراهيم آسلان

مواضيع ذات صلة: **لفظ الجلالة؛ العالم.**

الدولة (من وجهة نظر مسيحية)
الدولة هي الشكل السياسي المنظم للمجتمع، وكانت غالبًا بشكل دولة قومية منذ القرن التاسع عشر. وبما أن الدولة تطالب كل فرد داخل أراضيها بالولاء، قد يؤدي هذا إلى توتر بين مطالب الدولة ومطالب أفراد الكنيسة. ولعل المثال الأكثر شيوعًا على ذلك كان الصراع الذي عرفه رجال دين فرنسيون بعد الثورة الفرنسية، بأدائهم القسم على دستور الدولة الذي كان مرفوضًا من قِبَل الكنيسة.
يرى العهد الجديد في هذه الحالة طرقًا مختلفة للحل: فبولس يقول إنه ليس سلطان (للدولة) إلا من اللـه وعلى كل نفس أن تخضع له (رسالة بولس الرسول إلى رومية 13: 1)؛ ويقول بطرس والرسل أمام مجمع رئيس الكهنة: »يَنْبَغِي أَنْ يُطَاعَ اللهُ أَكْثَرَ مِنَ النَّاسِ« (أعمال الرسل 5: 29)؛ ويقول يسوع في الإنجيل بحسب متى 22: 21: »أَعْطُوا إِذًا مَا لِقَيْصَرَ لِقَيْصَرَ وَمَا للهِ للهِ«. وقد استخلص التقليد المسيحي استنتاجات مختلفة من ذلك على مر التاريخ. فقد استطاع استنادًا إلى بولس أن يبرر وجود الدولة المسيحية والمطالبة بتقديم ولاء الطاعة لها (هذا هو على سبيل المثال تصوّر مارتن لوثر (1483–1546) للدولة وكذلك التصوّر في روسيا القيصرية)؛ واستنادًا إلى أعمال الرسل برر التقليد المسيحي حق الفرد في مقاومة مطالب الدولة باعتبارها غير مقبولة (مثل نظرية الدولة في الكنيسة الكاثوليكية والكنائس الإنجيلية الإصلاحية / الكالفينية)؛ وفي الآونة الأخيرة استطاع هذا التقليد استنادًا إلى اقتباس عبارة يسوع أن يؤكد على الفصل بين الدولة والكنيسة (الكلمة المفتاحية هنا: العلمانية، من كلمة laïcité الفرنسية). ومن المؤكدّ اليوم أنه على الدولة واجب ضمان حرية الاعتقاد وخلق العدالة الاجتماعية وحماية القيم الأخلاقية فضلاً عن السعي من أجل تأمين التعايش السلمي مع الشعوب الأخرى.
بيتر أنتس

مواضيع ذات صلة: **سلطة الدولة؛ الديمقراطية؛ المجتمع؛ السياسة؛ حرية الاعتقاد؛ الثيوقراطية / حكم اللـه.**

الدولة (من وجهة نظر إسلامية)
كان النظام السياسي السائد بين القبائل في مكة التي كان محمد يدعو فيها إلى الإسلام لمدة 13 عامًا قائمًا على سياسة التوازن. مع ذلك لا يمكن مقارنة هذا النظام بنظام الدولة بالمعنى الحديث، إنما كان التفكير في جهاز أمني يعتمد على التقاليد ويؤثر في الحياة الإجتماعية بمكة ويمنح التجارة الأولوية أي يجعلها من الأمور التي كان يتم التركيز عليها.

من الأهداف الرئيسية التي سعت إليها الآيات القرآنية المنزلة على محمد في مكة توجيه الناس بنور الإيمان، حيث كانت الجهود المبذولة في ذلك الوقت رامية إلى نشر عقيدة دينية تقوم على التوحيد الإلهي.

في الفترة المدنية تولى محمد أخيرًا، بجانب دوره كنبي، منصبًا سياسيًا يماثل منصب رئيس الدولة. قام محمد بوضع ميثاق مع مختلف القبائل، حدد ضوابط الحياة الجماعية بدرجة أنه دخل في التاريخ تحت اسم ميثاق المدينة. وفي هذا الميثاق تمّ توضيح المبادئ الجوهرية التي يجب أن تطبق وتنفذ على أرض الواقع بغية خلق أجواء من التعايش، يخيم عليها العدل والأمن بين مختلف الطوائف الدينية والجماعات العرقية داخل مجتمع المدينة. وفي هذا الميثاق تتجلى سمات التأسيس للجهاز الأساسي للدولة في ظل قيادة محمد، وهذا لأن كل عناصر الدولة كانت موجودة، وهي تواجد عدد محدد من أفراد المجتمع وتوفر مجال إقليمي محدد وظهور سيادة سياسية.

كما وُجدت جهود أخرى تُعتبر مؤشرًا للسعي وراء بناء نظام سياسي، وهي إبرام عقود مع دول أخرى وتأسيس جيش وتحديد التزامات متصاعدة متعلقة بالنظام القانوني، وأيضًا فرض نوع من الضرائب. كما أن القرآن كان موجهًا لمجتمع مركب من أفراد يسعون إلى تحقيق هدفهم المنشود، وهو بث العدالة في محيطهم. مع ذلك لا نجد ثمّة آيات تقدم نموذجًا محددًا لمنظومة الدولة من أجل الوصول الى الرغبة المطلوبة. وهذا يدل على أن الخوض في الشؤون السياسية المرتبطة بمبادئ معينة هو من الأمور المتروكة للبشر. وتشمل هذه التدابير على وجه الخصوص إجراء حوارات حثيثة رامية إلى المحافظة على العدالة وتسوية شؤون الدولة من قبل أشخاص ذوي كفاءة. ومن أجل ضمان العدالة يجب خلق نظام قانوني فعال. ومن وجهة النظر هذه، لا يمكن فهم الآيات القرآنية، المفترض أنها تحمل خلفية قانونية، فهمًا حرفيًا، بل يجب استيعابها كجهود أولية هادفة إلى خلق أرضية قانونية من أجل فائدة المجتمع. ورغم أن الآيات القرآنية التي تبلور هذا الموضوع لا تعد إشارات واضحة فإنها تلوّح بأن الأمة لا تستمر في غياب كيان الدولة.

وإذا تمّ تحليل تلك الأحداث التي ظهرت إثر وفاة محمد بدقة، فإنه سيتجلى أن الكثير من الأمور حدِّدت في ذلك الوقت كمهمة يتكفل بها البشر، منها حرية التصرف في الشؤون السياسية واستيعابها وفقًا للعادات والتقاليد والحاجات. ومن بين خلفاء النبي الذين تمّ تعيينهم أبو بكر من سنة 632 إلى غاية 634 بعد الميلاد بعد حصوله على أغلبية الأصوات من قبل أصحاب محمد، ثم يأتي الخليفة عمر الذي تولى الخلافة من سنة 634 بعد الميلاد إلى سنة 644 بعد الميلاد بناءً على نصيحة أبي بكر، ويلي عمر عثمان الذي تولى الحكم من سنة 644 بعد الميلاد إلى غاية سنة 656 بعد الميلاد إثر قرار مجلس الإنتخاب. وأخيرًا كانت أغلبية أصوات المسلمين من حليف علي الذي تولى الخلافة من سنة 656 بعد الميلاد إلى غاية 661 بعد الميلاد.

ومن الأمور الثابتة أن الضوابط الدينية لم تكن سارية، بشكل جزئي أو كامل، في الدول السالفة والمؤسسة من قبل المسلمين فحسب، بل كانت أيضًا فعالة في العصور الأخيرة حتى ظهر الفكر اللائيكي في العصر الحديث الذي بلغ ايضًا المثقفين المسلمين وأحدث لديهم أفكارًا جديدة متعلقة بهذه القضية. وهناك البعض من المثقفين المسلمين، على سبيل المثال محمد أركون المولود سنة 1928 بعد الميلاد والمتوفى سنة 2010 بعد الميلاد، الذين يؤيدون فكرة فصل الدولة عن الدين دون التخلي عن المبادئ القرآنية الأساسية.

حسن أونات

مواضيع ذات صلة: **ميثاق المدينة؛ الديمقراطية؛ الخلافة؛ اللائكية؛ السياسة؛ الشورى؛ الثيوقراطية؛ الدستور.**

الديمقراطيّة (من وجهة نظر مسيحيّة)

الديمقراطيّة هي نظام حكم سياسيّ تستمدّ سلطات الدولة من شعب الدولة وتمارسها من أجل هذا الشعب. ويبرّر المشرّع والحكومة وظيفتهما من خلال عمليّة الانتخاب التي يختار فيها شعب الدولة بين احتمالين على الأقلّ وتحدّد الأغلبيّة من هو الفائز. ويكون الخاسر في عمليّة الانتخاب محميًّا ويحتفظ بالفرص نفسها لعمليّة الانتخاب القادمة. وتعيش الديمقراطية في تباين مؤسّساتي بين الحكومة والدولة.

تتفتّح الديمقراطيّة الحديثة كديمقراطيّة برلمانيّة تمثيليّة يتّخذ فيها البرلمان والحكومة المسؤولة الخاضعة له قرارات بشأن المسائل الجوهريّة التي تخصّ الشعب. إنّ اتخاذ القرار مباشرة من الشعب حول المسائل الجوهريّة (ديمقراطيّة الاستفتاء العامّ) ممكنة فقط في نطاق محدود. فالقضايا السياسية الواجب تقريرها غالبًا ما تكون معقدّة بحيث لا يمكن تبسيطها وحصرها في خيار الإجابة بنعم أو لا. وبالنفوذ الذي تتمتّع به وسائل الإعلام الحديثّة فإنّ من يتخذ القرار غالبًا هو من ينقل موضوع طرح المسائل إلى شعب الدولة، وليس الشعب نفسه. فحماية حقوق الأقليّات والأفراد ستصاب بالضعف في حال قرّر السياديّ الديمقراطي، أي شعب الدولة، بطريقة مباشرة.

إنّ الحماية الديمقراطيّة لحقوق الأقليّات تضمن للمعارضة البرلمانيّة، كما لكلّ حزب وجمعيّة، حقوقها الخاصّة وتحمي الحقوق الإنسانيّة الشخصيّة للشخص الفرد. لكلّ إنسان الحقّ في التفكير بحريّة وفي التعبير بحريّة، وممارسة التأثير على الدولة والمجتمع من خلال التصاريح العلنيّة الحرّة، والحقّ في النشر بحريّة ضمن إطار حريّة إعلاميّة وفي الحصول على المعلومات كما يريد من خلال مصادر متاحة بشكل عامّ. وتعطي حريّةُ تشكيل التجمّعات وحريّةُ عقد الاجتماعات للإنسان القوّةَ في التأثير المشترك على الدولة الديمقراطيّة أيضًا.

وتشترط هذه الحقوق الأساسيّة فصلاً بين السلطات بحيث يمكن لأيّ إنسان المطالبة بحقوقه أمام المحكمة بفرص متساوية مع سلطة الدولة، ويمكنه أيضًا الدفاع عن انتهاكات الدولة لحقوقه.

كلّ انتقاد لسلطة دولة من قبل مواطنيها الأحرار يمكن أن يسبّب مقاومة أو انتفاضة. لذا تحاول الديمقراطيّة أن تخفّف من حدّة التباين بين سلطة الدولة وسلطة الخاضعين لها من خلال ربطها الدائم لسلطة الدولة بشعبها، ولكن أيضًا من خلال تجديد الدولة بشكل مستمرّ: فالحريّة تقدّم كذلك الحقّ في التجربة وغير المألوف وما لم يتمّ التفكير به حتّى الآن.

يتوقّع النظام البرلماني – كما هو النموذج الأمثل- قوانين أفضل مع الانتخابات الجديدة.

وتبني الديمقراطيّة على شعب الدولة مجموعة ثقافيّة من الناس. ففي دستور الدولة الديمقراطيّ تتصرّف الدولة مع شعبها كما القفّاز مع اليد. فالقفّاز يقبع ساكنًا بلا حراك إلى أن تدخل فيه يد وتعطيه الحركة. يكمن فنّ دستور الدولة إذًا في حياكة هذا القفّاز ليحمي من الجروح والصقيع والبلل، من دون أن يحرم اليد، أي شعب الدولة، من الحركة ولذّة الإقدام.

تعرف الديمقراطيّة تشكّلات عديدة حين تطوّر الدولة ثقافتها الخاصّة. والأمر الذي لا يمكن التنازل عنه بالنسبة إلى الديمقراطيّة هو مبدأ الانتخاب، والسيطرة على الزمن، وحكم الأغلبيّة مع حماية الأقليّات في الوقت نفسه، وضمان حقوق الإنسان في نظام مفصول السلطات. وما إذا كان الانتخاب يقع على ممثّل فرد (فوز الشخص الأكثر أصواتًا) أو على الحزب (التناسبيّة)، فالأمر يتعلّق بخاصيّة شعب الدولة وثقافته. كما أنّ العمليّة الانتخابيّة، الانتخابات البرلمانيّة وانتخابات الرئاسة، التي تقدّم إمكانيّات نشوء ملكيّة برلمانيّة، تطبع تعدّد الثقافات السياسيّة التي يمكن أن تتطوّر في مبدأ الديمقراطيّة.

باول كيرشهوف

مواضيع ذات صلة: **الدولة؛ الدستور/القانون الأساسيّ.**

الديمقراطية (من وجهة نظر إسلامية)

الديمقراطية هو شكل من أشكال حكم الدولة الحديثة، حيث تنبع السلطة من الشعب. فالمبدأ الأساسي للديمقراطية هو حق الشعب بإبداء الرأي وبالمشاركة في عملية اتخاذ القرارات الخاصة بالأجهزة القيادية للدولة بشكل مباشر أو غير مباشر، ومن أشكال الديمقراطية أيضا حق الانتخاب، وكذلك المشاركة في عملية اتخاذ القرارات من خلال مؤسسات المجتمع المدني.

لم يحدد الإسلام شكلاً محددًا من أشكال الحكومة، وإن كان في الإسلام موروث قديم يستند إلى القرآن الكريم ويعتمد بشكل أكبر على تطبيق النبي في إدارة الدولة، فليس هناك تقليد موحد ومتبع في ذلك.

تؤيد مدرستا الإباضية والمعتزلة شكل الحكومة الذي يستند إلى حق الانتخاب، أما الشيعة فهم على العكس من ذلك يعتمدون على مفهوم الإمامية في تعيين حاكم الدولة. وأما أهل السُّنة فهم يعملون من منطلق أن الدولة مؤسسة لا يمكن المساس بها، وعليه فإن الدولة تأتي في المقام الأول وليس من يحكم الدولة، أي أن الدولة باقية والحكومة زائلة، إضافة إلى أن طاعة الحكومة من المبادئ الأساسية.

بغض النظر عن كون محمد نبيّاً وفي نفس الوقت قائدًا، إلا أن حقيقة انتخاب الخلفاء الراشدين الأربعة (632–661) تُعتبر دليلاً على إنفتاح الإسلام على الديمقراطية. وبما أن نظام الحكم قد أصبح منذ العصر الأموي وراثيًا، إلا أن هذا لا يعني بأن المسلمين مرتبطون بهذا النظام. فطبقًا لمنظور الشريعة الإسلامية لا تُناقَش مسألة نظام الحكم بقدر ما تُناقَش عملية الحكم نفسها، وهنا تلعب مبادئ الحق والعدالة والمساواة دورًا مهمًا. لقد كان المبدأ الأساسي في حكم النبي محمد هو مبدأ الشورى الذي ورد في القرآن الكريم، والذي نصح به الولاة والحكام للعمل به (انظر الترمذي). فالمراجع الإسلامية الأساسية لا تعارض النهج الذي ينتخب الشعب من خلاله حكومته، ويشارك في اتخاذ القرارات من خلال ممثليه، وهذا يعني أن الشعب يستطيع أن يؤثر على قرارات معينة من خلال مؤسسات المجتمع المدني. لقد ثمّن النبي محمد إرادة الأغلبية من الشعب، حينما قال بأن أمته لا تجتمع على ضلالة، وإذا كان هناك اختلاف في الرأي فإنه نصح باتفاق السواد الأعظم، أي الأغلبية الغالبة من الناس (انظر: ابن ماجه).

جمال توسُن

مواضيع ذات صلة: **المجتمع؛ الخلافة؛ السياسية؛ مبدأ الشورى؛ الدستور.**

مصادر الحديث:

1. الترمذي، كتاب الفتن، باب 78، رقم الحديث 2266، عن أبي هريرة.
2. الترمذي، كتاب الجهاد، باب 35 ما جاء في المشورة، رقم الحديث 1714، عن ابن مسعود.
3. ابن ماجة، كتاب الفتن، باب 8 السواد الأعظم، رقم الحديث 3950، عن أنس بن مالك.

الدين (من وجهة نظر مسيحية)

إن كلمة religion التي دخلت الى اللغات الأوروبية من اللغة اللاتينية منذ عصر التنوير، هي تسمية شائعة لعقائد (كالبوذية والمسيحية والهندوسية واليهودية والإسلام مثلاً) وتشمل أبعادًا مختلفة:

أ) البعد المعرفي (مثل التصورات عن الكون والعالم ونظام القيم والإيمان بوجود ما وراء الطبيعي)،
ب) البعد الوجداني أو العاطفي (أي المشاعر الدينية والمواقف والخبرات)،
ج) البعد الغريزي أو السلوكي (مثل الطقوس والعادات الاجتماعية كالأضاحي والصلوات والتعاويذ والدعوات)،
د) البعد الاجتماعي (مثل وجود جماعة)،
ه) البعد الثقافي (مثل تعلّق الدين بالزمان والمكان وبالمحيط البيئي والاجتماعي والثقافي).

غالبًا ما ترتبط كلمة religion في المسيحية بالفعل اللاتيني religare الذي وجد فيه الكاتب المسيحي لاكتانتيوس الأفريقي (Laktanz)، في نهاية القرن الثالث وبداية الرابع الميلاديين، علاقة عودة الإنسان إلى اللـه، وبالتالي أدرك أن ارتباط الإنسان باللـه هو سمة الدين الأساسية. وعليه فإن الديانة المسيحية، مثل أديان أخرى غيرها، هي الإيمان باللـه ومعرفة عودة ارتباط الإنسان به، الأمر الذي تعيشه الجماعة المتدينة في الكنيسة المسيحية وتحتفل به من خلال طقوسها، ولكن ممارسته تتم على الصعيد الشخصي أيضًا ومنه تنبثق الخطوط الرئيسية لأسلوب حياة الفرد أيضًا. وهكذا تُعتبر الحياة بأكملها – من المهد إلى اللحد – جزءًا لا يتجزأ من الرجوع إلى اللـه. وبناء عليه تتميز كافة محطات الحياة (الولادة/المعمودية، وبداية مرحلة البلوغ: التثبيت/الميرون، والزواج/الجنازة) بطقوس خاصة. فضلاً عن أن التقويم السنوي يوسَم بأعياد دينية تذكارًا لأهم مراحل حياة يسوع. وبالتالي يقف المؤمن بكل أعماله أمام اللـه، ويسلّم حياته للـه بكل مراحلها. والأمر الذي يشكل موضع خلاف بين المسيحيين هو مدى أهمية أعمال الإنسان في يوم الدينونة، ومدى تأثيرها على حكم اللـه على مستقبل الإنسان في الحياة الثانية.

بيتر أنتس

مواضيع ذات صلة: **أعياد؛ اللـه؛ الطقس الكنسي؛ السر المقدس.**

الدين (من وجهة نظر إسلامية)

يُعبّر مصطلح الدين بالمفهوم الإسلامي عن الرسالة الإلهية الموجهة لجميع البشر أو المخلوقات التي تتمتع بالعقل والإرادة وتؤدي هذه الرسالة المبنية على اتخاذ القرارات بكل حرية، بشكل موضوعي إلى الخير، فهي تبين للإنسان على أكمل وجه مجموعة من الإعتقادات المرتبطة بما وراء الطبيعة والأخلاق، والتي تفتح المجال لبلورة مسألة المعنى الأخير للحياة.

تعني كلمة الدين في اللغة العربية العادات والطريق ونمط الحياة. أما الإستعمال في القرآن فيظهر معاني عدة وهي الملك ويوم الحساب والفطرة والعبادة. ويعكس هذا

الإستخدام المختلف تنوع مستويات المعنى لكلمة الدين، ولكن يضم الأمر أساسًا مستويات مختلفة في علاقة الله مع الإنسان الذي هو عبد من عبيده. ومن هنا يتبين أن المصطلح يحمل معنيين أساسيين، المعنى الأول له علاقة مع الله والثاني مع الإنسان، فهما علاقتان متشابكتان يحققان معًا الكمال. كانت للعلماء مساعي في توضيح المعنيين بالمصطلحين العربيين »الدين والشريعة«. ومع العلم أن المعنى الأول يشمل شعب الإيمان غير القابلة للتغيير كتوحيد الله والنبوة واليوم الآخر والتي تم الإبلاغ عنها للناس من قِبل جميع الأنبياء. وكان آدم أول الأنبياء الذين تولوا مهمة التبليغ، ثم إنتهت مسؤولية التبليغ بخاتم الأنبياء. لهذا تحمل عبارة الدين مبادئ أخلاقية متافزيقية جوهرية تتمتع بالإستقرار وعدم قابلية التغيير وخاصية منقطعة النظير. إلا أن التطبيق العملي لهذه المبادئ قابل للتغيير. وهذه هي الشريعة التي تتغير بتغير النبي والقوم الذي تُبعث إليه الرسالة.

يحمل مصطلح الدين معنى يدل على العبادة والعمل الصالح والحياة الإجتماعية إذا ارتبط المفهوم في القرآن بالإنسان. وإذا تمّ التأمل بكلمة الدين في مجمل القرآن، تبين أن المعنيين، المعنى المرتبط بالله والآخر المرتبط بالإنسان، يكملان بعضهما البعض الآخر.

أنزل الله دينًا تامًا والإنسان مفطور على اللجوء إليه وهذا ما تبينه الآية 30 من سورة الروم 30، وهذا الدين خال من أوامر فوق الطاقة والقدرة وهو بعيد عن الإكراه، والدليل في الآية 78 من سورة الحج 22 والآية 256 من سورة البقرة 2. وعلى العكس من ذلك نرى الله يحث الإنسان على استعمال العقل للتعرف على علة وجوده وهذا ما ورد في الآية 164 من سورة البقرة 2، أما عن كيفية الإستعمال فقد بينها الله عن طريق رسله، وبعد ذلك ينبغي على الإنسان أن يتبع منهج الله والدين في انتظار يوم الآخرة وهذا ما توضحه الآية 105 من سورة يونس 10، والسبب يعود إلى أن الله هو المصدر الحقيقي للدين ويمثل أعلى سلطة، وهذا وفقا للآية 52 من سورة النحل 16 والآية 3 من سورة الزمر 39. كما أن الآية الرابعة من الفاتحة تشير إلى أن الله هو الذي يحدد يوم الحساب، فالإنسان عليه أن يدرك عظمته وجلالته وأن يلوذ به بإخلاص. يحتوي الدين الحقيقي على أمر عبادة الله وحده، كما يرد في سورة يوسف 12 الآية 40، وكما يرى الناس الذين يتبعون هذا الأمر أنهم إخوة، وجاء توضيح هذا المعنى في سورة التوبة 9 الآية 11.

كما أن فهم الدين في القرآن يمهد الطريق الى تكوين رؤية للحياة وطرق عيش مناسبة. كما أن الدين يخلق ظروفًا معتمدة تؤهل الإنسان عاطفيًا وذهنيًا الى أن يجد إجابات عن أسئلة تتعلق بوجوده والكون، فالدين إذًا يساعد الإنسان على انتهاج أسلوب حياة سلمية تليق به كمخلوق.

محمد قاليجي

مواضيع ذات صلة: النبوة؛ الفطرة؛ الشريعة؛ العقل؛ حرية الإرادة.

الدينونة (من وجهة نظر مسيحية)
الدينونة، أو يوم القيامة أو الحكم الأخير، هي كناية عن القرار النهائي لكل إنسان بشأن علاقته الشخصية مع اللـه، سواء كانت إيجابية تنتهي بشراكة أبدية سعيدة مع اللـه، أو سلبية تنتهي بانفصال أبدي مؤلم عنه. وهذا القرار يُتخذ مع موت كل إنسان وفقًا لحياته على الأرض بعد قبوله هبة اللـه في الإيمان بحرية، أو رفضه بحرية لهبة اللـه في الخطيئة؛ وهذا يعني أنه عمل بشكل واع ضد مشيئة اللـه في اتباع وصاياه. وهذا القرار نفسه سيتم إعلانه أمام العالم بأسره في نهاية تاريخ البشرية، من هنا جاءت التسمية بيوم الدينونة أو الحكم الأخير الذي لن يتبعه أي حكم آخر.
تعود هذه الفكرة إلى تطور مهم في النصوص والشهادات الكتابية. فإيمان شعب إسرائيل لا يمكنه أن يتسامح مع فكرة أن اللـه العادل راضٍ دائمًا عن تمتع فاعل الشر بسعادة واضطرار البار لتحمّل البؤس والمعاناة. والمؤمن باللـه يثق بتوازن عادل بين الجناة والضحايا. ومن الاهمية بمكان أن الحكم على الأشرار بالعقاب والأبرار بالمكافأة يُتوقع تحقيقه أساسًا في هذه الحياة الأرضية. ولأنه واضح من جهة أخرى أن قدرة اللـه لا تنتهي عند حدود الموت، بل وتبقى فعالة في الهاوية أيضًا (انظر: مزمور 139)، فإن المؤمنين بوجود توازن بين الجناة والضحايا يزيد أملهم بحياة بعد الموت. وجاء يسوع ليشارك بهذا الأمل ويؤكد على انتظار يوم الدينونة محددًا معاييرها المتمقلة بالإيمان بحلول ملكوت اللـه وبحياة تتوافق منذ الآن مع ملكوت اللـه، ولا سيما أعمال الرحمة (الإنجيل بحسب متى 25: 31–46). لذلك يُعتبر الإيمان بيوم الدينونة وانتظاره من صميم العقيد المسيحية.
ومن أجل فهم هذه الأفكار بشكل صحيح وحمايتها من سوء فهم مدمّر، لا بد من ملاحظة ما يلي:
1. لا يعلن الإيمان المسيحي خبرًا سارًا (الإنجيل) بموازاة رسالة تهديد (إعلان الدينونة). فالدينونة، أو يوم القيامة، ليست إلا الوجه الآخر من الإنجيل للذين يرفضونه بكامل حريتهم.
2. إن مغزى فكرة الدينونة ليست تلك الروايات الواضحة المرتبطة بصورة العالم حينها عن مجيء المسيح من أجل الدينونة وتنفيذه لها، بل المغزى هو أن يسود يسوع وإنجيله بشكل نهائي كمقياس لحياة الإنسان بعد الموت وبعد نهاية التاريخ.
3. الدينونة ليست حكمًا مخيفًا مرتقبًا لا يمكن التنبؤ به، بل هي ما يحكم الإنسان بنفسه على نفسه بشكل نهائي لا رجعة فيه، من خلال قراراته الحرة المخالفة لمشيئة اللـه. وما التحذير من هذا الاحتمال القاتم إلا المغزى الوحيد من الوعظ المسيحي عن الدينونة.

4. لذلك فإن أول وآخر ما يمكن قوله عن الدينونة من المفهوم المسيحي هو أنها الانتصار النهائي لمحبة اللـه ورحمته.

أوتو هيرمان بيش

مواضيع ذات صلة: **الرحمة؛ الاسخاتولوجيا؛ النعمة؛ الرجاء؛ المحبة.**

الدنيوية (من وجهة نظر إسلامية)

تُعتبر الدنيوية معتقدًا يشير إلى الإهتمام بالأمور الدنيوية والقضايا الأرضية ونفي العزوف عن شؤون الحياة والتأمل في الله واليوم الآخر، ومن هنا لا بد من تمييز هذا المفهوم عن العلمانية بمعنى الفصل بين الدين والدولة. إلى جانب ما يرى في الواقع الظاهر يلعب كل ما هو دنيوي، وبما فيها الحياة الأرضية حسب الرؤية الإسلامية، دور الوسيط الذي يحيل إلى واقع أهم. إلا أن الدنيوية تُبرز أن الإنسان ليس بمقدوره إدراك المعنى الحقيقي للدنيا والحياة الأرضية وقيمتها، فالدنيوية إذًا يُنظر إليها على أنها ظاهرة ناتجة عن عملية انعكاسية للوسائل والغايات.

أما من المنظور الإسلامي، فالعالم جاء إلى الوجود بإرادة إلهية ولغاية محددة ولها أهمية وقيمة دينية.

الحياة الأرضية في الحقيقة زائلة وليست دار بقاء، ولكنها ليست بوهم ولا بأمر تافه، فكما أن لا شيء يمكن أن يوجد بغير إرادة الله، فكذلك لا يوجد شيء دون معنى، وبالتالي ينبغي على الإنسان ألا يدير ظهره للدنيا، بل عليه أن ينظر إليها كفرصة وحيدة للعمل من أجل الفوز بالحياة الأبدية التي تغمرها السعادة والسرور.

وطبقًا للقرآن، تساعد هذه النظرة إلى الحياة الأرضية والتركيز على الحياة الأخروية، وترجيح الإنسان على تفضيل الباقي على الزائل، لأن الحياة الدنيوية الزائلة تعد محطة الإختبار التي تؤهل الفرد إلى الآخرة، لذلك لا يمكن فصل معنى وقيمة الحياة الدنيا وجعلها مستقلةً عن الحياة في الآخرة.

إن معنى وقيمة الحياة الدنيوية موجهة نحو الحياة الأبدية في الآخرة، والسبب يعود إلى فناء الواقع الدنيوي. يرى الإسلام بموقفه الواقعي أن هناك علاقة حقيقية بين الدنيا والآخرة وهي أن الدنيا الفانية دار امتحان وتعد تحضيرًا للآخرة التي تمثل الحقيقة الأبدية، ولذلك يجب على الدنيا أن تكون حقيقةً واقعيةً.

ومن منظور الإسلام، لا تستطيع الدنيوية، بتعبير بسيط، أن تستوعب معنى الأبدية المحيطة بحياة الإنسان في الدنيا، وبهذا لا ترى الدنيوية أو بالأحرى هي ليست قادرة على تفسير دنيا على انها دار تأهيل وامتحان للحياة الأبدية في الآخرة، مما يؤدي إلى غياب الحياة الأبدية وأن تقوم الحياة الدنيوية الزائلة مقامها. وعلى هذه الحالة يجب على الإنسان أن يعيش دون دراية بمعنى الوجود والأمور الغيبية التي تتجاوز الشؤون الدنيوية. وما يمكن استنتاجه هنا أن الحياة الدنيا، دون إدراك

المعاني الغيبية، تقود إلى وضع الإنسان في حالة بين النوم واليقظة من حيث المعرفة والأخلاق. وهذا يعني من ناحية أخرى أن الإنسان يدرك ويعيش حياةً دنيويةً دون الله ودون الهدف الذي وضعه الله بحكمته، مما يثير في الإنسان شعور العزلة الشخصية والوحدة الداخلية.

محمد سعيد رچبر

مواضيع ذات صلة: **الكفر؛ الآخرة؛ اللائكية؛ الدولة؛ الثيوقراطية.**

الذنب (من وجهة نظر مسيحية)

يشير مصطلح الذنب بشكل عام أولاً إلى المسؤولية عن إثم في أفعال الشخص الذي يتحملها بنفسه أو يخصّه بها آخرون. ويتضمن هذا المصطلح جانبًا موضوعيًا وآخر ذاتيًا عاطفيًا. وتحميل شخص آخر بعض الذنب يعني أن هناك هدفًا معينًا يمكن أن يخطئ في إدراكه. ولا يمكن الحديث عن الذنب بشكل منطقي باعتباره عدم إدراك هدفٍ إلا عندما يكون هناك حق موضوعي أو التزام بأداء عمل ما. ولكن المعنى الأساسي للمصطلح يشير إلى القائم بالفعل على أنه فاعل الذنب وحامله. فالذنب أمر ذاتي عاطفي، طالما أنه مرتبط بالإنسان ككيان مسؤول. ويشترط في هذا أن تكون حرية إرادة الشخص الفاعل وبصيرته مصدرًا لازمًا لأفعاله. وهنا يأتي دور خاصية ثالثة. فمصطلح »ذنب« لا يشير إلى الفعل والفاعل فحسب، بل في الوقت نفسه إلى الجهة التي يشعر هذا الشخص أمامها بالذنب: الناس، الضمير، الله. وفي حال امتناع الإنسان عمدًا عن فعل ما هو معروف أخلاقيًا بأنه صحيح وجيد، وامتناعه عن تجنب الشر، سيكون مذنبًا أخلاقيًا أمام نفسه والآخرين المحيطين به، ويفشل في نهاية المطاف في تحديد مصيره ككائن أخلاقي. وبذلك يخالف أيضًا وفقًا للفهم المسيحي إرادة الله التي يجد فيها مبتغاه الأخلاقي، ويعتبرها في ضميره كمطلب أخلاقي غير مشروط. ولأن هذا المطلب غير المشروط يجد تأثيره المقياسي وفقًا لأخلاق يسوع في الوصية المزدوجة في محبة الله ومحبة القريب (الإنجيل بحسب متى 22: 37–40)، يكمن الذنب – بحسب الكتاب المقدس – في الرفض المزدوج للمحبة الواجبة تجاه الله والقريب (الإنجيل بحسب لوقا 10: 25–37). إن جوهر الخطاب المسيحي عن الذنب لا يكمن في الخوف من الكشف عنه وإدانته كخطيئة. بل بالأحرى في الرجاء بغفران الله له (سفر التكوين 3–11). وبه يستطيع المؤمن أن يثق بناءً على هبة يسوع المسيح الخلاصية. ومن أسس الإيمان المسيحي الرئيسية وقوف الله أيضًا إلى جانب الإنسان في أوقات الفشل والإخفاق وتحريره من الذنب. والشروط اللازمة لذلك لا تكمن فيما يقوم به الإنسان ويفعله فقط، بل بإبداء استعداده في المقام الأول

للندم والتوبة (الإنجيل بحسب لوقا 15: 11–32) وإيمانه بالتبرر بنعمة الله (رسالة بولس الرسول إلى غلاطية 2: 11–21).

هانس غونتر غروبر

مواضيع ذات صلة: **الضمير؛ النعمة؛ التبرير.**

الربا (من وجهة نظر إسلامية)

يحمل مصطلح الربا عدة معانٍ ظهرت في القرآن لتبين أعمالاً في عدة مجالات، من بينها القانون والاقتصاد والأخلاقيات. كما يُعرف الربا شرعًا على أنه عملية ربح ظالمة لطرف ما على حساب طرف آخر عند إبرام عقود شراء. والجدير بالذكر أن الربا الذي كان سائدًا جدًا في المجتمع قبل الإسلام ساهم، بشكل غير عادل، في اضطهاد الفقراء، وهذا ما أدى إلى اختلال توازن الملكية الموزعة. ولهذا السبب يعدّ أكل الربا إثراءً غير شرعي وقع تحريمه تدريجيًا، وهذا ما تبينه الآيات التالية: الآية 39 من سورة الروم 30، والآية 130 من سورة آل عمران 3، ومن الآية 275 إلى الآية 281 من سورة البقرة 2.

بالنسبة لمحمد يُعتبر الربا أيضًا رفع رسوم إضافية لتبادل المعادن الثمينة مثل الذهب والفضة، أو السلع مثل القمح والشعير والتمر والملح على تسديد كامل الثمن، أو على أقساط، وهذا ما ورد في صحيح مسلم. ووسع الفقهاء في وقت لاحق دائرة التحريم بواسطة القياس لتشمل بهذا سلعًا أخرى. وبواسطة الإجتهاد حدد العلماء نوعًا آخر من الربا وهو تغيير الكيل أو الوزن عند اقتراض أو تبادل السلع من النوع نفسه. إن تحريم الربا، في فترة الإسلام الكلاسيكية، لا يتعلق إلا بالسلع (المعادن الثمينة والسلع الطبيعية) التي لها قيمة حقيقية، أي السلع ذات قيمة استهلاك ملموسة، وشمل ذلك تجارة الذهب والفضة. من جهة أخرى يعتبر الربا كذلك المبالغة في تقدير قيمة البضاعة بقيمة تتجاوز قيمتها الحقيقية. ومن هذه الناحية، لا ينبغي تقييم التعويض عن فقدان القيمة على أنه ربا، على سبيل المثال، بسبب التطورات الاقتصادية مثل التضخم وانخفاض قيمة العملة، وبالتالي لا ينبغي تحريمها. والجدير بالذكر أن ما يسمى في العلوم الإقتصادية الحديثة الفائض لا يندرج تحت اسم الربا.

ومن بين أهم أهداف تحريم الربا في التاريخ الإسلامي قمع الأرباح التي لا أساس لها وغير العادلة، ومنع استغلال فقر الناس، وعرض تسهيلات عن طريق حلول تخرج الناس من هذه الحالات الطارئة، ووضع قواعد عادلة للمعاملات التجارية، وتعزيز رغبة الناس في مساعدة بعضهم البعض الآخر، واستثمار رأس المال في زيادة القدرة الانتاجية.

علي رضا گول

مواضيع ذات صلة: **الأخلاق؛ الإقتصاد.**

مصادر الحديث:
صحيح مسلم، كتاب المساقاة، باب الصرف 82، رقم 4064، عن أبو سعيد الخدري.

الرتب الكنسيّة (من وجهة نظر مسيحيّة)
تعتمد الكنيسة، شأن كلّ كيان اجتماعيّ مؤسّس على الاستمراريّة، على الرتب الكنسيّة التي تخدم الرعيّة وحياتها. إلا أنّ الرتب الكنسيّة لا تنشأ فقط بمقتضى ضرورة اجتماعيّة، بل تتجذّر في مؤسّسة الكنيسة من خلال يسوع المسيح الذي عيّن تلاميذه في منصب الرسوليّة. فالكنيسة قائمة على أساس الرسل والأنبياء (أفسس 2: 20) وعلى هذا الأساس تتوفّر على إمكانية تنمية وتطوير رتبها بشكل متمايز.
في العهد الجديد غالبًا ما توصف الوظيفة الرسوليّة على أنّها خدمة (انظر رومية 11: 13؛ كورنثوس الثانية 4: 1) وبذلك تكون إشارة إلى السيّد الذي جاء ليخدم (انظر مرقس 10: 45؛ متى 20: 28)، وتتواصل خدمته هذه من خلال الرتبة الكنسيّة. إنّ هيكليّة الرعيّة الكنسيّة والرتب الناشئة فيها لم تكن موحّدة في القرون الأولى، فقد يسوسها رسول أو مكلّف معيّن من الرسول. إلى جانب ذلك يظهر أيضًا الشيوخ (الكهنة) الذين يسوسون رعيّة مجتمعين. وحتى عام 170 تقريبًا سرى مبدأ سياسة الرعيّة بشكل رسميّ من خلال أسقف واحد يمارس الخدمة الرسوليّة لها. ويمنح الاسقف الرتبة لآخرين ليحملوها بوضع اليد وصلاة طقسيّة، وبالتالي يتمّ استيعاب هؤلاء من خلال السيامة الطقسيّة في الخدمة الكنسيّة لمدى الحياة مبدئيًا. وحوالي نهاية القرن الثاني تشكّلت الرتبة الكنسيّة الطقسيّة الثلاثيّة. فإلى جانب الأسقف يوجد الكاهن في درجة سيامة ثانية يليه الشمّاس في درجة أخرى. ويؤخذ الرجال فقط بعين الاعتبار في رتبة السيامة الطقسيّة بناء على التقليد المتّبع. وقد حافظت الكنيسة الكاثوليكيّة وجميع الكنائس الشرقيّة على هيكليّة الرتب إلى يومنا هذا. والأسقف هو خليفة الرسول، يسوس بانتظام كنيسة محليّة، يخوّله تكريسه القيام بالأسرار الكنسيّة السبعة وإعلان كلمة الله. ولا يعمل الأسقف منفردًا بل مع أساقفة آخرين ضمن أجهزة مجمعيّة ذات سلطة أوسع من الكنائس المنفردة. يشكّل الأساقفة الكاثوليك مجمعًا واحدًا يقف البابا على رأسه ويقومون بوظائفهم بالاشتراك مع البابا والأساقفة الكاثوليك الآخرين بشكل منتظم. يوجد داخل مجمع الأساقفة، كما يسمّى مجموع المطارنة، تدرّج بالقياس إلى الرتبة الوظيفيّة وليس بناء على التكليف الشعائريّ. فرؤساء الأساقفة هم البابا والبطاركة الذين يقفون على رأس كنيسة شرقيّة والمتربوليت كرئيس لرعيّة كنيسة إقليميّة. إلى جانب الأساقفة الذين يسوسون كنيسة محليّة هناك أيضًا أساقفة يقومون بمهام كنسيّة أخرى، فهم

كمكرّسين يساعدون أساقفة الأبرشيّات أو يشغلون مناصب في خدمة الرئيس الكنسيّ. وتنطبق هذه المهامّ في الكنيسة الكاثوليكيّة على أساقفة الكوريا أو على السفراء البابويّين. في الكنيسة الكاثوليكيّة الغربيّة يتمّ تعيين الأساقفة بشكل شبه حصريّ من قبل البابا، أمّا في الكنائس الشرقيّة، كما في كنائس الشرق الكاثوليكيّة فيتمّ تعيينهم بانتظام عبر عمليّة انتخابيّة في مجمع الأساقفة. ويعتبر الامتناع عن الزواج شرطًا لرتبة الأسقف في الكنيسة الكاثوليكيّة كما في الكنائس الشرقيّة غير الكاثوليكيّة. فبتوليّة الأساقفة والكهنة يتمّ تعليلها بطريقة حياة يسوع المسيح، فهم يجسّدونها أمام الرعيّة ويتفرّغون بشكل تام للخدمة الروحيّة.

ويشكّل الكهنة الدرجة الثانية من الرتبة الطقسيّة، فهم المساعدون الأقرب للأسقف وذوو كفاءة طقسيّة بشكل مبدئيّ للاحتفال بجميع الأسرار، خلا سيامة الرتب الكهنوتيّة التي يحتاجون للقيام بها إلى صلاحيّة خاصّة. وهم يمارسون خدمتهم دائمًا تحت إشراف ومراقبة الأسقف أو رئيس أعلى آخر. وينشط معظم الكهنة في مجال الرعاية الروحيّة وإرشاد الرعيّات المحليّة أو الجمعيّات الكنسيّة. يشغل كثير منهم رتبة القسّيس، أي سائس رعيّة مستقلّ ويتحمّلون في سبيل مؤمني الرعيّة مهمّة خدمة إعلان الكلمة والتقديس والإدارة. وترتبط البتوليّة بشكل إجباريّ بالكهنوت في الكنيسة الكاثوليكيّة الغربيّة أمّا في الكنائس الشرقيّة فيتمّ سيامة رجال متزوّجين كهنة.

درجة الشمّاسية هي ثالث درجة في السيامة الكهنوتيّة. ويتركّز المحور الرئيس لنشاط الشمّاس على مختلف خدمات المساعدة؛ فإدارة الممتلكات الكنسيّة ورعاية الفقراء كانتا من حقول المهمّات ذات الأهميّة الخاصّة. ويمكن للشمّاس أن يقوم بطقس المعموديّة الاحتفاليّ، وفي الكنيسة الكاثوليكيّة الغربيّة يمكنه أيضًا أن يقوم بإتمام طقس الزواج. إلا أنّ هذه الخدمات يمكن أن تُسند عبر إذن خاصّ فوق العادة إلى علمانيّين لدرجة أنّ الشمّاس لا يختلف كثيرًا عن العلمانيّ بالنظر إلى الصلاحيّة الطقسيّة. وبعد أن كانت الشماسيّة في الكنيسة الكاثوليكيّة لأكثر من عدّة عقود محطّة عبور على الدرب المؤدّي إلى سيامة الكاهن بشكل كبير، أعطى المجمع الفاتيكانيّ الثاني (1962–1965) الدافع لإعادة تشكيل شمّاسية مستقلّة. ويمكن سيامة رجال متزوّجين شمامسة أيضًا. يتمّ التمييز في الأبحاث بين الشماسيّة الطقسيّة وشمّاسيّة المرأة المعروفة تاريخيًّا، التي وما زال الحديث حول إعادتها دائرًا منذ بضعة عقود.

إلى جانب الرتب الطقسيّة هناك أيضًا عدد كبير من الرتب الأخرى في الكنيسة، فقانون الكنيسة الكاثوليكيّ الساري يصف الرتبة الكنيسة بأنّها أيّة خدمة أُنشئت بترتيب إلهيّ أو كنسيّ وتخدم الشعور بالغاية الروحيّة. وبالتالي يمكن أيضًا للعلمانيّين شغل رتب كنسيّة لا تحتاج ممارستها إلى صلاحيّة طقسيّة، بل يكفي لها تكليف كنسيّ. فنطاق رتب العلمانيّين في الكنيسة واسع ويمتدّ من رتبة رئيسة عامّة

لجمعيّة نسائيّة إلى مستشار أسقفيّة وحتّى موظّف رعويّة متفرّغ (مقرّر مجلس كنسيّ أو رعويّ).

أمّا الكنائس الإنجيليّة فهي لا تعرف نظام الرتب الطقسيّة، فكلّ شخص معمّد قادر على ممارسة وظيفة خدمة كلمة الله والاحتفال بالأسرار الطقوس (المعموديّة وسرّ القربان المقدّس). ولكي يتمكّن الفرد المسيحيّ من القيام بذلك فهو يحتاج إلى موافقة الرعيّة أو إلى تعيين من قبل مسؤول. ويجري ذلك بانتظام في عمليّة التوكيل بالخدمة الروحيّة، ويمكن سيامة الرجال كما النساء. ومنذ الماضي القريب خاصّة يتمّ في كثير من الكنائس الإنجيليّة تسمية حاملي الرتب الكنسيّة الإداريّة أساقفة، إلا أنّ هذه العمليّة لا يجب أن تُفسّر بمفهوم الطابع الطقسيّ أو تدرّج الرتبة كما هو الأمر في الكنيسة الكاثوليكيّة أو الكنائس الشرقيّة. في نطاق الكنائس الإنجيليّة الحرّة توجد في الواقع رتب أيضًا، ولكنّ مفهومها غير موحّد عمومًا.

وفق المفهوم الكنسيّ يعدّ شغل الرتب الكنسيّة شأنًا خاصًّا للكنيسة نفسها. في البلاد التي يتمّ احترام حرّيّة الأديان فيها لا يُتعرّض لهذا الحقّ. وعلى مرّ التاريخ كثيرًا ما حدّدت مرجعيّات غربيّة من يحمل الرتبة الكنسيّة وهذا الأمر يجري في بعض الأماكن إلى يومنا هذا، ككنسية انكلترا على سبيل المثال.

شتيفان هيرينغ

مواضيع ذات صلة: **الرعيّة؛ التراتبيّة؛ السرّ المقدّس.**

الرجاء (من وجهة نظر مسيحيّة)

يشكّل الرجاء إلى جانب الإيمان والمحبّة ثالث خصائص المسيحيّين الجوهريّة (كورنثوس الأولى 13: 13). يصوّر بالرجاء من الناحية اللاهوتيّة موقف الانتظار الواثق بذلك الخلاص الذي وعد به إله الكتاب المقدّس في وحيه البشر مستقبلاً. والأمر المميّز في الرجاء المسيحيّ أنّه يتجاوز جوهريًّا الحدود التي وضعتها نهائيّة العالم وخطيئة البشر، وله بالتالي معنى أخرويّ حاسم متصل بنهاية الزمان. يرجو المسيحيّ من الله مغفرة الخطايا وتخطّي جميع أشكال التعسّف والحروب والظلم والعيوب، وكذلك تحرير (الخليقة كاملة) من الموت في النهاية. وفقط تحت شروط التوجّه الأخرويّ يمكن للرجاء أن يطوّر معناه المتصل بالعالم الدنيويّ: بالإيمان والثقة بجعل الله الأشياء تعمل معًا للخير للذين يحبّونه (رومية 8: 28) يكتسب المسيحيّ القوّة في أن لا يتخطّى فقط بصبر بؤس العالم الأرضي ومحنه، ولكن في أن يصوغ حياته انطلاقًا من الفرح بوعد الخلاص الإلهيّ. يكتسب الرجاء المسيحيّ تبريره الخاصّ من الإيمان بأنّ الله لم يوح بالخلاص الآتي فقط من خلال أنبياء العهد القديم بل استبقه منذ البداية بحياة وموت وقيامة يسوع المسيح. فقط لأنّ المسيحيّ يدرك في قيامة يسوع أنّ الحياة

تشهد بعد الموت امتلاء لمعناها من الله، فيمكن للإنسان أن يبني حياته أيضًا على مستقبل غير معروف. وبالنظر إلى وظيفته المنفتحة على الوجود يعدّ الرجاء نقيضًا للخوف المهدّد للحياة وعناصر خلاصها. يتمّ تشييد الرجاء من الناحية اللاهوتيّة على التجاوز القطعيّ للموت من خلال الله بالرجوع في النظرة إلى قدرة الله الذي خلق العالم من العدم (رومية 4: 17). ومن الناحية الفلسفيّة يفترض اعتقاد الرجاء المسيحيّ أنّ السيرورة الزمنيّة للعالم لا تتكرّر أبديًّا بشكل دوريّ، بل هي عمليّة نهائيّة مستقيمة للتقدّم نحو هدف يقع خارج الزمن الأرضيّ.

مارتن تورنر

مواضيع ذات صلة: **قيامة يسوع؛ الإيمان؛ المحبّة؛ الزمن.**

الرحمة (من وجهة نظر مسيحيّة)

تُعتبر الرحمة ظاهرة من ظواهر عالم التجربة الإنسانيّ وتُطلق على شعور العطف والشفقة الناتج عن سلوك تجاه المعوزين والمحتاجين يعمل على التخفيف من وطأة الحالة التي يرزحون تحتها. ولقد عُدّت الرحمة في العهد القديم إحدى أهمّ تحديدات جوهر الله وفعله: »الربّ إلهٌ رحيم ورؤوف، بطيء الغضب وكثير الإحسان والوفاء، حافظ الإحسان إلى أُلوفٍ، غافر الإثم والمعصية« (سفر الخروج 34: 6؛ انظر أيضًا مزمور 103: 8). وبما أنّ الرحمة لا تخطئ بتاتًا وتحدث دونما سبب ولا يمكن توقّعها، فإنّها تظهر في تعارض مثير حين الحديث عن الغضب والعدالة وعقاب الله. كانت بشارة يسوع مشروطة بأولويّة الرحمة في الله. فالنداء موجّه لجميع البشر بأن يضعوا نصب أعينهم في سلوكهم مع الآخرين تلك الرحمة التي خبروها من الله (متى 18: 21–35: مثل العبد عديم الرحمة). وفي حين يرى العهد القديم غالبًا أنّ شعب العهد اليهوديّ هو المتلقّي للرحمة الإلهيّة، يعتبر يسوع الجميع أبرياء، وكذلك حتّى أولئك الذين ابتُلوا بمحنة ماديّة أو وجوديّة من خلال إثمهم فهم يحتاجون إلى الرحمة (الجياع، الفقراء، المرضى، المساجين، المحزونين والمعذّبين). يتوجّه يسوع ببشارته وأفعاله التي تنمّ عن الرحمة الإلهيّة تحديدًا إلى المنبوذين والمطرودين من المجتمع (متى 21: 31 العشّارون والزواني). يتركّز الهدف المحوريّ في لاهوت الرسول بولس على فهم عدالة الله لاهوتيًّا على أنّها رحمته في إطار نظريّة تبرير الخاطئ. تنطلق هذه النظريّة من أنّ كل بشريّ خاطئ ولا يمكن أن يَخلُص إلا إذا نظر إليه الله كما لو كان هذا الإنسان على حقّ. وهكذا يمكن لليهود وللوثنيّين، كما للخطأة، أن يخلصوا، رغم أنّ سلوكهم وأفعالهم لا توجب ذلك (رومية 11: 32). ولقد أصبح تأويل هذا الكلام الإنجيليّ حول رحمة الله نقطة مركزيّة في اللاهوت البروتستانتي.

مارتن تورنر

مواضيع ذات صلة: **العدالة؛ المجتمع؛ التبرير.**

الرحمة (من وجهة نظر إسلامية)

الرحمة هي تلك الإرادة التي تدفع الإنسان إلى إيصال المنافع والمصالح إلى المحتاجين، وطبقًا لهذه الإرادة خلق الله العالم كأثر من آثار رحمته تعالى (سورة الروم 30 الآية 50؛ سورة الشورى 42 الآية 28؛ سورة النمل 27 الآية 63؛ سورة القصص 28 الآية 73). فالرحمة هي صفة من صفات الله تعالى التي نعيشها في الحياة الدنيا بشكل رئيسي. لقد فهم المتصوفون والفلاسفة المسلمون على أن خلق الله للكون يُعْتَبَرُ كرحمة وكنعمة دائمة من الله، وكتجلي للضياء الإلهي، وبسبب هذا التجلي جاء العالم وجميع المخلوقات إلى حيز الوجود. فرحمة الله تعالى تشمل كل الأشياء وجميع البشر بغض النظر عن كونهم مؤمنين أو غير مؤمنين (سورة الأعراف 7 الآية 156)، ولنيل رحمة الله تعالى يجب على الإنسان أن يُبدي إرادته الصادقة في ذلك (سورة الأحزاب 33 الآية 5؛ سورة لقمان 31 الآية 33؛ سورة الحديد 57 الآية 14).

يحث القرآن الكريم المؤمنين على أن يثقوا كل الثقة برحمة الله تعالى في هذا الكون. فلقد وسعت رحمة الله تعالى كل شيء (سورة الأعراف 7 الآية 156)، لذلك يرى الفكر الإسلامي أن أنبياء الله والكتب السماوية المقدسة ما هي إلا تعبير عن رحمة الله تعالى (سورة الأنعام 6 الآية 157،154؛ سورة الأعراف 7: الآية 154؛ سورة هود 11 الآية 28، 58؛ سورة الكهف 18 الآية 98؛ سورة مريم 19 الآية 21، 53).

عندما نتأمل كلمة الرحم وهو مكان نمو الجنين في بطن أمه بكل أمان حيث يأتيه الرزق فيه بلا حول منه ولا قوة، ويجد فيه كل ما يحتاجه إليه نموه نجدها قريبة اشتقاقًا في اللغة العربية من الرحمة (سورة آل عمران 3 الآية 6؛ سورة لقمان 31 الآية 24).

من أنواع رحمة الله تعالى التي وردت في القرآن الكريم الحب بين الأزواج (سورة الروم 30 الآية 21)، وتعاقب الليل والنهار (سورة القصص 28 الآية 73). ومن آثار رحمته تعالى أيضًا إحياء الأرض والطبيعة بعد موتهما، وكذلك إحياء الموتى، إضافة إلى نظام العالم المتكامل والمتناهي في الدقة، ورزق العباد (سورة الفرقان 25 الآية 48–49؛ سورة النمل 27 الآية 63؛ سورة الروم 30 الآية 50؛ سورة الشورى 42 الآية 28؛ سورة الملك 67 الآية 3). ولأن رحمة الله تعالى وسعت كل الكائنات بما فيهم الإنسان، فكان حري بأن تختفي النزاعات والخلافات، وتستند العلاقات الإنسانية فيما بين الناس على الحب، وعليه فإن الخير والرحمة هما ينبوع الحياة (سورة الملك 67 الآية 3). ولكي تبقى الرحمة الإلهية نصب أعين الناس دائمًا يذكر المسلمون في بداية كل عمل ديني ودنيوي البسملة »بسم الله الرحمن

الرحيم«، بالإضافة إلى ذلك فإن كل سور القرآن، ما عدا سورة التوبة رقم ٩، تبدأ بالبسملة.

گيربوز دنيز

مواضيع ذات صلة: **البسملة؛ الحب.**

الرعاية الاجتماعية (من وجهة نظر مسيحية)

المقصود بالرعاية الاجتماعية رفاهيةُ الأفراد أو الجماعات. وتشير إلى الأعمال المختلفة لمساعدة المحتاجين. ويكمن تفسير هذه الرعاية في كرامة الإنسان التي لا يجوز انتهاكها حتى من خلال النواقص المادية بكل أشكالها. لذلك فرضت بعض الأديان في عصور ما قبل الحداثة تقديم الصدقات وأعمال الخير وأشكال التضامن الأخرى بشكل إلزامي. وفي المجتمع الحديث تم مأسسة أنشطة الرعاية الاجتماعية، أي تمت حمايتها قانونيًا وتمييزها تنظيميًا وجعلها أنشطة احترافية من خلال اختصاصتها.

وتميز أبحاث الرعاية الاجتماعية بين ثلاثة أشكال أساسية من الضمان الإجتماعي في المجتمع الحديث، ويرجع ذلك جزئيًا إلى المزيج التاريخي الخاص بالدولة المعنية من الطوائف المسيحية:

- النموذج الاجتماعي الديمقراطي تحت سيادة الدولة، كما تحقَّق بشكل نموذجي في الدول الاسكندنافية، وله – بالنظر لتاريخ الطوائف – خلفية لوثرية، ويركز على أنه من اختصاص الدولة، بينما تنشط الجمعيات بدورها الداعم.
- والنموذج المعاكس هو النموذج الليبرالي الذي يعارض، مع شكوك كبيرة، التدخلات الحكومية في إنتاج الرعاية الاجتماعية من خلال السوق التي تقدم منتجات متنوعة من التأمينات والضمانات للخيار بينها. فالحكومة هنا أبدت تحفظًا كبيرًا، ولم تعط مجالاً للمبادرة الذاتية للأفراد وعلى مسؤوليتهم الخاصة. إن الجذور الطائفية التاريخية لهذا المفهوم – الذي يتم تطبيقه في المنطقة الأنغلو-أمريكية – صاغها المذهب الكالفيني.
- النموذج الثالث هو النموذج النقابوي المحافظ الذي بلغ أوجه بشكل خاص في ألمانيا. ففي المزيج التاريخي المكون من اللوثرية المنظمة ككنيسة الدولة والكاثوليكية المؤسساتية يكون الاهتمام الرئيسي للرعاية الاجتماعية العامة لدى الحكومة التي تفسح المجال مع ذلك، بتحفظ ثانوي، لمختلف جمعيات الرعاية الاجتماعية والتأمينات الاجتماعية المنظمة نقابيًا.

الاتجاه السائد حاليًا ليس فقط في ألمانيا، بل في العالم الغربي بأسره، وهو تحت شعار »التشجيع والمسائلة« وصولاً إلى تحرير الرعاية الاجتماعية، أي خصخصة المخاطر والمبادرات الاجتماعية.

والسؤال المحوري في الاقتصاد الحديث، الذي يمكن أحيانًا وصفه، في أجزاء هامة منه، على أنه اقتصاد الرعاية الاجتماعية، هو كيف يمكن استخدام الموارد الشحيحة بشكل فعّال قدر الإمكان من أجل تلبية احتياجات أكبر عدد ممكن من الناس. ومجموع الفوائد الفردية تعتبر الحد الأقصى للرعاية الاجتماعية. وفي النظرية الاقتصادية التقليدية كان ربط الرعاية الاجتماعية بإطار أخلاقي أمرًا بديهيًا. وانطلاقًا من السؤال عن السعادة العظمى لأكبر عدد من الناس فُهم الاقتصاد على أنه وسيلة للوصول إلى هذا الهدف. والبعد الأخلاقي تم تجاهله بشكل مضطرد، إذ ينبغي أن يقرره الأفراد بأنفسهم في المجتمع الحر في قرارات مكان شرائهم وعملهم، ولا يتم تحديده بشكل عام. وتُقاس القيمة الأخلاقية للسعي إلى الرفاهية في كونها مدمجة بشكل كافٍ في فهم شامل للتطور البشري الاجتماعي والإيكولوجي والثقافي من عدمه.

ماركوس فوغت

مواضيع ذات صلة: **الصدقة؛ جمعية الخدمة الاجتماعية (البروتستانتية)؛ الشؤون المالية؛ المجتمع؛ النظام الاجتماعي؛ الإحسان/عمل الخير.**

رمضان (من وجهة نظر إسلامية)

شهر رَمَضان هو الشهر التاسع في التقويم الهجري، وهو الشهر الوحيد الذي ذُكر في القرآن، كما أن تسمية رمضان هي من أيام الجاهلية، وفي هذا الشهر فُرِضَ الصيام على المسلمين والدليل في الآية 185 من سورة البقرة 2 التي تؤكد أيضًا أن رمضان هو الشهر الذي أُنزل فيه القرآن هدى للناس وبينات من الهدى والفرقان. أما الآية 3 من سورة القدر 97 فتوضح أن هناك في رمضان ليلة، وبالتحديد ليلة القدر التي هي خير من ألف شهر، وتم ذكر تفاصيل أخرى عن هذه الليلة يمكن قراءتها في السورة المذكورة آنفًا. يصف محمد رمضان بأنه شهر أمته وشهر مبارك وهذا ما رواه النسائي في سننه، كما بين أيضًا أن في هذا الشهر تُفتح أبواب الجنة وتُغلق فيه أبواب النار وهذا ما رواه البخاري، ومن مميزات هذا الشهر أيضًا هو أن جميع ما تقدم من ذنوب الصائم تغفر، كما يمكن للصائم أن يطلب الأجر من الله. ومن هنا يُفهم أن جميع الآيات القرآنية المذكورة وكذلك أحاديث النبي تؤكد على منزلة شهر رمضان المميزة وقدسيته.

ووفقًا لرواية البخاري كان يجتمع محمد وجبريل كل سنة في رمضان لتلاوة الآيات القرآنية المنزلة في ذلك الوقت، وبعد ذلك تطورت هذه العادة في ثقافة المسلمين إلى تلاوة القرآن كاملاً في رمضان وفي نفس السياق، تنظم حلقات التلاوة إما في المسجد أو في بيت يجتمع فيه مجموعة من المسلمين وهذه العادات والتقاليد مازالت حيةً إلى وقتنا الحاضر.

توجد عبادات خاصة وأعمال صالحة تمثل جزءًا من الممارسات المتداولة في رمضان، منها كثرة تلاوة القرآن وختمه، وقيام صلاة جماعية في كل ليلة من ليالي رمضان بعد صلاة العشاء، المعروفة بصلاة التراويح التي لا تؤدى إلا في شهر رمضان، ومن الأعمال المتداولة في رمضان أيضًا إعطاء الصدقات للفقراء قبل عيد الفطر والاعتكاف في المسجد في العشر الأواخر من رمضان والإجتماع مع الأصحاب وإفطار الفقراء.

أثّر شهر الصوم في الحياة الإجتماعية الموجودة في الثقافة الإسلامية تأثيرًا كبيرًا، مما أدى على سبيل المثال إلى ظهور موسيقى خاصة بشهر رمضان وبالعيد، وفي نفس الوقت أنتجت في هذا السياق آثار أدبية من قصائد وطرائف وذكريات خلال شهر رمضان في العصور الماضية، كما كُتبت أيضًا أشعار شعبية. بالإضافة إلى ذلك أثّر شهر الصوم في ثقافة الأكل الجماعي من خلال الإفطار بعد غروب الشمس ووجبة الفطور قبل الفجر أي ما يسمى بالسحور.

أحمد نديم سرينصو

مواضيع ذات صلة: **الصدقة؛ الملك؛ الصوم؛ القرآن؛ الوحي.**

مصادر الحديث:

1. سنن النسائي، كتاب الصيام 5، باب فضل شهر رمضان، رقم 2108، عن أبي هريرة.
2. صحيح البخاري، كتاب الصيام 5، باب هل يقال رمضان...، رقم 1899، عن أبي هريرة.
3. صحيح البخاري، كتاب الإيمان 28، باب صوم رمضان احتساب من الإيمان، رقم 38، عن أبي هريرة.
4. صحيح البخاري، كتاب الصيام 7، باب أجود ما كان النبي صلى الله عليه وسلم يكون في رمضان، رقم 1902، عن ابن عباس.

الروح / النفس (من وجهة نظر مسيحية)

يُقصد بالنفس بالمعنى الفلسفي الأكثر عمومية مبدأ تنشيط الجسم (الجسد) الطبيعي. وفي هذا الفهم الشامل الذي حدده أرسطو (384–322 ق.م.) وكذلك في نقاشات الفلسفة المدرسية في العصور الوسطى، تُعزى حتى للنباتات والحيوانات نفس (نباتية وحساسة). ولكن بمعنى محدد نفهم النفس على أنها أساس الحياة للجسد البشري. وبما أن وظيفة حواس الإنسان هي تكوين إدراك فكري تجريدي، تحظى النفس البشرية بطبيعة روحية. ومن خلال وظيفتها كأساس حياة ترتبط النفس ارتباطًا وثيقًا مع مفهوم الموت الذي يُفهم منه انفصال النفس عن الجسد. ومنذ زمن أفلاطون (427–347 ق.م.) يدور نقاش جدلي حول مسألة إن كانت النفس بانفصالها عن الجسد أثناء الموت قادرة على مواصلة الحياة (بمعنى خلود النفس)

أم أن النفس بانفصالها عن الجسد تتلاشى هي أيضًا أو يمكنها، فقط من خلال اتحادها مجددًا بالجسد، من الوصول لحياة كاملة (بالمعنى المسيحي للقيامة من بين الأموات). وبحسب المفهوم الكتابي نفخ اللـه في الإنسان عندما خلق العالم أساس الحياة. وهذا يتوافق مع المفهوم الفلسفي للنفس (سفر التكوين 2: 7). لكن مصطلح nepes العبري [נֶפֶשׁ népe̅]، الذي تُرجم لاحقًا إلى كلمة psyche »نفس أو نفسية«، يشير بالأحرى إلى قوى الإنسان الوجدانية العاطفية وكذلك الشهوانية أيضًا (كما في سفر المزامير 27: 12). نتيجة لذلك، برزت في التراث المسيحي نزعات الإرادة بالمعنى الصالح والشرير (الحب والكراهية) والمفهومة في مصطلح النفس على قدم المساواة إلى جانب القوى العقلية والفكرية. بين الحين والآخر يُستخدم مصطلح »نفس« في الأسفار العبرية من الكتاب المقدس للتعبير عن الكمال الشخصي للإنسان الذي يتشكّل ضمن العلاقة السليمة مع اللـه (الإنجيل بحسب مرقس 10: 45؛ الإنجيل بحسب لوقا 10: 27). وبهذا لا يتم، ولا بأية حال من الأحوال، التأكيد على اختصار الإنسان على النفس العاقلة، بمعنى ثنائية النفس والجسد. بل بالأحرى يكون التركيز هنا على توجه الإنسان في كماله الوجودي إلى الخلاص الإلهي. وبهذا المعنى يتحدث يسوع عن خلاص النفس (الإنجيل بحسب مرقس 8: 35). ويذكر التقليد اللاهوتي عبارة »خلاص النفوس«. ووفقًا للمفهوم المسيحي، اللـه هو من خلق النفس وهي بالتالي ليست أبدية أو خالدة في حد ذاتها. وبحسب قصد اللـه من الخلق، تُعتبر النفس مرتبطة بشكل جوهري بالجسد وبالاتحاد معه تتكوّن شخصية الإنسان الفريدة. لذلك ترفض المسيحية مفهومي تناسخ الأرواح والتقمص أيضًا، لأنها لا تحافظ على فردية الإنسان. وإذا ما حظيت النفس بحياة بعد الموت، فإن هذا لا يمكن أن يحدث إلا إذا وهب اللـه للنفس حياة جديدة وأبدية من لدنه، وذلك بأن يعيد تكوين الإنسان كاتحاد بين النفس والجسد في كمال أبدي. إلا أن قيامة الأموات هذه ليست من خواص طبيعة النفس، بل هي هدية من اللـه لا يمكن تلقيها إلا بالإيمان.

مارتن تورنر

مواضيع ذات صلة: **قيامة الأموات؛ الأقنوم؛ التقمص.**

الروح (من وجهة نظر إسلامية)

أستخدمت كلمة الروح في التاريخ الفكري بعدة معانٍ، وهذا ما يظهر أيضًا في القرآن، حيث وردت كلمة الروح بمعنى الرائحة والريح والأمل والوحي، وكذلك أطلق على الملك جبريل في بعض المواضع لقب الروح، كما يخبر القرآن أن اللـه نفخ في الإنسان، ذكرًا كان أو أنثى، من روحه، وهذا ما جاء ذكره في الآية 9 من سورة السجدة 32 وفي الآية 72 من سورة ص 38. بالإضافة إلى ذلك، يقال أن

طبيعة الروح في الأصل من الأمور التي لا يعلمها إلا الله، وهذا على عكس الإنسان الذي لا يعلم عن الروح إلا قليلاً، والدليل في الآية 85 من سورة الإسراء 17.

ويظهر أن التأثير الفلسفي اليوناني كان قويًا في الفهم الإسلامي للروح، ومن أبرز الفلاسفة اليونانيين الذين أثروا في ذلك أفلاطون المتوفى سنة 348/ 347 قبل الميلاد، وأرسطو المتوفى سنة 322 قبل الميلاد، وكذلك المذهب الفلسفي الرواقي بصرف النظر عن بعض الإنحرافات التي تميزت بها هذه الفلسفة، فقد كان لتعاليمها الأساسية تأثير يذكر على الفكر الإسلامي، مما أدى إلى ظهور فلاسفة تؤيد المثنوية، بدءًا من الكندي المتوفى سنة 872 وابن رشد المتوفى سنة 595/1198 مرورًا بالفارابي المتوفى سنة 950/ 339 وانتهاءً بالسهروردي المتوفى سنة 1191 / 587. كل هؤلاء كانوا من الفلاسفة المنتسبين للمدرسة المشائية أو الإشراقية والممثلين للمذهب الفلسفي »المثنوي« الذي يقول إن الروح والجسد هما مادتان منفصلتان، وأن الروح تلعب دورًا في تكوين هوية الإنسان على الصعيد الفكري.

كان الكندي والفارابي وابن سينا المتوفى سنة 427/1037 والغزالي المتوفى سنة 505/1111 على اطلاع على النظرة الفلسفية القائلة إن في داخل كل إنسان روحًا خاصة به، ولكن من حيث المادة تتمتع جميع الأرواح البشرية بصفات متشابهة. وما يمنح للروح ميزة الفردية هي المادة على حسب رأيهم. فالروح، على عكس الجسد، ثابتة ومخلدة.

وحسب تعاليم ابن رشد توجد روح أو نفس واحدة داخل الجميع تتسم بالخلود ويشارك فيها جميع البشر. كما أن الروح تؤثر في الجسد وليس العكس. وقد لقي رأي ابن رشد الذي يجعل الأرواح روحًا واحدةً رفضًا وذلك بتناقضه والايمان باليوم الآخر. وبمجرد انفصال الروح عن الجسد عند الموت، ثم توحدها مع الروح الواحدة، تفقد سمتها الفردية. أما موضوع الجزاء في الآخرة فلم يوضح من قِبل ابن رشد. وفي المقابل، يوجد متكلمون ومتصوفة مثل الهجويري المتوفى حوالي سنة 464/1072، والقشيري المتوفى حوالي سنة 465/1072، وابن تيمية المتوفى سنة 728/1328. انطلاقًا من الآيات القرآنية التي تخبر أن الله نفخ في الإنسان الروح، ظهر بعض العلماء المسلمين، وخاصة علماء التصوف، الذين رأوا أن الروح لطيفة إلهية. ومن خلال هذا المفهوم تطورت تعاليم أخرى، مثل تلك التي تتحدث عن الإتحاد بين الله والروح البشرية وأيضًا الحلول الإلهي في جسد الإنسان.

محمد بيرق دار

مواضيع ذات صلة: **الحياة؛ الإنسان؛ الخلود.**

الروح القدس (من وجهة نظر مسيحيّة)
إنّ الإيمان بالروح القدس هو عنصر أساسيّ في التصوّر المسيحيّ لله، فوفق دستور الإيمان المسيحيّ يتكوّن الله من ثلاثة أقانيم (الثالوث) يشكّل فيها الروح القدس متوحّدًا مع الآب والابن (يسوع المسيح) الأقنوم الثالث. إنّ مساواة الروح القدس بالله تمّ تحديدها بشكل ملزم من قبل الكنيسة في العام 381 وذلك في مجمع القسطنطينيّة الأوّل (المجمع المسكونيّ الثاني). ولقد أدّى السؤال حول ما إذا كان الروح القدس داخل معادلة الثالوث منبثق من الآب أو من الآب والابن معًا إلى تباعد متزايد بين الكنيسة الكاثوليكية الغربيّة والكنيسة الأرثوذكسيّة الشرقيّة منذ القرن السادس. فالكنيسة الشرقيّة ترفض بشكل قاطع حتّى يومنا هذا الإضافة اللاحقة في دستور الإيمان اللاتينيّ (المسمّاة بانبثاق الروح القدس من الابن) بأنّ الروح القدس ينبثق من الابن أيضًا. يدور الحديث غالبًا وبطرق متعدّدة في نصوص الكتاب المقدّس حول روح الله (ويسوع المسيح). وفي لغة العهد القديم العبريّة تستعمل لفظة (رواخ) في هذا الصدد بصيغة المؤنّث ويتمّ من خلالها في حالات عديدة التعبير عن الهواء والنَفَس، ما يُستنتج منه أنّ روح الله يُفهم على أنّه قوّة غير مقيّدة تمنح الحياة وتحافظ عليها؛ فهو يُحدث حاضر الله الملهم في الأنبياء والقادة وجميع الشعب، لا بل في جميع الأمور وفي سائر فضاء الكون يملؤه ويجعله مترابطًا مع بعضه البعض (سفر الحكمة لسليمان 1: 7). يُصوّر العهد الجديد تلقّي جسد مريم الحمل بابنها بيسوع المسيح من دون دنس، الأمر الذي أتاحه وحقّقه الروح القدس (لوقا 1: 35)، ويُذكر في معموديّة يسوع أنّ الروح القدس ظهر فوقه على شكل حمامة. ومنذ ذلك الحين يتمّ تصوير الروح القدس في الفنّ المسيحيّ على شكل حمامة. وفي اليوم الخمسين بعد قيامة يسوع (العنصرة) وقبل صعوده إلى السماء نزل الروح القدس الذي وعد به على الرسل في شكل ألسنة من النار (أعمال الرسل 2: 1–13) ومنحهم القدرة على إعلان بشارة (الانجيل) قيامة يسوع جهرًا لجميع الأمم. ويتمّ الاحتفال بالعنصرة تقليديًا في الكنائس المسيحيّة عيدًا للروح القدس. يُفسّر حدث سكب الروح القدس في العنصرة بمعنى بقاء الله حاضرًا في كنيسته. ويفهم بولس هذا الحضور الفاعل بالروح ديناميكيّة تخرق جميع التحديدات اللغويّة والمؤسساتيّة دائمًا بطريقة خلاقة: »الحرف يقتل ولكنّ الروح يحيي« (كورنثوس الثانية 3 : 17)، وحضور الروح يضمن الحريّة (كورنثوس الثانية 3: 17) ويمنح من خلال توطّنه في كلّ شخص معمّد موهبة الحكمة والإيمان والشفاء والتمييز والكلام وإحداث الوئام (كورنثوس الأولى 12: 1–31). وبما أنّ الروح »يهبّ حيث يشاء« (يوحنا 3: 8) فإنّه سبب لوجود الله والمسيح والكنيسة هناك، حيث لا يظهرون واضحًا للعيان في شكل مؤسّسة. في هذا المعنى يتمّ تعريف الروح القدس في نظريّة الثالوث التقليديّة ومنذ آباء الكنيسة على أنّه رباط المحبّة (بين الآب والابن). ولأنّ المحبّة يمكن أن تكون

وتعاش في أمكنة لا تعرف صراحةً أنّ الله والمسيح هما الحقيقة، فهذا يدلّ على أنّ الروح القدس هو شكل وطريقة حضور الله الكونيّ غير المقيّد. ومن المؤسف أنّ التأمّل بالروح القدس والانفتاح عليه لم يكتسب غالبًا معناه كمصدر مدرَك لتجديد حياة الكنيسة والعلم اللاهوتيّ.

مارتن تونر

مواضيع ذات صلة: **الإنجيل؛ الأعياد؛ الثالوث؛ العلم.**

الرؤيويّة (من وجهة نظر مسيحيّة)
الرؤيويّة هي حالة تكثيفيّة للحياة الدينيّة، إذ يضع أتباع ديانات متعدّدة نصب أعينهم حقيقة الدار الآخرة استنادًا إلى حالات الرؤيا، وهي ليست مطبوعة بشكل كبير بمضامين إيمانيّة محدّدة بقدر ما هي تصوّر تمّ التعامل معه بحماس كبير وتفاقم عبر تحديثه بشكل مستمرّ. أمّا سماتها فهي: الحقّ في استقبال الوحيّ السماويّ (تعبير الرؤيويّة جاء من اليونانيّة ويعني الكشف) – أشكال خارقة للوحي (رؤى، رحلات إلى العالم الآخر- كتابات مكتشفة حول نهاية الزمان لرجال دين كبار) – حضور كلّي لله في العالم – ثنائيّة بارزة بين السماويّ/الأرضي، الطيب/الشرّير، الإلهيّ/الشيطانيّ – رفض التطوّر الخلاصيّ التاريخيّ – ظهور حروب وأشكال دينونيّة (ملائكة) متعلّقة بالرؤيا الأخرويّة – تصنيف تاريخ العالم والممالك ضمن حقب محدّدة – إعلان اقتراب النهاية من خلال كوارث كونيّة، صراعات شعوب وانحلال ثقافيّ – فرض القدرة الإلهيّة الكاملة من خلال الدينونة وسحق الأعداء ومكافأة الأوفياء المتبقّين.
في أغلب الأحيان تظهر التيّارات الرؤيويّة كردّة فعل على الأزمات السيّاسيّة التي ترمي بثقلها، فتكرّس هذه التيّارات في أوقات التخوّف والتشكيك الضاغطة قدرة على الصبر والتحمّل، وقدرة تفسير الإشارات وتوزانًا وجوديًّا. فهي تقدّم أجوبة عن أسئلة لماذا؟ وكم بعد؟ التي ترهق المؤمنين في المحنة التي يتعرّضون إليها. وفي هذه الحالة تؤدّي دورًا في التكهّن بالمستقبل أكثر من تطويع الحاضر.
لقد نشأت الرؤيويّة في اليهوديّة كردّة فعل جماعات وفيّة للتقليد على محاولات الملك السوريّ أنطوخيوس الرابع (175–164 قبل الميلاد) العنيفة لإخضاع الشعب اليهوديّ وعبادته إلى الثقافة الهلّينيّة. وينعكس هذا الجدال الرؤيويّ مع هذه الصدمة في سفر دانيال، أحد نصوص العهد القديم الحديثة. لقد قدّمت الديانة اليهوديّة في مرحلتها الأولى منذ القرون الثلاثة وحتى تطبيق اللاهوت الحاخامي – تحت تأثير الصراع مع روما أيضًا – عددًا كبيرًا من الأسفار الرؤيويّة (على سبيل المثال رؤى أخنوخ، رؤى باروخ، سفر عزرا الرابع، وصيّة موسى). وتظهر مخطوطات قمران مدى تأثّرها بشكل كبير بالتصوّر الرؤيويّ.

في عصر الرسل المسيحيّ انتعشت تيّارات رؤيويّة بشكل جزئيّ استوحت فكرتها من تجارب عيد الفصح أو القيامة وانتظار مجيء ثانٍ للمسيح. واعتُمدت من مجموع الرؤى في العصور المسيحيّة الأولى (رؤيا بطرس ورؤيا بولس، انظر راعي هرمس) فقط رؤيا يوحنّا في كتاب العهد الجديد، والتي ولّدت أثرًا عميقًا. ومع مجرى الزمن أحدثت التصوّرات الرؤيويّة مرارًا، بالاستناد إلى أسس في الإنجيل نوعًا ما، أثرًا متطرّفًا أو موطّدًا في رفع منسوبيّة الكره والعنف ولكن أيضًا في إطار مفهوم مقاومة داخليّة تجاه موازين قوى معيشة مخالفة لله. كذلك في الثقافة الحديثة (وتاريخ الخوف) تحتلّ الدوافع الرؤيويّة موطئ قدم ثابتًا، إذ تسود سيناريوهات الكوارث وعلامات آخر الزمان. إلا أنّ السؤال الجوهريّ للرؤيويّة الدينيّة حول العدالة للضحايا وهيمنة السلطة الإلهيّة ينسحب من دائرة الضوء إلى خلفيّة الصورة.

كنوت باكهاوس

الرؤيوية (من وجهة نظر إسلامية)

إن مصطلح الرؤيوية، أو ما يُسمى بنهاية العالم أو أبوكاليبس هو مصطلح مشتق من اليونانية ويعني كشف الحجاب أو رفع الغطاء. وطبقا للموروث الرؤيوي فإن الله تعالى قد اصطفى أناسًا من عباده كشف لهم أسرار نهاية العالم القريبة، حيث أعطى الله هؤلاء المصطَفين هذا العِلم الذي لا ينبغي لأحد غيرهم أن يعلمه من خلال الرؤيا التي يشاهدونها في المنام. لقد نشأ الأدب الرؤيوي داخل الثقافة السامية القديمة حتى أصبح لونًا خاصًا من ألوان التأليف الديني، حيث أخذت النصوص الرؤيوية تتزايد في الفترة ما بين العام 250 ق.م. والعام 200 ب.م. فسفر دانيال في العهد القديم يُعد مثالا على الأدب الرؤيوي ليس لليهود فحسب وإنما للمسيحيين أيضًا، ناهيك عن سفر رؤيا يوحنا في العهد الجديد والذي يُعتبر مثالاً آخر للأدب الرؤيوي للمسيحيين. بالإضافة إلى النصوص الواردة الذكر فإن هناك أيضًا رؤيا أنوش وباروخ أو كتاب عزرا. لقد وجد هذا الأدب فيما بعد منفذًا للدخول إلى الموروث الإسلامي وبالتحديد في الحديث النبوي الشريف تحت عنوان الفتن، وطِبقًا لذلك فإن نهاية الزمان التي حددها الله تعالى أصبحت قريبة لا محالة وإن العالم سوف يُدمَّر، وذلك لأن بني البشر عصوا الله فيما أمرهم به وارتكبوا ما نهاهم عنه. وإن الأشرار سوف يشنون حربًا على الأخيار والصالحين، وسوف ينتصرون عليهم، وسوف يسكت الحكماء وتكون الكلمة للجهلة، ويُترك الرُّضَع دون أية عناية أو اهتمام، ويظهر الدجال، وتحصل الكوارث كالحرائق، والفيضانات والمجاعات، وسوف يخرج القمر والشمس عن مساريهما. وفي

خضم كل هذه الأحداث والوقائع سوف يظهر المسيح المنقذ ليقيم حدود الله ولينهي هذه الحرب المشتعلة فيعم الأمان على الأرض، حتى ترتع الذئاب مع الغنم.

تدل الأحاديث النبوية الشريفة على أن المهدي هو المخلص وبقدومه سيعم السلام ويسود العدل على الأرض، حتى ترتع الأسود مع البقر، والذئاب مع الغنم، فإنه سوف يملأ الأرض عدلاً كما مُلِئت جورًا.

لقد عالجت نصوص الرؤيا مسألة النشور، أو بعث الموتى من القبور ليحكم الله بينهم بعدله المطلق فلا يظلم مثقال ذرة، ولا يحمل أحدا وزر أحد، ولا يجازي العبد بأكثر من ذنبه. ولإعطاء النصوص الخاصة بنهاية العالم صفة الشرعية فقد أضفى عليها أصحابها في غالب الأحيان صورا من العهد القديم، وهكذا يمكننا القول بأن الكثير من الأحاديث النبوية الخاصة بهذا الموضوع قد رُويت على هذا النحو.

تمتاز لغة النصوص التي تتحدث عن نهاية العالم باستخدام اللغة الرمزية، فعلى سبيل المثال يرمز العدد سبعة إلى الكمال، ويرمز اللون الأبيض إلى التعالي والبراءة، ويرمز اللون الأحمر إلى الدم والعنف. وهذه اللغة الرمزية نجدها أيضا في الحديث الشريف، حيث كان للعدد سبعة وكذلك العدد سبعين كرمزين حظ وافر في هذه الأحاديث.

محمد باچجي

مواضيع ذات صلة: **يوم القيامة؛ المسيح؛ أشراط الساعة.**

الرياء (من وجهة نظر مسيحيّة)

يُفهم بالرياء إثارة مقصودة لانطباع ظاهر بالتقوى واتباع طريق الله قولاً وفعلاً، غير أنّه لا يوافق الواقع الداخليّ الشامل لطريقة الحياة كلّها. تشير إدانات يسوع الكثيرة للرياء والتحذير منه في العهد الجديد (مثلاً مرقس 7: 6؛ متّى 15: 7؛ لوقا 20: 20) إلى أنّ الرياء هو من أعظم المخاطر بالنسبة إلى الدين. فبما أنّ المهمّ بالنسبة إلى المرائيّ المظهر الخارجيّ لشرفه الذاتيّ لا شرف الله، فإنّه بذلك لا يجرّد الإيمان من محوره بل إنّه يستخدم الله والدين بطريقة قبيحة لخدمة أهدافه الخاصّة غير النزيهة. نتيجة لذلك تتمّ إهانة الدين وتدنيسه لأنّ الرياء يوحي ظاهرًا ومن دون حياء بعلاقة حميمة مزعومة مع الله. لهذا السبب يمكن للرياء أن يضرّ بشكل بالغ بسمعة ديانة وقيمتها أمام الآخرين (مثلاً أمام أتباع ديانة أخرى أو الملحدين). ويكون خطر السلوك الريائيّ المنحرف لديانة كبيرًا جدًا في حالة وجود تمايز كبير بين الاستحقاقات الأخلاقيّة والطقسيّة لديانة وبين الواقع الحياتيّ الملموس للإنسان. ويمكن أن يحدث ذلك ضمن مجال الأخلاق الجنسيّة عندما يتقيّد عدد قليل جدًا من المؤمنين بالوصايا الكنسيّة، وإن لم يتمّ إصلاح هذا التمايز لاهوتيًا أو من خلال الرعاية الروحيّة فستنحدّر الديانة إلى شكليّة صرفة وتخسر بشكل

متزايد أهميّة وجودها. غالبًا ما يكون الرياء نتيجة لعدم قدرة ديانة على مواصلة تطوير الظروف الحياتيّة المتحوّلة واحتياجات الإنسان بطريقة مناسبة. ويمكن تخطّي الرياء عندما يصير الإيمان من جديد تجربة وجوديّة داخليّة يمكن للإنسان انطلاقًا منها تصميم حياته والعالم بطريقة متحوّلة نحو الصلاح.

مارتن تورنر

مواضيع ذات صلة: **الشرف**.

الرياء (من وجهة نظر إسلامية)

يُعْرَف الرياء في الموروث الإسلامي على أنه ذلك التصرف الذي لا يبغي صاحبه من ورائه مرضاة الله، وإنما إعجاب ومرضاة الناس لحاجة معينة في نفس الشخص المنافق. فالرياء هو عجز أخلاقي يؤثر سلبًا على نزاهة الشخصية، وذلك لأن من يقوم بأعمال الخير ابتغاء الحصول على إعجاب وثناء الآخرين، لا يصنع الخير فقط لأجل الخير، ولا يترك الشر فقط لأنه شر.

يرى الإسلام الرياء الذي يرفضه القرآن وكذلك سُنة النبي على أنه تصرف مشين، فلقد زجر الله في القرآن أولئك الذين يقيمون الصلاة رياء الناس (سورة النساء 4 الآية 38)، وأنهم بذلك يبطلون صدقاتهم وأن الله سوف يحبط أعمالهم (سورة البقرة 2 الآية 264). ولقد ورد أيضًا في الحديث وبشكل جلي أن النبي محمدًا كان أكثر ما يخاف على أمته الرياء في جميع الأقوال والأفعال، ووصف هذه الأعمال بالشرك الخفي أو الشرك الأصغر (أنظر سنن ابن ماجة؛ والبيهقي). يقول الله يوم القيامة للمرائين: »اذهبوا إلى ما كنتم تراؤون في الدنيا فانظروا هل تجدون عندهم خيرًا«.

يحث الإسلام الإنسان على أن يكون صادقًا وحازمًا في إيمانه وفي أعماله. فيجب على الإنسان أن يثابر دائمًا لنيل مرضاة الله. فالرياء في التصرف يسبب العداوة والبغضاء وهو بذلك أشد من الشرك. لقد شرع الله في القرآن عمل الخير في السر والعلن وجعل كليهما سلوكًا عامًا للمؤمنين، ومدح كِلا النوعين في سياق واحد، فعمل الخير علانية يشجع الآخرين على الإقتداء بهذا العمل (سورة البقرة 2 الآية 271)؛ إلا أن القرآن يحث على عمل الخير سرًا إذا خشي الإنسان خطر الرياء. ففي الإنفاق السري مصلحة لآخذها في حفظ كرامته ومشاعره، وإنسانيته (سورة البقرة 2 الآية 271)، وذلك لأن الإنسان المؤمن وبغض النظر عن كونه لوحده أو في مجتمعه ملزم أن يكون صادقًا وحازم المنهج. وبتعبير آخر تحث الثقافة

الإسلامية على أن يكون الإنسان طبيعيًا كما هو دون تصنع، وكما قيل: »إما أن تبدو كما أنت أو كن كما تبدو«.

إسماعيل حقي أونال

مواضيع ذات صلة: **الضمير**

مصادر الحديث:
1. سنن ابن ماجة، كتاب الزهد، باب 21 الرياء والسمعة، رقم الحديث 4204، عن أبي هريرة.
2. البيهقي، شعب الإيمان، باب 9، ص 154، رقم الحديث 6412، عن محمود بن لبيد.
3. سنن أبي داود، كتاب الأدب، باب 40 في الغيبة، رقم الحديث 4881، عن المستورد.

الزكاة (من وجهة نظر إسلامية)
تُعد الزكاة أحد أركان الإسلام الخمسة وأهم العبادات بعد الصلاة المكتوبة. كما تعني الزكاة اصطلاحًا وجوب أخذ المرء، الذي يعتبر قانونيًا من الأثرياء، ذكرًا كان أو أنثى، مقدارًا معينًا من ماله مرةً في السنة لجماعة معينة أو مخصّصة. فالزكاة إذًا هي إخراج جزء معين من مال معين. لا تعد الزكاة عبادةً فقط، بل أيضًا نوعًا من أنواع الضرائب.
وقد قُرنت كلمة الزكاة بالصلاة في القرآن الكريم في حوالي ثلاثين آيةً (الآية 43 و110 و177 و277 من سورة البقرة 2 والآية 77 و162 من سورة النساء 4 والآية 60 و103 من سورة التوبة 9 إلخ..). بالإضافة إلى ذلك، يستخدم القرآن في بعض المواضع كلمة الصدقة لوصف فريضة الزكاة. وفي المذهب الحنفي وقع إبراز الجانب الإيماني للزكاة وإيضاح مسألة على من تجب الزكاة، حيث يرى أتباع هذا المذهب أن الزكاة لا تجب في مال الصبي والمجنون.
كما حدد العلماء شروطًا لوجوب الزكاة، تظهر كالآتي: 1- يجب أن يكون مالك المال يملكه مستقرّاً أي لا يتعلّق المال بغيره، 2- يجب أن يكون المال قابلاً للنمو، 3- الفضل عن الحوائج الأصلية، 4- يجب على الإنسان أن يمتلك النصاب الشرعي للمال، 5- الحول: ومعناه أن يمر على امتلاك النصاب عام كامل. أما جواز سداد الدين من الزكاة فإنه محل خلاف بين أهل العلم. ولا تصح الزكاة إلا بحضور النية وإتمام عملية الإخراج أي أن المالك يصبح الشخص الذي دفعت له الزكاة. كما تبلغ نسبة زكاة الأموال النقدية مبدئيًا ربع العشر.
لقد بيّن القرآن مصارف الزّكاة، وحصرها في ثمانية أصناف في الآية 60 من سورة التوبة 9، وهم الفقراء الذين لا يجدون إلا ما يكفيهم من الحاجات الضرورية للحياة، والمساكين والعاملون على الزكاة الذين يتولون جمع الزكاة، والمؤلفة قلوبهم أي من يراد تحبيبه إلى الإسلام، والرقاب والغارمون، ومن مصارف

الزكاة أيضًا المجاهدون في سبيل الله وابن السبيل وهو الشّخص المسافر المجتاز، والذي تكون نفقته قد فرغت، لكي يصل إلى بلده.
كما لا يجوز دفع الزكاة للأقارب كالزوجة والآباء والأجداد والأبناء والأحفاد، وكذلك لا يجوز إعطائها للأشخاص الذين يعتبرون قانونيًا من الأغنياء وغير المسلمين وأقرب أقارب النبي. ومن جهة أخرى يمكن مساعدة غير المسلمين عن طريق الصدقات.

طالب تورجان

مواضيع ذات صلة: **الصدقة؛ الملكية؛ الفروض الدينية.**

الزواج (من وجهة نظر مسيحيّة)
يعدّ الزواج في المسيحيّة منذ وقت طويل شكلًا حياتيًا ينظّم التعايش الاجتماعيّ للجنسين بشكل معياريّ وملزم، ويُبنى على الوفاء والاستمراريّة وينشأ من خلال الإرادة الحرّة المعبَّر عنها صراحة من قبل الزوجين اللذين يشكّل لهما الحبّ والتزامهما بالتغلّب على مشاكل الحياة وبإنجاب الأطفال وتربيتهم الهدف الأهمّ فيه. وتوجد هذه العناصر الجوهريّة لمفهوم الزواج مسبقًا في شهادات الكتاب المقدّس، حيث تمّ تصويره على أنّه أمر ذو قيمة كبيرة، كونه يجمع في ذاته أهدافًا وثروة معترفًا بها اجتماعيًا: ضمان النسل (سفر التكوين 1: 28) والعون المتبادل بين الرجل والمرأة (سفر التكوين 2: 18) بالإضافة إلى تجنّب فعل الزنا (كورنثوس الأولى 7: 2). كذلك يفسّر المسيح في جداله مع الفريسيّين الزواج أمرًا أراده الله، فهو بالتالي مؤسّسة صالحة مبنيّة على حبّ الزوجين ووفائهما بشكل لا يتبدّل (مرقس 10: 2–12). وبغض النظر عن هذا التقويم الإيجابيّ في الكتاب المقدّس، فإنّ الزواج في المسيحيّة بقي حتّى مرحلة متقدّمة من القرون الوسطى شكلًا حياتيًا قليل القيمة في مقابل العذريّة وحالات الترمّل. هذا الموقف الأساسيّ المليء بالريبة من الزواج استوجبه نوع من التحفّظ تجاه الحياة الجنسيّة والخوف من أن يشكّل الزواج عائقًا أمام التوجّه المباشر نحو الله. ولم يظهر التصوّر الإيجابيّ النزيه واللامحدود لفكرة الزواج إلا في القرن الثاني عشر – عقِب تعاليم القديس أوغسطينوس (354–430)، إذ تطوّرت الفكرة إلى سرّ الزواج المقدّس. ويذهب القصد الأساسي للنظريّة اللاهوتيّة هذه إلى أنّ حدث المسيح (ولادته، موته وقيامته) في حقيقة الحياة يدلّ على زواج إنسانيّ محدّد. فَكَسِرٍّ مقدّس يعدّ الزواج المسيحيّ تجسيدًا لاتحاد المسيح مع الكنيسة وعلامةً واستحضارًا للحدث الخلاصيّ في القيامة الذي يقدّم النعمة للذين يتلقّفونها بكلّ جدارة.

هذا يعني: إنّ اتحاد الرجل والمرأة هو مكان محدّد لتجربة الخلاص الممكنة. هذا الاتحاد المجسّد للاتحاد الالهيّ، هو مثله تمامًا، غير قابل للانحلال. ولم يتبنّ مارتن لوثر (1483–1546) ولا الكنائس البروتستانتيّة هذه النظريّة، فالزواج بالنسبة إليهم أمر دنيويّ ولكنّه أيضًا مقدّسٌ موضوع من الله ذو مكانة مباركة، إلا أنّه ليس سرًّا مقدّسًا بالمعنى الحقيقيّ.

إنّ المسيحيّة تطالب بحماية الزواج بواسطة التشريع المدنيّ وتكافح ضدّ التطوّرات الاجتماعيّة المستجدّة التي تهدّد احتكاريّته. يندرج تحت هذه التطوّرات تحرير الحياة الجنسيّة (مثلاً العلاقات الجنسية قبل الزواج وخارجه والإباحيّة) والتغييرات في حقوق الزواج (مثلاً الطلاق، والمساواة الحقوقيّة للحياة المشتركة بين المثليّين جنسيًّا مع الزواج). إنّ التحوّل الاجتماعيّ فرض نفسه في السنوات الأخيرة ليطال كامل مجال العلاقة بين الجنسين مع بعضهما البعض؛ حتّى الكنائس المسيحيّة نفسها قد استخلصت العبر منه، فهي تدافع اليوم عن المساواة الحقوقيّة بين الرجل والمرأة وتخلّت بالتالي عن التصوّر التقليديّ لقيمومة الرجل عليها. وبالنظر إلى الزواج بين طوائف وأديان مختلفة فإنّ الكنائس المسيحيّة قد تخلّت عن موقفها الصارم الرافض له وتبنّت موقفًا منفتحًا إلى أبعد حدّ ممكن.

هانس غونتر غروبر، بيتر أنتس

مواضيع ذات صلة: **الزواج كسرّ مقدّس/الزواج الكنسيّ؛ العائلة؛ المثليّة الجنسيّة؛ المحبّة؛ تعدّد الزوجات؛ الطلاق.**

الزواج / النكاح (من وجهة نظر إسلامية)

يُعتبر الزواج طبقًا للمفهوم الإسلامي العام مؤسسة اجتماعية، وأخلاقية، وقانونية، فهو أساس الرابطة الأسرية، والبناء الاجتماعي، ويُعتبر بحسب الفقه عقدًا مدنيًا يُبرم بين الرجل والمرأة عندما لا تكون هناك عوائق تقف حائلاً بينهم وبين زواجهما.

لقد جاء في القرآن أن الله لم يترك آدم وحيدًا على وجه الأرض، وإنما خلق له زوجه حواء (سورة النساء 4 الآية 1). فالآية التي ذكر الله فيها قصة إسكان آدم الجنة تتضمن أن الله لم يسكنه الجنة لوحده، وإنما مع زوجه كعائلة ﴿وَيَـٰٓـَٔادَمُ ٱسْكُنْ أَنتَ وَزَوْجُكَ ٱلْجَنَّةَ﴾ (سورة الأعراف 7 الآية 19).

إن التجاذب بين كِلا الجنسين مسألة موجودة في طبيعة الإنسان فهي أساس استمرارية الجنس البشري، لذلك يعطي أغلبية المسلمين قيمة كبيرة لمؤسسة الزواج، وذلك لأن الإنسان يستطيع من خلالها أن يشبع غرائزه العاطفية والجسدية كالحب، والجنس، والثقة، والأمان والطمأنينة وفق سلوك السبيل المستقيم.

يشجع القرآن الكريم العُزْبُ والعزباوات من الناس على الزواج ويحثهم على الاستعفاف وعدم ممارسة الجنس قبل الزواج (سورة النور 24 الآية 32–33). فلقد حرم القرآن الزنا وذلك لأنه لا يجرح فقط مشاعر شريك الحياة فحسب، وإنما أيضًا يؤثر سلبًا على البناء الاجتماعي، والأخلاقي، والقانوني للعائلة والمجتمع. علّم النبي محمد في الكثير من أحاديثه الناس بأن الزواج سُنّة من سُنن الله ورسوله، فلقد قال فيما روته أم المؤمنين عائشة بأن النكاح سُنة من سننه (ص) فمن لم يعمل بسنته فليس منه (أنظر سنن ابن ماجة). وجاء أيضًا في صحيح البخاري فيما رواه ابن مسعود عن النبي محمد حيث تحدث إلى معشر الشباب قائلاً: »يا معشر الشباب من استطاع منكم الباءة فليتزوج« (انظر صحيح البخاري). للنكاح بحسب الفقه شروط وأركان لا يصح إلا بها، فمن هذه الشروط الشهود، فلا ينعقد النكاح إلا بحضور شاهدين من الرجال، أو بحضور رجل وامرأتين، يتم اختيارهما من قبل الزوجين وبمحض اختيارهما ليشهدا على عقد النكاح. تحث أغلبية المسلمين على اختيار شريك الحياة بمحض الإرادة وبرضا الطرفين وعدم ممارسة الضغوط من قبل العائلة، وذلك لأن الإسلام يرى أن كل إنسان عاقل تعدى سن المراهقة مسؤولاً عن أعماله وتصرفاته. لذلك أكد النبي محمد فيما يخص عقد القران على أهمية موافقة المرأة، (انظر صحيح البخاري). وعلى الرغم من أن القرآن لا يدعم الزيجات الإجبارية بأي شكل من الأشكال إلا أن هناك الكثير من الزيجات الإجبارية.

تُعتبر العائلة المحيط الأفضل على الإطلاق لتطور الإنسان الحيوي والروحي، ويرى القرآن الحب والرحمة بين الأزواج علامة ودليلاً على وجود الله (سورة الروم 30 الآية 21). أما فيما يخص أنواع الزيجات فلقد سمح الله ، وكما جاء في القرآن بالزواج بالمرأة الكتابية وحرم في نفس الوقت زواج المرأة المسلمة برجل غير مسلم. أما فيما يخص زواج المسلمات برجال لا يدينون بدين الإسلام فقد أصبح في أيامنا هذه في بعض البلدان من المسائل التي يجب أن تُناقش من جديد.

إسماعيل حقي أونال

مواضيع ذات صلة: **الزنا؛ العائلة؛ المرأة؛ المجتمع؛ الفطرة الدينية؛ الطلاق؛ الجنس.**

مصادر الحديث:

1. سنن ابن ماجة: كتاب النكاح، باب 1 ما جاء في فضل النكاح، رقم الحديث: 1864، عن عائشة.
2. صحيح البخاري: كتاب النكاح، باب 3 من لم يستطع الباءة فليصم، رقم الحديث: 5066، عن ابن مسعود.
3. صحيح البخاري: كتاب النكاح، باب 42 لا ينكح، رقم الحديث: 5136، عن أبي هريرة.

السر المقدّس (من وجهة نظر مسيحية)
تشير كلمة سر اليوم في كافة الكنائس المسيحية إلى عدد محدد من خدمات كنسيّة خاصة، من خلالها يتلقى الحاصلون عليها الخلاص بطريقة خاصة، وفقًا لما تقوله العقيدة المسيحية. هذا المعنى الدقيق لمصطلح »سر« ليس من الكتاب المقدس، كما أنه لم يتم اعتماده إلا في الألفية الثانية من تاريخ الكنيسة.
في البداية كانت كلمة sacramentum اللاتينية ترجمة لكلمة mysterion اليونانية والتي تعني ببساطة »سر«، ويُقصد بها عمل الخلاص بواسطة اللـه. ولم يتقلص معنى المصطلح ليشير إلى خدمات كنسية محددة إلا في العصور الوسطى، وذلك باعتبارها أفعالاً رمزية أو رموزًا – ولكن لا يزال من غير الواضح كم كان عدد هذه الخدمات الكنسية وأيٌّ منها ينبغي تسميته »سرًا«. ولم يتم اعتماد عدد الأسرار السبعة، لا أكثر ولا أقل، إلا في القرن الثالث عشر، وهي: المعمودية والتثبيت [الميرون] والأفخارستيا أو القربان المقدس والتوبة والاعتراف ومسحة المرضى والكهنوت والزواج. ويرى المؤمنون أنه بهذه الأفعال الكنسية السبعة فقط يتم الوصل بين الرمز (فعل رمزي) ومنح نعمة اللـه إلى المتلقين المؤمنين، وذلك بواسطة تدخّل شخصي ليسوع المسيح – ولا يستطيع تفعيل هذه العلاقة إلا اللـه وحده من خلال يسوع المسيح، وليست الكنيسة. وبالحجة نفسها يعلل الإصلاح الديني البروتستانتي في القرن السادس عشر السرّين اللذين اعتمدهما: المعمودية والقربان المقدس فقط، مع تحجيم سر الاعتراف (باعتباره عودة إلى اللـه في المعمودية) – لأن الإصلاح شكك بالتعليل الكتابي للأسرار الخمسة أو الأربعة الأخرى. ومع ذلك أكد مجمع ترينت (1545–1563) بخلاف الإصلاحيين على أن الأسرار هي سبعة، وهو العدد الذي لا يزال معترفًا به في الكنائس الكاثوليكية والأرثوذكسية حتى يومنا هذا.
التقدم في علم الكتاب المقدس الذي تحقق من خلال تطبيق الدراسات التاريخية النقدية للنصوص يسمح اليوم بقبول أن يسوع نفسه لم يأمر شخصيًا خلال حياته على الأرض بتأسيس أيٍّ من الأسرار السبعة – ربما باستثناء الأفخارستيا – من خلال تحديد طقسها وصياغة عبارات تقديمها للمؤمنين. وهكذا يتم الاحتفال اليوم بالأسرار التي تعتبر تقاليد ومرافق الكنيسة التي تشكلت على أساس تعاليم يسوع وأفعاله. وهذا يكفي تمامًا وفقًا للرؤية اللاهوتية الحالية لنقول إن الأسرار تأسست بواسطة عمل المسيح الخلاصي ويتم بحقٍّ الاحتفال بها باسمه.
وليس من المستغرب أن يتم أحيانًا فهم الأسرار في حياة الإيمان الشعبية بأنها تعمل ذاتيًا وتدّخر، إن جاز التعبير، جهد الإيمان الشخصي. وهذا يثير لدى مراقبين من الخارج الشك بأن الأسرار تكاد، إلى حدٍ ما، تكون سحرًا. ولكن هذا، بإسقاطه على التعاليم الكنسية الفعلية، يُعتبر سوء فهم بالغ. إن الربط بين الفعل الرمزي (الرمز) وصيغة تقديم القربان المقدس يجعل من السر الوعد الأكثر تركيزًا للخلاص

والموجّه لمتلقي هذا السر بواسطة الكنيسة. من يسمح لما يقوله هذا الوعد بشكل رمزي بأن يفعل، ويؤمن به، سينال هذا السر بشكل مثمر، وبكلام أدق: سينال السر بكل أبعاده – وبخلاف ذلك لا يتلقى إلا طقسًا فارغًا لا معنى له.

أوتو هيرمان بيش

مواضيع ذات صلة: **الإفخارستيا / القربان المقدس، العشاء الأخير؛ النعمة؛ مسحة المرضى؛ المعمودية.**

سلطة الدولة (من وجهة نظر مسيحيّة)

يكتسب البشر سلطة عندما يعترف شخص بكلمة وفعل وقوّة وتأثير شخص آخر. ويكتسب الإنسان هيبة وشأنًا عندما يشاركه آخرون في معرفته وخبرته، ويعتنقون نظرته إلى الحياة ومعاييره، ويتمتّعون بالحماية والأمان اللذين يقدّمهما. ويكون القانون ساريًا عندما تصبح القواعد مألوفة عند الخاضعين له، فهم يثقون به لأنّ واضعه معترَف به منهم كسلطة مشرّعة، ولأنّ الرأي الخاصّ لمجموعة ذات قانون واحد حول الدين والاخلاق والعلم والخبرة والإرادة في نظام سلميّ يبرّر السلطة الحصريّة التي تجيزها الدولة لنفسها. كان يتمّ في ما مضى البحث عن سلطة القانون والدستور في قانون مشرّع من الله، ولاحقًا تمّ اكتشافها في طبيعة الإنسان. وفي التاريخ الحديث حصل الأمر بواسطة عقد اجتماعيّ يتنازل فيه جميع أفراد المجموعة ذات القانون الواحد عن جزء من حرّيتهم من أجل السلام. إلا أنّ القانون هو من صنع إنسانيّ، إذ لا يمكن قراءة كتاب الطبيعة بشكل واضح للتوصّل إلى إمكانيّة اشتقاق دستور دولة منه. فتفاهم الجميع على مفهوم قانونيّ هو خيال محض لا يتحقّق أبدًا في مجتمع حرّ بما فيه من تعدّدية المصالح. كذلك فكرة إقامة حوار مفتوح مستمرّ يُرجى منه أخذ المشاركين وسط الأفكار المتضاربة إلى القانون الصحيح، تبقى تصوّرًا واهمًا لا يمكن إدراكه في عالم مليء بالعواطف والتحفّظات، بالأمل والخيبة، بالحبّ والكراهية. فكيف يمكن لمجتمع حرّ أن يدركه إذًا؟ حتّى لو أمكن تغطية هذا الحوار بحجاب الجهل، فإنّه لن يقدّم شعور الأمان في القانون، وإنّما سيضع القانون على عجلات تدفعه إلى المجهول. وإن تمَّ الاعتراف بشعب الدولة بصفته السلطة العليا المشرّعة، فإنّ هذه الفكرة تفترض مسبقًا دستورًا وديمقراطيّة يمنحان شعب الدولة تفويضًا وصلاحيّة. لا تكسب الدولة والدستور سلطتهما إلا من قدرة البشر على فرض التفكير مليًّا بالمبادئ المختبَرة (ديمقراطيّة، دولة القانون، الدولة الاجتماعيّة) وبالقوانين المجرّبة (الحريّة، المساواة). فالدولة السياديّة تتوفّر على سلطة فرض القانون وتنفيذه، وتمتدّ سيادتها كضامن وحيد للسلام حتّى إلى استعمال العنف الجسديّ من أجل تطبيق القانون. بيد أنّ دستور الدولة يقيّد نفسه في عمليّة تبادل السلطات هذه، ومن ذاته يستمدّ سلطته ووظائفه

التي تبرّر جميع سلطات الدولة وتضع لها الحدود بطريقة ديمقراطيّة، وتؤمّن للإنسان سلطته بعيدًا عن سلطة الدولة بحريّة، وتكفل بطريقة اجتماعيّة لجميع الناس الذين يضعون ثقتهم في الدولة شروطَ الحدّ الأدنى للمعيشة وفرصًا متساوية لتحقيق ذواتهم. السلطة هي قاعدة العائلة والتربية والسلام والقانون وتوزيع العمل والتنظيمات في الدولة، كما هي قاعدة الاقتصاد والعلم، ولكنّها تتحوّل ظلمًا واستبدادًا لو أرادت أن تشرعن نفسها بإرادة من يمسك بها فقط. كلّ سلطة تحتاج إلى الحيثيّات التي تتجذر في ثقافة من يفتّش عنها ويبرّرها ويحترمها.
باول كيرشهوف

مواضيع ذات صلة: **الديمقراطيّة؛ الدولة.**

السلطة الدينية (من وجهة نظر إسلامية)
تمثل السلطة الدينية المنصب والشخص الذي يحدد ويدير الشؤون الدينية داخل دين من الأديان. إلى جانب ذلك يُستخدم في المراجع القانونية الإسلامية أيضًا مصطلح «الشارع»، أو «المشرع» وهو الشخص الذي يقوم بتشريع القوانين التي تنظم المسائل القضائية والشرعية. يمثل الله تعالى السلطة الدينية المطلقة، فهو جل شأنه الشارع الأعلى والرئيسي في الدين، فالحكم لله تعالى (سورة يوسف 12 الآية 40؛ سورة النحل 16 الآية 52)، حيث تستند سلطة الله تعالى المطلقة على أنه جل شأنه الخالق، والحاكم، والمدبر لهذا الكون. فسيادته تبارك وتعالى تمثل في علم الوجود ينبوع قدرته المطلقة، فكل شيء مسخر بأمره وله الخلق والأمر (سورة المائدة 5 الآية 120؛ سورة الأعراف 7 الآية 54). وعلى هذا الأساس تكتسب الأوامر والنواهي طابعًا يستند إلى الإرادة الإلهية. إضافة إلى ذلك يُعتبر النبي محمد شارعًا وذلك لأنه بلغ الأوامر والنواهي التي جاءت في القرآن الكريم، وشرَّع هو أيضًا إلى جانب ذلك أحكامًا إضافية للمسلمين. وإن كان النبي يُعتبر شارعًا، إلا أنه شارع بالمعنى المجازي، وذلك لأن الأوامر والنواهي الدينية التي شرَّعها للمسلمين لم تكن صادرة عن رأيه الشخصي وإنما كانت تستند إلى إرادة الله. أما فيما يخص سلطة الخبراء في الأنظمة الشرعية فهي سلطة علمية، لذلك لا نستطيع أن نطلق عليهم صفة الشارع. لقد قال القاضي الشاطبي أحد علماء المالكية (المتوفى عام 1338/790) بأن القاضي عندما يجتهد يمكن أن يُعتبر إلى حد ما مُشرِّعًا، وذلك لأنه يقتدي بفعل النبي في تبليغ إرادة الله تعالى عن طريق تشريع القوانين التي يحكم بها حسب اجتهاده في أمور المؤمنين. وطبقًا لرأي الشاطبي فإن هؤلاء المجتهدين يعملون عمل الشارع، وذلك لأنهم لا يصدرون أحكامًا اجتهادية فحسب وإنما أيضًا يقومون بالإستناد إلى كل الأحكام الشرعية والقضائية السابقة والتي لها علاقة بتلك المسألة التي بين أيديهم، حيث يقومون بتقييم تلك الأحكام

وأسس أدلتها لكي يتوصلوا إلى إصدار الأحكام المناسبة. وكما أمر القرآن الكريم بطاعة الله تعالى وبطاعة نبيه، فإنه أمر كذلك بطاعة أولي الأمر في المجتمعات المسلمة (سورة النساء 4 الآية 59). وإن دل هذا على شيء فإنما يدل على أن لأولي الأمر سلطة على المجتمع المسلم، ولكن هذه السلطة، وطبقًا للمفهوم الإسلامي، لا تُعتبر سلطة دينية، وإنما سلطة ذات طابع سياسي، لذلك فلا يستطيع أي قائد سياسي، أو حاكم، وإن أطلق على نفسه لقب الخليفة، أن يدعي بأنه مفوض من الله تعالى، وأنه يحكم بإسمه.

طالب تورجان

مواضيع ذات صلة: **الخلافة؛ الدين؛ القاضي في الشريعة الإسلامية؛ الشريعة؛ مبدأ الشورى؛ الثيوقراطية؛ إرادة الله.**

السلفية (من وجهة نظر إسلامية)

يشتق مصطلح السلفية من الكلمة العربية السلف وهي تعني ما مضى وانقضى أو من تقدم من آباء وذوي القرابة. لذلك تطلق كلمة السلف في الأصل على الأشخاص الذين عاشوا من قبل. وفي واقع الأمر يطلق مصطلح السلف خاصةً في الماضي على المسلمين الأوائل من أصحاب محمد والتابعين أي الجيل الأول من المسلمين الذي ظهر بعد الصحابة. وطِبقًا لذلك ينتسب كل شخص يتبع منهج السلف ويتشبث بعلومهم للسلفية. كما توجد ألقاب أخرى للسلفيين، كأهل الأثر أي أتباع آثار النبيٍ والشخصيات التي جاءت من بعده. وبسبب اتصال هذه الجماعة بالحديث اتصالاً وثيقًا تسمى أيضًا بأهل الحديث، وكذلك تلقب بالصفاتية، بما أنها تثبت لله مجموعةً من الصفات.

يمكننا أن نميز بين ثلاث مراحل متميزة مرت بها السلفية في تطورها: المرحلة الأولى في القرن التاسع، ثم المرحلة الوسطى ما بين القرنين الثالث والرابع عشر وأخيرًا المرحلة المتأخرة في القرن التاسع العشر. أدى إتباع السلفية أصحاب السلف إلى الإستناد قبل كل شيء الى الأحاديث، وبشكل أقل الى العقل، فهم يعترضون على العمل بالقياس والرأي. ولهذا السبب ينظر علماء السلفية على سبيل المثال لأبي حنيفة المتوفى سنة 150/767 والإمام مالك بن أنس المتوفى سنة 179/795 وأتبعاهم بشك وارتياب.

اكتسبت السلفية أهمية حقيقية عند ظهور أحمد بن حنبل المتوفى سنة 241/855 المنتسب إليه المذهب الحنبلي، حيث يعتبر من الشخصيات التي صاغت مبادئ الفكر السلفي، ولهذا السبب يستخدم مصطلح السلفية غالبًا لوصف توجيه أحمد بن حنبل وأتباعه. أما تنظيم وتطوير هذا التيار فتم في وقت لاحق، خاصةً في فترة ابن

تيمية المتوفى سنة 728/1328، وأبرز تلاميذه ابن القيم الجوزية المتوفى سنة 751/1351 الذي ساهم بشكل كبير في وضع منهج لهذا الفكر.
أخذ الفكر السلفي بعد ظهور هاتين الشخصيتين ينتهج فهمًا جديدًا يعطي للعقلانية الدينية مجالاً أوسع، بعدما كانت في العصور السابقة تأخذ بظواهر النصوص من القرآن والسنة، إلا أن هذا التطور يبقى دائمًا في سياق القرآن والسنة. تعترف السلفية عمومًا بالتفسير النصي المعتمد على العقل، وخاصةً في تفسير الآيات المتشابهة، وجاء هذا التطور بعدما كان الرفق أو الحذر السمة الغالبة في طريقة التعامل مع النصوص المتشابهة أو الآيات التي تحتمل أكثر من معنى في فترة السلف الأوائل، وهم يرون أيضًا أن تأويل هذه الآيات أمر غير ضروري والصحيح، والصحيح على حد رأيهم هو الاكتفاء بالإيمان والاعتقاد أن لهذه الآيات معاني دون الالتجاء إلى التشعب والتعمق في التفسير، ولهذا السبب يرون أن الخوض في جدال حول الآيات القرآنية التي تظهر مشابهة الله بالخلق أمر غير ضروري. جاء ذكر هذه المشابهة على سبيل المثال في الآية 75 من سورة ص ﴿يد الله﴾ وفي الآية 115 من سورة البقرة ﴿وجه الله﴾ ووردت أيضًا عبارة ﴿عرش الله﴾ في الآية 54 من سورة الأعراف 7 والآية 3 من سورة يونس 10.
لم يجد السلفيون أنفسهم ملزمين بمعرفة تفاسير وتأويلات الآيات المتشابهة، فقد كانوا مؤمنين تحديدًا بأن ليس شيء يشبه الله ولا يماثله أحد من مخلوقاته وليس له نظير. وفي هذا السياق، يمكن تلخيص المنهج السلفي كالآتي: اجتناب تجسيم الذات الإلهية والإثبات لله كل ما أثبته لنفسه من الأسماء والصفات، والاعتراف بالعجز الذاتي وعدم ترك اللسان والقلب يخوضان بلا ضرورة في هذه المسائل.
بدأ السلفيون يسلكون طريق التأويل الحرفي للآيات المتشابهة إلا في وقت لاحق، وذلك عندما شرعوا بأخذ المعنى الظاهري للنص، وهذا ما أدى إلى الوقوع في عملية المقارنة وخاصةً فيما يتعلق بالصفات الإلهية المتعددة المعاني كالصفات المرتبطة باليد والوجه.
عاش الفكر السلفي حركةً إصلاحيةً تقدميةً تجديديةً بغية إعادة إحياء الدين، وذلك في النصف الثاني من القرن التاسع عشر بعد الميلاد تحت قيادة جمال الدين الأفغاني (1838–1897) ومحمد عبده (1849–1905) ورشيد رضا (1865–1935)، إلا أن السلفيين يتبعون في الوقت الحاضر تعاليم محمد بن عبد الوهاب (1703–1787) الذي كان هو أيضًا من أتباع أحمد بن حنبل وابن تيمية. يحمل السلفيون الذين قادوا الحركة الإصلاحية فكرًا سلفيًا منفتحًا على التجديد، بينما السلفية الأخرى تعارض كل نوع من التجديد الديني.

معمر أسَن

مواضيع ذات صلة: **صفات الله؛ الأصولية؛ المذاهب الكلامية؛ الإسلاموية؛ الحنابلة.**

السماء (من وجهة نظر مسيحيّة)
تعبير السماء (الوجود في السماء) هو استعارة بلاغية موجودة في الاستخدام اللغويّ المسيحيّ اليوميّ للدلالة على وجود الإنسان بعد الموت الأرضيّ في الجماعة المكتملة مع الله »وجهًا لوجه« (كورنثوس الأولى 13: 12) ولذلك يكون وجودًا في سعادة تامّة وفي عالم مناسب مكتمل. وبشكل مختصر فإنّ تعبير السماء هو استعارة بلاغيّة للدلالة على الحياة الأبديّة لدى الله. وتجدر الملاحظة إلى أنّ السماء في إطار التصوّرات الفلكيّة للكتاب المقدّس كما للقرون الوسطى تشير إلى المكان فوق العالم الأرضي: فوق قبّة السماء (في مفهوم الكتاب المقدّس)، وفوق قشرة السماء الأخيرة التي تحيط بقرص الأرض (في مفهوم القرون الوسطى). فوق قبّة السماء ينتصب عرش الألوهة، وعلى الجانب الآخر من قشرة السماء الأخيرة يوجد فقط الله. وقبل أن يصبح تعبير السماء اسمًا آخر لله كانت صورة العالم الفلكيّة في ما مضى مثالاً على ما أطلق عليه حرفيًّا الإله فوق الدنيويّ. لقد أُلغي هذا المفهوم الصوريّ للعالم بعد الاكتشافات الفلكيّة في العصر الحديث. فالسماء تعبيرًا هي الآن فقط اسم آخر لجماعة البشر المتحدين بالله.
أوتو هيرمان بيش

مواضيع ذات صلة: **الدينونة**.

السُنَّة (من وجهة نظر إسلامية)
السُنَّة هي كل ما ورد عن النبي محمد من قول أو فعل أو تقرير أو صفة خلقية، كما يمكن فهمها على أنها الأسوة الدينية والخلقية التي تحملها شخصية محمد. يقسّم علماء المسلمين السُنة النبوية إلى ثلاثة أصناف: السُنة القولية والسُنة الفعلية والسُنة التقريرية.
تمثل السُنة المصدر الثاني المهم بعد القرآن في الدين، وذلك لأن الله يأمر المؤمنين بتصديق ما جاء به محمد واتباعه واتخاذه قدوةً يحتذى بها، وهذا ما ورد في الآية 31 و32 من سورة آل عمران 3 والآية 13 و14 و59 و64 و80 من سورة النساء 4 والآية 21 من سورة الأحزاب 33. أما محمد فقد أمره الله بتوضيح القرآن، وهذا ما ذكر في الآية 44 من سورة النحل16. وفي الآية 4 من سورة القلم 68 يصف الله محمدًا على أنه إنسان ذو خلق عظيم ويشير أيضًا إلى الجوانب الشخصية لهذا النبي، التي يجب أن تُتخذ قدوةً.
كانت كلمة السُنَّة يطلق عليها في القرون الثلاثة الأولى بعد وفاة محمد سنة 632 بعد الميلاد عبارة سُنّة رسول الله. ثم تمّ في العقود التالية إختصار العبارة لتصبح كلمة السُنّة هي السائدة. فرّق العَالِم عبد الرحمان بن المهدي المتوفى سنة 814/ 198 بين أهل الحديث وأهل السُنّة. ولكنه تحدث أيضًا عن أشخاص ذوي سيادة

يتمتعون بمعرفة عالية في كِلا الإختصاصين. وهذا ما يوضح أنه كان ثمّة علماء في ذلك الوقت ركّزوا إما على دراسة السُنّة أو الحديث. حتى أن هذه الجملة »هذا الحديث يحتوي على خمسة سنن يُقتدى بها« المستخدمة في كتب أحمد بن حنبل المتوفى سنة 241/855، مؤسس المذهب الحنبلي، تشير إلى أنه تمّ التمييز بين مصطلح السنة والحديث في القرن الثامن. وفي بداية القرن التاسع بدأ التمييز بين المصطلحين يضمر شيئًا فشيئًا حتى أصبحا يستعملان ككلمتين مترادفتين.

وبما أن السُنّة هي المصدر الثاني المهم للدين، يجب أن تُدرس باتصال وثيق مع القرآن. يفرق العلماء بين السنة التي تحوّل الأوامر القرآنية إلى ممارسات تطبيقية، والسُنة التي تفسر الآيات القرآنية. كما توجد أيضًا السنّة التي تكشف أوامر ومحرمات جديدة، لم تُذكر في القرآن. ومن لم يكن على دراية بهذه السنن الثلاث لا يمكن أن يفهم الإسلام ويطبقه بشكل صحيح. نجد، على سبيل المثال، أن الصلاة فرضت دون تفاصيل، لذلك لم توضح كيفية أدائها إلا عن طريقة السنة النبوية.

لم يمنح محمد، الذي كان مثالاً يحتذى به في الأمور الدينية والأخلاقية، نفسه الأولوية في المسائل التي تتطلب كفاءَة أو خبرةً خاصة. وكان يشاور أصحابه إذا تعلق الأمر بمسائل طبية أو فلاحية أو عسكرية. لذلك نجد أنه تراجع عن بعض أفكاره وقبل إقتراحات معقولة بعد أن طلب نصيحة أصحابه. وطبقًا لرواية مسلم، أحضر النبي على سبيل المثال أشهر الأطباء في ذلك الوقت لمعالجة أصحابه الذين نزل فيهم المرض. ووفقًا لرواية الواقدي، قام النبي بتغيير ترتيبات الجيش قبل غزوة بدر سنة 2/624، بعدما جاءه اقتراح من أحد أصحابه. وفي المصدر نفسه نجد أنه قام بحفر الخندق إثر مواجهة عسكرية تسمى غزوة الخندق، وكان صاحب هذه الفكرة سلمان الفارسي المتوفى سنة 36/656. وعندما كانت اقتراحاته بتلقيح أشجار النخيل في المدينة المنورة لها أثر سلبي على الحصاد، لم يكن محمد من المتمسكين برأيه الشخصي، بل اعترف بأن الناس أعلم منه بأمور دنياهم، وهذا ما ذُكِر في صحيح مسلم.

وتوضح هذه القصة أنه لا يجب تقليد أعمال محمد دون تأمل وتفكير. من أجل ذلك، أكد العلماء على أن المؤمن يجب أن يتبع أقوال محمد وأفعاله التي استنبطت منها المبادئ العامة، هذا إلا إذا تعلق الأمر بالمسائل الدينية. وعلاوة على ذلك، توجد سنن غير ملزمة، وهي كل ما خرج عن أقواله وسلوكه، كعاداته في الأكل والشرب، وملابسه وخصائصه الإنسانية، وآدابه التي تتكيف مع المجتمع وأعرافه وأدوات الإستخدام اليومية المتداولة في محيطه، وليس استعمالها من السنن الإلزامية.

وقد بذل العلماء مجهودًا من منع انتشار الأقوال الباطلة عن محمد. ذلك لأن الأحاديث التي تم من خلالها نقل السُنّة إلى الأجيال اللاحقة، لم تتمّ حمايتها مثل

القرآن. وتوجد في بعض المؤلفات الإسلامية أحاديث موضوعة. لتقييم هذه الأحاديث يتم انتهاج طريقة أكثر أمانًا، هي اللجوء إلى القرآن كمبدأ توجيهي.
اسماعيل حقي أونال

مواضيع ذات صلة: **الحديث؛ محمد؛ السيرة النبوية؛ التقليد.**

مصادر الحديث:
1. صحيح مسلم، كتاب السلام، باب لكل داء... 73، رقم 5745، عن جابر.
2. الواقدي، المغازي، الجزء 1، صفحة 53.
3. الواقدي، المغازي، الجزء 2، صفحة 445.
4. صحيح مسلم، كتاب الفضائل، باب وجوب الامتثال... 141، رقم 6128، عن رافع بن خديج.

السورة (من وجهة نظر إسلامية)
تعني السورة الوحدة التي تضم عددًا من الآيات القرآنية. يحتوي القرآن على 114 سورة مختلفة الطول، أطولها سورة البقرة التي تتكون من 286 آية وأقصرها سورة الكوثر 108. كما تحمل كل سورة اسمًا. فالسورة الأولى يطلق عليها اسم »الفاتحة« والسورة الأخيرة »الناس«. تستنبط أسماء السور من كلمات جوهرية استخدمت في السور، كاسم إنسان معين أو في بعض الحالات اسم نبي. كما يمكن أن تكون كلمة تعبر عن قضية محددة أو عمل من الأعمال أو يكون الحرف الذي تبدأ به السورة تسمية لها. تستخرج أسماء السور كذلك من اسم جماعة من الجماعات أو كوكب من الكواكب أو من أسماء الحيوانات. هناك بعض السور التي تحمل أكثر من اسم، كما أن الكثير من المسلمين يرون أن أسماء السور وترتيبها في القرآن حُدّدت من قِبَل محمد.
استنادًا إلى تاريخ الوحي، تنقسم السور إلى صنفين: السور المكية، وهي التي نزلت قبل الهجرة سنة 622 بعد الميلاد، والسور المدنية، وهي التي نزلت بعد الهجرة. ووفقًا لهذا التقسيم المعترف به منذ البداية في التقليد الاسلامي، توجد 86 سورة مكية و28 سورة مدنية. تحتوي السور المكية في العموم على آيات توضح مسألة الإيمان بالله والآخرة وقصص الأنبياء وموضوعات أخلاقية، وهي قصيرة وتحمل ألفاظًا قوية ومثيرة للإعجاب. أما السور المدنية، المتسمة بالأسلوب السردي، فتهتم غالبًا بمسألة العبادات والقضايا الحقوقية والعلاقات مع الجماعات الدينية الأخرى.
والجدير بالذكر أن تقسيم القرآن إلى 114 سورة لا يتوافق دائمًا مع التقسيم المرتبط بموضوع ما، بل نجد أحيانًا في السورة نفسها مواضيع مختلفة. وفي النسخة الحالية للقرآن يوجد اسم السورة قبل بدايتها، وهل هي مكية أو مدنية. كما يقع ذكر عدد آيات السورة. يقرأ المسلمون سورًا من القرآن في العبادات أو الصلاة. وغالبًا ما يتم

قراءة العشر الأواخر من السور القصيرة، المعروفة بسور الصلاة، وكذلك سورة الفاتحة، ورقمها 1 وسورة يس ورقمها 36 وسورة الملك ورقمها 67.

إسراء گـوزَلر

مواضيع ذات صلة: **الكتب المقدسة؛ القرآن؛ العلامة.**

السياسة (من وجهة نظر مسيحية)

شهدت العلاقة بين المسيحية والسياسة تغيرات عديدة على مر التاريخ. ومن وجهة نظر مسيحية يجب التمييز بين المنظور اللاهوتي المعياري والنماذج الواقعية، وهذه الأخيرة كانت تجد باستمرار تبريرات لاهوتية. فيما يلي نماذج للعلاقة بين العقيدة/الكنيسة والسياسة، ورغم اختلافها من حيث المبدأ، لكنها ليست متمايزة عن بعضها.

1. ابتعاد كلي عن السياسة أو رفض لتلك الأعمال الدنيوية، ولا سيما خلال القرون الثلاثة الأولى السابقة لإعلان الملك قسطنطين المسيحية دينًا رسميًا في الإمبراطورية الرومانية.

2. وحدة متأصلة بين الكنيسة والسياسة، كان يُنظر إليها على أنها بديهية، ولا سيما في العصور الوسطى، والتي أدت بدءًا من القرن الحادي عشر إلى صراع من أجل التفوق السياسي بين السلطة الكنسية والدنيوية.

3. هيمنة الكنيسة على السياسة، وغالبًا ما كان القادة الكنسيون هنا هم أنفسهم زعماء سياسيون، أو حكّام (مسيحيون) ادعوا لأنفسهم قيادة الكنيسة أيضًا. وأوضح ما يكون ذلك كان في مصطلح »الإمبراطور - البابا« وكانت تتميز به من كنائس أرثوذكسية كثيرة. ولكن التكاملية أو الأصولية المسيحية كانت أيضًا تميل إلى هذا الاتجاه.

4. هيمنة السياسة على المسيحية، وهذه كان يصعب قبولها مسيحيًا، هيمنة بدايتها كانت تمييزًا واسع النطاق ونهايتها إلحاد عدائي (من الدولة). وكانت سياسة »الدين مسألة شخصية« النموذج المعتدل.

5. الفصل بين الدولة والكنيسة، أو التعايش التعاوني بينهما، في أعقاب تحرير المجتمع من هيمنة المسيحية. وهذا بدأ في العصر الحديث وأصبح بعد عدة صراعات النموذج السائد في القرن العشرين. ويمكن هنا تمييز ثلاثة نماذج أساسية بديلة على الأقل:

- العلمانية (في فرنسا مثلًا)،
- والدين المدني اليهودي-المسيحي (في الولايات المتحدة الأمريكية مثلًا)،
- والتعايش البنّاء (كما في ألمانيا وقانونها الكنسي الحكومي مثلًا).

6. أوساط طائفية مغلقة لها هيكل مؤسساتي واسع ومستقل، وخاصة في الفترة الانتقالية بين القرنين التاسع عشر والعشرين. بعض الجماعات الإنجيلية الحرة والكنائس الخمسينية لديها الاتجاه ذاته.

أما موقف الكنيسة الكاثوليكية والكنائس الإنجيلية فيمكن تلخيصه فيما يلي:

listeالإيمان المسيحي ليس مسألة شخصية (حرية المعتقد) فحسب، بل له بعدٌ سياسي أيضًا وينبغي أن يكون له تأثير على الحياة العامة، وخاصة من خلال سلوك المسيحيين. ولكن لا يجوز استنباط أية مواقف أو وصفات سياسية مباشرةً من هذا الإيمان.

ويمكن الحديث أيضًا عن الالتزامات الأخلاقية المستمدة من الإنجيل أو الإيمان المسيحي، ولكنها قد تؤدي إلى خيارات سياسية متنوعة، حتى وإن لم تكن عشوائية. وبذلك تكون العنصرية مثلاً غير مقبولة. وفي هذا الصدد تركز الكنيسة الإنجيلية على قضايا عقيدية. والمجمع الفاتيكاني الثاني (1962–1965) عبّر عن ذلك على النحو التالي:

»غالبًا ما تقترح نظرة مسيحية ما للأمور حلاً معينًا في حالة محددة. ولكن مسيحيين آخرين قد يتوصلون بالدرجة نفسها من الإخلاص والشرعية إلى حكم مختلف في القضية ذاتها، كما هو الحال غالبًا. وعندما ينظر آخرون كثيرون إلى الحلول المشتركة، وإن كانت ضد رغبة الطرفين، بسهولة على أنها نتيجة واضحة لرسالة الإنجيل، حينها سيكون واضحًا بالتأكيد بأن لا أحد يملك في حالات كهذه الحق في حصر سلطة الكنيسة بنفسه وبرأيه الشخصي.« (فرح ورجاء، رقم 43).

والتعبير عن هذا الموقف بشكل محدد نجده في المنشورات البابوية الاجتماعية مثلاً ووثائق مشابهة في الكنيسة الكاثوليكية وفي الأخلاق الاجتماعية البروتستانتية. هناك اختلافات بين الكنائس في قضايا تفصيلية، كشكل التعليل مثلاً (التعليم والحق الطبيعي إلى جانب الكتاب المقدس)، وشكل السلطة المرتبطة بذلك أو شكل النشاط السياسي للزعماء الدينيين، وهذه الأمور عادةً ما ترفضها الكنيسة الكاثوليكية.

يوهانيس مولر

مواضيع ذات صلة: **الدولة.**

السياسة (من وجهة نظر إسلامية)

السياسة هي فن تنظيم شؤون الدولة وتسييرها وضمان وحدة المجتمع وخدمة المصلحة العامة ورعاية الخير العام للناس وحكم الشعب. تُظهر السياسة هيكليًا صبغةً ديناميكيةً، أي أن عملية تنظيم السياسة تختلف من عصر إلى آخر ومن منطقة إلى أخرى ومن مجتمع إلى آخر، ولهذا السبب لا تتمتع كافة الإجراءات

السياسية بالصلاحية الشاملة إذا تم اتخاذها في عصر من العصور وداخل مجتمع معين.
فالقرآن مثلاً لا يحتوي على توجيه محدد بخصوص مواضيع سياسية مطروحة، فهو يكتفي بجملة من النصائح حول مبادئ عامة التي يمكن أن توضح أيضًا مسائل في المجال السياسي بشكل يمكن إدراكها من جميع الناس وتكون قابلةً للتنفيذ في كل زمان ومكان، ومن هذه المبادئ نذكر الحرية والعدالة والمساواة والتآزر وحل المشاكل بواسطة التشاور وتحمل المسؤولية والتحلي بالصدق، وهذا ما ورد في الآية 58 من سورة النساء 4 والآية 90 من سورة النحل 16 والآية 8 من سورة المائدة 5 والآية 38 من سورة الشورى 42 والآية 159 من سورة آل عمران 3. وما يمكن استنتاجه هنا أن القرآن يوصي بسياسة تركز على مجموعة من قيم تلبي احتياجات معينة وتواكب متطلبات محددة.
كما أنه في التقاليد السياسية عند المسلمين يسمَّى الأشخاص الذين يمارسون الوظائف القيادية بالأئمة والخلفاء أو أمراء المؤمنين. يتبنى أصحاب المذهب الشيعي قضية الحكم والحاكم في شكل الإمامة والإمام، ثم أخذت المذاهب الأخرى فيما بعد هذه المسميات التي حددتها الشيعة. أما السلطة السياسية فقد وقع الجدال حولها ضمن عملية البحث عن أصحاب السيادة. يرى الكثير من الشيعة أن الإمامة التي تتمتع بالسلطة هي أحد أصول الدين، كما يرون أن كل من أنكر الإمامة فقد أنكر أحد أسس الدين. تعد الإمامة إذًا حسب رأيهم أصل الدين، لذلك لا يُسمح أن تترك عرضةً لأهواء واختيارات الشعب. بإستثناء الشيعة ترى المذاهب الأخرى أن السياسة ضرورة اجتماعية.
عارضت الخوارج رأي أهل السنة في مسألة ضرورة أن يكون الخليفة أو الإمام من ذرية محمد أي من قريش وأيضًا رأي أهل الشيعة الذين يرون أنه يجب على الخليفة أن يُعين على أساس القرآن والسنة. يرى أهل السُنة أن عليًّا ابن عم وصهر النبي محمد المتوفى سنة 40/661 أصبح إمامًا لا على أساس النصوص الشرعية ولا الوراثية. ففي هذه القضية لا توجد أحكام واضحة ولهذا يكون الطريق الصحيح هو تعيين الإمام بواسطة عملية انتخابية، ومن هنا يرى أهل السُنة أن الشعب هو مصدر السلطة السياسية. إلى جانب ذلك، ظهرت أيضًا فرقة سنية ترى أن الحاكم السياسي يجب أن يكون من قبيلة قريش، كما تشير النظرية السياسية لأهل السُنة إلى أن الحاكم الذي تمت مبايعته من الشعب لا يتحمل المسؤولية أمامهم ولكن أمام الله. وفي هذه الحالة يجب على الشعب طاعة الحاكم.
إلا أن السياسة تحمل بعدًا قانونيًا يستمد شرعيته من الشعب. ومن أهدافه الرئيسية خلق العدالة والقضاء على الظلم وحماية حقوق الإنسان. فالسياسة لا تُعد مبدأً دينيًا أساسيًا، بل هي ضرورة إنسانية واجتماعية وقانونية. وبالتالي ينبغي أن تكون

السياسة من الناحية المثالية مستقلة عن الدين، وبهذا المنهج يمكن الوقاية من استغلال الدين من الصراعات الحادة والعنيفة.

رابعة چتين

مواضيع ذات صلة: **الديمقراطية؛ العنف؛ الاندماج؛ الخلافة؛ الحرب؛ المذاهب الإسلامية؛ الشورى؛ الثيوقراطية؛ الدستور.**

السيرة النبوية (من وجهة نظر إسلامية)

يُطلق مصطلح السيرة النبوية على المجال العلمي الذي يختص بجمع كل ما ورد من وقائع في حياة محمد، وأيضًا على الأعمال الكتابية التي تعالج هذا الموضوع. كما استخدمت كلمة »مغازٍ« عوضًا عن السيرة النبوية طوال القرنين الأولين من تاريخ الإسلام، ثم أصبحتْ المؤلفات فيما بعد حول المغازي علمًا فرعيًّا تابعًا للسيرة النبوية يقوم بتبيين كل الغزوات التي قادها محمد. في الوقت نفسه، تعتبر السيرة النبوية في المؤلفات الشرعيّة الكلاسيكية إسمًا يطلق على تخصص معين يتناول جميع الحروب والضوابط التي تضع منهجًا في التعامل مع غير المسلمين على مستوى العلاقات الدولية، ورغم ذلك يبقى استعمال مصطلح السيرة النبوية في التقاليد الإسلامية كعنوان للمؤلفات التي تهتم بسيرة محمد.

أولى القرآن أهميةً بالغةً لمحمد وهذا ما يعتبر العامل الأكثر أهمية في نشأة هذا الاختصاص العلمي. فالقرآن مدح أخلاقه العالية وبين أنه بُعث رحمة للعالمين، وهذا ما ورد في الآية 107 من سورة الأنبياء 21.

كان المسلمون يدركون أن القرآن لا يُفهم إلا بالرجوع لأحداث سيرة محمد، وذلك لأنه يُعد الشخصية القدوة الرفيعة التي يجب أن تبقى كنموذج حي في الذاكرة تتوارثها الأجيال جيلاً بعد جيل. ومن أجل ذلك حظيت حياة محمد وأقواله باهتمام أفضى إلى جمع كل المعلومات المتاحة حوله في عصر صدر الإسلام.

يُعد ابن إسحاق المتوفى سنة 150/767 في بغداد أول من دون كتابًا مستقلاً عن السيرة النبوية يسلط فيه الضوء على الأحداث والمواقف التي عاشها محمد، ومع ذلك تُعتبر السيرة النبوية لابن هشام المتوفى سنة 218/833 أقدم مصدر متبقٍّ، حيث قام بأخذ معلومات تاريخية من كتاب من سبقه أي معلمه ابن إسحاق.

تشمل هذه المؤلفات الأولى عن السيرة المواضيع الأساسية الآتية: نسب محمد وطفولته وفترة شبابه والفترة المكية من الرسالة النبوية والهجرة إلى المدينة وغزواته وانتصاراته ووفاته. بجانب الروايات التاريخية والأخبار تشمل هذه المؤلفات أيضًا خطابات واتفاقيات، منها ميثاق المدينة وصلح الحديبية الذي عقد مع مشركي مكة والرسالات التي بعثت لحكام شعوب أخرى تدعوهم إلى الإسلام وأخيرًا خطبة الوداع للنبي محمد.

شهد مضمون الكتب حول السيرة النبوية في العصور اللاحقة تباينًا شديدًا، حيث ظهرت مؤلفات مستقلة تصف محمدًا من زوايا مختلفة، فالأعمال التي تعالج الجانب الإنساني الموجود في شخصية محمد تصف مظهره وأسلوب عيشه وحياته الخاصة، وإلى جانب ذلك توجد في الثقافة الإسلامية أيضًا مؤلفات دلائل النبوة يسعى كتابها إلى إثبات نبوة محمد وهذا الأسلوب التقليدي يشهد تواصلاً إلى الوقت الحاضر. كما أن صورة محمد الموصوفة في كتب السيرة تعرض بأسلوب مختلف يتوافق مع شعور الكاتب تجاه الدين، حيث هناك قصص مبالغ فيها، وهي تمنح محمدًا قوةً خارقةً للطبيعة، إلا أنه توجد قصص أخرى تبين في المقام الأول صفاته البشرية وسلوكه الإجتماعي وتشرح من خلال ذلك الروايات التاريخية شرحًا عقلانيًا نوعًا ما.

ناهدة بوزقورت

مواضيع ذات صلة: **ميثاق المدينة؛ محمد؛ النبوة؛ الرواية.**

الشافعية (من وجهة نظر إسلامية)

تُطلق الشافعية على المذهب الشافعي نسبة الى محمد بن إدريس الشافعي المتوفى سنة 204/820، الذي قام بتأسيس فقه جديد قائم على آراء أهل الحديث وهي علوم أتباع الحنابلة. كما أن أتباع هذا المذهب يُدعون بالشافعيين. يرى الشافعي نفسه أنه من أتباع أهل الحديث، حتى أنه لُقِّب بالمدافع عن نهج السُنة.

درس الشافعي الفقه في الحجاز والعراق، وفيها تأسس مركزان لتعليم أصول الفقه في القرن الثامن والتاسع بعد الميلاد. وكان قد درس الفقه الحنفي على يد الشيباني المتوفى سنة 189/805 الذي يعد تلميذ أبي حنيفة المتوفى سنة 150/767، وكذلك تلقى الشافعي الفقه المالكي مباشرةً من مالك بن أنس المتوفى سنة 179/795.

ومما يذكر أن آراء الشافعي الفقهية دُونت من الشافعي نفسه في كتابه »الرسالة في أصول الفقه« التي تفصل أصول الإستنباط في التشريع، وأيضًا في كتاب »الأم« الذي يعالج فيه كذلك أصول الفقه. والذي تم جمعه ونشره من قبل تلاميذه. يعد كتاب »الرسالة« أول كتاب يصنف في أصول الفقه. وقد مر المذهب الشافعي تاريخيًا بمرحلتين عمل فيهما الشافعي على تطوير العلوم الفقهية: تعد المرحلة الأولى هي طور ظهور مذهبه القديم والتي امتدت إلى يوم رحيله إلى مصر، أما المرحلة الثانية فقد قام فيها الشافعي بتطوير مذهبه الجديد تحت تأثير المحيط الإجتماعي الجديد.

يرفض الإمام الشافعي في أصول استنباطه الإستناد إلى الرأي، إلا أنه يرى القياس قاعدةً أساسيةً كأصحاب العلوم العقلية ويقبل العمل بها. ورغم ذلك يخالف أهل العقل في قضية القياس، في أن الرأي لا يمكن أن يعول عليه إلا في حالة غياب

حجج صريحة في القرآن والسُنة. كما أن للشافعي مبادئ جوهرية تبناها أهل السنة والجماعة بعد وفاته، ومنها أولاً توكيل الحكم على أفعال الناس إلى إرادة الله وحده، وإرادة الإنسان ليس لها أي صلاحية في استخراج مثل هذه الأحكام. وثانيًا مبدأ الإيمان بعدم وجود أعمال غير قابلة لحكم الله، فعلى كل عمل يوجد حكم إلهي مسبق. وثالثًا، أنه يمكن لكل حكم يريده الله فقط على حسب قوله أن يستنبط بطريقة مباشرة، بواسطة القرآن والسُنة والإجماع، أو بطريقة غير مباشرة بواسطة العمل بالقياس.

يرى الشافعي أن الإجتهاد يكمن فقط في العمل بالقياس، كما أن المذهب الشافعي يعرف بشدة التمسك بظاهر النصوص من القرآن والسنة عند التشريع. فقبول الأحاديث عمومًا ورفض الأخذ بالرأي عند الشافعية أدى إلى إغلاق أبواب التفسير الذي يسلط الضوء على المقصد وأيضًا التمسك بظاهر النصوص وسد باب تجريد مبادئهم.

طالب تورجان

مواضيع ذات صلة: **الحديث؛ العلوم الشرعية؛ المذاهب الفقهية؛ ممثلو التعاليم العقلية.**

الشؤون الماليّة (من وجهة نظر مسيحيّة)

تُعرّف الشؤون الماليّة بعمليّة توفير الأموال والحصول عليها. يُعدّ نظام الشؤون الماليّة في الدول الحديثة وفي الاقتصاد معقّدًا إلى حد كبير. يؤمّن المال في كونه أداة للتبادل ولحفظ القيمة ديناميّة التطوّر الاقتصاديّ، فهو »الحركة الدمويّة للنظام الاقتصاديّ (أوزفالد فون نِل – بروييننغ 1890–1991). فمن أجل تمويل المهامّ العامّة يُحتاج إلى الشؤون الماليّة الوطنيّة التي تشكّل غالبًا في دول الرفاهيّة الغربيّة، إذا ما تمّ إضافة الضمان الاجتماعيّ إليه، أكثر من نصف الإنتاج القوميّ. يتمّ تحصيل الجزء الأكبر من موارد الدولة الماليّة من الضرائب والضمان الاجتماعيّ والرسوم والاشتراكات. وعلى الرغم من الإيرادات المتعدّدة يمكن ملاحظة تناميًا متصاعدًا في نسبة المديونيّة لدى عديد من الدول.

إنّ ديناميكيّة الشؤون الماليّة في يومنا هذا متأثّرة جدًا بالأسواق الماليّة، وهي مراكز تجاريّة يتمّ فيها تبادل المال والمطالبات بالمستحقّات المستقبليّة غير المرتبطة بأملاك أو باستخدام لأصول ماديّة. وتضع المؤسّسات الماليّة وأسواق الأوراق الماليّة أموالاً إضافيّة مقابل فوائد الأطراف الفاعلة التي تتوقّع إيرادات في المستقبل إلا أنّها تريد اليوم صرف مال أكثر ممّا تملك حاليًا.

وتعدّ الأسواق الماليّة الحاليّة قوّة تحدّد منذ أوائل تسعينيات القرن العشرين بشكل متنام سيرورة الاقتصاد، فهي من جهة أتاحت حصول النموّ والرفاهيّة بشكل غير مسبوق ولكنّها من جهة أخرى أدّت إلى مشاكل اقتصاديّة ضخمة حصلت حتّى قبل

الأزمة الأخيرة، وذلك على سبيل المثال بإجبارها الشركات المدرجة في الأسواق الماليّة على تحقيق أكبر قدر من الأرباح تدوم لفترة قصيرة.
لقد حذّر ممثّلو الأخلاق الاجتماعيّة المسيحيّة منذ وقت طويل من مخاطر تطوّر الأسواق الماليّة، على سبيل المثال من سوء التنسيق بين رأس المال والعمل، ومن فصل أسواق المال عن الاقتصاد الحقيقيّ، ومن إهمال الالتزام الاجتماعيّ للملكيّة. ويعتبر كثيرون الأزمة الماليّة الأخيرة أزمةً حضاريّة عميقة نتجت من السعي اللامحدود نحو النموّ والاستهلاك.
تطبع التدفّقات الماليّة التي تدور حول العالم يوميًّا فرص حياة العديد من البشر. من وجهة نظر الأخلاق المسيحيّة فإنّه من المهمّ بالنسبة إلى الشؤون الماليّة المسؤولة أن يتمّ الربط بشكل ملزم بين الحصول على المال والضمانة. يعتبر المال في أيّامنا هذه شرطًا من شروط الشراكة الاجتماعيّة، من أجل ذلك يطالب العديد من الخبراء المسيحيّين والمسلمين باعتبار الحصول على رأس المال حقًّا من حقوق الإنسان، وهم يطوّرون بنجاح باهر أنظمة ماليّة تعاونيّة كأداة لمكافحة الفقر (على سبيل المثال فريدريش فيلهلم رايف آيزن في القرن التاسع عشر، ومفهوم القروض الصغيرة لبنك غرامين أو لمؤسّسة تشجيع التعاون مع العالم الثالث). كما وتنتشر بشكل متزايد في الكنائس والمؤسّسات استثمارات ذات طابع أخلاقيّ تستثمر المال وفق معايير اجتماعيّة وبيئية وأخلاقيّة على أنّه أداة لشؤون ماليّة دأبه الربط بين اقتصاد السوق والمسؤوليّة.

ماركوس فوغت

مواضيع ذات صلة: **الأخلاق؛ الإقتصاد؛ الرفاهيّة؛ الفائدة.**

الشخص (من وجهة نظر مسيحية)
المقصود بالاستخدام اللغوي اليومي لكلمة شخص هو الإنسان كنموذج للجنس البشري وكممثل عنه. أما المصطلح الفلسفي اللاهوتي فيختلف اختلافًا جذريًا؛ إذ لا يهتم بالإنسان حالةً بشرية عامة بمعنى اصطلاحي عام، بل بالفرد المتمتع بفردية متطرفة، بحيث لا يمثّل إلا نفسه فقط.
في تقليد الفلسفة اليونانية في العصور القديمة كان الجنس البشري، وليس كفرد، محور التفكير. فقد كان للمفهوم العام أولوية على المفهوم الفردي. والنظرة إلى البشر كأفراد ومكانة وجودهم كأفراد بدأت من خلال الفكر الديني اليهودي المسيحي. ومع أن اللـه اتجه في إعلانه عن نفسه وفقًا لشهادة أسفار الوحي المقدس إلى جماعة من الناس، إلا أن المخاطَب في نهاية المطاف هو الفرد. الوحي لا يخلق لنفسه أنثروبولوجيا خاصة ولكنه يتطلب ويتضمن فهمًا محددًا للإنسان، بدونه لن يكون هناك متلقي لما يكشفه اللـه ويعلنه عن ذاته. وكل

القضايا ذات الصلة لاهوتيًا والواردة في الكتاب المقدس – ليست أقلها وصية محبة اللـه والقريب – تفترض أن يكون الإنسان فردًا محدود الحرية. وسيقف الإنسان مسؤولاً أمام اللـه ووصاياه ليس ككائن يمثل جنسه وإنما كفردٍ. إن تاريخ اللـه مع الإنسان كان يقوم على الحوار، وعلاقتهما كانت شخصية، الندّ للند. ومع تغلغل مضمون الوحي المرتبط بذلك إلى وعي الإنسان وارتبط بمعرفته بنفسه، تبلور مصطلح »أقنوم« في الفترة التالية لتدوين الكتاب المقدس. والعلة النهائية لوجود شخصية الإنسان وذاتيته تكمن في العلاقة مع اللـه التي تشكّل بدورها أساس الإيمان المسيحي.

الإنسان كائن فريد من نوعه. والمركز الذي يخرج الإنسان منه مجردٌ كليًا من أية نظرة موضوعية. ولا يمكن لأحد على الإطلاق أن يحدد شخصًا بشكل مجرد، وبالتالي لا يمكنه أبدًا أن يصبح مصطلحًا عامًا. ويعبّر عنه لغويًا اسمُ العلم أو الضميرُ الشخصي. وبما أن وجود الشخص مرتبط بعلاقة عكسية حوارية باللـه، فإن الإنسان كشخص هو في الأساس أحد المنتمين للبشرية. وبدون الآخر لا يمكن تصوّر الأنا. اللـه يريد الفرد بفرديته وهويته، ولذلك يحمل هذا الفرد في ذاته مغزى وهدف وجوده. وهو في المقام الأول ليس حاملاً لوظيفة ما في مجتمع متفوق، بل وجوده هو بالأحرى لذاته الشخصية. وفهمه بهذه الصورة يبعد معناه عن أي توظيف آخر. وأساس إمكانية تفرّده الدائم وكماله الشخصي متجاوزًا حدود الموت متجذر بعمق في قصد اللـه من الخلق. وفي مقدور الإنسان الوصول لهذا الكمال، لأنه من خلال تأمله لنفسه سيعرف كل شيء عن نفسه، وبالتالي يمثل نفسه. وأساس إمكانية تقرير المصير بحرية يكمن في المعرفة الشخصية للذات. ومن هذا الأصل يعمل الإنسان بمبادرة ومسؤولية شخصية منه. وفي نطاق علم الأخلاق فإن لهذه الحالة ما يشابهها في عقيدة الحرية وكذلك حرية الضمير الخاطئ ذاتيًا وكأنه الدرجة الأخيرة للسلوك الأخلاقي. وبالتالي فإن وجود الشخص وذاتيته تحتل – وجوديًا – أعلى مرتبة في الحقيقة الواقعية برمتها.

ريتشارد هاينتسمان

مواضيع ذات صلة: **علم الأخلاق؛ الحرية؛ اللـه.**

الشرف (من وجهة نظر مسيحيّة)

الشرف هو مصطلح من مجال التعايش الاجتماعيّ المشترك بين البشر ويفيد الاعتراف أو التقدير الذي يناله الإنسان باعتباره يوافق إلى حدّ كبير تصوّر القيم الثقافيّة المطلوبة لدى مجتمع معيّن. وبما أنّ الإنسان كائن اجتماعيّ، فإنّ قيمة الشرف الممنوحة له تشكّل جزءًا من هويّته. من أجل ذلك يمكن له اعتبار أيّ

رفض أو انتهاك لشرف مجتمعه على أنّه بلا شكّ تهجّم على سلامته الشخصيّة وبالتالي القيام بردّة الفعل الدفاعيّة المناسبة.

بادئ الأمر نشأ الشرف كمصطلح اجتماعيّ ومن ثمّ وجد طريقه بشكل ثانويّ في مواضع قليلة من نصوص الكتاب المقدّس والنصوص اللاهوتيّة. ففي اللاهوت المسيحيّ ليس للشرف الاجتماعيّ أيّة قيمة بارزة تُذكر. وبلا شكّ إنّ مكانة الشرف في المسيحيّة يلفّها التناقض والغموض. ففي الكتاب المقدّس تحديدًا يدور الكلام حول شرف الله (مثلاً المزمور 19: 2 ولوقا 2: 14: المجد لله في الأعالي)، وبالتالي إنّ المعنيّ هنا بالمفهوم الأوّليّ العبادة الطقسيّة المقدّمة إلى الله، ولكن في المفهوم اللاحرفيّ للعبارة إنّ المعنيّ هنا هو مجد الله وكماله اللذان يتوجّه إليهما التبجيل. وفي ما يتعلّق بالشرف الاجتماعيّ يوجد بالفعل في العهد الجديد مفهوم اجتماعيّ ودينيّ نقديّ مخالف للتصوّر الاجتماعي السائد للشرف إذ يؤثَر عن يسوع أنّه توجّه في مجتمع زمانه تمامًا إلى الناس الذين لم يحصلوا على الشرف الاجتماعيّ وفقًا لمعايير ذلك الزمان (مثلاً الفقراء والغرباء والمرضى والمنبوذين والعاهرات والعشّارون والأطفال والنساء)، ففيهم رأى يسوع المتلقّين الأوّلين لبشارته. في نهاية المطاف عانى هو نفسه في موته على الصليب من أكبر عمليّة تجريد من الشرف يمكن تصوّرها. ووفق إيمان المسيحيّين يعدّ إذلال الله الذاتي جانبًا جوهريًا لحدث القيامة، إذ إنّ الله بالتالي يظهر نفسه خصوصًا في المجرّدين من الشرف وفي الضعفاء. من هنا يتمّ قياس الشرف نسبيًّا كمرتبة لاهوتيّة. فليس الشرف بعد الآن ما يجب اعتباره المبدأ الأساسي للتعايش بين البشر، بل التضحية بالذات في الحبّ. في التصوّر المسيحيّ لا يتمّ قياس الإنسان بشرفه المُكتسب والممنوح له بل بمكانته المعطاة له والتي لا تقبل المساومة ككائن على صورة الله ومثاله، حتّى ولو لم يتمّ اعتبار هذه المكانة على المستوى الاجتماعيّ.

مارتن تورنر

الشرف (من وجهة نظر إسلامية)

إن الشرف في السياق الإسلامي هو مصطلح جوهري، وديني، واجتماعي، وأخلاقي. وعلى الرغم من أن مصطلح الشرف لم يرد في القرآن الكريم، إلا أنه مرتبط عمومًا بالفضائل، والصدق والأمانة، والصلاح، والخشوع، والاعتدال في الملبس، وتغطية عورة الجسم. إن معنى مصطلح الشرف لم يقتصر على ما جاء في المراجع الدينية كالقرآن والسنة فحسب، وإنما أيضًا ونتيجة للتطورات الاجتماعية المختلفة تم تعريف هذا المصطلح من جديد وفي سياقات مختلفة.

يُستخدم مصطلح الشرف على الأغلب ضمن السياقات الاجتماعية في تحديد أدوار الجنسين. فلمصطلح الشرف في المجتمعات المسلمة علاقة بمراقبة العلاقات

الجنسية وشكلها. لقد أظهر مصطلح الشرف بين المصادر الإسلامية المقدسة من ناحية وبين واقع المجتمع في الحقب المتأخرة من ناحية أخرى تارةً العلاقة المتوازية، وتارةً أخرى الاختلافات في بعض النقاط، بل وحتى الاختلافات الجذرية. فبينما أصبحت المجتمعات الرجولية هي السائدة، تم تفسير الآيات القرآنية والأحاديث النبوية الخاصة بتصورات الزواج من جديد، حيث وُضعت حياة المرأة الجنسية في المركز، علمًا أن الآيات القرآنية لا تفرق في مسألة الشرف بين الرجل والمرأة (سورة النور 24 الآية 30–31). ومع ذلك فلقد تحول مصطلح الشرف من خلال التأثيرات الثقافية المستندة إلى أصول النظام الأبوي بمعاييره الرجولية، وكذلك إلى الأصول المجتمعية التي كانت سائدة قبل الإسلام، أو إلى تلك الأصول التي ليس لها علاقة بالإسلام، إلى نوع من المؤثرات السلبية على المرأة. فلقد أدت هذه التطورات وما زالت تؤدي إلى أعمال عنف ضد المرأة، حيث يمكن أن تكون تصرفات المرأة المرتبطة بحياتها الجنسية سببًا في فرض العقوبات التأديبية المختلفة والمترسخة في الموروث الثقافي، لدرجة يتلاشى فيها العمل بالوصايا الدينية، بل وحتى يتم تجاهلها، أو انتهاكها. إن هذه الحالة لا تتناسب والمفاهيم العصرية لحقوق الإنسان، فجرائم الشرف التي ما زالت تُرتكب في أيامنا هذه هي أوضح مثال على ذلك، إذ أنها لا تستند إلى القرآن ولا تمت له بأية صلة. إضافة إلى ذلك فإن مناقشة مصطلح الشرف اليوم ما هي إلا نتيجة للتأثيرات الجمعوية الناتجة عن الثقافة والمجتمع بشكل مكثف لم يسبقه مثيل.

إحسان توكر

مواضيع ذات صلة: **المرأة؛ حقوق الإنسان؛ الجمعوية**

الشرك بالله (من وجهة نظر إسلامية)

الشرك بالله تعالى هو جعل شريك أو شركاء لله جل شأنه في ربوبيته وألوهيته، فهو تشبيه للمخلوق بالخالق في خصائصه الإلهية. تشكل وحدانية الله تعالى وعدم مماثلته لخلقه لا في ذاته، ولا في أسمائه، أو صفاته وأفعاله، أساس الإدراك الإسلامي لله. فلقد جاء في القرآن الكريم بأن الله واحد لا شريك له، وأن وحدانيته تعالى تعني بأنه الواحد الأحد الذي لا مثيل له. إضافة إلى ذلك فإن تعدد الآلهة يتناقض مع إدراك القرآن الجوهري لله عز وجل، وهو نوع من أنواع الإعتقاد الذي لا يمت للعقلانية والمنطقية بصلة. لقد حاجّ القرآن الكريم الشرك بالله بأدلة عقلية، فلو كان هنالك آلهة إلا الله لفسد الكون واختل نظامه (سورة الأنبياء 21 الآية 22). يقول القرآن الكريم إن تقديس الصالحين واعتبارهم كوسطاء بين الله تعالى وبين عباده، يعطيهم صفة الألوهية، وهذا ما يقود إلى الإشراك بالله تعالى في جوهره وفي أفعاله وفي وجوده المطلق. وطبقًا للإدراك

الإسلامي فليس هناك وسطاء بين العبد وربه، ولهذا السبب يؤكد القرآن الكريم على أن إتخاذ الناس آلهة مع الله الواحد كاللات والعزى ومناة الثالثة الأخرى (سورة النجم 53 الآية 19–20)، وهبل والتي كان العرب يعبدونها قبل الإسلام لتقربهم إلى الله زلفى لا تمت إلى العقل والمنطق بأية صلة لا من قريب ولا من بعيد. فالشرك بالله تعالى طبقا للقرآن الكريم هو أكبر الكبائر، وأعظم الذنوب التي لا يغفرها الله أبدًا (سورة النساء 4 الآية 48، 116؛ سورة لقمان 31 الآية 13).

إبراهيم آسلان

مواضيع ذات صلة: **التوحيد**

الشريعة / الشرع (من وجهة نظر مسيحيّة)

إنّ الشرع بالمعنى العامّ هو أداء تنظيميّ للعقل مرتبط بالسلوك الإنسانيّ، موجّه في سبيل المصلحة العامّة لجماعة ما ومُدرج من سلطة مرجعيّة يحقّق لها مكانةً وشأنًا. ويعدّ الشرع في وظيفته الجوهريّة من أجل التعايش الاجتماعيّ ضرورة حياتيّة ومحفّزًا حياتيًّا يضمن البقاء. وليس آخرًا، فقد فُهم الشرع على هذا الأساس في العهد القديم على أنّه التجلّي الأهمّ لله واعتُبر مشيئة الله. فمجمل نصوص العهد القديم المقدّسة أُطلق عليها لفظة الشريعة (في اللغة العبريّة: التوراة). إنّ مخزون شعب إسرائيل وطريقه التاريخي الخلاصيّ نحو أرض الميعاد أُسّسا على اتباع »الوصايا العشر« (سفر الخروج 20: 2–17). فهذه الوصايا تضمّ القواعد الأساسيّة للعهد بين الله والإنسان وللعلاقة بين الفرد والبنى الاجتماعيّة. ويعتبر المحتوى الجوهريّ لإعلان يسوع في العهد الجديد أنّ الشريعة يصدر في الواقع عن الله، إلا أنّ هذا الأخير يبقى في جوهره بالذات كمحبّة متساميًا على الشريعة. لذلك قام يسوع باختزال تعدّدية وصايا العهد القديم إلى محبّة الله والقريب (متّى 5: 23–48 ومواضع أخرى). ويشدّد بولس (وفي أعقابه أيضًا اللاهوت اللوثري الإصلاحي خصوصًا) على أنّ الإنسان لا يحصل على الخلاص عن طريق التقيّد بالنواميس، بل يُعطى له من قِبَل رحمةِ الله الواسعة (رومية 3 و 4). ويبرز الرأي داخل الكنيسة الكاثوليكيّة قبل كلّ شيء أنّ الله قد شيّد أيضًا بنىً معياريّة في عمليّة الخلق أدركها العقل البشريّ قانونًا طبيعيًّا ويمكن اعتبارها أساسًا للسلوك والتصرّف.

مارتن تورنر

مواضيع ذات صلة: **الوصايا والنواهي؛ المجتمع.**

الشريعة (من وجهة نظر إسلامية)
يحمل مصطلح الشريعة معاني متعددة. تعني الكلمة لغةً مورد المياه أو المكان الذي ينساب منه الماء وينحدر أو الطريق الواضح المستقيم. أما التعاريف الإصطلاحية فتظهر كالآتي: أ- هو ما شرعه و أنزله الله من أوامر على الأنبياء، وهذه الشرائع تتغير بحسب تغير الأزمنة والأمم. ب - هو القضاء، القائم على مبادئ وقواعد إسلامية، الذي ينظم حياة الفرد والجماعة. ت - هو تفسير وتطبيق مبادئ دينية بطريقة تواكب الزمان وتناسب السياق الإجتماعي. وبمفهوم أوسع وصياغة أخرى، يمكن القول إن الشريعة تعني الأوامر والنواهي التي حددها الله عن طريق رسله في عصور محددة، وهي ترمي إلى مساندة العقل الإنساني.
تعتني الشريعة بمعالجة أركان الإيمان، وبهذا تعد جزءًا من علم الكلام، هذا من جهة ومن جهة أخرى تتضمن الشريعة مجموعة من الأحكام التي تقوم بدورها على مساعدة المسلم في كل شؤون حياته العملية، مما يجعلها عنصرًا من علم الفقه. ومن خلال هذا العلم يتبين أن القرآن ليس المصدر الوحيد للتشريع، بل أيضًا السنة. ثم تأتي المصادر الأخرى التي تساهم في استنباط الأحكام الشرعية، وهي الإجماع والقياس. وبكلمات أوضح، يصف الكلام الشريعة بأنها المصدر الثالث للعلم، ويطلق عليها أيضًا الخبر، هذا إلى جانب العقل والمعرفة الحسية.
ويلاحظ أنه هناك ارتباط وثيق بين مصطلحي الدين والشريعة، بدرجة أنهما يستعملان غالبًا كمرادفين. ومن خلال الوحي الذي بدأ نزوله على النبي الأول آدم وانتهى بظهور خاتم الأنبياء محمد، تم ابلاغ الناس بمبادئ عامة وثابتة مستمدة من الإيمان بوجود الله وبوحدانيته وباليوم الآخر. كما يشمل الوحي أيضًا مجموعة من الأوامر تحقق حياةً سليمةً وعيشةً مستقيمةً من حيث القيم الأخلاقية. والجدير بالذكر هنا أن كلمة الدين تستخدم في حال إذا ما تم الحديث عن هذه المبادئ نظريًّا. أما إذا وقع التطرق إلى الممارسات التطبيقية لكل مبدأ على حدة، فهنا تستعمل عبارة الشريعة.
يدل تنوع الوحي، المنزل من الله على البشرية في عصور محددة، على أن الدين، الذي هو في أصله لا يتغير، خاضع من المنظور التاريخي والثقافي للتجديد والتحويل. وبالتالي يعد الدين أرضيةً عامةً تساعد على فهم المراد الإلهي، ما يمهد الطريق لبناء علاقة بين الله والإنسان، بينما توضح الشريعة الإرادة الإلهية تحت ظروف تاريخية معيّنة. كما يستخلص من الآية التالية التي يخاطب فيها الله محمدًا عدم خضوع الإسلام للتغيير ﴿شرع لكم من الدين ما وصّى به نوحًا والذي أوحينا إليك وما وصّينا به إبراهيم وموسى وعيسى﴾)الشورى 42 الآية 13(. والجدير بالذكر هنا أن الديانات الأخرى السابقة تحمل نفس السمة، وهي أنها توقيفية. وبعد هذا التحليل يستخلص أن كلمة الشريعة تحمل على عكس الدين صورًا متنوعة تم ذكرها في القرآن. وتظهر كل شريعة بطريقتها صورة دين

مطابقة للحقيقة التي من شأنها أن توضح المراد الإلهي في السياق التاريخي، وهذا ما أشير إليه في الآية 48 من سورة المائدة 5. ويعود سبب هذا التقدم الديناميكي المتعلق بفهم المراد الإلهي الى احتياجات الناس الخاضعة لتغيرات دائمة، وهذا ما يعبَّر عنه بمصلحة البشر. وعلى سبيل المثال، تكشف الروايات إدراك عمر الذي تولى الخلافة من سنة 634 إلى غاية 644 بعد الميلاد هذه الحقيقة وهو أن الشريعة قابلة للتغيير، وذلك حينما أوقف إقامة حد السرقة، وهي قطع اليد التي جاء ذكرها في الآية 38 من سورة المائدة 5.

وفي الختام، يمكن القول إن باب الإجتهاد والتأويل للنصوص التشريعية التي حددت منذ قرون من قبل مؤسسي علم الفقه مازال مفتوحًا للعلماء إلى الوقت الراهن، وذلك بحكم التغيرات التي تعرضت إليها متطلبات وظروف العصر.

وبما أن باب التجديد والإجتهاد للنصوص التشريعية مازال مفتوحًا فإنه لا يجوز فهم الشريعة والقانون المدني العلماني أنهما بديلين متنافسين يسعى كل واحد منهما إلى إقصاء الآخر.

إبراهيم آسلان

مواضيع ذات صلة: **الفقه؛ الدين؛ القاضي؛ المذاهب.**

الشهادتان (من وجهة نظر إسلامية)

الشهادتان في الإسلام هما ذلك المصطلح الذي يعلن من خلاله الفرد عن إيمانه. وتنص الشهادتان على ما يلي: »أشهد أن لا إله إلا الله وأشهد أن محمدًا عبده ورسوله«. فهذا الإعلان يُعْتَبَر الشرط الأول لأن يصبح الفرد مسلمًا. إلى جانب صيغة الشهادتين الأولى هناك صيغة ثانية تُعَبِّر كذلك عن إعلان كلمة التوحيد، ألا وهي: »لا إله إلا الله محمد رسول الله«، فرسالة كِلا النصين واحدة في جوهريهما. وبسبب احتواء النص الأول على تعبير »أشهد ...« مرتين سُمِّيت هذه الصيغة بالشهادتين. لقد تم إيجاز الإيمان بكلتا الصيغتين على حد سواء، وبذلك فإن كلتا الصيغتين تُكَوِّنان التعبير الدقيق والمختصر الذي يعبر عن وحدانية الله. ومن نطق بإحدى هاتين الصيغتين يُعَد مؤمنًا ومسلمًا. فمن يشهد بأنه لا إله إلا الله يؤكد إيمانه بوجود، وجلالة، ووحدانية الله. والمسلم الذي يعترف بأن محمدًا عبد الله ورسوله يعترف من خلال ذلك أيضًا بمبادئ الإيمان الأخرى والتي أُنزلت على النبي محمد كالإيمان بالرسل، والملائكة، والكتب المنزلة، واليوم الآخر؛ فلقد قام النبي محمد بتبليغ هذه المبادئ للناس. إن من يؤمن برسول الله يقر أيضًا بكل الأوامر التي قام بتبليغها. فهذا المبدأ قد جاء في القرآن في مواضع كثيرة (سورة البقرة 2 الآية 163؛ سورة آل عمران 3 الآية 2، 6، 18، 62، 144؛ سورة النساء 4 الآية 87؛ سورة المائدة 5 الآية 73؛ سورة الأنعام 6 الآية 106؛ سورة الفتح 48 الآية

29). لقد وردت صيغة الشهادتين أيضًا في الأحاديث النبوية، فقد جعل النبي محمد في أحد الأحاديث النبوية ركن الشهادتين في المرتبة الأولى في الإسلام (أنظر صحيح مسلم). وطِبقًا للسُّنة يجب على الإنسان الذي يريد أن يعتنق الإسلام بأن ينطق بالشهادتين أولًا. وفيما يخص هذه الموضوع فقد ظهرت في التراث الإسلامي مصادر غنية تعنى بهذه المسألة.

معمر أَسَن

مواضيع ذات صلة: **الإيمان؛ أركان الإيمان.**

مصادر الحديث:

صحيح مسلم، كتاب الإيمان، باب 21 قول النبي (ص) بُنِيَ الإسلام على خمس، رقم الحديث 113، عن عبد الله بن عمر.

الشهيد (من وجهة نظر مسيحية)

يشير مصطلح شهيد (جذور الترجمات المقابلة في كثير من اللغات الأوروبية تعود إلى كلمتي »شاهد« و»شهادة« اليونانيتين) في المسيحية إلى المؤمن المهدَّد بالإضطهاد والذي يتمسك حتى الموت بإيمانه، شاهدًا له بدمه.

ويمكن العثور في الكتاب المقدس على جذور الشهادة في سفري المكابين الأول والثاني مثلًا وفي سفر دانيال، عندما واجه الشعب اليهودي خيارَي تجاوز القانون أو الموت. وفي العهد الجديد يشير الشهيد بشكل عام إلى الشاهد على حياة يسوع (مثل رسله). منذ منتصف القرن الثاني الميلادي ارتبط هذا المصطلح حصريًا بشهادة الدم، أو الإستشهاد (أنظر: لأول مرة استشهاد بوليكاربوس في رسالة كنيسة سميرنا إلى كنيسة فيلوميليون، حوالي عام 160 ميلادية). وشمل المصطلح بدءًا من الإصلاح الديني شهداء الدم في الانقسامات الطائفية أيضًا.

يمثل الشهيد الأول في العهد الجديد استيفانوس (أعمال الرسل 6: 8–7: 60) السمة المميزة للشهيد المسيحي بشهادة مزدوجة: شهادة الكلمة أثناء المحاكمة وشهادة التضحية بحياته أثناء تنفيذ الحكم. فالشهيد يعترف بإيمانه علنًا وبموته يشابه المسيح من خلال محاكاته المباشرة لموته. إذ إن لا يموت الشهيد لمجرد فكرة، وإنما يموت مع المسيح الذي مات من أجل هذا العالم. وبهذا يتضح لنا أن الإيمان المسيحي قائم على موت المسيح وقيامته. ونظرًا للرفض العنيف للمسيح من قبل الإنسان يضع الشهيد نفسه كليًا في متناول يد اللـه على رجاء يسوع المسيح. ولكن هذا يجعل الشهيد في الوقت نفسه شاهدًا على المحبة الإلهية والرجاء المسيحي بأن الله لا سلطان للموت والعنف عليه.

الشهيد هو قدوة لكل قديس، والمكان الأصلي لذكرى القديس وتكريمه هو الإحتفال بسر الشكر الإلهي في يوم وفاته الذي يعتبر عيد ميلاده الحقيقي في الملكوت. كما

أن تكريم الشهداء له تأثير دائم على فن الإيقونات وبناء الكنائس والليتورجيا (التقويم الكنسي والزيارات المقدسة وآثار العصور المسيحية السابقة) وكذلك على التقوى الشعبية والفردية.

نوربرت فايغل

مواضيع ذات صلة: **الدم؛ الإيمان؛ تكريم القديسين؛ الذبيحة؛ الإصلاح (الديني).**

الشهيد (من وجهة نظر إسلامية)

كلمة شهيد مشتقة من فعل يحمل المعاني الآتية: شاهد، مجهز، حاضر، أخبر، شهد. أما في الإسلام فتطلق صفة شهيد على كل إنسان مات في سبيل الله. فروح الشهيد تصل إلى الله عندما يُقتَل والملائكة تكون حاضرة معه واستشهاده يكون دليلاً على صدق إيمانه. دلت آيات قرآنية أن كلمة شهيد هي صفة من صفات الله وهذا ما ورد في سورة آل عمران آية 3 رقم 98 وسورة النساء 4 الآية 33 وسورة المائدة 5 الآية 117، كما تُطلق أيضًا على الملائكة التي وُكِلت بكتابة كل ما يعمله الإنسان من خير أو شر، وهذا ما ذُكر في سورة ق الآية 50، 21.

يُلاحظ كذلك أن كلمة شهيد تستخدم في القرآن بمعنى الأنبياء وتحديدًا في سورة النساء 4 الآية رقم 41 وسورة النحل 16 الآية رقم 89 وسورة الحج 22 الآية رقم 78، أما في سورة البقرة 2 الآية رقم 143 و282 وسورة العاديات 100 الآية رقم 7 فتشير كلمة شهيد إلى أناس آخرين يشهدون على أشياء عدة. كما أنه من الواضح أن كلمة شهيد استُعملت في بعض الآيات القرآنية في صيغة الجمع لتصف كل من قُتِل في سبيل الله وهذا ما جاء في سورة آل عمران 3 الآية رقم 140 وسورة النساء الآية رقم 69، ومن هنا يُفهم أن المقصود في الاستشهاد بالدرجة الأولى في التقاليد الإسلامية هو فقدان حياة الإنسان في سبيل الله، وهذه العبارة »في سبيل الله« تشمل مفهومًا واسعًا، فمثلاً يُنسب الإستشهاد في التعبير المجازي الى الإنسان الذي توفي جراء الكفاح ضد كل ظلم أو أثناء أدائه للعبادات والطاعات، وكذلك للشخص الذي فقد حياته وهو يناضل لإقامة القسط والعدل بين الناس أو يكافح لطلب العلم وتسخير حياته لنشر العلوم وقيم أخرى عالية كالأخلاق النبيلة.

إن الغرض من هذا المفهوم الواسع لكلمة شهيد هو ترغيب الناس في العمل من أجل هذه القيم، حتى أن الموت بسبب الجوع أو الغرق أو الهدم أو الحريق أو التسمم يُعتبر استشهادًا. الشهيد أيضًا هو من كان ضحية عمل إرهابي أو هجوم من حيوان وحشي، وكذك وفاة الأمهات عند الولادة والحاج أو المعتمر وهو في طريقه لأداء مناسك الحج أو العمرة، وأيضًا فقدان الحياة خلال أداء هذه المناسك. كل هذه الحالات والمواقف تمنح صاحبها صفة الشهيد عند وفاته. إلا أن الأشخاص الذين لقوا حتفهم وهم يستهدفون الأبرياء لا يعتبرون شهداء إطلاقًا.

حرَّم القرآن تسمية كل إنسان قُتل في سبيل الله بالميت، لأنهم في الحقيقة أحياء ولكن الناس لا يشعرون، وهذا ما تم ذكره في سورة البقرة 2 الآية رقم 154 وسورة آل عمران 3 من الآية 169 الى الآية 170، وطبقًا لأحاديث محمد التي رواها البخاري وإبن ماجه فإن الشهيد يُغفر له في أول دفعة من دمه ويرى مقعده في الجنة ويُجار من عذاب القبر ويأمن من الفزع يوم الحساب. وبهذا يتمتع الشهيد في ثقافة المجتمعات الإسلامية بقيمة مثالية عالية.

طالب تورجان

مواضيع ذات صلة: **يوم القيامة؛ الجهاد؛ الآخرة؛ يوم الدين؛ الجنة؛ السياسة؛ الموت.**

مصادر الحديث:
البخاري، كتاب الجهاد؛ أنس بن ملك؛ ابن ماجة، كتاب الجهاد.

الشورى (من وجهة نظر إسلامية)
الشورى تعني أخذ آراء الآخرين في موضوع ما، وكذلك المجلس الذي يهتم بتقديم الإستشارات واتخاذ القرارات. وبهذا المفهوم تكون الشورى طريقة تحقق التوافق الجماعي في جملة من القضايا التي تمس أكثر من شخص. إن التشاور الجماعي يسرّع عملية العثور على الحقيقة ويعين الجميع في فهم النتيجة بواسطة العقل. كما يروى أن الآية الآتية: ﴿ وأمرهم شورى بينهم﴾ (الشورى 42 الآية 38) نزلت لتمدح المسلمين في المدينة الذين اتخذوا قرارًا بعد نقاش دار في غياب النبي محمد. كما أن هذه الوصية ﴿وشاورهم في الأمر﴾ (آل عمران 3 الآية 159) تحث على نشر هذه السنة النبوية.
كما يروى أيضًا أن النبي كان يتشاور دائمًا مع آخرين في مسائل اجتماعية وسياسية، باستثناء الأمور الدينية الخاصة، وهي التي تهتم بمسائل العبادات، حسب ما رواه الترمذي. وبعد وفاة النبي وقع التخلي عن مبدأ التشاور الجماعي كأسلوب لحل المشاكل الإجتماعية. وعوضًا عن ذلك تطوير تنظيمات جبرية قائمة على مبادرات فردية ترأسها مصالح عشائرية. أدى التخلي عن الشورى إلى ظهور أحزاب سياسية متباينة فيما بينها أشعلت فتيل الحروب الأهلية في التاريخ الإسلامي.
وتحت ضغط الجماعات ذات النفوذ، بات مبدأ التشاور يأخذ أشكالاً مختلفةً اختلافًا كبيرًا مع مرور الزمن، فنجد أن مجلس الشورى قد اتخذ تراكيب متنوعة، فكان يتألف في بعض الأحيان من قادة ومسؤولين إداريين وقادة عسكريين وعلماء، وأحيانًا فقط من العلماء. وأثناء الفترة العباسية نجد مثلاً أنه تم دعوة هيئات استشارية، وكان ذلك بالتحديد في العراق ومنطقة خراسان ومصر.

ومن المنظور السياسي، تُعد الشورى قاعدة تنظيمية يتم من خلالها انتخاب القادة وخلق مناخ يقوم فيه مجلس الشورى بتسيير الشؤون الإجتماعية. تقدم الشورى صيغةً ملائمةً للغاية، تمثل أرضية صلبة لتطوير الثقافة السياسية. وبدلاً من تشبيه الشورى مباشرةً بالديمقراطية على أساس القراءة الحرفية، وهي في آخر المطاف قراءة غير تاريخية للقرآن، فإن النهج الأفضل هو التأمل في نظام الشورى في سياق تحليل المقاصد الأساسية للنظام القانوني والحكومة، وتحديدًا تحقيق العدل والإنصاف والشفافية والتسامح ومبدأ الإختيارية والاحترام المتبادل والأمن القانوني. ومما يوضح أن نظام الشورى يمثل الأرض الخصبة لخلق مبادئ جوهرية تحقق التعايش الذي يكون مانعًا في ظهور الهيمنة الشخصية أو المؤسسية، هي وصية الله للنبي في طلب النصح من الناس، وكان ذلك في وقت تلقي الوحي وبعدما تم الإعتراف به كحاكم.

تُعتبر الشورى مبدأ يمنح الجميع في المجتمعات الإسلامية حق المشاركة في الرأي، ويتيح لمختلف الجماعات فرصة الإجهار بمطالبهم في المسائل الإجتماعية والإدارية. وفي الوقت الحاضر تعد البرلمنات ومجالس البلدية ومنتديات الحوار المتواجدة على نطاق واسع، سواءً في بعض البلدان الإسلامية أو في ألمانيا على شكل هيئات مسلمة، نماذج تعكس صورة مبدأ الشورى.

شعبان علي دوزگون

مواضيع ذات صلة: **السلطة الدينية؛ الديمقراطية؛ السياسة؛ الدستور.**

مصادر الحديث:

سنن الترمذي، كتاب الجهاد 35، باب ما جاء في المشورة، رقم 1714، عن ابن مسعود.

الشيطان (من وجهة نظر مسيحية)

الشيطان هو قوة الشر التي يتصورها المرء بشكل شخصي. يسميه كتابِ العهد القديم العبري »شيطان«. والمقصود بكلمة شيطان في العهد القديم هو »المُتَّهِم« أو »المُعادي في الحرب«. ولا يشكل الشيطان هنا قوة مقابلة للـه، بل يتم تفسير الجوانب السلبية لخبرات الحياة على أنها مثلاً غضب اللـه وما شابه. ولم يظهر الشيطان في البداية إلا في النصوص المكتوبة بعد السبي ككائن سماوي تابع موجود في حضرة اللـه. فهو بحسب الاصحاحين الأول والثاني من سفر أيوب أحد أفراد الحاشية السماوية المحيطة بالإله يهوه. ولم يكن اسم الشيطان في هذا السياق اسمًا علمًا بعد، بل كان اسمًا وظيفيًا له. ووظيفته كانت التحريض بين اللـه والإنسان بأن شكك بتقوى أيوب. وفي سفر زكريا 3: 1–2 يحاجج الشيطان الكاهن العظيم يهوشع أمام ملاك الرب. ولا نجد الشيطان كاسم علم إلا بدءًا من سفر أخبار الأيام الأول 21: 1. فهو يغوي داود بإحصاء عدد الشعب (سفر صموئيل الثاني 24: 1).

وفي الفترة ما بين العهدين – القديم والجديد – يظهر كمجرِّب ومُغتاب، ويتم تعريفه مع الآلهة الغريبة وخاصة الآلهة الكواكب، والملائكة، والشياطين (راجع: سفر إشعياءء 14: 12 وما بعدها؛ سفر أخنوخ 6–8؛ وسفر اليوبيل 10). وهنا فقط تم الربط بين الحية في جنة عدن (سفر التكوين 3) وبين إبليس (سفر الحكمة 2: 24 وما بعدها). الشيطان في العهد الجديد هو مقاوم اللـه الخارق للطبيعة الذي يترأس جيشًا من الشياطين. ويظهر كخصم ليسوع، ولكن يتم ردعه وتُنتزع قوته منه (الإنجيل بحسب مرقس 1: 13؛ 3: 22 وما بعدها؛ الإنجيل بحسب متى 4: 1–10؛ الإنجيل بحسب لوقا 11: 20). وفي سفر الرؤيا يُمنح الشيطان فترة قصيرة إلى أن يبدأ العصر الجديد مع المسيح، يعيق خلالها رسالة المسيحية ويضطهد الكنيسة (سفر الرؤيا 2: 9–11؛ 12: 12–14؛ راجع: رسالة بولس الرسول الأولى إلى تسالونيكي 2: 18؛ رسالة بطرس الرسول الأولى 5: 8 وما بعدها). وعلى المسيحيين مقاومة إبليس (رسالة بولس الرسول إلى أفسس 6: 11–13). أما مدى تصوير الشر في زمننا هذا كقوة شخصية أو كمبدأ يتعارض مع اللـه، فيعتمد في نهاية المطاف على صورة اللـه.

مارتن أرنيت

مواضيع ذات صلة: **الملاك؛ يهوه؛ العِقاب؛ غضب اللـه.**

الشيطان (من وجهة نظر إسلامية)

يُعتَبر الشيطان في الكتب المقدسة تجسيدًا لقوى الشر التي تقف ضد الخير، ومع ذلك تبقى في آخر المطاف قوى خاضعة للإرادة الإلهية. يُعد الشيطان في الإسلام من الجن، عارض أمر الله وامتنع عن السجود لآدم، وهذا ما ورد في الآية 50 من سورة الكهف 18. ونتيجةً لذلك وقع إسقاطه من مكانته التي كانت قريبةً من الله وجعله عدوًا للإنسان.

يُطلق على هذا الكائن اسم إبليس الذي ذُكر في سياق خلق آدم وخطيئته الأولى، وتحديدًا في الآية 34 من سورة البقرة 2 والآية 11–16 من سورة الأعراف 7. كما تُستعمل كلمة الشيطان إذا تعلق الأمر بمساعيه لإبعاد بني البشر عن الطريق الصحيح. يشير إستعمال صيغة الجمع في القرآن إلى أن للشيطان أتباعًا، ورغم ذلك مازال السؤال محل نقاش، وهو هل أن أتباع الشيطان من قبيلته، أي من الجن، أو هم من بني البشر والأرواح؟ كذلك كون الشيطان ذا شكل جسدي مازال موضوع جدل من بين علماء المسلمين.

وفقًا للآيات القرآنية، انصاعت الملائكة لأمر الله وسجدت لآدم تكريمًا له، إلا إبليس أبى واستكبر عن تنفيذ أمر السجود بادعائه أنه خلق من نار، وبذلك رأى نفسه أنه أفضل من الإنسان. وجراء هذا الإستكبار جعله الله من الصاغرين، وهذا

حسب ما تم ذكره في الآية 13 من سورة الأعراف 7. بالإضافة إلى ذلك طرده الله من رحمته. وبعدها طلب الشيطان من الله أن يؤخره إلى يوم القيامة حتى يبعد الإنسان الذي كان سبب طرده وإبعاده عن رحمة الله عن الطريق الصحيح، فاستجاب الله طلب الشيطان ومنحه فرصة البقاء، وهذا ما ورد في الآية 11 و15 من سورة الأعراف 7. ومنذ تلك الاستجابة يسعى الشيطان إلى صرف الناس عن الصراط المستقيم، حيث بدأ بآدم وزوجته عندما أغواهما وتسبب في إخراجهما من الجنة، وهذا ما ورد في الآية 36 من سورة البقرة 2 ومن الآية 20 إلى غاية الآية 22 من سورة الأعراف 7. بيَّن القرآن أن للشيطان عدة أفعال ذميمة، منها إغواء الناس (مذكورة في الآية 120 من سورة النساء 6 والآية 64 من سورة الإسراء 17) وابعادهم عن الطريق الصحيح (مذكورة في الآية 24 من سورة النمل 27) وتزيين الأعمال القبيحة لتظهر حسنة (مذكورة في الآية 43 من سورة الأنعام 6 والآية 63 من سورة النحل 16 والآية 24 من سورة النمل 27 والآية 38 من سورة العنكبوت 29) وصرف الناس عن ذكر الله (مذكورة في الآية 19 من سورة المجادلة 58) وزرع الفتنة بين الناس (مذكورة في الآية 91 من سورة المائدة 5 والآية 53 من سورة الإسراء 17). لذلك فرض القرآن الإستعاذة بالله من كيد الشيطان، وذلك في الآية 200 من سورة الأعراف 7. ووفقًا للمفهوم الإسلامي فإن الشيطان قريب من الإنسان ويهاجمه في نقاط ضعفه، كما يدعوه إلى قول الكلام القبيح، ويزرع الشقاق والغضب بين الناس ويدلهم على طرق غير مشروعة لربح المال. لهذا الغرض تجد الشيطان يسعى ويجتهد ويغوي بوعوده التي لا يفي بها، ويزرع الأمل الكاذب في نفوس الناس، وهذا ما ورد في الآية 22 من سورة إبراهيم 14. وعندما يحقق الشيطان هدفه يقول للإنسان حينها: ﴿إني بريء منك إني أخاف الله رب العالمين﴾ (سورة الحشر 59 الآية 16). وبهذا يكون الشيطان قد تخلى عن نصرة الناس الذين أغواهم.

حسب التعاليم الإسلامية، سمح الله للشيطان بأن يضل الناس ليعلم من هم المؤمنون المتمسكِون بمنهج الله، ومن هم أولائك الذين هم سجناء شهواتهم وغرائزهم. ومع ذلك حذَّر الله في الوقت ذاته عباده من وسوسة الشياطين. لهذه الغاية أرسل الله أنبياء وأنزل الكتب وأنذر الناس من اتباع هوى النفس والغريزة، بدلاً من اتباع أوامر الله. كما أخبر الله أن الشيطان ليس له أي سلطان على المتمسكين بمنهج الله والثابتين على طريقه، وهذا ما جاء ذكره في الآية 99 و100 من سورة النحل 16.

محمد قاتر

مواضيع ذات صلة: **آدم وحواء؛ الملائكة.**

الشيعة (من وجهة نظر إسلامية)
الشيعة يُعرفون أيضًا بشيعة علي أو أتباع علي، هو اسم عام يُطلق على تلك الجماعات التي ترى أن خلافة النبي محمد من حق علي المتوفى سنة 40/661 وذريته.كان علي ابن عم محمد وصهره، وكان له ولدان الحسن المتوفى سنة 669/ 49 والحسين المتوفى سنة 61/680.
ومن الخصوصيات في التعاليم الشيعية الإمامة التي تدور حول مسألة من يتولى قيادة المسلمين السياسية والدينية. وما يراه الشيعة أن من عدل الله المطلق ألّا يُترك الإنسان وحيدًا على الأرض، فهو يبعث من ذرية علي والحسن والحسين إمامًا له الحق في تولي الخلافة الشرعية وبهذا يستخلف الأئمة ليكونوا قادةً روحيين لجميع الناس، لأن، حسب قولهم، كل عصر يحتاج إلى هؤلاء القادة، وهي أصل من أصول الدين أن خلفاء علي لديهم الحق في تولي منصب الإمامة وهذا ما حدده حسب رأيهم النقل أي القرآن والأحاديث.
وعلى الرغم من غياب الإجماع بين مختلف التيارات الشيعية حول تفاصيل مسألة الإمامة، هناك توافق حول أن أهل بيت النبي هم من لهم الحق في تولي الإمامة. وبالتالي نجد أن المذهب الشيعي مع بعض الإستثناءات يرى أن جميع الحكام بعد وفاة محمد والذين لا ينتسبون لأهل البيت غير شرعيين، حيث يرفضون حكم الخلفاء الثلاثة الذين تولوا الخلافة مباشرةً بعد محمد وهم أبو بكر المتوفى سنة 13/634 وعمر المتوفى سنة 23/644 وعثمان المتوفى سنة 35/656، وهم يأخذون بهذا الرأي بحجة أن هؤلاء اغتصبوا حق علي في الخلافة.
ينقسم الشيعة إلى ثلاث تيارات رئيسية، وهي الإمامية والإسماعيلية والزيدية. تأسست هذه التيارات على مدار التاريخ ويُعد السبب الرئيسي لظهورها هو اختلاف وجهات النظر حول سلسلة الوريث الشرعي لكل إمام. فمثلاً عندما حدث جدال حول خليفة الإمام الرابع نجد أن الإمامية والإسماعيلية اختارت محمدًا الباقر المتوفى سنة 114/733، بينما الزيدية اختارت زيد بن علي المتوفى سنة 740/ 120 لتولي منصب الإمامة.
يعيش أصحاب المذهب الزيدي اليوم خاصةً في اليمن والسعودية. ومن أهم الانشقاقات في تاريخ الشيعة هو ذلك الانشقاق الذي حدث في سياق شرعية الإمام السادس جعفر الصادق المتوفى سنة 148/765، حيث ظهرت مجموعة موالية له اعترفت بإمامة الولد الأكبر إسماعيل الذي كان قد توفي في ذلك الوقت وذريته بدلاً من موسى الذي كان في ذلك الوقت على قيد الحياة، وبهذا انشقت هذه المجموعة من الجماعة الرئيسية لتصبح فرقة تسمى الإسماعيلية.
تُعد الإمامة عند الشيعة أصلاً من أصول الدين، فالإمام يلعب دور الحاكم الذي يتابع مسؤولية النبي في أمور الدين والدنيا، حيث تكمن مهمته في إنهاء كل أشكال العداوة بين الناس والتصدي لكل أنواع العنف وإقامة العدل بين جميع الناس،

ومن هذه الناحية فإن الإمامة ليست إلا استمرارًا لأهداف النبوة، ووفقًا لرأي الشيعة كان من الضروريات أن ينصب الله إمامًا كخليفة للنبي، وبما أن وظيفة الأئمة تكمن في تنفيذ وصية محمد، فهم يتمتعون بمعرفة عميقة في كل المجالات ولهم دراية ليس فقط بالمعاني القرآنية الظاهرة، ولكن أيضا الباطنية، فهم يملكون العلم الإلهي وهم معصومون من كل الأخطاء وموهوبون بخصال غير عادية.

ويرى الإمامية أن هناك اثني عشر إمامًا يُنسبون لمحمد، فعندما توفي الحسن العسكري الإمام الحادي عشر سنة 260/874 تولى ولده محمد منصب الإمامة ليكون الإمام الثاني عشر، ووفقًا لمعتقدات الشيعة يتواجد هذا الإمام في الوقت الحاضر في عالم الغيب، وسيخرج يومًا من الأيام مرةً أخرى لإنهاء العنف على الأرض وإقامة العدل.

واستمر هذا التصور حتى ظهر الخميني المولود سنة 1902 والمتوفى سنة 1989 الذي نشر هذا الفكر، وهو أن الشعب ينبغي أن يُرأس من عالِم دين يتولى حكم الدولة والمسلمين حتى خروج الإمام الموجود في عالم الغيب، كما يجب الاعتراف بهذا الزعيم ويتم قبوله من أغلبية الشعب، وأن يكون أيضًا تقيًا شهمًا وعالمًا ذا بصيرة له دراية بأمور عصره.

يبدأ تأسيس التشييع مع مقتل الحسين حفيد النبي محمد في سنة 61/680 في كربلاء، ومع هذه الأسطورة يندمج العديد من مواضيع أخرى داخل الثقافة الشيعية، كما يقع تنظيم مراسم عزاء وحزن كذكرى لمقتل الحسين يوم عاشوراء الموافق لليوم العاشر من شهر محرم في التقويم الهجري. في الماضي كان هناك دائمًا عدة مناطق في الشرق الأوسط وإفريقيا وآسيا تعيش فيها جماعات شيعية مختلفة، أما اليوم فيعيش أغلب الشيعة في إيران والعراق والهند وباكستان وأذربيجان ولبنان ودول الخليج.

مظفر تان

مواضيع ذات صلة: **الإمام؛ الخلافة؛ المهدي؛ الرافضة؛ الفتوى.**

الصدقة (من وجهة نظر مسيحيّة)

مصطلح الصدقة مشتقّ من الكلمة اليونانيّة إيليموزين وتعني الشفقة وفعل الرأفة، وتُطلق على أعطية مخصّصة للفقراء. وفي التقليد المسيحيّ غالبًا ما تُستعمل عبارات الصدقة، أعمال الخير أو أفعال الرحمة على شكل مترادفات. فلوقا يركّز في عمله المزدوج (الإنجيل وأعمال الرسل) بشكل خاصّ على الالتزام بإعطاء الصدقة، وبناء عليه لا تكون فكرة الأجر السماويّ هي المحور بل محاكاة رحمة الله. تشكّل الصدقة جزءًا ضروريًّا من العدالة، وفي الوقت نفسه تعبّر ماديًّا ورمزيًّا

عن تضافر الرعيّة المسيحيّة مع بعضها البعض كما يتّضح ذلك في دعوات بولس الرسول إلى جمع التبرّعات.
لقد أوجد التقليد المسيحيّ انطلاقًا من مبدأ محبّة القريب الفاعلة التزامًا عامًا لمساعدة المحتاجين عبر الصدقة. وتحقّق ذلك عن طريق التبرّع بمنتوجات نباتيّة أو حيوانيّة تُجمع في الأعياد الكبيرة أو عن طريق عطايا أو ضرائب كنسيّة توزّع لاحقًا على الفقراء. وتمّ تبجيل المطارنة بشكل خاصّ كحماة مثاليّين للفقراء، إضافة إلى ذلك قدّمت وتقدّم الأديرة مساهمة هامّة في رعاية الفقراء. لقد أوكل المجمع الفاتيكاني الثاني (1962–1965) أيضًا إلى الكهنة مهمّة رعاية خاصّة للفقراء والمحتاجين. في التقليد الرهباني كما في تقاليد الزهد تمّ تقويم الفقر إلى جانب العفّة والطاعة أساسًا لحياة الرهبنة، وكان ذلك القاعدة – على سبيل المثال – للرهبان المتسوّلين والحجّاج. تعدّ مكافحة العوز الاجتماعيّ من منظور عقائديّ جزءًا جوهريًّا من مهمّة بعث الكنيسة. إعطاء الصدقة هو خدمة كنسيّة، أي خدمة لله في سبيل القريب المحتاج (انظر متى 25: 31–46). إنّ سمة اهتمام الكنيسة الدائم بالمرضى والفقراء والمتقدّمين في السنّ وجميع أنواع الفئات المهمّشة جعل من إعطاء الصدقة جزءًا من كيان الكنيسة كونها تعكس، من الناحية اللاهوتيّة، رحمة الله الموهوبة واللامتناهية، التي لا يمكن أو يجب استحقاقها.
في تعاليم الكنيسة الاجتماعيّة المعاصرة تمّ استكمال فكرة إعطاء الصدقة أوّلاً بمصطلح التضامن. التضامن مع أولئك الذين هم ضعفاء في نظام معيّن أو أنّهم يبدون كذلك. هذا التضامن لا يجب أن يُفهم على أنّه تعويض عن نوائب القدر أو عن النقص في إحراز النجاح في المنافسة الاقتصاديّة بقدر ما هو تطوير لإمكانيّة المشاركة. فمن الواجب أن يكون مترسّخًا بشكل بنّاء في الدولة الاجتماعيّة وأن يُطلق القدرات الخلاقة كتعزيز لمساعدة الذات. من خلال ذلك تتعمّق فكرة الصدقة لتصبح قدر المستطاع حقّ الفقراء القانونيّ وتوظيفًا مجتمعيًّا كليًّا لقدرة الأداء وإرادة الأداء لدى الكثيرين.

ماركوس فوغت

مواضيع ذات صلة: **شماسة؛ محبّة القريب؛ نظام اجتماعيّ؛ رفاهيّة.**

الصدقة (من وجهة نظر إسلامية)
تُعرف الصدقة في القرآن والسنة على أنها كل ما يتم إعطاؤه للمحتاجين بغير عوض من أجل التقرب إلى الله تعالى وطمعًا في مرضاته، فهي الدعم المالي الذي يتم إعطاءه بشكل طوعي، أو كواجب مفروض. لقد أصبح مفهوم الصدقة مع الوقت مرتبطًا بالدعم المالي الذي يقدمه الأغنياء للفقراء طوعًا. فهي على العكس من الزكاة المفروضة على الميسورين من المسلمين، وكذلك على العكس

من صدقة الفطر. تُعتبر الصدقة في الإسلام من أحب الأعمال إلى الله تعالى. فإذا ما زاد المال عند أحد على مؤونة من تلزمه نفقتهم، فإنه يستطيع أن يتصدق من ماله. فلقد قال النبي محمد، فيما رواه البخاري في صحيحه، إن الصدقة من أكثر الأعمال جلبًا للبركة (أنظر البخاري). هناك أنوع عديدة من الصدقات، مثلاً الصدقة الجارية، وهي تلك التي يستمر ثوابها بعد موت الإنسان، كإنشاء المرافق ذات النفع العام مثل بناء المساجد والمدارس والجسور، ومساكن إيواء المحتاجين، والحمامات المجانية، والمطاعم التي تقدم الوجبات المجانية للفقراء، بالإضافة إلى إنشاء المؤسسات الوقفية والتي تقوم بتقديم الدعم المالي للمحتاجين من الطلبة والأرامل والأيتام، أو للأشخاص الذين يقدمون الخدمات العامة. لقد قال النبي محمد فيما رواه مسلم في صحيحه: »إذا مات الإنسان انقطع عنه عمله إلا من ثلاثة: إلا من صدقة جارية، أو علم ينتفع به، أو ولد صالح يدعو له« (انظر صحيح مسلم). لقد أثنى الله تعالى في كتابه العزيز على أولئك الذين ينفقون أموالهم في طاعة الله، ولا يتبعونها بما ينقصها ويفسدها من المن والأذى، وأن الأعمال الصالحة ينميها الله عز وجل لأصحابها كما ينمي الزرع لمن بذره في الأرض الطيبة، وعاتب الأغنياء الذين لا ينفقون في سبيل الله وكذلك أولئك الذين ينفقون أموالهم رئاء الناس أو أولئك الذين يتبعون صدقاتهم بالمن والأذى (سورة البقرة 2 الآيات 261–274). لقد شرع الله في القرآن الكريم إنفاق السر وإنفاق العلانية وجعل كليهما سلوكًا عامًا للمؤمنين، ومدح كِلا النوعين في سياق واحد، إلا أن في الإنفاق السري مصلحة لآخذها في حفظ كرامته ومشاعره، وإنسانيته (سورة البقرة 2 الآية 271).

لقد أخبرنا النبي محمد فيما رواه البخاري أن الصدقة لا تنطوي فقط تحت مفهوم الدعم المالي فحسب، وإنما كل معروف يصنعه الأنسان لأخيه الأنسان هو صدقة، فالابتسامة هي صدقة، والكلمة الطيبة التي تسر السامع وتحدث أثرا طيبًا في نفوس الآخرين صدقة (سورة البقرة 2 الآية 263).

طالب تورجان

مصادر الحديث:

1. صحيح البخاري: كتاب الزكاة، باب 18 لا صدقة إلا عن ظهر قلب، رقم الحديث: 1426
2. صحيح مسلم: كتاب الوصية، باب 14 ما يلحق الإنسان، رقم الحديث: 1631
3. صحيح البخاري: كتاب الأدب، باب 33 كل معروف صدقة، رقم الحديث: 6021

صفات الله (من وجهة نظر مسيحيّة)
يتمّ التعريف في علم اللاهوت بصفات الله على أنّها تلك التحديدات التي تختصّ بجوهر الله وكماله. وتعدّ مسألة عدم إدراك كنه الله بالنسبة إلى العقل الإنسانيّ المحدود حاسمة، إذ كيف يمكن للإنسان عمومًا أن يتوصّل إلى عَقْل هذه الصفات. وفي هذا الخصوص نشأ في التقليد المسيحيّ مساران (مرتبطان في الغالب ببعضهما البعض)، وهما المسار المعلّل فلسفيًا ومسار لاهوت الوحي. فمن الناحية الفلسفيّة تشرعن تسمية صفات الله نفسها عبر أفكار قائمة على بعد العلاقة القياسيّ بين الخالق والخلق: فكلّ ما هو موجود في عالم الخلق بطريقة محدودة والذي يتوفّر عليه الخالق الإلهيّ مسبقًا باكتمال لامتناهٍ، يمكن أن تدرجه الخصائص الإيجابيّة للخلق، مجرّدة من نهائيّتها، تحت صفات الإله الخالق. ولكن، وبالنظر إلى السرّ الإلهيّ، من الواجب دومًا الأخذ بعين الاعتبار أنّ الاختلاف بين الصفات الإلهيّة والصفات الدنيويّة أكبر من تشابههما. فبما أنّ الله يُعرّف اصطلاحًا على أنّه الكائن الكامل المطلق، فمن الضروريّ أنْ يُشهَدَ له بامتلاك كلّ ما هو أفضل وما لا يملكه أحدٌ آخر، وأنّه ينفي عن ذاته كلّ ما هو ناقص. وهكذا، وفقًا لقاعدة التفكير هذه القائمة على مفهوم الكمال تتولّد من مصطلح الله سلسلة من الصفات الممكنة التي لا تنتهي، تتبادل الأدوار تقريبًا كما لو في دائرة، لأنّ الله لا يملك الصفات فقط، بل هو مساوٍ لها في الجوهر. هذه الطريقة في ترتيب الصفات بطريقة منهجيّة في التقليد المسيحيّ تأثرت قبل كلّ شيء بأفكار اللاهوت القياميّ. فوفقًا للعهد الجديد تعدّ »المحبّة« الصفة الجوهريّة الأولى لله (رسالة يوحنّا الأولى: 4: 8). فحقيقة المحبّة الإلهيّة تتكوّن من وحدة الإدراك الأبديّ والإرادة الأبديّة في الله، فهي تتحقّق في حياة ثالوثيّة غير خاضعة لعامل الزمن ينبثق منها على الدوام الآب والابن والروح القدس. إذًا ينشأ أولاً من التحديد الجوهريّ لله، على أنّه محبّة، نسبة صفة الفردانيّة إلى الإله المسيحيّ. وتحت وحدانيّة الله يتمّ تصنيف صفات أهمّها: الكيان الطاهر، الأبديّة، البساطة، التسامي، اللامتغيّر، القدسيّة والقدرة؛ فيما يختصّ الابن كـ»كلمة« (انظر يوحنّا 1:1) بالحقيقة، المعرفة الكليّة، الروحانيّة والجمال. ويجمع الروح القدس في ذاته المحبّة، الصلاح، الوداعة، الحريّة، الحضور الكلّيّ والحيويّة. هذه الصفات جميعها تتبادل الأدوار في ما بينها حسب ما يسمّى بالحلول الثالوثيّ المتبادل. إنّ الاشتقاق الثالوثيّ للصفات الإلهيّة في المسيحيّة هو قبل كلّ شيء تعبير أيضًا عن أنّ صفات الله ليست موضع تكهّنات مجرّدة بل يجب عيشها كإعلان عن حياة الله الوافرة. ففي مفهوم القيامة التاريخيّ الخلاصيّ، الذي يبلغ ذروته في تجسّد ابن الله يسوع المسيح، يوزّع الله صفاته على البشر أجمعين بطريقة يعيشونها بشكل ملموس، إلا أنّها في الوقت نفسه تبقى

سرًّا مطلقًا. من هذه الناحية يكون الكلام البشريّ عن صفات الله، انطلاقًا من الإيمان بالوحي، شرعيًّا ولكن بشرط الحفاظ على الطابع السرّي لهذه الصفات.

مارتن تورنر

مواضيع ذات صلة: **قدرة كليّة؛ شخص؛ ثالوث.**

صفات الله (من وجهة نظر إسلامية)

تُعَبِّر صفات الله تعالى عن الذات الإلهية التي وصف بها تعالى نفسه، فذاته، عز وجل، كاملة الكمال المطلق الذي لا يشاركه فيه أحد. ومن الجدير بالذكر أن القرآن الكريم لا يتحدث عن الصفات وإنما عن الأسماء، لذلك يستخدم علماء الدين المسلمون كِلا المصطلحين، فقد جاء في الذكر الحكيم أن لله الأسماء الحسنى (سورة الأعراف 7 الآية 180). أما فيما يخص المناقشات الخاصة بصفات الله تعالى فإنها لم تنشأ من خلال القرآن الكريم، وإنما عن طريق التقاء الأديان والثقافات المتعددة، وعندما وجب على الإسلام أن يدافع عن عقيدته.

يُعد موضوع صفات الله تعالى من المواضيع الرئيسية ليس فقط في الكلام فحسب، وإنما أيضًا في مجال الفلسفة، حيث تركز المناقشات وقبل كل شيء على وصف الذات الإلهية مع الحفاظ على وحدانية الله تعالى. وهنا تم تبني مفاهيم مختلفة جدا تبحث في العلاقة بين الذات الإلهية من جهة وصفات الله تعالى التي يصف جل شأنه نفسه بها من جهة أخرى. إذ لم تكن الذات الإلهية يومًا ما موضوعًا للمناقشة قط، وإنما ركزت المناقشات فقط على العلاقة بين الذات الإلهية وبين الصفات.

عندما نطلع على الكتب الفقهية القديمة مثل كتاب الفقه الأكبر للإمام أبي حنيفة (المتوفى عام 150/767)، وكذلك كتاب التوحيد للماتريدي (المتوفى عام 944/ 333) نجد أن صفات الله تعالى قد صُنفت من قبل المتكلمين إلى ثلاثة أقسام، وهي: الصفات السلبية، والصفات المثبتة، والصفات الفعلية.

أما القسم الأول فهو ما نفاه الله سبحانه عن ذاته، وهي صفات النقص كالتقيد بالمكان والزمان. أما القسم الثاني من الصفات، فهي ما أثبته الله تعالى لذاته والتي تدل على ذات الله وكمال صفاته كالقدير والعليم. أما القسم الثالث من الصفات، فهي تلك الصفات التي تبين إبداع الله وقدرته في خلق الكون وما فيه. وهناك العديد من الصفات الإلهية التي تنطوي تحت صفة الخالق الذي يخلق كل شيء من عدم، ويُوجِد الأشياء على غير مثال سابق. بالإضافة لما سبق فإن هناك صنف آخر من صفات الله تعالى والتي وردت في القرآن الكريم، والتي لا يمكن أن نأخذها بمعناها الحرفي، كاليد، والوجه، والعين، أو الجلوس والإستواء، وهذا ما يُعالَج ضمن سياقات مبدأ التجسيم وعدم تشبيه الله تعالى بأي شيء، وتنزيه أوصاف الكمال الثابتة له سبحانه عن مماثلة أوصاف المخلوقين، فلم ينعت عالم

من علماء المسلمين يومًا ما على الإطلاق الذات الإلهية بأوصاف مماثلة لأوصاف البشر، ولم تُفَسّر آيات القرآن الكريم التي تتحدث عن صفات الله تعالى كالاستواء، والوجه، واليد، ... إلخ بشكل حرفي، فهذه الآيات ما هي إلا تعبير عن الإدراك الإنساني.

لا يعتبر المعتزلة صفات الله جل شأنه على أنها حقيقة في علم الوجود، بل على إنها تجارب فكرية نتجت عن إجتهاد الإنسان في معرفة الله جل في علاه بشكل أفضل، فمهمة هذه الصفات هو تسهيل الأمر على بني البشر في الحديث عن الله جل وعلا.

رابعة چتين

مواضيع ذات صلة: **سمو الله وجلاله؛ إرادة الله؛ قدرة الله؛ كلمة الله.**

الصلح (من وجهة نظر مسيحيّة)

الصلح (من الناحية السياسيّة) في مفهومه السلبيّ هو غياب الأعمال العدائيّة والاضطرابات والحروب، وهو الأمر الذي يجب أن تسعى إليه الدولة وفق المفهوم المسيحيّ. إلا أنّ هذا المفهوم من الناحية الإيجابيّة يمكن بلوغه بالفعل عندما تتحقّق حريّة الإنسان وتصميمه لحياته في الدولة وعندما يتحقّق الهدوء الداخليّ بعيدًا عن الاضطهاد وسلطة القوّة.

ومن الناحية اللاهوتيّة فإنّ النزاع أو انعدام السلام هو نتيجة انقطاع التواصل في العلاقات الإنسانيّة المشتركة من خلال الخطيئة، الأمر الذي لا يمكن تجاوزه إلا إذا تعقّل الإنسان ووعى أنّ الخلاص يكمن فقط في احترام الناس ومحبّتهم وأنّ الغبن الأنانيّ وتسلّط النمط الموحّد الصارم على الآخرين يؤدّي إلى النزاعات وعدم الرضا.

بيتر أنتس

مواضيع ذات صلة: **سياسة؛ دولة.**

الصلح (من وجهة نظر إسلامية)

الصلح هو ذلك التناغم مع أنفسنا ومع الآخرين، فهو يعبر عن التعاون والتلاحم بين أفراد المجتمع حيث يعم الأمن والنظام، وهو أيضًا تلك الحالة الطبيعية للمجتمعات الإنسانية والتي تدفع الإنسان ككائن اجتماعي أن يكون عادلاً في تصرفاته تجاه مجتمعه وأن يبتعد عن كل أنواع العنف، وذلك لأن الصلح هو الضمان الوحيد الأكيد الذي يكفل حماية الإنسانية ودوام مدنيته.

أما المفسرون المسلمون فإنهم يُعَرِّفُون الصلح إستنادًا إلى الإستخدام القرآني على أنه اتفاق أو معاهدة تتم بعد صراع أو نزاع حل في مكان ما.

لقد ورد مصطلح الصلح في القرآن بصيغ متعددة فلقد جاء في سورة البقرة مصطلح »السِّلم« (سورة البقرة 2 الآية 208)، وفي سورة النساء مصطلح »الصُّلح« (سورة النساء 4 الآية 128). يدعو القرآن إلى السلام ويرفض كل أنواع النزاعات والخصومات، ويحث المسلمين على عدم إيقاع الفساد بكل أنواعه كفساد العقول والأموال في الأرض التي أصلحها الله على الوجه الأكمل (سورة الأعراف 7 الآية 56)، إضافة إلى ذلك فقد أمر الله تعالى النبي محمدًا بأن يقبل الصلح ويميل إليه إذا ما جنح المشركون للمسالمة والمصالحة (سورة الأنفال 8 الآية 61). وإذا ما نظرنا إلى الحروب وإلى الفوضى الناجمة عنها نجد أنها تمس كرامة الإنسان وتهدر مصالح بني البشر، لذلك يرى القرآن أن السلام هو الحل الأفضل والأمثل لعالم ملؤه الطمأنينة والأمان (سورة البقرة 2 الآية 208 ؛ سورة النساء 4 الآية 128). ويكفي لإبراز أهمية السلام أن نعرف بأن السلام هو اسم من أسماء الله الحسنى، فقد ورد هذا الاسم في القرآن في موضع واحد في سورة الحشر (سورة الحشر 59 الآية 23)، وأن جنة الخلد سُمِّيت بدار السلام وذلك لأنها ليست كغيرها من الديار، ففيها ما لا عين رأت ولا أذن سمعت ولا خطر على قلب بشر، فهي دار الأمن والاستقرار والطمأنينة (سورة الأنعام 6 الآية 127 ؛ سورة يونس 10 الآية 25). لقد شرف الله ليلة القدر المباركة التي نزل فيها القرآن بالسلام حتى مطلع الفجر، أي ليس في هذه الليلة المباركة شر وأن الملائكة تسلم على عباد الله المؤمنين طيلة الليلة وحتى مطلع الفجر (سورة القدر 97 الآية 5). ولا ننسى أن الإسلام نفسه مشتق من السلام، فهو الانقياد والطاعة لأوامر الله عن خشوع وخضوع ورغبة فيما عند الله في الآخرة من نعيم مقيم وأبدي. إن من أهم واجبات الإنسان المؤمن وأسماها الحفاظ على السلام ولذلك يُعتبر الصلح في الأخلاقيات الإسلامية من أسمى وأنبل الفضائل. وإذا ما وجد الإنسان في نفسه السلام والتناغم فإنه سوف يكون عنصرًا فعالًا في نشر السلام داخل مجتمعه. لقد روى أبو هريرة عن النبي محمد أنه قال: »المؤمن مألف، ولا خير فيمن لا يألف ولا يؤلف« (أنظر مسند الإمام أحمد بن حنبل).

يسود في المجتمعات التي تنعم بالبر وبالتعاون على فعل الخير السلام والوئام، فهذه المجتمعات ترتفع بالإنسانية عن الضغائن والأحقاد والصراعات (سورة المائدة 5 الآية 2). إن الطريق الذي يقود إلى السلام يتطلب من أفراد المجتمع الانقياد إلى الحقيقة والتوق للسلام، فالتجاوز عن أخطاء الآخرين والتسامح الذي يعكسهما القرآن يعتبران من مبادئ الإسلام الأساسية التي تحرص على حفظ السلام، لذلك يحث القرآن المؤمنين أن يربوا أنفسهم على خُلُق التسامح والعفو، لأن الإنسان قد يسامح مرة ولا يسامح مرات، ولكن الذي يتصف بهذا الخُلُق يعفو عن الناس كلما كان ذلك بمقدوره (سورة الأعراف 7 الآية 199).

إن من شروط السلام الجوهرية هو ذلك الاحترام المتبادل الذي يقدس حياة الإنسان وكرامته وحريته، وإن الإيمان بالله الذي يستند إلى المعرفة والتسامح والحب هو الضمان الأمثل والأكيد في تحقيق السلام. وعليه فإن مسؤولية الإنسان المركزية تجاه خالقه تعالى تكمن في خَلْق مجتمع مسالم يستطيع العيش فيه كل إنسان.

مفيد سليم سروخان

مواضيع ذات صلة: **الصلاة في الإسلام**؛ **دار الحرب**؛ **العنف**؛ **الحرب**؛ **السياسة**؛ **التسامح**

مصادر الحديث:

مسند الإمام أحمد بن حنبل، ص 400، رقم الحديث: 9187، عن أبي هريرة.

الصلاة الطقسية (من وجهة نظر مسيحيّة)

إنّ الصلاة الطقسية في المعنى الضيّق هي الصلاة الليتورجيّة. القدّاس الإلهيّ المسيحيّ هو في الجوهر حدث صلاة ولذا يتضمّن عددًا من الصلوات الثابتة. ففي احتفال القدّاس الكاثوليكيّ وفي الطقوس الإفخارستيّة للكنائس الشرقيّة يدور المحور حول ما يسمّى بالصلاة الإفخارستيّة الأكثر أهميّة والتي تتكوّن من مديح أو تسبيح وشكر ودعاء. في القسم الأوّل للصلاة يُقدّم المديح والتسبيح إلى الله ويُشكر على أعماله في التاريخ. ويُعتبر هذا الاستحضار لأفعال الله الخلاصيّة السابقة المبرّر للدعاء الذي يلي في القسم الثاني منها.

توجد هذه الهيكليّة المزدوجة أيضًا في أساس الصلوات الليتورجيّة للاحتفالات الطقسيّة الأخرى. وهكذا تبيّن، إلى حدّ ما، صلاة التكريس أثناء السيامة الكهنوتيّة كما صلوات التبريك على الماء المخصّص للمعموديّة وعلى العروسين أثناء الزواج أنّ القدّاس الإلهيّ المسيحيّ مطبوع بأعمال الله الخلاصية في الماضي والتي تقوم الرعيّة بتذكّرها كما يتمّ تذكير الله بها بالإضافة إلى استحضارها في احتفال القدّاس. في الوقت نفسه يدفع تذكّرُ أعمال الله في الماضي الرعيّةَ على طلب الرحمة والمساعدة من الله في الوقت الحاضر أيضًا.

إنّ الأمر الأساسيّ في صلاحيّة القداديس هي الصيغ الشعائريّة التي تشكّل نوعًا ما جزءًا من الصلوات الكبرى.

وتوجد صلوات طقسيّة بالمعنى الأوسع في التقوى الشعبيّة المسيحيّة أيضًا، فصلاة المسبحة تتضمّن في جوهرها عمليّة تكرار لصلاة موجّهة إلى والدة الله يتناول قسمها الأوّل كلمات خاطبها الملاك جبرائيل واليصابات بها (»السلام عليك يا مريم«. »انظر لوقا 1: 28، 42). يضاف إلى ذلك صلاة يسوع في الكنائس الشرقية، فهي تكرار طقسيّ للدعاء نفسه (مثلًا: »أيّها الربّ يسوع المسيح، يا ابن الله، ارحمني« انظر مرقس 10: 47).

يقترب ما يسمّى بالصلوات اليوميّة في التقليد المسيحيّ من الصلاة الشعائريّة في الإسلام. بهذه الأولى كان يُنصح المؤمنون في الكنيسة القديمة وتتضمّن دائما الصلاة الربانيّة (أبانا الذي).
وكان شائعًا لفترة طويلة إلى جانب تلاوة أبانا الذي، خصوصًا في الصباح والمساء، تلاوة السلام عليك يا مريم ودستور الإيمان والتسبيح الصغير (المجد للآب والابن والروح القدس، الآن وكلّ أوان وإلى دهر الداهرين. آمين).
ولا تلعب الصلوات الطقسيّة في البروتستانتيّة دورًا يُذكر، إذ حلّت التراتيل الكنسيّة فيها محلّ بعض وظائف الصلوات الطقسيّة. بالإضافة إلى ذلك احتلّت القراءة اليوميّة للكتاب المقدّس ولفترة طويلة أهميّة أكبر من تلاوة صلوات موضوعة محدّدة.

فينفريد هاونرلاند

مواضيع ذات صلة: **الصلاة؛ الصلاة الطقسيّة؛ خدمة الصلاة؛ السرّ المقدّس.**

الصلاة (من وجهة نظر إسلامية)
الصلاة هي عبارة عن تطبيق ديني روحي وجسدي يعبر المسلمون من خلاله عن حبهم وتقديسهم وشكرهم لله، فهي اتصال بالله. إن شعيرة الصلاة هي تلك الفريضة التي جاء ذكرها مرارًا وتكرارًا في كتاب المسلمين المقدس. فقد فرض القرآن شعيرة الصلاة على المؤمنين وحدد أوقاتها (سورة النساء 4 الآية 103؛ سورة هود 11 الآية 114؛ سورة الإسراء 17 الآية 78؛ سورة النور 24 الآية 58؛ سورة الروم 30 الآية 17–18). أما أوقات الصلوات الخمس الدقيقة فقد حددها النبي محمد من خلال تطبيقه لفريضة الصلاة (أنظر صحيح البخاري، وصحيح مسلم).
لقد جاءت فريضة الصلاة في حديث النبي محمد الذي أوضح فيه أركان الإسلام الخمسة في المرتبة الثانية بعد الشهادة لما لها من مكانة عظيمة في الإسلام (أنظر صحيح مسلم).
يذكر القرآن أن شعيرة الصلاة هو تطبيق ديني معروف منذ عهد النبي آدم، حيث أن آدم، ونوح، وإبراهيم، وإسماعيل، ولوط، وإسحق، ويعقوب، وزكريا، ولقمان، وموسى، وعيسى أقاموا الصلاة. لقد بَيّن القرآن وفي مواضع عدة أوضاع الصلاة كالقيام والركوع والسجود، أما فيما يخص أوقات الصلاة وشروطها وعدد ركعاتها وإقامتها فقد جاءت في الأحاديث النبوية. أما كيفية الصلاة فقد بيّنها النبي محمد لأصحابه حين سألوه عن ذلك وأمرهم أن يحتذوا به (أنظر صحيح البخاري).
يبلغ عدد الصلوات خمسًا في اليوم، وهي: صلاة الفجر قبل طلوع الشمس، وصلاة الظهر، وصلاة العصر، وصلاة المغرب، وصلاة العشاء. أما فيما يخص مواقيت الصلاة، فإن وقت الصلاة يخرج بدخول وقت الصلاة التي تليها، أما فيما يخص

جمع الصلوات فقد كان النبي محمد يجمع أحيانًا صلاتي الظهر والعصر، وكذلك صلاتي المغرب والعشاء (أنظر صحيح البخاري عن مالك ابن أنس). أما صلاة الجمعة فهي فرض ولا تصح إلا بجماعة، ويكون وقتها وقت صلاة الظهر.

من شروط الصلاة وآدابها الوضوء، وطهارة المكان، والتوجه في الصلاة إلى الكعبة، وإقامة الصلاة. ويجب على المصلي أن يلتزم بشروط الصلاة التي جاءت في القرآن كالقيام، والجلوس، والركوع، والسجود، حيث يلامس جبين الإنسان الأرض عند السجود. وعلى المصلي أيضًا ألا ينسى بأنه واقف بين يدي الله حيث يقف بكل خشوع. فلقد بشر القرآن من يصلون بخشوع بأنهم من المفلحين (سورة المؤمنون 23 الآية 1–2).

لقد قال النبي محمد بأن الصلاة عماد الدين (أنظر سنن الترمذي)، وأن الإنسان أقرب ما يكون من الله وهو ساجد (أنظر سنن أبي داود) إن الصلاة هي أوضح تعبير عن عبادة الإنسان لخالقه، فهي تساهم في النضوج الأخلاقي، إضافة إلى ذلك فقد ورد في القرآن أن الصلاة تنهى الإنسان عن ارتكاب الفحشاء والمنكر (سورة العنكبوت 29 الآية 45). أما الصلوات الأخرى فيمكن أن تُصلى بجماعة أو فرادى، ولكن النبي محمد فضل صلاة الجماعة على صلاة الفرد.

إسماعيل حقي أونال

مواضيع ذات صلة: **الجمعة**؛ **الشهادة**؛ **الإنسان كعبد لله**؛ **المسجد**؛ **الطهارة**؛ **تقليد**

الصليب (من وجهة نظر مسيحية)

الصليب الذي أصبح رمزًا للخلاص في المسيحية يعتبر تاريخيًا أداة إعدام مؤلمة ورادعة واسعة الانتشار، اكتُشفت لأول مرة لدى الفينيقيين والكثير من الشعوب القديمة. وكان الرومان يستخدمونه منذ القرن الثالث قبل الميلاد كأداة عقاب، ولا سيما للعبيد ولسكان الإمبراطورية الذين لا يملكون حق المواطنة. وبعد إعلان المسيحية دينًا رسميًا في القسطنطينية تم إلغاء هذا النوع من العقوبة.

في فترة حكم بيلاطس البنطي، حاكم اليهودية الروماني، صُلب يسوع الناصري كما يُظن عام 30 م على تلة الجلجثة قرب القدس. واللوحة فوق رأس المصلوب (»يسوع الناصري ملك اليهود«) ذكرت كأساس قانوني ادعاء الرومان عليه واتهامه بالتمرد وبأنه المسيح الملك. وكان النزاع المتصاعد بين يسوع وما فعله مؤخرًا في الهيكل (الإنجيل بحسب مرقس 11: 15–19) وبين رجال الدين اليهود دافعًا للصلب. أما السبب الرئيسي للصلب فكانت رسالة يسوع عن اقتراب ملكوت الله وحث شعب اسرائيل على التوبة، الرسالة التي شملت الشعب بأكمله مع مركزه الديني.

يستند لاهوت الصليب في المسيحية على إشارة يسوع نفسه عشية صلبه في العشاء الأخير (رسالة بولس الرسول الأولى إلى كورنثوس 11: 23–25؛ الإنجيل بحسب مرقس 14: 22–25): على الرغم من أنه رفض مرسَله المقتدر (يسوع)، إلا أن اللـه لا يرفض شعبه، بل يتمسك بعهد الخلاص الذي أعلنه للنبي (راجع: إرمياء 31: 31–34)، لأن المسيح أسلم حياته من أجل خاصته (راجع: إشعياءء 52: 13–53، 12). بالنسبة للرسول بولس تعتبر مكانة الصليب – كرمز لشخص الرب المصلوب والقائم من الموت والحي الآن – محورًا للإيمان؛ ولأن المسيح قدّم نفسه على الصليب من أجل البشر، حمل بذلك الخطيئة التي أبعدت الإنسان عن اللـه وجعل نفسه كفارةً معطيًا لنا خدمة المصالحة وفاتحًا باب حقيقة اللـه المقدسة. ومن خلال المعمودية والعشاء الرباني، وأخيرًا من خلال حياة الإيمان بمجملها يشترك المسيحي سرّيًا [بواسطة الأسرار المقدسة] ووجوديًا مع المصلوب. كذلك يُنظر إلى موت الصليب في الأناجيل من خلال العمل الكفّاري أيضًا، ولكنه يوضع بمنظور أكثر اتساعًا من خلال حياة يسوع الواردة في الأناجيل، فموت يسوع الخلاصي هو النهاية المنطقية لذاك الذي عاش من أجل البشر. وهكذا نرى أن الصليب يرمز لهزيمة سلطان الشر، الهزيمة التي حررت الإنسان (الإنجيل بحسب مرقس)، وإلى فعل الوحي في آخر الزمان لوعد اللـه لإسرائيل (الإنجيل بحسب متى)، وإلى الموت التصالحي النموذجي الذي يدعو الناس للاقتداء بالمسيح (الإنجيل بحسب لوقا)، وأخيرًا يرمز إلى الارتقاء الذي يفتح الطريق إلى الآب (الإنجيل بحسب يوحنا). ومعنى الصليب في إنجيل يوحنا يصل إلى عمقه النهائي. إذ يصبح الصليب – في تحوّل جذري لمعناه غير البشري – إشارة حيّة (رمزًا حقيقيًا) لمحبة اللـه: »لَيْسَ لأَحَدٍ حُبٌّ أَعْظَمُ مِنْ هذَا: أَنْ يَضَعَ أَحَدٌ نَفْسَهُ لأَجْلِ أَحِبَّائِهِ.« (الإنجيل بحسب يوحنا 15: 13).

كنوت باكهاوس

مواضيع ذات صلة: **الخلاص؛ الأفخارستيا/العشاء الأخير/عشاء الرب؛ الذبيحة؛ المعمودية.**

الصورة (من وجهة نظر إسلامية)

لقد كانت الأشكال المجسمة والصور التي تُنسب إليها الصفات الإلهية منتشرة بشكل كبير جدًا إبان نزول القرآن الكريم، حيث انتقد القرآن الكريم هذا التطبيق عندما ركز على سمو وأبدية الله تعالى وحرَّم تصوير الله وجعله كمادة، أو تأليه الأشياء وجعلها كوسطاء بين الله تعالى والإنسان. إن التحريم الذي جاء في القرآن الكريم لم يوجه ضد التصوير وإنما ضد نية الإنسان في تأليه هذه الصور وإنزالها منزلة الله. فليس هناك آية في القرآن الكريم تحرم وبشكل مباشر الصور، وإنما يستند تحريم

الصور إلى الأحاديث النبوية الشريفة والتي تم تفسيرها بأشكال مختلفة. تستند كل الآراء التي تحرم التصوير، أو تحلله، أو تتخذ موقفًا وسطًا من ذلك على الحديثين الشريفين التاليين، الحديث الأول: ما ورد في صحيح البخاري فيما رواه ابن مسعود عن النبي أنه قال: »إن أشد الناس عذابًا عند الله يوم القيامة المصورون« (أنظر البخاري)، والحديث الثاني ما ورد في سنن النسائي: »من صَوّر صورة في الدنيا كلف يوم القيامة أن ينفخ فيها الروح وليس بنافخه«. لقد قال الطبري (المتوفى عام 310/923)، وكذلك بدر الدين العيني (المتوفى عام 855/1451) إن المعني بهذه الأحاديث هم صناع الأصنام لغرض العبادة. إذ لم تكن الصور في حياة النبي محمد محرمة تحريمًا تامًا، فلقد كانت عائشة تستعمل وسائد طُرزت عليها أشكال وصور (أنظر صحيح مسلم). لقد كان بعض الصحابة كحذيفة بن اليمان (المتوفى عام 656 /36)، وأبي موسى الأشعري (المتوفى عام 663/662)، وأبي هريرة (المتوفى عام 58/678) يلبسون خواتم محفورة عليها صور حيوانات. بالإضافة إلى ذلك نجد في بعض قصور العصر الأموي كقصر عمرة (711–715)، وقصر المشتّى (743–744) في الأردن، وكذلك قصر الحير الغربي (724–727) في سوريا، وخربة المفجر (743–748) في الضفة الغربية، ناهيك عن المرافق المدنية والعسكرية التي تم تشييدها في العصر العباسي وفي الحقب التي تلته النقوش البارزة والتي تجسم صور الإنسان وكذلك الحيوانات. فمن المعروف أن المسلمين يستخدمون في حياتهم اليومية أشياء مزينة بصور. وعندما نستعرض التاريخ الإسلامي نجد أن تحريم الصور قد روعي فقط في المساجد والمصليات، حيث استُخدمت الفنون المرئية في تزيين الحيز الداخلي للمساجد، فتم رسم زخارف الأزهار وكذلك الزخارف الهندسية، إضافة الى استخدام الخط العربي في كتابة آيات من الذكر الحكيم، والأحاديث النبوية، وأسماء الله الحسنى، وبعض أسماء صحابة النبي محمد.

عبد القادر دوندار

مصادر الحديث:

1. صحيح البخاري: كتاب اللباس، باب 89 عذاب المصورين يوم القيامة، رقم الحديث: 5950
2. سنن النسائي: كتاب الزينة، باب 113 ذكر ما يكلف أصحاب الصور يوم القيامة، رقم الحديث: 5360
3. صحيح مسلم، كتاب اللباس، باب 92 لا تدخل الملائكة بيتا فيه كلب ولا صورة، رقم الحديث: 5528، عن عائشة.

صورة الإنسان (من وجهة نظر مسيحية)
المقصود بمصطلح »صورة الإنسان« هو مجمل الأفكار الواعية وغير الواعية عن الإنسان إذا كانت محدَّدة لثقافة أو دين أو علم معين أو مختلف مجالات الحياة السياسية الاجتماعية. وبهذا المعنى يمكننا مثلاً أن نتحدث عن صورة الإنسان في المسيحية أو في الإسلام، أو في دستور دولة ما أو في الطب أو القانون، وكذلك عن صورة الإنسان في اتجاه فني ما أو حركة سياسية معينة أيضًا. ومن الضروري هنا أن نعرف إن كانت صورة إنسانية معينة من هذا النوع تشير وفقًا لفهمها الذاتي وادعائها إلى مجال معين ومحدود أم أنها تدّعي لنفسها مشروعية عالمية في جميع مجالات الوجود والحياة. الحالة الأولى هي على سبيل المثال حالة الصور الإنسانية في دستور الدولة الذي يتم تطبيقه في الدولة المعنية فقط، أو صورة الإنسان في أحد فروع العلوم، كالطب مثلاً، والتي تكون مقتصرة من حيث المبدأ على الإنسان وما يتعلق بصحة جسده، إضافة إلى أنها لا تحتاج الى تفسير. في حين أن المشروعية العالمية في الحالة الثانية تدّعيها بشكل رئيسي صور إنسانية في الأديان من حيث أنها تستند إلى الوحي (الإلهي) وبالتالي تفسر (ما لا تستبعده شرعية عقلانية ثانوية في كل صورة دينية للإنسان، بل وتطالب بها بشكل إلزامي في بعض الأعراف). ويمكننا بهذا المعنى الحديث عن صورة مسيحية محددة للإنسان، وتصنيفها الأساسي هي الشخصية. وهذا يعني أن اللـه بحسب المفهوم المسيحي خلق الإنسان كفرد في وحدة متكاملة بين الجسد والروح وكُلِل ذلك بلقائه الحواري مع غيره من البشر ومع اللـه. ومن خلال الوعد باستمرار حياة الفرد حتى بعد الموت يكافئ إله المسيحيين الإنسان بمستقبل مطلق. وكنتيجة لاستناد صورة الإنسان مسيحيًا (والمرتبطة مع صورة الإنسان في الفلسفة التنويرية العلمانية) على المفهوم الحداثي الجديد لكرامة وحقوق الإنسان ، باتت صورة الإنسان الآن تؤثر بشكل كبير على مجموعة متنوعة من المجالات الحيوية، حتى تلك غير المرتبطة بالدين صراحة (على سبيل المثال: أنسنة أحكام القضاء وتنفيذ العقوبات، وحظر التمييز الاجتماعي وما إلى ذلك).

مارتن تورنر

مواضيع ذات صلة: **التنوير؛ العنف؛ الأقنوم؛ التدين الطبيعي.**

الصوم (من وجهة نظر مسيحيّة)
يُفهم الصوم على أنّه التخلّي الطوعيّ عن تناول جزء من الطعام لفترة زمنيّة محدّدة. وغالبًا ما يهدف الصوم المحفّز دينيًّا إلى تحقيق نسبة حساسيّة عالية لعلاقة الوجود الإنسانيّ مع الله وإلى فهم المعنى الناتج عن هذا المطلب، وكلّ ذلك من خلال إجراء تغيير وانقطاع في نظام الحياة العمليّة اليوميّ. لذا، كثيرًا ما

يدور الحديث في الكتاب المقدّس حول حالات الانقطاع والتغيير (الشخصيّة والاجتماعيّة) للصوم (حزن، طهارة، توبة، مصالحة). ويكتسب الصوم أهميّة كبرى لدى موسى (سفر الخروج 34: 28) كعمليّة تحضير لملاقاة الله، الأمر الذي استندت إليه الرواية في العهد الجديد في ما يتعلّق بصيام يسوع. بحسب الانجيلي متى 4: 2 ولوقا 4: 2 صام يسوع أربعين يومًا قضاها وحيدًا في الصحراء، قام إبليس خلالها بتجربته. لقد هدف المظهر الخارجيّ لصيام يسوع إلى التوضيح الداخليّ لرسالته وبعثه، وتقدّم على أثره المعلن. ويمكن الجزم هنا أنّ هذه الصورة الجديدة والخارقة لتجلّيه كإله محبّة لم تتضّح فقط ليسوع في إطار زمن الصيام، بل إنّه عزم أيضًا على إعلان التجلّي الإلهيّ من دون مراعاة لرفض معاصريه ولمعارضتهم. لهذا السبب تُعدّ فترة الصوم الأربعينيّ أيضًا استباقًا لآلام يسوع، ووفق هذا المفهوم يتمسّك المسيحيّون كلّ عام كذلك بمثال صيامه لمدّة أربعين يومًا تحضيرًا لعيد الفصح الذي يبدأ يوم أربعاء الرماد ويبلغ ذروته يوم الجمعة العظيمة. ويُعدّ يوم الجمعة من كلّ أسبوع من الناحية التقليديّة يومًا لإحياء ذكرى موت يسوع على الصليب. والأمر الحاسم في المفهوم المسيحيّ هو أنّ الصوم يجب أن يكون نابعًا من صلب نيّة صادقة وأن يكون مقترنًا بالتوبة إلى الله ومحبّة القريب. ولأنّ المسيح، وعلى الرغم من أنّه صام بنفسه، قد خفّف قواعد الصيام الصارمة عن تلاميذه انطلاقًا من مبدأ السعادة بالخلاص عبر الله (مرقس 2: 19)، فمن الواضح أنّ الصوم في المسيحيّة هو وسيلة فقط لتحقيق الغاية ولا يتوجّب مقارنته برفض للعالم قائم على الزهد به.

مارتن تورنر

مواضيع ذات صلة: **الأعياد.**

الصوم (من وجهة نظر إسلامية)

الصوم هو الإمساك عن تناول الطعام والشراب والمعاشرة الزوجية من طلوع الفجر حتى غروب الشمس مع النية، وهو الركن الرابع من أركان الإسلام. إن الصوم من الطقوس التي كانت تُمارس في الموروثات والتقاليد الدينية قبل الإسلام. لقد ذُكِرَ الصوم في مواضع عدة في القرآن، حيث قال تعالى في سورة البقرة ﴿يَـٰٓأَيُّهَا ٱلَّذِينَ ءَامَنُواْ كُتِبَ عَلَيۡكُمُ ٱلصِّيَامُ كَمَا كُتِبَ عَلَى ٱلَّذِينَ مِن قَبۡلِكُمۡ لَعَلَّكُمۡ تَتَّقُونَ﴾ (سورة البقرة 2 الآية 183). إن الصيام فريضة مفروضة على كل مسلم عاقل بالغ قادر مقيم، حيث فرض الله الصوم على أولئك الذين يطيقونه، ورخص الإفطار لمن لم يستطع الصوم لعذر شرعي، ومن الأعذار الشرعية المبيحة لعدم الصوم هي: المرض، والسفر، والحمل، والإرضاع، والحيض، والشيخوخة والهرم، وإرهاق الجوع المفرط، والعطش الشديد لمن كان يعمل تحت ظروف صعبة جدًا، وكذلك

الجنود الذين يخافون الضعف عن القتال بالصوم. وعند سقوط الأعذار الشرعية فعلى الإنسان صيام عدة الأيام التي أفطرها من أيام أُخر غير أيام شهر رمضان. أما العجوز الكبير والشيخ الكبير، والمريضة والمريض الذين لا يُرجى شفاؤهم فإنهم يُطعِمون عن كل يوم مسكينًا من أوسط ما يطعمون منه أهليهم في العادة الغالبة لا أعلاه ولا أدناه، أو أن يتصدقوا بمقدار ذلك مالاً، وليس هناك قضاء عليهم (سورة البقرة 2 الآية 183–185). إلى جانب فريضة الصوم في شهر رمضان المبارك هناك صيام التطوع الذي ورد عن النبي محمد حيث يُستحب للمسلم أن يصومه (أنظر صحيح البخاري). يلعب الصوم دورًا عظيمًا في تربية النفس على طاعة الله وتزكيتها بالصبر واستعلائها عن الشهوات، فالصوم يربي النفس على الصبر وقوة الإرادة والعزيمة، فالمقصود من الصوم ليس فقط حبس النفس عن الشهوات وفطامها عن المألوفات، وإنما هو مدرسة تربى فيها النفوس على البعد عن المباحات وعلى الإمتثال لأوامر الله ونواهيه والتقرب إليه. فلقد قال النبي محمد فيما يرويه عن الله بأن الصوم في الإسلام من الشعائر والأعمال التي اختصها الله لنفسه من بين أعمال العباد فإنه لله وهو يجزي به (أنظر صحيح البخاري)

طالب تورجان

مواضيع ذات صلة: **رمضان؛ الثواب والعقاب**

مصادر الحديث:

1. صحيح البخاري، كتاب التهجد، باب 33، صلاة الضحى في الحضر، رقم الحديث: 1178، عن أبي هريرة.
2. صحيح البخاري، كتاب الصوم، باب 9، هل يقول إني صائم إذا شُتِم، رقم الحديث: 1904، عن أبي هريرة.

الضمير (من وجهة نظر مسيحيّة)

أ) الضمير

الضمير هو تلك المرجعيّة في الإنسان التي تخوّله التمييز بين الخير والشرّ وتأمره بأن يفعل الخير ويترك الشرّ. إنّه ذلك الصوت الداخليّ الذي يقول له: افعل هذا وتجنّب ذاك! بهذا المعنى الأخلاقي المميّز ظهر مصطلح الضمير للمرّة الأولى في القرن الأوّل قبل الميلاد، وذلك في فترة الرواقيّة الحديثة. أمّا في العصور الكلاسيكيّة اليونانيّة القديمة فقلّما يظهر هذا المصطلح، وكذلك هو الحال في النطاق اللغوي العبريّ للكتاب المقدّس. فالعهد القديم في الواقع يعرف ظاهرة الضمير، إلا أنّه يستخدم في هذا المجال مصطلح القلب (المزمور 16: 7؛ إرمياء 31: 33). فقط وبالتلاقي مع المسيحيّة أصبح الضمير مُدرجًا ضمن خانة أخلاقيّة لاهوتيّة مركزيّة. يُعدّ الرسول بولس أوّل من مهّد الطريق لهذا الأمر. فالنسبة إليه

إنّ الضمير بادئ بدء هو محكمة حياديّة في الإنسان تراقب توافق السلوك مع متطلّبات الناموس الأخلاقي المُدرَك من العقل والمكتوب في قلوب البشر. هذه المرجعيّة المصدّقة على استقامة العمل مختلفة هي أيضًا عن العقل الأخلاقي كما عن الادراك الإيمانيّ، إذ يمكنها على حدّ سواء توجيه الاتهام كما يمكنها إعلان البراءة (رومية 2: 14 وما بعدها). ومن الوجهة اللاهوتيّة يبدو الضمير في الوقت نفسه بالنسبة إلى بولس وكيلاً عن الله أمام البشر يقرّ له بهويّته الأخيرة تلك التي لا يمكن أن يكتسبها من تلقاء نفسه (كورنثوس الأولى 4: 4). بهذا المفهوم يُعرّف أوغسطينوس (354–430) بعد عدّة قرون لاحقة الضميرَ أيضًا على أنّه صوت الله في الإنسان والمكان الذي يعتبر الإنسان الفرد أنّه مدعوّ فيه إلى المسؤوليّة المباشرة أمام الله بالنظر إلى سلوكه. تنبع من خاصيّة أحكام الضمير هذه، في كونها نداء إلى التقرير في الخلاص مباشرة، كرامة الضمير والحقّ في حريّته. فلا أحدَ له الحقّ في إجبار الإنسان على التصرّف عكس ما يمليه عليه ضميره. ومن يقوم بذلك فإنّه يحاول أن يسلب الله حقّه المطلق على الإنسان. وبلا شكّ يشترط الترابط الضميريّ الذاتيّ تقدّم التكوين الضميريّ الموضوعي عليه، إذ يمكن للضمير أن يخطئ في المعنى الذي يخصّصه لتصرّفات معيّنة. لذلك فإنّ النافذ هو: من يسعى دائمًا إلى توجيه ضميره بشكل مناسب ويبحث بعناية عن الحقّ والخير، هو من يمكنه المطالبة باحترامه في أحكام ضميره وحتى لو كان من الوجهة الموضوعيّة على خطأ.

هانس – غونتر غروبر

ب) قرار ضميري

إنّ القرار الضميريّ ضروريّ في حالات معيّنة يتوجّب فيها على البشر معرفة ما إذا كان مسموحًا لهم القيام بما يُطلب منهم أو بما يرغبون هم في القيام به. ويمكن لهذا الأمر أن يحصل في الحياة العمليّة كما في الحياة الشخصيّة. فمن الممكن أن يتعرّض الباحثون في مجال الصناعة الحربيّة أو البحوث الجينيّة إلى موقف يتساءلون فيه عمّا إذا كان مسموحًا لهم بمواصلة البحث أو يتوجّب عليهم الامتناع عن القيام بالعمل انطلاقًا من أسباب ضميريّة.

وفي مجال الحياة الخاصّة يوجد هكذا موقف في موضوع استخدام وسائل الوقاية من الحمل. ففي هذه الحالة يجب على كلّ شخص أن يقرّر بنفسه أن يتوجّه إلى مرجعيّة كنسيّة بحثًا عن إجابة. من الواضح أنّ الكتاب المقدّس لا يقدّم إجابة واضحة على كلتا الحالتين. فعلى من يقدّم الإجابة أن يوفّق دائمًا بين المبادئ العامّة للتعاليم المسيحيّة وتصوّراته تجاه الحالة بالذات بشكل تكون فيه الإجابة ممكنة. كذلك ليس من المستبعد أن يقرّر آخرون في الحالة المعنيّة أمرًا مغايرًا. وعلى حدّ سواء يجب على كل شخص أن يتحمّل المسؤوليّة أمام ضميره الفرديّ في

ما يتعلّق بتبنّي القرار الصادر عن جهة غريبة (السلطة التعليميّة الكنسيّة مثلاً) ولا يمكنه التنصّل بكل بساطة من المسؤوليّة بإلقائها على المرجعيّة المعنيّة. كل هذا يبيّن أنّ هناك هامشًا موجودًا في اتخاذ قرار محدّد بشأن كل حالة، وليس هناك من يقين مطلق بخصوص صحّة كلّ قرار. ومهما كان القرار الذي تمّ اتخاذه فإنّه نتيجة الاختيار العقلانيّ وإلى حدّ ما العاطفيّ أيضًا بالترابط مع مبادئ السلوك العامّة التي يجب ضبطها وفقًا للحالة. فمن الضروريّ أن يكون هناك قدر كافٍ من قدرة التوصّل إلى حكم لا يتنصّل منه أيّ تقليد دينيّ، سواء أكان هذا الأمر عن طريق المرجعيّة أم بناء على الضمير الخاصّ.

بيتر أنتس

مواضيع ذات صلة: **أخلاق؛ خير وشرّ؛ أخلاق؛ شخص؛ حريّة دينيّة؛ مسؤوليّة؛ حريّة الإرادة.**

الضمير (من وجهة نظر إسلامية)

يُعَرَّف الضمير أو ما يُسمى بالوجدان في الفكر الإسلامي المعاصر على أنه قوة القلب والعقل التي يمكن للفرد من خلالها أن يحكم على أفكاره، وأقواله، وأفعاله، حيث تساعده على التمييز وبشكل واضح بين الخير والشر. وعليه فإن الضمير يُعَد من أهم مصادر الأخلاق المهمة. على الرغم من أن مصطلح الضمير لا يرد في القرآن بشكل جلي، إلا أنه يأتي ضمن سياق وثيق مع التعابير الموجودة كالفطرة، والقلب.

لقد تمت مناقشة معنى كلمة الضمير في فلسفة الأخلاق الإسلامية عن طريق الأحاديث النبوية وكذلك المصطلحات المتقاربة في المعنى والواردة في القرآن. حيث أشار الكثير من العلماء المسلمين إلى أن التسميات القرآنية كـأولي الألباب، والنفس، والبصيرة ما هي إلا تفسيرات مباشرة أو غير مباشرة لمصطلح الضمير. فمن الأمثلة على ذلك الآيات القرآنية التي تشير إلى الكثير من الحوادث التي تكمن وراءها علامات تُدرَك من خلالها العقول الذكية الأشياء بحقائقها (سورة آل عمران 3 الآية 190)، وأن المشركين قد كذبوا على أنفسهم (سورة الأنعام 6 الآية 24)، وأن وعي المسلمين في عدم أداء فريضة اجتماعية مهمة، تجعلهم يشعرون بالندم لدرجة تضيق بها الأرض عليهم بما رحبت، وتضيق عليهم أنفسهم (سورة التوبة 9 الآية 118). وكذلك فقد تم ذكر حقيقة مفادها أن بعض الناس رفضوا الآيات التي أنزلها الله على النبي محمد وجحدوا بها بسبب عجرفتهم على الرغم من أن قلوبهم أيقنتها وعلموا يقينًا أنها من عند الله (سورة النمل 27 الآية 14). فمثل هذه الآيات تتحدث عن الضمير الذي يُعتبر جزءًا جوهريًا من الإنسان يدفعه إلى فعل الخير.

شَنول قوركوت

مواضيع ذات صلة: **الأخلاق؛ المسؤولية؛ الجنحة؛ أعمال الخير**

الطاعة (من وجهة نظر مسيحيّة)

يُفهم بالطاعة توجيه قرارات التصرّف والإرادة نحو مرجعيّة عليا، بحيث يمكن لهذه الأخيرة أن تكون قاعدة (قانونيّة أو أخلاقيّة)، أو وصيّة دينيّة، أو شخصًا أو حتّى الله نفسه. ويبقى السؤال الجوهريّ ما إذا كانت هذه الطاعة تنبع من قرار إراديّ حرّ ومن إدراك مبرّر بشكل عقلانيّ وتصبّ في صحّة المطلوب من المرجعيّة الأعلى. تُشتقّ كلمة طاعة في كثير من اللغات الكلاسيكيّة والحديثة من السمع والإصغاء، وفي المفهوم المسيحيّ ينسحب هذا الاشتقاق بشكل صريح على وعي وحي الله نفسه بكلمات تجري في الكتاب المقدّس والحوار الداخليّ للصلاة. وبما أنّ هذا الحدث الحواريّ للوحي يشترط حرّية الشريك في الحوار، فلا يمكن أبدًا فهم الطاعة بالمعنى المسيحيّ بأنّها إكراه أو فرضها على أساس ذلك، مع أنّ الأمر يجري على هذا النحو منذ قرون عدّة من التاريخ المسيحيّ وحتّى يومنا هذا. يعدّ يسوع المسيح المثل الأعلى للطاعة المسيحيّة إذ قيل فيه إنّه – على العكس من عصيان الإنسان الأوّل آدم – تعلّم الطاعة ممّا تألّم به (رومية 5: 19؛ فيلبي 2: 8؛ عبرانيين 5؛ 8). ترتبط الطاعة في هذه المقاطع بالتوكّل الخبير الحاصل بالإيمان على مساعدة الله حتى في أصعب حالات الوجود، إلا أنّها لا تعبّر بتاتًا عن خضوع إلى سلطة آمرة عمياء، بل عن علاقة القرب الحميمة في محبّة الله. وينشأ من كرامة الإنسان كصورة لله ومثاله أنّ الطاعة تكون فقط واجبة في تلك الحالات التي يدرك فيها الإنسان مغزى المطلوب بشكل واضح. ويبقى هنا الضمير الشخصيّ الحرّ المرجعيّة الأخيرة. ويضع توما الأكوينيّ (توفّي 1247) النقاط على الحروف في ما يتعلّق بهذه الفكرة: »وحيثُ روح الربّ، هناك حريّة« (انظر كورنثوس الثانية 3: 17). فالحرّ هو ذلك الذي يكون علّة تصرّفه الخاصّ. [...] من يتصرّف من تلقاء نفسه إنّما يتصرّف بحريّة. ومن يُسيّر من طرف آخر لا يتصرّف بحريّة. والذي يتجنّب الشرّ، ليس لأنّه شرّ بل انطلاقًا من وصيّة الله، هو ليس حرًّا. فقط الذي يتجنّب الشرّ، لأنّه شرّ، هذا هو الحرّ بالفعل« (شرح رسالة القديس بولس الثانية إلى أهل كورنثس، الإصحاح الثالث، الآية الثالثة، رقم 112). يهدف مطلب المفهوم المسيحيّ للطاعة، أنّ طاعة الله واجبة أكثر من الناس (أعمال الرسل 5: 29)، إلى تحرير الإنسان في النهاية من ادّعاءات السلطة التي تفرض نفسها بشكل مطلق. وأضحت الطاعة في التقليد الرهباني واحدة ممّا يسمّى بالنصائح الإنجيليّة الثلاثة إلى جانب الفقر والعفّة التي يقسم أتباع الجماعة الرهبانيّة على الالتزام بها. كذلك وبالنظر إلى الطاعة المطلوبة دائمًا تجاه رئيس الكنيسة وهو رأي الكنيسة الكاثوليكيّة خاصّةً المثير للجدل في ما يتعلّق بمعصوميّة المنصب البابويّ عن الخطأ، فمن الواجب على الأقلّ، وعلى الرغم من كلّ شيء، الاعتقاد بأنّ المطلوب هو مجدٍ وصالح، وهذا وحده يكفي لأن يكون شرطًا لأداء الطاعة.

ووفق رأي الكنائس الإنجيليّة فإنّ الإنسان مسؤول مباشرة أمام الله وحده وبالتالي هو مدعوّ إلى تقديم الطاعة له من دون واسطة.

مارتن تورنر

مواضيع ذات صلة: **الحريّة؛ الضمير؛ الخير والشرّ؛ المحبّة؛ المسؤوليّة.**

الطاعة (من وجهة نظر إسلامية)
تحمل كلمة الطاعة في اللغة العربية معاني عدة منها الانقياد، وتنفيذ الأمر، وكذلك الرغبة في اتباع أوامر أو نواهي شخص ما طوعًا وبمحض الإختيار، فالطاعة والمعصية هما سلوك يخضع لإرادة الإنسان الحرة.
لقد ورد مصطلح الطاعة في القرآن حيث حث الناس على طاعة الله وأنبيائه وكذلك أشخاص آخرين أسماهم »بأولي الأمر« لم يتم تحديدهم (سورة النساء 4 الآية 59).
طِبقًا للقرآن فإن الكون وكل ما فيه من المخلوقات مفطور على طاعة الله تعالى كقوة مطلقة. وعليه فإن الإنسان وبسبب موقعه الإستثنائي في هذا الكون مطالب بطاعة الله بإرادة حرة. لقد جاءت في أغلب المواضع طاعة الله مرتبطة بطاعة أنبيائه، فطاعة الأنبياء مشروعة من خلال الوحي الذي نزل عليهم، بل أكثر من ذلك ففي بعض الآيات جاءت طاعة الله تعالى وطاعة أنبيائه تقريبًا بنفس المنزلة وذلك لأن الأنبياء عندما بلغوا أوامر الله وقاموا بتطبيقها في حياتهم مكنوا الناس من إطاعة الله. أما فيما يخص أولئك الذين دعاهم القرآن »بأولي الأمر« وأمر لهم بالطاعة إلى جانب طاعة الله ورسوله فهناك آراء مختلفة في الفكر الإسلامي. لقد فسر بعض علماء الدين المسلمون »أولي الأمر« بالأشخاص الذين يمتلكون السلطة السياسية، وقالوا إن هذا التعبير يشير إلى الإمام أو الخليفة. أما البعض الآخر من العلماء فقد رأى بأن »أولي الأمر« ليس فقط القادة السياسيين، وإنما أيضًا الخبراء في المجالات الأخرى، وخاصة العلماء. فكفاءتهم، وعلمهم، وكمالهم هي المسوغ لطاعة مثل هذه السلطات، وذلك لأن هناك آية أخرى وصفت وبشكل جلي »أولي الأمر« بأولئك الذين يتعاملون بعقلٍ وبشكلٍ مثالي كصحابة النبي ذوي الواجبات القيادية (سورة النساء 4 الآية 83).
فضمن هذا السياق تمثل الطاعة في الإسلام التصرف المميز للإنسان المؤمن (سورة الأنفال 8 الآية 1؛ سورة النور 24 الآية 51)، وذلك لأن المؤمنين والطائعين سوف يثابون يوم القيامة على طاعتهم وإيمانهم (سورة النساء 4 الآية 13، 69؛ سورة الأحزاب 33 الآية 71). ينصح القرآن بتلك الطاعة التي تستند إلى العقلانية، والمعرفة، والفضيلة، فالطاعة لا يمكن أن تُطْلَب إلا في الأعمال الصالحة. إن الطاعة طِبقًا لنظرة القرآن يجب أن تكون متناغمة مع المبادئ الأخلاقية الشمولية حيث تخدم الإنسانية، والتلاحم الاجتماعي، وعليه فإن

المعصية تعني انتهاك القيم الأخلاقية التي أوجدها الله، ولذلك فإنها تقود إلى التدهور الأخلاقي والإضطراب الإجتماعي. وعلى هذا الأساس تم التشديد على عدم الطاعة في الأمور التي تخالف العقلانية، والأخلاق، والصالح العام.

محمود آي

مواضيع ذات صلة: **السلطة الدينية؛ الأخلاق؛ حرية الإرادة.**

الطلاق (من وجهة نظر مسيحية)

تعود الفكرة الأساسية في الفهم المسيحي عن الزواج إلى تعليم يسوع الذي يحظر الطلاق وإمكانية فك رباط الزواج (الإنجيل بحسب مرقس 10: 2–12). كان في إسرائيل القديمة يُسمح للرجل بإعطاء كتاب طلاق لزوجته وإقصائها من عقد الزواج عندما يقدم اسبابًا معينة (سفر تثنية الاشتراع 24: 1–4). انتقد يسوع هذه الممارسة نتيجة لقساوة قلوب الناس ووضع بالمقابل الحب والإخلاص للزوجة مدى الحياة كنظام أراده الله منذ خلق الإنسان، نظام لا يتوافق مع الزنا والطلاق. وبينما شهد هذا التعليم ليسوع في الكنائس الشرقية وكذلك البروتستانتية اللوثرية والإصلاحية تفسيرًا رعويًا بالأساس، يركز على فكرة رحمة الله – إذ إن كل هذه الكنائس تقرّ بإمكانية الطلاق والزواج من جديد بعد فترة من التوبة والندم –، تم تفسير الطلاق في الكنيسة الكاثوليكية منذ القرن السادس عشر والتعامل معه كقانون حقوقي صارم. وبناء على ذلك لا تستطيع أية قوة بشرية ولأي سبب من الأسباب، باستثناء الموت، فك رباط الزواج المبرم بشكل قانوني بين مسيحيَيْن نالا سر المعمودية. ورغم السماح بانفصال الزوجين في المأكل والسرير – مع الإبقاء على رباط الزواج – عندما تتوفر أسباب قوية معينة، إلا أنه لا يُسمح بالزواج مرة أخرى. وفي حال إقدام مسيحيين كاثوليك مطلقين على زواج مدني جديد، لن يسمح لهم بتناول القربان المقدس. بهذه الممارسات الصارمة تنشد الكنيسة الكاثوليكية الأمل في تعزيز الزواج بشكل مؤسساتي. وقد تسهم عقيدة استحالة فك رباط الزواج إلى حدٍ ما من خلال تأكيدها الفعلي على فكرة إمكانية نجاح الحياة الزوجية فقط عندما تكون مدعومة بإرادة ملزمة من قبل الشريكين، الإرادة التي تشمل الحاضر والمستقبل وما لا يمكن تقديره والتنبؤ به في كل العلاقات البشرية. ولكن في مواجهة التنفيذ القانوني الصارم لحظر يسوع للطلاق تزداد المطالبة باستمرار منذ بضعة عقود، وفي الكنيسة الكاثوليكية أيضًا، بنهج أكثر تصالحًا مع المطلّقين الذين تزوجوا مرة أخرى. المطلوب هو الممارسة التي لا تطرح تعليم يسوع المتمثل بعدم إمكانية فك رباط الزواج للنقاش؛ ولكنها أيضًا ليست الممارسة

التي لا تبالي بفشل الكثير من الزيجات وتأخذ على محمل الجد حقيقة إمكانية الندم على الفشل والذنب وإمكانية غفرانهما وفقًا لوعد يسوع.

هانس غونتر غروبر

مواضيع ذات صلة: **الرحمة؛ الزواج؛ القلب؛ تعدد الزوجات؛ التوبة.**

الطلاق (من وجهة نظر إسلامية)

الطلاق هو حل عقد الزواج الموجود بين الزوجين لأي سبب من الأسباب. وفي الأساس، يُرى أن الحياة الزوجية دائمة مدى الحياة، يسعى فيها الزوج والزوجة معًا لمواجهة الحياة بكل صعوباتها والتكاتف في السراء والضراء وتبادل مشاعر الفرح والمعاناة وبناء أسرة تكون مكانًا يوفر الحماية والدفء العاطفي. ومن هذه الزاوية، يعتبر الطلاق حالةً استثنائيةً، لهذا يعد إنفصال الزوجين عن بعضهما البعض دون مبرر مقنع أو بشكل عشوائي مطلق أمرًا لا يقبله الله والنبي محمد. فالقرآن وتحديدًا في الآية 228 من سورة البقرة 2 يبين أن لكل من الرجل والمرأة حقوقًا مختلفة تهدف لتنظيم علاقتهما، وهذا ما تدعو إليه مثلاً الآية التالية ﴿ وعاشروهن بالمعروف فإن كرهتموهن فعسى أن تكرهوا شيئًا ويجعل الله فيه خيرًا كثيرًا﴾ (النساء 4 الآية 19) تحث هذه الآية القرآنية على التحلي الدائم بالصبر وعدم طلب الطلاق كحل أول لعلاج الأزمات. وهناك آية أخرى توصي ببعث حكمين عند نزاع الزوجين، وذلك لرأب ما بينهما من الصدع، كما يشترط في الحكمين أن يكون أحدهما من أهل الرجل والآخر من أهل المرأة، وهذا ما ورد في الآية 35 من سورة النساء 4. كما بين محمد رفضه للطلاق التعسفي في الحديث الآتي الذي رواه أبو داود: »إن أبغض الحلال عند الله الطلاق«. ولكن يمكن أن يكون الطلاق أمرًا لا مفر منه في حالة حدوث أمور لا يمكن التسامح معها، كالاختلاف في الرأي لدرجة لا يمكن تجاوزها أو ارتكاب الزنا أو سوء الخلق.

ما زال معظم المصطلحات والممارسات المتعلقة بقضية الطلاق والمتداولة في علم الفقه يقوم على قوانين العرف والعادة التي كانت سائدة في الثقافة العربية في العصر الجاهلي. حيث كان في ذلك الوقت من العادات والممارسات أن حق الطلاق في يد الزوج، وأن يكون الرجل مطلقًا نهائيًا، إذا طلق زوجته ثلاث طلقات. ومن العادات أيضًا أنه كان يتعسر على المرأة أن تتزوج مرةً أخرى بزوجها السابق، فكان عليها مثلاً أن تتزوج رجلاً آخر أولاً، وعند مفارقته يسن لها الرجوع إلى زوجها القديم.

حدد القرآن فيما بعد ضوابط جديدةً تهدف إلى منع هذه الممارسات والحالات غير الشرعية المتعلقة بمسألة الطلاق. فنجد، مثلاً أن القرآن قد قيد القانون الذي كان سائدًا في المجتمع ما قبل الإسلام، حيث كان يحق للرجل أن يطلق زوجته، ثم

يتزوجها مرةً أخرى وهذا كله بطريقة تعسفية. وجاء توضيح هذا الضابط في الآية 231 من سورة البقرة 2. كما ذكر في القرآن أن الرجل إذا طلق زوجته بعد مرتين طلقة ثالثة فلا يملك مراجعتها بعد ذلك، وهذا ما ورد في الآية 229 من سورة البقرة 2. كما يعد الرجل وفقًا للفقه المسؤول عن إدارة الأسرة وحمايتها وكذلك الإنفاق عليها، ولهذا يعتبر الطلاق من حق الرجل. ومع ذلك لا يمكن الإدعاء بأن هذا الإجراء يطبق بشكل دائم.

يشير القرآن على سبيل المثال، وتحديدًا في الآية 2 من سورة الطلاق 65، على أن الطلاق أمام إثنين من الشهود مطلوب، إلا أن تأويل العلماء لهذه الآية يقر بأنه لا يشترط أن يكون الطلاق أمام شهود، أي أنه أمر غير ملزم. وما يمكن استنتاجه أنه لا توجد طريقة واحدة مشروعة يتم من خلالها الطلاق، ومع ذلك تعتبر الآيات القرآنية المذكورة أعلاها وأحاديث محمد صريحةً في وجوب المعاملة بالعدل وتجنب الطلاق التعسفي وصيانة حقوق الطرفين على أكمل وجه. وإذا وقع النظر في التغيرات التي طرأت على البنية الأسرية والإجتماعية نجد أنه من الملائم، وهذا يتطابق مع المفهوم القضائي والعدلي للإسلام، التخلي عن الطرق التقليدية الموجودة في الفقه التي يتم من خلالها الطلاق. والمطلوب هو سن قوانين جديدة تضمن حماية حقوق الطرفين على أفضل طريقة ممكنة.

إسماعيل حقي أنال

مواضيع ذات صلة: **الزواج؛ المرأة؛ عصر الجاهلية.**

مصادر الحديث:
سنن أبي داود ، كتاب الطلاق، باب في كراهية الطلاق 3، 2178، عن ابن عمر.

الطهارة (من وجهة نظر إسلامية)
تشمل الطهارة الوضوء والغسل وكذلك النظافة من النجاسة، وبالمعنى الضيق يعني مصطلح الطهارة غسل أعضاء جسدية مخصوصة بالكيفية التي نص عليها الدين. تحتل الطهارة مكانةً مهمةً بمقتضى أنها فرض لعبادات معينة. وفي سياق آخر، تعد جزءًا من سنة محمد. تحمل كلمة الطهارة في القرآن مفهومين، الأول حسي والثاني معنوي. فمثلاً الآية الآتية توضح الطهارة الحسية أو الخارجية ﴿يَا أَيُها الذين آمنوا إِذَا قُمتم إلى الصَلَاة فَاغسلُوا وجُوهكم وأَيديكُم إلى المرَافق وامسَحُوا برُءُوسكُم وأَرجُلكم إِلَى الكَعبين وَإن كُنتم جُنبًا فَاطهرُوا﴾ (المائدة 5 الآية 6). وأيضًا ﴿وَثِيَابَكَ فَطَهِّرۡ﴾ (المدثر 74 الآية 4). الآية الأخيرة تشير إلى تطهير القلب والنفس والروح، فعمومًا تحمل كلمة الطهارة الواردة في القرآن غالبًا هذا المعنى، وكذلك جاء ذكرها بمعنى الإعراض عن الشر المعصية تحديدًا في الآية 33 من سورة الأحزاب 33 والآية 103 و108 من سورة التوبة 9.

يدل حضور الطهارة في بداية باب العبادات في الكتب الفقهية على أنها شرط ضروري للتحضير البدني والروحي للصلاة، لهذا تعتبر الطهارة عمود الدين. وبالمعنى العام تشمل كلمة الطهارة جميع الأوامر التي تتناول المحافظة السليمة والعناية بالبيئة والمحيط الإجتماعي وأيضًا مكان السكن وكل الأشياء المستعملة.
خالد أونال

مواضيع ذات صلة: **الصيام؛ قواعد اللباس؛ الفرائض؛ الطهارة الدينية؛ الوضوء؛ السنة.**

العائلة (من وجهة نظر مسيحيّة)
العائلة هي الجواب التاريخيّ على حنين الإنسان إلى الطمأنينة والاستقرار. ينشأ نمط الحياة الاجتماعيّ هذا حسب مفهوم علم الاجتماع عندما يعيش جيلان على الأقلّ مع بعضهما البعض نشأ من والدين ارتبطا بيولوجيًّا أو قانونيًّا بشكل مستمرّ. ويرتبط مدلول العائلة في الكتاب المقدّس في المقابل بالنمط الاجتماعيّ التقليديّ »للبيت بأجمعه« المتميّز بالارتباط الوثيق بين العمل وحياة العائلة، والمسمّى أيضًا بالعائلة ذات النمط الاقتصاديّ (كورنثوس الأولى 16: 19). وكان هذا النمط الاجتماعيّ الذي يشمل أيادي عاملة، مكوّنة من ارتباط بين الأقرباء وغيرهم، نموذج العائلة السائد في أوروبا حتى القرن الثامن عشر قبل أن يتمّ استبداله في القرن التاسع عشر بالعائلة – النواة المكوّنة من أب، أم وطفل نشأت بفعل الثورة الصناعيّة.
هناك عدّة سمات تميّز المفهوم المسيحيّ للعائلة. العامل الأوّل هو مفهوم التعيين الوثيق غير المنفصل بين الزواج والعائلة، إذ إنّ أساس العائلة المسيحيّة هو الزواج والارتباط المبنيّ على الحبّ بين الرجل والمرأة. فالأطفال وبالتالي العائلة ليست شرطًا، بل هي ثمرة طبيعيّة ونتيجة لهذا الارتباط (سفر التكوين 1: 28). ويتعلّق العامل الثاني بنموذج مغزى العائلة وقيمها. تتّسم قيمة العلاقات العائليّة بالقرب الإنسانيّ والثقة الشخصيّة. وعلى العكس من عالم العمل الكسبي فإنّ الذي يطبع الحياة المشتركة في العائلة هو الإحساس وإظهار الاستعداد للرعاية كما التضامن، وليس التجرّد والمنافسة والاستفادة المتبادلة. فالعائلة موجودة مباشرة في خدمة الإنسان وتكوين شخصيّته. إنّها موئل التناسل والتكاثر والحفاظ على الحياة الإنسانيّة الشخصيّة. وتكمن المهمّة الرئيسة للعائلة في تأمين فضاء من الطمأنينة والحماية لأعضائها، أولادًا وآباء وأمّهات، بحيث يتمكّنون فيه من النموّ والنضوج واكتساب هويّة واستقرار نفسيّ. وختامًا، إنّ العائلة المسيحيّة من المنظور اللاهوتيّ مقدّر لها ومدعوّة أن تكون مشاركة في بناء الملكوت الإلهيّ، بحيث تنقل الإيمان المسيحيّ بقيامة الموتى والحياة الأبديّة إلى الأجيال اللاحقة. وبقدر

ما يتحقّق ذلك، تصير محبّة الله للبشر حيّة في تعامل أعضاء العائلة مع بعضهم البعض ويتمّ الشعور بها ضمن العائلة.
لقد أضحت العلاقات العائليّة في دول العالم الغربيّ منذ سبعينيّات القرن العشرين غير مستقرّة بشكل ملحوظ وذلك بفعل عوامل الشخصنة والطروحات الانفعاليّة. ففي ألمانيا يتفكّك في الوقت الراهن ثلث العائلات، ومن بينها العائلات المسيحيّة أيضًا. ويعود السبب في ذلك قبل كلّ شيء إلى التوقّعات المبالغ فيها من الحياة العائليّة إلى جانب طموحات التفرّد القويّة وسوء التوفيق بين الحياة العمليّة والعائلة. وبغض النظر عن هذه الصعوبات تتمتّع العائلة في ألمانيا لدى جميع الفئات العمريّة باحترام وبتقدير عالٍ لا ينقطع كمستقرّ للحبّ والقبول.

هانس غونتر غروبر

مواضيع ذات صلة: **الزواج؛ التربية الدينيّة؛ الشخص.**

العائلة (من وجهة نظر إسلامية)
تتكون العائلة من رجل وامرأة تجمعهما رابطة الزواج وبموجب عقد النكاح المبرم بينهما. فالعائلة هي اللبنة الأساسية في بناء المجتمع. وطبقًا للنصوص المقدسة للأديان السماوية فقد أنشأ الإنسان الأول آدم مع زوجه حواء أول أسرة في تاريخ الإنسانية. إذ أن الله جعل لآدم زوجًا وسكنًا من نفسه ﴿وَيَـٰٓـَٔادَمُ ٱسْكُنْ أَنتَ وَزَوْجُكَ ٱلْجَنَّةَ﴾ (سورة الأعراف 7 الآية 19)، وبهذا فإن الآية الكريمة تؤكد بأن آدم وحواء قد كوّنا أسرة. يُعد الانجذاب المتبادل لكِلا الجنسين مسألة فطرية وضعها الله في خلقه لإستمرار ديمومة الحياة. لقد أولى القرآن الأسرة اهتمامًا كبيرًا حيث وردت أهمية الأسرة في القرآن حوالي مائتي مرة، وإن دل هذا على شيء فإنما يدل على عناية الإسلام الفائقة بالأسرة ﴿يَـٰٓأَيُّهَا ٱلنَّاسُ ٱتَّقُواْ رَبَّكُمُ ٱلَّذِى خَلَقَكُم مِّن نَّفْسٍ وَٰحِدَةٍ وَخَلَقَ مِنْهَا زَوْجَهَا وَبَثَّ مِنْهُمَا رِجَالًا كَثِيرًا وَنِسَآءً﴾ (سورة النساء 4 الآية 1)، ﴿وَمِنْ ءَايَـٰتِهِۦٓ أَنْ خَلَقَ لَكُم مِّنْ أَنفُسِكُمْ أَزْوَٰجًا لِّتَسْكُنُوٓاْ إِلَيْهَا وَجَعَلَ بَيْنَكُم مَّوَدَّةً وَرَحْمَةً إِنَّ فِى ذَٰلِكَ لَءَايَـٰتٍ لِّقَوْمٍ يَتَفَكَّرُونَ﴾ (سورة الروم 30 الآية 21). تُعتبر الأسرة في الإسلام أعظم مؤسسة إجتماعية، فهي أصلح بيئة لتطور الإنسان الطبيعي والعقلي، وذلك لأن فيها تتحقق القيم والمثل وتُغرس في الطفل الذي يغرسها بدوره في الأجيال اللاحقة. إن الأسرة مدرسة يعيش فيها أفرادها الحب والتضامن ويكتسبون القيم والمبادئ الإنسانية والأخلاقية الجوهرية. فالأسرة هي خير من تلبي إلى جانب متطلبات الزوجين الجنسية والإحتياجات الوجدانية لأفرادها كالحب، والشعور بالإنتماء، والحماية، والثقة، والدعم النفسي، ناهيك عن أن الأسرة هي أفضل مؤسسة لتربية الأطفال. فعن طريق الأسرة يلتقي الطفل خلال مراحل تطور شخصيته لأول مرة بالمعتقدات، وبالقيم الإجتماعية، والتقاليد

الخاصة بمجتمعه. إضافة إلى أن الأسرة تلبي متطلبات الطفل العقلية والبدنية وتحمي تطوره.
عندما نمعن النظر في كتاب الله، وفي أحاديث وأفعال النبي محمد نجد أنها تهدف إلى بناء الأسرة التي تستند إلى الحب، والاحترام المتبادل، والوعي في الحقوق والواجبات. وكما سلف الذكر فإن هناك حوالي مائتي آية وردت في القرآن تتحدث عن مؤسسة الأسرة وعن حقوقها، وإن دل هذا على شيء فإنما يدل على القيمة العظيمة التي يولها الإسلام للأسرة.

إسماعيل حقي أونال

مواضيع ذات صلة: **الزواج؛ التربية الدينية التقليدية؛ المرأة؛ المجتمع؛ الإنسان؛ الحياة الجنسية.**

عبادة الأوثان (من وجهة نظر إسلامية)
ترمز عبادة الأوثان إلى عبادة الآلهة وكل الأشياء حيَّة كانت أم ميتة ووصفها بالقوى الخارقة والمقدرة. تروي مصادر التاريخ الإسلامية بأن العرب الذين عاشوا في المنطقة التي نشأ فيها الإسلام فيما بعد كانوا يدينون قبل البعثة النبوية بالحنيفية، دين إبراهيم وإسماعيل الذي ورثوه عن آبائهم. ولكن العرب قد تأثروا أثناء رحلاتهم التجارية إلى البلاد الشمالية المجاورة بالمجتمعات القاطنة هناك والتي كانت تؤمن بالآلهة المتنوعة. فلم يعبدوا فقط الآلهة والأرواح والجان، إنما اتخذوا أيضًا من الأشياء المجسمة كالأحجار والأشجار آلهة. إضافة إلى ذلك عبد بعض العرب أبطالهم وأجدادهم. فقد كانوا يعتقدون بأن الطبيعة التي تحيط بهم مسكونة بقوى خارقة يمكن جعلها نافعة لهم. فهذه القوى كانت وكما يزعمون جانًّا يُنْظَر إليها على أنها بنات الله. لقد عبد العرب في الحجاز قبل الإسلام بالدرجة الأولى الآلهة مناة، واللات، والعُزّى (أنظر سورة النجم 53 الآية 19–20)، وكانت أقدم هذه الآلهة مناة. فكان العرب يعتقدون أن هذه الآلهة هي بنات الله التي يمكن أن تشفع لهم عنده. إضافة إلى ذلك فقد عبدت كل قبيلة أو عشيرة روحًا، أو صخرَة، أو شجرَة، أو ما شابه ذلك كإله خاص بها. وكذلك كان لكل عائلة إله خاص بها في بيتها. فكان كل فردٍ يقوم بلمس هذا المعبود قبل القيام بسفر حيث يمسح بعد ذلك بيديه على وجهه، ويقوم بنفس العملية عندما يعود من السفر كتعبير عن التعظيم والإجلال. لقد كانت قبيلة قريش التي ينتمي إليها النبي محمد تعبد آلهة كانت قد وضعتها في الكعبة أو حولها؛ وكان من أبرز هذه الآلهة هبل. ورغم ذلك فقد كان العرب يعترفون بوجود الله الذي يُعْتَبَر خالق كل شيء، إلا أنهم كانوا يعتقدون بأن هذه الأوثان شفيعة لهم، وواسطة تقربهم إلى الله زلفى. يصف القرآن كل شيء يُعْبَد من دون الله بالوثنية. وطبقًا للقرآن فإن من أهم واجبات

الأنبياء كانت تكمن في محاربة كل نوع من أنواع الوثنية، والعمل على تطبيق عقيدة التوحيد. يصف القرآن الأوثان على أنها رجس من عمل الشيطان (سورة المائدة 5 الآية 90). فالآلهة التي لا تقدم لنفسها نفعًا، ولا تدفع عن نفسها ضرًا من باب أولى ألا تنصر عابديها (سورة يس 36 الآية 23، 75). إضافةً إلى ذلك ينعت القرآن عبادة الأوثان بأنها ضلال مبين (سورة الأنعام 6 الآية 74)، وأن الله سوف يحاسب يوم القيامة كل من يعبد الأصنام ويشرك به، وسوف يعاقبه على صنيعه هذا (سورة البقرة 2 الآية 167؛ سورة الإسراء 17 الآية 39 ؛ سورة المؤمنون 23 الآية 117).

ناهدة بوزقورت

مواضيع ذات صلة: **الشرك؛ الوحدانية؛ الله.**

العداء للساميّة / العداء لليهود (من وجهة نظر مسيحيّة)

إنّ تعابير العداء لليهود، العداء للساميّة، فوبيا اليهود وكره اليهود تُستعمل اليوم في المعنى نفسه تقريبًا وتصوّر على الأرجح أقدم حقد للجماعات بين اليهود وغير اليهود. فقد اعتبر المؤرّخ الرومانيّ تاسيتس (58–120) اليهودَ أعداء للجنس البشريّ. وكذلك في الزمن السابق للمسيحيّة نشأت آراء سلبيّة تجاه اليهود يمكن قراءة مصدرها في كتاب اليهود المقدّس، بخاصّة في كتاب إستر. تكمن أسباب هذا الأمر في إصرار الشعب اليهوديّ على أن يكون مختلفًا عن الشعوب الأخرى وأن يعتنق إيمانًا غير إيمانها. والعلّة الجوهريّة هي في التحوّل من ديانة تعدّد الآلهة الواضحة آثارها في كتاب اليهود المقدّس إلى الديانة التوحيديّة.

في المقابل يجدر عدم التقليل من شأن مساهمة المسيحيّة في معاداة اليهود. فأصول هذا التوتّر يمكن ملاحظتها أوّلاً في أنّ المسيحيّين الأوائل، أنصار المسيح اليهود، كانوا في البدء جماعة يهوديّة تحوّلت مع الزمن إلى جماعة دينيّة مستقلّة. وتعمّق الصراع بين الاتجاهين عبر اتهام للجمعيّ اليهوديّ بالذنب وتحميله مسؤوليّة صلب يسوع الناصريّ، الذي تمّ فهمه في ما مضى على أنّه جريمة قتل الله. فالتصوّر بأنّ هذه الجريمة يمكن أن يقوم بها فقط أناس بهم مسّ من الشيطان، الذي يريد أن يسيطر على العالم، كان الدافع الأساسيّ لتنامي الشعور بالعداء لليهود. وتواصلت معادلة الذنب الجمعيّ اليهوديّ المزعوم في نظريّات المؤامرة. وانطلاقًا من هذه الفكرة تولّدت وجهة نظر ثانية، ألا وهي حرمان اليهود من مفهوم شعب الله بناء على نظريّة الذنب الجمعيّ وتنصيب الكنسية المسيحيّة على أنّها شعب الله الحقيقيّ.

إنّ العداء لليهود في العصور القديمة لم يكن ذا دافع عنصريّ بل إنّه يقع في إطار الاحتقار الرائج لكلّ ما هو غريب ومختلف. ففي العصور الوسطى، ولأسباب دينيّة، طورّت سياسة الكنيسة المعادية لليهود أشكال الملاحقة الممنهجة ضدّهم

تجلّت صورها في إجبارهم على الخضوع للمعموديّة، وحشرهم في أحياء الأقليّات (غيتو) وشيطنتهم. بعد سقوط الاندلس في يد الإسبان عام 1492 تكوّنت عداوة عرقيّة ضدّ اليهود: فقط المسيحيّون الذين كان ينطبق عليهم مصطلح نقاوة الدمّ لم يكن مشتبهًا بهم بالنسبة إلى محاكم التفتيش تحت سلطة توماس دي توركيمادا (1420–1498). ولم تنحصر عداوة المسيحيّين لليهود في الاختلافات الدينيّة، إنّما تمّ الذهاب إلى أبعد من ذلك بإرجاع سبب سوء الأحوال الاقتصاديّة والسياسيّة إليهم، الأمر الذي نتج عنه نشوء نظريّات مؤامرة ووقوع مذابح. مارتن لوتر (1483–1546) في رسالته عن اليهود وأكاذيبهم (1543) دعا الأمراء إلى تدمير معابد اليهود وشققهم ومنازلهم وحجزهم وإجبارهم على العمل القسريّ وطردهم.

في العصر الحديث توسّع مفهوم العداء لليهود إلى العداء للساميّة. فمصطلح العداء للساميّة – الذي استعمله للمرّة الأولى فيلهلم مار عام 1879 – يستوعب مضامين قديمة للمصطلح في شكل متغيّر ويضمّ عناصر جديدة. الملفت في توسيع مفهوم المصطلح أنّه انقلب الآن ضدّ المسيحيّة لأنّها نشأت من اليهوديّة. بناء عليه جاء مصطلح العداء للساميّة مناسبًا لتسليط الضوء على الإيديولوجيّات المعادية للمسيحيّة والتي كانت في طور تكوينها. بالإضافة إلى ذلك دخل العنصر القوميّ الذي أصبح فاعلاً في كلّ من ألمانيا، النمسا، بولندا، روسيا، فرنسا، انكلترا ورومانيا. وكان من المفترض لمصطلح العداء للساميّة ، كمصطلح حياديّ وعلميّ لعائلة لغويّة (العربيّة، الآراميّة، العبريّة)، أن يصرف النظر عن التداخلات الدينيّة المرتبطة بالعداء لليهوديّة وأن يركّز على اليهود كمجموعة بشريّة إثنيّة. وارتبطت الاتجاهات المتناقضة في الوقت الحاضر، من جهة شعور اللامبالاة المتنامي تجاه الأشكال المترسّخة للأديان كذلك التطرّف الدينيّ والسياسيّ المتنامي من جهة أخرى، بالعداء للساميّة وأدّت إلى أشكال جديدة من المواقف الأساسيّة المعادية لليهوديّة، كما على سبيل المثال معاداة الصهيونيّة – رفض دولة إسرائيل. بعد الحرب العالميّة الأولى تبنّت دول يغلب عليها الإسلام عناصر أوروبيّة – قوميّة لمعاداة الساميّة نجد صورتها الأقوى في منظّمات من ضمنها جماعة الإخوان المسلمين وحركة حماس. وتميّز البحوث الحديثة حول العداء للساميّة بين ظاهرة العداء للساميّة الأولى (1800–1879) والعداء للساميّة القائمة على العرقيّة (1879–1945) والعداء للساميّة العرَضيّة (بعد 1945). غير أنّه يمكن الكلام أيضًا عن عداء للساميّة من دون يهود عندما يتمّ رفض سمات رئيسيّة وأفكار وميول اجتماعيّة على أنّها يهوديّة.

ميشائيل هاينتسمان

مواضيع ذات صلة: **اليهوديّة؛ الحروب الصليبيّة؛ الأقلّيّات الدينيّة.**

العداء للسامية (من وجهة نظر إسلامية)

العداء للسامية هو مفهوم يرمز إلى كل أشكال الكراهية لليهود، فهذا المفهوم يُعبر عن كراهية اليهود دون أي سبب، فقط لأنهم يهود، أو بسبب بعض التصرفات الفردية لبعض اليهود والتي تُعد كنظرة شمولية لكل اليهود حيث تدفع إلى كراهيتهم عمومًا.

لقد انتقد القرآن الكريم أفرادا أو جماعات من اليهود بسبب تصرفات مختلفة، مثلاً: الإستهزاء بآيات القرآن الكريم، أو تحريف الكتاب، أو نقض العهود. لكن القرآن لا يسمح بأي شكل من الأشكال بمعاداة الدين اليهودي، أو بمعاداة اليهود بسبب اعتناقهم لهذا الدين. فلقد مدح القرآن الكريم الصالحين من اليهود والمسيحيين وكما جاء في سورة آل عمران (سورة آل عمران 3 الآية: 113–115)، ولذلك فلا يوجد في علم الكلام مفهوم للعداء للسامية مقارنة بالمفهوم المسيحي لمعاداة السامية. لقد اتخذ التعايش بين اليهود والمسلمين في أغلب الأحيان طابعًا سلميًا ومثمرًا ومستندًا إلى أساس قانون حماية الذميين (سورة التوبة 9 الآية 29). فكل النزاعات التي حصلت بين المسلمين وبين القبائل اليهودية في المدينة لم يكن سببها الانتماء الديني وإنما كانت صراعات ذات طبيعة سياسية. لقد أخذت العلاقات بين اليهود والمسلمين في عصرنا الحاضر طابعًا سلبيًا، وذلك نتيجة اتخاذ بعض الجماعات آيات القرآن الكريم مثل (سورة المائدة 5 الآيات 60–64، 82)، أو (سورة التوبة 9 الآية 29) كذريعة لأغراض سياسية، وهذا ما أكده المؤرخ اليهودي برنارد لويس (المولود عام 1916) حين قال بأن العداء الناشئ ضد اليهود في المجتمعات المسلمة قلما يكون ذا دوافع دينية، بل إنه يكون في أغلب الأحيان ذا دوافع سياسية. وأضاف إلى أنه يجب أن تُفهم هذه الدوافع حتى في العصور القديمة المتأخرة وكذلك في العصور الوسطى ضمن سياق العلاقات بين الأغلبية المسلمة والأقلية اليهودية.

إن أولئك المسلمين الذين ينتقدون سياسة حكومات إسرائيل لا ينعتون أنفسهم بمعادي السامية وإنما بمعادي الصهيونية. وحتى في بلد كإيران، حيث يُكَنُّ عداء كبير لإسرائيل، يتم التمييز ولو شكليًا على الأقل بين مفهوم العداء للسامية من جهة ومفهوم العداء للصهيونية من جهة أخرى. ومهما يكن من أمر فإن التمييز بين هذين المفهومين لا يستطيع أن يصرف أبصارنا عن الحقيقة الدالة على أن بعض معادي الصهيونية أنفسهم يتخذون أحيانًا مواقف معادية للسامية.

باقي آدم

مواضيع ذات صلة: **وثيقة المدينة؛ اليهودية؛ الجزية؛ الأقليات؛ التعددية الدينية؛ السياسة.**

العدالة (من وجهة نظر مسيحيّة)

تصوّر العدالة في قانون أصحاب العفّة الكلاسيكيّ الموقفَ والتصرّفَ اللذين يعترفان بحقّ كلّ إنسان بما له. وتعدّ العدالة في العهد القديم صفة مميّزة من صفات الله (سفر التثنية 33: 22). فمنذ البداية يتضمّن المفهوم العهدقديميّ للعدالة بعدًا تاريخيًّا خلاصيًّا قاطعًا يتعدّى البعد القانونيّ: فهو يصوّر رعاية الله الجديرة بالثقة لشعبه إسرائيل وعطفه عليه، والذي على الرغم من صغر شأنه وضعفه لن يكون مستباحًا للاضطهاد والإبادة من خلال شعوب غريبة جبّارة. وفي عظة الجبل الخاصّة بيسوع في العهد الجديد تمدّد هذا المفهوم لعدالة الله العطوفة بالإجمال إلى الفقراء، أي إلى جميع المستضعفين والمضطهدين بغض النظر عن الانتماء العرقيّ والدينيّ. إنّ تصوّر دينونة الله العادلة المنتظرة في آخر الزمان هي تعبير عن الأمل في أنّ كلّ إنسان سيحصل في النهاية على الوفرة والسعادة في الحياة حتّى ولو لم يكن هذا الأمر ممكنًا في الحياة الأرضيّة للفرد بسبب حدوث خلل في النظام العالميّ العادل. ويعلّل بولس خاصّة مفهومًا مسيحيًّا لعدالة الله يشدّد على وحدتها الداخليّة مع المحبّة والرحمة: حتّى الخاطئ الواجب مقاضاته قانونيًّا يمكنه أن يخلص من خلال محبّة الله العطوفة.

مارتن تورنر

مواضيع ذات صلة: **الشماسة؛ النظام الاجتماعيّ.**

العدالة (من وجهة نظر إسلامية)

تعني العدالة أن يكون كل شيء في مكانه الصحيح، وأن يُعطى كل فردٍ ما يستحقه وأن يُراعى القانون ويُتّبع وأن يُفرَّق بين الحق والباطل. والعدل اسم من أسماء الله الحسنى. وطِبقًا للقرآن فإن الله قد تعالى عن الطغيان والظلم الذي هو عكس العدل. وعليه يُعَد تصور العدالة الإلهية في الفكر الإسلامي مسألة متطورة، وهذا يعني أن كل شيء يفعله الله يُعَد مسألة عادلة وأن عدله تعالى كامل تمام الكمال. إن العالم الذي خلقه الله يسير على نظام ليس فيه نقص ولا عيب أو خلل، فهو نظام لا مثيل له ويُعتبر كنتيجة مباشرة لحكمته وإرادته. لقد جعل الله العلاقة بينه وبين عباده قائمة على حرية إرادة العباد وأخبر بأن من عَمِلَ في الدنيا وَزْنَ ذرة خيرًا، يرى ثوابه، ومن عمل في الدنيا وَزْنَ ذرة شرًّا يرى جزاءه ﴿فَمَن يَعمَل مِثقَالَ ذَرَّةٍ خَيرًا يَرَهُ وَمَن يَعمَل مِثقَالَ ذَرَّةٍ شَرًّا يَرَهُ﴾ (سورة الزلزلة 99 الآية 7–8).

يأمر القرآن المؤمنين أن يحكموا بالعدل فيما بينهم (سورة النساء 4 الآية 58)، وأن يلينوا جانبهم ويتعاملوا بالعدل والاستقامة والإنصاف (سورة الممتحنة 60 الآية 8). ويمنع القرآن المؤمنين من الإجحاف والإنحياز (سورة المائدة 5 الآية 8)، ويأمرهم أن يؤدوا الشهادة بالحق ابتغاء وجه الله وإن عاد ضررها على الوالدين أو

الأقربين وبذلك تبقى العدالة دائمًا محفوظة (سورة النساء 4 الآية 135). يؤكد القرآن أيضًا على أن الله يأمر بالعدل والإحسان (سورة النحل 16 الآية 90) وأنه تعالى يحب المقسطين (سورة المائدة 5 الآية 42).

لقد شكّلت نصائح القرآن وأوامره المتعلقة بالعدالة على مر التاريخ المعايير المركزية في فكر المسلمين وفي حياتهم الاجتماعية. ويجب على الأخص حماية الفقراء والضعفاء من ظلم وجور الجبابرة. وهذا هو المنطق الذي يجعل أخذ الفائدة الربوية من الآثام. يقوم الفقه على مبدأ العدالة، فينبغي أن يُعامَل كل الناس أمام المحكمة سواءً كانوا فقراء أم أغنياء، مسلمين أم غير مسلمين بنفس المعاملة. وحتى النبي وعائلته لم يكونوا فوق العدالة والقانون. لقد أحدث تطبيق النبي محمد تأثيرًا كبيرًا على مفهوم العدالة لدى المسلمين. فعندما جاءه أحد الشفعاء ليشفع في أحد الجناة قال له النبي محمد لو أن فاطمة بنت محمد نفسها جنت لعاقبها (أنظر صحيح البخاري). وكذلك الحكمة التي مارسها الخليفة الثاني عمر (المتوفى 23/644) في تطبيق العدالة ما زالت إلى يومنا هذا نموذجًا يُحتذى به. لقد طور علماء الدين، والفلاسفة، والأخلاقيون المسلمون الرواد عبر القرون سلسلة من نظريات العدالة. فنرى مثلاً أن مدرسة المعتزلة قد وضعت في سؤالها عن العلاقة بين إرادة الله وقدرته من جهةٍ وبين حرية الإنسان من جهةٍ أخرى مبدأ العدالة الإلهية في المركز. أما الفيلسوف الفارابي (المتوفى عام 339/950) فقد طور في فلسفته السياسية نموذجًا أطلق عليه اسم »المدينة الفاضلة«: حيث ينبغي أن يقوم نظام المجتمع على العدالة، وتؤخذ آفاق الناس المعرفية وتصرفاتهم الأخلاقية بعين الإعتبار.

شَنول قوركوت

مواضيع ذات صلة: **الملكية؛ الأخلاقيات؛ الفقه؛ التضامن؛ إرادة الله.**

مصادر الحديث:

صحيح البخاري، أحاديث الأنبياء، باب 54 حديث الغار، رقم الحديث: 3475، عن عائشة.

العدالة الإلهية (من وجهة نظر إسلامية)

العدالة الإلهية هي نظرية تحاول خلق وفاق بين القدرة والرحمة والعدالة الإلهية ومسألة وجود الشر في العالم. بعبارة مختصرة، تعالج هذه النظرية مشكلة الشر، ويقصد هنا الشر الخلقي والشر الطبيعي. ومن جهة أخرى، توفر نظرية العدالة الإلهية إجابات عن أسئلة تبدو أحيانًا غير فعالة، لكنها في بعض الأحيان تكشف إشكالية الإلحاد.

في القرآن أيضًا نواجه الإشكالية نفسها، وهي معاناة الناس، حتى الناس الصالحين، من الشقاء والألم في عالم خلقه إله ذو رحمة وقدرة مطلقة. والسؤال نفسه طرحه

بعض أصحاب محمد إثر غزوة أحد سنة 625 / 3، حينها قالوا: »أنى هذه المصيبة؟« وهذا ما ورد في الآية 165 من سورة آل عمران 3.

تبدي الآيات القرآنية والأحاديث والكلام والفلسفة الإسلامية عدة تفسيرات للعدالة الالهية. وإذا وضعنا هذه التفسيرات المختلفة للعدالة الإلهية، المبلورة في القرآن ومراجع الفكر الإسلامي، تحت مصطلح واحد، لوجدنا أنّ الإبتلاء أكثر المواضيع التي دار حولها الجدال. لكن يبدو من المناسب إتخاذ خطوة إلى الوراء، وذلك لتوضيح التفسير الأول للعدالة الإلهية الواردة في القرآن، وهي حرية الإرادة أي أن الإنسان يتمتع بحرية الإرادة التي يمكن أن يستعملها في الخير أو في الشر، مما يؤدي إلى ظهور الشر الخلقي، وأحيانًا الشر الطبيعي. وفي آية من الآيات القرآنية يتضح أنه أعطى الإنسان عند خلقه قوة الشر والخير، وهذا ما ذُكِر في الآية 8 من سورة الشمس 91. فالشر يكون هو المنتصر عندما يسيء المرء استعمال هذه القوة التي تعتبر بالضرورة جزءًا من الحرية التي رزقه الله إياها. هذه الحقيقة يمكن استخراجها بسهولة من الإجابة على السؤال الذي طرحه المسلمون الأوائل: ﴿قل هو من عند أنفسكم﴾ (آل عمران 3 الآية 165). وفقًا للقرآن، فإن إساءة استعمال الإرادة الحرّة لا يؤدي إلى فقط إلى الشر الخلقي، بل أيضًا إلى الشر الطبيعي، وهذا ما أشارت إليه الآية 41 من سورة الروم 30.

يبقى الإبتلاء الفكرة الأكثر جوهرية في القرآن، إذا وقع الحديث عن العدالة الإلهية، وهذا فى حال التعمق في مسألة الشر والإحتجاج لماذا أتيح للحرية حيّز كبير، إذا كانت مرتبطةً بالشر ارتباطًا وثيقًا. وكما هو حال الأرض والسماء والحياة والموت التي خُلقت لوضع الإنسان تحت الاختبار، كذلك الكوارث الطبيعية والخيارات الأخلاقية في الحياة الدنيا: ﴿ونبلوكم بالشر والخير﴾ (الأنبياء 21 الآية 35). لذلك لا يعتبر الإبتلاء عبئًا على الإنسان، بل يهدف إلى منحه فرصةً لتطوير نفسه في ظل الحرية ورفع قيمته من خلال عمله والحصول على نعمة لا مثيل لها في الآخرة، وهذا ما تؤكده الآية القرآنية التالية التي تبين فضل نجاح امتحان الدنيا: ﴿ وجزاهم بما صبروا﴾ (الإنسان 76 الآية 12). إلا أن هذا الجزاء لا يعتبر هدية سخية من الله، بل هو نتيجة مجهود بذله الإنسان ليصل إلى هذه الدرجات العالية، والدليل في الآية التالية: ﴿إن هذا كان لكم جزآءً وكان سعيكم مشكورًا﴾ (الإنسان 76 الآية 22). يوضح هذا التفسير للعدالة الإلهية، وتفسيرات أخرى مماثلة، أن الفتن التي عرفها الإنسان لا تتناقض مع وجود الله وصفاته، بل يتعلق الأمر بالقيم الأخلاقية والعرفية للإنسان.

جعفر صادق ياران

مواضيع ذات صلة: **اللطف؛ الخير والشر.**

العِقاب (من وجهة نظر مسيحية)
المقصود بالعقاب هو أن تُلحق مرجعية مسؤولة عن التقيّد بالنظام الأخلاقي والقانوني الضرر عمدًا بشخص لأنه انتهك قوانين سارية. وبخلاف الانتقام لا يؤدي العقاب إلى إعادة إصلاح كامل لفعل سيئ، بل بالأحرى إلى تغيير في الفكر الداخلي للمذنب. وبالتالي ينبغي على الشخص المعاقَب أن يعترف بشر فعلته ويعود لإدماج نفسه مرة أخرى في النظام الأخلاقي للخير. وبما أن النظام الأخلاقي في التقليد الكتابي المسيحي مستمد من وصايا اللـه، وبالتالي فهو بحسب المشيئة الإلهية، تواجهنا ظاهرة العقاب على انتهاك أخلاقي في سياق لاهوتي أيضًا. وهنا يجب أخذ التطور الديني التاريخي لمفهوم العقاب من العهد القديم مرورًا بالعهد الجديد ووصولاً إلى التقاليد الكنسية. ففي العهد القديم يُوصى أحيانًا باتخاذ تدابير عقابية شديدة جدًا (بما فيها عقوبة الإعدام)، ولكن بدون تشويهات جسدية (ختان الصبيان لا يعتبر كذلك). علاوة على ذلك يتم تفسير الويل التاريخي الذي أصاب شعب إسرائيل بأنه عقاب فرضه اللـه عليهم بسبب خيانتهم وتحوّلهم عنه (كما في: سفر هوشع 8: 4–6؛ سفر عاموس 3: 1–2). ولكن فكرة العدالة الإلهية التي تتضمن دائمًا إمكانية التوبة تشكل خلفية لذلك. أما في العهد الجديد فإن فكرة العقاب لصالح اختبار محبة اللـه الغافرة تشكل الخلفية الواضحة للعقاب (كما في مثل الابن الضال: الإنجيل بحسب لوقا 15: 11–32). ومع ذلك إن كان المقصود هنا العقاب الإلهي الأخير (يوم الدينونة، راجع: الإنجيل بحسب متى 25: 31–46)، فحينها ستؤخذ بعين الاعتبار حرية الإنسان الأساسية في اتخاذ قراره بنفسه حتى لو كان ضد اللـه. لذلك يعتبر البعد الأبدي عن اللـه، والمسمى تقليديًا بالجحيم، عقابًا يُلحقه الإنسان بنفسه عندما يحجب نفسه عن محبة اللـه الغافرة. وبالطبع كثيرًا ما كانت فكرة اللـه المعاقِب والمنتقم في التقليد اللاهوتي والكنسي توضع في المقام الأول، الأمر الذي حرف محور الإيمان المسيحي وأدى إلى خلق صورة مرعبة للـه وما تبع ذلك من عواقب خطيرة. في المقابل يجب إعادة اكتشاف القوة المحررة لمحبة اللـه الغافرة ولا سيما أنها الدافع للسلوك بشكل أخلاقي.

مارتن تورنر

مواضيع ذات صلة: **الرحمة؛ العدالة المحبة؛ الأخلاق.**

العقاب والثواب (من وجهة نظر إسلامية)
يُعرف العقاب على أنه عاقبة مؤلمة ومؤذية جراء ارتكاب جريمة أو معصية، وهذا على عكس الثواب الذي يُعَد نتيجة إيجابية تم الوصول إليها بعد عمل يوافق القيم الدينية والأخلاقية والقانونية. كما أن العقاب والثواب يمكن أن يكونا من الأمور الدنيوية والمادية أو ظاهرة أخروية وروحانية. تبرز الآيات القرآنية وأحاديث

محمد أن كل إنسان يُجزى على كل عمل صالح أو طالح قام به، وهذا ما ورد في حديث رواه مسلم والآية 7 و8 من سورة الزلزلة 99. فكل إنسان يتبع أوامر الله ويتجنب المحرمات سوف يحصل على السعادة ونِعَم الله في الدنيا والآخرة. أما المنكِر لوجود الله والمتبع لشهوته فله معيشة دنوية ضنكة يغمرها الشقاء، ويكون في الآخرة من المعذبين في النار، وهذا ما أشارت إليه الآيات التالية: الآية 47 من سورة الأنعام 6 ومن الآية 130 إلى الآية 137 من سورة الأعراف 7 والآية 7 و15 و16 من سورة إبراهيم 14 والآية 124 و127 من سورة طه 20 ومن الأية 24 إلى الآية 26 من سورة الزمر 39. يتحدث القرآن بوضوح عن أن جزاء العمل الصالح ليس له حدود. وهو يكشف بعبارات أدق أن جزاء الحسنة عشرة أمثالها إلى سبعمائة ضعف، ومن عمل سيئة فجزائها مثلها، وهذا ما جاء ذكره في الآية 261 من سورة البقرة 2 والآية 160 من سورة الأنعام 6.

لا يُعد العذاب المضاعف لبعض العصاة، المذكور في القرآن حالةً إستثنائية، بل هي عقاب موجه لأولئك الذين يحثون الناس على ارتكاب المعاصي ويمثلون قدوةً سيئة في المجتمع، فهم يحملون أوزار من أضلّوهم، وهذا ما ورد في الآية 38 من سورة الأعراف 7 والآية 19 و20 من سورة هود 11.والجدير بالذكر أخيرًا هو أن الله لا يمكن أن يتخلى أبدًا عن مكافأة الأعمال الصالحة، في حين أن عفوه عن المعاصي أمر ممكن، لأن رحمته سبقت غضبه، وهي عامة لكل البشر.

طالب تورجان

مواضيع ذات صلة: **اليوم الآخر؛ المرجئة؛ الوعد بالأجر والتهديد بالعقاب.**

مصادر الحديث:

صحيح مسلم، كتاب الذكر، باب 22 فضل الذكر والدعاء، رقم 6833، عن أبي ذر.

العقل (من وجهة نظر مسيحية)

أحد أهم التعريفات الفلسفية الأساسية للإنسان هي مقولة أرسطو إن الإنسان هو كائن عاقل. وتشير كلمة Logos المستخدمة للدلالة على العقل في هذا السياق إلى البنية التنظيمية الموجودة في العالم والمعروفة بالكون، بحيث يمكن للإنسان أن يعرف أسبابها ويوضحها بأسلوب مفهوم في اللغة. تسلّم المفكرون المسيحيون هذه الأفكار، ولكنهم عدّلوها استنادًا إلى صورة الإنسان المسيحية في الكتاب المقدس. وبالنسبة لأغسطينوس (354–430) فإن مفهوم العقل في الأفلاطونية (الجديدة) يتوسع، خاصة من خلال أفكار أغسطينوس القائمة على تجربته الخاصة، بحيث لا يستطيع الإنسان تحقيق وجوده الفردي ككيان روحي حر إلا في إطار صلاة داخلية حوارية – شخصية مع اللـه (راجع كتابه »اعترافات«، الذي صاغ أغسطينوس فيه أفكاره عن اللـه متوجهًا في خطابه مباشرة إلى اللـه). لذلك تظهر أبعاد الإنسان

العاطفية بشكل متكافئ مع أبعاده الفكرية، والإنسان (باعتباره صورة اللـه وبمقارنته بالثالوث) يُنظر إليه كوحدة مركّبة بشكل ثلاثي من الذاكرة والعقل والإرادة (أو المحبة). وهنا يبقى العقل معتمدًا على إشعاع يسبق الحقيقة المنبثقة من اللـه (الإشراق الإلهي). قام أغسطينوس بتفسير وجود اللـه في أعماق الروح البشرية، وفي وقت لاحق تم تفسيره بمعنىً تصوفي. وبحسب توما الأكويني (المتوفي عام 1274) فإن صورة اللـه في الإنسان تكمن في خلقه بعقل وإرادة حرة. وبخلاف أرسطو، الذي لا تشكل بالنسبة له النفس العاقلة للإنسان، وإنما فقط النفس الإنمائية [بالنسبة للنبات] والحساسة [بالنسبة للحيوانات] وحدة الشكل والمادة مع الجسد، يحدد توما الجزء المفكر من النفس بشكل صريح أيضًا (»النفس المفكرة« anima intellectiva) كشكل أساسي للجسد البشري، وبذلك تغلب (توما) على ثنوية الجسد والنفس السائدة في العصور اليونانية القديمة. وكعلم ناشئ من الإدراكات الحسية بإمكان التفكير الطبيعي للعقل، بحسب توما الأكويني، التعرف على اللـه فقط باعتباره العلة المطلقة لكل شيء، ولكن دون معرفة ثالوثه أو تجسده في يسوع المسيح، وهما الأمران اللذان بقيا مادة الوحي. ولكن بما أن مصدر العقل والإيمان على حدٍ سواء هو اللـه، لا يمكن ولا بأيّ حال من الأحوال أن يكون أيّ جزء من جوهر الوحي متناقضًا مع سنن العقل الطبيعي. وبذلك أصبح العقل مرجعية إشكالية بالنسبة للإيمان. بهذا ميّز توما نظام العقل الطبيعي للفلسفة عن نظام النعمة الفائق للطبيعة في اللاهوت. وفي حين أن تقليد التعليم في الكنيسة الكاثوليكية ينطلق من أنه رغم إضعاف الخطيئة (الأصلية) للعقل الطبيعي للإنسان، إلا أنه لم يُدمّر كليًا، يوجد في اللاهوت البروتستانتي الرأي القائل بإنه يتوجب إحلال نعمة اللـه محل العقل الذي سلبت الخطيئة منه قوته بشكل كامل (تيارات إيمانية مشابهة). وتبعًا لموقف إيمانويل كانط (1724–1804) بأن أي معرفة انطلقت من إدراكاتنا الحسية وخواص ذهننا (مبدأ السببية التقليدي مثلاً) لم يتم إيجادها بهذا الشكل من أجل كسب رؤى معللة عن وجود كائنات سماوية متعالية، لم تعد معرفة اللـه الفلسفية بواسطة العقل ممكنة. ومن خلال اكتشاف اللاوعي في التحليل النفسي لسيغموند فرويد (1856–1939) وبعض اتجاهات بحوث الدماغ الحديثة التي تختصر النشاط العقلي للإنسان في عمليات عصبية بيولوجية، تم التشكيك بمحددات العقل الجوهرية لدى الإنسان مع ما يتأسس عليها من حرية التصرف. ومع هذين الموقفين الأخيرين بشكل خاص دخل اللاهوت المسيحي حاليًا في نقاش حيوي.

مارتن تورنر

مواضيع ذات صلة: **الإيمان؛ الفلسفة المسيحية.**

العقل (من وجهة نظر إسلامية)

يُقصد بالعقل القدرة على التفكير والتواصل والإدراك والمعرفة وتجريد الأمور وكشف أوجه الإختلاف والإتفاق واستنباط الأمور واتخاذ القرارت. تشمل كلمة العقل في القرآن، ويوصف أيضًا في الآيات القرآنية بالقلب والفؤاد واللبّ معاني أخرى، مثل التنبؤ والفهم والإدراك، وكذلك الضمير وعالم المشاعر. ووفقًا للقرآن تعتبر القدرة الفكرية السمة الأساسية للإنسان. فالعقل يمنح لجميع الأنشطة أهمية ويمثل عنصرًا أساسيًا لتحمل الواجبات والمسؤولية تجاه أوامر الله، كما أن للعقل نطاقًا واسعًا من المنافع، ووظيفتة مهمة في عملية اكتساب المعرفة.

كما يُعد العقل قوة ذهنية تخوّل الإنسان أن يستقبل المعلومات من خلال أجهزة الحس وتقيّمها وينشيء علاقة سببية بين الظواهر على حد سواء، وهذا ما تشير إليه الآية 78 من سورة النحل 16، ومن أدوار العقل أيضًا العثور على بيانات صحيحة حول سر وجود جميع الكائنات الحية، وهذا ما ورد في الآية 46 من سورة الحج 22، والآية 41 و42 من سورة يس 36. أما وظيفة العقل الأخرى فهي تكمن في نقل العِلم إلى حد محدود، وهذا ما ذُكر في الآية 7 من سورة آل عمران 3.

ومن المهام الأكثر أهمية للعقل التي ذكرها القرآن إمكانية بناء علاقة بين الله والإنسان، فالإيمان مثلاً يُعَد من العلامات التي تبين أن هذه العلاقة قد بنيت بفضل قوة العقل، بينما يؤدي عدم استخدام العقل إلى البعد عن كل الطرق المساهمة في بناء علاقة مع الله. وفقًا للقرآن، وجود الأحكام البشرية المسبقة الخاضعة للصمود أمام العقل، هو السبب الرئيسي لفشل بناء علاقة مع الله، وهذا ما أشير إليه في الآية 170 من سورة البقرة 2. لذلك يمكن القول إن الإستخدام السليم للعقل هو الوسيلة الجوهرية التي يمكن أن تفضي إلى حياة سلمية وأخلاقية في الدنيا، والسعادة والحصول على الشفاعة في الآخرة، وهذا ما ورد في الآية 10 من سورة الملك 67.

من جهة أخرى، يعتبر العقل في الفكر الإسلامي، بجانب أجهزة الحواس والوحي، من المصادر الجوهرية للعِلم، فهو وسيلة لفهم كلام الله وتقييم كل العلوم التي يتم الحصول عليها عن طريق الحواس أو الوحي. كما يُعد العقل في التقاليد الإسلامية مصدر معرفة الحقيقة، وأداة للفصل بين الحق والباطل والخير والشر. فالحياة إذًا دون العقل تخلق عملاً خاليًا من الوعي السليم. من هنا يمكن القول إن العقل هو مصدر الأخلاق الحميدة والفضائل. ولهذا السبب نجد أن الفلاسفة المسلمين، والمتكلمين أيضًا، أقروا دائمًا بأهمية العقل. ومن أهم المدارس الفكرية التي أعطت العقل أهمية كبرى، كما هو معروف، المعتزلة.

رمضان آلتنتاش

العقيدة (من وجهة نظر إسلامية)
العقيدة هي الإيمان الجازم والحكمه القاطع الذي لا يتطرق إليه شك، وهي ما يؤمن به الإنسان ويعقد عليه قلبه وضميره، أما العلم الذي يهتم بمبادئ العقيدة فإنه يُسَمّى بعلم العقيدة. انطلاقا من التصور الإسلامي فإن مبادئ العقيدة الأساسية للأديان السماوية واحدة منذ أن خلق الله النبي آدم وإلى أن بعث خاتم النبيين محمد، إذ لم يطرأ عليها أي تغيير. فجوهر العقيدة التي بلغ بها الأنبياء هو الإيمان بوحدانية الله (سورة الأنبياء 21 الآية 25). فكل الأديان السماوية وطبقًا للمنظور القرآني تؤمن بالله، وأنبيائه، واليوم الآخر (سورة البقرة 2 الآية 62؛ سورة النحل 16 الآية 36؛ سورة فاطر 35 الآية 24)، وكذلك بالملائكة، وبالكتب السماوية (سورة البقرة 2 الآية 285). يرى أغلبية الفقهاء التقليديين بأن الإيمان بالقدر خيره وشره من مبادئ الإيمان الجوهرية التي لا تستند إلى القرآن، وإنما إلى الأحاديث النبوية.
لقد ظهرت وبالتزامن مع الأحداث السياسية التي وقعت بعد وفاة النبي بين المسلمين طرق مختلفة جدًا للتعامل مع المسائل العقيدية، حيث لعب التقاء الإسلام مع الأديان والثقافات المختلفة، والتيارات الفلسفية دورًا حاسمًا في تكوين العقيدة الإسلامية. ونظرًا لهذا التنوع فقد اجتهد الفقهاء المسلمون في تحديد مبادئ العقيدة وحسب مدلولاتها الأصلية، وذلك لإيجاد عقيدة موحَّدة بين المسلمين، حيث أثمرت جهود الفقهاء في هذا المجال في تكوين علم العقيدة. إن من أهم مراجع العقيدة على الإطلاق هو ما ألفه أبو حنيفة (المتوفى عام 150/767)، والطحاوي (المتوفى عام 992 / 321)، وأبو ليث السمرقندي (المتوفى عام 984 / 373 تقريبًا)، والجويني (المتوفى عام 478/1085)، والنسفي (المتوفى في النصف الأول من القرن الثاني عشر/710)، والإيجي (المتوفى عام 756/1355). فالهدف من وراء هذه المصادر العقائدية هو توضيح مبادئ العقيدة الإيمانية بشكل دقيق.
بذلك تختلف العقيدة عن علم الكلام، وفي اطاره تناقش الإعتراضات على المبادىء ألإيمانية بإستفاضة، وذلك بواسطة الحجاج العقلي والفعلي.

معمر أسَن

مواضيع ذات صلة: **الشهادة؛ القضاء والقدر / الحتمية؛ علم اللاهوت.**

العلمانية سياسةً (من وجهة نظر مسيحية)
العلمانية مصطلح من عالم السياسة، ولكنه مشتق من المصطلح اللاهوتي »علماني«. والعلمانيون في المفهوم اللاهوتي هم جميع أفراد شعب الكنيسة الذين لم يتلقوا تكريسًا كالذي يناله رجال الدين (الإكليروس). وكتيار سياسي ظهرت العلمانية في أعقاب عصر التنوير في فرنسا في القرن التاسع عشر. ومن خلال التفسير الراديكالي للعلمانية رفض عصر التنوير بشكل عام أية عقيدة دينية تقوم

على التقاليد والوحي الماورائي، ويجب أن يحلّ الاستخدام الحر للعقل البشري محل تلك العقيدة. ومن هنا تعتبر العلمانية نتيجة سياسية بالغة الأهمية، لأن التنوير كان يهدف قبل كل شيء إلى تحرير الإنسان من القهر السياسي. وبما أن الظروف السياسية الاستبدادية والظالمة كثيرًا ما كانت تشرّع نفسها بالتطرّق للدين، رفضت العلمانية من حيث المبدأ أية مشاركة أو نفوذ للأديان وممثليها في المجال السياسي والاجتماعي. فالدين يجب أن يصبح أمرًا خاصًا جدًا، وأن تتقلص امتيازات الطوائف الدينية إلى حدٍ كبير. أما المجالات التي يمكن أن يكون التوجه العلماني الأساسي للسياسة فعّالاً جدًا فيها فهي مجالات التشريع والتعليم المدرسي، بحيث تكون بعيدة عن أية خلفية دينية.

إن الفصل الواضح بين الدين والدولة المتضمن في العلمانية تم أخيرًا قبوله والترحيب به مسيحيًا بعد خلافات امتدت لفترة طويلة. وهذا الفصل نشأ من الفكرة الإيمانية بأن ملكوت الله الذي كرز به يسوع وباشر بتطبيقه ليس كيانًا سياسيًا (انظر: الإنجيل بحسب يوحنا 18: 36: «مَمْلَكَتِي لَيْسَتْ مِنْ هذَا الْعَالَمِ»)، وبذلك أصبح الفصل ممكنًا بشكل غير مباشر ومدعومًا من العقيدة المسيحية. ومع ذلك فإن المسيحيين أيضًا يتحملون مسؤولية في العالم ومن أجله، بحيث يكون الخلاص السياسي وفقًا للمفهوم المسيحي للعالم والمجتمع والإنسان مطلوبًا بشكل مطلق بالإيمان. أما العلمانية المتطرفة فهي تسيئ فهم حقيقة أن الإنسان ككائن سياسي أيضًا لا ينفصل أبدًا عن قناعاته الإيديولوجية سواء كانت دينية أو غير دينية. لذلك من مصلحة الدول العلمانية بشكل خاص أن تكسب الأديان لطرفها كشريك معها في سبيل تأسيس الحرية وتحقيق قيمتها، فالحرية هي أساس الدولة العلمانية.

مارتن تورنر

مواضيع ذات صلة: التنوير؛ السياسة؛ الحرية الدينية؛ العلمانية؛ الدولة.

العلمانية لاهوتًا (من وجهة نظر مسيحية)

يعود الجذر اللغوي لكلمة «علمانية» إلى مصطلح saeculum اللاتيني (والذي يعني «العصر»). واكتسب أهميته في الوقت الذي أدركت المسيحية فيه أنها تمثل تاريخ الخلاص، ما ميزها عن تاريخ العالم، أي عن الدهر. وبينما كانت الطبيعة ومرور الزمن كما في بعض الأديان، كالهندوسية مثلاً، لا تزال تُعرف ببُعدي الوجود الإلهي المباشر، جاءت المسيحية لتؤكد على الفرق المطلق بين الله من جهة والعالم والتاريخ من جهة أخرى. ومع أنه تم تجريد هذين المجالين – العالم والتاريخ – من الإله (أي تم علمنتهما)، إلا أنهما كواقع غير إلهي تحوّلا أيضًا إلى استقلالية دنيوية قائمة بذاتها. وهذه العملية الفكرية التاريخية بكل نتائجها السياسية

والاجتماعية والعملية يطلق عليها تسمية العلمنة، كأحد أكثر معانيها عمومية. والمسيحية لم تعترف بها فحسب، وإنما برزت كنتيجة رئيسية للفهم المسيحي للعالم والله. وبمعنى أكثر دقة يُقصد بالعلمنة تلك التيارات السياسية والأيديولوجية التي تدعو، من وجهة نظرٍ لا تمتّ لأي دين بصلة، إلى تحرير كافة مجالات الحياة السياسية والاجتماعيةً من السلطات والتأثيرات الدينية بكل أشكالها. وهذا الشكل من العلمانية نشأ في أعقاب عصر التنوير الأوروبي وأدى أيضًا في نهاية المطاف إلى علمانية الدولة التي تمثلت في إلغاء الامتيازات الكنسية ومصادرة ثروات الكنائس وممتلكاتها. إن الفصل بين الدين والدولة الذي تشترطه العلمانية كان من منظور مسيحي موضع ترحيب ودعم منذ القرن العشرين. وأي قرار إيماني حر للإنسان يمكن اتخاذه بشكل مطلق في العقيدة المسيحية فقط بشرط ألا يكون هنالك دين للدولة. وبهذا تصبح علمانية الدولة الشرط الأساسي لحرية الدين، الأمر الذي أصبح لا غنى عنه من أجل التعايش السياسي بين أفراد الديانات المختلفة، ولا سيما في ظل الظروف الراهنة في مجتمعات ذات تعددية دينية. إلا أن العلمانية لا يمكنها أن تقوم بهذه الوظيفة الجوهرية للدين إلا عندما لا تحفظ نفسها من الانكماش والتحول إلى أيديولوجية استبدادية، بل تفتح المجال لكافة الأديان للتمتع بالحرية، التي تعتبر جوهرية للعلمانية نفسها.

مارتن تورنر

مواضيع ذات صلة: **التنوير؛ العلمانية؛ حرية الاعتقاد.**

العلمانية (من وجهة نظر إسلامية)

العلمانية هي مبدأ حكمي تضمنه الدولة لتحقيق الحياد وحماية الحرية الدينية وحرية التعبير ومنح المواطنين الحق في تقرير مصيرهم، ومن هنا يمكن الإشارة إلى مواضع في القرآن يمكن أن تُقرأ قراءة متصلة بمفهوم العلمانية، وذلك برفضها بشكل خاص الحق المطلق، كالآية رقم 99 و 100 في سورة يونس 10 ﴿وَلَو شَاءَ رَبُّكَ لَأَمَنَ مَن فِى ٱلْأَرضِ كُلُّهُم جَمِيعًا أَفَأَنتَ تُكرِهُ ٱلنَّاسَ حَتَّىٰ يَكُونُواْ مُؤمِنِينَ وَمَا كَانَ لِنَفسٍ أَن تُؤمِنَ إِلَّا بِإِذنِ ٱللَّهِ وَيَجعَلُ ٱلرِّجسَ عَلَى ٱلَّذِينَ لا يَعقِلُونَ﴾. كما توجد آيات قرآنية أخرى تأمر النبي بعدم انتهاج سياسة السيطرة أثناء ممارسة مهامه وهذا ما ورد في الآية رقم 45 من سورة ق 50، أما ما ورد في الآية 22 من سورة الغاشية 88 فهو أمر كذلك يلزم النبي على إتباع منهج لا إكراه في الدين. وبذلك تنحصر مهمة النبي في تبليغ الحقيقة للناس بأسلوب سهل وبسيط يراعي فيه مبدأ لا إكراه في الدين المذكور في الآية رقم 256 من سورة البقرة 2، كما يتضح المعنى نفسه في الآية رقم 29 من سورة الكهف 18 ﴿وَقُلِ الْحَقُّ مِنْ رَبِّكُمْ فَمَنْ شَاءَ فَلْيُؤْمِنْ وَمَنْ شَاءَ فَلْيَكْفُرْ﴾. ومن هنا يتبين أن القرآن يرفض هذا المنهج الذي يبيح إجبار

الناس على تصديق الحق بطريقة إستبدادية، والسبب في ذلك أن الإنسان بطبيعته لا يستطيع أن يطور ذاته إلا في مجتمع متنوع ومتعدد الثقافات والأديان بصفة تيسر له حماية نفسه من الشعور بالاغتراب، أما في المجتمعات التي يسود فيها الحكم المطلق فيمكن أن يفقد الإنسان إنسانيته بشكل يضعه في حالة تعيسة أو أن يغترب عن ذاته اغترابًا يؤدي إلى انفصال الإنسان عن طبعه التي أودعها الله فيه. وعلى هذا تكون ظاهرة الإبادات الجماعية والقمع والطغيان نتيجة العجز على بناء مجتمع يتسم بالتعددية وتنوع الثقافات والأديان.

إن القرآن يرفض سياسة الحقيقة المطلقة ويرى أن وجود أديان مختلفة في المجتمع الواحد أمر طبيعي، وهذا ما أشير إليه في الآية رقم 148 من سورة البقرة 2 ﴿وَلِكُلٍّ وِجْهَةٌ هُوَ مُوَلِّيهَا فَاسْتَبِقُوا الْخَيْرَاتِ﴾. وأيضًا في الآية رقم 48 من سورة المائدة 5 ﴿لِكُلٍّ جَعَلْنَا مِنْكُمْ شِرْعَةً وَمِنْهَاجًا وَلَوْ شَاءَ اللَّهُ لَجَعَلَكُمْ أُمَّةً وَاحِدَةً وَلَٰكِنْ لِيَبْلُوَكُمْ فِي مَا آتَاكُمْ فَاسْتَبِقُوا الْخَيْرَاتِ إِلَى اللَّهِ مَرْجِعُكُمْ جَمِيعًا فَيُنَبِّئُكُمْ بِمَا كُنْتُمْ فِيهِ تَخْتَلِفُونَ﴾. ومن هنا يتضح أن الله تعالى لا يريد إنشاء مجتمع يظهر فيه دين واحد، بل مجتمع قادر على خلق بيئة تتيح لنا بناء هوية وتطوير الذات روحانيًا على حد سواء وذلك بصفة مستمرة. وعلى هذا لا يسمح بإقحام الدين في عمليات إجرامية مرتكبة في الماضي أو في الحاضر حتى وإن مورست بإسمه.

وفي الأساس يوجد إجمالاً في المصادر المقدسة موقف تحرري في هذا الشأن، فمثلاً يسوع الناصرّي يقول في هذا الصدد في انجيل مرقص 10 الآية 45 ومتى 20 الآية 28: »إِنَّ ٱبْنَ ٱلْإِنْسَانِ لَمْ يَأْتِ لهذَا العَالم لِيُخْدَمَ، بَلْ لِيَخْدُمَ«. والمقصود في الآية هو زرع السلام والمحبة في الأرض وبهذا خلق بيئة ملائمة يستطيع فيها الإنسان تحقيق أهدافه الحياتية. وفي رواية للعجلوني قال محمد في هذا الصدد: »خير الناس أنفعهم للناس«. وهنا يطرح السؤال، ألم يسبق الحديث المذكور بعدة قرون هذه القولة المعتبرة في هذه الأيام: الدولة تعمل في سبيل الإنسان وليس الإنسان من يعمل في سبيل الدولة. وبناءً على ذلك فإن الشر لا ينبثق من الدين ولكن من التفسير الخاطىء. ومن الواضح فإن الفكر الليبرالي الذي لعب الدور الأهم في نشأة العلمانية أشير إليه في القرآن منذ قرون والدليل في الآية رقم 105 من سورة المائدة 5: ﴿يَٰٓأَيُّهَا ٱلَّذِينَ ءَامَنُواْ عَلَيۡكُمۡ أَنفُسَكُمۡ لَا يَضُرُّكُم مَّن ضَلَّ إِذَا ٱهۡتَدَيۡتُمۡ إِلَى ٱللَّهِ مَرۡجِعُكُمۡ جَمِيعًا فَيُنَبِّئُكُم بِمَا كُنتُمۡ تَعۡمَلُونَ﴾. إلا أن مفهوم العلمانية الذي له أدلة في القرآن لم يحظى بالإهتمام من قبل الحكومات الإسلامية إلا في النصف الثاني من القرن التاسع عشر.

كما أثبت الباحث في علم الاجتماع ماكس فيبر المولود سنة 1864 والمتوفي سنة 1920 أن الكتب السماوية التي أنزلت على المجتمعات في العصور الماضية لم تكن تُعتبر من أقوامها بالضرورة ملزمة، بل كانت تحت سيطرة السلطات الحاكمة آنذلك، بمعنى أنها كانت تتعرض لتأويلات فاسدة تتماشى مع تأويلهم للعالم،

والأسوأ من ذلك أن الحكام قاموا بإحاطة هذه التأويلات الخاطئة للنصوص الدينية بهالة من القدسية بصفة جعلتها في نهاية الأمر مساوية للنصوص المقدسة الأصلية، كل محاولة تقوم على إلتماس حقيقة بعيدة عن هذه التأويلات تُعتبر زندقة. لذا تمثل هذه المرحلة الزمنية التي استمرت إلى غاية الثورة الفرنسية سنة 1789 من المراحل الأكثر غموضًا. وبعد هذه الثورة إستطاعت المناهج العلمانية والديمقراطية أن تفرض نفسها في الغرب وأن تمهد الطريق لبناء حضارة جديدة، ومع ذلك يقع أحيانًا مزج العلمانية بهذا التصور الذي يوحي أن هذا الفكر يسعى للإقصاء الكلي للدين من المجتمع. ولكن هذا المزج يؤدي إلى الوقوع في مشكلة فعلية تبعدنا عن الواقع، وذلك لأن العلمانية تبدو بهذا التصور كتوجيه فكري يطمح بذاته إلى الحكم المطلق.

صالح آقدمير

مواضيع ذات صلة: **الحكم المطلق؛ التعددية؛ الدين؛ الحرية الدينية؛ الشريعة؛ الأُمة.**

العمل (من وجهة نظر مسيحيّة)

العمل هو شكل هادف ومحدّد للأداء الإنسانيّ. وتوجد أشكال متعدّدة للعمل، مثلاً العمل مقابل أجر، العمل المنزليّ والعمل التطوّعيّ. ويمكن كذلك اعتبار كلّ ما ينتج عن أداء معيّن على أنّه عمل. فالعمل هو في الوقت نفسه وسيلة ضروريّة لتأمين القوت ووسيط لتنمية الكيان الإنسانيّ والاندماج الاجتماعيّ. هذه الصفة ذات الحدّين (من جهة تخطّ للذات، عناء وتعجيز؛ ومن جهة أخرى تحقيق للذات، إبداع وسعادة) هي أساسيّة من الناحية الأنثروبولوجيّة.

ويعدّ العمل في تقليد الكتاب المقدّس مشاركة فعّالة في عمليّة الخلق، فالإنسان كصورة لله ومثال له، مدعوّ أن يكون فعّالاً بشكل خلّاق. ويُفهم العمل على أنّه خدمة لله وللإنسان وللخلق. لا يعرف التراث المسيحيّ في مفهومه للإنسان تفريقًا بين أنواع الأداء: فالعمل يعدّ علامة قدر خاصّ بالإنسان. ويدخل ضمن المفهوم المسيحيّ للعمل وضع حدود له من خلال السبت. هذا التكامل بين العمل والراحة كان له أثره من الناحية التاريخيّة الثقافية في قواعد الرهبنة البنديكتيّة: صلِّ واعمل أو اعمل في روح الصلاة. في العصر الحديث يتركّز العمل دائمًا على إتمام الواقع المبتدع واستخدامه. العمل هو عقرب الاتجاه للتطوّر ويقف في صميم العصر الحديث، يطبع حركيّته ويشكّل القوّة المحرّكة للرفاهية وللتقدّم الحضاريّ.

بناء على سمته المزدوجة، الطاقميّة الذاتية والوظيفيّة الهادفة، من الواجب دائمًا لنظام العمل والاقتصاد المعقول أن يؤمّن بشكل متجدّد التوازن الصحيح بين فعاليّة العمل وتحسين صورته الإنسانيّة. ويتعرّض العمل الإنسانيّ للخطر في أمور عدّة

تتعلّق بتوزيعه وبالفصل بينه وبين رأس المال كما بالفصل بين عالم العمل المنظّم اقتصاديًا وعالم العلاقات الشخصيّ.
ينتج عن وجهات النظر اللاهوتيّة والأنثروبولوجيّة المرسومة هنا أنّ قيمة العمل لا تُستمدّ فقط من سعر إنتاجه، بل من طاقم التنفيذ الذي أتمّه على حدّ سواء. ويجب التوفيق دائمًا بين العامل المجدي للعمل وتوظيفه اقتصاديًا بشكل متجدّد ضمن الشروط المتغيّرة. ولعلّ التحدّي الأبرز في أوائل القرن الحادي والعشرين هو تحوّلات المسألة الاجتماعيّة من خلال القلق الدائم لعدد كبير من الناس من العجز عن الكسب بالإضافة إلى تنامي مرونة العمل. وتقف النظريّة الاجتماعيّة الكاثوليكيّة في وجه ذلك وتطالب بأجور عادلة.

ماركوس فوغت

مواضيع ذات صلة: **الإنسان؛ علم اجتماع الدين؛ الإقتصاد؛ الإحسان.**

العمل (من وجهة نظر إسلامية)
يرمز العمل إلى ممارسة النشاطات التي تتطلب مجهودًا فكريًا وجسديًا. فبذل الجهد يُعتبر في الإسلام من الأمور الجوهرية في الوجود الإنساني (سورة النجم 53 الآية 39–41). فمن خلال العمل يستطيع الإنسان أن يحافظ ليس فقط على وجوده كفرد، وأن يطور شخصيته ويحميها، بل أيضًا يستطيع أن يحقق داخل مجتمعه ثقافة ومدنيّة. لقد وعد الله في القرآن أولئك المؤمنين والمثابرين والذين يؤدون أعمالاً تعود على الناس بالنفع بأن يستخلفهم في الأرض وينعم عليهم بالأمن والطمأنينة (سورة النور 24 الآية 55). إضافة إلى ذلك فإن الناس يجازَون على أعمالهم في الدنيا والآخرة (سورة البقرة 2 الآية 195؛ سورة التوبة 9 الآية 105–106).
يجب على الإنسان أن يعمل وأن يحافظ على كرامته وحقوقه في العمل ليفوز في الدنيا والآخرة، وعلى الإنسان أيضًا أن لا يفرط في الآخرة للفوز بالدنيا وأن لا ينسى نصيبه من الدنيا (سورة البقرة 2 الآية 201؛ سورة الأعراف الآية 156؛ سورة القصص 28 الآية 77)، وذلك لأن الفوز بدار الخلود في الآخرة لا يكون إلا عن طريق القيام بالأعمال الصالحة في الدنيا (سورة الطور 52 الآية 21).
يُقَيِّم الإسلام العمل الذي يقوم به الإنسان ليعيل نفسه وعائلته بالطرق المشروعة دون التفريط بواجباته الدينية على أنه عبادة. إضافة إلى ذلك فلقد وُصِفَ الأنبياء المرسلون من عند الله في القرآن بأنهم المثل الأعلى والنموذج المتكامل في العمل (سورة يوسف 12 الآية 55؛ سورة سبأ 34 الآية 11). لقد أكد النبي محمد في أحاديث كثيرة على أهمية العمل والإبداع والكسب: »الدنيا مزرعة الآخرة« (أنظر: العجلوني)، »أعظم الناس همًّا المؤمن الذي يهتم بأمر دنياه وآخرته« (أنظر سنن ابن ماجه)، »ما أكل أحد قط خيرًا من أن يأكل من عمل يده، وإن نبي

الله داود – عليه السلام – كان يأكل من عمل يده« (أنظر صحيح البخاري)، »اليد العليا خير من اليد السفلى« (أنظر صحيح البخاري). كان يعمل النبي محمد في طفولته كراعٍ وعندما أصبح شابًا عمل في التجارة وبعد البعثة النبوية قام بالعمل على إدارة شؤون المجتمع الذي عاش فيه.

لقد طور الإسلام مبادئ جوهرية وأخلاقية تنظم الحياة العملية، فمن أول هذه المبادئ الصدق والإنصاف. إن مراعاة هذه المبادئ في التفكير، والحديث، والمعاملة تُعتبر من الإلتزامات الأخلاقية. فالإنسان الصادق والمنصف يقوم بأداء واجبه المسؤول عنه طبقًا لكل القواعد الفنية والأخلاقية. وهذا الشرط ينطبق وبنفس المقاييس على رب العمل وعلى العامل بحد سواء.

إحسان چاپچي أوغلو

مواضيع ذات صلة: **الإمام؛ الفرائض الدينية؛ المسؤولية.**

مصادر الحديث:
1. صحيح البخاري، كتاب النفقات، باب 1 فضل النفقات على الأهل، رقم الحديث 5354، عن سعد بن أبي وقاص.
2. العجلوني، كشف الخفاء، ج 1، ص 471، رقم الحديث 1320.
3. سنن ابن ماجه كتاب التجارات، باب 2 الاقتصاد في طلب المعيشة، رقم الحديث 2143، عن أنس بن مالك.
4. صحيح البخاري: كتاب البيوع، باب 15 كسب الرجل، رقم الحديث: 2072، عن المقدام.
5. صحيح البخاري: كتاب الزكاة، باب 50 الاستعفاف عن المسألة، رقم الحديث 1472، عن حكيم بن حزام.

العنف (من وجهة نظر مسيحيّة)

يصوّر تعبير العنف انطلاقًا من معناه الأصليّ في اللغة الألمانيّة وبالمعنى المجرّد قبل كلّ شيء اقتدارًا أو تملّكًا يتضمّن التوفّر على قوى ذاتيّة أو غريبة أيضًا. لذا يوجد فرق داخل هذا التعريف الأساسيّ بين العنف كصلاحيّة لممارسة السلطة (الحكم) والعنف كتطبيق للإكراه النفسيّ والجسديّ بشكل منافٍ لإرادة المتعرّض له (البطش/ممارسة العنف). وعند هذه النقطة الأخيرة يطرح السؤال الأخلاقي نفسه: تحت أيّة شروط يكون العنف شرعيًّا؟ تقف الأخلاق المسيحيّة موقفًا إيجابيًّا إلى حدّ كبير في علاقتها مع العنف في كونه نظامًا مؤسساتيًّا وموجّهًا للبنية الاجتماعيّة. هذا النوع من العنف التنظيميّ قال به الله نفسه (مثلاً سفر أخبار الأيام الأوّل 29: 11) وقام بتسليمه إلى الإنسان في عمليّة الخلق على شكل تكليف بالسلطة على العالم (سفر التكوين 1: 28). لقد أوصي المسيحيّون بتقبّل السلطة السياسيّة على أنّها معطاة من الله وبعدم الانتفاض على الحكّام في حالة لم يكن هؤلاء مسيحيّين أو تصّرفوا خلافًا للمسيحيّة (مرقس 12: 17؛ رومية 13: 1–

7). مع ذلك يحذّر يسوع أتباعه بشكل صريح من مغبّة إضفاء صفة مطلقة أو مثاليّة على السلطة، غير أنّه يصوّر سلطة الله المعلنة في رسالته على أنّها انقلاب في المفهوم الحالي للسلطة، إذ إنّ الرؤساء والعظماء يجب أن يكونوا عبيدًا وخدّامًا للجميع (مرقس 10: 42–45). ولأنّ أيّ شكل من أشكال السلطة يجب أن يكون في أخلاق يسوع محدّدًا بالمحبّة، فإنّه يرفض في وصيّة محبّة الأعداء رفضًا جذريًّا ممارسة العنف بمفهوم الإكراه (متى 5: 43–48). فكلّ فعل انتقاميّ ضدّ سلطة غير شرعيّة لا يجب أن يقوم به المتضرّرون أنفسهم، بل ترك هذا الأمر لدينونة الله (رومية 12: 19). بالإضافة إلى ذلك توجد في تقليد الكتاب المقدّس أقوال إنسانيّة ذات دلالات كبيرة حول أسباب وأصول أفعال العنف الإنسانيّة، ويتمّ إرجاعها إلى منحى الإنسان نحو الخطيئة التي تقف وراءها الأنانيّة وشهوة التملّك اللتان تغويانه منذ البدء بالقيام بأعمال عنف (على سبيل المثال أيضًا قتل الأخ: سفر التكوين 4: 1–16). ولأنّ المحبّة الممنوحة من الله تحرّر الإنسان من التركيز على نفسه محورًا، فمن الممكن فهمها خلاصًا من شرّ العنف. بالنسبة إلى أخلاق المحبّة الخالية من العنف لدى يسوع فإنّ كلّ وجه من وجوه العنف الإكراهيّ هو أمر إشكاليّ، حتّى ولو تمّ تطبيقه من جهة السلطة السياسيّة الشرعيّة لضمان النظام والسلام. ورغم أنّ هذا التطبيق تمّ تأييده من قِبَل لاهوتيّين مسيحيّين (مثلا توما الأكوينيّ، توفّي 1247) فيمكن بالتالي تبريره لاهوتيًا بأنّ الانعدام المطلق للعنف لدى المسيح هو استباق لطور آخر الزمان (لم يتمّ التوصّل إليه حاضرًا). وبالتالي فإنّ الذي يسري في التطبيق العمليّ هو أنسنة العنف المستخدم لتجنّب شرّ أعظم، وذلك إلى أبعد حدّ ممكن بالنظر إلى المطلب الأقصى للمحبّة.

مارتن تورنر

مواضيع ذات صلة: **الخلاص؛ الأخلاق؛ حقوق الإنسان؛ كرامة الإنسان؛ ملكوت الله.**

العنف (من وجهة نظر إسلامية)

العنف هو عبارة عن مصطلح واسع يشمل فيما يشمل إساءة استخدام السلطة، أو الضغوط، أو الإهانة والإرهاب. يلجأ الناس في ظل ظروف معينة إلى استخدام العنف. ولكن الإسلام يسعى إلى تحقيق التوازن بين القوى والسيطرة على عملية ممارسة القوة. فالإسلام يفضل تحجيم استخدام القوة على التخلي عنها كليًا. وبذلك ينبغي أن تشكل عملية البحث عن التوازن العدالة. غالبًا ما يأتي مصطلح الجهاد الذي يُعْتَبَر محل نزاع ضمن سياق موضوع استخدام العنف. إن استخدام كلمة الجهاد ضمن سياق الحرب كان في البداية كنتيجة مرحلية لردة الفعل التي تولدت عن المضايقات والأحقاد التي واجهها المسلمون، وكذلك عمليات القسر والقهر التي تعرضوا له. أما اليوم فإن مصطلح الجهاد يُعْتَبَر رديفًا لمصطلح الحرب، ولكننا إذا

ألقينا نظرة على القرآن فإننا سنجد ان هذا الاعتقاد خطأ. فعلى سبيل المثال كان يُسْمَح للمسلين بخوض المعارك فقط في حالة تهديدهم بالموت من قِبَل الآخرين، أو في حالة اضطهادهم بشكل وحشي (سورة الحج 22 الآية 39). فالحرب إذن هي المنفذ الأخير في دفع الظلم والمآسي. وحتى هذا الترخيص لا يُعْتَبَرُ مطلقًا: ﴿وَقَـٰتِلُوا۟ فِى سَبِيلِ ٱللَّهِ ٱلَّذِينَ يُقَـٰتِلُونَكُم وَلا تَعتَدُوا۟ إِنَّ ٱللَّهَ لَا يُحِبُّ ٱلْمُعتَدِينَ﴾ (سورة البقرة 2 الآية 190)، ﴿وَقَـٰتِلُوهُم حَتَّىٰ لَا تَكُونَ فِتنَةٌ وَيَكُونَ ٱلدِّينُ لِلَّهِ فَإِنِ ٱنتَهوا۟ فَلَا عُدوَٰنَ إِلَّا عَلَى ٱلظَّـٰلِمِينَ﴾ (سورة البقرة 2 الآية 193). إن الإسلام لا يضع حدودًا في الحرب فحسب وإنما يمنع أيضًا أعمال العنف التي تشكل خطرًا على المجتمع، كالقتل والاغتصاب، حيث طور عقوبات قانونية ضمن هذا السياق.

تحدث في المجتمعات الإسلامية بين الفينة والفينة أعمال عنف ضد النساء، وخاصة ضمن حدود العائلة. فهذه التجاوزات نشأت من خلال الثقافة والموروث المتأثران بدور الرجل والمرأة داخل المجتمع، ولا يمكننا أن نثقل بها الدين والأخلاقيات الإسلامية. فالنبي محمد كان يظهر في علاقاته الأسرية دائمًا الحب ومراعاة حقوق وشعور الآخرين ولم يستخدم أبدًا العنف.

إحسان توكر

مواضيع ذات صلة: **الجهاد**؛ **الشرف**؛ **السلام السياسي**؛ **المرأة**؛ **الحرب**؛ **السياسة**.

عيسى (من وجهة نظر إسلامية)

يُعَدّ عيسى إلى جانب نوح، وإبراهيم، وموسى، ومحمد، أحد أولي العزم الخمسة من الرسل الذين ذُكِروا نصًّا في القرآن. فلقد بُعِث عيسى إلى بني إسرائيل وأُنْزل عليه الإنجيل الذي يُعْتَبَر إلى جانب التوراة، والزبور، والقرآن من الكتب السماوية الأربعة المقدسة. وهناك عدة أسماء لعيسى ذكرها القرآن، منها المسيح، وابن مريم، وكلمة الله، وروح الله.

تتناول الآيات القرآنية الخاصة بعيسى، بشكل غالب، التضارب في الآراء بين المسلمين والمسيحيين من جهة، وكذلك المناقشات داخل الدين المسيحي نفسه من جهة أخرى. فهذه الآيات تحكي أن عيسى قد ولِد من مريم العذراء من دون أب، وبهذا فقد ردّ القرآن على أولئك الذين ارتابوا في أمر مريم واستنكروا قضيتها وقالوا ما قالوا معرضين بقذفها ورميها بالفرية (سورة آل عمران 3 الآية 45–46؛ سورة مريم 19 الآية 16–22). ويذكّر القرآن في موضع آخر بأن عيسى قد رد على أولئك الذين تجاوزوا على مريم بمعجزة، فحينما أشارت لهم إلى خطابه وهو في المهد قال لهم عيسى بأنه رسول الله آتاه الله الكتاب وجعله نبيًّا (سورة مريم 19 الآية 27–33).

تُذَكِّر ولادة عيسى المخالفة للطبيعة البشرية الناس بقدرة الله؛ حيث أمره أن يكون فكان. وتُقارَن في القرآن قصة مولد المسيح بقصة خلق آدم ﴿إِنَّ مَثَلَ عِيسَىٰ عِندَ ٱللَّهِ كَمَثَلِ ءَادَمَ﴾ (سورة آل عمران 3 الآية 59).

لقد أوحى الله لمريم أن تنفرد بربوة، وجعل مأواهما ومنزلهما إلى أرض مرتفعة تتوفر فيها كل مقومات الحياة بحيث لا تحتاج إلى أن تنتقل منه إلى مكان آخر (سورة المؤمنون 23 الآية 50).

أما عن رسالة عيسى فلقد وردت في القرآن بشكل مفصل: فلقد أُرْسِل عيسى مصدقًا لما بين يديه من الكتب السماوية المقدسة، وأحلّ بعض الذي كان محرمًا (سورة آل عمران 3 الآية 49؛ سورة النساء 4 الآية 171). وأنه قد جاء إلى بني إسرائيل بالبشارة، وبشر برسول يأتي من بعده (سورة الصف 61 الآية 6). حيث يُجْمِع العلماء المسلمون على أن هذا الرسول الذي بشر به عيسى هو النبي محمد. لقد جاء عيسى بالكثير من المعجزات بإذن الله: فقد كان يخلق من الطين كهيئة الطير فينفخ فيه فيكون طيرًا، ويبرئ الأكمه والأبرص، ويحيي الموتى، وينبئ الناس الغرباء بما كانوا يأكلون ويدخرون في بيوتهم (سورة آل عمران 3 الآية 49). ومن معجزات عيسى أيضًا نزول مائدة من السماء (سورة المائدة 5 الآية 112–115)، ومع ذلك لم يؤمن به من بني إسرائيل إلا القليل منهم. وحاول آخرون تدبير الدسائس في إزاحته عن طريقهم.

يذكر القرآن أن اليهود لم يقوموا بصلب عيسى، ولم يقتلوه، ولكن شُبِّه لهم، وأن الله قد رفعه إليه (سورة النساء 4 الآية 157–158). ولكن القرآن لم يذكر الكيفية التي حصلت فيها هذه الواقعة.

ينفي القرآن الألوهية عن عيسى، وأنه ليس هو الله، ولا ابن الله، وإنما هو عبد الله ونبيه (سورة النساء 4 الآية 172؛ سورة المائدة 5 الآية 17، 72–73).

محمد قاتر

مواضيع ذات صلة: **المسيحية؛ الإنجيل؛ مريم؛ الإنسان كعبد لله، النبوة؛ علامات الساعة.**

الفتوى (من وجهة نظر إسلامية)

الفتوى هي حكم صادر من فقيه في علم الفقه شفويًا كان أو كتابيًا يحكم فيه على أي عمل بشري، ولا يمكن إصدار فتوى إلا في حالة وجود مسألة محددة يسأل عنها شخص واحد أو عدة أشخاص.

ذكرت كلمة فتوى ومشتقاتها في القرآن بمعنى طرح سؤال عن قضية وطلب معرفة وجهة نظر أو توضيح ما وكذلك بمعنى إبداء الرأي وطلب حكم حول أمر من الأمور أو إعلان حكم، وهذا ما جاء ذكره في الآيات التالية: سورة النساء 4 الآية 127 و176 وسورة يوسف 12 الآية 41 و43 و46 وسورة النمل 27 الآية

32 وسورة الصافات 37 الآية 11 و149. يخضع إصدار الفتوى في الإسلام لقواعد معينة: مبدئيًا يجب أن يكون الشخص الذي يصدر الفتاوى مفتيًا وفقيهًا مسلمًا، له دراية عالية بأساليب الإجتهاد وقادرًا على استنباط الأحكام الشرعية من القرآن والسُنة.

أدى عدم التوفر الكافي لعلماء فقه ذوي مستوى علمي واجتهادي مقبول في جميع المجتمعات الإسلامية وعبر العصور إلى ضرورة إصدار الحكم بأسلوب التخريج أو التقليد. التخريج يعني هنا إصدار فتوى حول أمر معين لم يقع معالجته من قبل وذلك بعد التطلع لمبادئ التدليل في كل مذهب فقهي، أما فيما يتعلق بالتقليد فهي فقط عملية تبليغ السائل بالفتوى الصادرة من مدرسة فقهية ينتمي إليها المفتي أو من مدرسة أخرى، وهذا بسبب أن المفتي لا يمتلك القدرة على الاجتهاد والتخريج.

يُعتبر إصدار الفتوى تحكيمًا حول سلوكيات وعملية بسيطة، كما ليست هناك حاجة لتفويض شعبي في هذا الشأن أو أي صلاحيات رسمية أخرى، لذلك تعد الفتوى غير ملزمة من المنظور الديني والقانوني أي لا تلزم أي شخص بالأخذ بها وحتى إن كان السائل هو المستفتي، ورغم ذلك تمثل الفتوى الواحدة حكمًا يمكن العمل بما جاء فيه ليس فقط من قبل المستفتي، ولكن أيضًا من جميع المسلمين.

بعدما أنهت المدارس الفقهية مراحل نموها وأغلقت أبواب الإجتهاد على أرض الواقع أنشأت الدول المسلمة مؤسسات تتولى مهمة إصدار الفتاوى للدولة أو للفرد تكون سارية المفعول بشكل رسمي.

تشمل الفتوى حكمًا شرعيًا حول التوجه الداخلي والسلوك الخارجي للشخص وتعد أيضًا صالحةً في حالة ما صدر الحكم على قرارات وأعمال المؤسسات والدول وهذا لأنها تتكون من أشخاص حقيقيين.

نظرا إلى المبادئ المذكورة أعلاه نشأت منذ العصر الكلاسيكي ما بين القرن الثامن والثاني عشر الميلادي إختلافات جوهرية في وجهات النظر بين أهل السنة والشيعة حول التفاصيل المتعلقة بالفتوى، فالشيعة مثلاً وضعت شروطًا أكثر صرامةً في ما يتعلق بالتشريع الاجتهادي الصحيح فهم يرفضون مثلاً التشريع بالرأي وينكرون الإستدلال المطلق بالقياس.كما تطورت في الآونة الأخيرة نظرية ولاية الفقيه، ومضمونها أن العالِم في التشريع، أي المؤهَّل لإصدار الفتوى يؤدي في نفس الوقت وظيفة الإمام.

طالب تورجان

مواضيع ذات صلة: **المذاهب الفقهية؛ الأحناف؛ الإمام؛ العلوم الشرعية؛ الشيعة.**

الفرائض الدينية (من وجهة نظر إسلامية)
كلمة فرض تُطلق على الأحكام الشرعية القائمة على أدلة واضحة ولازمة ومستمدة من مصادر التشريع الإسلامي. فهي إذن قواعد تُلزم المسلم البالغ بفعل شيء ما. أما في أصول الفقه فقد تم إدراج مصطلح الواجب كمرادف لمعنى الفرض. وهذا يعني أن عند علماء أصول الفقه لا يوجد فرق بين الفرض والواجب من حيث المعنى. خلافًا لمذهب أبي حنيفة الذي يستخدم عبارة واجب كنوع من أنواع الفرائض، وهي بالتحديد أوامر ثبتت بنصوص ظنية الدلالة أو الثبوت. إنطلاقًا من هذا المفهوم يعلّم الأحناف أن كل من ينكر الفرض يكفر، أما مُنكر الواجب فيُعتبر فاسقًا. لذلك يرى الأحناف أن ترك الواجب في الصلاة والحج أمر محتمل ولسد خلل الصلاة يلزم إتيان سجود السهو وأما من ترك واجبًا من واجبات الحج فعليه ذبح شاة.
تُقسم الفريضة عند المسلمين إلى فريضة فردية وفريضة جماعية. تُسمى الفريضة الفردية بفرض عين وهي مفروضة على كل مسلم كالصلاة والصيام والزكاة والحج. أما فرض الكفاية فهو العمل الذي إذا أدته فئة من المسلمين سقط عن الآخرين كصلاة الجنازة. بالنسبة للفرائض الفردية توجد حالات استثنائية (أنظر المادة المتعلقة بالحج والصوم).
توجد أيضًا أنواع أخرى من الفرائض. هناك مثلاً التقسيم التدريجي للالتزمات وهو ما يسمى بمآلات الإنكار. والجدير بالذكر أن هناك ما يُعد من الفرائض غير أنه ثابت على أدلة غير قطعية، مثل المضمضة والإستنشاق في الغسل.
تكتب على المسلمين الذين يمثلون أيضًا عباد الله اعمال حسنة في حال تتبعهم لأوامر الله إبتغاء مرضاته وهذا ما يكسبهم أجرًا وثوابًا، أما تارك الفرائض فيُعتبر عاصيًا وأما من ينكرها فهو خارج عن الدين.
ولتعليم الناس التوجيهات الدينية وخاصة الأطفال والشباب وقع تقسيم الفرائض الدينية إلى 32 و54 أمرًا. وهذا من أجل تيسيير وتفعيل عملية تعليم الفرائض، فمثلاً الفرائض الفردية تتكون من 32 أمرًا تتعلق بأركان الإيمان والوضوء والغسل والتيمم وأركان الصلاة. أُضيف الى 32 أمراً 22 أمراً تتعلق بالعبادات التعاملية والإجتماعية وأيضًا جملة من النواهي، ومن هذه الإلتزامات في العبادات التعاملية بر الوالدين وحسن التعامل مع الأقارب وحسن الجوار. ومن النواهي تحريم الربا والخيانة الزوجية والسرقة والرشوة والقتل.

خالد أونال

مواضيع ذات صلة: **الأمر؛ علم القانون؛ الطهارة؛ الطقوس؛ المعصية.**

الفقه (من وجهة نظر إسلامية)
الفقه هو بالمفهوم الإسلامي الكلاسيكي مجال يهتم بمسؤولية الفرد عن أعماله أمام الله. هذا من جهة ومن جهة أخرى هو العلم الذي يبلور حقوق وواجبات الإنسان أمام المجتمع. فبعد وفاة النبي محمد قام علماء المسلمين بوضع مناهج لتسيير الحياة مستنبطة من القرآن والسنة، وكذلك تطوير حلول لكل قضية جديدة بالإعتماد على الإجتهاد. أصبحت علوم التشريع مجالاً مستقلاً في نهاية القرن الثاني الهجري تقريبًا، أي في حوالي عام 800 ميلاديًا.
يعتبر القرآن والسنة من المصادر الهامة للفقه، أما المصادر المساعدة فهي إجماع العلماء والمجتمع والقياس، أي استنباط أحكام على مسائل حديثة من جزئيات حكمية معلومة للجميع وأيضًا المصلحة العامة والعرف، كما أن العقل يلعب دورًا رئيسيًا في الممارسات التأويلية للمصادر. تكمن المهمة الجوهرية للفقه في بناء علاقة بين الضوابط الإلهية غير القابلة للتغيير والظروف الإجتماعية التي هي في تغير مستمر، ومن مهامه أيضًا تقديم حلول لمشاكل ظهرت حديثًا.
والسبب الذي يعود إليه ظهور مذاهب فقهية مختلفة هو اختلاف الأساليب في استنباط الأحكام، فمنهم من يقدم المعنى الظاهري لكلام الله والأحاديث، بينما تمنح مجموعة أخرى العقل والرأي الشخصي الأولوية. هذا الإختلاف ينبغي أن يُنظر إليه على أنه يحمل دورًا تكميليًا، خاصةً ما تعلق الأمر بالتفسيرات المختلفة للقرآن والسنة النبوية والوقائع الحياتية الملموسة. كما يمكن تقسيم الفقه إلى قسمين: القسم الأول يشمل الأصول التي تُعرف بالمبادئ الأساسية، أما القسم الثاني فهو يهتم ببحث حلولاً لمواقف وقضايا فردية. مع مرور الوقت أصبح ينظر للعلوم الشرعية الإسلامية على أنها مجال متصل أكثر بالقسم الثاني.
يهتم الفقه من جهة بالمسؤولية الدينية الفردية والعبادات التي تتعلق بالإتصال العمودي أي بعلاقة الفرد مع الله، فهي تشمل الى جانب الوضوء والصلوات الخمس وصيام رمضان والزكاة والحج وشعيرة النحر. يتسع الفقه ليشمل من جهة أخرى معاملات تنظم الحياة بين الناس وفي المجتمع، فهي علاقة أفقية، لذلك فهي تتعلق بالحقوق والواجبات المتبادلة.

اللجنة

مواضيع ذات صلة: **الإجماع؛ الفتوى؛ المذاهب الفقهية؛ العقلانية؛ الإثم.**

الفلسفة المسيحية (من وجهة نظر مسيحية)
نشأت الفلسفة في العصور اليونانية القديمة. كان أرسطو (384–322 ق.م.) أول من أعطى للفلسفة تعريفًا واضحًا وهو »العلوم النظرية لعلل الأشياء وأسبابها الأولى« (كتاب »الميتافيزيقيا«، المقالة الأولى 982 ب 7–9). أية عبارة تكون

فلسفيًا صحيحة فقط إذا كانت هناك أسباب لصحتها، يستطيع أي إنسان عاقل أن يفهمها منطقيًا، وذلك بصرف النظر عن مكانة قائلها (كتمييز لها عن الأسطورة وعن الدين). وخلافًا لغيرها من العلوم لا تبحث الفلسفة عن عللٍ في مجالات وجودية معينة، وإنما عن العلة الأخيرة للوجود ككل. ومع بداية العصور الحديثة لم تعد الفلسفة تبحث في المقام الأول عن العلل الأولى لواقع الوجود (الكوني)، وإنما عن شروط وإمكانيات وحدود الاستخدام (غير الموضوعي) للعقل البشري (إيمانويل كانط (1724–1804) »الفلسفة المتعالية«).

وعلى الرغم من أن يسوع لم يتفوه بعبارات فلسفية بالمعنى المنهجي، إلا أن المسيحية درست بشكل حواري فلسفة العصور المختلفة بدءًا من بولس (راجع: رسالة بولس الرسول الأولى إلى أهل كورنثوس 1: 22؛ رسالة بولس الرسول إلى رومية 1: 19–20). ومع أغسطينوس (354–430) نُظر إلى المسيحية على أنها »الفلسفة الحقيقية« (الجزء الرابع من كتاب »ضد يوليانوس« ص. 72): ووفقًا لرأيه بإمكان الحجج الفلسفية في أية »فلسفة مسيحية« من حيث المبدأ أن تدعم كافة المعتقدات عقلانيًا لا بل وتفسرها أيضًا (منها أسرار العقيدة أيضًا كالثالوث والتجسد). ومع وصول أرسطو إلى العصور الوسطى اللاتينية في القرنين الثاني عشر والثالث عشر فقط سادت فكرة أنه رغم عدم تعارض الفلسفة والإيمان مع بعضهما البعض، إلا أنهما أيضًا ليسا متطابقين.

أما توما الأكويني (1225–1274) فقد أضفى شرعية على الاستخدام النقدي الإيجابي للفلسفة في العقيدة من خلال وجهة نظر تقول إن المواهب العقلية الطبيعية للإنسان تعتبر جانبًا من مفهوم »الإنسان هو صورة اللـه ومثاله«. تعتبر الفلسفة علمًا تصاعديًا لأنها ترتقي من التأثيرات (الخلقية) إلى سبب هذه التأثيرات المتعالية بشكل مطلق، في حين أن اللاهوت هو علم تنازلي لأنه يستمد أفكاره بشكل استنتاجي تنازليًا من الوحي الإلهي مرورًا بالكتاب المقدس وحتى تراث التعاليم الكنسية (»عن حقيقة العقيدة الكاثوليكية« الجزء الرابع، 1 رقم: 3349). لا تستطيع الفلسفة معرفة اللـه إلا باعتباره العلة المطلقة، ولكنها لا تستطيع تحديد ثالوثه ولا تجسده في يسوع المسيح. ولا يمكن بأي حال من الأحوال أن يكون مضمون الإيمان أوٍ الوحي أمرًا يتعارض مع مبادئ العقل الطبيعي، لأن اللـه هو بالقدر ذاته مصدر كلٍّ من الإيمان والوحي (كتاب »في القدرة« De potentia، 4: 1). من جانبه رفض المصلح الديني مارتن لوثر (1483–1546) استخدام الفلسفة في العقيدة معللاً رفضه بأن الخطيئة الأصلية أضرّت بالعقل البشري إلى حدٍ كبير. ومع ذلك هناك في اللاهوت البروتستانتي أيضًا تنظير فلسفي عالي المستوى.

مارتن تورنر

مواضيع ذات صلة: **الخطيئة الأصلية؛ الدين والفلسفة؛ فلسفة الدين؛ العقل؛ الحقيقة.**

الفلسفة الإسلامية (من وجهة نظر إسلامية)
الفلسفة الإسلامية مصطلح عام يُطلق على كل عمل فلسفي قام به فلاسفة مسلمون نتيجة اضطلاعهم بالفلسفة اليونانية بين القرن الثامن والقرن التاسع عشر الميلادي.
يقسم تاريخ الفلسفة الإسلامية إلى حقبتين: تمتد الحقبة الأولى المعروفة بالفلسفة الكلاسيكية من القرن التاسع إلى بداية القرن الثالث عشر بعد الميلاد أما الحقبة ما بعد الكلاسيكية فقد ظهرت بعد الفيلسوف إبن رشد المتوفي سنة 1198 / 595 وإمتدت الى القرن التاسع عشر بعد الميلاد.
بِغَضْ النظر عن التيارات الفكرية المختلفة، يمكن ذكر اتجاهين رئيسيين لعبا دورًا رياديًا في الفلسفة الإسلامية وهما مدرسة المشائين التي تتبنى فكرًا فلسفيًا مرجعه الأول هو التصور الأرسطي والأفلاطوني، أما المدرسة الأخرى فهي تمثل الفلسفة الإشراقية. وفي اللغة يعني الإشراق الإضاءة أو الإنارة.
يستمد هذا المنهج الفلسفي أفكاره أساسًا من الصوفية، فقد أستطاع هذا التيار الفلسفي أن يثبت وجوده في الحقبة ما بعد الكلاسيكية، أما مدرسة المشائين فقد كانت مهيمنة في المرحلة الكلاسيكية ومن أبرز ممثليها الكندي المتوفي سنة 870/ 257 وفيلسوف نظام الوجود الفارابي المتوفي سنة 339/950 وابن سينا المتوفي سنة 427/1037 وابن باجة المتوفي سنة 533/1138 وابن رشد. وفي الفترة الكلاسيكية احتل من جانب آخر الغزالي مكانة هامة وذلك نتيجة تحليلاته النقدية.
في الحقيقة لم يكن الغزالي ينتسب لممثلي الفلسفة ولكن مؤلفاته تُعد من أهم المصادر للفقه القائم على الفلسفة، والجدير بالذكر هنا أن بعض الفرضيات الفلسفية للمفكرين المذكورين كان لها أثر على الفلسفة المسيحية في العصور الوسطى.
تم البحث على مصدر الفلسفة المشرقية في أفكار ابن سينا الموجودة في كتابه الحكمة المشرقية. ولقد تأثر هذا الفكر فيما بعد بأفكار ابن طفيل المتوفي سنة 1185 / 581، وصل ذروته بظهور السهروردي المتوفي سنة 1191 / 587، والذي يُعتبر الشخصية التي وصفت هذا التيار بالإشراقية. ومن أهم ممثلي هذا التوجه الشهرزوري في القرن الثالث عشر والدواني المتوفي سنة 907/1502، وملا صدرا الشيرازي المتوفي سنة 784/1382 وممن يجدر ذكرهم أيضًا هم أبو بركات البغدادي المتوفي سنة 560/1164 وابن خلدون المتوفي سنة 808/1406 اللذين يعتبران غالبًا من المفكرين المستقلين عن كل توجيه فلسفي، بالإضافة الى أبي بكر الرازي المتوفي سنة 313/926 والذي أُتهم بالزندقة وذلك بسبب مواقفه في العلوم الطبيعية. ومن الأسماء الأخرى من مفسري البحوث الفلسفية ابن سينا والآمدي المتوفي سنة 630/1233 ونصير الدين الطوسي المتوفي سنة 1274/ 672 وأخيرًا ابن العربي المتوفي سنة 1240 / 638 والذي اشتهر بفلسفته التصوفية ونظريه وحدة الوجود.

تتناول الفلسفة الإسلامية مسائل أساسية كعلم الوجود والكون والفقه وعلم الأخلاق ونظرية المعرفة والمنطق، ومن النظريات الجوهرية نظرية نشأة الكون والفرق بين الوجود والذات وعلم الميتافيزياء. وبمأن مفهوم الخلق والحرية والإنسان والشر يختلف باختلاف المدارس الفقهية فإن العلاقة بين الفلسفة الإسلامية والدين مازال موضوع نقاش مهم.

وعلى عكس الفلسفة المستوحاة من التصوف التي تشهد إعترافًا عامًا وذلك بسبب انسجامها التاريخي مع دين الإسلام، وهذا الإنسجام ناتج عن وجود أراء ومقاصد تتوافق مع الدين، أثارت مثلاً فرضيات مدرسة المشائين بين الحين والحين جدلاً حادًا حول توافقها مع الدين، ما أدى إلى البحث عن توافق الفلسفة مع الدين.

ظهرت بعد نهاية الحقبة الكلاسيكية تفسيرات جديدة ترد على الفلاسفة منها الكتاب المشهور للغزالي تهافت الفلاسفة وأيضًا ردود من المدرسة الإشراقية.

إلا أن هذه العناية والإهتمام المكثف بالفلسفة الإسلامية لم تتواصل، وخاصة في الفترة المعاصرة التي بدأ فيها كل مفكر مسلم بتلقي الحداثة بطريقته الخاصة، فكان المفكرون يسعون جاهدين إلى جعل الدين منسجمًا مع السياسة ويبررون ذلك بخطاب ديني خاص يحمل صبغة دفاعية. ومن أبرز الشخصيات التي ظهرت في هذه الحقبة محمد إقبال المتوفي سنة 1938 بعد الميلاد /1357، وكان شعره وفكره المتصوف متأثرًا تأثيرًا كبيرًا بالفلسفة الغربية.

فخر الله تاركان

مواضيع ذات صلة: **خُلق الحوار؛ الدين والفلسفة.**

الفوائد المصرفية (من وجهة نظر مسيحية)
الفائدة هي رسم إعارة للتخلي عن مبلغ من المال لفترة زمنية محددة. وفي حال التخلي عن رأسمال عيني أو مادي، يكون حينها الحديث عن مبلغ الإيجار. وعندما تقدم المصارف التجارية قروضًا، فإنها تكسب مالاً جديدًا: فهي تضع مبلغ القرض كرصيد في الحساب الجاري للعميل المقترض. وهذا يسمح بتوفير المال بمرونة للجهات الفاعلة، التي بدونها ما كان الاقتصاد الحديث ممكنًا. ولمبدأ الفائدة ثلاث وظائف:

(1) تعويض عن التخلي المؤقت لمالك المال عن ماله؛

(2) تعويض عن مخاطرة عدم تسديد المقترض للمال المُقرَض؛

(3) التحكم بالاقتصاد من خلال تحديد الحد الأدنى لسعر الفائدة من قبل المصارف المركزية التي يمكنها تعويض تقلبات الاقتصاد الدورية.

كان حظر الفائدة ساريًا في الكنيسة الكاثوليكية، إلى أن ألغاه البابا بيوس الثامن برسالةٍ عام 1830. المرجع الكتابي للتشكك الكنسي تجاه نظام الفائدة والقروض

موجود في (سفر تثنية الاشتراع 23: 19): »لَا تُقْرِضْ أَخَاكَ بِرِبًا، رِبَا فِضَّةٍ، أَوْ رِبَا طَعَام، أَوْ رِبَا شَيْءٍ مَّا مِمَّا يُقْرَضُ بِرِبًا« (انظر أيضًا سفر الخروج 22: 25؛ وسفر اللاويين 25: 35–37). إن حظر الفائدة يحمي من استغلال الأشخاصَ الذين يقترضون شيئًا في حالة عوز. وقد تغيرت طبيعة القروض والفوائد في العصر الحديث إلى حدٍ كبير: إذ إن رأس المال النقدي والعيني لا يتم إقراضه بسبب العوز بالدرجة الأولى، وإنما لأغراض إنتاجية. وغالبًا ما تكون الجهة المَدينة شركات تستثمر المال المقترض وتزيده. ولا تُعتبر الفائدة في هذا الصدد سيئة، عندما يعطى للدائن حصة من الأرباح التي يتم جنيها من المال المقترض. وإلغاء الكنيسة لحظر الفائدة يأخذ الظروف المتغيرة بعين الاعتبار، وهو بالتالي إلغاء مبرر أخلاقيًا وفقًا لقواعد التفسير اللاهوتي المسيحي. إن الإشكالية الأخلاقية للنظام المالي الحديث لا تكمن في التعاطي مع الفائدة بهذه الصورة، بل في إمكانية كسب الكثير من المال عن طريق تعاملات المضاربات المالية التي لا تخدم بأي شكل من الأشكال القيمة الاقتصادية الحقيقة المضافة. وليس نظام الفائدة، وإنما الزيادة المستمرة للمال هي التي تؤدي إلى قيودٍ إشكالية للنمو. وأحد أسباب الأزمة المالية الأخيرة كان بالتحديد سياسة سعر الفائدة المنخفض، لأنها أدت إلى تقديم قروض رخيصة.

بالنظر إلى عبء الديون والفوائد التي لا يمكن تحملها، والتي دفعت بالعديد من الدول النامية منذ سبعينيات القرن الماضي إلى فقر مدقع، عادت اليوم وبقوة في الكنائس المسيحية انتقادات جوهرية لنظام الفائدة وكذلك مبادرات لأنظمة مصرفية بديلة تقدم المال وفقًا لمعايير سياسية تنموية وبيئية اجتماعية. إن إدراكنا بأن المال مرتبط بدرجة عالية من المسؤولية وإمكانية النفوذ، سينشئ في كل أنحاء العالم سوقًا متنامية للتوظيف الأخلاقي للأموال.

ماركوس فوغت

مواضيع ذات صلة: **الصدقة؛ الشؤون المالية؛ النظام الاجتماعي؛ الاقتصاد.**

القِبلة (من وجهة نظر إسلامية)

القِبلة هي الجهة التي يتوجه إليها المسلمون أثناء وقوفهم للصلاة وهي تشير إلى الكعبة في مكة المكرمة، ومن شروط صحة الصلاة استقبال القبلة ولا تصح الصلاة إلا به. كان المسلمون في بداية الإسلام يتوجهون في صلاتهم إلى المسجد الأقصى في القدس، ومع ذلك لم يدر النبي في صلاته ظهره إلى الكعبة قط، بل كان يصلي نحو بيت المقدس والكعبة بين يديه (أنظر مسند ابن حنبل) إجلالاً وإكبارًا لحرمة هذا المكان، وكان يرجو أن تتحول القبلة إلى الكعبة ويدعو الله لذلك (أنظر صحيح البخاري)، فنزلت آية في القرآن الكريم تبشر النبي باستجابة الله لدعائه (سورة البقرة 2 الآية 144). وفي شهر رجب من السنة الثانية للهجرة وعندما كان النبي

يصلي بالمسلمين في مسجد بني سلمة صلاة الظهر نزلت آية تحويل القِبلة من المسجد الأقصى في القدس إلى المسجد الحرام، أي إلى الكعبة. فبعد ركعتين من الصلاة قِبَلَ القدس تحول المصلون وهم في صلاتهم إلى مكة (أنظر صحيح البخاري، وصحيح مسلم)، لذلك سُمي مسجد بني سلمة منذ تلك اللحظة بمسجد القِبلَتين. إن من شروط الصلاة استقبال القِبلة وهذا ينطبق على من يكون في مكة ويرى الكعبة وكذلك على من يكون خارجها في أي مكان كان ولا يرى الكعبة. ومن السُّنة النبوية أيضًا استقبال القِبلة عند قراءة القرآن، وعند الدعاء وكذلك عند الذبح. يُعتبر المحراب في المساجد العلامة الدالة على اتجاه القبلة، وإذا ما صلى شخص ما خارج المسجد ولا يعرف القِبلة فيجب أن يتحرى جهة القِبلة، وإذا لم يستطع معرفة الإتجاه فإنه يصلي إلى الجهة التي يغلب على ظنه أنها جهة القِبلة، وإذا تحرى بعد الصلاة ووجد أنه صلى على غير القِبلة لا يلزمه إعادة الصلاة بعد ذلك. وإذا أدرك المصلي أثناء صلاته خطأ اتجاه القِبلة فعليه أن يستدير إلى الإتجاه الصحيح دون أن يقطع صلاته، وذلك لأن الصلاة تتجسد في معناها وروحها، ولأن من مبادئ الإسلام اليسر والسهولة في العبادات وعدم تحميل النفس أكثر من طاقتها، فلقد قال الله في القرآن: ﴿وَلِلَّهِ ٱلۡمَشۡرِقُ والمغرب فأينما تُوَلُّواْ فَثَمَّ وَجۡهُ ٱللَّهِ﴾ (سورة البقرة 2 الآية 115). عندما يتوجه المسلمون في كل أنحاء العالم في صلاتهم روحًا وجسدًا إلى نفس الإتجاه فإن ذلك يعزز ويقوي أواصر الترابط والتلاحم والتعاضد بينهم ويعمق شعورهم بالانتماء.

خالد أونال

مواضيع ذات صلة: **القدس؛ الكعبة.**

مصادر الحديث:

1. مسند ابن حنبل، باب 1، ص 325، رقم الحديث 2991، عن ابن عباس.
2. صحيح البخاري، كتاب الإيمان، باب 30 وقوله تعالى: ﴿وَمَا كَانَ ٱللَّهُ لِيُضِيعَ إِيمَٰنَكُمۡ﴾، رقم الحديث 40، عن البراء بن عازب.
3. صحيح البخاري، كتاب أخبار الآحاد، باب 1 ما جاء في إجازة خبر الواحد ...، رقم الحديث: 7252، عن البراء بن عازب.
4. صحيح مسلم، كتاب المساجد، باب 15 تحويل القبلة، رقم الحديث 1180، عن عبد الله بن عمر.

القدرة الكليّة (من وجهة نظر مسيحيّة)

القدرة الكليّة هي إحدى أهمّ الصفات الإلهيّة سواء في نصوص الكتاب المقدّس (خاصة في العهد القديم) أم في التقليد اللاهوتيّ (دستور الإيمان المسيحيّ يبدأ بعبارات: »أؤمن بالله الآب الضابط الكلّ«) وكذلك في التسابيح الليتورجيّة. في

المفهوم المسيحيّ يمتلك هذا التعبير معنى متّصلاً قبل كل شيء بالخلق، وبالخلاص وتاريخه. ويركّز الحديث حول القدرة الكليّة، بالنظر إلى عمليّة الخلق، على أنّ الله هو العلّة الوحيدة لمجمل حقيقة هذا العالم: الله قادر على أن يُنبت العالم من العدم ويخلق الأبعاد الماديّة كما الروحيّة للحقيقة. بهذه الأفكار ينأى
اللاهوت المسيحيّ بنفسه أمام آراء ما يسمّى بالغنوصيّة والتي كانت تيارًا دينيًا فلسفيًا في العصور القديمة المتأخّرة. لقد علّم الغنوصيّون أنّ الروح والمادّة يعودان في أصلهما إلى مبدئين مختلفين عن بعضهما البعض. فالله الصالح عندهم يُعتبر فقط خالق العالم الروحيّ الصافي، في حين أن العالم الجسديّ هو فعل مبدأ شرّير يقف نقيضًا لله. لا يعتبر الشرّ في المفهوم المسيحيّ فعلاً للقدرة الإلهيّة الكليّة وإنّما نقصًا في الخير الذي لا يوازيه وجود خاصّ وبالتالي لا يحتاج إلى خلق. كما أنّ القدرة الإلهيّة الكليّة والحريّة الإنسانيّة قلّما ما تقفان في حالة تنافس أو حتّى في حالة تناقض مع بعضهما البعض. فالقدرة الإلهيّة الكليّة إنّما تظهر نفسها في أنّها تمكّنت من خلق الإنسان ككائن حرّ. ولأنّ القدرة الإلهيّة الكليّة واحدة ومتساوية مع خيرها المطلق فإنّ الله لا يوظّفها أبدًا ضدّ حرّية الإنسان التي وضعها بنفسه خلال الخلق.
بالنظر إلى الخلاص وتاريخه تسمّى القدرةُ الكليّة عند الذين يحبّونه بقوّةَ الله التي تقود جميع الأشياء إلى الخير (انظر رومية 8: 28) حتى ولو كانت ظروف الحياة الملموسة تدلّ على أنّ الأمر مستحيل الحصول. من هذه الناحية يُمكن أن تُفهم القدرة على أنّها تعبير مناسب لإفراط الحبّ الإلهيّ وأنّها لا تدمّر حرّيّة الإنسان إنّما تقودها باتجاه اكتمالها الحتميّ.

مارتن أرنيت

مواضيع ذات صلة: **صفات الله؛ الحريّة.**

القدريّة (من وجهة نظر مسيحيّة)
يُقصد بالقدريّة آراء ذاتيّة للإنسان في مواجهة أحداث الحياة (الشخصيّة) وأوضاعها. ولم تكن هذه الآراء يومًا من صلب الإيمان المسيحيّة كما أنّها قلّما وجدت ممثلاً لها في تاريخ الثقافة الأوروبيّة. ويرجع أساس الرؤية القدريّة للعالم إمّا إلى تصوّر أنّ الحياة تتبع إرادة قدر غير منطقيّة عمياء ولا يمكن التكهّن بها، وإمّا إلى تصوّر أنّها خاضعة إلى معايير قانونيّة صارمة (ضروريّة) معيّنة لا يمكن خرقها، وبالتالي لا يمكن التحكّم بها أو التأثير عليها. من هذه الناحية تعدّ القدريّة نقيضًا للإلوهيّة في إيمانها بإله متجسّد. فتحت هذه الشروط لم يبقَ للإنسان إلا أن يسلّم مسلوبَ الإرادة بمصيره. ولأنّ كلّ محاولة للتأثير على القدر مستحيلة لا جدوى منها إلا ازدياد المعاناة، فليس من متنفّس لحريّة الإنسان إلا التسليم الإراديّ بسيرورة حياة مفروضة عليه من قدرة خفيّة (amor fati = حبّ

القدر). انطلاقًا من هذه المقوّمات لا تتوافق القدريّة مع المبادئ الأساسيّة للمسيحيّة. وفقًا للإيمان المسيحيّ إنّ العلّة النهائيّة لكلّ وجود وحياة هي إله الخير والمحبّة المتجسّد المقرِّر فعلُ الخلق والخلاص لديه بحكمته اللامتناهية. فإرادة الله وحكمته مطلقتا الخير ويمكنهما لذلك تحقيق الخلاص للبشر أجمعين (تيموثاوس الأولى 4 :2). إلا أنّ خلاص الإنسان بواسطة الله مرتبط بفعل الله الحرّ ولا يمكن أن يحصل من دون إرادته. من هذه الناحية يمكن للإنسان، وفق التصوّر المسيحيّ، أن يؤثّر طبعًا على مسيرة حياته، فبمقتضى توجّهه إلى الله على أنّه الخير المطلق تكون له حرّية الاختيار والقرار في ما يتعلّق بالخيّرات الأرضيّة. وليس من باب العبث أن يقوم فريدريش نيتشه (1844–1900) بربط انتقاده وتهديمه للمسيحيّة بتجديد فكرة قدريّة مأساويّة مستمدّة من مصادر وثنيّة من العصور القديمة. رغم هذا التباين الصعب تخطّيه بين رؤية قدريّة للعالم وأخرى مسيحيّة يمكن للمسيحيّة أن تلتقط بطريقة إيجابيّة أحد أسباب توصّل الإنسان (خارج الفضاء المسيحيّ) إلى رؤية قدريّة للحياة التي تنشأ في الغالب كمحاولة للتمكّن من البقاء على قيد الحياة في ظلّ أحداث كارثيّة (ضربات القدر) أو ظروف حياتية مأساويّة. وجواب المسيحيّة على ذلك هو الثقة المطلقة بأنّ الله »يجعل الأشياء تعمل للخير« (رومية 8: 28)، وحتّى ولو أوحى الأمر للنظرة الشخصيّة الضيّقة عكسَ ذلك. فإذا نظر الإنسان إلى حياته الخاصّة من منظار نعمة الخلاص الإلهيّ الكونيّ، فستخفّ وطأة مصائب الحياة الخاصّة بشكل كبير. وهكذا يظهر مكانَ القدريّة موقفُ »الهدوء والراحة الداخليّة« المسالم (مايستر إكهرت، توفي 1327/1328). على عكس القدريّة في افتراضها لإرادة غير منطقيّة أساسًا للعالم، فإنّ الموقف المسيحيّ يقوم على الهدوء والثقة بصلاح الإله المتجسّد.

مارتن تونر

القدرية / القضاء والقدر (من وجهة نظر إسلامية)
يُعَدُّ مصطلح الإيمان بالقضاء والقدر في التراث الإسلامي مصطلحًا شاملاً ينص على أن كل شيء يجري بتقدير الله وقوته ومشيئته، ولا مشيئة للعباد إلا ما شاء الله لهم. يلعب مصطلح الجبرية في المناقشات الدينة دورًا مركزيًا فهو ينص على أن الإرادة الإنسانية عاجزة عن الإختيار والتحكم في سلوك وأفعال صاحبها وأن كل شيء مرتبط بإرادة الله ومشيئته، وعلى هذا الأساس فإن مصطلح الجبرية ينفي حرية الإنسان في إرادته واختياره.
يُعَدُّ جهم بن صفوان (المتوفى عام 128/746) مؤسس الفرقة الجبرية والتي تُسمى أيضًا بالفرقة الجهمية والتي تؤمن بأن الإنسان لا اختيار له ولا إرادة وأن الفاعل لكل شيء هو الله، وأن الإنسان ما هو إلا ريشة في مهب الريح تقلبها يد الأقدار

كيفما تشاء. أما الأشعري (المتوفى عام 324/935) فإنه يرى أن الإنسان ينوي الفعل، وعندما ينوي يخلق الله الفعل الذي نواه الإنسان.
عندما ظهرت المناقشات المتعلقة بالقضاء والقدر في التراث الإسلامي كانت متأثرة بالتطورات السياسية والإجتماعية المعاصرة. حيث أساءت القوى السياسية استخدام مسألة القضاء والقدر واستغلتها لأغراضها الخاصة. لقد حارب المعتزلة مبدأ الجبرية وأقروا بأن العدالة والحكمة من صفات الله الأساسية وأن أفعال الإنسان محض اختياره دون أن يكون لله في ذلك من شيء. أما الماتريدية فقد حاولت أن تتخذ موقفًا وسطًا بين قول المعتزلة وقول الجبرية حيث قالت إن أفعال الإنسان مخلوقة لله وهي من كسب العباد. أما القرآن فإنه يؤكد بأن لله القوة والإرادة المطلقة، وأن الله خلق الإنسان ككائن حر ومسؤول، فكل إنسان مقرون بما كسبت يداه (سورة النساء 4 الآية 122، 124؛ سورة الطور 52 الآية 21 ؛ سورة النجم 53 الآية 39). وإن دل هذا على شيء فإنما يدل على أن مبدأ الجبرية يناقض ما جاء في القرآن، وعلى الرغم من هذا فإن تصورات مبدأ الجبرية ما زالت منتشرة في العالم الإسلامي إلى يومنا هذا.

إبراهيم آسلان

مواضيع ذات صلة: **المذاهب الفقهية؛ ارادة الله؛ حرية الإرادة.**

القدس (من وجهة نظر مسيحية)
القدس مدينة مقدسة لدى اليهود والمسيحيين والمسلمين، وكانت تعتبر موقعًا حيويًا لأنبياء هذه الديانات وقدّيسيها الآخرين. يعتبر العهد القديم المدينة والبلد برمته ملكًا لله. كما يُعتبر التراث الأدبي للقدس موجّهًا لنا في تعرّفنا على المدينة التي يصفها بالطفل اللقيط الذي تلقّى تربيته من الله (سفر حزقيال 16)، وكذلك وعود الله لهذه المدينة في المزامير والتي صيغت بشكل وعد بالزواج.
ورد اسم القدس في الأسفار العبرية من الكتاب المقدس قرابة 800 مرة. ومع دمار الهيكل الثاني (عام 70 م) وما ترتب على ذلك من غياب سيادة الدولة فقدت القدس أيضًا مكانتها كمركز ديني لليهود. ومن ذلك الحين فصاعدًا قامت التوراة بهذه المهمة وأصبحت بمثابة مكان مقدّس متنقل مرة أخرى كما كان قبلها تابوت العهد.
بالمقابل تتمتع القدس لدى المسيحيين بأهمية دينية مركزية دائمة كموقع لقصة آلام يسوع المسيح وصلبه. وبحسب التقليد تقع كلّ من علّية العشاء الأخير وموقع الصلب (الجلجثة) وكذلك قبر يسوع داخل أسوار المدينة الحالية. ويرد اسم القدس في العهد الجديد مئة مرة تقريبًا. في حين أن القدس لم تُذكر في القرآن بالاسم. فقبل توجّه المسلمين في صلاتهم نحو الكعبة في مكة كانت القدس قبلتهم في صلاتهم لمدة عام تقريبًا. والخليفة الوليد (705–715) هو من رفع مكانة القدس إلى ثالث

أقدس مدينة في الإسلام، لكي تسير قوافل الحجاج في طريقها إلى المدينة ومكة عبر القدس للاستفادة منها اقتصاديًا.
لذلك نرى أن ما يبرر تاريخ القدس الحافل بالتغيرات حتى اليوم يكمن في هذا التكتل الديني والمصالح السياسية السلطوية المرتبطة به.

ميشائيل هاينتسمان

مواضيع ذات صلة: **المسيحية؛ الأماكن المقدسة؛ الإسلام؛ اليهودية.**

القدس (من وجهة نظر إسلامية)
لم تُذكَر مدينة القدسِ في القرآن نصًا، وإنما تمت الإشارة إليها تحت اسم المسجد الأقصى ﴿ٱلۡمَسۡجِدِ ٱلۡأَقۡصَا ٱلَّذِي بَٰرَكۡنَا حَوۡلَهُۥ﴾ (سورة الإسراء 17 الآية 1)، وكذلك تحت اسم ﴿ٱلۡأَرۡضَ ٱلۡمُقَدَّسَةَ﴾ (سورة المائدة 5 الآية 21)، وكذلك أيضًا ﴿مُبَوَّأَ صِدۡقٖ﴾ (سورة يونس 10 الآية 93). وبالتالي فإن معنى القدس يستند إلى المسجد الأقصى.
تحكي الآية الأولى من سورة الإسراء بأن النبي محمد قد أُسْرِي به من المسجد الحرام في مكة المكرمة إلى المسجد الأقصى في القدس. وهذه الحادثة معروفة في الموروث الإسلامي كتأكيد لمعجزة الإسراء. وضمن هذا السياق جاء في الأحاديث النبوية ذكر حادثة المعراج. (أنظر صحيح البخاري؛ وصحيح مسلم).
لقد ذكر النبي محمد المسجد الأقصى من ضمن المساجد الثلاثة التي تُشَدّ إليها الرحال (أنظر صحيح البخاري)، وحث على إقامة الصلاة هناك (أنظر صحيح البخاري)، فكل هذه المعاني قد ساهمت في أن تحتل القدس منزلة عظيمة لدى المسلمين. ناهيك عن كون القدس قِبلة المسلمين الأولى. فكان النبي محمد والمسلمون يتوجهون في صلاتهم عندما كانوا في مكة، وكذلك قرابة سبعة عشر شهرًا بعد الهجرة إلى المدينة المنورة قِبَلَ القدس. وفيما بعد؛ استوطن الكثير من العلماء المسلمين القدس ليطوروا معارفهم العلمية، حيث نشأت كتابات أدبية واسعة تتحدث عن مزايا هذه المدينة. لقد كانت القدس في كل عصر من عصور التاريخ الإسلامي من أكثر المدن – بعد مكة والمدينة – زيارة من قِبَلِ المسلمين على اختلاف طبقاتهم وحتى يومنا هذا.
إضافة إلى ذلك تتميز القدس بوجود الأديان السماوية الثلاثة (الإسلام، المسيحية، اليهودية) والتي تخوض غالبًا خبرة التعايش المشترك والمثقل بالصراعات. وفي هذا السياق، للقدس منزلة خاصة، ليس فقط في التاريخ الإسلامي، وإنما أيضًا في تاريخ العالم أجمع.

محمد أوزدمير

مواضيع ذات صلة: **القِبْلة؛ المعجزات.**

القرآن (من وجهة نظر مسيحية)
لم يتطرق اللاهوت المسيحي حتى الماضي القريب للقرآن، هذا إذا استثنينا اللاهوت الدفاعي. والسبب في هذا الإحجام هو إيمان المسيحيين بأنه مع يسوع المسيح وبواسطته اكتمل وحي اللـه للبشر. وهذا كان السبب في أن القرآن لا يمكن اعتباره كلمة اللـه، وفقد بالتالي أهميته بالنسبة للمسيحيين. أما فيما يتعلق بالحوار بين الأديان، فالدراسات اللاهوتية، كالتي أعدّها روديغر براون وكارل فريدريش بولمان وبيرترام شميتس وهانس تسيركر مثلاً، حظيت مؤخرًا بتقييم إيجابي للقرآن. أما تصنيفه لاهوتيًا ضمن تاريخ الخلاص فلا يزال معلقًا.

بيتر أنتس

مواضيع ذات صلة: **الحوار؛ الأسفار المقدسة؛ تاريخ الخلاص؛ الوحي؛ النبي؛ كلمة اللـه.**

القرآن (من وجهة نظر إسلامية)
القرآن كلمة عربية ومن معانيها الأساسية فعل القراءة أو التلاوة، وهو الكتاب الذي جُمع فيه الوحي الإلهي الذي نزل على النبي محمد. تناولت معظم السور والآيات التي نزلت في الفترة المكية للنبي مسائل عدة منها الإيمان والأخلاق والعبادات وقصص الأنبياء السابقين قبل محمد وتجاربهم مع أقوامهم، بينما السور والآيات التي نزلت في الفترة المدنيّة تعالج بشكل أساسي قضايا إجتماعية وإقتصادية وقانونية وسياسية.

يحتوي القرآن على 6236 آية مقسمة إلى 114 سورة، منه ما نزل بمكة ويبلغ نحو ثلثي القرآن ومنه ما نزل بالمدينة ويبلغ نحو الثلث. كان النبي إذا نزلت عليه آيات يقرأها على أصحابه حتى يحفظوها عن ظهر قلب. ولقد كانت بداية تدوين النص القرآني منذ سنوات الوحي الأولى. وفي هذه الفترة كلف النبي محمد بذلك عدة كُتاب من أشهرهم زيد بن ثابت المتوفي سنة 45/665 وعثمان بن عفان المتوفي سنة 656/ 36وأبي بن كعب المتوفي سنة 35/656.

وفقًا للحديث الذي رواه البخاري كان النبي محمد يراجع الآيات المنزلة عليه كل سنة مرة وذلك في شهر رمضان مع الملك جبريل. وفي شهر رمضان الأخير قبل وفاة النبي تمت مدارسة القرآن مرتين. وهذا طبقًا لرواية إبن ماجة. بعد وفاة النبي سنة 632 تم جمع القرآن في كتاب سمي بالمصحف وهي تسمية تطلق على كل نسخة من القرآن، وهذا يعني أن الآيات القرآنية التي حفظها أصحاب النبي في صدورهم ودوّنوها على أدوات متنوعة تم جمعها بإشراف زيد بن ثابت، ثم تم فحصها بدقة ونقلها الى الأوراق أي الى الصحف. وبعد وفاة أبي بكر سنة 13/634 وقع تسليم هذا المصحف إلى خليفته عمر المتوفي سنة 23/644 الذي قام بتوريثه مرة أخرى لإبنته حفصة المتوفية سنة 44/665. وأثناء خلافة عثمان بن عفان كان

هذا المصحف النسخة المعتمدة لإستنساخ مصاحف موحدة أي مجمعة على حرف واحد. وفي البداية كانت حروف هذه المصاحف خالية من النقاط والتشكيل، والتي تم إضافتها فيما بعد الى النص القرآني الموحد.

أما فيما يتعلق بالسور القرآنية فهي غير مرتبة حسب النزول الزمني ولكن حسب الطول والقصر، فقد جُمعت السور الطوال في أول المصحف والقصيرة في آخره وكل سورة تحمل اسمًا مستمدًا في أغلب الأحيان من قضايا أو شخصيات مذكورة في النص القرآني، فعلى سبيل المثال تحمل السورة رقم 12 التي تقص قصة يوسف إسم يوسف. كل السور تبدأ بالبسملة أي بهذه الجملة »بسم الله الرحمان الرحيم« ماعدا السورة رقم 9 ومن حيث المواضيع فهناك سور تقتصر على موضوع واحد وهناك سور أخرى تتناول قضايا متنوعة تمامًا، وربما كان سبب هذا أن أمورًا وقعت لأشخاص محددين نزلت من أجلهم آيات قرآنية محددة.

إن المسألة الرئيسية التي يعالجها القرآن هي الإنسان وتحديدًا علاقة الإنسان مع الكائنات الأخرى وكذلك يتطرق لأحداث ووقائع معينة، كما يهدف القرآن إلى تبيين مكانة الإنسان بين الخلق. ومن أجل إدراك هذا الهدف يحتوي هذا الكتاب على جملة من المبادئ والأوامر والمواعظ التي من شأنها أن تمنح الإنسان شعور الطمأنينة والرضا والسعادة. إلى جانب ذلك يتناول القرآن عدة قضايا منها قضية الله والآخرة وتجارب الأقوام السابقة والعبادات والحقوق والأخلاق والخلق وكل هذا يتم إقرانه دومًا مع الإنسان بإعتباره الكائن المرسل إليه هذا الوحي. ومن الواضح أن هدف القرآن كغيره من الرسالات السماوية هو تثبيت موقف الإنسان تجاه الحياة في حالة إتباعه للوحي.

وإلى جانب ذلك يتكلم القرآن بشكل مفصّل عن وجود الله ووحدانيته وعظيم صفاته، ورغم ذلك يبقى الإنسان القضية الجوهرية في القرآن. وفي سياق هذا التحليل يمكن إستنتاج أربعة أبعاد رئيسية تخص القضايا التي يعالجها القرآن، وهي كالآتي: العلاقة بين الله والكون وهي تتمثل في تبيين الخلق البدائي والثابت، العلاقة الأنطولوجية والمعرفية والوجودية بين الله والإنسان، العلاقة بين الناس وهي عمومًا تدور حول مسائل أخلاقية وحقوقية وأخيرًا العلاقة بين الانسان والكون. تشكل هذه الأبعاد البينة الأساسية لجميع الموضوعات، إلا أن القرآن يعالج قضية الإنسان بصورة دائمة من حيث علاقته بالكون والمجتمع والتاريخ أي في سياق مقرون بكافة الحقائق.

خالص آلبيرق

مواضيع ذات صلة: **التفسير؛ الكتب السماوية؛ الوحي؛ السورة؛ ترجمة القرآن؛ كلام الله؛ الآية أو العلامة.**

مصادر الحديث:
1. البخاري، كتاب الصوم،7، أجود ما كان النبي (صلعم) يكون في رمضان، رقم 1902، إبن عباس.
2. إبن باجة، كتاب الصيام: 58، ما جاء في الإعتكاف، رقم 1769، أبو هريرة.

القربان (من وجهة نظر مسيحية)
عندما فسّرت المؤلفات المسيحية الحكم على يسوع بالموت باعتباره قربانًا، كانت تريد بذلك إفهام الناس حينها وفي إطار ثقافاتهم أن هذا الإجراء التمييزي كان بحسب إيمانهم حدثًا خلاصيًا. وما يؤكد هذا هو أن موت يسوع كذبيحة غالبًا ما يرتبط لاهوتيًا بالقيامة، أي أن الكلمة الأخيرة ليست للموت بل للحياة. وبذلك حلّت آلام يسوع في طقس إقامة العشاء الرباني كذبيحة إلهية في ليتورجيا القدّاس الكاثوليكي محلّ تقليد خروج بني إسرائيل في احتفال اليهود بقربان الفصح (الذي لم يكن احتفالاً بذبيحة وليس كذلك حتى الآن). كذلك احتفال العشاء السرّي في الكنيستين الأرثوذكسية والإنجيلية لا يزال في جوانب كثيرة منه مرتبطًا بالنموذج القديم لاحتفال قربان الفصح، عندما يشترك المؤمنون بتناول جسد يسوع وشرب دمه سرّيًا معتبرين موته حدثًا خلاصيًا.
ولكن بحسب الأناجيل نرى أن يسوع قُتل لأنه – في محور بشارته وأعماله (ولا سيما في تعامله مع أناس مثقلين بالخطايا) – كان قد نشر رسالة محبة اللـه غير المشروطة للبشر، أي أنه لا يحتاج لأعمالهم مقابل محبته لهم سواء كانت تلك أعمال عبادة أو غيرها. وأصبحت الأعمال الصالحة بعدها انعكاسًا لمحبة اللـه، وليست سببًا لها. ومن خلال الإيمان بأن اللـه وحده يغفر خطايا الإنسان شكك يسوع بعنصر أساسي من طقوس تقديم القرابين التي كانت تقام في كافة المعابد الوثنية تقريبًا في العصر الهلنستي، حيث كانت الكفارة عن ذنب الإنسان تتم من خلال سفك دم بشري أو حيواني. لذلك واجه رفضُ يسوع لأي شكل من أشكال الكفارة (بالنيابة) الفكرة التي ظهرت في اليهودية بقدرة موت الشهداء المخلصين للتوراة على استحضار الكفارة والنعمة لدى اللـه. ومع ذلك فقد استخدمت هذا التصور بالذات المسيحية اليهودية الأولى (في القدس) ومن بعدها الكنيسة القديمة كنموذج تفسيري لموت يسوع.
وفي عملية الشد هذه بين رسالة يسوع والتقليد الكنسي قام في عصرنا هذا لاهوتيون مسيحيون مثل أويغن بيزر (ولد عام 1918) بفصل مفهوم الذبيحة تمامًا عن فكرة الكفّارة، لأن هذه الفكرة عادت وحوّلت محبة اللـه غير المشروطة مرة أخرى إلى عمل مشروط. ومن هنا لا يمكن للذبيحة إلا أن تعني أن يسوع كان على استعداد أن يبذل حياته في سبيل نشر رسالته القائلة بمحبة اللـه غير المشروطة. إلا أن هذا

المفهوم اللاهوتي يتطلب تغييرات كبيرة في الليتورجيا، ومن هنا يجب أن يتحرر الاحتفال بالأفخارستيا أيضًا من فكرة الكفّارة.

كلاوس بيتر يورنس

مواضيع ذات صلة: **الدم؛ الأفخارستيا/العشاء الأخير/عشاء الرب؛ النعمة؛ بنوة الله؛ الليتورجيا؛ الشهداء؛ الهيكل.**

القربان (من وجهة نظر إسلامية)

تشتق كلمة قربان من الفعل العربي قرّب. أما في اصطلاح الشريعة الإسلامية فتعني كلمة القربان ذبح حيوان معين في وقت معلوم مصحوبًا بنية التقرّب إلى الله. يُعرف الحيوان المذبوح للتقرّب إلى الله أيضاً بالأضحية. إن تقديم القرابين كهدية لكائن خارق للطبيعة شعيرة منتشرة في جميع الثقافات. من جهة أخرى تُوضح الآية القرآنية رقم 34 من سورة الحج 22 أن كل أمة جُعِل لها منسك أي أُمرت بتقديم القرابين.

ذُكرت كلمة القربان مرتين بمعنى الهدي من أجل التقرّب إلى الله، والإشارة التي تؤكد على قبوله هي علامة نزول نار من السماء تأكله (الآية رقم 183 من سورة آل عمران 3؛ الآية رقم 27 من سورة المائدة 5). يُعتبر تقديم القربان عبادة لله، شُرّعت إثر ذبح كبش عظيم أرسله الله لإبراهيم بعدما استبانت عزيمته على ذبح ابنه انقيادًا لأمر الله.

كما أن ذبح القربان يُعتبر من الشعائر التي أقرها محمد وأمر بها المؤمنين وهذا ما أشار إليه القرآن بداية من الآية رقم 102 في سورة الصافات 37، فهي تُعَد أيضًا عبادة لله لها إرتباط وثيق بالعبادات والشعائر التي تؤدى خلال الحج. وذلك بسبب أن الكعبة بُنيت بيد إبراهيم وابنه إسماعيل (سورة البقرة 2 الآية 127) وقام ابراهيم بأداء فرائض الحج المكتوبة ومنها ذبح الأضحية تقرّبًا إلى الله. ففي اليوم التاسع من الشهر الثاني عشر وهو شهر ذي الحجة وِفقًا للتقويم القمري يقف الحجاج بعرفة. وبعدها يقومون برمي الجمرات وفي اليوم العاشر الطواف حول الكعبة ثم أخيرًا ذبح الأضحية، ويطلق على الذبيحة خلال الحج اسم الهدي.

يجب على المسلم أن يستوفي شروطًا شرعية إذا كان عليه ذبح أضحية وهو أن يكون حرًا وعاقلاً وبالغًا ومستقلاً. كما يمكن للأضاحي أن تُذبح في أيام عيد الإضحى وهو اليوم العاشر والحادي العشر والثاني عشر من الشهر الثاني عشر. ويشترط في الأضحية أن تكون خالية من العيوب وعلى صاحبها أن يعاملها بعناية. كما ثبت أنه من سنن النبي محمد تقسيم الأضحية إلى ثلاثة أجزاء: جزء للفقراء وجزء للأقارب والأصحاب وجزء لأهل البيت، أما جلد الأضحية وأحشاؤها فلا يجوز بيعها بل التصدق بها.

يُفهم من ذلك أن ذبح الأضحية في الشريعة هو شعيرة، يلعب فيها التكاتف والتعاون المتبادل دوراً كبيراً إلى درجة أنها تصبح مساهمة في توازن نسب الدخل غير المتساوية توازنًا يبث السلام في المجتمعات.

خالد أونال

مواضيع ذات صلة: الأعياد؛ السلام؛ سياسة؛ الحج؛ التكاتف؛ عالم الغيب.

قوانين الدولة لشؤون الكنيسة (من وجهة نظر مسيحية)

قوانين الدولة لشؤون الكنيسة هي تسمية لقواعد قانونية في قانون الدولة تُعنى بالعلاقة بين الدولة وأية ديانة منظمة. ويجب تمييزها بشكل دقيق عن القوانين الصادرة عن الكنيسة والتي تسميها الكنيسة بالقانون الكنسي وتمتلك شرعية داخلية فقط مثل غيرها من القوانين الدينية لطوائف أخرى. ونظرًا لزيادة التعددية الدينية في ألمانيا، وخصوصًا مع انتشار الإسلام، دخلت في السنوات الأخيرة إلى جانب »قوانين الدولة لشؤون الكنيسة« مصطلحات »القانون الدستوري الديني« (أو »قانون الأديان« حيز الاستخدام. ولا جدال في أن صلاحية قوانين الدولة لشؤون الكنيسة لا تقتصر على الكنائس المسيحية. إلا أن التسمية تعكس حالةً تشكلت في أعقاب الانقسام الطائفي بين الكاثوليك والبروتستانت، والتي باتتا منذ القرن السادس عشر الكنيستين الكبيرتين في ألمانيا الآن. والشكل الحالي لهذه القوانين يعود إلى دستور جمهورية فايمار لعام 1919. والمصادر القانونية لقوانين الدولة لشؤون الكنيسة هي القانون الأساسي [الدستور] مع الحق الأساسي لحرية الاعتقاد (المادة 4، الفقرة 1 و2)، والأحكام المتعلقة بالتعليم الديني (المادة 7، الفقرة 2 و3) وكذلك أحكام دستور جمهورية فايمار القانونية لشؤون الكنيسة والمدمجة في القانون الأساسي من خلال المادة 140، وقوانين بسيطة للجمهورية الاتحادية والولايات، والقانون العرفي وكذلك الاتفاقيات بين الدولة والطوائف الدينية. وتتميز ألمانيا، من خلال قوانين الدولة لشؤون الكنيسة، عن دول لها علاقة متميزة بدين معين، وكذلك عن تلك التي تفصل بشكل صارم بين الدين والدولة ويكون التعاون بينهما مستبعدًا: يتمتع الفرد والمنظمات الدينية بحرية الاعتقاد. يُحظّر على الدولة اتخاذ مواقف دينية (مبدأ عدم تحديد الهوية الدينية). إذ لا يجوز أن تحابي أو تميز بين أديان بحد ذاتها (مبدأ التكافؤ). ومبدأ التكافؤ لا يمنع الدولة من التمييز لأسباب موضوعية. وتمييزات كهذه تستند في المقام الأول إلى الاختلاف بين الطوائف الدينية وهيئات القانون العام. وهذه المكانة مرتبطة بقوانين إضافية ويمكن منحها لطوائف دينية بناء على طلبها إذا »كان دستورها وعدد أعضائها يضمن ديمومتها« (المادة 137، الفقرة 5، رقم 2 في دستور جمهورية فايمار). إن تعاون الدولة مع ديانة منظمة ليس فقط جائزًا؛ لا بل حتى أنه في بعض المجالات كالتعليم الديني مثلاً أو الرعاية

النفسية في مؤسسات حكومية معينة إلزامي أيضًا (التعاون التشاركي). فالتعاون هنا على أهمية كبيرة ولا سيما في مجال التعليم وكذلك في المجالين الاجتماعي والثقافي. وغالبًا ما تنظّم تفاصيلها اتفاقات بين الطوائف الدينية ودوائر الدولة المعنية.

يانبيرند أوبيكه

مواضيع ذات صلة: **الدولة.**

قيامة الأموات (من وجهة نظر مسيحيّة)

إنّ الإيمان بقيامة الأموات يعدّ بالنسبة إلى المسيحيّة تصوّرًا مميّزًا لاستمراريّة حياة الإنسان بعد الموت، يجدر تمييزه عن تصوّر دينيّ أو فلسفيّ عامّ يدور حول خلود الروح. فالتصوّر الأخير ليس مسيحيًّا ويعتبر أنّ الروح هي الإنسان بحدّ ذاته. وكون أنّ الجسد لا يخصّ الإنسان جوهريًا، فلا يمكن لموت الإنسان الجسديّ أن يمسّ به. هذه الفكرة اختصرت الإنسان على أنّه روح مجرّدة وبالتالي أضحى خالدًا في طبيعته (انظر البراهين على خلود الروح لدى أفلاطون (توفي 348/347 قبل الميلاد) في حوار فايدُن). في المقابل يمثّل الإنسان في التصوّر المسيحيّ وحدة للجسد مع الروح شاءها الله في عمليّة الخلق. فبما أنّ الروح مخلوقة ونهائيّة كما الجسد، فإنّ الموت يصيب كامل الإنسان. فليس هناك حياة بعد الموت نابعة من طبيعة الإنسان وإنّما هي فعل خلاصيّ للقدرة والنعمة الإلهيّتين (لهذا السبب تُستعمل في الاصطلاح اللاهوتي العبارة السلبيّة: إيقاظ للإنسان عوضًا عن العبارة الإيجابيّة: قيامة في ذاتها). في العالم الآخر لا تحيا الروح الخالدة، بل يحيا الإنسان بكامله في جسده وروحه. هذه الروح لها وظيفة الحفاظ على هويّة الإنسان ككائن. فالإنسان، حسب التصوّر المسيحيّ، لا يعود روحًا خالدة إلى روح كونيّ عام، وإنّما يتابع حياته ككائن عبر علاقة حوارية شخصيّة مع الله (جمهور القدّيسين). وقياسًا على قيامة يسوع تمّ منذ بولس تفسير طريقة دخول الجسد في هذا الاكتمال: فجسد المُقام من الموت هو ليس الجثمان المتعفّن، بل هو جسد قياميّ مختلف لا يموت (كورنثوس الأولى 15: 35–56). ويتمّ في علم اللاهوت التمييز بين قيامة الشخص الواحد مباشرة بعد موته وبين قيامة الموتى جميعهم في نهاية الزمان في سياق يوم الدينونة. ولا يقصد بذلك تتابع فترتين كون الزمن بالمعنى الأرضي للكلمة لم يعد موجودًا. ففكرة الدينونة التي لا نهاية لزمانها لا تعني أنّ حدث قيامة الإنسان من الموت يتعلّق بالشخص الواحد فقط، بل إنّ الخليقة جميعها بكامل أبعادها الجسديّة والروحيّة قد اكتملت وتحرّرت من الموت.

مارتن تونر

مواضيع ذات صلة: **القدرة الكليّة؛ النعمة؛ النفس؛ الموت؛ الخلود.**

قيامة يسوع (من وجهة نظر مسيحيّة)

إنّ الإيمان بقيامة يسوع في اليوم الثالث (الفصح) بعد موته على الصليب (الجمعة العظيمة) هو أصل المسيحيّة ومركزها (انظر أقدم شهادة حول هذا الأمر في كورنثوس الأولى 15: 3–5). ويجب الأخذ بعين الاعتبار كيف تمّت الإشارة إلى القيامة للمرّة الأولى في نصوص الكتاب المقدّس القديمة من أجل الوصول إلى فهم مناسب للفكرة. لقد تمّ الكلام عن اكتشاف القبر فارغًا (مرقس 16: 1–8) وعن ظهور القائم من الموت على النسوة وتلاميذه (متى 28: 16–20)، ولكن لم يتمّ التطّرّق أبدًا إلى عمليّة عودة جثمان يسوع إلى الحياة بالمفهوم البيولوجي للكلمة وإلى تحرّكه بين البشر كما كان يفعل قبل موته. حتّى في الروايات تمّ التشديد على أنّ جسد القائم من الموت كان مختلفًا تمامًا، دخل بطريقة عجيبة عبر أبواب مغلقة ورفض أن يتمّ لمسه (يوحنّا 20: 11–29) وصعد لاحقًا إلى السماء بجسد واضح (لوقا 24: 50–53؛ صعود يسوع إلى السماء). يُستدلّ من هذه الشهادات القديمة أنّ قيامة المسيح لا يجب أن تُفهم في المعنى الأكثر إيجابيّة على أنّها حدث تاريخيّ أو فيزيائيّ، بقدر ما يتعلّق الأمر بتجربة إيمانيّة قويّة جدًا تغيّر الحياة الشخصيّة بشكل جذريّ (انظر ظهور القائم من الموت على بولس: أعمال الرسل 9: 1–9؛ وكورنثوس الأولى 15: 8). ويقدّم القبر الفارغ نفسه في روايات الفصح على أنّه الصورة الأشدّ تعبيرًا عن المعنى الإيمانيّ للقيامة. فالقبر معادلٌ للموت، والموت بالنسبة إلى الإنسان هو النهاية الظاهرة التي لا مفرّ منها وإخفاق حياته وانتهاؤها في عزلة عن البشر وعن الله. في هذه الحالة يمكن للإنسان أن يقع في التجربة. إنّ صورة القبر الفارغ تعبّر عن إمكانيّة تجاوز سلبيّة الموت للذي يؤمن تمامًا مثل يسوع بمقولة الخلاص ويفتح ذاته لتقبّل فعل نعمة الخلاص الإلهيّ. فهنا يتمّ التعبير عن خبرة أنّ الله قادر على تجديد الحياة من خلال الموت، وعلى ضوء حدث القيامة يُصوَّر تجديد الحياة دائمًا على أنّه اكتمال وإتمام. وحسب هذا المعنى يكون الإيمان بقيامة يسوع أساسًا للأمل في أنّ الله مستقبلاً سيعتق الخليقة كلّها في وحدتها الجسديّة الروحيّة من الموت ويقودها إلى المجد والحريّة (رومية 8: 21). هكذا أصبحت قيامة المسيح النموذج الأصليّ لخلاص جميع العالم، إذ تظهر للمسيحيّ المؤمن بشارة وإمكانيّة تجديد حياته بروح القائم من الموت (رومية 8: 6–16). وعليه، لم تعد قيامة المسيح حدثًا من الماضي، بل هي تحدث بشكل دائم في حياة المؤمنين، فقلب المؤمن يصبح بذلك مسكنًا للمسيح القائم من الموت (أفسس 3: 17) ومكانًا لحضوره الدائم. إنّ المعنى الأعمق للإيمان بقيامة المسيح هو بالتالي الخبرة

بأنّ الحياة ليست مستباحة لنهائية الإخفاق (الموت)، بل إنّ الله يهب الإنسان القدرة على بداية جديدة في ظرف يبدو لهذا الإنسان حتميًا لا مفرّ منه.

مارتن تورنر

مواضيع ذات صلة: **الخلاص؛ الأعياد؛ يسوع؛ الموت.**

الكتب المقدّسة (من وجهة نظر مسيحيّة)
لقد حافظت المسيحيّة منذ البداية على كتاب اليهود المقدّس وعلى الكتاب العبرانيّ المقدّس في ترجمته السبعينيّة اليونانيّة نصًا مقدّسًا خاصًا بها كما أنّها دافعت عن تبنيهما في التقليد الخاصّ على أساس أنّهما الاتجاه الأساسيّ للديانة المسيحيّة. وحصل ذلك عندما تمّ إلحاق نصوص جديدة على أنّها أسفار مقدّسة أخرى تدور حول حياة وأعمال يسوع (الأناجيل) وتاريخ المسيحيّة الأولى (أعمال الرسل) وكذلك الرسائل التي وضعها الرسل والوحي (رؤيا يوحنّا). وبعد أن تمّت تسمية هذا الجمع الجديد للنصوص التي تمّ إلحاقها والمكتوبة باللغة اليونانيّة بـ العهد الجديد، فرضت تسمية العهد القديم نفسها على الكتاب المقدّس العبرانيّ الذي يُعتبر مقدّسًا لليهود وللمسيحيّين معًا. جرّاء ذلك ضمّت الصيغة السبعينيّة نصوصًا أكثر من الكتاب المقدّس العبرانيّ (سفر يشوع بن سيراخ وأسفار المكابيّين)، الأمر الذي أدّى على مدى قرنين من الزمن إلى وجود صيغتين ضخمتين مختلفتين. ودام هذا الأمر حتّى قرّر لوثر اعتماد نصّ أقلّ حجمًا للكتاب المقدّس العبرانيّ نصًا ملزمًا، في حين قام مجمع ترينت (1545–1563) باختيار الصيغة الشاملة للسبعينيّة كوحي إلهيّ ملزم للكنيسة الكاثوليكيّة. لهذا السبب فإنّ العهد القديم لدى البروتستانت أقلّ حجمًا من العهد القديم لدى الكاثوليك. يشكّل العهدان القديم والجديد معًا – وفي الصيغة اللغويّة الجديدة العهد الأوّل والعهد الثاني – كتاب المسحيّين وبالتالي نصّهم المقدّس.

بيتر أنتس

مواضيع ذات صلة: **عهد قديم؛ كتاب مقدّس؛ تقليد؛ ترجمة الكتب المقدّسة.**

الكتب المقدسة / الكتب السماوية (من وجهة نظر إسلامية)
تُعَرَّف الكتب المقدسة طِبقًا للأديان التوحيدية على أنها الكتب السماوية التي أنزلها الله على أنبيائه ورسله، والتي تشكل المصادر الأساسية للإيمان والتطبيق، وتحتل مكانة رمزية عالية. يُعَدّ آدم حسب الموروث الإسلامي أول إنسان ونبي. ولإنذار الناس وهدايتهم إلى الطريق القويم بعث الله فيما بعد الكثير من الأنبياء بالرسالات السماوية. فحسب الإعتقاد الإسلامي أرسل الله موسى الذي ينحدر من نسل إسحق

بن إبراهيم بالتوراة، وآتى داود الزبور، وأنزل على عيسى الإنجيل. أما النبي محمد الذي ينحدر من ولد إسماعيل، الابن الآخر لإبراهيم، فقد أنزل عليه القرآن.
لم ينزل القرآن، كتاب المسلمين المقدس، على النبي محمد جملة واحدة، فقد تم نزوله منذ عام 610 وحتى عام 632 ميلادي مفرقًا على دفعات. يُعْتَبَر القرآن طِبقًا للموروث الإسلامي بأنه وحي مُنَزّل عن طريق الملك جبريل. ويؤمن الكثير من المسلمين بحقيقة مفادها أن كل آيات القرآن قد تم تدوينها إبان حياة النبي محمد، وحفظها الكثير من الصحابة عن ظهر قلب. يضم القرآن 114 سورة ويحتوي على 6236 آية. تُعْتَبَر قراءة القرآن وتلاوته من العبادات، إضافة إلى ذلك تُتلى آيات القرآن أثناء أداء الصلاة. ينظر القرآن إلى التوراة، والزبور، والإنجيل، وكذلك إلى الصحف التي تُعْتَبَر أقل سعة والتي آتاها الله بعض أنبيائه، على أنها كتب سماوية مقدسة يؤمن بها المسلمون على حد سواء.

محمد باچـجي

مواضيع ذات صلة: **الإنجيل؛ القرآن، التنزيل؛ الزبور؛ السورة؛ التوراة.**

الكتاب المقدّس (من وجهة نظر مسيحيّة)
الكتاب المقدّس هو كتاب المسيحيّين المقدّس، السفر المجموع الذي تعترف به الكنيسة والذي يضمّ المخزون الرمزيّ المهمّ لمجموع المسيحيّين والخاضع دومًا للتفسير المتجدّد وللتطويع، وينقسم إلى العهد القديم والعهد الجديد.
يختلف حجم الكتاب المقدّس لدى المذاهب المتعدّدة بالنظر إلى العهد القديم، وفي الكنيسة السريانيّة بالنظر إلى العهد الجديد أيضًا. هذا الاختلاف في الحجم لا يضير عادةً الوعي المتجذّر في المذاهب بشيء، من جهة أنّ كلمة الله يتمّ نقلها بواسطة البشر.
وتأتي تسمية »بيبل/Bibel« من الكلمة اليونانية بيبليا وتعني الكتب. أمّا مفردها بيبليون فعلى الأرجح أنّه اشتُقّ من مدينة بيبلوس الفينيقيّة، التي كانت لليونان في العصور القديمة ساحةً لإنتاج ورق البردي. وضمّ نشوء الكتاب المقدسّ عمليّة جمع أسفار كتاب اليهود المقدّس التي بدأت في القرن الخامس قبل الميلاد مع جمع أسفار التوراة. وفي القرن الرابع انتهت عمليّة الجمع لدى عدد كبير من الجماعات المسيحيّة بسبعة وعشرين نصًا للعهد الجديد بناء على رسالة القديس أثناسيوس الرسوليّ (367) الفصحية التاسعة والثلاثين وعلى مجمع قرطاجنة (379). لقد رافق سير هذه العمليّة أعمال اتّسمت بالخداع أبرز روّادها مرقيون (حوالي 85–160) الذي أسّس مذهبًا مضادًا وحاول فرض مجموعة من النصوص المسيحيّة الموثّقة تتألف فقط من نسخة معدّلة لإنجيل لوقا وعشر رسائل لبولس، في حين أنّه استبعد العهد القديم تمامًا باعتباره وثيقة لإله غريب عن المسيحيّة. وكانت ردّة فعل

الكنيسة بأن أعلنت مرقيون هرطوقيًا. إلا أنّ محاولته لجمع الكتاب سرّعت بشكل كبير وضع الكتاب المسيحيّ. ووجد نموذج مرقيون مقلّدين له معروفين في بروتستانتية القرن التاسع عشر وأوائل القرن العشرين (فريدريش شلايرماخر 1768–1834؛ أدولف فون هارناك 1851–1930) الذين انتقدوا كون العهد القديم جزءًا من كتاب المسيحيّين المقدّس. يحتوي الكتاب المقدّس على شهادة نشوء وتطوّر الإيمان المسيحيّ الذي أُسّس على إنجيل يسوع المسيح وعلى التاريخ السابق له الذي قاد إليه. هذا يعني أنّ التاريخ يُفهم على أنّه تاريخ خلاصيّ نابع من خطّة الله أو أنّ السيرورة التاريخيّة الدينيّة الشخصيّة يعاد تركيبها وصولاً إلى المسيحيّة ما بعد القيامة. ولا يمكن استبدال هذه السيرورة بأي تاريخ آخر للدين كون العهد القديم مطبوع بسمة التوحيد الأخلاقيّ.

إنّ تعدّد الأصوات في نصوص الكتاب المقدّس الممتدّ تاريخ نشوئه إلى قرون عديدة قد أثبتت نفسها في التدوين الكنسيّ الدوغماتي بأنّه لا يُستغنى عنه، وكذلك بأنّه مخزون رمزيّ مثمر من الجهة الأخلاقيّة الدينيّة للمسيحيّة رغم معظم تناقضاته.

مارتن أرنيت

مواضيع ذات صلة: **المسيحيّة؛ الإنجيل؛ اليهوديّة؛ التقليد؛ ترجمة الكتب المقدّسة؛ كلمة الله.**

الكرامة (من وجهة نظر أسلامية)

الكرامة هي مصطلح صوفي، يُقصد به الأحداث غير العادية والأفعال التي يُظهرها الله على يد من يسمّون في الثقافة الإسلامية الأولياء، وليس لها ارتباط بمعنى النبي. ويُفترض أيضًا أن الكرامة لا تظهر إلا على يد الناس الذين رضي الله عنهم ونالوا ولايته. بعض علماء الصوفية المسلمين لم يخوضوا في مسألة الكرامة، لأنهم يؤكدون على عدم إعطاء هذا الموضوع أهمية كبيرة، ولأن هذه الظاهرة يمكن أن تكون مضلّة وخطرة ومهلكة. ويؤكدون أيضًا على أن الكرامة الحقيقية تكمن في اتباع منهج الله بإخلاص وترك الرذائل والأعمال السيئة والتصرف بخلق حسن بحزم وثبات وتربية النفس وطلب العلم والسعي للحصول على الرشد والعقل السليم. كما أن العلماء المعاصرين المسلمين يفسرون الكرامة بشكل مختلف.

وفقًا للمذكور، الكرامة هي القوة والقدرة المحتملة التي مُنحت للإنسان عند خلقه، والتي تظهر بشكل متنوع في الأعمال والمواقف، وهذا ما ورد في الآية 70 من سورة الإسراء 17. فالإنسان يبذل في هذه الأعمال والمواقف طاقةً خارقةً للعادة، وفي هذه الحالة تلعب التجارب النفسية والإجتماعية والثقافية والتربوية والشخصية

دورًا ملحوظًا. من هنا يمكن الإستنتاج أن الكرامة ليست ظاهرة دينية بحتة، وذلك لأن كل إنسان، مؤمنًا كان أم لا، يمكن أن يُظهر آثار الكرامة.
والجدير بالذكر أن هنا فرقًا شاسعًا من حيث النوعية بين الكرامة والمعجزة وبين الولاية والنبوة. ومع ذلك نجد سعيًا في التقاليد الإسلامية إلى خلق علاقة بينهما أو للعثور على تشابهات. ومن الفروق بينهما أن الكرامة، على عكس المعجزة، لا تهدف لإثبات بيان ديني أو نبوة، كما تُعد المعجزة أفعالاً يتم القيام بها أمام الناس، أما الكرامة فهي فعل سري أو ينبغي ألّا يباح به للحفاظ على التواضع إلى أقصى حد. توجد الكثير من الموسوعات والكتب المثيرة التي تحمل قصصًا عن كرامات الأولياء.

محمود آي

مواضيع ذات صلة: **النبوة؛ العقل.**

كرامة الإنسان (من وجهة نظر مسيحية)
الفكرة المحورية بالنسبة لصورة الإنسان في المسيحية والمتمثلة بأن لكل إنسان كرامة لا يمكن المساس بها بغض النظر عن العوامل الاجتماعية والثقافية الخارجية، هذه الفكرة صيغت بشكل صريح لأول مرة في فلسفة عصر التنوير العلماني. وبحسب إيمانويل كانط (1724–1804) يستحق الكرامة ذلك الذي »تفوق قيمته كل ثمن وبالتالي لا يوجد ما يقابله«. ويترتب على ذلك أنه لا يمكن استخدامها أبدًا »كوسيلة لتحقيق غايات أخرى«، وإنما يجب الاعتراف بها دائمًا »كغاية بحد ذاتها«. وهذا ممكن فقط عندما يكون المرء قادرًا على تحديد مصيره بحرية. والقدرة على الوصول للأخلاق تفترض وجود نعمة العقل. ويترتب على هذا أن الإنسان وحده، بل كل البشر باعتبارهم كائنات عاقلة يستحقون كرامة لا يمكن المساس بها.
فالإنسان كشخص عقلاني مستقل في أفعاله يمتلك وفقًا لإيمانويل كانط كرامة لا يمكن المساس بها، وبسببها يكون مستحقًا لحقوق الإنسان بشكل لا يقبل المساومة. وبعيدًا عن الفيلسوف »كانط« يبقى السؤال إن كان كافيًا تعليل كرامة الإنسان من خلال طبيعته العقلانية المستقلة، أم أن هذا التعليل بحاجة إلى المزيد من الشرعية التي تكمن في بُعد الحتمية، أي في البُعد المتسامي والمطلق. وبحسب الفكر المسيحي يمكن للدين وحده، لا بل وينبغي ويجب عليه أن يقدم ذلك التعليل الأخير والحتمي للكرامة الإنسانية.
إن الكرامة التي يستحقها الإنسان بشكل غير قابل للمساومة كشخص عقلاني مستقل يمكنها أن تجد سبب وجودها الأعمق والأخير في المعتقدات المسيحية الأساسية التالية:

- الإنسان هو صورة اللـه الحي (سفر التكوين 1: 26) وهذا الإله الحي في العقيدة المسيحية هو الذي يجعل كرامة أي إنسان لا يمكن المساس بها فقط من خلال محبته المطلقة.
- من خلال الإيمان بأن الإنسان كفرد خلقه اللـه ودعاه أيضًا من خلال علاقة شخصية حوارية مع اللـه إلى مستقبل ما بعد الموت، تصبح الكرامة الإنسانية في المسيحية بشكل واضح مرتبطة بالبشر كأفراد.

وعلى الرغم من أن إمكانية التعليل المطلق للكرامة الإنسانية تنبثق من العقيدة المسيحية، إلا أن هذا لا يعني أن أديانًا أخرى أيضًا ليست في وضع يسمح لها بالوصول لإمكانية كهذه.

مارتن تورنر

مواضيع ذات صلة: **التنوير؛ الحوار؛ الحرية؛ الإنسان؛ الأقنوم؛ حرية العقيدة.**

كرامة الانسان (من وجهة نظر إسلامية)

يُعتبر كل إنسان مكرما منذ ولادته، فالكرامة تمثل الخاصية الجوهرية التي تميز الإنسان عن جميع الكائنات الأخرى والتي لا يمكن أن تسلب منه أو تنقل لأي أحد آخر. وحسب التصور الإسلامي تُعتبر هذه الخاصية المميزة عطاء من الله وهذا ما بينته الآية رقم 70 من سورة الإسراء 17.

إن الله لم يرزق كائنًا آخر هذه القدرة على تحليل العالم والعمل بحرية وبمسؤولية في آن واحد وذلك في سياق تاريخي محدد، وهذا ما دلت عليه الآية رقم 72 من سورة الأحزاب 33. فكرامة الإنسان إذن هي نتيجة إرادة إلهية للخلق، فالإنسان يتمتع بخصال متفردة تُعد علامة من علامات الكرامة الإنسانية، ومن آثار تكريم الإنسان أنه لم يُذكر إطلاقا أنه هناك كائن آخر نفخ الله فيه من روحه، وهذا ما ورد في سورة السجدة 32 الآية رقم 9، والأهم من ذلك أن الله جعل الإنسان الكائن الوحيد خليفته في الأرض وهذا ما أشارت إليه الآية رقم 30 في سورة البقرة 2 والآية رقم 165 في سورة الأنعام 6، ولذلك يُعتبر الإنسان هو المخلوق الأكثر تشريفًا على جميع الخلق.

تُعد الكرامة الخاصية الأساسية للإنسان، فهي أمر مصون لا يُمس به، لأنها تُعتبر الجوهر الأصلي للإنسان مهما كان دينه وعرقه ولونه ووضعه الإجتماعي وخصائصه الأخرى. مهما كان تصرّف الإنسان وحتى إن وقع في أخطاء أو ارتكب جرائم فلا يجب المساس بكرامته.

حتى وإن كان القرآن يقسّم الناس إلى عدة مجموعات، وذلك حسب إيمانهم وأخلاقهم وإن تمت في الأخير مكافأة أهل الخير ومعاقبة أهل الشر، فإن هذا لا يمكن ربطه بكرامة الإنسان، بل بنقص شعور الإنسان بالمسؤولية. حَظي كل إنسان

منذ ولادته بالكرامة، في حين تتغير نوعية أخلاقه بتغير أعماله. ان كرامة الإنسان هي عطية الهيّة، أما خصائص الإنسان الأخرى فهي مُكتسبة. وما يُفهم من ذلك أن كل فرد بمجرد انه إنسان فهو يتمتع بحقوق جوهرية ويستحق الاحترام الغير مشروط.

معلى سلچوك

مواضيع ذات صلة: **الإنسان.**

الكعبة (من وجهة نظر إسلامية)

تُعْتَبر الكعبة (تعني الكلمة حرفيًا مكعّب الشكل)، حسب الإعتقاد الإسلامي، أول بيت على وجه البسيطة وضِع لعبادة الله. وتحمل الكعبة هذه التسمية لأنها على شكل مكعب. ويُسَمّى الركن الذي يوجد فيها الحجر الأسود بالركن الشرقي، أما الركن الغربي فيُسَمّى بالركن الشامي، وأما الركن الشمالي فإنه يُسَمّى بالركن العراقي، وأما الركن الجنوبي فإنه يُسَمّى بالركن اليماني. تُعْتَبَر الكعبة بناء مهمًا ومقدسًا، وذلك لأنها قِبْلة المسلمين في الصلاة، وفي الوقت نفسه يُعَدّ الطواف حولها شعيرة من شعائر الحج.

تُسَمّى الكعبة في القرآن أيضًا ببيت الله (سورة البقرة 2 الآية 125؛ سورة آل عمران 3 الآية 96؛ سورة إبراهيم 14 الآية 37؛ سورة الحج 22 الآية 25، 29، 33). توجد الكعبة في المسجد الحرام الذي سُمِّي بهذا الاسم لأن الله حرَّم فيه القتال، والصيد، وحرَّم أيضًا قطع أشجاره (سورة البقرة 2 الآية 143، 149، 150؛ سورة الإسراء 17 الآية 1؛ سورة الحج 22 الآية 32). وتذكر المراجع التاريخية الإسلامية الأولى بأن الكعبة قد بُنِيَت من قِبَل الملائكة، وآدم وشيث (شيث – طبقا للعرض التوراتي – هو الأبن الثالث لآدم وحواء؛ سفر التكوين 4 25). إذ يخبر القرآن بأن إبراهيم وإسماعيل قد رفعا القواعد من البيت (سورة البقرة 2 الآية 127؛ سورة آل عمران 3 الآية 96). ودعا إبراهيم الله أن يجعل الكعبة بلدًا آمنًا يحج إليه الناس، وأمر الله إبراهيم بأن يؤذن للناس بالحج.

لم تسلم الكعبة على مر التاريخ من الكوارث كالطوفان، والحرائق، حيث كانت تُعَمّر كل مرة. لقد بُنِيَت الكعبة طِبقًا للكتابات التاريخية الإسلامية، على التوالي، من قِبَل إبراهيم وإسماعيل، ومن قِبَل العمالقة، ومن قِبَل جرهم، ومن قِبَل قصي بن كلاب (المتوفى تقريبا عام 480 بعد الميلاد)، ومن قِبَل قريش، ومن قِبَل ابن الزبير (المتوفى عام 72/692)، ومن قِبَل الحجاج بن يوسف (المتوفى عام 95/714)، وكذلك من قِبَل السلطان العثماني مراد الرابع (1612–1640 بعد الميلاد). ولأهمية الكعبة الدينية كمكان للعبادة فقد كانت هدفًا لهجمات الدول المجاورة. إذ يذكر القرآن أن أبرهة الذي كان واليًا على صنعاء في اليمن قد جهز جيشًا مزودًا

بالفيلة حيث أراد أن يهدم الكعبة، وكان ذلك قُبَيْل ولادة النبي محمد. فجاءت طيور أبابيل وقذفته بحجارة من سجيل، وبذلك انكسر إبرهة وجيشه (سورة الفيل 105 الآية 1–5).

يزور المسلمون اليوم الكعبة وخاصة في موسم الحج لأداء فريضة الحج في شهر ذي الحجة، وهو الشهر الثاني عشر من السنة الهجرية، وكذلك لأداء العُمْرة، أو ما يُسمى بالحج الأصغر. فهي رمز لوحدة المسلمين الدينية والروحية، وهي مركز عقيدة التوحيد.

خالد أونال

مواضيع ذات صلة: **إبراهيم؛ القِبْلة؛ الأماكن المقدسة؛ الحج؛ الرمز.**

الكفر (من وجهة نظر إسلامية)

الكفر يعني الجحود بوجود ووحدانية الله وكذلك الإنكار للتشريعات الدينية التي كتبها الله على الأنبياء، وبهذا يصبح الكفر نقيض الإيمان. كما أن »الكفر« يستخدم في القرآن بمعنى جحود نعمة الله وعدم شكرها وهذا ما ورد في سورة البقرة 2 الآية رقم 152 وسورة ابراهيم 14 الآية رقم 34 وسورة الإنسان 76 الآية رقم 3. كما يخبر القرآن في عدة آيات أن الكفر لا يُغفَر وأن الكافر أي الجاحد يخلد في النار كما جاء في الآيات التالية: سورة البقرة 2 الآية رقم 161 و162، سورة النساء 4 من الآية رقم 167 الى الآية رقم 169، سورة المائدة 5 الآية رقم 36، سورة الأعراف 7 الآية رقم 40، سورة محمد 47 الآية رقم 34.

يجزم أغلب الفقهاء بأن عقاب الكافر أو الجاحد يدوم الى الأبد، بينما ترى فئة أخرى من علماء الإسلام أن مدة المكوث في النار محدودة وهذا ينطبق أيضًا على عذاب الكافر في النار. ومن بين هؤلاء العلماء الجهم بن صفوان المتوفي سنة 128/746 وأبو الهذيل العلاف المتوفي في منتصف القرن الثامن الميلادي/ حوالى 235 هـ.

كما أن تعريف الكفر يتغير بتغير نوعية الإنكار، لذا يُقسم الكفر في الفقه إلى خمسة أنواع: كفر الشيطان، وهو الإنكار الهادف لمبادىء الايمان مع العلم بها، كفر القلب العنيد الرافض لمبادىء العقل، كفر المنافق الذي يُظهر إيمان المبادئ قولاً، وكفر الحاسد أو المتكبر، الذي يصرّ رغم علمه على الكفر، وكفر الجاهل.

يجب على الإيمان أن يكون راسخًا في القلب وأن يكون يقينًا في العقل، وذلك لأن الكفر جحود بالقلب والعقل.

إن الكفر والإيمان أمران شخصيان أي إن الإنسان حر في اتخاذ قرارته واختيار طريق الكفر أو الايمان، فمن آمن بمحض اختياره وعمل عملاً صالحًا يخدم الإنسانية فسينال الأجر من الله، وكل من اختار الكفر فسيلقى جزاء جحوده طبقًا للعقيدة الإسلامية، وأما من لا يجحد بأركان الايمان ولكنه يتركها تهاونًا في أعماله

التعبدية، فهو لا يعتبر كافرًا بل مؤمنًا عاصيًا. ويكون أمره في هذه الحال بيد الله أي إن شاء كافأه على عمله وإن شاء عاقبه.

معمر أسَن

مواضيع ذات صلة: **التجديف؛ القلب؛ جهنم؛ التحول؛ التسبيح والشكر؛ الفطرة؛ المعصية؛ العقل (من وجهة نظر إسلامية).**

الكلام (من وجهة نظر إسلامية)

توجد ثلاثة أسباب تاريخية أدت إلى تسمية علم اللاهوت بعلم الكلام في السياق الإسلامي. قبل كل شيء يعني مصطلح الكلام في اللغة العربية الحجة والعقل، أما السبب الأول للتسمية فهو أن الله يوصف بالقادر على الكلام في القرآن، والسبب الثاني هو أن الكلام قائم على شرح الكلام المرتبط بالدين وبواسطة العقل والأدلة، وثالثًا لأن القرآن أو كلام الله يُعتبر منطلق عِلم الكلام.

نظرًا لهذا، وللمصادر والقصد والطريقة، يمكن تعريف علم الكلام الإسلامي على النحو التالي: علم الكلام هو أحد العلوم التي تهتم بتحديد أسس العقائد والأعمال الإيمانية في الإسلام المستمدة من القرآن، والقائمة على حجج عقلية، يتم من خلالها ردع تصورات أخرى. لذلك يمثل الإيمان والعمل، معًا، المحور الأساسي لعلم الكلام.

يتركب الإيمان من ثلاثة عناصر جوهرية: الله (وحدانيته وصفاته)، النبوة واليوم الآخر. ونظرًا لاهتمام علم الكلام بأركان الإيمان الأصولية سُمي أيضًا بعلم أصول الدين. يتخذ علم الكلام العقل والخبرة الحسية والوحي كمصدر للمعرفة التي يجب أن تستخدم بأسلوب منسجم حتى يتمكن هذا العلم من أن يُبرز المعرفة المكتسبة ويدافع عنها.

أما الجانب العملي لعلم الكلام فله علاقة بالأخلاق، حيث يهتم بسلوكيات ومواقف الإنسان تجاه نفسه وأخيه الإنسان والطبيعة. أما الفضائل، مثل العدالة والحكمة والإخلاص التي ينبغي أن يحملها إيمان الإنسان، فأصبحت محورًا من محاور علم الكلام ومؤلفاته التي تحمل عنوان الأخلاق أو الأعمال التي يحث عليها الدين، كما يحتوي الأساس النظري والعملي لعلم الكلام على عناصر مشتركة مع علوم أخرى.

أدى قبول القرآن كمصدر أساسي إلى ربط علم الكلام بالعلوم الدينية وتفسير المبادئ الإيمانية المتعلقة بأعمال الإنسان بالعلوم الإجتماعية والتفسير العقلاني بالقرآن، تحت مراعاة الطبيعة البشرية، مع العلوم الثقافية الخاضعة للتحول المستمر وأخيرًا الخروج من الواقع الموضوعي مع العلوم الطبيعية. ووفقًا

لنظرية ابن خلدون المتوفى سنة 809/1406 يُعَدّ علم الكلام أول العلوم الإسلامية التي ظهرت.

شعبان علي دوزگون

مواضيع ذات صلة: **صفات الله؛ التفسير؛ الأخلاق؛ الله؛ القرآن؛ كلام الله.**

كلام الله (من وجهة نظر إسلامية)

هذه العبارة هي صفة الله التي تشير على أن الله قادر على الكلام، ومن هنا وصف المتكلمون هذه القدرة على أنها علامة الكمال. وهذا على عكس عدم القدرة على الكلام التي تشير إلى عدم الكمال. ومن هذه النظرية تم الإستنتاج أن الكلام موجود داخل الذات الإلهية.

إن علاقة الله بالإنسان قائمة على أمره إياه بفعل الخير وترك الشر. وفي هذا السياق أخبر الله عن ذاته من خلال الكلام. فالكلام كان الوسيلة التي استخدمها الله للتواصل مع الناس، خاصة الأنبياء الذين اختارهم الله وأرسلهم للخلق. كما أن كلام الله يأخذ شكلاً في الكتب المقدسة التي أنزلت للناس عن طريق الأنبياء. كانت لغات هذه الكتب العبرية والأرامية والعربية إلخ...، وهي لغات جميع الشعوب، التي أرسل إليها نبي من بينها وهذا ما نفهمه من الآية القرآنية التالية: ﴿وما أرسلنا من رسول إلا بلسان قومه ليبين لهم﴾ (سورة إبراهيم 14 الآية 4). الوحي كان إذًا وسيلة لنقل كلام الله للناس. فالقرآن يشير بشكل واضح إلى أن هناك ملاكًا موكلاً بنقل الوحي. وقد نزل هذا الوحي للتوضيح أن الرسالات صدرت من الله بواسطة الملاك، ثم نشرها محمد الذي بيّن للناس أنه يستقبل الوحي. وكل هذا تم في بيئة كانت تؤمن بأن العِلم الغيبي نقل بواسطة الشيطان والجن. وللبُعد عن الشكوك تم التعريف بالملاك، الذي يسمى الروح أو جبريل، أيضًا كمخلوق يحافظ على الرسالة المنزّلة. كما أن التأكيد على أن الملك هو ناقل الوحي للناس هو بمثابة عملية كشف الفرق الأنطولوجي بين الذات الإلهية والبشرية، فجميع الأنبياء مثلاً يُعتبرون من بني البشر الذي يستقبلون الوحي الإلهي فقط. وهذا الفرق الوجودي بين الله والإنسان هو سبب عدم إلتقاء الأنبياء وجهًا لوجه مع الله. ولهذا يصف القرآن هذه العلاقة الخاصة بين الله والأنبياء كالتالي: ﴿وما كان لبشر أن يكلمه الله إلا وحيًا أو من وراء حجاب أو يرسل رسولاً فيوحي بإذنه ما يشاء﴾ (الشورى 42 الآية 51).

يحتوي كلام الله على معانٍ أو بعبارة أخرى على جملة من معارف. لهذا يمكن القول إن الأنبياء الذين يحملون رسالة تكون عقولهم قابلة لاستقبال الوحي الإلهي. فهم يلعبون دورًا جوهريًا لأنه لا يمكن نقل هذه المعرفة للإنسان دون استعمال الكلمات. كما أن الأنبياء يستقبلون كلمات عن طريق الوحي، تحمل عِلمًا جديدًا على

الإطلاق مركّبًا من كلام نفسي وكلام لفظي. ودور النبي هنا هو خلق علاقة بين المعنى والكلام اللفظي بمنهج محدد وليس حسب الرغبة الذاتية. وأخيرًا يمكن القول إن القرآن هو كلام الله الذي نزل على محمد بواسطة جبريل.

شعبان علي دوزگون

مواضيع ذات صلة: **صفات الله؛ الملك؛ تاريخية القرآن؛ الكتب المقدسة؛ القرآن؛ النبوة.**

كلمة اللـه (من وجهة نظر مسيحية)

اكتسب الحديث عن كلمة اللـه في سياق تاريخ الأديان واللاهوت دلالات مختلفة. والرأي القائل بأن أسفار الكتاب المقدس تعتبر وحيًا، وبناءً على هذا المعنى، يشار إليها بأنها كلمة اللـه، ليس الرأي الأقدم. ففي أسفار الوحي نفسها هناك منذ البداية تكرير لكلمات قالها اللـه في خطاب مباشر للإنسان وسُميت بشكل صريح »كلمة اللـه« (انظر مثلاً: سفر التكوين 15: 1 وغيرها). ومع أن هذه الشهادات هي أولى مظاهر كلمة اللـه تاريخيًا، إلا أنها تفترض ضمنيًا في داخلها تجربة وتصورًا معينًا عن اللـه. والحديث عن كلمة اللـه ليس ممكنًا ولا منطقيًا إلا بشرط أن يتم فهم اللـه ككيان شخصي يعلن عن نفسه للإنسان من خلال الحوار. فمصطلح »كلمة اللـه« إذًا هو في المقام الأول إعلان عن جوهر اللـه نفسه. واللـه نفسه ذو طبيعة »كلامية« لأنه يعكس كل ما يريده في حكمته ويعلنه للإنسان انطلاقًا من قراره الحر. وبما أن الطريقة الخاصة للتواصل لدى الإنسان هي اللغة، لا يمكن لإعلان اللـه الشخصي عن ذاته أن يحدث إلا في شكل الكلمة المنطوقة (والمكتوبة فيما بعد). لذلك يتجلى حدث الوحي هذا أولاً في الحوار الداخلي للصلاة ومن ثم في الأسفار المقدسة. ولا يمكن تسمية الأسفار المقدسة بشكل ملائم بكلمة اللـه إلا بمعنى أن اللـه لا يعلن فيها في المقام الأول عن أية محتويات أو معلومات أخرى، بل يعلن عن نفسه في كيانه الشخصي. وانطلاقًا من هذا المعنى الأصلي لكلمة اللـه يمكن أيضًا فهم السبب في عدم بقاء كلمة اللـه – وفقًا للإيمان المسيحي – مجرد نصٍ (أسفار الكتاب المقدس)، بل وتتجسد بصورة شخص. وهذا التجسيد الأخير لكلمة اللـه كإعلان ذاتي لشخص اللـه ليس إلا يسوع المسيح. وبهذا المعنى يُطلق عليه أيضًا كلمة اللـه الذي صار جسدًا (انظر الإنجيل بحسب يوحنا 1: 14). وانطلاقًا من هذا التعريف لكلمة اللـه (وكذلك لاحقًا في إيمان الكنيسة بكلمة اللـه كأقنوم ثانٍ في الثالوث المقدس) ومع إعلان اللـه عن طبيعته بأنه المحبة، تبين أن نصوص الأسفار المقدسة ليست في الواقع هي نفسها كلمة اللـه، وإنما مجرد ناقلة لها. وتستند سلطتها على الإيمان بأن اللـه مع روحه أيّد مؤلفي هذه النصوص بصورة مميزة (الوحي). وهذا لا يستبعد، بل بالأكثر يقتضي، أن هذه الأسفار الموحى بها تتضمن أيضًا الكثير من العبارات المحددة زمنيًا نتجت عن حالة معينة لكتابتها وتأخذ

متلقينها الأوائل بعين الاعتبار. ومن أجل ذلك لا يجوز فهم الأسفار المقدسة بالمعنى المباشر لكل كلمة من كلماتها على أنها كلمة الله (الوحي اللفظي، الأصولية الكتابية)، وإنما فقط في ضوء معناها الشامل كشهادة على إعلان الله عن ذاته. ومن أجل التمييز بشفافية بين كلمة البشر المحددة زمنيًا والإعلان الإلهي الذاتي، يُعتبر التفسير الروحي والعلمي للكتاب المقدس أمرًا لا غنى عنه في التقليد الكنسي وشركة المؤمنين.

مارتن تورنر

مواضيع ذات صلة: **صفات الله؛ الله؛ الأسفار المقدسة؛ التجسد؛ الوحي؛ الأقنوم.**

الكنائس الأرثوذكسية (من وجهة نظر مسيحية)
الكنائس الأرثوذكسية هي نتيجة الانشقاق الكبير الثاني في تاريخ المسيحية. فقد كان هناك ثلاثة انشقاقات كبيرة بين كل منها فترة خمسمئة عام تقريبًا:
الانشقاق بين الكنائس الشرقية والكنيسة الملكية الغربية بين القرنين الخامس والسادس،
والانشقاق داخل الكنيسة الملكية إلى الكنائس الارثوذكسية والكنيسة اللاتينية الغربية في القرن الحادي عشر.
وفي القرن السادس عشر كان الانشقاق داخل الكنيسة اللاتينية الغربية إلى الكنائس البروتستانتية والكنيسة الكاثوليكية.
يمكن لمصطلح »أرثوذكس« (المستقيم الرأي) أن يشير من ناحية بشكل عام إلى العقيدة الدينية الصحيحة التي تؤيد قرارات المجامع الكنسية وتتوافق مع تعاليم الكنيسة. وكتسمية ذاتية لبعض الكنائس ينطوي المصطلح من ناحية أخرى على تحديد، وأحيانًا إهانة تجاه التفسيرات الأخرى للإيمان، ويوصمها وفقًا لذلك بأنها تفسيرات خاطئة (بدعة، هرطقة).
ويعود انقسام الكنيسة الملكية إلى الكنائس الأرثوذكسية والكنيسة اللاتينية الغربية إلى مشاكل سياسية ولغوية في المقام الأول. سياسيًا، كان أسقف روما يطالب لفترة طويلة بحق القيادة الذي كان يتعارض مع حق بطريرك القسطنطينية بالقيادة (باعتبار أولويته الفخرية). بعد انتقال عاصمة الامبراطورية الرومانية من روما إلى بيزنطة بقيادة الامبراطور قسطنطين في القرن الرابع تغيّر اسمها إلى القسطنطينية – مدينة قسطنطين (حاليًا: اسطنبول) – فيما بعد وأصبحت بمثابة روما الثانية. وفي سياق هذا التغيير، رأى بطريرك القسطنطينية أن الدور القيادي لأسقف روما انتقل بدوره إلى بطريرك القسطنطينية، الأمر الذي رفضه أسقف روما وقال مبررًا لهذا الرفض إنه ليس زعيمًا للمسيحية لمجرد أنه كان أسقف العاصمة السابقة للامبراطورية الرومانية، بل لأنه خليفة بطرس، هامة الرسل

والمتحدث باسمهم. إلا أن وجهة نظر الشرق اليوناني بهذا الصدد كانت مغايرة. وكان محافظًا على نظرته هذه عندما غزا العثمانيون القسطنطينية عام 1453 وطالب حينها بطريرك روما الثالثة – موسكو – أيضًا بحقه في قيادة الكنيسة. الإشارة إلى البطريرك الروسي تكشف لنا عن أن الكنائس الأرثوذكسية مثل الكنائس الشرقية هي كنائس وطنية. لذلك يوجد إلى جانب البطريرك الروسي بطريرك صربي وآخر روماني وآخر أوكراني وغيرهم كثيرون ممن تنتمي كنائسهم إلى أغلبية المؤمنين اليونانيين والسلافيين في شرق أوروبا، وتكاد تكون كنائس قوية عدديًا في أوروبا (ولا سيما في شرق أوروبا وجنوبها الشرقي) مثل الكنيسة الكاثوليكية في أوروبا. ومع أن كل هؤلاء البطاركة يقودون كنائس مستقلة، فقد كانوا سياسيًا في كثير من الحالات مرتبطين بالحكّام (كالقيصر أو الملك) ولم يشهدوا أبدًا أي فصلٍ بين »ما هو لقيصر وما هو للـه«، بينما يعتبر هذا الفصل إحدى سمات المسيحية الغربية.

كانت العلاقة بين بطريركية القسطنطينية المسكونية والكنيسة اللاتينية الغربية مثقلة بأعباء هائلة في الألف سنة الأخيرة ولا سيما من خلال الظهور المتغطرس لممثلي روما ناهيك عن تجاربها مع الصليبيين الذين نهبوا القسطنطينية ودمروها عام 1204. أولى العلاقات بينهما كانت بعد لقاء البابا بولس السادس مع بطريرك القسطنطينية المسكوني أثيناغوراس عام 1964 في القدس، ما ساهم مذاك بتحسين العلاقات بشكل كبير بين الكنيستين، ولكن هذا ولّد أيضًا توترات في علاقة الكنائس الأرثوذكسية فيما بينها.

تعتبر الخلافات على تكريم الإيقونات في الكنيسة جزءًا من مشاكل التواصل اللغوية في اللاهوت. فالأيقونة (وهي تصوير ليسوع أو لمريم أو لقديسين) يتم تكريمها فقط، كما يؤكد الأرثوذكس، ولا يعبدونها كما اتهمتهم الكنيسة الغربية. فضلاً عن أن الأيقونة لها مكانة مركزية في بناء الكنيسة، فواجهة الأيقونات (أو الايقونسطاس) تفصل مكان تواجد الإكليروس بشكل واضح عن مكان وجود المصلّين. والإكليروس يتألف من الشمامسة والكهنة والأساقفة ويترأسهم البطريرك، وجميع هؤلاء معينون من قِبَل الرسل من خلال رساماتهم في تسلسل متواصل لخدمتهم (الخلافة الرسولية) (مثل الكهنة والأساقفة الكاثوليك أيضًا). أما بالنسبة للإيمان، فكافة الكنائس الأرثوذكسية تعترف بقرارات مجامع الكنيسة السبعة الأولى، فقط هناك فرق دقيق في صياغة قرارات مجمع القسطنطينية عام 381، عندما يتم فيها ذكر الروح القدس: »المنبثق من الآب والذي أرسله الابن«، في حين أن الكنيسة اللاتينية الغربية تصرّ على الصياغة التالية: »المنبثق من الآب والابن (Filioque)«. تؤمن الكنائس الأرثوذكسية أيضًا مثل الكنيسة الكاثوليكية بالأسرار السبعة (المعمودية والميرون/ التثبيت والأفخارستيا (القربان المقدس) والتوبة والزواج والكهنوت ومسحة المرضى). وتعتبر الليتورجيا محور ممارسة

الطقوس الدينية، وهي عقيدة اجتماعية مرتبطة بأنشطة الكنيسة الخيرية، ولا تزال قيد التطوير.

بيتر أنتس

الكنائس الشرقية (من وجهة نظر مسيحية)

تسمى الكنائس المشرقية بهذا الاسم لأن مناطق انتشارها تقليديًا كانت تقع في الشرق الأدنى (وخاصة في العراق وإيران وسوريا والأردن ولبنان وتركيا) وفي شمال أفريقيا (ولا سيما في مصر وإثيوبيا وإريتيريا)، إلا أن مؤمنيها يعيشون اليوم في أوروبا وأمريكا أيضًا. كانت هذه الكنائس نتيجة أول انشقاق كبير في التاريخ المسيحي. فقد كان هناك ثلاثة انشقاقات كبيرة بفارق زمني بينها يصل لخمسمائة عام تقريبًا في تاريخ المسيحية.

الانشقاق بين الكنائس الشرقية والكنيسة الملكية بين القرنين الخامس والسادس، والانشقاق داخل الكنيسة الملكية إلى الكنائس الأرثوذكسية والكنيسة اللاتينية الغربية في القرن الحادي عشر.

وفي القرن السادس عشر كان الانشقاق داخل الكنيسة اللاتينية الغربية إلى الكنائس البروتستانتية والكنيسة الكاثوليكية.

وكانت أسباب أول هذه الانشقاقات الكبيرة أسبابًا لاهوتية وسياسية. فمن الناحية اللاهوتية نرى أن أسفار العهد الجديد تقدّم تفسيرات مختلفة حول يسوع وأعماله، ما تسبب فيما بعد مواجهة الكنيسة – في سعيها لإيجاد تفسير موحّد – لتعاليم مختلفة. فقد أكد البعض على بشرية يسوع، واعتبره آخرون أقرب إلى اللـه وتساءلوا عما إذا كان مساويًا للـه أم لا. أصبح الخلاف أكثر عنفًا حتى أن الإمبراطور قسطنطين دعا إلى اجتماع أساقفة (مجمع كنسي) في نيقية (اسمها الحالي Iznik في تركيا) من أجل توضيح هذه المسألة وحسمها بشكل نهائي. وقد قررت الغالبية بأن يسوع مساوي للـه الآب. الطرف الخاسر من الآريوسيين لم يكن راضيًا بهذه النتيجة. وكانت هناك محاولات أخرى للتفسير أدت مجددًا إلى قرارات غاية في الأهمية في إطار مجامع كنسية:

- في القسطنطينية (اسطنبول الحالية) عام 381، حيث أُعلن الروح القدس أيضًا كأقنوم إلهي وبذلك أصبح تعليم الثالوث الإلـهي عقيدة أساسية.
- وفي عام 431 في أفسس (نحو 70 كيلومترًا جنوب مدينة إزمير الحالية في تركيا)، وفيها تم إعلان مريم والدة اللـه ضد تعاليم نسطور وأتباعه (النساطرة).
- وفي عام 451 في خلقيدونية (الواقعة قرب القسطنطينية في قسمها الآسيوي)، وكان موضوع المجمع طبيعة المخلّص يسوع الإلهية البشرية، وتم الإعلان عن أنه »إله حقيقي وإنسان حقيقي«.

هذه الإعلانات الإيمانية الأخيرة بالذات من مجمعي أفسس وخلقيدونية أدّت إلى خلافات كبيرة بين مختلف رؤساء الكنائس (البطاركة) الذين وقفوا بوجه بعضهم البعض بتعنّت حتى انشقت كنائس بأكملها معلنةً استقلاليتها. وقد كانت كنائس قومية إلى حدٍ كبير، ما دفعتها إلى الاستقلال السياسي أيضًا. ومن هذه الكنائس:

- الكنيسة الأنطاكية للسريان الأرثوذكس (يُقدَّر عدد أعضائها اليوم بما بين 300.000 و400.000 في العراق وإيران وسوريا وتركيا (طورعبدين) وفي أوروبا وأمريكا).
- الكنيسة القبطية (وعدد أعضائها – وفقًا لمصدر المعلومة – من 5 إلى 11 مليونًا في مصر وشرق أفريقيا جنوب الصحراء الكبرى وفي أوروبا وأمريكا).
- الكنيسة الأرمنية (قرابة 9 ملايين مؤمنًا أرمنيًا وتركيًا يقطنون جزئيًا في أرمينيا وفي الشرق الأدنى وأوروبا وأمريكا)؛ وبعض الكنائس الأخرى.

كانت هذه الكنائس تستخدم لغاتها القومية أيضًا في صلواتها الليتورجية وتقوم – بنجاح كبير إلى حدٍ ما – بالتبشير خارج حدود الإمبراطورية الرومانية باتجاه الشرق وصولاً إلى الهند (كنيسة السريان الملبار مثلاً) والصين أو من مصر إلى أفريقيا جنوب الصحراء الكبرى (الكنيسة الإثيوبية مثلاً). وبعد انتشار الإسلام باتجاه آسيا الوسطى وأفريقيا توقفت أنشطتها التبشيرية الناجحة كليًا، وبالتالي بقيت الكنائس الشرقية على قيد الحياة فقط كجماعات صغيرة، وعلى الأرجح لا يمكن ضمان استمراريتها على المدى الطويل إلا من خلال مؤمنيها في بلدان الغرب (أوروبا وأمريكا).

إن معظم هذه الكنائس هي كنائس مستقلة حيث يترأسها البطريرك كأعلى سلطة روحية، يدير الكنيسة مع أساقفته وكهنته وشمامسته ويفسّر العقيدة المسيحية للمؤمنين. ومعظمها تنادي بـ »الخلافة الرسولية«، وهي التكليف بدون انقطاع من خلال الرسامة أو التكريس بدءًا من رسل يسوع وحتى المسؤولين الحاليين.

كثيرًا ما كانت هناك على مر التاريخ محاولات لدمج هذه الكنائس في الكنيسة الكاثوليكية. والكنائس المتحدة مع روما الناتجة عن ذلك الدمج، والتي احتفظت بلغاتها الليتورجية وطقوسها الشرقية في الكنيسة الكاثوليكية، أدّت إلى تنوع ثقافي وطقسي داخل الكنيسة الكاثوليكية أظهر أن الطقس اللاتيني ليس بأي حال من الأحوال الطقس الكاثوليكي الوحيد. ومن جهة أخرى أدّت محاولات التوحيد هذه أيضًا في كثير من الحالات إلى انشقاقات جديدة داخل الكنائس الشرقية، إلى كنائس مرتبطة بالفاتيكان وأخرى غير مرتبطة بها. تعتبر الليتورجيا في كافة الكنائس الشرقية كما في الكنائس الأرثوذكسية محور ممارسة الطقوس الدينية.

وفي إطار الحركة المسكونية والحوار بين الطوائف اتضح كثيرًا منذ القرن العشرين أن الخلافات العقيدية السابقة، والتي أُبرزت بشكل كبير، كثيرًا ما كانت تستند على سوء فهم وإصرار على اختلافات في الصياغة ومشاكل في الترجمة،

ناهيك عن الاختلافات الثقافية، وأن كل هذه لم يعد لها إلى حدٍ كبير أهمية في أية صياغة جديدة معاصرة للعقائد كما كانت تتناقلها الأجيال طوال قرون. لذلك من المنطقي على المدى الطويل أن يبدو المزيد من الوحدة بين الكنائس في إطار تعدد أصولها مقبولاً.

بيتر أنتس

مواضيع ذات صلة: **الفصح؛ قيامة يسوع؛ الأعياد.**

الكنيسة – وفقًا للمفهوم الكاثوليكي (من وجهة نظر مسيحية)

بينما تفهم الكنيسة الإنجيلية (البروتستانتية) بكل طوائفها من مصطلح »الكنيسة« بشكل أساسي بأنها »جماعة المؤمنين« (راجع: إقرار أوغسبورغ، المادة 13) وتركز من خلال ذلك على المفعول العاطفي للإيمان، ترى الكنيسة الكاثوليكية بالمقابل في مفهوم الكنيسة بأنها المؤسسة الظاهرة التي تتشارك فيها جماعة المؤمنين في الكلمة الإلهية والأسرار المقدسة. الشكل الخارجي للكنيسة يُعتبر في التعاليم الإنجيلية البروتستانتية أيضًا جزءًا من جوهرها، ومن ثم عليها باستمرار أن تعيد النظر في سبب وجودها، وذلك من أجل خدمة جماعة المؤمنين عن طريق الكلمة والأسرار. والعكس صحيح بحسب التعاليم الكاثوليكية التي تعتبر المؤسسة الكنسية أيضًا موجودة من أجل الإيمان بالإنجيل، وليس العكس؛ فرغم أنه من الممكن بالمعنى الشرعي أن يكون المرء عضوًا غير مؤمن في الكنيسة (أو يبقى كذلك فيها)، ولكنه حينها سيفتقد إلى مغزى المؤسسة الكنسية. ومن الجدير ذكره أن التقليدين اللاهوتيين (البروتستانتي والكاثوليكي) يعرفان أن اللـه ينظر فقط إلى القلوب وهو وحده يعرف المؤمنين الحقيقيين.

ما يحدد الفهم الكاثوليكي للكنيسة اليوم هي تصريحات المجمع الفاتيكاني الثاني (1962–1965)، ولا سيما ما هو موجود في الشرع بخصوص الكنيسة. فقد حدد المجمع طبيعة الكنيسة من خلال تلك المفاهيم الأساسية الثلاثة التي تهيمن منذ ذلك الوقت على النقاشات اللاهوتية المتعلقة بفهم الكنيسة، والمفاهيم هي: شعب اللـه والسر والشراكة.

يتضح من المفهوم الكتابي »شعب اللـه« أن الكنيسة هي الناس أنفسهم، أي المؤمنين، وليست واقعًا غامضًا أمامهم أو عليهم. وفي الوقت نفسه يُقصد من هذا المفهوم ذاك الربط مع إسرائيل كشعب اللـه، ومن هنا نرى أن الإيمان المسيحي يعود بجذوره إلى إيمان بني إسرائيل.

ومن خلال التوصيف الحديث للكنيسة باعتبارها سر (سرٌ أساسي وأصل لكافة أسرار الكنيسة الأخرى) يتم التأكيد بطريقة لا يعرفها الكثيرون حتى الآن بأن الكنيسة ليست موجودة لذاتها، وإنما موجودة كأداة يجمع بواسطتها اللـه – يسوع

المسيح والروح القدس – شعبه وهي أداة لتأسيس شراكة بين المؤمنين واللـه من جهة وبين بعضهم البعض من جهة أخرى.

وأخيرًا يتضح من مفهوم الشراكة أن شعب اللـه هذا لا يتماسك معًا من خلال ممارسة سلطة روحية ما عليه أو من خلال إصدار الأوامر وعليه إطاعتها، بل من خلال اللقاء الأخوي ومشاركة الجميع للمضي في الطريق المشتركة لهذا الشعب والمؤدية إلى اللـه.

في إطار صورة الكنيسة هذه أبقى المجمع الفاتيكاني الثاني – فيما يتعلق بالدستور الهرمي – على الدرجات الكنسية الثلاث، لأن المجمع يعتبر أن يسوع المسيح وكتبة العهد الجديد هم من أسسوا بشكل ملزم هذه الدرجات الكنسية: الشماس والكاهن والأسقف، وعلى رأس الأساقفة يكون أسقف روما الذي أُطلق عليه منذ العصور الوسطى المبكرة اسم البابا. والشكل الدقيق (والقانوني) لهذه المراتب الكنسية منذ ذلك الحين حتى وصلت إلى شكلها الحالي ليس إلا نتيجة تطورها تاريخيًا، ما يجعلها قابلة لمختلف أنواع الإصلاحات. و في اللاهوت الكاثوليكي اليوم تتم مناقشتها بشكل مستمر، ولا سيما التفاعل بين هؤلاء الإكليروس ومن يُسمَّون بالعلمانيين في إطار مفهوم الكنيسة كشركة بين المؤمنين.

تعتبر الكنائس الإنجيلية الفرق بين الكهنة (العاديين) والأساقفة وكأنه فرق في مجال السلطة القانونية وليس كفرق لاهوتي. وبهذا تصبح أقرب، مما هو متعارف عليه عمومًا، إلى الفهم الكاثوليكي الصحيح. والكنائس الإنجيلية مثل شقيقاتها الأرثوذكسية ترفض أي شكل من أشكال سيادة أسقف روما الشرعية على العالم المسيحي بأسره. السؤال فيما إذا كان ممكنًا وواجبًا أن يكون هناك في عالمنا المعولم الآن منصبٌ للوحدة المسكونية يتحدث باسم العالم المسيحي برمته دون سلطة قضائية مرتبطة بإطار قانوني محدد، هو سؤال مطروح بقوة منذ مدة على طاولة النقاش، دون أن ينتج عن ذلك أي شيء حتى الآن.

أوتو هيرمان بيش

مواضيع ذات صلة: **الكاثوليكية؛ المجمع الفاتيكاني الثاني.**

الكنيسة والكنائس الإصلاحية (من وجهة نظر مسيحية)

1. الكنيسة وفقًا لمفهوم الكنائس الإصلاحية

إن المبدأ الذي تقوم عليه الدراسات الكنسية الإصلاحية نجده مجملاً بشكل مختصر في المادة السابعة من »إقرار أوغسبورغ« Confessio Augustana لعام 1530 على أنه العقيدة الأساسية للإصلاح. ووفقًا لهذه العقيدة تُعتبر الكنيسة المسيحية اجتماعًا لكافة المؤمنين الذين تم تبشيرهم بالإنجيل وحده ومنحهم الأسرار المقدسة بحسب تعاليم الإنجيل. وهذا الحكم مرتبط بمصطلح دستور الإيمان الرسولي لجماعة القديسين ويُبرز بشكل خاص الطابع الليتورجي الملموس للكنيسة. فكل جماعة ليتورجية تجتمع متحدةً بإيمانها بالمسيح تُعتبر كنيسة بكل ما للكلمة من معنى. إنها كنيسة كاملة، وإن لم تكن الكنيسة الجامعة. لأنه وفقًا لطبيعتها تُعتبر كل جماعة ليتورجية مرتبطة بشكل غير قابل للانفصام مع الكنيسة الجامعة التي تتجاوز كل حدود الزمان والمكان. الكنيسة التي تعود قداستها للمشاركة في الخلاص الإلهي المقدّم عن طريق كلمة اللـه والأسرار الإلهية، الخلاص الذي يمكن الوصول إليه بواسطة يسوع المسيح بقوة الروح القدس، هذه الكنيسة لا تحدها أية حواجز مكانية أو عرقية أو غيرها، وإنما تشمل العالم المأهول بأكمله، وبناء على ذلك يجب اعتبارها كنيسة جامعة. وفي الوقت نفسه تُبطل الكنيسة بصفتها الجامعة الحواجز الزمانية فيها. وترى نفسها مرتبطة بأصولها الرسولية فضلاً عن تاريخ البشرية بأكمله من بداياته وصولاً إلى نهاية الزمان. ومن وجهة نظر الدراسات الكنسية الإصلاحية ليس من الضروري تحقيق الوحدة الحقيقية للكنيسة المقدسة الجامعة الرسولية من خلال الالتزام بالاحتفالات والترتيبات الخارجية ذاتها في كل الكنائس. ما هو ضروري وكذلك كافٍ للوحدة الكنسية هو الإجماع فيما يتعلق بكلمة اللـه والأسرار المقدسة وكيف يمكن التعبير عن هذا الإجماع في قانون إيمان مشترك وتوثيقه في مؤلفات إيمانية رسمية بشكل صريح.

2. اتحاد الكنائس الإصلاحية في أوروبا

نتيجة للفرق الأول الذي تسبب بانفصالها عن التسلسل الهرمي الرسمي للكنيسة الكاثوليكية، كانت هناك اختلافات أخرى أدت بها إلى تأسيس كنائس إصلاحية منفصلة. وكانت هذه الاختلافات تتعلق في حالة الكنيستين اللوثرية والإصلاحية بمسائل جوهرية في التعاليم العقيدية، وبالتحديد الأفخارستيا (ذبيحة الشكر الإلهي) والكريستولوجيا وجدلية القضاء والقدر، والتي أدت إلى إدانات عقائدية متبادلة استبعدتها من الشركة الكنسية. وبموجب اتفاق الكنائس الإصلاحية في أوروبا (اتفاق لوينبيرغ) لعام 1973 تم حل هذه الخلافات المذهبية.

3. الإصلاح والبروتستانتية
يعتبر اتحاد الكنائس الإصلاحية في أوروبا نفسه كاتحاد عقائدي لكنائس مختلفة المذاهب تمثل جوانب مختلفة لعقيدة واحدة، دون أن تكون منفصلة. المفهوم الكنسي الذي حدده اتفاق لوينبيرغ هو مفهوم »الاختلاف المتصالح« الذي تفضله الكنائس الإصلاحية أيضًا من خلال نظرة مسكونية شاملة. كان هذا المفهوم متوقّعًا بشكل رسمي من خلال مصطلح البروتستانتية الذي رغم كونه يذكّرنا باحتجاجات حركات الإصلاح الديني عام 1529، ولكنه انتهى فقط في حقبة ما بعد المذاهبية إلى معنى شائع لمصطلح عام يشمل كافة الكنائس الناتجة عن حركة الإصلاح والجماعات شبه الكنسية. وإلى جانب الاختلاف الجوهري، بحسب مفهوم البروتستانتية، مع الكاثوليكية والأرثوذكسية تعتبر السمات التالية سمات محدّدة لمفهوم البروتستانتية:
احترام الكتاب المقدس كمعيار عام للإيمان،
كهنوت عام لكافة المؤمنين،
قابلية واضحة للإصلاح (وفقًا لمبدأ ضرورة إصلاح الكنيسة باستمرار)،
موقف تقليدي ناقد للهرمية والتطلعات الاحتكارية في القيادات الكنسية،
الحد من الأسرار في الكنيسة،
الاهتمام الحاسم بخدمة الكلمة في الكنسية،
موقف عاجل من أجل قرار واع،
ميل إلى التفرّد والتمايز المتصاعد.
ولكن هذه السمات يجب ألا تخدعنا بأن تخفي تحت اسم »البروتستانتية« – في منظورها التاريخي والموضوعي – كمًّا معقّدًا من ظواهر دينية متنوعة لها طابع طائفي نمطي واضح إلى حدٍ ما.

4. الكنيسة اللوثرية والكالفنية
تُنسب إلى اللوثرية كافة الكنائس والطوائف المنبثقة من حركة الإصلاح الديني في فيتنبيرغ. أهم وثيقة عن التعاليم اللوثرية هي كتاب الوفاق عام 1580. ويضم الكتاب:
العقائد الكنسية الثلاثة القديمة (الرسولية والنيقو- قسطنطينية وما تسمى بالأثناسيوسية)،
إقرار أوغسبورغ لعام 1530 مع الكتاب الدفاعي عن هذا الإقرار لفيليب ميلانشتون (1497–1560)،
ما سميت ببنود شمالكالد Schmalkaldische Artikel (التي صاغها مارتن لوثر (1483–1546) كوصية لاهوتية عام 1537 وتُليت في مجمع مانتوُا الذي دعا إلى عقده البابا بولس الثالث (1534–1549))،

وأخيرًا كتابا التعليم المسيحي الكبير والصغير لمارتن لوثر، وما تسمى بصيغة الوفاق عام 1577 التي سعت إلى نزع فتيل النزاعات اللوثرية البينية.

إلا أنه عادةً ما يتم تسليط الضوء في الدساتير الكنسية اللوثرية بشكل أساسي على إقرار أوغسبورغ وكتابي التعاليم المسيحية بين الكتب العقيدية الأخرى. وبشكل مماثل للمذهب اللوثري تمت تسمية التراث التعليمي المُلزم كعقيدة في الكنيسة الكالفنية أيضًا. إلا أن الكتب العقيدية للكنائس الكالفنية أو الإصلاحية تختلف عن تلك اللوثرية في عدة نقاط في غاية الأهمية:

- الكتب ليست مجموعة في كتاب واحد يحتوي كافة العقائد الكنسية،
- نطاقها وعددها غير محدد بشكل واضح،
- لم تظهر خلال فترة زمنية قصيرة،
- لم تؤلفها مجموعة من اللاهوتيين محددة زمانيًا ومكانيًا،
- وهي بالتالي لا يحددها اتجاه لاهوتي رئيسي واحد.

إضافة إلى ذلك تحظى الأنظمة الكنسية بمكانة متميزة في التراث الكنسي الإصلاحي. فضلاً عن بقاء قانون التعليم الإصلاحي مفتوحًا باستمرار، لأن العقائد وفقًا لفهمها الذاتي لا تريدها إلا أن تكون بشكل أساسي شهادات إيمانية قابلة للتعديل في زمان ومكان معينين.

تعتبر الكنيستان الوثرية والكالفنية كنيستين منظمتين بشكل مختلف على الصعيد العالمي والصعد المحلية، وقد حافظتا إلى يومنا هذا على طابعها الطائفي النمطي بشكل واضح إلا حدٍ ما رغم كل محاولات الاتحاد فيما بينهما. بالنسبة للتفاهم بين الكنيستين اللوثرية والإصلاحية في ألمانيا فإن التوضيح اللاهوتي الذي تم في مجمع بارمن اللاهوتي عام 1934 كان ولا يزال يحظى بأهمية بالغة كإحدى أهم الشهادات عن المقاومة الكنسية في حقبة ألمانيا النازية.

5. الكنائس الأنغليكانية والمشيخية والأبرشانية

تحتل الكنيسة الأنغليكانية مكانة مرموقة بين الكنائس الإصلاحية. وكان السبب البعيد لإنشائها الخلاف السياسي بين هنري الثامن ملك انكلترا (1491–1547) والبابوية. ومن خلال قانون السيادة عام 1534 اعترف البرلمان بالملك كـ«رئيس أعلى على الأرض لكنيسة انكلترا». وفي الواقع لم يتشكل الإصلاح الديني الكنسي إلا تدريجيًا وبشكل معتدل للغاية. الأمر المميز هو نشر كتاب الصلاة المشتركة عام 1549. يتميز اتحاد الكنائس المستقلة قضائيًا والتي انبثقت من كنيسة انكلترا بوحدة التعليم والليتورجيا والنظام الكنسي، كما أن قبول الخلافة الرسولية التاريخية لمنصب الأساقفة في دستور هذه الكنائس يحظى بأهمية خاصة. ويحتل اتحاد الكنائس الأنغليكانية وفقًا لفهمه الذاتي مكانة مركزية ومتوسطة بين كلٍّ من

الكنائس البروتستانتية من جهة والكنيسة الرومانية الكاثوليكية من جهة أخرى، ما يُعتبر حافزًا لالتزام كثيف بالحركة المسكونية.

بخلاف كنيسة انكلترا تطورت الكنيستان المشيخية والأبرشانية إلى جانب الكنيسة المعمدانية إلى أشكال تنظيمية كبيرة في المسيحية الإنجيلية البروتستانتية. الكنيسة المشيخية التابعة لاهوتيًا لجون كالفن (1509–1564) وللتقليد البروتستانتي الإصلاحي، اتخذت اسمها من وضعها الخاص، إذ إن شيوخ الكنيسة يشغلون المناصب القيادية بحسب النظام الكنسي. بعد خروجها من اسكتلندا انتشرت في أمريكا الشمالية وكان لها نفوذ كبير هناك. وفي ضوء مبادئ حرية الاعتقاد والضمير والفصل بين الدولة والكنيسة كان لها تأثير بالغ على إعلان استقلال الولايات المتحدة الأمريكية وعلى دستورها السياسي.

أما الكنيسة الأبرشانية، التي أظهرت أيضًا نفوذًا كبيرًا في انكلترا أولًا ثم في أمريكا الشمالية، فتقرّ بأن سلطة الكنيسة الكاملة من حق جماعات المؤمنين المحلية التي تعتبر مستقلة في إدارة طقوس العبادة المقدسة والتعاليم. تعود الأصول التاريخية للكنيسة الأبرشانية بشكلها الحالي إلى المذهب البروتستانتي البيوريتاني أو التطهيري.

6. التيارات الفرعية لحركة الإصلاح والحركات الإنجيلية الحرة

ما يمكن تسميتها بتيارات فرعية للإصلاح تضم تشكيلات فردية روحية باطنية مثل كاسبار شفينكفيلد (1489–1561) وكنيسته الحالية التي تحمل اسمه »الشفينكفيلدية«، مذهب اللاثالوثية مثل طائفة السوتسينيين [نسبة لمؤسسها الإيطالي ليليو سوتسيني] التي في سبيل توحيدها لله قالت إن التعليم الكنسي عن الثالوث المقدّس مناقض للمنطق وللكتاب المقدّس، ونجد إرثها متواصلاً الآن في الطائفة التوحيدية، وكذلك مجموعة المعمدانيين التي تم تعديل تراثها بشكل كبير في حركة المعمدانيين القوية ليس فقط في أمريكا الشمالية المتجذرة في الحركات الكنسية البريطانية المستقلة، بل أسست إحدى أكبر الكنائس الإنجيلية الحرّة.

ومثل الكنائس المعمدانية كذلك العديد من الكنائس البروتستانتية الحرة التي تطور معظمها على أرضية الإصلاح الكالفيني، هي تَقَوية الطابع ومنبثقة من حركات نهضوية. وعلى سبيل المثال لا الحصر نذكر الكنيسة الميثودية أو المنهاجية التي أسسها الأخوان ويسلي في القرن الثامن عشر، وهي إحدى أعظم القوى في الحياة الدينية وخاصة أنها إنكليزية اللغة. وبينما كان الإرث التَقَوي في ألمانيا يمثل اتجاه ديني إلى جانب غيره من الاتجاهات، تحوّل في المناطق الناطقة باللغة الإنكليزية في شكل الكنائس الإنجيلية الحرة إلى ميزة أساسية سائدة من التديّن البروتستانتي لتظهر في أعداد كبيرة من جماعات الكنائس الحرة. وتتجلى الكنائس الإنجيلية الحرة بشكل متميز في الحركة الخمسينية التي تسعى طوائفها إلى التجديد من

خلال قبول الروح القدس ومواهبه الكاريزماتية. تجاوز عدد أتباع الحركة الخمسينية في بعض الدول أعداد البروتستانت الآخرين، حتى أنها امتدت تدريجيًا في مناطق انتشار الكنائس الكاثوليكية أيضًا.

غونتر فينتس

مواضيع ذات صلة: **الإصلاح (الديني).**

اللاهوت (من وجهة نظر مسيحية)

اللاهوت في المفهوم المسيحي هو التفكير والتحليل العلميّان للوحي الإلهي الذي نتلقاه بالإيمان. وبهذا المعنى يجب تمييز اللاهوت عن فلسفة الأديان والعقيدة الإلـهية الفلسفية والخبرة الإيمانية (الباطنية). واللاهوت المسيحي نشأ من التقاء المسيحية بالفلسفة اليونانية القديمة. وكان في البداية من أجل الدفاع عن الإيمان الجديد وتبريره أمام الوثنيين على أنه إيمان منطقي (اللاهوت الدفاعي). والتعبير عن الإيمان في جدال علمي مكّن المسيحية من أن تصبح مفهومة ومقبولة في عالم موسوم بالفلسفة الوثنية ومكّنها من الانتشار (التبشير). لكن سرعان ما اكتسب اللاهوت وظيفة داخلية (التبصر الإيماني) تقوم على التحقق من الإيمان نفسه: فمن خلال التحليل العقلاني يمكن للمعنى والسياق، بما فيه أيضًا السياق التاريخي والاستخدام اللغوي الخاص للمضمون الإيماني، أن توضح بطريقة ما تمكن المؤمن من جعل الأقوال الإيمانية المتوارثة عبر التاريخ ذات أهمية في ظروف محدَّدة من حياته الحاضرة. وعلى العكس من ذلك، فإن التحقيق العلمي للعقيدة والممارسة الإيمانيتين يمكنه أيضًا تأدية وظيفة خطيرة وبالتالي حمايتهما من الانحرافات التي يمكن أن تحدث بسهولة في مجال التديّن وتكون كارثية للغاية. ومع أنه يمكن للاهوت – من أجل إغناء خلفيته العلمية – قبول العقائد كأطروحات (أو كفرضيات)، حتى دون الحاجة لإثباتها علميًا، عليه أن يسير في عملية التفكير العلمي بهذه العقائد منهجيًا بشكل مستقل تمامًا عن كافة ميزات الإيمان. وفي سياق التطور التاريخي، من الضروري دائمًا أن يُحدّث اللاهوت وسائله ومصطلحاته لكي يكون قادرًا على البقاء مفهومًا ويمكن إدراكه في السياق الروحي التاريخي للحاضر المعاصر. فوحده اللاهوت الذي يعبّر عن نفسه من خلال السمات (الفلسفية) للزمن المعاصر الفرصة يملك لتشكيل عالمه بالمفهوم الإيماني المسيحي والانفتاح على المستقبل الذي يرجوه بالإيمان.

مارتن تورنر

مواضيع ذات صلة: **اللاهوت الدفاعي؛ اللـه؛ معرفة اللـه؛ التبشير؛ بولس؛ الفلسفة المسيحية؛ العلم.**

لاهوت الأصول (من وجهة نظر مسيحيّة)
إنّ لاهوت الأصول مادةٌ معتمدة غالبًا في علم اللاهوت المنهجيّ الكاثوليكيّ. وكان يُطلق على هذه المادّة حتّى القرن العشرين اسم علم الدفاعيّات عن الدين. يعكس تغيير التسمية أيضًا تحوّلاً طارئًا في مفهوم هذه المادّة الذاتي. يوحي تعبير علم الدفاعيّات عن الدين بأنّ الأمر يتعلّق أساسًا بتفنيد الاعتراضات على الإيمان المسيحيّ الكاثوليكيّ والردّ عليها. وكان من المفترض مع تعبير لاهوت الأصول القول إنّ مركز الصدارة يحتلّه التبرير الإيجابيّ للإيمان وتعليله، لا الدفاع عنه. لقد تعلّق الأمر من ناحية المضمون، وما زال، في علم الدفاعيّات عن الدين أو لاهوت الأصول، بأسس الإيمان. وبهذا المعنى يُفهم لاهوت الأصول علمًا أساسيًّا لاهوتيًّا يتوجّه إلى الداخل (المؤمنين) كما إلى الخارج (غير المؤمنين). يندرج ضمن ثوابت هذا العلم (1) وجود الله، (2) الوحي الإلهيّ في التاريخ، (3) الكنيسة مكانًا تمّ فيه الإعلان عن الوحي بشكل حقيقيّ واستحضاره. من وجهة نظر موضوعيّة صمدت هذه الفرضيّات الثلاث حتّى وقتنا الحاضر، أمّا من وجهة نظر منهجيّة فلقد شهدت المناظرة مع هذه المواضيع تحوّلات متعدّدة. بما أنّ علم الدفاعيّات / لاهوت الأصول المنتمي إلى الاسكولاستيكية الجديدة كان مطبوعًا بشكل كبير بالتومائية – الأرسطيّة، حصل انفتاح في القرن العشرين تجاه مختلف التيّارات الفلسفيّة الحديثة. يعطي لاهوت الأصول الانطباع بعدم التجانس بحكم نقاط الربط العلميّة الفلسفية المختلفة جدًّا نوعًا ما. ويبقى موضوع توضيح العلاقة بين الإيمان والعقل، كما كان في السابق، النقطة المركزيّة التي تنعكس في المواجهة مع نظريّات العقلانيّة المختلفة. تقليديًّا كان علم الدفاعيّات / لاهوت الأصول ذا توجّه يضع الحدود أمام العقائد والمذاهب والأديان الأخرى، غير أنّ موقفًا حواريًّا فرض نفسه في أثناء ذلك إلى حدّ بعيد. فبالترابط مع توجّهات المجمع الفاتيكانيّ الثاني (1962–1965) يقع التفكير اللاهوتيّ الأصوليّ، في أيّامنا، في صلب الحوار النقدي مع مختلف أشكال الإلحاد. وتعالَج إشكاليّة الوحي في سياق الحوار بين الأديان وسياق لاهوت الأديان، ومن جملة ما تتعلّق به المسألة هنا هو إلى أيّ مدى يظهر أيضًا سلوك الله الخلاصيّ المتجلّي في الأديان الأخرى. إنّ سياق تعاليم الكنيسة تشكّله الحركة المسكونيّة في داخل المسيحيّة، وهي – أي الحركة المسكونيّة – محاولة لتخطّي الانشقاقات الكنسيّة وإعادة الوحدة المنظورة إلى الكنيسة.

آرمين كراينر

مواضيع ذات صلة: **الدفاعيّات؛ الإلحاد؛ الحوار؛ المسكونة / الحركة المسكونيّة.**

لاهوت التاريخ (من وجهة نظر مسيحيّة)

يبحث لاهوت التاريخ (المسيحيّ) في مدى ارتباط العلاقة بين سلوك الله الخلاصيّ المشهود عليه في الوحي ومجرى الزمن في الفترة الممتدّة من خلق العالم وحتى الوقت الحاضر. في هذا الإطار يتوجّب الأخذ بعين الاعتبار أنّ تعيين سير الزمن على أنّه تاريخ ينبع سببُه بصورة جذريّة من التصوّر المسيحيّ للزمن. وكان يُقصد بمجرى الزمن في العصور الوثنيّة القديمة تكرار دوريّ »للعَوْد الأبديّ نفسه« (فريدريش نيتشه، 1844–1900). في مقابل ذلك تفهم المسيحيّة الزمنَ على أنّه تطوّر في شكل مستقيم للحظات فرديّة لا تتكرّر ذات نقطة بداية ونقطة نهاية مطلقتين. فقط في ظلّ مفهوم الزمن المستقيم المسيحيّ يكتسب مجرى الزمن فرديّته النسبيّة تلك، التي يُعرّف عنها بمصطلح التاريخ. لقد تمّ تحفيز هذا التقويم للزمن كنتيجة فريدةٍ للحظات تاريخيّة خاصّة من خلال التصوّر بأنّ سيرورة الزمن التاريخيّة في الكتاب المقدّس أضحت هي نفسها مكانًا مميّزًا للوحي الإلهيّ. وقد سبق أن شهد شعب إسرائيل العهدقديميّ إلهَه يهوه بشكل رئيسيّ مرافقًا وحاميًا ودليلاً له في طريقه التاريخيّ من العبوديّة القديمة في مصر إلى الحريّة المستقبليّة في أرض الميعاد. هكذا يصبح الزمن المحدّد بواسطة حضور الله معيشًا. إنّ هذا المفهوم التاريخيّ الخلاصيّ للزمن يبلغ ذروته لدى المسيحيّين في الإيمان بأنّ الله نفسه دخل في الزمن إنسانًا بيسوع المسيح عندما »جاء ملء الزمان« (غلاطية 4: 4). فنقطة آخر الزمان التاريخيّة الخلاصيّة تبتدئ مع التجسّد وتنتهي مع عودة المسيح المنتظرة في المستقبل. إلا أنّه في الوقت نفسه يبقى التباين قائمًا بشكل دائم بين الله والتاريخ من وجهة نظر مسيحيّة. ويعود السبب في ذلك، من جهة إلى أنّ الله كسيّد وخالقٍ للزمن يمكنه أن يتجلّى في التاريخ إلا أنّه يبقى دائمًا متساميًا ومتعاليًا فوقه؛ ومن جهة أخرى إلى أنّ التاريخ يتقاسم مع الخليقة عدم قابليّة التخمين وبالتالي تعرّضه للخطيئة أيضًا.

كذلك يمكن للتاريخ أن يؤدّي بناء على قرار خاطئ للإنسان إلى طريق الابتعاد عن الله. وعلى العكس من التاريخ الخلاصيّ فإنّ الأمر هنا يتعلّق بتاريخ بشريّ علمانيّ يستبعد الله في معناه. ولمّا كان التاريخ مهدّدًا على الدوام بالخطيئة بناء على نهائيّته، فإنّ تاريخ الخلاص يمكنه فقط أن يتحقّق بشكل كامل عندما يصل تاريخ البشريّة إلى نهايته المطلقة في المعنى الأخرويّ. ويحصل هذا الأمر يوم القيامة، ووفقًا لإيمان المسيحيّين فإنّه يتمّ في هذا اليوم تجاوز الزمن البشريّ كما تجاوز جميع العيوب النهائيّة وذلك بتدخّل من الله محرِّر. لقد آمن يسوع والمسيحيّون الأوائل بأنّ حلول آخر الزمان وشيك في عصرهم، أي يقع مباشرة فيه. ويبدو واضحًا للعيان أنّ هذه النبوءة بحلول آخر الزمان لم تتحقّق في المغزى الذي رمت إليه، ولكنّ الحاسم بالنسبة إلى المسيحيّة هو أنّ الخلاص لا يجب توقّعه تمامًا في الزمان بل في نهايته. لقد تقبّل المسيحيّون الزمنَ الواقع بين تجسّد يسوع

وعودته في زمن يوم القيامة الأخرويّ تاريخًا لتوقّع الخلاص بالأمل والصبر نسبيًا.

مارتن تورنر

مواضيع ذات صلة: **الآخرة؛ تاريخ الخلاص؛ التجسّد؛ يوم الدينونة.**

لاهوت التاريخ (من وجهة نظر إسلامية)

يتضمن لاهوت التاريخ مسار تاريخ الخليقة المرتبط بالحكمة الإلهية والتي تعتبر كعملية تجلٍ للرحمة الإلهية السرمدية. لقد تم تصنيف علاقة الله بالتاريخ وضمن التاريخ اللاهوتي على نحوين هما التاريخ السردي والتاريخ التحليلي. فبينما يقوم التاريخ السردي بترتيب الحوادث ترتيبًا زمنيًا، يبحث التمعن في التاريخ التحليلي في أنماط الحوادث التاريخية ومسبباتها. لقد اسْتُخدمت طريقة كتابة التاريخ التحليلية لأول مرة من قِبَلِ ابن خلدون (809/1406–732/1332) حيث ربط التاريخ بالحكمة الإلهية من أجل فهم الحوادث في الكون. فالمفهوم الناتج عن هذا التفسير التاريخي يُعْتَبَر مؤشرًا حاسمًا لمفهوم الكون، وبذلك يكون الله مع العوالم التي خلقها وكذلك مع الإنسان وتاريخه على ارتباط. ولأن صنائع الله مرتكزة على الحكمة، فمن الضروري أن يُفَسَّر مسار وهدف التاريخ بطريقة تفاؤلية. فإن علاقة الله بالتاريخ المفعم برحمة الله تتطلب منا أن نصوغ تاريخنا المستقبلي بطريقة ملؤها التفاؤل والأمل. وعلى العكس من ذلك فإن قبول نهاية العالم الرؤيوية - أو بمعنى آخر: تفسير التاريخ طِبقًا لمؤشرات الشر - تقودنا إلى أن نفكر بأن نهاية التاريخ على كل حالٍ ستكون ذات صراعات حتمية، وكما رأيناها في الموروث الرؤيوي، أو في الحديث النبوي تحت عنوان الفتن.

يعتمد لاهوت التاريخ على الوقائع التاريخية التي تشخص جوهر العالم، وبذلك يشير اللاهوت التاريخي إلى العملية التي تجري فيها وقائع العالم. كذلك لا يستعرض اللاهوت التاريخي علاقة الله بالكون ضمن سياق الجدال المتعلق بالسرمدية والخلود أو بخلق الكون، وإنما يحاول أن يوضح الله ضمن العلاقة بالوقائع التي تحدث في كون منظم. فمثل هذه العلاقة لا تأتي دون أفكار خلاصية. وهنا توجد مبادئ نظام أخلاقية تتعلق بتصرف الإنسان تجاه الله وتحدد مسار التاريخ. وبالتالي يأخذ الله من الأقوام والشعوب ميثاقًا. وطالما التزم الإنسان بشروط هذا الميثاق، فسيحصل على تأييد وعون من الله. لذلك لا يتعلق الأمر في تاريخ اللاهوت الإسلامي بشعب مختار، وإنما بمبادئ مختارة وبتاريخ جماعات منحتهم هذه المبادئ الحياة.

شعبان علي دوزگون

اللطف (من وجهة نظر إسلامية)
يُعْرَف اللطف بأنه ذلك الدعم الإلهي الذي يشد الله به أزر الخلق من خلال إيمانهم بالله، وبتأدية فرائضه واجتناب المعاصي بإرادة حرة. ولكن عون الله الذي يقدم الدعم والحافز للإنسان لا يشكل المسبِّب في القيام بالأفعال الأخلاقية. إن مصطلحات مثل الرحمة، والتوفيق، والنصرة تم ربطها في الكلام بالتكاليف التي فرضها الله. وعلى الرغم من أن الكلام متفق على أن الله هو الذي ينعم باللطف على الإنسان من خلال دعوته إلى الإيمان والطاعة، إلا أن هناك آراء مختلفة فيما يخص كيفية إظهار هذا اللطف للمؤمنين ولغير المؤمنين، وكذلك فيما يخص مدى امتداد القدرة الإلهية بهذا الخصوص، ناهيك عن وجوب اللطف على الله. فبينما أوجب المعتزلة على الله اللطف، يرى أغلبية أهل السُّنة بأن اللطف مسألة متعلقة بإرادة الله وحده.
إن اللطف الذي يناله الإنسان عندما يقوم بتنفيذ أمر ديني يوصف على أنها توفيق إلهي؛ وأما اللطف الذي ينعم به الإنسان عندما يقوم بترك معصية فإنه يسمى عصمة. فالإنسان يؤمن بأن الله يقف إلى جانبه عندما يريد أن يقوم بتنفيذ الفرائض التي أمره الله بها. وحتى إرسال الأنبياء من عند الله يُعْتَبَر لطفًا من عند الله.
تتجسد الرحمة طِبقًا لمفهوم المعتزلة من خلال هداية الله المؤمنين إلى الطريق المستقيم. يقسّم عبد الجبار أحد فقهاء المعتزلة و(المتوفى عام 415/1025) اللطف إلى ثلاثة أقسام: أما القسم الأول فإنه يضم التأثير الإلهي، أي المؤازرة الإلهية، وأما القسم الثاني فإنه يضم موقف وتأثير الأنبياء في إلهام الناس على فعل الخير وإقامة العدل، وأما القسم الثالث فإنه يضم الأعمال الصالحة التي يقوم بها الناس والتي ينبغي أن تساعد على بعث الإلهام في الآخرين وتدفعهم إلى العمل بشكل أخلاقي وعلى أكمل وجه.
يرى أبو حنيفة (المتوفى عام 150/767) بأن الله خلق الناس سلبًا من الكفر والإيمان، ثم خاطبهم وأمرهم ونهاهم، فكفر من كفر بفعله وإنكاره وجحوده الحق، بخذلان الله تعالى إياه، وآمن من آمن بفعله وإقراره وتصديقه، بتوفيق الله تعالى إياه ونصرته له. فالإنسان الذي يؤمن بالله ويثبت إيمانه من خلال عمله والتزامه، يحظى بتأييد من الله، وهذا ما يُسمى باللطف. وعلى العكس من ذلك يرى الأشاعرة اللطف على أنها صفة من صفات الله. فطِبقًا لمفهوم هذه المدرسة ينحصر التوفيق الإلهي واللطف في خلق الله الناس ومنحهم القوة التي تدفعهم إلى الطاعة.

رابعة چتين

مواضيع ذات صلة: **العون الإلهي.**

مؤسسات التربية والتعليم الدينية (من وجهة نظر إسلامية)
رأى الرسول محمد بصفته نبيًّا لهذه الأمة ضرورة ملحة في تعليم البالغين، حيث أعطى لمؤسسات التربية والتعليم الإسلامية الأولوية. فلم يكن المسجد النبوي في المدينة المنورة مؤسسة دينية فحسب، وإنما كان أول مؤسسة استخدمها النبي وأصحابه كمرفق من مرافق التعليم. لقد استُخْدِمَ الجزء الشمالي الشرقي من المسجد النبوي والذي كان يُعرف بالصُّفة كمكان للأغراض التربوية والتعليمية، وعُرِف تلامذة هذه المؤسسة باسم (أصحاب الصُّفة) الذين دخلوا التاريخ من أجل ذلك، وبذلك أصبحت الصُّفة مثالاً احتذت به الحواضر الإسلامية، وخاصة في القاهرة وبغداد، حيث اتخذت المساجد وظيفة المؤسسات التربوية والتعليمية. لم يبق التعليم مقتصرًا على العبادة، والتثقيف الديني، والخطب فحسب، وإنما أصبحت المساجد مراكز لتعليم الكثير من الفروع الدينية، فكان أولها علم الحديث والفقه. وكانت المحاضرات تُلقى من قِبَل علماء حائزين على الإجازة الرسمية. وعندما لم تعد المساجد تلبي المتطلبات التي تلبيها المؤسسات التعليمية، نشأت المدارس، حيث بدأ مع تأسيس المدرسة النظامية (عام 1067بعد الميلاد) في بغداد ترسيخ النظم المؤسسية لها والعمل على انتشارها. لم تأخذ هذه المدارس على عاتقها مهمة التعليم الأكاديمي الذي كانت تتولاه المساجد فحسب، وإنما أخذت أيضًا وبسبب قربها المكاني من المساجد مهمة التدريب وبشكل موحد. دُرِّسَت في هذه المدارس في أول الأمر إلى جانب العلوم الدينية أيضًا الفلسفة، والطب، والرياضيات، وعلم الفلك، إضافة إلى فقه اللغة والأدب.

منذ تولي محمد الثاني (المتوفى عام 1481 بعد الميلاد) مقاليد السلطة بدأت المدارس في الدولة العثمانية بالتخصص العلمي، حيث كانت الجهود الإصلاحية التي بُذلت في بداية القرن العشرين خير مثال على السعي في التخصص العلمي، فقد أُسِّست مدارس تهتم بالتربية والتعليم الديني التقليدي من جهة، ومدارس أُخرى تهتم بالوظائف الدينية من جهة أخرى. تُعد المكتبات، ومحلات بيع الكتب، وبيوت العلماء، ومدارس البلاط من المؤسسات التعليمية التي لعبت في تاريخ الإسلام دورًا مهمًا. أما فيما يخص تربية وتدريب الأطفال فقد جرى ترسيخ النظم المؤسسية لهذا الغرض عن طريق ما يُسَمَّى بالكُتّاب، فالكُتّاب كانت موجودة قبل الإسلام. لقد سعى النبي محمد وخُلفاؤه إلى الحفاظ على مؤسسة الكُتّاب كمرفق من مرافق التربية والتعليم. إن أول الكُتّاب الذين كانوا يعلمون الصغار كانوا يعيشون في المدينة المنورة، فكان من واجبهم تعليم الأطفال الحروف الأبجدية العربية، وكذلك تعليمهم القرآن قراءة وكتابة، إضافة إلى المسائل المبدئية للعقيدة الإسلامية. وكان للخليفة عمر (المتوفى عام 123/644) الفضل الكبير في تطوير ونشر وظيفة الكُتّاب الإسلامية، حيث أسهم إسهامًا فعالاً في ذلك.

كتب الجاحظ (المتوفى عام 255/869)، وابن سحنون (المتوفى عام 240/845)، والكبيسي (المتوفى عام 403/1014) أفرودات عن طرائق التدريب والتربية، وصنعوا بذلك أولى الأعمال التي وضعت الطريق لفكر التربية والتعليم الإسلامي.
احتلت مدارس الصغار والتي كانت تُعرف بـمكتب الصبيان محل الكُتّاب في نظام التربية والتعليم في عهد السلاجقة والعثمانيين. فكانت المدارس الابتدائية تقدم التعليم الأولي الخاص بالدين، وبعد ذلك يتبعها التعليم المدرسي المتقدم. لقد بدأت في الربع الأول من القرن التاسع عشر الميلادي حقبة تولت فيها الدولة أمور التعليم وأخذت على عاتقها التعليم الديني، حيث أخذت المدارس المذكورة بفقدان وظيفتها بشكل تدريجي كمدارس للتعليم العام وتحولت مع تأسيس الجمهورية التركية (عام 1923) إلى مدارس لتدريس القرآن والتعاليم الدينية الإسلامية. وبعد عام من تأسيس الجمهورية التركية، وبسبب إصدار قانون توحيد التعليم تم حل المدارس الدينية ودمج مؤسسات التربية والتعليم الدينية بنظام التعليم الحكومي، حيث أُعيد بناء نظام التعليم بشكل جوهري. ولتلبية متطلبات الشعب الدينية افتُتِحت مدارس لتدريب الأئمة والخطباء، وأُنشئت كليات الإلهيات في الجامعات.

جمال توسن

مواضيع ذات صلة: **الموعظة الدينية؛ كليات الإلهيات في الجامعات التركية.**

الماتُريدية (من وجهة نظر إسلامية)

الماتريدية هي مدرسة كلامية تُنسب إلى إمامها ومؤسسها أبي المنصور الماتريدي المتوفى سنة 333/944. ولقد درس في مدينة سمرقند في دار الجوزجاني الذي يُعد مركزًا للعلم والتثقيف، تُدرس فيها خاصةً الأسس الفلسفية والكلامية للمسائل العقائدية والفقهية المستمدة من تعاليم أبي حنيفة المتوفى سنة 150/767، ثم أصبح فيها الماتريدي مدرسًا كفقيه، له دراية كبيرة بتعاليم أبي حنيفة التي كانت تشهد انتشارًا كبيرًا بكل المناطق في ذلك الوقت. أما فيما يتعلق بالقضايا العقائدية فكان متأثرًا بالفرقة الكلامية المرجئة. وبعمله المستمر في تطوير فقه أبي حنيفة استطاع أن يؤسس مدرسةً كلاميةً جديدةً. ووفقًا لرأي الماتريدي تعتبر مصادر العلم العقل والإدراك الحسي والخبر. فهو يفسر الخبر بأنه الوحي الذي يُعد مصدر العِلم، كما أدخل في صفات الله اسم التكوين، فهو يرى أن هناك فرق بين حادث التكوين والمكوَّن، فالله خلق كل شيء بحكمته، فهو يأمر بما هو حسن ويحرم ما هو قبيح، ولا يحمل نفسًا إلا وسعها.
إن إيمان الإنسان يظهر في توجهه إلى خالقه تعالى بالإخلاص، ويجب على هذا الإيمان أن يكون مستندًا إلى أدلة عقلية موثوق بها وأن يكون بمحض إرادة الإنسان، كما أن الإيمان والعمل هما أمران مختلفان: الإيمان هو شرط كمال

العمل، بيد أن العمل لا يعد شرطًا للإيمان. كما أن جميع الأنبياء الذين أرسلهم الله للناس بلغوا نفس ركائز العقيدة والمبادئ الأخلاقية والتكليف الذي يأمر بعبادة الله وهذا ما يعد حسب رأي الماتريدي أصل الدين. أما شكل وأداء العبادات فيمثل الشريعة. فالدين في حد ذاته لا يتغير ولكن الشريعة تختلف باختلاف النبي. والسلطة الدينية تكون في أيدي الأنبياء، بينما السلطة السياسية هي بيد الحاكم الدنيوي، وبالتالي يشكل الدين والسياسة دائرتين مختلفتين. يؤكد الماتريدي في تعاليمه أهمية استعمال العقل في دائرة الدين، كما أنه يمكن، على حد قوله، بمساعدة العقل، معرفة الحقائق الأخلاقية الجوهرية ووجود الله ولزوم شكره.

احتل الماتريدي بفضل مؤلفاته حول تاريخ الفكر الإسلامي مكانة مرموقة. ومن المعلوم أن الماتريدية بقيت منذ تأسيسها متصلةً اتصالاً وثيقًا بالمذهب الحنفي ولهذا السبب يطلق أتباع الماتريدي على أنفسهم غالبًا لقب الأحناف، وبهذا طورت الماتريدية الحنفية معتقدًا يُعرّف المجتمع التركي نفسه به.

ساهمت مؤلفات الماتريدي في تأسيس الفرقة الماتريدية واستمرار تطور أفكارها، لذلك كان هناك الكثير من العلماء الذين يتبعون هذه المدرسة، ومنهم أبو المعين النسفي المتوفى سنة 508/1114 الذي فهم أفكار الماتريدي الدينية وشرحها. أما عمر النسفي المتوفى سنة 547/1142 فقام بتلخيص الأفكار الماتريدية وعمل على نشرها، وقدم من خلالها أصولاً عقائديةً. شهد الكلام الماتريدي إنتشارًا واسعًا في عصر القاراخانيين والسلاجقة، حيث تم إقحام المدرسة الماتريدية في عصر السلاجقة والدولة العثمانية في العقيدة كهوية مذهبية تركية. لكنها من المنظور الفقهي الإسلامي تُعد من الأحناف. وفي يومنا هذا ما زالت هذه المدرسة الفقهية موجودة في أوزبكستان وتركمانستان وكازاخستان وقيرغيزستان وطاجيكستان وتركستان وأفغانستان والهند وباكستان وماليزيا واندونيسيا وبلاد القوقاز وروسيا وتركيا وبعض البلدان الأخرى.

سونمز قوتلو

المالكية (من وجهة نظر إسلامية)

تمثل المالكية مذهبًا من المذاهب الكبيرة الأربعة أهل السُنة وأصلها يعود إلى صحابة محمد. يُسمى هذا المذهب بالمالكية نسبةً إلى مالك بن أنس المتوفى سنة 179/795 الذي يُعدّ منظم هذه المدرسة الفقهية، أما أتباع هذا المذهب فيدعون بالمالكية.

ألّف مالك بن أنس كتابًا يسمى »الموطأ«، يشمل مجموعة من الروايات وآراءه الشخصية الموضحة لمسائل فقهية، ثم قام تلاميذه بترتيبها. وبالإضافة إلى ذلك تكفلوا بنشر ونقل كل العلوم الغائبة في كتاب الموطأ إلى الأجيال اللاحقة، وقد

استغرقت فترة تكوين المدرسة المالكية قرنين من الزمان، بعد وفاة مالك بن أنس. تطور هذا المذهب ما بين القرن العاشر بعد الميلاد والثالث عشر بعد الميلاد، وفي نهاية القرن الرابع عشر، أتم ذروة كماله وأخذ شكلاً مؤسسيًا.
انتشر المذهب المالكي، خاصةً في الجزيرة العربية ومصر وإفرقيا الشمالية والغربية والوسطى، وكذلك بلاد الأندلس. يُعتبر القرآن عند المالكية المصدر الأول للتشريع، ثم تأتي السُنة التي تُقسم إلى صنفين: الصنف الأول هي الأحاديث المتواترة أي التي رواها جمع من الرواة وعدد كثير منهم بدون تغيير، أما الصنف الآخر فهو يتمثل في الأحاديث الآحاد التي يقل عدد رواتها.
يُعد صنف الأحاديث المذكور أولاً المصدر الأول لاستنباط الأحكام، وذلك لأن هذه الأحاديث لا يمكن أو يستبعد أن تكون قد حُرّفت. أما الصنف الثاني فلا يؤخذ به كمصدر للتشريع، إلا في حالة أنه يتوافق مع عادات أهل المدينة وتم إثباته بواسطة القياس. كما أن الفقه المالكي شبيه بالفقه الحنفي، فكلاهما يعتبران القياس من المصادر الأساسية للتشريع، ولكن يلاحظ أن اجماع علماء المدينة يلعب دورًا مميزًا عند المالكية، وسبب نيل عادات وأعراف أهل المدينة مكانةً أكبر من الروايات الجارية المتفرقة هو أن المدينة تُعد المنطقة التي عاش فيها محمد وأصحابه، لذلك بدأ توريث عاداتها من جيل إلى جيل منذ فترة حياة محمد، ما صنفها علماء المالكية بالسُنة الحية التي يؤخذ بها للمقارنة عند تفسير المصادر الأولى للتشريع. وما يستخلص من إقرار المالكية بعرف المدينة كشرع هو أن السُنة لا تعد تأملات نظرية في مجموعة من الروايات فحسب، بل هي ممارسات تطبيقية.
اتخذ مذهب مالك العمل بالرأي في المسائل الفقهية التي لم يرد ببيان حكمها دليل صريح في القرآن والسنة، وهنا اعتمد على القول بأقوى الدليلين وهو ما يسمى الإستحسان ومراعاة المصلحة العامة، المعروفة بالمصالح المرسلة. كما حرم المذهب المالكي أعمال تجوز لدفع ما لا يجوز. ولقد كان سد الذرائع لدفع الضرر اعتمد عليها المذهب المالكي أكثر من المذاهب الأخرى. ومقارنة بالمذاهب الأخرى تُعتبر المالكية من رواد الأخذ بالرأي في التشريع. بالإضافة إلى ذلك كان فصلهم للدين عن الشرع محدودًا.

طالب تورجان

مواضيع ذات صلة: **الحديث؛ العلوم الشرعية؛ المذاهب الفقهية.**

المثليّة الجنسيّة (من وجهة نظر مسيحيّة)
المثليّة الجنسيّة هي توجّه جنسيّ يتمّ فيه الشعور بالحبّ والشهوة الجنسيّة حصرًا أو غالبًا تجاه أشخاص من الجنس نفسه. وانطلاقًا من أنّ الشراكة بين الرجل والمرأة الهادفة إلى التناسل وتقديم العون المتبادل وحدها تتوافق وخطّة الخلق الإلهيّ (سفر

التكوين 1: 28؛ 2: 18–24)، فقد تمّ تقيم المثليّة الجنسيّة في الكتاب المقدّس والتقليد المسيحيّ بشكل دائم تقييمًا سلبيًا ولو بتبريرات متباينة. ففي حين أنّ الممارسات المثليّة الجنسيّة حُكم عليها في العهد القديم بأنّها متنافرة مع عبادة يهوه واعتبرها بولس نتيجة، بلَه دلالة بالفعل على عالم حاد عن الله يمارس الفحشاء مع بعضه البعض (رومية 1: 26 وما يليها)، فقد صُنّفت على أنّها مخالفة للطبيعة في العصور المسيحيّة القديمة وفي القرون الوسطى، وتمّ شجبها والتنديد بها. وما زال موضوع التمييز السائد في أيّامنا بين السلوك المثليّ جنسيًّا والميل المثليّ جنسيًا غريبًا على التقويم اللاهوتيّ. في أثناء ذلك كشفت بحوث العلوم الإنسانيّة كشفًا واضحًا أنّ السلوك المثليّ جنسيًّا قائم في المبدأ على ميل لا يشكّل نتيجة تطوّر نفسيّ مرضيّ للهويّة الجنسيّة، وإنّما هو يمثّل إلى جانب المغايرة الجنسيّة استعدادًا رئيسًا للحياة الجنسيّة خاصًّا ومترسّخًا انثروبولوجيًّا. فذلك بالتالي يعني أنّ الفرد لا يختار التوجّه المثليّ جنسيًّا بحريّة، ولا يمكن أن يغيّره، وإنما فقط يجب أن يتعامل معه بطريقة أخلاقيّة مسؤولة. وتعدّ كيفيّة هذا التعامل المسؤول موضوعًا للنقاشات اللاهوتيّة – الأخلاقيّة المعاصرة، فدائرة التدريس في الكنيسة الكاثوليكيّة وكذلك أقسام من الكنيسة البروتستنتيّة تنادي بسلوك طريق التعفّف، وتؤكّد على أنّ ميول الشخص المثليّ جنسيًّا في حدّ ذاتها ليست خطيئة، وإنّما السلوك المثليّ جنسيًّا الصادر عنها هو الخطيئة كونه ينقصه التوجّه لإنجاب حياة جديدة. وعلى النقيض من ذلك تتزايد أعداد اللاهوتيّين المؤيّدين لإدماج التوجّه المثليّ جنسيًّا والممارسة المثليّة في علاقة شراكة زوجيّة متماثلة الجنسين دائمة، وذلك بالنظر إلى تعدديّة معنى الحياة الجنسيّة الإنسانيّة.

تمثّل المثليّة الجنسيّة أمام المغايرة الجنسيّة في الواقع تقييدًا لتطوّر الوجود الإنسانيّ من جهة، باعتبار أنّ عمليّة الإغناء من خلال الجنس الآخر كإنجاب حياة جديدة قد زالت. إلا أنّه من جهة أخرى يمكن للمثليّين جنسيًّا أن يحقّقوا في حياة مشتركة قائمة على التماثل الجنسيّ خبراتٍ في ما يتعلّق بالشعور بالأمان وبالقبول وبالتشجيع والتي هي بلا ريب ذات أهميّة لتطوّرهم الشخصيّ. ولهذا الغرض ليس التوجّه الجنسيّ هو الحاسم، بل مقياس الحبّ المتبادل والاستعداد لتحمّل المسؤوليّة.

هانس غونتر غروبر

مواضيع ذات صلة: **الحياة الجنسيّة.**

المثلية الجنسية (من وجهة نظر إسلامية)

المثلية الجنسية هي انجذاب شخص ما إلى أشخاص يماثلونه في نوع جنسه. وهذا الإنجذاب الجنسي إما أن يكون وجدانيًا، وإما أن يكون جسديًا. لقد اعْتُبِرت المثلية الجنسية غالبًا في مجتمعات ما قبل الحداثة على أنها شذوذ جنسي، حيث أصبح هذا

الإجحاف العام ملحوظًا في المجتمعات طِبقًا لأهمية الدين في الحياة العامة. أما في المجتمعات الحديثة فلقد أحدث دور الدين المتغير في إنشاء الحياة الإجتماعية والشخصية أيضًا بعض التغييرات الحتمية في وجهات النظر السلبية والخاصة بالمثلية الجنسية. فالمثلية الجنسية في العصر الحديث تُعْتَبَر عند البعض على أنها مرض جسدي، أو نفسي يجب معالجته، وعند البعض الآخر على أنها قرار جنسي تم اتخاذه عن وعي وإدراك. وهناك رأي آخر يعتبر المثلية الجنسية على أنها حق أساسي بعيدًا عن الأمور الطبية أو النفسية. فهذا التوجه أصبح اليوم أقوى، حتى أنه أجاز المثلية الجنسية في بعض الأنظمة القانونية. يرتبط الجنس طِبقًا للمفهوم الإسلامي العام بالخَلق. فلقد ورد في القرآن أن الله خلق الناس من نفس واحدة وخلق منها زوجها ونشر منهما رجالاً كثيرًا ونساءً (سورة النساء 4 الآية 1). فالحياة الجنسية طِبقًا لنظام الخلق هي عملية تُمارَس بين رجل وامرأة، وذلك لأن الغرض الذي يكمن وراء خلق الرجل كرجل، أو خلق المرأة كامرأة هو التجاذب الجنسي المشترك بين كِلا الجنسين وما يرتبط به من عملية التكاثر البشري. فالأخلاق الجنسية في الإسلام مُصَمَّمة طِبقًا لمفهوم الخَلق هذا. وكل ما هو طبيعي في الحياة الجنسية يُكَوِّن القاعدة القانونية لقبول كل ما هو أخلاقي. فالحياة الجنسية الطبيعية تقتصر وطِبقًا لهذا المفهوم القانوني على الزواج. وعلى العكس من ذلك فإن المثلية الجنسية تُعَدّ حسب المفهوم الإسلامي صيغة من صيغ الحياة الجنسية المرفوضة. فهي تُعْتَبَر شذوذًا جنسيًا وانحرافًا عن الحياة الجنسية الطبيعية والأخلاقية الصحيحة. وهكذا ورد في القرآن على سبيل المثال قوم لوط الذين كانوا يمارسون المثلية الجنسية، حيث كان الرجال يأتون الرجال شهوةً من دون النساء. وبسبب هذا التصرف يطرح القرآن سؤالاً مفاده: ﴿أَتَأْتُونَ ٱلذُّكْرَانَ مِنَ ٱلْعَٰلَمِينَ وَتَذَرُونَ مَا خَلَقَ لَكُم رَبُّكُم مِّن أَزوَٰجِكُمبَل أَنتُم قَومٌ عَادُونَ﴾ (سورة الشعراء 26 الآية 165-166). وبذلك وُضِعت علاقة بين الفطرة الطبيعية والأخلاقيات الجنسية. لقد ورد في القرآن أن المثلية الجنسية كانت واحدة من أسباب إنزال العقاب بقوم لوط (سورة هود 11 الآية 74–83؛ سورة الشعراء 26 الآية 168–175). وبما أن الحياة الجنسية طِبقًا للمفهوم الإسلامي لا تستند إلى قرار، وإنما إلى حقيقة طبيعية، لذلك يُعْتَقَد أن الميول الجنسية المثلية تعود أسبابها إلى شذوذ حيوي، عضوي، أو نفسي. إن اتخاذ القرار الناتج عن وعي وإدراك في إقامة علاقة جنسية مثلية يُعْتَبَر من الذنوب. ولكن هذا لا يعني أن المجتمعات المسلمة تمتلك من خلال ذلك الحق في تهميش المثليين أو اضطهادهم.

طالب تورجان

مواضيع ذات صلة: **الزواج؛ الفطرة الدينية؛ الحياة الجنسية الطبيعية؛ الخطيئة؛ التسامح.**

المجتمع (من وجهة نظر مسيحيّة)
يوجد تعريفان مختلفان جوهريًّا للمجتمع. (1) يحدّد التعريف الأوّل المجتمع على أنّه مجموع من الأشخاص ذو ميّزات محدّدة يعيش أو يتعامل مع بعضه البعض. (2) أمّا التعريف الثاني فيحدّد المجتمع بأنّه الظاهرة الاجتماعيّة الحقيقيّة للتواصل (وفقًا لنيكلاس لومان (1927–1989) في نظريّة المنظومات القائمة على علم الاجتماع خاصّته). وفي الاستعمال اللغويّ الألمانيّ يتمّ التمييز غالبًا مع فرديناند تونيس (1855–1936) بين المجتمع كاتحاد عقلانيّ هادف والجماعة كعُصبة متكاتفة من خلال قيم وقناعات مشتركة.
كان مصطلح المجتمع المدنيّ إبّان القرن التاسع عشر يصبّ في مصلحة الطبقة الوسطى الناشئة كتعبير مضادّ للولايات الأميريّة الاستبداديّة واتخذ في سياق ذلك معنى أساسيًّا في ما يتعلّق بالفلسفة السياسيّة لليبراليّة. وتمّت مواصلة هذا التصوّر في المفاهيم الراهنة للمجتمع المدنيّ أو لمجتمع المواطنين الفاعل. ويبقى الهدف، كما كان قبلاً، تحرير التشكّل الاجتماعيّ من سلطة الدولة. كما أنّه يجري التأكيد غالبًا على إمكانيّة الإسهامات المدنيّة وضرورتها في مقابل هيمنة العامل الاقتصاديّ في مجتمع السوق العالميّ. إنّ فرص التأثير السياسيّة الاجتماعيّة للكنيسة يتمّ تركيزها اليوم بشكل متنامٍ في المجتمع المدنيّ. فالمجتمع الحديث محدّد بتوزيع العمل والتباين الوظيفيّ، الأمر الذي يتيح تحقّق درجة عالية من الفعاليّة والحرّية من جهة عدم استناد الترابط، أي التعاون، على قيم مشتركة يجب المساومة عليها والمطالبة بها ومراقبتها جماعيًّا، بل الاستناد على قواعد قابلة للصياغة في ما يتعلّق بإدارة الصراعات والتسوية بين المصالح. وهنا لا تعود القناعات الإثنيّة والسياسيّة بالضرورة أساسًا للتعايش المشترك. إلا أنّه لا يجوز على الإطلاق أيضًا إغفال عامل الجماعة في المجتمعات الحديثة المفتوحة من الناحية التعدّديّة: فهي تعتمد على تشكّل للترابط فيها يذهب إلى مدى أبعد من الحسابات العقلانيّة الهادفة. علاوة على ذلك يمكن للجماعات الدينيّة أن تسهم إسهامًا مهمًّا إذ تولّد خبرات كاشفة لمعانٍ عميقة وهويّات تحفّز البشر على التفاعل من أجل الآخرين والجماعة ومن ثمّ يصير البشر شرطًا تحيا الديمقراطيّة بهم من دون أن تتمّ ضمانة هذه الأخيرة ووسائطها. فوفقًا لمفهوم الأخلاق الاجتماعيّة المسيحيّة يجب على الدولة أن تتجنّب إثقال نفسها بمتطلّبات عقليّة وأن تبقى في هذا الجانب علمانيّة حرّة. إلا أنّ المهمّة تقع على عاتق الدولة في حماية حيّز التطلّع الشخصيّ والاجتماعيّ إلى حياة ناجحة وتشجيعه.

مارتن فوغت

مواضيع ذات صلة: **الديمقراطية؛ الشمامسة؛ علم اجتماع الدين؛ النظام الإجتماعي؛ الثيوقراطيّة.**

المجتمع (من وجهة نظر إسلامية)

المجتمع هو عبارة عن جماعة كبيرة نسبيًا من الناس الذين يعيشون سويةً في ربوع منطقة محددة ويساهمون في تحقيق احتياجاتهم الأساسية، وفي تقسيم العمل فيما بينهم وتربطهم ثقافة مشتركة. إن مثل هذه الجماعة التي تُفهم على أنها كيان ابداعي معقد، تمتلك آليات التكاثر الحيوية والثقافية. وعلى العكس من ذلك فإن المجتمع في الإسلام يستند على قيم الجماعة المرتبطة بالإيمان والمُثْل المشتركة، وهو بهذا يتجاوز حدود الجذور اللغوية والعرقية المشتركة. يمثل القرآن نظرة واقعية لموضوع المجتمع ويضع مبادئ أساسية للحياة الاجتماعية كالعلم، والقانون، والعدالة. فهناك الكثير من الآيات القرآنية التي ترد فيها بعد الحث على الإيمان بالله مباشرة الدعوة إلى الاستقامة وفعل الأعمال الصالحة (سورة البقرة 2 الآية 62؛ سورة مريم 19 الآية 96؛ سورة العصر 103 الآية 1–3)، أي قبول الفرائض والمسؤولية الاجتماعية. يُذَكِّر الأفراد الذين يعيشون سوية دائمًا بمسؤوليتهم تجاه الآخرين (سورة الإسراء 17 الآية 34؛ سورة الحج 22 الآية 10؛ سورة الزمر 39 الآية 7؛ سورة الزلزلة 99 الآية 7–8). فالهدف الذي يكمن وراء ذلك هو تشجيع العلاقات ضمن إطار العائلة الواحدة ومع الأقارب والجيران، وكذلك مع الناس الآخرين داخل المجتمع الواحد على اختلاف طبقاته.

لقد تم ذكر أولئك الذين يساعدون المحتاجين ويهزمون البخل والأنانية ويؤثرون على أنفسهم ولو كان بهم حاجة وفاقة إلى ما يؤثرون (سورة الحشر 59 الآية 9). أما أولئك الذين يعاملون اليتامى معاملة سيئة ولا يراعون المحتاجين والمساكين فقد انتُقِدوا أشد الانتقاد بسبب تصرفهم هذا (سورة الماعون 107 الآية 1–7).

يُطالَبُ الفرد بترسيخ القيم كالرحمة، والعدالة، والتعاون المشترك، والتضامن في نفسه أولاً ثم يعمل جاهدًا على نشر هذه القيم في المجتمع (سورة البلد 90 الآية 11–17). وكذلك العبادات كالصلاة، والصيام، وإخراج فريضة الزكاة تساهم أيضًا في إيجاد مجتمع ينعم بحياة سعيدة ملؤها السلام والأمان. فبُعَيْدَ الهجرة آخى النبي محمد بين المسلمين المهاجرين من مكة وبين المسلمين الأنصارمن أهل المدينة، وأبرم مع ممثلي الأديان الأخرى عقدًا (وثيقة المدينة). يعرض مجتمع المدينة المثال الأول في بذل الجهود من أجل حياة جماعية مسالمة تضم مختلف الجماعات داخل الحضارة الإسلامية.

إحسان چاپجي أوغلو

مواضيع ذات صلة: **وثيقة المدينة؛ حوار الأديان؛ الفرد؛ الأقليات الدينية.**

المَجْمَع الفاتيكاني الثاني (من وجهة نظر مسيحية)
المجمع الفاتيكاني الثاني، الذي دعا إليه البابا يوحنا الثالث والعشرين عام 1962 وانتهى في عهد البابا بولس السادس عام 1965، هو أحد أهم الأحداث في تاريخ الكنيسة واللاهوت في المسيحية (الكاثوليكية). وكانت تسود، قبل المجمع، سنوات عديدة من الركود ابتعدت خلالها الكنيسة واللاهوت بشكل مضطرد، سواء عن واقع حياة الناس المعاش في زمنهم، أو عن أساسيات الإيمان المسيحي. وكان لا بد من أن تشمل الحاجة إلى تجديدٍ في كافة مناحي الحياة الكنسية دوائر أخرى كثيرة من المؤمنين وقادة الكنيسة. ورغم وجود مقاومة (التي لا تزال حتى يومنا هذا مستمرة في بعض الدوائر) أمكن إصلاح المسيحية الكاثوليكية بطريقة تجلّت على الأقل في بعض القضايا المحورية (كحرية الاعتقاد مثلاً) وكذلك في القطيعة مع تقليد التعليم السابق. ومن خلال قراراته ربط المجمع العودة إلى المصادر الأصلية للإيمان المسيحي (أسفار الكتاب المقدس وآباء الكنيسة) بالانفتاح على الاتجاهات الفكرية للحاضر وقضاياه (علامات الزمان). وكان من شأن ذلك أنه أتاح المجال للقدرة المستقبلية للمسيحية. وقد نُشرت أهم نتائج المشاورات في سلسلة من دساتير المجمع. ففي دستور Dei Verbum (دستور عقائدي في الوحي الإلهي) تمّت مراجعة فهم الوحي. فقد حل نموذج وحي تواصلي محل وحي إرشادي: اللـه في الوحي لا يوصل رسائل معينة، وإنما يوصل في المقام الأول ذاته شخصيًا بشكل حواري. وفي دستور الكنيسة العقائدي »نور الأمم« (Lumen gentium) لم تعد الكنيسة متمثلة في الدرجة الأولى بهيكلية مناصب منظّمة هرميًا، بل يُنظر إليها من خلال طبيعتها كشركة لشعب اللـه المتغرب في الأرض كعلامة وأداة للخلاص الذي منحته محبة اللـه. كما ينبغي تعزيز روح الزمالة بين الأساقفة، وبالتالي الحد من سيادة البابا. لاهوتيًا (وإن لم يكن وفقًا لقانون الكنيسة العملي) تم فيما يتعلق بفكرة الكهنوت العام لجميع المؤمنين إلغاء الفصل بين رجال الدين والعلمانيين. وكان أحد الأهداف إشراك جميع المؤمنين في الحياة الكنسية من خلال إصلاح ليتورجي، تم فيه استبدال لغة الكنيسة اللاتينية المستخدمة حتى ذلك الحين باللغة المحكية في كل بلد. كما بحث المجمع في العلاقة الإيجابية مع الطوائف المسيحية الأخرى (الحركة المسكونية)، ومع الأديان غير المسيحية (مرسوم Nostra aetate، أي »في عصرنا«)، وحتى مع غير المؤمنين (الملحدين). وكان ذلك ممكنًا فقط لأن الكنيسة الكاثوليكية في دستور »كرامة شخص الإنسان« (Dignitatis humanae personae) اعترفت بالحق الأساسي لكل إنسان في حرية الاعتقاد. ومع ذلك تجدر الإشارة إلى أن إصلاحًا للأخلاق الكاثوليكية المتعلقة بالجنس والزواج والبتولية (وصية العفة الجنسية لدى الكهنة) لم تتم

مناقشتها وفقًا لتعليمات بابوية. ورغم أن أفكار المجمع تسببت بنهضة جديدة غير متوقعة في الحياة الكنسية، لم يتم تنفيذ نتائجه اللاهوتية بشكل كامل لفترة طويلة.

مارتن تورنر

مواضيع ذات صلة: **الحوار بين الأديان؛ حرية الاعتقاد.**

المحبة (من وجهة نظر مسيحية)

المحبة هي جوهر صورة اللـه في المسيحية: »اللـهَ مَحَبَّة« (رسالة يوحنا الأولى 4: 8). والمقصود هو حدوث تواصل ذاتي مجرَّب عاطفيًا يفوز المرء خلاله فقط عندما يُسلم نفسه كليًا دون أسباب أو مقابل. نفهم اللـه كتجسيد مطلق للمحبة في الفكر اللاهوتي للثالوث على الشكل التالي: الآب ينبثق منه الابن المولود إلهيًا ويتحد معه برباط الروح القدس. وفي الفكر الثالوثي يتم تحديد المحبة كسبب للوجود الأقنومي. فالعناصر المكونة للحياة الإلهية تصبح أقانيم فقط من خلال العلاقة التواصلية فيما بينها. وتظهر اللامحدودية كخاصية للمحبة الإلهية المطلقة من خلال أن هذه المحبة لا تبقى منغلقة داخل السلوك الحياتي الإلهي المتسامي، وإنما تتكشف من خلال خلق العالم وتجسد اللـه بشكل حر وبدون التزام في العالم المحدود. إن موت يسوع على الصليب هو التطبيق الأسمى لبذل المحبة الإلهية لذاتها. وهنا تثبت محبة اللـه وجودها في أقصى درجات ترك اللـه للخليقة، ولا تترك الإنسان حتى في أشد حالات الألم. ولأن ألم الإنسان هو بحسب المفهوم المسيحي إحدى نتائج الخطيئة التي أدخلت الموت أيضًا إلى العالم (انظر: رسالة بولس الرسول إلى رومية 5: 12)، يُنظر إلى الألم والموت كحالتين من حالات البعد عن اللـه. ويتضح من موت يسوع على الصليب أن اللـه لا يزال قريبًا من الإنسان وخاصة في تجارب البعد عن اللـه كهذه. إذاً، من خلال المحبة يتم الخلاص.

ووفقًا لتعاليم يسوع الأخلاقية أصبحت المحبة الإلهية غير المشروطة المبدأ الأسمى في حياة الإنسان وتصرفاته. وتكمن هذه الوصية العظمى في أن الإنسان لا تقوده المحبة غير المشروطة تجاه اللـه فقط، وإنما في علاقته مع نفسه ومع أخيه الإنسان أيضًا (الإنجيل بحسب متى 22: 37–40). وتشمل هذه العلاقة بشكل رئيسي المقدرة على غفران الخطايا وكذلك الإحجام عن إنزال العقوبات. فمن خلال الغفران الرحيم تصبح المحبة الإلهية والبشرية حقيقة واقعة. وتكتمل كينونة الإنسان عمليًا من خلال قبوله للمحبة (سواء كانت إلهية أو بشرية) دون قيد أو شرط.

مارتن تورنر

مواضيع ذات صلة: **اللـه؛ الخلاص؛ الصليب؛ محبة القريب؛ الأقنوم.**

محبة الآخرين (من وجهة نظر إسلامية)

إن محبة الآخرين هي القدرة الجوهرية للإنسان التي تدفعه للبذل في سبيل سعادتهم وتقديم عملٍ يتوافق مع هذه المحبة. وبدون شك أودع الله الذي يريد أن يحِب ويحَب في الانسان قدرة على الحب تمكنه من حب جميع الخلق وفي المقام الأول محبة البشر وذلك لأنه المخلوق الأقرب إليه من كل شيء. كما يعتبر الإنسان ليس خلق الله المحِب فحسب، بل إن وجوده ناتج أيضًا عن علاقة حب أي أن حياته ناتجة عن تعايش مشترك بين رجل وإمرأة، جعل الله فيهما المحبة. وهذا ما أشارت إليه الآية 21 من سورة الروم 30. كما أن الكون كله خلق الله وكل شيء متصل بالله من حيث الوجود، وإذا تأمل الإنسان في هذا كله شعر بأن تركيبته متشابهة مع كل الخلق وخاصة مع بني جنسه.

حظيت المحبة في الفكر الإسلامي بمكانة متميزة. يرى القرآن الذي أكد أن غاية وجود الخلق العمل الصالح (سورة الملك 67 الآية رقم 2) أن المحبة يتواجد فيها هذا الشعور الحافز لهذه الأعمال: ﴿إن الذين آمنوا وعملوا الصالحات سيُظهِر لهم الرحمان ودًّا﴾ (سورة مريم 19 الآية رقم 96)، كما يُعتبر العمل الصالح في نفس الوقت دليلاً على حب الآخرين وهي أيضًا من تأثيرات المحبة الطبيعية أي التي جُبِل عليها الإنسان بطبعه. تُبرز بعض الآيات القرآنية أن من يكون عمله غير صالح يُبعَد عن محبة الله، كالآية رقم 140 من سورة آل عمران 3 والآية رقم 40 من سورة الشورى 42 التي تؤكدان أن الله لا يحب الظالمين، أما الآية رقم 77 من سورة القصص 28 والآية رقم 64 من سورة المائدة 5 فتثبتان أن الله لا يحب المفسدين. وجزاء هؤلاء هو بقاء قلوبهم فارغة من المحبة وعليهم أيضًا تحمل نتائج أعمالهم، وذلك لأن الأعمال الشريرة يمكن أن تخلق في الإنسان القسوة والصراعات والنزاعات والكراهية. ومن أجل ذلك يبين الله أن هؤلاء الناس متعرضون لخطر الابتعاد عن رحمته التي وسعت كل شيء.

يؤكد محمد أن المحبة هي من القيم الإنسانية الأساسية وذلك في قوله الموجّه لأصحابه الذي رواه الترمذي: »ولا تؤمنوا حتى تحابوا«. والواضح في هذا الحديث أن محمدًا قيّد دخول الإنسان في الدين الاسلامي بحب الآخرين من بني البشر. فإذا أَحَبَّ الإنسان شخصًا نمت فيه محبة للناس كافة ولنفسه أيضًا، فالحب إذن يمنح طاقة تزيل جميع العوائق المسببة التفرقة بين الناس.

طور محمد بعد هجرته للمدينة خطة قوامها مبدأ المحبة التي تهدف إلى المؤاخاة بين المهاجرين والأنصار أي سكان المدينة. وتم على إثرها بناء قيم أساسية مشتركة لصالح أفراد جماعتين غريبتين عن بعضهما البعض. وهذا ما حفزهم على تقسيم الثروات بينهم دون تردد، كما جاء في الآية رقم 9 من سورة الحشر

59. القرآن إذن يُعظّم محبة الآخرين ومن المعلوم أيضًا أن العمل الصالح أهم مبدأ في الإسلام بجانب الايمان بالله ومحبة الناس تجمع بينهما.

معلى سلچوك

مواضيع ذات صلة: **الرحمة؛ المسيحية؛ المحبة؛ الفطرة.**

محبة القريب (من وجهة نظر مسيحية)

إن أبرز ما يحدد الأخلاق المسيحية هي وصية محبة القريب: »وَصِيَّةً جَدِيدَةً أَنَا أُعْطِيكُمْ: أَنْ تُحِبُّوا بَعْضُكُمْ بَعْضًا. كَمَا أَحْبَبْتُكُمْ أَنَا تُحِبُّونَ أَنْتُمْ أَيْضًا بَعْضُكُمْ بَعْضًا« (الإنجيل بحسب يوحنا 13: 34). كانت هذه رسالة يسوع الرئيسية لتلاميذه. والسمة المميزة لهذا الطلب تكمن في تفسيره وليس في مضمونه. فالعهد القديم أيضًا يذكر وصية محبة القريب (سفر اللاويين 19: 18). إلا أن محبة القريب بالنسبة ليسوع ليست ذروة الاجتهاد الأخلاقي، وإنما مجرد ردة فعل على عمل اللـه السابق تجاه البشر. وبالنسبة ليسوع ترتبط محبة اللـه بمحبة القريب ارتباطًا لا انفصال فيه (الإنجيل بحسب لوقا: 10: 27). ولأن اللـه رحوم ورحمته يلمسها البشر في أعمال يسوع، عليهم هم أيضًا أن يكونوا على استعداد لتقديم أكبر قدر من الرحمة والمحبة تجاه إخوتهم في الإنسانية. وفي محبة القريب تتجلى في الوقت نفسه محبة اللـه، كما يقول يسوع: »بِمَا أَنَّكُمْ فَعَلْتُمُوهُ بِأَحَدِ إِخْوَتِي هؤُلاَءِ الأَصَاغِرِ، فَبِي فَعَلْتُمْ.« (الإنجيل بحسب متى 25: 40). ويوضّح يسوع تعاليمه من خلال سرده لمثل السامري الصالح (الإنجيل بحسب لوقا 10: 25–37). إن ممارسة محبة القريب تعني أن نسأل أنفسنا: مِمَن أنا قريب؟ ومن هو قريبي؟ القريب هو ذلك الذي ألتقي به دائمًا والذي يحتاج إلى اهتمامي ومساعدتي له. تستند تعاليم يسوع الأخلاقية على مِحنة الآخر وتطلب له المحبة التي تعطيه كل ما يحتاجه في هذه الحياة بشكل ملموس. لا يطلب يسوع محبةً بطولية، وإنما محبة تفعل كل ما بوسعها. فمحبة القريب هذه التي يطلبها يسوع والموجهة من اللـه إلى البشر تعتبر في المسيحية منذ أقدم العصور معيارًا ومثالاً للمحبة التي ينبغي أن تسود في كاف مجالات الحياة البشرية.

كذلك بولس الرسول يضع الأخلاق المسيحية بشكل واضح في سياق وصية محبة القريب في قوله: »لاَ تَكُونُوا مَدْيُونِينَ لأَحَدٍ بِشَيْءٍ إِلاَّ بِأَنْ يُحِبَّ بَعْضُكُمْ بَعْضًا، لأَنَّ مَنْ أَحَبَّ غَيْرَهُ فَقَدْ أَكْمَلَ النَّامُوسَ. لأَنَّ ›لاَ تَزْنِ، لاَ تَقْتُلْ، لاَ تَسْرِقْ، لاَ تَشْهَدْ بِالزُّورِ، لاَ تَشْتَهِ‹، وَإِنْ كَانَتْ وَصِيَّةً أُخْرَى، هِيَ مَجْمُوعَةٌ فِي هذِهِ الْكَلِمَةِ: ›أَنْ تُحِبَّ قَرِيبَكَ كَنَفْسِكَ.‹« (رسالة بولس الرسول إلى رومية 13: 8–9).

هانس غونتر غروبر

مواضيع ذات صلة: **الرحمة؛ المحبة.**

محمد (من وجهة نظر إسلامية)
يُعتبر محمد في العقيدة الإسلامية من أنبياء الله وخاتمهم الذي اختير بشيرًا ونذيرًا للناس. ولد محمد في يوم 20 نيسان سنة 571 ميلادية وكان ينتمي لعائلة مكية عريقة مشهورة. ولد يتيم الأب، وفقد أمه وهو ابن ست سنوات، فتربى في كنف جده، ثم من بعده عمه حيث ترعرع. كان محمد يكسب قوت يومه من التجارة وكان يُنظر إليه بعين الإحترام في المجتمع، حتى أنه كان يلقب بالأمين.
لم يكن محمد يشعر بالإنتماء للديانات التي كانت منتشرة في شبه الجزيرة العربية كاليهودية والمسيحية والزردشتية، بل كان طِبقًا لبعض روايات ابن حنبل حنيفًا ورغم أنه ترعرع في ظل أتباع الشرك من أهل مكة لم يكن يشعر بالإنتماء لهم ولم يشاركهم في شعائرهم. كما يشير القرآن في الآية السابعة من سورة الضحى كان محمد يبحث عن الحقيقة في ذلك الوقت. وخلال هذه المرحلة تم نزول الوحي عليه وذلك سنة 610 بعد الميلاد في جبل النور القريب من مكة وهو الجبل الذي كان يخلو فيه غالبًا، ومن خلال هذا الوحي الذي كان يعرضه على الناس كان يدعو إلى الإيمان بالله الواحد واليوم الآخر وكان أيضًا يحثهم على التمسك بالقيم الأخلاقية.
وعندما بدأ محمد بتبليغ الوحي الإلهي واجه رفضًا شديدًا ولم يؤمن به إلا القليل، ولمّا اشتدت هذه الإعتراضات وعَظُم الإنكار هاجر محمد مع صاحبه المقرب أبي بكر إلى المدينة سنة 622 بعد الميلاد، وبعدها أصبح طريق إيصال الرسالة للناس ونشرها ميسرًا. وفي المدينة قام محمد ببناء علاقات مع سكان المدينة، كالأوس والخزرج وهما قبيلتان من القبائل الكبرى من المشركين والقبائل اليهودية الثلاث وهم: بنو النضير وقريظة وبنو قينقاع. مهدت هذه العلاقات تأسيس منطقة حكم تشبه دولة صغيرة.
وفي غضون ذلك إرتفع عدد المؤمنين بشكل مستمر مما دعمّ مكانة محمد الإجتماعية والسياسية، إلا أن هذا لم يقلل عداوة مشركي مكة وأتباعها ضد محمد وهو ما دفعه لقيادة حرب ضدهم وذلك خلال الفترة المدنية. والجدير بالذكر هنا أن أغلب الحروب التي شارك فيها محمد هي حروب دفاعية. بعد ذلك تمكن من فتح مكة دون تهديدات جدية. وهذا يُعَد الفتح الأكثر أهمية. بفضل الإجراءات التي اتخذها محمد لم يفقد أحد حياته إلا بضع اشخاص.
وخلال الحج ألقى خطبة الوداع وذلك سنة 632 بعد الميلاد التي أعطى فيها مواعظ ونصائح. وبعدها بفترة قصيرة إشتد عليه المرض، ثم توفي يوم 8 حزيران سنة 632 في المدينة.
يذكر القرآن وتحديدًا في الآية رقم 144 من سورة آل عمران 3 والآية رقم 164 من سورة النساء 4 أن النبي محمدًا هو واحد من الأنبياء المرسلين الذين جاءوا قبله وخاتمهم في الوقت نفسه وهذا ما ورد في الآية رقم 40 من سورة الأحزاب 33. وقد تلقى الوحي مثل ما تلقاه النبي موسى وعيسى (سورة الشورى 42، الآية رقم

13 وسورة آل عمران 3 الآية رقم 84). وقام بتبليغه للناس على وجه الدقة (سورة الحاقة 69 من الآية 44 إلى الآية 47). وتماماً مثل بقية البشر كان محمد مُلزمًا هو أيضًا بتحمل مسؤوليته أمام الله وهذا ما أشارت إليه الآية رقم 6 من سورة الأعراف 7، كما يجب عليه أيضًا إتباع ما وحى إليه (الأنعام 6 الآية رقم 106، يونس 10 الآية رقم 109).

يؤكد القرآن أن النبي محمدًا إن هو إلا بشر ولهذا لا يملك طاقة تفوق طاقة البشر. أما الخاصية الوحيدة التي كان يمتاز بها فهي تلقي الوحي وهذا ما ذُكر في الآية رقم 93 من سورة الإسراء 17 والآية رقم 110 من سورة الكهف 18 والآية رقم 6 من سورة فصلت. كما كان محمد لا يقوم بتبليغ الوحي فحسب، بل كان يفسره أيضًا اذا لزم. (إبراهيم 14 الآية رقم 4، النحل 16 الآية رقم 44) وكان يعلم المؤمنين الشعائر الدينية بأفعاله وأيضًا مثالاً في حياته يُحتذى به وذلك فيما يتعلق بالمبادىء الأخلاقية التي نص عليها القرآن، لذلك وصفه القرآن بالأسوة الحسنة (سورة الأحزاب 33 الآية رقم 21).

كان مجمد جدًّا حنونًا وصاحبًا أمينًا ، كما كان أيضًا تشهد الروايات الإسلامية بأن محمدًا كان زوجًا صالحًا وأبًا يتمتع برأفة ورفق خاص به. تزوج محمد وهو ابن خمس وعشرين بخديجة التي كانت تكبره بعدة سنوات وكانت أيّمًا في ذلك الوقت، ومن المعلوم أنه لم يتزوج عليها حتى ماتت. ولقد أنجب منها ابنين وأربع بنات. وبعد وفاة خديجة أنجب من ماريا المصرية ابنًا إسمه إبراهيم، كما توفي ابنه الأول القاسم، ثم اثنان آخران في مرحلة الطفولة وهما عبدالله وإبراهيم ، أما بناته زينب ورقية وأم كلثوم وفاطمة فقد أدركتهن المنية في ريعان الشباب ولكن بعد زواجهن. تزوجت فاطمة التي كانت أصغر البنات سنًا عليًا بن أبي طالب الذي كان رابع الخلفاء فيما بعد وذلك من سنة 656 إلى 661 بعد الميلاد، ثم أنجبا الحسن والحسين وهما حفيدا النبي الأكثر شهرة وذلك بسبب معايشتهما لأحداث سياسية وتعرضهما لمؤامرات. وقبل زواج محمد بسودة بنت زمعة عاش وحيدًا بعد وفاة خديجة عامين ونصف إحياءً لذكراها، وهذا يعني أنه لم يكن متعدد الزوجات إلى غاية بلوغه سن الثالثة والخمسين وبعدها تزوج عدة مرات وذلك لأسباب مختلفة.

تظهر أسماء زوجات محمد بالترتيب الزمني كالآتي: خديجة بن خويلد، سودة بنت زمعة، عائشة بنت أبي بكر الصديق، حفصة بنت عمر بن الخطاب، زينب بنت خزيمة، أم سلمة، زينب بنت جحش، جويرية، ريحانة بنت زيد، صفية بنت حيي، أم حبيبة بنت أبي سفيان، مارية، وميمونة بنت الحارث. وفي الزمن الذي كان فيه تعدد الزواجات أمرًا طبيعيًا كان تعدد الزوجات لدى محمد عائدًا لعوامل دينية واجتماعية وسياسية واقتصادية وأخلاقية أي لتأمين إحتياجات النساء غير المتزوجات، حيث كانت نساؤه جميعهن إما مطلقات أو أرامل، باستثناء زوجته عائشة، لهذا يعد إعتبار الأحوال السياسية أمرًا ضروريًا لتقييم هذا التعدد. والجدير

بالذكر في آخر الأمر أن محمدًا لم يتعرض من معارضيه لانتقادات تتعلق بتعدد الزوجات إطلاقًا.

كان محمد باعتباره خاتم الرسل يسعى لتكوين أمة مؤمنة ذات أخلاق ثابتة وكان يطمح أيضًا لانتشار هذه القيم المثالية لجميع البشر. يعتبر محمد إذن وكما وصفه القرآن نبي الحب والرحمة الذي أُرسل للبشر كافة (سورة سبأ 34، الآية رقم 22 وسورة الأنبياء 21 الآية رقم 107).

اسماعيل حقي أُونال

مواضيع ذات صلة: **ميثاق المدينة؛ الحديث؛ الهجرة؛ القرآن؛ النُبوة.**

المذاهب الفقهية في الإسلام (من وجهة نظر إسلامية)

تمثل المذاهب الفقهية جميع التيارات التي ظهرت بعد أن تمت معالجة المسائل المتعلقة بالعقيدة والعبادات والسياسة وتطبيقها على أرض الواقع. فهذه المدارس هي عبارة عن مجمعات تضم مجموعة من المجتهدين، من ذوي الكفاءة العلمية في المسائل الدينية التي تكونت بعد ظهور مذاهب فقهية مختلفة واستقرارها مع مرور الوقت. تستخدم عبارة مذهب فقهي كمرادف لكلمة فرقة، مع أنها تشمل معاني أخرى. وفي الماضي أطلق على جميع التيارات العقائدية والسياسية المتخصصة في علم الفقه اسم مذاهب الإسلام. واليوم يشير مصطلح المذهب إلى مهمة التبيين في مسائل العبادات وعلم الفقه، بينما مصطلح الفرقة يشير إلى الإختلاف في القضايا الدينية في المجال السياسي.

لم يُذكر مصطلح المذهب في القرآن ولكن تم الحديث عن الفرق، وفي وقت حياة محمد كان يطلق على كل شخص إسم مسلم في حالة أنه آمن بأركان الإيمان الأساسية في الإسلام. ففي ذلك العصر لم يكن هناك أي تقسيمات نتجت عنها مدارس إسلامية أو منظمات أخوية أو جماعات وآراء دينية، ومن الواضح أن هذه المذاهب الإسلامية المتنوعة التي ظهرت فيما بعد تعتبر مرآةً لا تعكس أديانًا مستقلةً عن بعضها، بل تعكس فقط تفسيرات مختلفة للدين الإسلامي.

في الإسلام يوجد فرق بين المذاهب الكلامية من جهة والمذاهب الفقهية من جهة أخرى، فمثلاً تمثل المعتزلة والمرجئة والشيعة والأشعرية والماتُردية أهم المذاهب الكلامية، بينما الحنفية والشافعية والمالكية والحنبلية تعد أهم المذاهب الفقهية عند أهل السُنة، وعند الشيعة المدرسة الجعفرية. تقوم هذه المدارس بإثراء المناهج الفقهية، بشرط أن لا تزعم لنفسها الحقيقة المطلقة وأن كلًا منها هو المذهب الوحيد الذي له الحق في أن يمثل الإسلام، وأن لا ترفض أيضًا كل التفسيرات المختلفة، لهذا السبب يكون الفهم أكثر تلاؤمًا وتناسبًا إذا وقع تقييم هذه المذاهب

كأساليب مختلفة للحصول على مشورة في حل المسائل والإطلاع على طرق فكرية، استنادًا إلى مبادرات إنسانية وهياكل إجتماعية مناسبة.

وفي المقابل يكون العمل غير ملائم في حالة ما وقع تقسيم وتفريق المذاهب، إلى مذاهب إسلامية ومنظمات أخوية وجماعات دينية، أو إلى حق وباطل، وصواب وخطأ، وأهل الضلالة والبدع، وما شبه ذلك، وهذا لأن المذاهب الإسلامية المتنوعة تُعد في آخر المطاف مرآةً تعكس بشكل أو بآخر الجهود من أجل فَهْم القرآن والسُنة. وبهذا المفهوم لا يمكن تصنيف أي مدرسة أو فقه معين بأنه على صواب أو خطأ مطلق، فالناس عليهم أن يسعوا لفهم وتطبيق العقيدة الإسلامية التي تتناسب مع محيطهم ومعرفتهم وبطريقة رسمها القرآن، كما يجب على جميع الإنجازات البشرية والمؤسسات أن تكون منفتحة على النقد والتحليل.

أما العلاقة بين الدين والمذاهب فلم تكن في كل الأوقات خالية من التوترات، حيث هناك بعض المذاهب التي استعملت لأغراض سياسية، وبالإضافة إلى ذلك يمكن أن تستخدم هذه المدارس كأدوات، وإن كان هذا الأمر نادرًا، لزرع الفتنة والشقاق بين المسلمين، بدلاً من تحصين الدين بواسطة تفسيرات جديدة والمحافظة على فعاليته. وعوضًا عن إجراء محاولات للعثور على حلول لمشاكل راهنة أجرت الأجيال اللاحقة بحوثًا ودراسات على مدى قرون تركز فيها على التاريخ ومشاكل الماضي التي لم تعد منذ فترة ملائمةً لروح العصر ومن القضايا التي تحظى بأهمية.

سونمز قوتلو

المرأة (من وجهة نظر مسيحيّة)

إنّ السؤال عن دور المرأة في المسيحيّة فصلٌ مرتبط بمشاكل عديدة يفرض علينا التمييز بين الفهم الأساسيّ النظريّ لجوهر المرأة وفق أصول الإيمان المسيحيّ من جهة والواقع المطبّق الذي عاشته وتعيشه المرأة في ثقافات تطغى عليها المسيحيّة من جهة أخرى. يتساوى البشر جميعًا وفق المفهوم المسيحيّ بالكرامة بشكل أساسيّ، بغضّ النظر عن الانتماء العرقيّ أو المكانة الاجتماعيّة أو الجنس: »ليس يهوديّ ولا يونانيّ. ليس عبد ولا حر. ليس ذكر وأنثى، لأنكم جميعًا واحد في المسيح يسوع« (غلاطية 3: 28). هذه المساوة بين الرجل والمرأة التي ينسبها بولس إلى الفعل الخلاصيّ للمسيح تمّ تعليلها في فعل الخلق الإلهيّ في بداية العهد القديم: في نصّ القصّة الأولى للخلق يتمّ الاعتراف بالإنسان، رجلاً وامرأة بالتساوي، مخلوقًا على صورة الله ومثاله (سفر التكوين 1: 27)، إلا أنّ تناقضًا في تقويم المرأة يظهر في النصّ الثاني من قصّة الخلق، ويمتدّ بالتالي إلى جميع نصوص الكتاب المقدّس: المرأة الأولى حوّاء خُلقت من ضلع آدم (سفر التكوين 2:

21–22)، وأغرت آدم بالخطيئة فكانت عقوبتها الخضوع له (سفر التكوين 3: 1–
16؛ انظر أفسس 5: 22–24؛ كورنثوس الأولى 14: 34 وما بعدها؛ تيموثاوس
الأولى 2: 12–14). ويُعرف عن المسيح توجّهه إلى النساء بطريقة غير منحازة
أو مشروطة ومماثلة لتوجّهه إلى الرجال، الأمر الذي أثار انتقادات ضدّه. ففي
الأناجيل يتمّ الحديث بصورة متوافقة حول ظهور يسوع القائم من بين الأموات
أوّلاً على النساء (متى 28: 1–10؛ مرقس 16: 1–13؛ لوقا 24: 12)، الأمر الذي
يُفهم على أنّه امتياز منقطع النظير في وجه الرجال الذين لم يصدّقوا بادئ البدء
رسالةَ القيامة.

وعلى الرغم من النصوص التي تتحدّث عن شخصيّات نسائيّة بارزة في العهد
القديم كما في العهد الجديد (نبيّات، مريم أمّ يسوع، مبشّرات) يغلب على صورة
الله كما على الشخصيّات في الكتاب المقدّس الطابع الذكوريّ (حتّى يسوع كتجسّد
ذاتيّ لله هو رجل). ويترسّخ هذا الواقع في تاريخ الكنائس واللاهوت، خصوصًا
في مجال تراتبيّة الوظائف المحصورة غالبًا في الكنيسة البروتستانتيّة والكاثوليكيّة
والأورثوذكسيّة بالرجال.

وتنعدم في الوقت الحالي المساواة في الحقوق للمرأة (أو أنّها موجودة بشكل ضئيل)
في إطار الكنيسة، فهي مطلب (وأيضًا هدف ما زال درب الوصول إليه طويلاً)
المجتمع العلمانيّ والدولة العلمانيّة التي تعدّ الفكرة المسيحيّة فيها بخصوص تساوي
جميع البشر شرطًا أساسيًّا مهمًّا.

مارتن تورنر

مواضيع ذات صلة: **حقوق الإنسان؛ الخلق/الخليقة.**

المرأة (من وجهة نظر إسلامية)
يبين القرآن بأن الله قد خلق جميع الناس رجالاً ونساءً من نفس المادة التي خلق منها
آدم وحواء (سورة النساء 4 الآية 1)، فالمرأة والرجل كلاهما عبدان لله. أن
الخطاب القرآني موجه إلى النساء والرجال على حد سواء (سورة الأعراف 7
الآية 19، 22، 24–25). لقد وردت في القرآن كلمة إنسان غير مرة لتشمل
المرأة والرجل، وهذا يعني أن التكليف العيني لكل من الجنسين يؤكد أن الأصل
العام هو عموم الخطاب للجنسين دون أي تخصيص (سورة البقرة 2 الآية 25،
82، 172)، وأن ميزان التقوى والتفاضل بين الناس ليس على أساس جنسهم، أو
لونهم، أو عرقهم، وإنما على أساس تقواهم (سورة الحجرات 49 الآية 13). لقد
وصف الله في القرآن المؤمنين والمؤمنات الذين يؤمنون بالله وملائكته وكتبه
ورسله بأن بعضهم أولياء لبعض (سورة التوبة 9 الآية 71).

لم يفرق الإسلام بين الرجل والمرأة في العبادات والعمل الصالح، فهناك تكاليف شرعية يشترك فيها النساء والرجال على قدم المساواة (سورة البقرة 2 الآية 8، 62، 177)، ولم يفرق الإسلام أيضًا في الحقوق والواجبات، وذلك لأن المرأة إنسان قائم بذاته ومستقل عن الرجل (سورة الأحزاب 33 الآية 35؛ سورة الليل 92 الآية 3–11). وكذلك ساوى الإسلام بين المرأة والرجل في الجزاء سواءً كان ثوابًا أو عقابًا (سورة السجدة 41 الآية 46؛ سورة الجاثية 45 الآية 15). لقد بايعت المرأة النبي محمد كما بايع الرجل. وإن دل هذا الحدث في عصرنا الحاضر على شيء فإنما يدل على أن للمرأة الحق في الإنتخاب. وهناك مثال آخر يتجسد في المرأة التي جاءت إلى النبي محمد تشتكي زوجها لانه يريد ان يطلقها بسبب تقدمها بالعمر، وما برحت حتى نزلت آية تؤكد على حق المرأة وسُمِّيت هذه السورة بسورة المجادلة 85 الآية 1–4.

لم تقتصر المساواة بين الرجل والمرأة على ذلك فقط، وإنما ذهبت إلى أبعد من ذلك، فلقد ساوى القرآن بين المرأة والرجل في الشؤون المالية، وفي أهلية الوجوب والأداء، وأثبت لها الحرية الكاملة في التصرف، وإدارة كافة الشؤون المدنية، وإبرام جميع العقود، دون أدنى تمييز بينها وبين الرجل (سورة البقرة 2 الآية 43، 110، 254)، وأثبت لها حقها في الإرث (سورة النساء 4 الآية 7)، حيث حرّم الله جميع أشكال التمييز ضد المرأة، واستنكر وأد البنات الذي كان في الجاهلية (سورة النحل 16 الآية 58–59؛ سورة التكوير 81 الآية 8–9).

عمومًا تستطيع المرأة المسلمة أن تعمل كالرجل في جميع مجالات الحياة كالإقتصاد، والسياسة، والتعليم، والثقافة، والفن، حيث شهد التاريخ الإسلامي الكثير من النساء اللواتي اشتهرن في مختلف المجالات. فلقد حث النبي محمد المسلمين رجالاً ونساءً على طلب العلم حيث قال فيما ورد في سنن ابن ماجه عن أنس بن مالك عن النبي محمد أنه قال: »طلب العلم فريضة على كل مسلم ومسلمة« (أنظر سنن ابن ماجه).

يؤكد القرآن والسُنة النبوية على أن الأعراف والتقاليد التي عملت على تهميش المرأة وسلب حقوقها والإستهانة بمشاعرها ليست من الدين الإسلامي في شيء، أما العادات الخاصة بإرث المرأة، وشهادتها، والعقوبات التي تنزل بها والتي تعتبر تمييزًا للمرأة عن الرجل فما هي إلا حالات تعكس السياق الزمني والإجتماعي والثقافي والإقتصادي للبيئة التي أنزل القرآن فيها (سورة البقرة 2 الآية 282؛ سورة النساء 4 الآية 11، 34). وبرغم دفاع الإسلام عن حقوق الإنسان بشكل عام وحقوق المرأة بشكل خاص إلا إننا رأينا على مر التاريخ وما زلنا نرى السلوك والأفعال الموجهة ضد المرأة والتي تتسم بالتمييز والإضطهاد. وعندما نضع بعض التصرفات المجحفة في حق المرأة والتي حصلت وما زالت تحصل نصب أعيننا

نيقن بأن هناك هوة كبيرة بين المصادر الإسلامية من جهة وبين المجتمعات الأبوية السلطوية من جهة أخرى.

إسماعيل حقي أونال

مواضيع ذات صلة: **الزواج؛ الشرف؛ العائلة؛ الإمام؛ آداب اللباس؛ محمد؛ تعدد الزوجات.**

مصادر الحديث:

1. صحيح البخاري، كتاب الأدب، باب 2، من أحق الناس بحسن الصحبة، رقم الحديث: 5971، عن أبي هريرة.
2. سنن ابن ماجه، كتاب المقدمة، باب 17، فضل العلماء والحث على طلب العلم، رقم الحديث: 224، عن أنس بن مالك.

مريم (من وجهة نظر مسيحية)

كانت مريم وفقًا لشهادة العهد الجديد أم يسوع، حبلت بابنها وهي عذراء بدون تدخل رجل (انظر: الإنجيل بحسب متى 1: 18–20، والإنجيل بحسب لوقا 1: 34–35). ووفقًا لرأي الكثير من اللاهوتيين لا يمكن فهم هذه الشهادة في سياق نشوئها بالمعنى العلمي والبيولوجي. بل يعتبرونها بالأحرى أسلوبًا تعبيريًا لغويًا (ومألوفًا أيضًا في الثقافات المحيطة بمملكة إسرائيل آنذاك) لوصف مكانة المولود ومهمته المتميزتين. لا يذكر الكتاب المقدس مريم بشكل صريح إلا في بضعة مواضع. وبالتالي فإن هذه الشهادات الكتابية عن مريم لها قبل كل شيء مغزى وحيد من شقين يتعلق بيسوع المسيح:

- من خلال الإشارة إلى الولادة من امرأة يهودية يتم التأكيد (رغم النفي الغنوصي) على حقيقة بشرية يسوع.
- بالمقابل تشكّل بتولية أمومة مريم تعبيرًا عن حقيقة ألوهية ابنها.

لذلك لا يكون للتصورات المسيحية عن مريم أي معنى إلا من خلال الإيمان بأن يسوع هو المسيح وبذلك يكون ابن اللـه، وأن اللـه ظهر في هذا الإنسان بعينه و«صَارَ جَسَدًا« (الإنجيل بحسب يوحنا 1: 14). إن استعداد مريم المشهود له في الكتاب المقدس لإخضاع إرادتها لعمل النعمة الإلهية وقبول جسد الكلمة الإلهية في رحمها حوّل مريم إلى نموذج أولي للمؤمن والكنيسة الذين تم افتداؤهم من الخطيئة. كما يمكن فهم تكريم مريم وتبجيلها (الواضح بشكل متباين في الطوائف المسيحية المختلفة) كتعبير عن التوق لعناصر أنثوية أمومية في المسيحية. ومع ذلك لا يمكن اعتبار مريم في العقيدة المسيحية على أنها إلـهة.

مارتن تورنر

مواضيع ذات صلة: **الخلاص؛ يسوع.**

مريم (من وجهة نظر إسلامية)

مريم هي المرأة التي ولدت عيسى ولادة عذرية دون تدخل رجل وهي الوحيدة التي ذُكر إسمها في القرآن وسُميت سورة بإسمها وهي السورة رقم 19. كما تتمتع مريم نظرًا لميزاتها بإجلال كبير في المعتقدات الإسلامية. ووفقًا لِما يسرده القرآن كان عمران الذي إصطفى الله ذريته أبا مريم وهذا ما جاء في سورة آل عمران 3 من الآية 33 إلى 36. ووفقًا للرأي المتواتر تُسمى أم مريم حنة التي لم يكن لديها أولاد، ورغم أنها كانت عجوزًا دعت أن يرزقها الله طفلاً ونذرت أن تجعله خالصًا لله. ولما ولدت مريم وهبتها للهيكل لتكون تحت رعاية قريبها زكريا، وحسب الروايات الإسلامية كان عمرُ مريم بين 13 و 17 سنة عندما ظهر لها الملاك على هيئة بشر وفي هذا الموقف شعرت بالخوف فلجأت إلى الله تدعوه وعلى ذلك أنبأها الملاك أنه أرسل من الله ليبشرها بمولود.

حينها سألته مريم ﴿أنى يكون لي ولد ولم يمسسني رجل﴾، فأجابها الملاك أن هذا يسير سهل على الله ويكفيه أن يقول لشيء:﴿ كن فيكون﴾. وهذا ما ورد في سورة آل عمران 3 من الآية 45 الى 47 وسورة مريم 19 من الآية 16 الى 21. وبعد هذه البشرى بدأ الحمل يظهر على مريم، ثم خرجت تبحث عن مكان هادىء تستطيع أن تضع فيه حملها، وبعد الولادة عادت إلى قومها حاملة طفلها فكانت ردة فعلهم يغلبها الإشمئزاز. فلما أشارت لهم بأن هذا الطفل سيتكلم معهم لم يصدقها أحد، وعلى إثر هذا الموقف بدأ الطفل يكلمهم في المهد قائلا أنه عبد الله ورسوله أوصاه الله بفعل الخير والطاعة، وهذا ما جاء ذكره في سورة مريم 19 من الآية 27 الى 35. وقد ذكر القرآن في سورة المؤمنون الآية رقم 50 أن مريم وإبنها استقرا على ربوة وهناك أيضًا روايات إسلامية تخبر أن مريم عاشت مدة ست سنوات بعد أن تم رفع عيسى إلى السماء. لقد عُرفت مريم في القرآن كرمز للعبادة والخُلق العظيم والعفة ولكنه في نفس الوقت يوجه نقدًا لكل من يبالغ في تقديسها أو يجعلها إلهًا كعيسى، وهذا ما جاء في سورة المائدة 5 الآية 116.

محمد قاتر

مواضيع ذات صلة: **المسيحية؛ عيسى؛ الثالوث.**

المسجد (من وجهة نظر إسلامية)

المسجد هو مكان للسجود او دار عبادة، يجمع المسلمين لأداء العبادة أي الصلاة جماعة أو على انفراد. كما يبين القرآن أن كلمة مسجد تعني مكانًا يُعبد فيه الله، أما المساجد التي ذُكرت بأسمائها في القرآن فهي المسجد الحرام في مكة والمسجد الأقصى في القدس، وذلك في سورة البقرة 2 الآية رقم 144و149 وسورة الإسراء 17 الآية رقم 1.

أما المسجد الأكبر مساحة الذي يجمع الناس لأداء صلاة الجمعة فيه فيسمّى المسجد الجامع. ومع مرور الوقت تمّ اختصار العبارة لتصبح كلمة جامع إسمًا يطلق على المسجد. ورغم إنتشار إسم المسجد في يومنا هذا في العالم الإسلامي فإن كلمة جامع هي الأكثر تداولاً في تركيا والسبب أن هذه الكلمة كانت سائدة في التقاليد العثمانية.
إن قانون بناء المساجد يختلف من بلد الى آخر، فمثلاً في تركيا ان رئاسة الشؤون الدينية هي الجهة المسؤولة عن إدارة المساجد.
يبيح الإسلام أساسًا أداء الصلاة في كل مكان طاهر نظيف، إلا أنه تمّ بناء أماكن محمية وعامة مفتوحة للجميع تؤدى فيها الصلوات الخمس المكتوبة وصلاة الجمعة التي يجب أن تُؤدى في الجماعة، وكذلك صلاة العيد. ولهذا الأمر يُعتبر محمد قدوة ببنائه أول جامع في مدينة قباء وهي ضاحية من ضواحي المدينة سكن فيها محمد بعد هجرته بصفة وقتية. بعد ذلك ساهم في بناء مسجد في المدينة يسمى المسجد النبوي.
يأمر القرآن بتوقير الأماكن التي يذكر فيها إسم الله وبحماية المساجد وذلك في سورة الحج 22 الآية رقم 40، وأما الآية 18 في سورة الجن 72 فتبين أن المساجد لله ولا يجوز لأحد أن يدعو فيها مع الله أحدًا، ولهذا السبب انتشر في الثقافة الإسلامية هذا التصور أن المساجد بيوت الله، وأما من مَنَع المساجد أن يذكر فيها إسم الله وسعى لخرابها فيوصف بالفسق وهذا ما جاء ذكره في سورة البقرة الآية رقم 114، بخلاف الذين يسعون لبناء المساجد والحفاظ عليها فهم من الممدوحين وهذا ما ورد في سورة التوبة 9 الآية رقم 18. تُعتبر المساجد أيضًا بالاضافة إلى مهمتها الأصلية كأماكن للصلاة مكانًا للنشاطات الإجتماعية.

اسماعيل حقي أُونال

مواضيع ذات صلة: **الجمعة؛ الصلاة؛ الطقوس؛ مكان الصلاة؛ الأماكن المقدسة؛ الكعبة.**

المسؤولية (من وجهة نظر مسيحية)
المسؤولية هي الاستعداد للاعتراف بالفعل الشخصي وبعواقبه. وفي حال تحمّل شخص في حياته المسؤولية عن نفسه وعن آخرين، فهو بالمعنى الأخلاقي يتصرف بشكل مستقل. ومع أن الكتاب المقدس لا يذكر مصطلح المسؤولية، ولكنه يذكر الوضع المستهدف من خلالها ولا سيما في صورة مسؤولية شاملة تجاه معاناة الغريب (سفر المزامير 146: 6–9). وخير مثال على هذا الموقف هو مَثل السامري الصالح الذي قاله يسوع (الإنجيل بحسب لوقا 10: 25–37). فمعاناة التاجر الذي وقع في كمين لصوص حرّكت السامري الذي تجاوب مع حالته الحرجة وشعر بمسؤولية تجاهه وقدّم له المساعدة.

خلال القرن العشرين أصبح مصطلح المسؤولية مصطلحًا رئيسيًا في سياق نشأة نظرية الأخلاق المسيحية، وذلك لسببين. ففي المجتمعات الحديثة التي يسود فيها العلم والتكنولوجيا توسعت إمكانات العمل الإنساني توسعًا هائلاً في غضون بضعة عقود. وهذا أدى إلى تعقيد حالات العمل الأخلاقي وديناميتها والتي لم يعد ممكنًا مواجهتها بشكل ملائم بإطار محدد، بدقة، من المهمات والواجبات. ومع أن مصطلح المسؤولية يتضمن تحمّل مهمات وواجبات كهذه، لكنه في هذا الصدد يصل إلى أكثر من ذلك، عندما يمكن شمله مع حالة العمل (الأخلاقي) وحالة عدم اليقين المرافقة لها أيضًا ووضعه تحت مسؤولية الفاعل. كما أن هناك سببًا آخر لنجاح مصطلح المسؤولية يكمن في أن هذا المصطلح تمكّن من التعبير بالشكل الأمثل عن الفهم الذاتي المعاصر للإنسان في العلاقة الداخلية المتوترة لديه بين الحرية والتبعية، وعلى مستوى التصرفات بين استسلامه الشخصي لذاته وكونه مخلوقًا إلهيًا. إن تحمل المسؤولية يعني من جهة تجديد الحرية، ومن جهة أخرى، مواجهة متطلبات الحياة وقبولها وتشكيلها بكل تبعياتها المتعددة. وعندما يتلقى الفعل الإنساني المستقل محتواه الأخلاقي نابعًا من إرادة تحمّل المسؤولية، لا يمارس الإنسان حريته بشكل تعسفي، وإنما بأسلوب ناضج، أي بمعرفة إمكانيات وحدود حياته وتبعياتها. والفعل الذي يكون دافعه نضجًا وشعورًا بالمسؤولية الذاتية من هذا النوع يتضمن الاستعداد لتحمل المسؤولية، ليس عن النفس فحسب، بل وعن الآخرين والمجتمع أيضًا، ويكون أبعد من مجرد سلوك تحرري.

هانس غونتر غروبر

مواضيع ذات صلة: **الأخلاق؛ الحرية؛ الضمير.**

المسؤولية (من وجهة نظر إسلامية)

يقصد بتحمل المسؤولية التزام الإنسان، ككائن يتمتع بعقل وحرية الإختيار وقوة العزيمة، بعواقب أعماله. فالقرآن يشير إلى المسؤولية محافظًا على العلاقة بين حياة الدنيا والآخرة. وهو يصف التوجه الأساسي للإنسان في تصرفاته من جهة، ومن جهة أخرى العنصر الملازم المرتبط بحرية الإختيار عند الإنسان. تعد المسؤولية أمانةً تقبّلَ الإنسانُ حملَها بمفرده، وهذا ما ورد في الآية 72 من سورة الأحزاب 33. كما تخلق المسؤولية غايةً تمنح الإنسان حياةً هادفةً، وهذا ما أشارت إليه الآية 36 من سورة القيامة 75. كما يؤكد القرآن على جانبين من جوانب المسؤولية، الجانب الأول هو أن المسؤولية تحمل صبغة فردية، وهذا ما ذكر في الآية 141 من سورة البقرة 2، والآية 36 من سورة الإسراء 17. والجانب الثاني هو أن علة خلق الإنسان الإبتلاء، وهذا ما ورد في الآية 2 من سورة العنكبوت 29، والآية 56 من سورة الذاريات 51. طبقًا لهذين المبدأين، يتحمل كل شخص

المسؤولية وفقًا لقدراته العقلية والبدنية. كما يشير القرآن ألى أن الإنسان يُعفى عن مسؤولية أعماله في حالة النسيان أو الخطأ أو الإكراه، وهذا ما ورد في الآية 286 من سورة البقرة 2، والآية 17 من سورة الفتح 48. أما تاريخ الكلام فيفسر المسؤولية بشكل مختلف، حيث يرى المعتزلة أن المسؤولية تتركب من عنصرين، هما العِلم والعمل، وذلك لأنها تقوم على حرية الإختيار. ويُفهم من ذلك أن العِلم بأمور المسؤولية يمثل الأرضية الأساسية للعمل الملتزم به الشخص. وهذا يرتكز من المنظور الكلامي على مصدرين: العقل والوحي. من أجل ذلك تفرّق المعتزلة بين التكليف العقلي والتكليف السماوي. فالعقل مثلاً يُستخدَم لأداء هذه الوظائف، وهي معرفة الله، وهي ضرورة من الضروريات، ومراعاة المصلحة العامة وترك المفسِد. كما أن القواعد الأخلاقية التي تقوم عليها أوامر ومحرمات الله لا تُدرَك إلا بالعقل، بينما الفرائض الشعائرية كالصلاة والصوم والزكاة لا تفهم إلا بواسطة الوحي. ومن آراء المعتزلة ايضًا أن معرفة الله تعدّ من أهم مسؤوليات الإنسان.

يفسر الأشاعرة المسؤولية تفسيرًا متصلاً بمفهوم الإرادة الإلهية التي لا يقع تبليغها إلا عن طريق الرسل، فهم يرون أن المسؤولية ليست قائمة على المعرفة العقلية، بل أن الله هو المصدر المطلق والنهائي للقواعد الدينية التي يرتكز عليها التكليف. ينحصر دور العقل في معرفة الله وفهم تشريعات الوحي، كما أن السبب الرئيسي لتحمّل الإنسان المسؤولية تجاه الله ليس لأنه موهوب بالعقل، بل لأن الوحي وصل إليه. ومن أجل ذلك تصف الأشعرية، وفقًا للآية 15 من سورة الإسراء 17، والآية 165 من سورة النساء 4، الكوارث التاريخية التي حلت بالشعوب التي لم ينزل عليها الوحي بأنها فترات انقطاع الوحي. وفي هذه الفترات التي تُعتبر مراحل انتقالية من قبل الأشاعرة يتم إعفاء الإنسان من مسؤوليته تجاه الدين.

في المقابل، ترى الماتردية أن الرسل الذين تم ذكرهم في الآيات القرآنية المذكورة أعلاه يُقصد بهم العقل، وذلك لأن المسؤولية تستند على العقل الذي يُعتبر وسيلة للتمييز بين الصحيح والخطأ، وبهذا يكون كل إنسان عاقل على دراية بأنه خلق الله، ومن أجل ذلك تم تكليفه بالسعي لمعرفة حقيقة وجوب وجود الله. وبما أن العبادات الشعائرية لا يمكن أن تُعرف بالعقل فإنه لا توجد مسؤولية في هذا الشأن، وبهذا يكون إنقطاع الوحي المتعلق فقط بالأعمال من الأمور المهمة للإنسان.

وبالاختصار يمكن القول أن هناك صلة بين حمل المسؤولية والعقل في الفكر الإسلامي، وفي هذا السياق يُعتبر الوحي قوام العقل.

إبراهيم آسلان

مواضيع ذات صلة: **الأخلاق؛ الضمير؛ الخير والشر؛ العقل.**

المسيح أو المسيّا (من وجهة نظر مسيحية)

الكلمة العبرية »مشيح« تعني »الممسوح بالزيت« وهي أصلاً في العهد القديم لقب لملوك يهوذا الذين كان الكهنة يمسحونهم ملوكًا بزيت معطّر في إطار عملية مقدسة (سفر صاموئيل الثاني 2: 4؛ سفر الملوك الأول 1: 34–39). وبناء عليه يحمل الملك لقب »مسيح الرب« (سفر صموئيل الأول 24: 7 وغيرها؛ قارنها بالمزامير 2: 2). ومع السبي البابلي (587–538 ق.م.) طرأ تحوّل على هذا اللقب. إذ نُقل أولاً كلقب فخري إلى الملك الفارسي قورش (سفر إشعياء 45: 1)، الذي كان سيطلق إسرائيل من السبي البابلي. في الحقبة الأخيرة من العهد القديم تشكّل »انتظار اليهود للمسيح«، أي انتظار مخلّص من سلالة داود الملك الذي حرر شعبه من الهيمنة الأجنبية وجدّد الـمُلك. وإلى جانب الشخصيات الملكية، ومنها العسكرية أيضًا، قد تظهر شخصيات كهنوتية ونبوية أيضًا. أما موت المسيح وآلامه التكفيرية فلم تكن معروفة قبل مجيء يسوع المسيح. في حين أن أسفار العهد الجديد تقوم أساسًا على أن شخصية المسيح الملكية تعود لسلالة داود.

لقب المسيح انتقل إلى يسوع الناصري، وفي النسخة اليونانية »خريستوس« لا يعتبر لقبًا فحسب، بل تم استخدامه كاسم علم أيضًا. ومن غير المؤكد إن كان يسوع نفسه يعرف أنه المسيح رغم ما قيل في الآيات في الإنجيل بحسب مرقس 14: 61 وما بعدها. كما أن أصله من نسل داود أيضًا مثير للجدل. ولكن بعد الفصح وإعلان سلطانه في ملكوت اللـه الذي ظهر في قيامته، أصبح يسوع معروفًا بالمسيح (قارن الآيات في: سفر صموئيل الثاني 7: 12–14 مع رسالة بولس الرسول إلى رومية 1: 3 وما بعدها). فالأناجيل تُظهِر أعمال يسوع وتعاليمه ومعجزاته على أنها أفعال المسيّا المنتظر (الإنجيل بحسب متى 11: 2؛ والإنجيل بحسب مرقس 8: 27–29؛ والإنجيل بحسب يوحنا 7: 31)، ولكن هذا ينبغي أن يحدث أولاً في الخفاء (ما يسمى بالسرّ المسيحاني). ولكن لا بد أيضًا للمسيّا أن يتألم (الإنجيل بحسب لوقا 24: 26–46؛ أعمال الرسل 3: 18 وما بعدها). أما الجانب السياسي الثوري في العهد الجديد فقد تم رفضه بشكل واضح (الإنجيل بحسب لوقا 23).

مارتن أرنيت

مواضيع ذات صلة: **يهوه؛ يسوع؛ الألم.**

المسيحيّة (من وجهة نظر مسيحيّة)

المسيحيّة هي مصطلح جامع لعدد كبير من الاتجاهات (كنائس، طوائف، مذاهب) تستند إلى يسوع المسيح كمرجعيّة ومؤسّس للديانة، رغم نظرياتها المختلفة وهيكليّاتها التنظيميّة، ويضمّ مجموعها في يومنا هذا حوالي الملياري مؤمن. يبدأ تاريخ المسيحيّة تحديدًا بعد موت يسوع في العام الثلاثين أو الثالث وثلاثين لولادته

عندما أعلن أتباعه اليهود أنّه حُكم عليه بالموت إبّان سلطة الحاكم الرومانيّ بيلاطس البنطيّ (حكم 26–36) بتحريض من دوائر يهوديّة، وأنّ الله أقام يسوع الناصريّ الذي مات على الصليب من الموت فأضحى حيًّا، وأنّه المسيّا المخلّص الذي ينتظره اليهود والذي سيعود في نهاية الزمان ليدين الأحياء والأموات. وتشبّث أتباع يسوع بإيمانهم أنّ عليهم التبشير بهذه الرسالة في جميع أنحاء الامبراطوريّة الرومانيّة والموتَ شهداء إن اقتضى الأمر.
لقد وجدت الرسالة بصورة سريعة أتباعًا، رجالاً ونساء، بين اليهود في جميع أنحاء الامبراطورية الرومانيّة ليأتي بعدها غير يهود ووثنيّون أرادوا الانضمام إلى الجماعة المؤمنة بيسوع المسيح. ونشأ خلاف بين أقرب المقرّبين من يسوع (الرسل) بشأن مسألة ما إذا كان من الواجب ختان المهتدين الذين تحوّلوا من الوثنيّة إلى يسوع المسيح (أي المسيّا المخلّص) وما إذا كان عليهم الالتزام بقواعد الأكل اليهوديّة. وفي اجتماع لهؤلاء المقرّبين في ما يسمّى بمجمع الرسل (حوالي عام 50 بعد الميلاد)، استطاع بولس أن ينجح بعدم فرض الختان على المسيحيّين الوثنيّين وبعدم تطبيق قواعد الأكل اليهوديّ عليهم. وبهذا تمّ القيام بأوّل خطوة لفصل حركة يسوع عن اليهوديّة، تبعتها خطوات أخرى بعد دمار هيكل أورشليم من قبل الرومان في العام 70 بعد الميلاد، إذ تمّ نوع من توزيع إرث ديانة إسرائيل القديمة على اليهوديّة والمسيحيّة: فاليهوديّة تطوّرت إلى ديانة من العلمانيّين بلا طقوس عبادة في هيكل ولا كهنة، أضحت كتابًا مقدّسًا يجمع في نفسه الإثنيّة الساميّة وكتاب اليهود المقدّس واهتمّت بالناحية التطبيقيّة أكثر من اعتمادها على الفلسفة وتوقّفت عن التبشير. أمّا المسيحيّة فقد تابعت تقليد العبادة في إسرائيل القديمة بتنظيم الكهنوت في شكل هرميّ، واعتمدت اللغة اليونانيّة العامّة (كوينه) لغة طقسيّة، وقرأت كتاب اليهود المقدّس بالترجمة السبعينيّة ودمجت الفلسفة اليونانيّة، بما في ذلك ممثّلها اليهوديّ فيلون السكندريّ (حوالي 20/10 قبل المسيح – 40/50 بعد المسيح) الذي كان معاصرًا ليسوع وناشطًا في حقل التبشير. وتخلّت المسيحيّة عن المشاركة في خدمة القدّاس في المعبد اليهوديّ وأضحت ديانة عالميّة. كوّنت التفاسير حول حياة يسوع وتعاليمه وتوضيح دلالته كتابات رائدة جُمعت نصوصها في كتاب سُمّي بالعهد الجديد وشكّلت مع الترجمة السبعينيّة (أي العهد القديم) الكتاب المسيحيّ المقدّس. وقاد العدد الكبير لتأويلات دلالة يسوع إلى مقولات متناقضة، ما أدّى إلى ضرورة توضيحها، فقام القيصر قسطنطين (حكم 306–337)، الذي اعترف بالمسيحيّة ديانة مشروعة في الامبراطوريّة الرومانيّة، بالدعوة إلى اجتماع لجميع الأساقفة للتوصّل إلى قرار في هذا الشأن. وكان في الاجتماع اتجاهان، الأوّل اتجاه أثناسيوس (295–373) وأتباعه الذي يعتقد بأنّ يسوع في منزلة واحدة مع الله، والاتجاه الآخر كان آريوس (260–336) وأتباعه الذي يقول إنّ يسوع يقف على أعلى درجة في الخلق ولكنّه

ليس من منزلة الله نفسها. وفرض اتجاه أثناسيوس نفسه وتمّت إدانة آريوس على أنّه صاحب عقيدة مضلّلة، الأمر الذي أدّى لاحقًا إلى حصول انقسام عنيف داخل الديانة المسيحيّة كان طرفاه غالبيّة مجمع نيقيا (325 بعدد الميلاد) من جهة والخصوم المقتدون بآريوس من جهة أخرى. هذا الطرف الأخير شكّل في الفترة اللاحقة مختلف الكنائس المسيحيّة في الشرق (على سبيل المثال الكنيسة الأرمنيّة والسريانيّة والكلدانيّة والقبطيّة)، في حين طوّر الملكيّون تعاليمهم إلى مفهوم ثالوثيّ لله (آب – ابن – روح قدس) يُعرف فيه يسوع إنسانًا حقًّا وإلهًا حقًّا (أي الابن). إلا أنّه حصلت توتّرات كبيرة بين الملكيّين لأسباب سياسية واجتماعيّة ودينيّة مختلفة، كانت نتيجتها تفتّت تيّار المسيحيّة العاصف بأوروبا بين شرقا أورثوذكسيّ ذي كنائس إقليميّة تحت سلطة البطاركة وغرب لاتينيّ تحت سلطة أسقف روما (البابا). وحصلت القطيعة النهائيّة في عام 1054، أي بعد حوالي خمسة قرون على الانقسام الكبير الأوّل بين الملكيّين والكنائس الشرقيّة.

بعد خمسة قرون أخرى حصلت اضطرابات داخليّة في الكنيسة الغربيّة لأسباب ليس آخرها الهيمنة القياديّة المتعاظمة للبابا في روما، كانت نتيجتها انقسام جديد ظهور بين مسيحيّة بروتستنتيّة يغلب عليها الطابع الجرمانيّ وكنيسة رومانيّة كاثوليكيّة. يفسّر كثيرون الانشقاق الثالث والأخير على أنّه انبلاج للعصر الحديث، لأنّ أشكالاً من التنظيمات ذات نموذج ديمقراطيّ أصيل حلّت في البروتستانتيّة مكان التسلسل الكهنوتيّ الهرميّ الذي يقف البابا على رأسه، فالبروتستانتيّة شدّدت على كهنوت جميع المؤمنين ورفضت السيامة الهرميّة بشكل عامّ.

ويبدو انبلاج العصر الحديث واضحًا في طريقة التعامل مع العلم والتدقيق في الكتاب المقدّس وتاريخ المسيحيّة، الأمر الذي أدّى في الواقع إلى منازعات داخليّة داخل البروتستانتيّة تجلّت في الصراع بين تيّار المتشدّدين وتيّار الليبراليّين.

ولم تكن الكنيسة الكاثوليكيّة بمعزل عن هذا التطوّرات؛ والأمثلة على ذلك هي الجدال الذي دار حول التجديد في بداية القرن العشرين، والمجمع الفاتيكانيّ الثاني (1962–1965) والتعامل مع هذا الجدال من قبل البابا بولس السادس (1963– 1978) والبابا يوحنّا بولس الثاني (1978–2005) والبابا بنديكتوس السادس عشر (2005–2013). ولم تبقَ أيّة ديانة بمنأى عن صراعات التجديد التي ترخي بثقلها خاصّة داخل الديانة المسيحيّة كونها متوطّنة وقويّة في الدول التي تقف على قمّة عتبة التجديد. هذا الأمر يسري على طريقة التعامل مع نتائج العلوم الطبيعيّة الحديثة (على سبيل المثال مركزيّة الشمس مقابل مركزيّة الأرض، التطوّر في مجال علم الأحياء) وعلم النفس (على سبيل المثال سيغموند فرويد (1856–1939))، وعلم الأخلاق (على سبيل المثال الحياة الجنسيّة وتكنولوجيا

الجيّنات وعلم البيئة) والنظام الاجتماعيّ (على سبيل المثال المساواة بين الجنسين، والمساواة القانونيّة لحياة الشاذين جنسيًّا بالزواج الطبيعيّ).
ومن الصعب التكهّن بما ستؤول إليه المسيحيّة مستقبلاً، فإلى جانب إشارات حول الاندثار هناك أيضًا إشارات حول الازدهار. وبمجرّد إلقاء نظرة على التاريخ يتبيّن أنّ مقدّسات مسيحيّة اندثرت وأخرى جديدة ظهرت. ويسري الأمر نفسه في الوضعيّة المعاكسة، إذ إن بعض التمسّك بالقديم قد ضمن البقاء أو منعه.
ويبقى المستقبل مفتوحًا على الاحتمالات، فليس من قرار في أيامنا لا يبقى من دون تبعات، إلا إنّه سيتبيّن لاحقًا أيّ قرار كان مجديًا أو لم يكن.

بيتر أنتس

مواضيع ذات صلة: **الأعياد؛ الروح القدس؛ يسوع؛ اليهوديّة؛ المسيح؛ المونوفيزيّة؛ الثالوث؛ المجمع الفاتيكاني الثاني.**

المسيحية (من وجهة نظر إسلامية)
ينعت القرآن الكريم متبعي الدين المسيحي بالنصارى، أو أهل الإنجيل، أو أهل الصليب، أو أهل الكتاب، فلقد ذُكِرَ في القرآن المؤمنون، وأهل الكتاب من النصارى، واليهود بعضًا إلى جانب بعض. حيث جاءت فيهم الآية الكريمة التالية: ﴿إِنَّ ٱلَّذِينَ ءَامَنُواْ وَٱلَّذِينَ هَادُواْ وَٱلنَّصَـٰرَىٰ وَٱلصَّـٰبِـِٔينَ مَنۡ ءَامَنَ بِٱللَّهِ وَٱلۡيَوۡمِ ٱلۡأَخِرِ وَعَمِلَ صَـٰلِحًا فَلَهُمۡ أَجۡرُهُمۡ عِندَ رَبِّهِمۡ وَلَا خَوۡفٌ عَلَيۡهِمۡ وَلَا هُمۡ يَحۡزَنُونَ﴾ (سورة البقرة 2 الآية 62؛ انظر: سورة المائدة 5 الآية 69). في الوقت الذي يتحدث فيه القرآن عن عيسى وأمه مريم حديثًا فريدًا ملوءه الحب والإحترام (سورة آل عمران 3 الآية 42–51)، ينتقد القرآن المسيحيين لأنهم جعلوا من عيسى الإنسان والنبي إلهاً، وقاموا بتحريف الإنجيل (سورة البقرة 2 الآية 75، 79، 85؛ سورة آل عمران 3 الآية 78)، وغيروا الكتاب الذي أُنزل إليهم (سورة النساء 4 الآية 171)، فأخفوا بعضًا مما جاء في الإنجيل، ونسوا بعضًا (سورة المائدة 5 الآية 14–15).
عندما نتأمل آيات القرآن الكريم التي جاءت في عيسى، نرى، وعلى العكس من المفهوم المسيحي، بأن القرآن قد وصفه بعبد الله ونبيه. ويذكر القرآن الكريم أيضًا على لسان عيسى بأنه شدد على أنه عبد الله ورسوله ﴿وَمُصَدِّقًا لِّمَا بَيۡنَ يَدَيَّ مِنَ ٱلتَّوۡرَىٰةِ وَلِأُحِلَّ لَكُم بَعۡضَ ٱلَّذِي حُرِّمَ عَلَيۡكُمۡۚ وَجِئۡتُكُم بِـَٔايَةٖ مِّن رَّبِّكُمۡ فَٱتَّقُواْ ٱللَّهَ وَأَطِيعُونِ إِنَّ ٱللَّهَ رَبِّي وَرَبُّكُمۡ فَٱعۡبُدُوهُۚ هَٰذَا صِرَٰطٞ مُّسۡتَقِيمٞ﴾ (سورة آل عمران 3 الآية 50–51). وعلى الرغم من رسالة عيسى الواضحة إلا أن المسيحيين قد جعلوه بعد أن رفعه الله إليه، وكما جاء في القرآن الكريم، إلهًا، وبذلك جعلوا لله تعالى شريكًا، وأضافوا فيما بعد لهذا الإعتقاد بالروح القدس، وبذلك نشأت عقيدة

الثالوث التي أنكرها القرآن وعنف كل من آمن بها ونعتهم بالكفار (سورة المائدة 5 الآية 17، 72–73)، وأنكر أيضًا الرهبنة وذلك لأنها ليست من المسيحية في شيء، وإنما أُدخلت على المسيحية فيما بعد لنيل رضوان الله فما رعوها حق رعايتها (سورة الحديد 57 الآية 27). فلقد كانت الرهبنة في البداية عبارة عن الزهد والتخلي عن الرغبات الإنسانية واعتزال العالم. ولكن بعض الرهبان استغلوا ذلك حيث اتخذهم الناس أربابًا من دون الله وأصغوا لهم وأطاعوهم من غير قيد ولا شرط (سورة التوبة 9 الآية 31). ولكن يجب ألا نغفل بأن انتقاد القرآن الكريم يركز على تصورات العصور القديمة المتأخرة للمسيحية ولهذا لا ينبغي تعميم ذلك. بالإضافة إلى ذلك فإن القرآن الكريم لا يعمم انتقاده على كل المسيحيين، فلقد تحدث في جملة ما تحدث عن قسيسين ورهبان لا يستكبرون ويبدون المودة للذين آمنوا (سورة المائدة 5 الآية 82)، وبذلك فإن القرآن يؤكد على أن المسيحيين هم من أهل الكتاب، وهم أقرب للمسلمين وأكثر مودة لهم، ويثني عليهم كل الثناء. واستنادًا إلى القرآن الكريم فليس هناك أي مانع في مواصلة التقارب الحميم بين المسيحيين والمسلمين في عصرنا الحاضر.

محمد قاتر

مواضيع ذات صلة: **حوار الأديان؛ الإنجيل؛ عيسى؛ الحب؛ مريم؛ أهل الكتاب؛ الثالوث.**

المطهر (من وجهة نظر مسيحيّة)

لقد شاع مفهوم المطهر منذ العصور الوسطى كمرحلة مختلفة عن الجحيم يتمّ فيها تطهير الناس الخطأة (أو فقط الأرواح) بعد الموت قبل الدخول إلى عالم الله السماويّ المبارك (الجنّة). ومنذ ذلك الوقت تعرّض هذا المفهوم إلى عديد من حالات سوء الفهم التي تعود أسبابها بشكل كبير إلى التفاسير الخاطئة من خلال العوامل التاريخيّة الدينيّة القادمة من خارج الكتاب المقدس. وقد رفض اللاهوت البروتستانتي فكرة المطهر وأثر الصلاة والعمل الصالح على المتوفّين لانعدام وجود أساس لهذه العبارة بشكل صريح في الكتاب المقدّس. فقط في سفر المكابيين الثاني 12: 42–45 يدور الحديث حول كفّارة تطهير للموتى قبل القيامة مصحوبة بطلبات من الأحياء، كما أنّ بولس يتحدّث عن خلاص »كما بنار« (كورنثوس الأولى 3: 15). وعلى أيّ حال، يعدّ خطأ في الفهم اللاهوتيّ كلّ تصوّر يعتبر أنّ النعمة المخلّصة التي يقبل الله بها الانسانَ بشكل كامل بعد موته هي نتيجة التنقية عبر المطهر أو أيّ شكل من أشكال الإداءات التي يقوم بها الأحياء. فالاكتمال الأبديّ هو فقط هبة من الله.

يمكن تفسير التنقية بعد الموت بالمعنى الإيجابيّ بكونها عمليّة متدرّجة يتحرّر فيها الإنسان (أيضًا بطريقة مؤلمة) من مقاوماته التي تسبّبت بها وكوّنتها الخطيئة

الشخصيّة أثناء سير حياته. وبالتالي ستتمّ قيادة شخص الإنسان إلى ذلك الاكتمال الذي أراده الله في الأساس، بحيث يمكنه المشاركة في السعادة الأبديّة نهائيًا بواسطة الاتحاد مع إله المحبّة.

مارتن تورنر

مواضيع ذات صلة: **النعمة؛ الجحيم؛ الجنّة.**

المعجزة (من وجهة نظر مسيحية)

أ) بشكل عام

المقصود بالمعجزة هي تلك الخبرات والأحداث التي تُحدث في حياة الإنسان تغييرًا إيجابيًا حاسمًا، دون أن يكون هو نفسه سببًا لهذه الخبرات والأحداث، أو أن يمكن فهمها من خلال مقولات فلسفية عادةً ما تُستخدم لتفسير حوادث في مجال مماثل. وفي حين أنه، وكنتيجة لتطور العلوم الطبيعية في العصر الحديث، تم تفسير المعجزات بشكل أساسي بأنها تعطيل لقوانين الطبيعة من خلال تأثير القدرة الإلهية (غالبًا بواسطة مريم العذراء أو قديسين آخرين أو حتى ممثلين أحياء عن الكنيسة)، أصبحت أسفار الكتاب المقدس تمتلك فهمًا أساسيًا أوسع بكثير للمعجزات. والإيمان بالمعجزات في الكتاب المقدس لا يتم أصلاً التعبير عنه في سياق علمي، بل في سياق لغوي صوري. كما كان كتّاب الأسفار المقدسة وقرّاؤهم المعاصرون لا يزالون يملكون المقدرة على تصوّر توصيفات الأحداث الطبيعية والبيولوجية وفهمها كشكل من أشكال التعبير عن تغيير داخلي وجودي لواقع الحياة الذي يناله الإنسان في فعل الإيمان. ومن خلال تفسيرها هكذا تصبح المعجزات (في الكتاب المقدس) التعبير عن أن حياة الإنسان ليست منغلقة على ذاتها وعلى قوانينها الأرضية، بل تمكّنها عطية اللـه دائمًا من أن تنقلها إلى مستقبل جديد تكون منفتحة عليه. وفي الإيمان بالمعجزات تتجلى خبرة أنه لا معنى ولا مستقبل لحياة الإنسان إلا عندما تبدو حياته غير ممكنة في ظل سمات دنيوية بحتة. لذلك تعتبر القيامة من الموت أكبر معجزة في الإيمان المسيحي وأكثرها جوهرية: ففيها تظهر المعرفة الإيمانية بأن الموت كحدود طبيعية للحياة يمكن التغلب عليه والتطلع إلى ملء حياة أبدية من خلال قوة اللـه الذي بعث الحياة في الخليقة من لا شيء. وتعتبر قصص المعجزات في التقليد المسيحي في جوهرها تعبيرًا عن أنه بإمكان الإنسان، حتى في أصعب لحظات الفشل، أن يبدأ حياته في هذا العالم أيضًا من جديد وبملء الرجاء من خلال قوة اللـه التي يهبه إياها بالإيمان. وبناء على ذلك لا تُفهم المعجزات على أنها تعطيل لقوانين الطبيعة، بل كتعبير عن قوة خلق جديدة للإيمان في حياة الإنسان.

ب) المعجزة التأكيدية
تُفهم المعجزات في التقليد الكتابي المسيحي في المقام الأول على أنها أعمال اللـه الخلاصية التي يمكن إتمامها أيضًا من قِبَل وسيط. وإضافة إلى ذلك هناك، كمجموعة فرعية خاصة من المعجزات، سلسلة ما تسمى بآيات تحدث بواسطة وسيط كمصادقة على أنه (أعماله ورسالته) مرسل من قبل اللـه. فقد ذكر موسى آيات رمزية أو آيات قوة كهذه لتقوم بدور تأكيدي وإثباتي لمهمته أمام شعبه (سفر الخروج 4: 8–31) أو أمام فرعون (سفر الخروج 7: 8–13). كما يمكن للخليفة الشرعي لأي نبي أن يؤكد على شرعيته من خلال معجزة تأكيدية: فمن خلال شق أليشع مياه نهر الأردن بواسطة رداء إيليا، استطاع أن يأخذ مكانه في حلقة الأنبياء (سفر الملوك الثاني 2: 14). تعتبر معظم المعجزات المنسوبة إلى يسوع معجزات شفاء بالدرجة الأولى، وكمعجزات تأكيدية فقط كأهمية ثانوية. وكان موقف يسوع من مثل هذه المعجزات التأكيدية وفقًا لشهادة العهد الجديد موقفًا ناقدًا أيضًا، حتى أنه كان لهذا السبب يرفضها في ظروف معينة (الإنجيل بحسب مرقس 8: 12). وعلى الأرجح كان يسوع يريد بذلك منع الناس من جعل إيمانهم يعتمد على معجزات تأكيدية كهذه. ومع أن إدراج طرد يسوع للشياطين جاء كمصادقة على بنوته للـه، إلا أنه في الوقت نفسه طلب منهم التزام الصمت (الإنجيل بحسب مرقس 1: 24 وما بعدها). وقد اكتسبت المعجزات التأكيدية في الإنجيل بحسب يوحنا تقييمًا إيجابيًا كشهادةٍ من اللـه على إرساله ليسوع وعلى إظهار مجده الإلهي (الإنجيل بحسب يوحنا 2: 11 و11: 4). وبما أن الوحي وفقًا للإيمان المسيحي قد اختتم مع يسوع المسيح، فلا يمكن أن يكون هناك أية معجزات تأكيدية بالمعنى الحقيقي للكلمة بعد قيامة يسوع.

مارتن تورنر

مواضيع ذات صلة: **القدرة الإلهية؛ الاسخاتولوجيا (الأخرويات)؛ الإيمان؛ الوحي.**

المعجزة (من وجهة نظر إسلامية)
يرى الكثير من التقاليد الدينية أن تدخل القدرة الإلهية في الأحداث الكونية يرمي إلى تحقيق عدة أهداف، منها تـأكيد الحقيقة الدينية، وتقوية إيمان المؤمنين، وتحذير غير المؤمنين ومعاقبتهم. إن المعجزة التي تظهر غالبًا في الديانات السماوية تبرز من المنظور الإسلامي خصوصية النبوة وتميزها. ومن مفاهيم المعجزات في التقاليد الإسلامية إثبات ومساندة الأنبياء الذين اصطفاهم الله بواسطة أحداث وأفعال صادرة من تأثير إلهي، وهذا يمكن أن يلغي مؤقتًا قوانين الطبيعة. أما الإنسان العادي، على عكس الأنبياء، فلا يملك القدرة على إحداث معجزة أو تقليدها.
والجدير بالذكر أن كلمة المعجزة لم تستعمل لا في القرآن ولا في الأحاديث. وقد تمّ

وصف الأحداث العادية التي تبرهن على أن الأنبياء بعثهم الله بالعلامات، وهذا ما نجده مثلاً في الآية 73 ومن الآية 106 إلى الآية 108 من سورة الأعراف 7، والآية 96 من سورة هود 11، والآية 35 من سورة القصص 28. وذكرت كلمة البرهان بمعنى المعجزة في الآية 73 من سورة الأعراف 7، والآية 32 من سورة القصص 28، والآية 153 من سورة النساء 4. كذلك كلمة السلطان تستعمل في الآية 96 من سورة هود 11 بمعنى المعجزة. ثم تأتي أيضًا كلمة الحق في الآية 76 من سورة يونس 10 التي تشير إلى معنى المعجزة. وكذلك كلمة الفرقان في الآية 53 من سورة البقرة 2. كما يخبر القرآن عن معجزات تؤكد على نبوة الأنبياء السابقين، وهذا ما جاء في الآية 49 من سورة آل عمران 3، والآية 31 و32 من سورة القصص 28. حتى أن الله أظهر قدرته للناس بواسطة المعجزات. عبارة معجزة النبي هي مجازية تؤكد أن المعجزة صادرة من نبي من الأنبياء. ومن أدوار المعجزة التي تعد من أفعال الله إقرار نبوة النبي ومساندته.

إن إعطاء الأنبياء القدرة على القيام بالمعجزات يهدف غالبًا التوضيح للناس على أن الله موجد بأفعاله وأنه قادر على أن يُحدث ما هو خارق للطبيعة. كما أن المعجزة التي أعطيت للنبي لا تتكرر، وذلك لأن الحدث المتكرر يفقد نزعته الخارقة للطبيعة ويصبح بتكراره من الأمور العادية.

يفرق الكلام بين ثلاثة أصناف من المعجزات: أولاً المعجزة الحسية، وهي الأحداث الخارقة لقانون الطبيعة التي تتم معرفتها عن طريق الحواس؛ أما معجزات الوحي فهي تنبؤات النبي عن أحداث مستقبلية، وهي قائمة على الوحي المُنزل. وهناك أيضًا معجزات عقلية وهي أحداث كونية يمكن إدراكها بواسطة القدرة البشرية على التفكير المنطقي. وقد إتفق علماء المسلمين على أن القرآن المُنزل على محمد يبرهن إعجازه على أنه معجزة عقلية، إلا أنه هناك علماء يرون أن محمدًا قام بمعجزات حسية بجانب المعجزة العقلية، نذكر منها على سبيل المثال انشقاق القمر، رحلة الإسراء والمعراج، مساعدة الملائكة في غزوة بدر في سنة 2/624، وإطعام جمع كثير من الناس بطعام قليل.

ومع ذلك يؤكد القرآن على إنسانية محمد وأنّ مهمته تكمن في التبليغ فقط. وهذا التأكيد هو رد فعل على طلب خصوم محمد منه القيام بمعجزة حسية. علاوةً على ذلك، فإن الأحداث الخارقة للطبيعة لا تجلب أي فائدة لأولئك الذين لا يريدون في كل الأحوال أن يؤمنوا. في حين أن أولئك الذين لديهم العقل والفهم البشري الصحيح يكفيهم إعجاز القرآن كمعجزة، وهذا ما أشار إليه القرآن في الآيات التالية: الآية 35 من سورة الأنعام 6، والآيتين 5 و6 من سورة الأنبياء 21، والآية 7 من سورة الرعد 13، ومن الآية 3 إلى الآية 5 من سورة الشعراء 26، والآيتين 48 و49 من

سورة القصص 28، والآية 59 من سورة الإسراء 17، ومن الآية 47 إلى الآية 51 من سورة العنكبوت 29.

محمود آي

معرفة الله (من وجهة نظر مسيحيّة)
يُفهم بمصطلح معرفة الله طريقة اتصال وعلاقة مع الله تتحقّق على أساس القوى العقليّة للإنسان، وفيها يتمّ التمييز بين معرفة الله وخبرة الله. فالأخيرة تجري في أبعاد وجدانيّة انفعاليّة وتشكّل موضوعًا للتصوّف. إذًا، فعلى العكس من خبرة الله التي تطغى على الإنسان لا شعوريًّا وكذلك بشكل مفاجئ ومحتمل رغمًا عن مراميه الواضحة، فإنّ معرفة الله هي إجراء للوعي والإدراك يحاول الإنسان عبره على أساس التقرير المبدئيّ المنهجي الواضح أن يكتسب معرفة متدرّجة حول وجود الله وجوهره وأعماله وكذلك سلوكه الماضي والمستقبليّ. ينتج عن ذلك الإشكاليّة الخاصّة بمعرفة الله وهي أنّ العقل الإنسانيّ في طبيعته نهائيٌّ ولذلك فهو غير قادر على إدراك الجوهر اللانهائيّ لله. من أجل ذلك تسري مقولة أوغسطينوس (354–430) كقاعدة أساسيّة لمعرفة الله: »عندما تدرك، فإنّه ليس الله (الوعظة 117: 3. 5). لذلك من الممكن وجود معرفة لله غير فعليّة تحت شريطة عدم القدرة على إدراكه، وهذه المعرفة تتمايز جذريًّا عن جميع أشكال المعرفة الأخرى في كونها لا تتوصّل إلى معرفة موضوعها فعليًّا. لقد تطوّرت في التقليد المسيحيّ ثلاثة احتمالات لهكذا معرفة غير فعليّة لله: اللاهوت السلبيّ، معرفة الله القياسيّة ومعرفة الله على أساس الوحي.
يستنتج اللاهوت السلبيّ من مفهوم عدم القدرة على معرفة الله أنّه من غير الممكن الكلام عن الله بما هو، ولكن يمكن الكلام عمّا ليس هو؛ لقد وجدت صفات الله مكانها في اللاهوت السلبيّ من خلال نفي صفة عدم الكمال المخلوق والنهائيّ عنه (لا نهائيّ، غير مُدرك إلخ...).
تنطلق معرفة الله بواسطة القياس من أنّ الله قد خلق العالم ، فبالتالي نشأت طبعًا علاقة بين الطرفين العملاقين، الأمر الذي يتيح للخلق استخلاص استنتاجات حول أصله الإلهيّ. من أجل ذلك تتمّ المحافظة على عدم إدراك الله من خلال المبدأ بأنّ عدم التشابه بين صفات المخلوق وصفات الله أكبر من تشابههما. يتيح القياس نشوء صفات إيجابيّة لله (مثلاً: الجوهر المطلق، الخير، الحقيقة إلخ...) وهي مشرعنة في الكتاب المقدّس (رومية 1: 20).
تنطلق معرفة الله القائمة على أساس الوحي من أنّ الله غير مُدرَك في ذاته، غير أنّه قدّم للإنسان المؤمن إمكانيّة إدراكه من خلال مشاركته الذاتيّة في الكتب وأخيرًا في يسوع المسيح (انظر يوحنا 1: 18). تشكّل اللحظة الشخصيّة التاريخيّة أمرًا

جوهريًّا لهكذا نوع من معرفة الله، لأنّ الوحي يجري بشكل متدرّج انطلاقًا من البدايات مع الآباء وحتّى تجلّي الله الكامل في ابنه (عبرانيين 1: 1–2) فيتمّ اكتماله أخرويًّا. بناء على ذلك يبقى عدم إدراك جوهر الله هنا مصونًا على اعتبار أنّ معرفة الله الأخرويّة يتمّ وصفها بـرؤية الله. فالتمايز مع معرفة الله الأرضيّة ليس كميًّا، بل نوعيًّا، كون أنّ الله في العالم الآخر لن يكون انعكاسًا (للخليقة) وإنّما ستتمّ رؤيته وجهًا لوجه (كورنثوس الأولى 13: 12). لقد ثار الجدال في تاريخ المسيحيّة حول موضوع إمكانيّة ومدى قدرة الإنسان على تحقيق معرفة الله بنفسه على أساس عقله الطبيعيّ، بغضّ النظر عن وحي الكتب (اللاهوت الفلسفيّ). ففي حين تعتبر المسيحيّة الكاثوليكيّة أنّ وجود الله وعمليّة خلق العالم يمكن على الأقلّ إدراكهما، يعتبر المفهوم البروتستانتيّ أنّ العقل الإنسانيّ وَهَن بسبب خطيئة السقوط بشكل لا يسمح بمعرفة الله إلا من خلال الإيمان بالوحي.

مارتن تورنر

مواضيع ذات صلة: **الآخرة؛ البرهان على وجود الله؛ السماء؛ التصوّف؛ الوحي؛ لاهوت الأديان؛ التعالي؛ العقل.**

معرفة الله في التصوف (من وجهة نظر إسلامية)

تُعْتَبَر مَعرفة الله في التصوف التي تُسْتَخْدم في لغة الصوفيين نوعًا من المعرفة المنبثقة عن الخبرة المباشرة والتي لا يشوبها أي شك؛ وبذلك تختلف معرفة الله في التصوف عن المعرفة النظرية الـمُسْتَنْبَطة. إن الهدف من وراء معرفة الله في التصوف هو الوصول إلى أسماء الله، وصفاته، وأفعاله، وطبيعته، وذلك عن طريق الخبرة الروحانية العميقة التي تتعدى المعرفة العقلانية للذات الإلهية. فهذه المعرفة لا يتم الوصول إليها، حسب قناعة المتصوفين، من خلال الكتب والتفكير المنطقي، أو طرائق القياس. فمعرفة الله في التصوف تستند إلى الخبرة الروحانية وتتعالى عن المعرفة الواقعية التي يتم الوصول إليها من خلال التفكير، ومن خلال الموروث. فهناك حديث قدسي يُستخدَم كثيرًا في كلام الصوفية مفاده أن الله قال: »كنتُ كنزًا مخفيًّا، فأحببتُ أن أُعْرَف فخَلَقتُ خلقًا فعَرَّفْتهم بي فعرفوني« (أنظرِ العجلوني). يفسر المتصوفون الآية القرآنية: ﴿وَمَا خَلَقتُ ٱلجِنَّ وَٱلإِنسَ إِلَّا لِيَعبُدُونِ﴾ (سورة الذاريات 51 الآية 56) على أساس أنها المعرفة، أي »ما خلقت الجن والإنس إلا ليعرفوني«. تشكل المعرفة الذاتية عند المتصوفين البداية في المعرفة لله، وهذا يطابق الحديث النبوي القائل: »من عرف نفسه فقد عرف ربه« (أنظر العجلوني). ولكن المفارقة في معرفة الله تكمن في أن المتصوفين أنفسهم يرون استحالة الوصول إلى المعرفة الدقيقة لجوهر الله، وذلك لأن الله في أزله يتعدى حدود إدراك الإنسان.

طِبقًا لرأي المتصوفين يجب أن تُصْنَع لمعرفة الله أصول نابعة عن الأعمال الملائمة لذلك. فمعرفة الله لا تُمْنَح بسبب الإنتماء العائلي، أو المكانة الإجتماعية، أو المال، أو المظهر، فهي رحمة إلهية، ونور يضيء الله به قلوب عباده؛ وهدية لعباده الذين اصطفاهم. وعلى هذا الأساس يُنْتَظر من العبد إقامة الصلوات المفروضة والصلوات النافلة، ليستعد إلى معرفة الله. وإن كانت الجهود الشخصية والسعي الحثيث من قِبَلِ العبد من الأمور الضرورية إلا أنها غير كافية، فمعرفة الله لا تُكْتَسَب فقط من خلال السعي؛ وكيفما يكن فإن من يحظى بمعرفة الله يكون قد بذل قصارى جهده من أجل ذلك.

حكمت يامان

مواضيع ذات صلة: **صفات الله؛ التصوف؛ طريق التصوف.**

مصادر الحديث:

1) العجلوني: كشف الخفاء، باب 2، ص 155، رقم الحديث 2016

2) العجلوني: كشف الخفاء، باب 2، ص 312، رقم الحديث 2532

معرفة الله في الكلام (من وجهة نظر إسلامية)

معرفة الله في الكلام هي عبارة عن طريقة التفكير التي تحاول وبمساعدة المصطلحات الإنسانية والإمكانيات معرفة الله والتحدث عن ذاته، أو الاشتغال بالسؤال الذي يهتم بنوعية جوهر الله. يختلف إدراك معرفة الله في الكلام المستند إلى العقل عن معرفة الله في التصوف والتي تتحدث عن المشاعر الوجدانية؛ إذ أن معرفة الله في الكلام هي نتيجة عملية واعية يجتهد من خلالها المرء في الحصول على معلومات عن ذات الله، وصفاته، وأفعاله.

يمكن للإنسان أن يدرك الأشياء التي يعيها بحواسه وفطرته بشكلٍ تام، لذلك لا يمكن للإنسان أن يعرف الله الذي يتجلى في مستوى وجودي آخر، لا عن طريق المعطيات التي يقدمها له الإدراك، ولا عن طريق مباشر. وإن لم تكن الذات الإلهية مسألة يمكن التعرف عليها بشكلٍ مباشر، إلا أن الإنسان يستطيع من خلال العقل أن يتعرف عليها في حدود درجة معينة. أكد الراغب الإصفهاني (المتوفى عام 425/1071) على أن معرفة الله تجسد درجة العقل القصوى في الكمال. ويتفق المتكلمون والفلاسفة المسلمون على أن التفكر والتأمل والتدبر في الذات الإلهية من أجل معرفة الله تشكل الفرض الرئيسي للإنسان. إذ يعتبر الكلام مسألة معرفة الله الفلسفية من خلال الإنسان حدثًا يدور في حيز العقل، حيث تكون أحكام العقل سارية المفعول. أما معرفة اسم الله وصفاته فإنها تقر وجوده تعالى كشرط، حيث يمكن التوصل إلى هذه المعرفة عن طريق التفكير المنطقي، وكذلك عن طريق الوحي والتنزيل.

يصور القرآن معرفة جوهر الله من خلال الإنسان كقابلية فطرية موضوعة في الإنسان (سورة الأعراف 7 الآية 172–173؛ سورة الروم 30 الآية 30). فعندما يتصرف الإنسان طِبقًا لهذه الفطرة الطبيعية لا يجد صعوبة في معرفة وجود الله. إضافةً إلى ذلك، يحثّ القرآن فيما يخص معرفة الله على الملاحظة القائمة على التأمل والتدبر. وعليه فإن كل مخلوق يُعْتَبَر آية ودليلاً جليًا على وجود الله. وعندما يتحدث الله في القرآن عن وجوده وعن ذاته فإنه تعالى يُسَهِّل الطريق على الإنسان في معرفة الله.

يشكل الحديث عن الله وعن جوهره من جهة وعن نوع العلاقة القائمة بينه تعالى وبين الكون والإنسان من جهة أخرى الموضوع المركزي في الإسلام. لذلك طور المتكلمون علمًا يختص بالصفات السلبية، والصفات الثبوتية، والصفات الفعلية لله تعالى. أما الصفات السلبية فهي تلك الصفات التي نفاها الله عن ذاته والتي تميز الله عن المخلوقات الموجودة في العالم والتي ندركها بحواسنا: ﴿لَيسَ كَمِثلِهِۦ شَىۡءٌ﴾ (سورة الشورى 42 الآية 11)؛ ﴿لَم يَلِد وَلَم يُولَد﴾ (سورة الإخلاص 112 الآية 3)؛ ﴿ لَا تَأۡخُذُهُ سِنَةٌ وَلَا نَوۡمٌ﴾ (سورة البقرة 2 الآية 255)؛ ﴿إِنَّ ٱللَّهَ لَا يَظۡلِمُ ٱلنَّاسَ شَيۡـًٔا﴾ (سورة يونس 10 الآية 44). أما فيما يخص الصفات السلبية التي نفاها الله عن ذاته فإن الفلاسفة المسلمين متفقون مع المتكلمين في هذه المسألة، ولكن الفلاسفة يمثلون رأيًا مغايرًا لا يتفق مع رأي المتكلمين مفاده أن هناك صفات مثل العقل يمكن أن يوصف بها الله. وأما الصفات الثبوتية التي أثبتها الله لذاته والتي تدل على إبداعه وقدرته فإنها قد تجسدت من خلال أسماء الله الحسنى كـ«العليم»، «الحفيظ»، أو «السلام» (سورة البقرة 2 الآية 29–33، 158، 253؛ سورة آل عمران 3 الآية 181؛ سورة النساء 4 الآية 132–133). أما صفات الله الخاصة بالكون، وبالخليقة، وبديمومة الخليقة فإنها تسمى بالصفات الفعلية.

رابعة چتين

مواضيع ذات صلة: **صفات الله؛ سمو الله.**

المعمودية (من وجهة نظر مسيحية)

المعمودية هي السر الأول والأساسي من الأسرار السبعة بحسب تعاليم الكنيستين الكاثوليكية والأرثوذكسية، ولكنه أيضًا واحد من سرّين (أو ثلاثة) وفقًا لتعاليم الكنائس البروتستانتية. وتعني كلمة المعمودية في أصلها اليوناني واللاتيني (baptismos / baptismus) «التغطيس أو التغسيل». وتتم المعمودية الآن في الكنائس الأرثوذكسية وبعض الكنائس البروتستانتية (وخاصة المعروفة باسم الكنيسة المعمدانية) من خلال غمر جسد المعمّد بأكمله بالماء، في حين أن هذا

السر يُمارس في الكنيسة الكاثوليكية وفي الكنائس البروتستانتية الرئيسية بسكب الماء فوق الرأس.

العناصر الأساسية لطقس المعمودية هي:

– دستور الأيمان (في شكل سؤال وجواب)،

– تلامس الجسم مع الماء بأي شكل كان،

– ما تسمى بالصيغة الثالوثية: »أعمدك باسم الآب والابن والروح القدس«، أي باسم الله الواحد في ثالوث بحسب الفهم المسيحي لله.

ويتوقف الاعتراف الصريح بالمعمودية والمتبادل بين كافة الكنائس المسيحية تقريبًا على عنصري التلامس مع الماء والصيغة الثالوثية، بحيث لا تُجرى المعمودية مرة أخرى في حال التحوّل من طائفة إلى طائفة مسيحية أخرى، ما لم يكن مشروطًا في حالات غير واضحة (»إن لم يتم تعميدك بعد، أعمدك باسم...«). وبذلك تكون المعمودية أساس القواسم المشتركة المسكونية بين الطوائف المسيحية وأساس كل بحث مسكوني عن شراكة جديدة بين الكنائس.

والآثار الروحية للمعمودية وفقًا للعقيدة المتفق عليها بين كافة الكنائس المسيحية هي:

– الشركة مع المسيح في موته وقيامته، وبالتالي التمتع بختم الحياة الدائم تحت علامة الرجاء بحياة أبدية مع الله،

– غفران جميع الخطايا والوعد بالغفران في المستقبل أيضًا،

– هبة الروح القدس كقوة للحياة المستمدة من نعمة المعمودية، وما يترتب عليها من الالتزام المقدس بالعيش وفقًا لهذه النعمة.

أما بالنسبة لمعمودية البالغين، فتسبقها منذ عصر الكنيسة الأولى فترة تحضيرية تسمى »مرحلة الموعوظين«، يتعرف خلالها الراغب في المعمودية على الإيمان ويتدرب على الالتزامات الأخلاقية للحياة الجديدة. ومنذ عصور قديمة تتم معمودية الأطفال الصغار في الأسر المسيحية قبل بلوغهم سن الإدراك. وكان هذا يتم بشرط ضمان تربية مسيحية يلتزم بها الوالدان. تعتبر معمودية الأطفال الصغار موضع خلاف بين الكنائس المسيحية، لأن كل الأسرار تتطلب من حيث المبدأ موافقة واعية من قبل متناوليها. وفي الكنائس التي تعترف بشرعيتها تجرى المعمودية على أنها شهادة على نعمة الله التي تسبق أعمالنا دائمًا مستبعدة فكرة أية مبادرة عمل من جهة الإنسان.

أوتو هيرمان بيش

مواضيع ذات صلة: **الخلاص؛ التربية الدينية؛ دستور الإيمان؛ الروح القدس؛ الحركة المسكونية؛ السر المقدس.**

الملاك (من وجهة نظر مسيحيّة)

أ) عمومًا

تُفهم الملائكة (في اليونانيّة أنجلوس = حامل الرسالة) وفقًا لطبيعتها على أنّها كائنات روحيّة صرفة مخلوقة إنّما من الله، تنحصر مهمّتها الأوليّة في أن تكون رسل الله المساعدة أو المعاقبة وأن تعكس مجده كبلاط سماويّ (سفر الملوك الأول 22: 19–22؛ لوقا 2: 13؛ متّى 26: 53). ويمكن للملائكة في وظيفتها الحاملة للرسالة الظهور في جسد وهميّ لا يمتّ في الواقع إلى طبيعتها بصلة، وبإمكانه الاختفاء بسرعة مثلما ظهر. وتطغى تأثيرات شرقيّة قديمة ووثنيّة قويّة على صياغة التصورات المسيحيّة للملائكة، كما تأثيرات الفلسفة اليونانيّة في ميلها إلى التراتبيّة الهرميّة (ديونيسوس الأريوباغي المنحول عاش حوالي عام 500 بعد الميلاد). رغم ذلك تكتسب الملائكة في العهدين القديم والجديد أهمّية خاصّة. ففي العهد القديم يطرح تصوّر الملاك إمكانيّة تفسير الفعل الإلهيّ في التاريخ – ورغم تساميه المطلق، إذ يمكن أن يظهر الله بشكل مباشر أو من خلال وساطة كما بمرافقة الملائكة. ويشدّد العهد الجديد على أنّ تأثيرات الملائكة التاريخيّة الخلاصية يتمّ تحضيرها دومًا بطريقة مسيحانيّة، أي أنّها في الأصل مدفوعة من المسيح: فيسوع المسيح المرتفع يقف في موضع أعلى من جميع الملائكة التي هي خدّام له (رسالة بولس الرسول إلى العبرانيّين 1: 14 و2: 16). ويتوجّب تكريم الملائكة فقط لا عبادتها كما يُعبد الله ويسوع المسيح، لذا يتمّ رفض أشكال التقوى المبالغ فيها المتعلّقة بها.

مارتن تورنر

ب) رؤساء الملائكة

يشكّل رؤساء الملائكة طبقة الملائكة العليا في البلاط السماويّ (انظر سفر التكوين 28: 12؛ 32: 2؛ المزمور 104 و148؛ سفر أيوب: 1 وما يليها). وجاء هذا التعيين للمرّة الأولى في ترجمة سفر أخنوخ اليونانيّة 20: 7 ورسالة بولس الأولى إلى تسالونيكي 4: 16 ويهوذا 9. والملائكة هي مخلوقات متصوّرة عادمة الجسد لا هيوليّة، ربّانيّة عظيمة تتميّز عن المخلوقات الهجينة مثل الأرواح والشياطين والكيروبيم والسيرافيم من خلال وظيفتها كرسل الله ومفسرين للرؤى. يعرف العهد القديم بالاسم ثلاثة ملائكة: جبرائيل، ميكائيل ورفائيل، أمّا أصول نشوء تصوّر الملائكة فتبقى غامضة فيه. هذا التصوّر تمّ وضعه في زمن يهوديّة الهيكل الثاني. ويقف رؤساء الملائكة أمام الله وينظرون إلى وجهه: انظر كتاب اليوبيلات 2: 18؛ وترجمة سفر أخنوخ الحبشيّة 40: 9؛ شهادات الآباء الاثني عشر 3: 5–7 والتي فيها يمكن التعامل مع أربعة أو سبعة رؤساء الملائكة وردت أسماؤها على الشكل التالي: وارويل، رفائيل، رصوئيل، ميخائيل، سورئيل،

جبرائيل ويدوئيل (ترجمة سفر أخنوخ اليونانيّة 20: 7). ويوجد التقليدان مجتمعين في العهد الجديد أيضًا (انظر رسالة الرسول بولس الأولى إلى تسالونيكي 4: 16؛ رؤيا يوحنّا 1: 4–20؛ 6: 1–8؛ 7: 1 وما يليها؛ 8: 2–11، 19؛ 15: 1–16، 21)، الذي إنّما يذكر اسم ملاكين: ميخائيل وجبرائيل (يهوذا 9؛ رؤيا يوحنّا 12: 7؛ لوقا 1: 19، 26). والملائكة هنا موضوعة تحت المسيح وتعدّ مخلوقات مثل البشر (رسالة بولس الرسول إلى كولوسي 1 وما يليها) يتمّ الطعن بعبادتها بشكل صارم.

إنّ المعنى اللاهوتيّ للملائكة كرسل لله وناقلين لأوامره يكمن في إيضاح غزارة كيان الله الواحد المتسامي الذي لا يسود فقط على عالم ميت بلا إرادة.

ويعني اسم جبرائيل »قدرة الله« (دانيال 8: 15 وما يليها؛ انظر ايضًا 9: 21)، برز في العهد القديم مفسّرًا رؤى مختلفة لدانيال ومن ثمّ ارتقى في الأدب اللاحق للعهد القديم إلى رتبة رئيس ملائكة. وهو في العهد الجديد يبشّر بولادة يوحنّا المعمدان ويسوع (لوقا 1).

ويُعدّ الملاك ميخائيل (من مثل الله؟) في العهد القديم الرئيس الأعلى للملائكة (دانيال 10: 21،13؛ 12: 1)، أمّا في الأدب اللاحق للعهد القديم فهو ملاك شعب إسرائيل يمثّله أمام عرش الربّ (ترجمة سفر أخنوخ الحبشيّة 20: 5) وينصّ بيده الكتب السماويّة (ترجمة سفر أخنوخ الحبشيّة 69: 14–16؛ 89: 61–63). وفي العهد الجديد يقود ميخائيل جيوش الملائكة ضدّ الشيطان وملائكته (يهوذا 9؛ رؤيا يوحنّا 12: 7–9).

وتمّ إدخال رئيس الملائكة رفائيل (الله يشفي) في كتاب طوبيّا واحدًا من الملائكة السبعة المقدّسين وتنحصر المهمّة الموكلة إليه من الله بالحماية والمرافقة، ولكن بالدرجة الأولى بالشفاء.

ويُذكر رئيس الملائكة واورويل (الله نوري) في الادبيّات خارج الكتاب المقدّس، يقدّم إرشادات فلكيّة كسيّد للأنوار السماويّة (ترجمة سفر أخنوخ الحبشيّة 72–82)، يحطّم أقفال العالم السفلي ويقود أرواح الموتى أمام محكمة الله (رؤيا بطرس 4: 12).

مارتن أرنيت

مواضيع ذات صلة: **التعالي.**

الملاك (من وجهة نظر إسلامية)

أ) تمهيد

الملائكة هم خلق من مخلوقات الله، خلقهم الله من نور وأعطاهم القدرة على التشكيل والظهور بأشكال مختلفة بإذن الله حيث لا يمكن أن يدركها العقل الإنساني، وهم لا يوصفون بالذكورة ولا بالأنوثة، ولا ينامون، ولا يملون، ولا يتعبون، ولا يعلم عددهم إلا الله (سورة المدثر 74 الآية 31). طِبقًا للقرآن يتلقى الملائكة واجبات معينة لها علاقة بالله، وبالكون، وبالإنسان، حيث يؤدون واجباتهم على أكمل وجه ودون أي تقصير أو نقصان. أما الإيمان بوجود الملائكة فإنه يُعد جزءًا لا يتجزأ من مبادئ العقيدة الإسلامية (سورة البقرة 2 الآية 285؛ سورة النساء 4 الآية 136). لقد انتقد القرآن الكريم إبان بدء الدعوة الإسلامية في المجتمع العربي تلك المفاهيم المترسخة في عقول المشركين آنذاك والتي كانت تدعي بأن الملائكة هم بنات الله (سورة الصافات 37 الآية 149–150؛ سورة الزخرف 43 الآية 19).

هناك العديد من الآيات القرآنية التي تتحدث عن صفات، وقدرات، وواجبات الملائكة: فهم موجودون قبل آدم، وعندما أراد الله خلق آدم حدث حوار سماوي بين الله والملائكة (سورة البقرة 2 الآية 30–34)، وكذلك فهم لا يأكلون ولا يشربون (سورة هود 11 الآية 69–70؛ سورة الذاريات 51 الآية 24–28). لقد ورد وصف الملائكة بالأيدي، وبالأجنحة في مواطن عدة من الكتاب والسُنّة (سورة الأنعام 6 الآية 94)، (سورة فاطر 35 الآية 1)، وهم موجودون في السماء (سورة النجم 53 الآية 26). من واجبات الملائكة أيضًا أنهم يسبحون الله دون انقطاع، ولا يستكبرون عن عبادته (سورة الأعراف 7 الآية 206؛ سورة الرعد 13 الآية 13؛ سورة الأنبياء 21 الآية 20؛ سورة الصافات 37 الآية 166؛ سورة فصلت 41 الآية 38)، ويسجدون له، ويتبعون أوامره (سورة النحل 16 الآية 49–50؛ سورة التحريم 66 الآية 6)، ويصلون على النبي (سورة الأحزاب 33 الآية 56)، ويدعون لمن في الأرض، ويستغفرون للمؤمنين والمؤمنات (سورة غافر 40 الآية 7–9؛ سورة الشورى 42 الآية 5)، ويساندون المؤمنين في الملمات والشدائد (سورة آل عمران 3 الآية 123–125؛ سورة الأنفال 8 الآية 9؛ سورة التوبة 9 الآية 26، 40). وكما اصطفى الله من الناس رسلاً، فإنه يصطفي من ملائكته رسلاً أيضًا (سورة الحج 22 الآية 75). وهناك أيضًا ملائكة يحملون عرش الرحمن ويحفون من حول العرش، ويسبحون بحمد ربهم (سورة الزمر 39 الآية 75؛ سورة غافر 40 الآية 7؛ سورة الحاقة 69 الآية 17؛ سورة النساء 4 الآية 172). وهناك ملائكة يكتبون أعمال العباد صغيرها وكبيرها (سورة الزخرف 43 الآية 80؛ سورة ق 50 الآية 17–18)، وهناك أيضًا ملائكة وُكّلت بهم واجبات مختلفة في الآخرة، كأولئك الذين يرحبون بعباد الله الصالحين في

الجنة، والموكلون بالنار وهم خزنة جهنم أو الزبانية (سورة الرعد 13 الآية 23؛ سورة الزخرف 39 الآية 71–72؛ سورة الزخرف 43 الآية 77). لقد اختلف العلماء في وجود الملكين منكر ونكير، وهما الملكان اللذان يتوليان محاسبة المرء في قبره، وسؤاله عن ربه ونبيه، فلم يرد في القرآن مطلقًا ذكر منكر ونكير، ولكن ذلك جاء وقبل كل شيء في الاعتقاد الشعبي، وكذلك في الأحاديث النبوية، فلقد جاء في سنن الترمذي فيما رواه أبو هريرة عن النبي إن العبد إذا وُضع في قبره أتاه ملكان فيقعدانه ويسألانه عن هذا الرجل، أي النبي محمد (أنظر سنن الترمذي).

إسماعيل حقي أونال

مصادر الحديث:
1) البيهقي: شعب الإيمان، باب 1، ص 537، رقم الحديث 347، عن ابن عباس.
2) سنن الترمذي، كتاب الجنائز، باب 70 ما جاء في عذاب القبر، رقم الحديث 1071، عن أبي هريرة.

ب) رؤساء الملائكة

يُعد جبريل، وميكال، وإسرافيل، وملك الموت من رؤساء الملائكة. أما فيما يخص جبريل وميكال فهم معروفون ليس فقط في الإسلام، بل أيضًا في اليهودية والمسيحية. لقد ذُكر جبريل بإسمه صراحة ثلاث مرات في القرآن (سورة البقرة 2 الآية 97–98؛ سورة التحريم 66 الآية 4). فهو يُعتبر الملك الموكل بالوحي من الله إلى ملائكته ورسله، وهو الروح الأمين، حيث يبلغهم أوامر الله. فجبريل هول الملك الذي نزل بالقرآن على النبي محمد. لقد وردت في القرآن ألقاب عدة لجبريل، فهو جبريل، وروح القدس، والروح الأمين، والروح، والرسول. وصف الله جبريل في القرآن بأنه شديد القوى، قوي على تنفيذ ما أمره الله بتنفيذه، وقوي على إيصال الوحي، ذو مرة أي ذو قوة وخلق حسن، وجمال ظاهر وباطن، ووصفه الله بالكريم لكرم أخلاقه وكثرة خصاله الحميدة، وهو عند ذي العرش مكين، ذو المكانة والمنزلة العالية، والمطاع في الملأ الأعلى، والأمين ذو الأمانة في تنفيذ ما أمره الله به (سورة النجم 53 الآية 5–6؛ سورة التكوير 81 الآية 19–21). إن جبريل هو الملك الذي تمثل لمريم بصورة بشر سوي ليهب لها غلامًا زكيًا صالحًا، وطاهرًا من الذنوب (سورة مريم 19 الآية 17–19)، وبعد ولادة المسيح قام جبريل بمؤازرته.

لقد رأى النبي محمد جبريل مرة وهو بالأفق الأعلى (سورة النجم 53 الآية 7)، ومرة أخرى عند سدرة المنتهى (سورة النجم 53 الآية 14)، إذ قام في صورته التي خلقه الله عليها. إن جبريل هو صاحب النبي محمد، وهو ناصر المؤمنين. أما ميكائل، ميكاييل، أو ميكائيل فقد ذُكر في القرآن مرة واحدة (سورة البقرة 2 الآية 98). لقد جاء في الحديث والسُّنة بأن ميكال موكل بتنظيم الحوادث الطبيعية، فهو

مكلف بأمر الله بإنزال المطر، وإنبات النبات والخصب. وفي حقيقة الأمر أن الله هو الذي يقسم الأرزاق، وينزل الغيث على عباده، ولكنه أوكل هذه المهمة لميكال. أما الملك الثالث فهو إسرافيل؛ لم يرد إسم إسرافيل نصًا في القرآن، بل ورد فقط ما أوكل الله إليه. إن إسرافيل موكل بالنفخ في الصور في نهاية الزمان، فهو الذي سوف ينفخ في الصور مرتين، أما النفخة الأولى فسيكون بها الفزع والصعق، حيث يفزع الناس لهولها وشدتها ثم يُصعقون ويموتون، وأما النفخة الثانية فهي نفخة البعث، حيث يقوم الناس لرب العالمين للحساب والجزاء (سورة النمل 27 الآية 87؛ سورة الزمر 39 الآية 68 ؛ سورة ق 50 الآية 41 ؛ سورة القمر 54 الآية 6–8).

أما الملك الرابع فهو ملك الموت، وهو لم يرد إسمه أيضًا نصًا في القرآن، بل ورد فقط ما أوكل الله إليه (سورة السجدة 32 الآية 11). ملك الموت يقبض أرواح الخلق عند حضور الأجل، ولكن بأمر الله وإذنه. فالله هو المحيي والمميت، وهو الذي يقبض الأرواح عند فناء أجلها وانقضاء مدة حياتها (سورة الزمر 39: الآية 42). لقد وردت أسماء وصفات هؤلاء الملائكة الأربعة في الأحاديث النبوية مرارًا وتكرارًا (انظر سنن النسائي وابن أبي شيبة).

معمر أسَن

مواضيع ذات صلة: **الوحي؛ الشيطان.**

مصادر الحديث:
أ) الملائكة
البيهقي، شعب الإيمان، 1، رقم 347، ابن عباس
الترمذي، كتاب الجنائز، 70، باب ما جاء في عذاب القبر، رقم 1071، أبو هُريرة
ب) رؤساء الملائكة
النسائي، كتاب الإستعاذة، 56، باب الإستعاذة من حر النار، رقم 5521، عائشة، ابن أبي شيبة، كتاب الزهد، 47، رقم 34969، ابن ثابت

ملكوت الله (من وجهة نظر مسيحية)
تعتبر رسالة ملكوت الله المحتوى الأساسي لكرازة يسوع وهدفها. والمصطلحات المستخدمة في الكتاب المقدس المتعلقة بملكوت الله تعني أساسًا »سلطان« أو »مملكة الله«. ويرتبط نشوء هذه المصطلحات وتطورها في العهد القديم ارتباطًا وثيقًا بتاريخ بني اسرائيل. وكخلفية لذلك هناك تجربة اختيار الله لشعبه وحمايته وقيادته له، وقبل كل شيء نشوء عقيدة الوحدانية مع الإيمان بتفوق يهوه و(لاحقًا) وفرديته. هذا ما عبّر عنه كتّاب العهد القديم في الأشكال المعاصرة آنذاك للمفاهيم الشرقية القديمة عن المملكة (والتي تُعتبر بالنسبة لنا اليوم غريبة إلى حدٍ بعيد). وقد تعزز هذا الاتجاه عندما تبنّى بنو إسرائيل أنفسهم نظامًا ملكيًا بعد سيطرتهم على

الأرض. ولكن كتّاب العهد القديم كانوا دائمًا يؤكدون على التمييز بين مملكة الله السماوية والممالك الأرضية. وكانت الصورة المثالية لسيادة الله المطلقة التي أخضعت كافة القوى الفوضوية المعادية بمثابة مثال وتصحيح ناقد للسلطة الدنيوية. وعندما هُزمت مملكة إسرائيل التاريخية وأنتهى الأمر بالشعب إلى السبي البابلي، اكتسب خطاب الأنبياء التبشيري بملكوت الله أهمية تركّز على المستقبل ونهاية الزمان من منطلق تاريخي. إلا أن ما قصده الأنبياء بالوعد بسيادة الله لم يكن ببساطة إعادة إقامة مملكة داود على الأرض، وإنما مملكة تشمل الجميع ويسودها السلام، لها سمات رؤيوية وأخروية كثيرة (راجع: سفر إشعياء 11: 1–9؛ سفر دانيال 2: 31–45). وهذا التطور في المضمون هو على الأرجح السبب وراء كون حديث يسوع عن ملكوت الله جزءًا أساسيًا من كرازته بإنجيل المحبة والسلام ونبذ العنف، رغم أن مفهوم السيادة والملكيّة (في الشرق القديم) كان مرتبطًا بشكل كامل بمفاهيم العنف والقهر التي لا تمت لتعاليم يسوع بصلة. ولتجنب سوء الفهم هذا أكد يسوع على التباين بين السيادة الدنيوية وملكوت الله. فملكوت الله الذي يقصده يسوع ليس من تأسيس الإنسان، وإنما يمكن طلب حلوله من الله فقط (الإنجيل بحسب لوقا 17: 21 و 11: 2). وبذلك انقلبت تصورات السيادة الأرضية رأسًا على عقب في فكر يسوع عن ملكوت الله: فالمطوبون فيه ليسوا الأقوياء والأغنياء، بل الفقراء والمظلومين (انظر: الإنجيل بحسب لوقا 6: 20). كما أن ملكوت الله لا يعلن عن نفسه برموز أو هياكل سلطوية خارجية، بل من خلال تغيير داخلي وتحرير خلاصي للإنسان (الإنجيل بحسب لوقا 17: 20). وانتظار حلول ملكوت الله الذي كرز به يسوع لا يتحقق فقط في الحياة الثانية، بل بشكل آني وفي مستقبل أخروي قريب (الإنجيل بحسب مرقس 9: 1) ويبدأ بحياة ملؤها المحبة (الإنجيل بحسب لوقا 17: 20)، كما أنه تعزز أكثر في فترة ما بعد القيامة، لأن قيامة يسوع كانت بالنسبة للتلاميذ بمثابة أول علامة لبداية سيادة الله. وهذا الانتظار لم يتحقق على الفور. ولا يجوز اعتبار الكنيسة المسيحية الناشئة بسبب تأخر مجيء المسيح الثاني بأية حال من الأحوال شكلًا من أشكال ملكوت الله. لا بل يتعيّن على الكنيسة، خلال هذا الانتظار المستمر حتى الآن لملكوت الله وفقًا لإيمان المسيحيين، مواصلة الكرازة برسالة يسوع بملكوت الله والمحافظة على رجاء حيّ بمجيئه الثاني.

مارتن تورنر

مواضيع ذات صلة: **يسوع؛ المحبة.**

الملكيّة (من وجهة نظر مسيحيّة)

الملكيّة هي صلاحيّة التوفّر على أملاك وبضائع. لقد أكّد الكتاب المقدّس مرّات عديدة على الاعتراف بحقوق الملكيّة الخاصّة والعامّة (مثلاً سفر الخروج 2: 15 و17)، ولكن على شكل تنظيم اجتماعيّ من أجل حماية الفقراء والغرباء. عاش يسوع وتلاميذه إلى حدّ كبير من دون أن يكون لهم شيء يملكونه. وأضحى التخلّي عن الملكيّة في بعض الأحيان شرطًا مطلوبًا من اتباعه وطبع طريقة حياة المبشّرين الأوائل (مرقس 1: 16–20؛ لوقا 9: 57–62؛ مرقس 10: 21 و29 وما يليها؛ لوقا 14: 33). لقد عرفت الجماعة الأورشليميّة الأولى مبدأ التخلّي الطوعيّ عن الملكيّة (أعمال الرسل 2: 42–47). وفي القرن الثالث عشر اعتبر توما الأكويني (توفّي 1274) أملاك الخلق ملكيّة لله في الدرجة الأولى وبالتالي فهي تخصّ البشريّة جمعاء ورفض أيّ تبرير قانونيّ طبيعيّ مباشر للملكيّة الخاصّة. من جهتها – وعلى المستوى القانونيّ الإيجابيّ – تؤيّد الكنيسة الملكيّة الخاصّة، لأنّ قوانين الملكيّة تخّفف النزاعات وتشكّل تحفيزًا لعمليّة الأداء كما أنّها تخدم التعاطي مع الممتلكات بشكل يحافظ عليها. إلا أنّ حقّ التصرّف بالملكيّة يبقى مقيّدًا من خلال الواجب الاجتماعي تجاه الفقراء مثلاً. في العصر الحديث قاد الفيلسوف جون لوك تحوّلاً للنموذج الفكريّ في نظريّة الملكيّة أثّر على الليبراليّة بشكل جوهريّ وحشر نظريّة الملكيّة الكاثوليكيّة في زاوية الدفاع عن النفس. فبالنسبة إلى لوك هناك حقّ طبيعيّ في الملكيّة بالنظر إلى الفرد، أي ملكيّة الجسد الخاصّ كما ملكيّة منتجات العمل. وتعدّ حماية الملكيّة مهمّة أساسيّة لدولة القانون الليبراليّة. في المقابل رفض كارل ماركس (1818–1883) حقّ ملكيّة وسائل الإنتاج انطلاقًا من تجربة الاستغلال الجائر للعمّال. وتتخّذ النظريّة الكاثوليكيّة في ما يتعلّق بالالتزام بالمصلحة العامّة للملكيّة موقعًا وسيطًا وجد طريقًا له في القانون الألمانيّ الأساسيّ (المادة 14) وما زال يقدّم في يومنا هذا توجّهًا تطلعيًّا في النزاع بين الليبراليّة / الرأسماليّة من جهة والاشتراكيّة / الشيوعيّة من جهة أخرى. يشكّل التعاطي مع التباينات القانونيّة عنصرًا حاسمًا لمتابعة تطوير نظريّات الكنسيّة بخصوص الملكيّة. ويؤكّد إجماع الرأي على اعتبار الملكيّة حقًّا من حقوق الإنسان (إعلان الأمم المتحدة لحقوق الإنسان، المادّة 17). في مجتمع المعرفة تكسب حقوق الملكيّة الفكريّة، التي تُعرّف بحقوق التأليف وبراءة الاختراع، أهمّيّة متزايدة. وفي سياق براءات الاختراع في مجال البيئة والمواد العضويّة وفي سياق قانون تكنولوجيا الجينات تلقي الكنائس المسيحيّة بثقلها لاحترام الالتزام بالمصلحة العامّة وعدم استباحة الحياة باعتبارها حدود قوانين الملكيّة. وفق مقاييس مسؤوليّة الخلق المسيحيّة فإنّ ملكيّة الموارد من جيل معيّن ليست حرة من حقوق التصرّف غير المشروط، فهي تحمل دائمًا طابع حقّ الاستخدام الذي يسمح بتملّك عائدات الطبيعة طالما أنّ ديمومة هذه العائدات

محافظ عليها. وتعدّ عمليّة التسوية التعاقديّة من أجل المصلحة العامّة لقوانين الملكيّة والاستخدام بالنظر إلى الموارد الطبيعيّة شرطًا أساسيًّا في القرن الحادي والعشرين للعولمة التعاقديّة من جهة البشر والمخلوقات. تحرص أخلاق الملكيّة المسيحيّة بشكل كبير، إزاء التباينات بين التملّك وحقوق التصرّف المختلفة التدرّج، على أن تبقى الحقوق والالتزامات بالمسؤولية المناسبة منظّمة بشكل واضح في ما بينها.

ماركوس فوغت

مواضيع ذات صلة: **العمل؛ الشماسة؛ الشؤون الماليّة؛ الشخص؛ الاقتصاد؛ الإحسان؛ الوصايا العشر.**

المِلكية (من وجهة نظر إسلامية)

الملكية هي عبارة عما يملكه الفرد من أرض، أو عقار، أو نقود. وطِبقًا للقرآن فإن الكون بالمفهوم الشامل هو ملك لله، فمالك الملك هو أحد أسماء الله الحسنى. لقد ورد مصطلح الملك في القرآن بمعنى السلطة والسيادة الدنيوية التي مُنحت لأشخاص معينين، كالأنبياء (سورة البقرة 2 الآية 102؛ سورة يوسف 12 الآية 101)، وكأولئك الذين حاربوا ضد الأنبياء مثل نمرود (سورة البقرة 2 الآية 258)، وفرعون (سورة الزخرف 43 الآية 51). يشير القرآن إلى أن طبيعة الملكية مسألة نسبية، فهو يؤكد على أن مِلكية الإنسان زائلة لا محال، أما مُلك الله فهو خالد وسرمدي ﴿لِّمَنِ ٱلملكُ ٱليومَ لِلَّهِ ٱلوَاحِدِ ٱلقَهَّارِ﴾ (سورة غافر 40 الآية 16).

لكل إنسان الحق بالمِلكية، حيث تنظم الدولة من خلال إصدار القوانين حق التصرف بهذه الملكية. لقد أشار القرآن أيضًا إلى أن للفقراء حقًا معلومًا في مُلك الله، وفي مِلك الأغنياء، إذ وردت مصطلحات عدة بهذا الخصوص وبشكل متكرر كالصدقة، والزكاة، والنفقة. إن الهدف من وراء الإنفاق ليس فقط محاربة الفقر، وإنما أيضًا تعزيز الأواصر الاجتماعية، وتأمين السلام، لذلك ينتقد القرآن نظرة الحياة التي تعتبر أن الملكية ليست أكثر من ربح مادي.

شعبان علي دوزگون

مواضيع ذات صلة: **الصدقات؛ حقوق الإنسان؛ التضامن؛ الزكاة.**

المنهج التاريخيّ النقديّ (من وجهة نظر مسيحيّة)

إنّ المنهج التاريخيّ النقديّ هو التأويل الأدبيّ والتاريخيّ للكتاب المقدّس والذي يميّز بين المعنى الأصليّ (التاريخيّ) لنصوص الكتاب المقدّس ومغزى معناه في الوقت الحاضر (من أجل ذلك هو نقديّ). يعدّ النقد التاريخيّ في يومنا هذا عمليّة

التأويل الأساسيّة بالنسبة إلى اللاهوت الكاثوليكيّ كما إلى اللاهوت البروتستنتانتيّ. إلا أنّه لا يجب الخلط بينه وبين برنامج تاريخيّ وذلك بعد أن يتمكّن المعنى التاريخيّ بالمطالبة بقيمة لاهوتيّة حصريّة.

لقد انطلق علم الكتاب المقدّس في العصور القديمة والوسطى من أربعة أنواع لمعنى النصّ:

أ) معنى حرفيّ (تفسير حرفيّ انطلاقًا من السياق: عقل)،

ب) معنى نمطيّ أو مجازي (تفسير لاهوتيّ: إيمان)،

ج) معنى أخلاقيّ (تفسير أخلاقيّ: محبّة)،

د) معنى تأويليّ (تفسير على ضوء العالم السماويّ المستقبليّ: أمل).

فقط في العصر الحديث عندما استفاق الوعي التاريخيّ برز السؤال عن إمكانيّات لاستفسارات تاريخيّة يمكن التحكّم بها. ولقد تطوّرت المناهج المنفردة شيئًا فشيئًا بفعل مقاومة المسؤولين الكنسيّين وقرّاء الكتاب المقدس الورعين: فنقد النصّ يبحث في طريقة القراءة الأقرب للمخطوط الأصليّ. ويسأل النقد الأدبيّ عن المصادر التي تشكّل منها النصّ (على سبيل المثال إنجيل لوقا تشكّل من إنجيل مرقس، الوثيقة ق والمقاطع التي يختصّ بها كلّ إنجيل بالمقارنة مع الأناجيل الأخرى). ويستخرج نقد الجنس الأدبيّ نوعَ النصّ والأشكال الأدبيّة، ويستخرج نقدُ الصياغة الأفكارَ الرئيسةَ التي اتّبعها كلّ كاتب على حدة خلال صياغته لنصّه.

لقد تطوّر التفسير التاريخيّ النقديّ بشكل أساسيّ في إطار اللاهوت الإنجيليّ. هذا التفسير له جذور أيضًا في الفضاء الكاثوليكيّ وبالتحديد لدى الكاهن الفرنسيّ ريشارد سيمون (1638–1712)، غير أنّه تمّ استنكاره إلى حدّ كبير من قبل دائرة التدريس؛ ولم يجد طريقًا رسميًّا له إلى الكنيسة الكاثوليكيّة إلا مع المنشور البابويّ »إلهام الروح القدس« للبابا بيوس الثاني عشر (1939–1958)، ومن بعدها تمّ ترسيخه وتعميقه لاهوتيًّا من خلال دستور عقائدي في الوحي الإلهيّ (كلمة الله Dei Verbum).

لقد حدّدت لجنة الكتاب المقدّس البابويّة بوثيقتها المعتبرة جدًا شرح الكتاب المقدّس في الكنيسة (1993) النقد التاريخيّ منهجيًّا ولاهوتيًّا وذلك في إطار تأويل النصوص المسيحيّة.

تكمن قوّة المنهج التاريخيّ النقديّ في استكشافه المرافق للمعايير الكتاب المقدّس كشريك في الحوار؛ فكون الله قد تجلّى بطريقة إنسانيّة وبالتالي تاريخيّة حسب المفهوم المسيحيّ فلا يمكن التخلّي عن هذا الاستفسار. في المقابل يستبعد المنظور التاريخيّ متلقّي كلمة الله المعاصرين، ولذلك يتمّ إكمالها باطّراد في الوقت الحاضر عبر مناهج تركّز على هيكليّة النصّ والقارئ وعمليّة القراءة وتاريخ التلقّي. وبذلك

تكتسب الكتب الكلاسيكيّة الأربعة من جديد اهتمامًا من الناحية التأويليّة التاريخيّة واللاهوتيّة.

كنوت باكهاوس

مواضيع ذات صلة: التفسير؛ العظة.

المنهج التاريخي النقدي (من وجهة نظر إسلامية)

المنهج التاريخي النقدي هو أسلوب علمي يُسْتَخْدَم في استكشاف المدلول الأصلي لنص ما، ولاستكشاف مصادره، وسياقه التاريخي، وفي نفس الوقت يبحث في نية المؤلف من وراء كتابة ذلك النص. لقد اسْتُخْدِم هذا المنهج في الموروث العلمي الإسلامي في مجال النصوص الدينية الرئيسية. فهكذا طور مثلاً منهج تفسير القرآن طرقًا لمعرفة معاني الآيات القرآنية في الوقت الذي نزلت فيه، حيث استخدم علم التاريخ وعلم اللغة لهذا الغرض. إن المعلومات التي لها علاقة بتاريخ ولغة القرآن قد وصلتنا اليوم عن طريق النقل عن النبي محمد، وعن أتباعه الذين عاصروه، وكذلك عن طريق التابعين الذين حصلوا على هذه المعلومات من أتباع النبي محمد حيث قاموا بتقييمها. فعن طريق النقل من قِبَل صحابة النبي أصبح واضحًا فيما إذا كانت الآية مكية نزلت قبل الهجرة، أم مدنية نزلت بعد الهجرة، وكذلك سبب النزول، والوقت الذي نزلت فيه الآية. إضافةً إلى ذلك تم توضيح الكلمات والجمل المتعلقة بالأسئلة الخاصة بعلم المعنى ضمن خلفية الاستخدام اللغوي العربي الذي كان سائدًا آنذاك. وبهذه الطريقة تمت محاولة معرفة القصد الرئيسي الذي يكمن وراء الآية القرآنية. لذلك كان التراث العلمي الإسلامي حريصًا على نقل الموروث عن طريق الكتابة. ولم يقتصر الأمر على ذلك فحسب وإنما تم البحث أيضًا وبشكل دقيق في مصداقية المنقول. لقد تطور في بداية القرن الثامن عشر في الغرب بحث تاريخي نقدي يُعنى بدراسة الكتاب المقدس وتفسيره، وكانت نتيجة ذلك هو رجوع سياق القرآن التاريخي في الفكر الإسلامي المعاصر إلى الصدارة مرة أخرى وذلك منذ النصف الثاني للقرن العشرين بعد الميلاد. وطِبقًا لهذه الخطوة دخل القرآن الحياة بنفس الطريقة التي دخل بها في شبه الجزيرة العربية في القرن السابع بعد الميلاد. وبناء على ذلك ولفهم القرآن بصورة صحيحة وجب مراعاة المحيط التاريخي للقرآن. إن البحوث الخاصة بالقرآن والتي انطلقت من المنهج البحثي هذا أعطت قيمة خاصة للمعطيات الإجتماعية والدينية والإقتصادية والثقافية التي كانت سائدة قبل عصر القرآن وكذلك إبان عصر نزول القرآن. لقد اسْتُخْدِم هذا المنهج من قِبَل أمين الخولي (1913–1966)، وأحمد خلف الله (1916–1998)، وعائشة عبد الرحمن (1913–1998)، ونصر حامد أبو زيد (1943–2010)، وعلماء آخرين.

إن السعي وراء استخدام هذا المنهج التاريخي النقدي نابع من فكرة أن طرائق التفسير التقليدية لا تقدم حلاً للأوضاع الراهنة. فلقد قدم فضل الرحمن (1919–1988) الذي استخدم هذا المنهج أيضًا الأسلوب التالي في حل المشكلة: بعد عملية البحث في السياق التاريخي لآيات القرآن يجب أن تُسْتَنْبط من القرآن مبادئ جوهرية تستند عليها حلول للمشاكل الراهنة كالمساواة في حقوق المرأة، ومسألة شهادة المرأة، والإقتران بزوجة واحدة، وكذلك تعريف الفوائد والعقوبات.

محمد باچـجي

مواضيع ذات صلة: **التنوير؛ التفسير؛ الحديث؛ التفسير.**

الموت (من وجهة نظر مسيحية)

الموت – الناجم عن توقف نهائي لكافة الوظائف الفيزيولوجية الحيوية – هو نهاية لا عودة منها لأي كائن حي. وأيًا كان السبب المباشر لذلك، يكمن السبب الأخير في إمكانية حدوث الموت في حقيقة محدودية الإنسان ويشمل كل ما هو موجود. وحقيقة أن الإنسان لا يمكنه التهرب من فكرة تعرضه هو نفسه للموت، تُعتبر على قدرٍ كبير من الأهمية الوجودية. فمع الموت ينتهي كيان الإنسان دون رجعة، ويوضع مغزى حياته بشكل جذري وكلي موضع تساؤل. ويمكن بالمقابل الاعتراض على أن الإنسان لا يتأثر على الإطلاق بهذا الفهم المختصر للموت بالناحيتين البيولوجية والتجريبية، وأنه أكثر من مجرد حالة لحقيقة الوجود وأنه مختلف عنها، وأن وجوده في الأساس هو من خلال نفسه الخالدة. تعود جذور هذه الأطروحة إلى عالم الأورفكية الميثولوجي، والأورفكية هي حركة فلسفية دينية في اليونان القديم. تناول أفكارها أفلاطون (المتوفي عام 347/348 ق.م.) وفسرها في عقيدته الراديكالية عن ثنائية الجسد والنفس. وهو في هذا السياق يُفسِّر الموت بأنه انفصال الروح-النفس الخالدة من الجسد الفاني.

يختلف الفهم المسيحي للعالم والإنسان بشكل جذري عن تصورات فلسفية كهذه، رغم أنه لا ينبغي تجاهل أن التصورات المسيحية الأصلية عن الموت حتى الآن تم تفسيرها زورًا بالمعنى الأفلاطوني الحديث. إذ تُعتبر كل ثنائية عقيدَة غريبَة عن الفهم المسيحي للوحي. والله خلق الإنسان كوحدة داخلية، غير قابلة للانفصام، من روح ومادة. النفس هي حقيقة الجسد والجسد هو مظهر النفس وكينونتها. وبالتالي لا يمكن اعتبار الموت فصلاً بين الجسد والنفس، وإنما مجرد نهاية الإنسان بكلّيته. فالموت لا يُبقي شيئًا حيًا في الإنسان.

ومع السؤال عن نهاية الوجود الأرضي وإمكانية وجود حياة خارج حدود الموت، لم تتم بعد معالجة البعد اللاهوتي الفعلي لإشكالية الموت. وعندما يُذكر الموت في الكتاب المقدس، فالمقصود ليست النهاية المثبتة طبيًا للإنسان، بل بالأحرى الموت

كنتيجة فعلية للخطيئة. ومع الخطيئة يتحول الأمر إلى علاقة الإنسان بالله. فالخطيئة تعني الانفصال عن الله، وهي هنا أسوأ من النهاية البيولوجية للحياة. والإعراض عن الخطيئة، وبالتالي التغلب على الانفصال عن الله، يعتبر في الوقت ذاته التغلب على الموت، ونتيجة لذلك، نيل حياة أبدية في شركة مع الله. وهذا الواقع يبدأ في الحياة الأرضية. وهذا هو المقصود عندما يتم الحديث عن «القيامة من بين الأموات» (انظر: رسالة يوحنا الرسول الأولى 3: 14؛ الإنجيل بحسب يوحنا 11: 25؛ رسالة بولس الرسول الثانية إلى كورنثوس 5: 5). فالإيمان بالله وفي الوقت ذاته الخضوع للموت النهائي أمران متناقضان يستبعد أحدهما الآخر.

ريتشارد هاينتسمان

مواضيع ذات صلة: **قيامة يسوع؛ النفس؛ الخلود.**

الموت (من وجهة نظر إسلامية)
الموت يعني نهاية الحياة. إن إنفصال الجسم عن الروح يؤدي إلى الموت. وقد حاول علماء المسلمين شرح مسألة الموت في سياق العلاقة بين الجسم والروح. وفي هذا الإطار، هناك موقفان مختلفان: الموقف الأول يرى أن الروح تحمل صفة التغير، أما الثاني فينظر للروح على أنها مادة غير خاضعة للتغيير. طبقًا لهذا نستنتج تفسيرين لظاهرة الموت: التفسير الأول يفسر الروح على أنها عرض، لذلك يُفترض أنها لا يمكن أن تستمر في الوجود بعد موت الجسد بسبب اتصالها الضروري به. وطبقًا لهذه النظرية فإن حضور الروح يعني الحياة وغيابها العكس، أي الموت. ولا يمكن أن تتجدد الحياة إلا بعد بعث الإنسان من جديد. وقد عبر القرآن عن هذا التصور عندما تحدث عن هذه الحقيقة وهو أن السماء والأرض وكل إنسان سيُخلق من جديد يوم الحساب، ومع ذلك يحمل هذا الإنسان الذي تم إنشائه وإحيائه من جديد السمات نفسها التي تطورت في هويته، وقد تم وصف هذه الحالة في الآية 48 من سورة إبراهيم 14، وبهذا يكون قد أعيد خلقه في حالته النفسية والبدنية الكاملة.
من جهة أخرى، يرى علماء مسلمون آخرون أن الروح المتصلة بالجسد ليست قابلة للهلاك ويفهمون ظاهرة الموت على أنها فصل الجسد عن الروح، ومن هنا يكون حضور الجسد، على عكس الرأي المذكور أعلاه، ليس بضروري لبقاء الروح، وهذا يعني أن الروح مستقل عن الجسد. ووفقًا لهذا الرأي يتم تقليص أهمية الجسد، ليصبح مجرد آلة في خدمة الروح. إن الموت، سواءً كان موت الجسد والروح أو الجسد فقط، مصير كل مخلوق، كما يبين الإسلام أن ظاهرة الموت هي عملية الخروج من حيز الوجود والدخول في حيز آخر، أي الانتقال من

حياة الدنيا إلى عالم أخروي. هكذا يُنظر إلى الموت. فهو لا يُعتبر هلاكًا أو نهايةً، بل عملية انتقال من الوجود الفاني إلى الوجود الأبدي.

شعبان علي دوزگـون

مواضيع ذات صلة: **القيامة؛ الآخرة؛ الحياة؛ النفس؛ الخلود.**

الميثاق / العهد (من وجهة نظر مسيحيّة)

يُطلق تعبير الميثاق أو العهد أصلاً على البعد القانونيّ لعلاقة بين الناس أو المؤسّسات أو الشعوب. ويتضّح في إطلاق مصطلح العقد على الزواج أنّ الحقوق المعطاة والواجبات تكوّن فقط سطح علاقة الحياة الشخصيّة والحميميّة التي هي أساس العقد. بهذا المفهوم يضحي مصطلح العقد تعبيرًا مركزيًا في تجربة شعب إسرائيل مع الله، شرطه هو تصوّر إله شخصيّ فاعلٍ في التاريخ. وفق صيغة العهد القديم يصطفي الله بشرًا أفرادًا (نوح، إبراهيم)، ثمّ شعبًا بكامله ليقيم معه عهدًا. ويُقصد في حديث الكتاب المقدّس حول هذا العهد أنّ الله يتوجّه إلى الشعب الذي اصطفاه بنفسه، يرافقه في سيرورة طريقه التاريخيّة ويبقى وفيًّا لوعده له، حتّى ولو أثبت الشعب أنّه لا يستحقّ هذا الوعد. في المقابل يطلب إله العهد أن يكون الإله الوحيد لشعبه ويطالب بالتمسّك بوصاياه التي وضعها من أجل سعادة شعبه. وتعدّ الوصايا العشر التي تلقّاها موسى على جبل سيناء وثيقة لاهوت العهد القديم الميثاقيّ (سفر الخروج 20: 1–21). ولم يتمّ التشكيك في العهد الجديد بمكانة شعب إسرائيل كشعب العهد أو الميثاق، بل على العكس من ذلك تمّ تأكيدها، إلا أنّه تمّ توسيع لاهوت العهد من خلال الحديث عن ميثاق جديد يُحدّد فيه سلوك الله من ناحية مغفرة الخطايا والحبّ والخلاص. هذا السلوك أقامه يسوع في تضحيته أثناء العشاء الأخير (لوقا 22: 20). ففي المقولة إنّه بموت يسوع يسفك دم العهد من أجل كثيرين (مرقس 14: 24) يتمدّد عهد الله ليشمل جميع الشعوب والبشر. وبما أنّ فكرة العهد لا تحتلّ حيّزًا كبيرًا في تاريخ اللاهوت المسيحيّ، فلربّما يعود السبب إلى تمايز المسيحيّة الأولى عن اليهوديّة، الذي كان قد تمّ الإعلان عنه في اللاهوت الميثاقي للرسائل في العهد الجديد (الرسالة إلى العبرانيّين 7: 22 و8: 6).

مارتن تورنر

الميثاق / العهد (من وجهة نظر إسلامية)

يُقصد بالميثاق طبقًا للمفهوم الإسلامي العهد الذي أخذه الله على الانسان، والذي يفرض عليهم من خلاله التزامات ومسؤوليات إعتقادية وأخلاقية. يكتسب الميثاق الذي يمكن أن يُفسر على أنه نوعًا من أنواع العهود بين الله تعالى وبين الانسان أهميته من خلال اعتبار الإنسان حرًا في تحمل مسؤولية أفعاله وإعتقاده، ويبين

القرآن الكريم أن الله يأخذ ويعطي العهود. فالميثاق هو تعبير عن عزم ووفاء الإنسان المتعلقان بالإرادة الإلهية، حيث يعمل الإنسان بالقيم التي جاء بها الأنبياء ويعتبرها جزءًا لا يتجزأ من حياته. يوجد في القرآن الكريم الكثير من الأمثلة التي تتحدث عن المواثيق بين الله تعالى وعباده، إذ تبين هذه الأمثلة الكيفية التي أخذ الله تعالى بها المواثيق والعهود من بني آدم، وأنبيائه، ومن بني إسرائيل وبمضامين مختلفة (سورة آل عمران 3 الآية 81؛ سورة الأحزاب 33 الآية 7؛ سورة النساء 4 الآية 154؛ سورة آل عمران 3 الآية 83–84؛ سورة الأعراف 7 الآية 172).
لقد تمت مناقشة مصطلح العهد، أو الميثاق في الموروث الإسلامي ضمن سياق سورة الأعراف ﴿وَإِذۡ أَخَذَ رَبُّكَ مِنۢ بَنِيٓ ءَادَمَ مِن ظُهُورِهِمۡ ذُرِّيَّتَهُمۡ وَأَشۡهَدَهُمۡ عَلَىٰٓ أَنفُسِهِمۡ أَلَسۡتُ بربكم قالوا بلى شهدنا أَن تَقُولُواْ يَوۡمَ ٱلۡقِيَٰمَةِ إِنَّا كُنَّا عَنۡ هَٰذَا غَٰفِلِينَ﴾ (سورة الأعراف 7 الآية 172). فطِبقاً للمفهوم التقليدي لهذه الآية فإن الله تعالى قد أخذ ميثاق الناس أجمعين في عالم آخر وتحديدًا قبل أن يخلق الله البشر. وعلى العكس من ذلك يُفهم مصطلح الميثاق في بعض التفسيرات المعاصرة بشكل مجازي، وهذا يعني أن العهد الذي أخذه الله على عباده، وكما هو مُعْتَقَد، مسألة مجازية، أي أن الله قد خلق الطبيعة الإنسانية وأمدها بالقدرة على معرفة وجوده من خلال الفطرة.

إبراهيم أسلان

مواضيع ذات صلة: **الإنسان كعبد لله تعالى؛ فطرة الإنسان.**

النبوة (من وجهة نظر مسيحية)
تشير ترجمة كلمة »نبي« العبرية في العهد القديم إلى الأنبياء من الرجال والنساء الذين نشروا كلمة اللـه وحقيقته (وبعمله الخلاصي فيما بعد) بدون مساومة وبقدراتهم الذاتية وشهدوا بقوة (بواسطة آيات وغالبًا معجزات أيضًا) (راجع: سفر إشعياء 8: 3؛ سفر نحميا 6: 14؛ سفر الملوك الثاني 22: 14). وكثيرًا ما تعبّر رسالة الأنبياء بشكل عميق عن التناقض بين الوضع الراهن وبين الخلاص المستقبلي الذي يريده اللـه سواء كان ذلك في الصياغة اللغوية أو في المضمون ولكن أيضًا في شكل الرسالة وأسلوب عرضها. وبسبب وعي الأنبياء الذاتي العميق من خلال ديناميات مشيئة اللـه الخلاصية (أي دعوته لهم) كانت لديهم أحيانًا القدرة على معرفة المكان الحاضر ضمن خطة اللـه الخلاصية وبالتالي يتنبأون بالمستقبل. لا يمكن فهم فكرة التبصر في المستقبل، المرتبطة بشكل كبير بالنبوة في التصورات الشعبية، على أنها عرافة، بل يمكن فهمها كتعبير عن الرجاء في الخلاص المستقبلي الذي أعلنه اللـه. الرجاء الذي يتمثل بالنسبة لبني إسرائيل في دخوله إلى أرض الميعاد وبالنسبة لجميع البشر في الخلاص من الشر. ولأن تحليل

الأنبياء المؤلم هذا للحاضر أزعج عنصر الرضا الذاتي المنافق لدى الناس والهياكل القائمة (ولا سيما نخب السلطة الدنيوية والدينية منها) وزلزلها، غالبًا ما يتم تجاهل الأنبياء ورفضهم واضطهادهم وحتى قتلهم في أسوأ الحالات.
وفي العهد الجديد يُنظر إلى يسوع المسيح كشخص تحققت فيه نبوات جميع أنبياء العهد القديم. ويسوع المسيح نفسه يبدو متفهّمًا لرسالته النبوية ويشبّه مصيره بمصير الأنبياء (الإنجيل بحسب مرقس 6: 4؛ الإنجيل بحسب متى 23: 37). وبشكل صريح أشار إلى أنه آخر أنبياء بني إسرائيل (الإنجيل بحسب مرقس 12: 1–12) وأنه يتفوق بمعجزاته على جميع الأنبياء الذين سبقوه. وهذا يوضح أنه رغم وجود يسوع في تراث أنبياء العهد القديم، ولكنه كابن اللـه ذهب أبعد من ذلك، لأن شخصه كان متطابقًا مع الرسالة التي أعلنها نبويًا. وهنا يكمن الفرق بين فهم العهد القديم للنبوة وفهم العهد الجديد المرتبط بتفرّد يسوع لها. ومع ذلك عرفت المسيحية الأولى أيضًا بعد موت بسوع وقيامته ظاهرة التنبؤ، كما يتضح في كثير من المواقع في سفر أعمال الرسل (الإصحاحين الثاني والثالث) وفي رسائل بولس الرسول (انظر مثلاً: رسالة بولس الرسول الأولى إلى كورنثوس 11–14). أما في التراث اللاهوتي للمسيحية فقد تم البت في الأمر بأن النبوة انتهت مع انتهاء الوحي في يسوع المسيح.

مارتن تورنر

مواضيع ذات صلة: **الدعوة (للأنبياء)؛ الخلاص؛ المعجزة.**

النبوة (من وجهة نظر إسلامية)

يعتبر مصطلح النبوة من المصطلحات التي تندرج ضمن نطاق العلاقة بين الله والإنسان، كما توجد في اللغة العربية كلمتان تطلقان على من يحمل دلائل النبوة، ألا وهما النبي والرسول. فالنبي هو الشخص الذي ينبئه ويخبره الله كلامًا وهو عليه أن ينبئ الناس بما أنبأه الله دون أي تغيير أو حذف، فالأنبياء ليسوا ممثلي الله أو البشر. ومن المعلوم أن الإيمان بالرسل يعني الإيمان بأصل الرسالة لذلك يقال من يطع الرسول فقد أطاع الله والجدير بالذكر أنه ليس كل ما يقوله الأنبياء هو من عند الله، وهذا يشمل جميع الأقوال الخارجة عن دائرة الوحي وما يُفهم من ذلك أن الإطناب في وصف الأنبياء أو منحهم صفات فوق البشرية يعارض المعاني الأساسية للقرآن، وما يمكن استثناؤه هنا هي قدرة تلقي الوحي.
كما أن الناس قادرة على فهم الرسالات الموجهة لهم من عند الله بطريقتين: في الحالة الأولى يمكن التعرف على ناقل الرسالة عن طريق وقائع خارقة للعادة لا تقع ولا يمكن أن تقع لبشر آخرين، وتسمى هذه الأحداث الخارقة للطبيعة التي تمس الشعور البشري بالمعجزة الحسية، أما في الحالة الثانية فيمكن وصف الرسالة التي

يقال إنها من عند الله بأنها معجزة، طالما أنه لا يمكن لأحد من بني البشر أن يقلدها أو أن يفعلها من تلقاء نفسه، وهذا ما يعرف بالمعجزة العقلية، فالمعجزات التي وقعت على يد الأنبياء الذين سبقوا محمدًا كانت جميعها حسية، أما معجزة محمد كانت عقلية، وهي القرآن.

إن من أهداف نزول الوحي على الأنبياء ليس إهمال العقل، بل على العكس فهو يلعب دور المساند. وإلى جانب ذلك يلاحظ أن الأنبياء كانوا نماذج وأمثلة يُحتذى بها في تطبيق أخلاقيات عميقة الجذور، مما منحهم القدرة على تغيير أفكار المجتمع تغيرًا جذريًا. إن الشخصيات القيادية الكبيرة التي حققت تغيرات جذرية كهذه هم من الأنبياء، فالقرآن يخبر أن الله بعث لكل قوم نبيًا وعدد الأنبياء الذين ذُكروا بأسمائهم في القرآن هم 25 نبيًا، منهم إبراهيم وموسى وعيسى ويحيى. بالإضافة إلى ذلك وقع الاختلاف في ثلاثة ممن ورد ذكرهم في القرآن ودار الجدال حول انتمائهم للأنبياء، وهم لقمان الذي ذُكر إسمه في الآيتين 12 و13 من سورة لقمان 31 وذو القرنين الذي جاء ذكره في الآية 83 من سورة الكهف 18 وأخيرًا عزير الذي وقع ذكره في الآية 30 من سورة التوبة 9.

وحسب التقاليد الإسلامية وبعض الروايات بُعث للبشرية من آدم إلى محمد 124000 نبيًا وفي روايات أخرى 224000. أما فيما يتعلق في تفاوت الدرجات والمنازل بين الأنبياء التي أشار إليها القرآن، فهي تخص الأوصاف الشخصية للرسل ولا تعني تفاوت درجات نبوتهم، وهذا ما أشارت إليه الآية 253 من سورة البقرة 2. ووفقًا للقرآن فإن محمد يعتبر خاتم الأنبياء، كما أن الإيمان بالأنبياء يُعد ركنًا من أركان العقيدة الإسلامية.

أحمد آقبولوت

مواضيع ذات صلة: **داود؛ العقيدة؛ يعقوب؛ عيسى؛ محمد؛ المعجزة.**

النجاة (من وجهة نظر إسلامية)

إن النجاة طِبقًا لمفهوم غالبية الفقهاء المتكلمين هو تلك المحصلة الناتجة عن انسجام المعرِفة الصالحة مع العقيدة الحق والتعامل السوي. وعليه فإن النجاة لا تُعد مسألة مُسَلَّمًا بها سلفًا، بل يجب أن يحظى بها الإنسان عن استحقاق. إن السيئات والحسنات أعمال منبثقة عن محض إرادة الإنسان. فلقد ركّب الله في الفطرة الإنسانية القرارات المبدئية كالتفريق بين الحق والباطل، والخير والشر. وأشار القرآن إلى أن الإنسان مبرمج، أو مجبول على اكتشاف خطأه بذاته (سورة الشمس 91 الآية 8)، فعلى الإنسان المسؤول أن يضع هذه المعرفة الفطرية موضع التطبيق. يرى أغلبية المتكلمين أن النجاة حدث متعدد الأبعاد، فتنقية النفس الإنسانية لا تكفي لوحدها، فالإنسان الذي يعمل السيئات ويرتكب المعاصي ولا

يتوب ويندم إلا عند قدوم الموت عليه، حيث يصبح في حالة الاحتضار، لا تُقبل توبته، فلا جدوى منها ولا أثر لها.

إن الإسلام لا يعترف بالخطيئة الموروثة أو الخطيئة الأصلية التي نتجت عن إخراج آدم وحواء من الجنة، وإن العقيدة الخاصة بذلك تنص على أن الله مع الذين آمنوا، واجتهدوا، واتقوا والذين هم محسنون، ويذر الكافرين لأنفسهم.

يرى المتكلمون أن العقلانية نوع من أنواع الوحي الداخلي، فهي تقود الإنسان إلى الله وإلى النجاة إذا ما وُضعت في موضعها الصحيح. لقد فسر الماتريدي مؤسس المدرسة الفقهية ـ الكلامية الماتريدية (المتوفى عام 333/944) قول الله ﴿وَلَوۡلَا فَضۡلُ ٱللَّهِ عَلَيۡكُمۡ وَرَحۡمَتُهُۥ لَٱتَّبَعۡتُمُ ٱلشَّيۡطَٰنَ إِلَّا قَلِيلٗا﴾ (سورة النساء 4 الآية 83)، حيث قال لولا فضل الله في إرسال رسوله، وفي القرآن لاتبع الكثير من الناس الشيطان إلا قليلاً منهم، وذلك لأنهم آمنوا بالعقل وحكموه فاستطاعوا أن يقاوموا الشيطان، إلا أن الكثير من الناس متعلقون بفضل الله رغم أعمالهم الصالحة، لذلك تلعب العبادات في الإسلام كالصلاة، والصوم، والحج دورًا مهمًا في نيل مرضاة الله. يظهر مذهب النجاة الإسلامي ذو الطابع العملي مبدأ التكفير عن الذنوب المقترفة من خلال إعطاء الزكاة ودعم حقوق الإنسان في الحرية. فطبقًا لتعاليم الإسلام يُعتبر كل إنسان يؤمن بالله، وباليوم الآخر، ويعمل الصالحات مبدئيًا ناجيًا (سورة البقرة 2 الآية 62 ؛ سورة المائدة 5 الآية 69 ؛ سورة الأحقاف 46 الآية 13).

شعبان علي دوزگون

مواضيع ذات صلة: **الرحمة؛ التعويض الديني؛ الفطرة الدينية؛ الاعتراف بالخطيئة؛ الرباط المسيحي؛ الخلاص.**

النظام الاجتماعي (من وجهة نظر مسيحية)

يعمل النظام الاجتماعي على ضمان الحد الأدنى للمعيشة والتزود بالسلع الضرورية. ويختلف غيابه لأسباب ثقافية وهو محمي في معظم الدول الصناعية من خلال ضمان قانوني للمساعدات الحكومية اللازمة. ففي ألمانيا يشكل الضمان الأساسي الذي ينظمه قانون النظام الاجتماعي المستوى الأدنى في شبكة الضمان الاجتماعي. وتشمل سبل العيش الضرورية على وجه الخصوص الغذاء والمسكن والملبس والأدوات المنزلية والرعاية الطبية فضلاً عن الحد الأدنى من التواصل الاجتماعي.

في العهد القديم هناك أحكام حماية اجتماعية مختلفة وهي ضرورية للمعيشة، كالإعفاء من رسوم حكومية مرهقة مثلاً (سفر تثنية الاشتراع 14: 22 وما بعدها)، وحقوق من هم في حالة الرهن (سفر الخروج 22: 25 وما بعدها؛ سفر

تثنية الاشتراع 24: 6 و12 وما بعدها)، وقانون حرمة المسكن (سفر تثنية الاشتراع 24 و10)، الإعفاء من الديون في السنة السابعة »عام شميتا أو شميطا שְׁנַת שְׁמִיטָּה« (سفر تثنية الاشتراع 15: 1–3)، إعادة كافة الممتلكات الأجنبية في سنة اليوبيل (سفر اللاويين 25: 8–55، سفر الخروج 23: 11؛ سفر تثنية الاشتراع 15: 1–15)، قانون العبيد (سفر الخروج 21: 20 وما بعدها و26 وما بعدها؛ سفر تثنية الاشتراع 15: 12–18؛ سفر تثنية الاشتراع 23: 16 وما بعدها)، وقانون العمال بالأجر (سفر تثنية الاشتراع 24: 14)، الضرائب الاجتماعية (سفر تثنية الاشتراع 14: 22–29)، قانون الصدقات (سفر اللاويين 19: 9 وما بعدها؛ 23: 22؛ سفر تثنية الاشتراع 24: 19–22). كما أن استغلال الفقراء يُنتقد بشدة في الأسفار العبرية من الكتاب المقدس، ولا سيما في تراث الأنبياء والحكمة، التي يوليها يسوع أهمية بالغة. فبشكل منهجي جاء في بداية وعظ يسوع بالنسبة لهذا الأمر: »رُوحُ الرَّبِّ عَلَيَّ، لأَنَّهُ مَسَحَنِي لأُبَشِّرَ الْمَسَاكِينَ« (الإنجيل بحسب لوقا 4: 18).

تتسم المعضلة الاجتماعية في مجتمعنا الدولي اليوم بوجود تباين كبير في المفهوم الثقافي والتوفر الاجتماعي لما هو ضروري للمعيشة: فحاليًا يعيش نحو 1,2 مليار إنسان بأقل من دولار أمريكي واحد يوميًا و2,8 مليار بأقل من دولارين يوميًا. وفي الجدل الاجتماعي الأخلاقي حول الفقر والحد الأدنى للمعيشة يجب أن يوضع في الاعتبار أنه في كثير من الأحيان لا يمكن قياس الحاجة والتهميش الاجتماعي بالمال، وبالتالي لا يمكن غالبًا مقارنتها بشكل مباشر. ولذلك يجب أن يكون السؤال عن سبل العيش الكريم جزءًا لا يتجزأ من الجدل الاجتماعي العام حول توزيع العمالة وعن الدخل والمشاركة المجتمعية. وعلى الصعيد الاجتماعي السياسي ينصبّ الاهتمام على تحويل المساعدة المتمثلة بالدعم الاجتماعي إلى مساعدة الذات. وهذا ممكن فقط من خلال ربطه بالمبادرات الفردية والأسرية والمجتمعية. وفي التعليم الاجتماعي الكاثوليكي يُعتبر مبدأ التكافل الأخلاقي أساسًا منهجيًا لسياسة اجتماعية كهذه.

ماركوس فوغت

مواضيع ذات صلة: **العمل؛ جمعية الخدمة الاجتماعية؛ (البروتستانتية)؛ الشؤون المالية؛ الرعاية الاجتماعية.**

النعمة (من وجهة نظر مسيحيّة)

يفهم الإيمان المسيحيّ واللاهوت المسيحيّ النعمةَ أنّها علاقة الله بالإنسان الممتلئة خلاصًا والتي تبرّر كلّ شيء. بناء على الصياغة المختصرة للمصطلح الأساسيّ هذا يتشابه تعبير النعمة مع مصطلحات أساسيّة أخرى مثل التبرير والخلاص

(انظر على سبيل المثال سفر الخروج 33: 12؛ مزمور 5: 13؛ إشعياء 54: 8. 10؛ لوقا 1: 30؛ يوحنّا 1: 14. 16؛ رومية 1: 7؛ كورنثوس الأولى 15: 10، بالإضافة إلى مواضع أخرى كثيرة). وترد في كتاب شعب إسرائيل المقدّس، أي العهد القديم (كذلك: العهد الأوّل) سلسلة من المصطلحات المتعلّقة بالسلوك الاساسيّ لله تجاه الإنسان والتي تصوّر دائمًا هذه العلاقة المليئة بالخلاص بنبرات متعدّدة ومختلفة. لقد تمّت ترجمة التعبير الأعمّ والأقلّ تعيينًا hen (لطف ورحمة) في ما يسمّى بالسبعينية، وهي الترجمة اليونانيّة للعهد القديم، بتعبير خاريس الذي يعني في اللاتينيّة غراتسيا [اللطف والمعروف والامتنان والتأثير]، وأصبح بالتالي مصطلحًا أساسيًّا في اللاهوت المسيحيّ. إنّ يسوع المسيح هو رحمة الله في شخص، لذا أمكن لبولس الكلام عن »العطيّة بالنعمة التي بالإنسان الواحد يسوع المسيح« (رومية 5: 15).

وعلى الرغم من أنّ الرحمة تدلّ كمصطلح أساسيّ على محبّة الله الموهوبة بشكل جليّ وواضحٌ، إلا أنّه طرأت تطوّرات ونقاشات في مسار تاريخ اللاهوت أصبح فيها منظور الرحمة الأساسيّ الشامل موضوعًا خاصًّا، وفي المقام الأوّل ما يخصّ علاقتها بالحريّة الإنسانيّة. فلقد تمّ فهم الرحمة حقيقةً مخلوقة وموهوبة من الله من دون شروط مسبقة، وكذلك قيمة نوعيّة في نفس الإنسان. بناء على هذا الفهم يمكن للسؤال أن يطرح وأن تعلو الأصوات المطالبة في النهاية بأنّ الإنسان يمكن أن يمتلك في الواقع هذه النوعيّة الرحمويّة دومًا كونها هديّة من الله، غير أنّه رغم ذلك يجب اكتسابها راهنًا من خلال الفعل الشخصي الحرّ ليكون عادلاً أمام الله، محبوبًا ومقبولاً. وهذا الأمر يعدّ انحرافًا تقريبًا إذا ما قيس بالمصطلح الأساسيّ للكتاب المقدّس.

ويعود الفضل إلى مارتن لوثر ولاهوت المصلحين الذي كشفوا هذا الانحراف وتجاوزوه بالعودة إلى المصطلح الأساسيّ للكتاب المقدسّ. واستردّ اللاهوت الكاثوليكيّ هذا الانحراف، إلا أنّه تمسّك بالرحمة كمصطلح خاصّ في تقليد أوغسطينوس (توفّي عام 430) أحد آباء الكنيسة وفي تقليد اللاهوتيّ القروسطيّ توما الأكوينيّ (توفّي عام 1274) اللذين على قاعدتهما امتدّ الجدال مع اللاهوت البروتستانتيّ حتّى إلى القرن العشرين. فقط وفي سياق الحوار المسكونيّ إبّان القرن العشرين عاد اللاهوت الكاثوليكيّ أيضًا إلى الرحمة كمنظور أساسيّ شامل ومختصر. إلا أنّ السؤال عن الرحمة والحريّة بقي كما كان في السابق موضوعًا راهنًا يميل في خضمّ تفاصيل المسألة إلى الفرضيّة الأساسيّة المتناقضة: كلّ فعل للإنسان هو في الوقت نفسه نابع من الله والإنسان.

ينحصر هذا التطوّر الذي تمّ عرضه في كنائس الطوائف الغربيّة، فكنائس الشرق

الأرثوذكسيّة لم تشارك مطلقًا في هذا النقاش وبقيت ضمن إطار تقاليدها الخاصّة في ما يتعلّق بالرحمة مصطلحًا أساسيًّا.

أوتو هيرمان بيش

مواضيع ذات صلة: **الخلاص؛ المحبّة؛ الحريّة؛ الحركة المسكونيّة؛ التبرير.**

نقد الدين (من وجهة نظر مسيحية)

يظهر نقد الدين في المقام الأول في ثلاثة أشكال:

- أولاً، نقد الدين من الداخل، أي نقدٍ لممارسات دينية بحد ذاتها ولفهمها الذاتي، بحيث يكون دافع النقد نفسه دينيًا وبالتالي موجهًا نحو الإصلاح؛
- ثانيًا، نقد الأديان الأخرى. وهنا أيضًا ينبع النقد من روح دينية، ولكنه لا يستهدف التقليد الديني الخاص، وإنما الأديان الأخرى؛
- ثالثًا، نقد جذري للدين صادر عن قناعة إلحادية غير دينية ويمتد إلى معتقدات دينية وممارسات دينية محددة.

في الكتاب المقدس العبري، أي العهد القديم، يظهر نقد الدين بمعناه الأول كنقد ذاتي للدين ويمثل سمة أساسية من سمات الإعلان النبوي. فهو ينتقد خيانة بني إسرائيل للعهد الذي قطعه الله معهم (بتحولهم إلى آلهة أخرى) معترضًا على عبادة الأوثان، أي اعتبار وقائع محدودة ومخلوقة ذات مكانة إلهية، والنقد كان ضد انتهاك الوصايا الإلهية، ولكنه أيضًا ضد أي تسويغ يعطي لممارسة الدين الشكلية أهمية أكبر من مراعاة العدل والرحمة اللذان يطلبهما الله، بحيث يتحول هذا النقد هنا وباستمرار إلى نقد اجتماعي وسياسي أيضًا. وهذه الدوافع متواصلة في العهد الجديد، الذي يظهر النقد فيه موجهًا لبعض سمات اليهودية المعاصرة آنذاك في تقليد النقد الذاتي النبوي للدين اليهودي من الداخل. ولكن تظهر في الوقت نفسه في العهدين القديم والجديد بدايات لنقد الأفكار والممارسات الدينية في الديانات غير اليهودية أيضًا.

في العصر الحديث واصل قسم من التنويريين (مثل غوتهولد إفرايم ليسينغ (1729–1781)، وإمانويل كانط (1724–1804)، والربوبيون الإنكليز) اتباعهم لتقليد نقد الدين داخليًا وسعوا إلى تجديد عقلاني للديانة المسيحية. ولكن خلال عصر التنوير وفي أعقابه نشأ نوع من النقد الجوهري للدين يمكن تمييزه هو أيضًا في ثلاثة أشكال أساسية:

- أولاً، هناك جدل حول حقيقة أية ديانة فيما يتعلق بإيمانها بوجود حقيقة إلهية سامية.

- ثانيًا، يتم نقد الدين باعتباره ظاهرة معارضة لتطور الإنسان الشخصي – سواء كان ذلك على الصعيد الفردي أو الجماعي، في حين أنه يشير في الوقت نفسه إلى فشل أخلاقي متعدد الأوجه للدين.
- وفي شكل ثالث، ظهر في القرن العشرين على وجه الخصوص، يتم رفض ليس فقط لحقيقة الفرضيات الدينية وإنما لأي معنى معرفي لها، أي أنه يتم رفضها باعتبارها مزاعم وهمية غير مفهومة.

وفي ما يسمى بالإلحاد الجديد تتكرر هذه الدوافع بحيث يتم تصوير الدين فيها بأنه مصدر أساسي للصراعات السياسية وميل غير عقلاني ومتعارض مع موقفٍ علمي أساسي. وعندما يتم تقديم نقد الدين مع حجج عقلانية وأدلة تجريبية، سيؤخذ حينها لاهوتيًا على محمل الجد، بحيث يمكن أن ينتج عنه بعض المحفزات الهامة لتجديد ديني دائم.

بيري شميت لويكل

مواضيع ذات صلة: **الإلحاد؛ التنوير.**

الهجرة (من وجهة نظر إسلامية)

الهجرة هي تطبيق الأمر الإلهي الذي تلقاه النبي محمد والمسلمون الذين كانوا معه لمغادرة وطنهم مكة بسبب الاضطهاد والمطاردة التي استمرت طويلاً والذهاب إلى يثرب التي سُمِّيت فيما بعد بالمدينة المنورة حيث استقبلهم أهلها بالأحضان. في الأعوام 615 و616 ميلادي هاجر بعض المسلمين بأمر من النبي محمد إلى الحبشة، وعلى الرغم من أن هذه الهجرة كانت أول هجرة في تاريخ الإسلام، إلا أن الهجرة إلى يثرب عام 622 ميلادي تُعَدّ الهجرة الفعلية. لقد التقى النبي الذي كان يعاني من الضغط والاضطهاد الشديد في مكة في موسم الحج بنفر من أهل يثرب جاؤوا إلى مكة بين عامي 620 و622 ميلادي واعتنقوا الإسلام في العقبة القريبة من مكة وبايعوه بيعتين. بعد بيعة العقبة الأولى (621) ميلادي هاجر المسلمون إلى يثرب في مجموعات صغيرة، وبعد بيعة العقبة الثانية (622) ميلادي هاجروا ضمن مجاميع كبيرة. وفي نهاية الأمر وصل النبي محمد وصاحبه أبو بكر في الرابع والعشرين من أيلول عام 622 ميلادي إلى يثرب بعد رحلة مليئة بالمخاطر، والمتاعب، وملاحقات المشركين لهما. رحب الأنصار في يثرب بالنبي محمد وبالمهاجرين الذين تركوا وراءهم أهليهم وأموالهم وقاسموهم كل ما يملكون، لذلك تُعَدّ الهجرة أفضل مثال على الحب والأُخُوّة بين المسلمين.

لقد وصف القرآن المهاجرين بأنهم ﴿هُمُ ٱلْمُؤْمِنُونَ حَقًّا﴾ (سورة الأنفال 8 الآية 74)، وأنهم على درجة أعظم عند الله (سورة التوبة 9 الآية 20)، وأنهم يطمعون ويرجون أن يرحمهم الله (سورة البقرة 2 الآية 218)، وأن الله قد كَفَّرَ عنهم

سيئاتهم (سورة آل عمران 3 الآية 195)، ورضي عنهم وأعد لهم جنات تجري من تحتها الأنهار (سورة التوبة 9 الآية 100).

بعد الهجرة بقي المسلمون في يثرب وأنشأوا نظامًا اجتماعيًا جديدًا، وثقافة جديدة تدعو إلى التعايش مع الآخر. لذلك سُمِّيت يثرب مع مرور الزمن بالمدينة المنورة. يربط المسلمون الهجرة بالتصور الحي في إمكانية صنع حياة جديدة بفضل الصبر والتحمل على المضايقات. فالهجرة لا تعني مجرد انتقال مكاني من مدينة إلى أخرى، وإنما هي ترك السيئات والمعاصي. لقد ورد مصطلح الهجرة في القرآن ليس فقط ضمن السياق المكاني، وإنما أيضًا ضمن سياق هجر المعاصي، والشرك، والنفاق، وسائر الأعمال السيئة والخصال الذميمة (سورة المدثر 74 الآية 5)، حيث أطلق النبي محمد على كل شخص هجر ما نهى الله عنه صفة المهاجر (أنظر صحيح البخاري).

لقد اعتبر بعض المفكرين كالفيلسوف الأندلسي ابن باجة (المتوفى عام 1138/ 533) أن من الواجبات الأخلاقية أن يعيش الناس الذين يتواجدون في مجتمع فاسد عيشة فاضلة، أو أن يبتعدوا ولو فكريًا عن كل عادات وتقاليد البيئة.

أنـگين أردم

مواضيع ذات صلة: **حوار الأديان؛ صحابة النبي محمد؛ التضامن؛ التقويم.**

مصادر الحديث:

صحيح البخاري، كتاب الإيمان، باب 4 المسلم من سلم المسلمون من لسانه ويده، رقم الحديث 10، عن عبد الله بن عَمْر.

وثيقة المدينة / دستور المدينة (من وجهة نظر إسلامية)

وثيقة المدينة هي تلك الوثيقة التي وضعها النبي محمد في عام 622 بعد الميلاد بعد هجرته إلى المدينة المنورة التي كانت تُدعى يثرب قبل الإسلام، لتكون أساسًا قانونيًا ينظم العلاقات بين مكونات المدينة الدينية والإجتماعية، ويوطد أواصر الثقة فيما بينها. أما فيما يخص النص الأصلي لهذه الوثيقة، فلقد نقل كُتّاب متأخرون أجزاء مختلفة منه، وذلك لأن النص الأصلي غير متوفر، حيث قام بعض العلماء في بداية القرن العشرين بمقارنة أجزاء هذه النصوص المنقولة مع بعضها البعض، وذلك للحصول على صورة دقيقة قدر الإمكان لنص الوثيقة الأصلي.

كانت القبائل القاطنة في المدينة المنورة (قديمًا يثرب) وما حولها قبل وصول النبي محمد في عداء دام قرابة قرن من الزمن، ومن أبرز هذه القبائل المتخاصمة قبيلتا الأوس والخزرج العربيتان وقبائل بني قريظة وبني قينقاع وبني النضير اليهودية. لذلك رأى بعض شيوخ المدينة وكبرائها بأن الثأر وقانون القبيلة السائد هما السببان

الرئيسيان في تدهور العلاقات بين القبائل، ولإنهاء هذا الصراع الدائم قاموا بالبحث عن شخصية مقبولة من قبل كل الأطراف المتنازعة. وبعد أعوام قليلة وفي موسم الحج التقى وفود من الأوس والخزرج خصماء الدار بالنبي محمد في العقبة وكانوا على قناعة بأن النبي محمدًا برسالته وشخصيته الفذة قادر على أن يجد حلاً لخصوماتهم الداخلية، فاعتنقوا الإسلام، ودعوه للمجيء إلى المدينة ليفض نزاعاتهم ووعدوه بأن يقدموا له وللمسلمين الحماية إذا ما هاجروا إليهم.

حققت وثيقة المدينة نجاحًا دبلوماسيًا من طراز خاص، حيث أوجدت مفهومًا جديدًا للمجتمع في شبه الجزيرة العربية يحدد المكونات الإجتماعية على أساس معتقداتها الدينية، لا على أساس انتماءاتها القبلية والعرقية، وهكذا سُمِّي المهاجرون القريشيون القادمون من مكة بالمهاجرين والمسلمون من قبلتي الأوس والخزرج بالأنصار، فأصبحوا أمة واحدة، وتمت بُعيد الهجرة المؤاخاة بين المهاجرين والأنصار، فكان ذلك نظامًا لم تعهده القبائل من قبل. ومن الجدير بالذكر أن القبائل اليهودية والقبائل ذات الآلهة المتعددة (المشركين) أصبحت جزءًا من هذا المجتمع.

أعلنت وثيقة المدينة ولأول مرة في التاريخ بأن المدينة المنورة حرام جوفها على أهل هذه الصحيفة، فحدد هذا البند حرم المدينة، وضمن الأمن فيها، ووضع حدا للإضطرابات والمشاكل التي كانت تهدد السلم والأمان. وأصبح القانون المعمول به هو الحكم الفصل في المنازعات القضائية، فلم تعد قرابة الدم وانتماء الدين تلعبان دورًا في ذلك. فاستند كل هذا على مبادئ البِر، والعدالة والأخلاق، وكمثال على ذلك فلقد تم الاعتماد في تحديد فدية أسرى الحرب على مبدأ المعروف.

كان مجتمع المدينة وحدة مكونة من المسلمين واليهود وجماعات أخرى يجمعهم الوعي الجماعي والإحساس بالمسؤولية في الدفاع عن مدينتهم ضد التهديدات الخارجية. فأصبح المسلمون واليهود شركاء في تحمل تكاليف الدفاع عن المدينة. بالإضافة إلى ذلك فقد بدأ المسلمون ببناء نظام إداري ومالي خاص بهم، حيث تحمل جميعهم مسؤولية الدعم المالي لإخوانهم في الدين الذين وقعوا في ضائقة مالية بسبب دفع الفدية.

لقد استغرق العمل بهذه الوثيقة قرابة السنتين حتى قام بعض اليهود بنقضها، وبغض النظر عن ذلك فقد صنعت هذه الوثيقة نموذجًا اجتماعيًا للتعايش الجماعي بين الناس على اختلاف أديانهم وثقافاتهم، وتُعد مثالاً يحتذى به للكثير من المسلمين حتى يومنا هذا.

محمد باچجي

مواضيع ذات صلة: **المجتمع؛ العرف والعادة؛ اليهودية؛ الأقليات؛ الدستور الديني.**

الوحي (من وجهة نظر مسيحية)

يعتبر الوحي سمة أساسية في العقيدة المسيحية، لا يمكن فهمها جيدًا إلا من خلال المعرفة المسيحية الأساسية للـه بأنه محبة (رسالة يوحنا الأولى 4: 8). والوحي بالمعنى الأعمق هو فعل التواصل الشخصي للـه والذي يتوافق مع طبيعته الـمُحِبة. ولأن فعل المحبة لا سبب له، لا يمكن أيضًا فهم مضمون الوحي بشكل كامل اصطلاحيًا، ويبقى لغزًا. والوحي كفعل تواصل شخصي للـه يحدث على مستويات مختلفة: فضمن الثالوث الإلهي حدث هذا التواصل الشخصي في لحظة انبثاق الكلمة الإلهية كفعل محبة تحاوري بين الآب والابن. ويعتبر خلق العالم أول شكل نهائي لإعلان اللـه عن ذاته، ذاك الإعلان الموجّه لجميع الناس بغض النظر عن انتماءاتهم الدينية، ويمكن إدراكه كذلك (سفر الحكمة 13: 1–9؛ رسالة بولس الرسول إلى رومية 1: 18–20). لم يكن إعلان اللـه عن ذاته للبشر صراحةً من خلال الأنبياء في الأسفار المقدسة فقط بسبب سقوط الإنسان في الخطيئة وضعفه الطبيعي، وإنما من أجل التركيز على الطابع الحواري لهذا الإعلان أيضًا. إن الوحي الكتابي لا يقدم في المقام الأول معلومات وتعاليم، وإنما هو عبارة عن تعبير عن التواصل الحيوي بين اللـه والإنسان. وهذا له عواقب على صورة الإنسان التي تشترط أن الإنسان أثبت من خلال تلقيه للوحي الكتابي على أنه شريك في الحوار مع اللـه، وكان يتميّز دائمًا بانفتاحه على كلمة اللـه. إن المضمون الحقيقي للوحي الكتابي ليس مجرد جمل وعبارات، بل هو اللـه ذاته وإشفاقه على الإنسان. وبحسب المفهوم المسيحي فإن فهم هذا الوحي يتجلى في الإيمان بأن إعلان اللـــه عن ذاته اكتمل بشكل نهائي وشخصي ملموس من خلال تجسد اللـه في يسوع المسيح. والإيمان بأن ذروة الوحي وختامه كان في يسوع المسيح يعني أن اللـه قدّم نفسه للإنسان بشكل كامل، أي أنه لم يعد يتواصل معه من خلال صورة أو مَثل أو كلمة او كتاب، بل وجهًا لوجه. وبناء على الاكتمال المطلق للوحي المسيحي في تجسد اللـه يمكن أن نعتبر المسيحية ديانة كتابية فقط في سياق مؤقت ومحدود. ولأن إعلان اللـه عن ذاته هو مضمون الوحي، تصبح عبارات الكتاب المقدس وقانون الإيمان مجرد صيغ ثانوية لإيصال الوحي، وليست الوحي نفسه. وكون يسوع المسيح القائم من الموت بحسب العقيدة المسيحية لا يزال يعيش في قلوب المؤمنين (رسالة بولس الرسول إلى إفسس 3: 17)، يمكن أن تبقى عملية إعلان اللـه عن ذاته واقعًا حيًا في أعماق كل إنسان من خلال الصلاة الحوارية.

مارتن تورنر

مواضيع ذات صلة: **معرفة اللـه؛ المحبة؛ النبوة.**

الوحي (من وجهة نظر إسلامية)
الوحي هو طريقة خاصة يُبلّغ بها الله أنبيائه الأصفياء الرسالات والمواعظ والأوامر التي يجب عليهم نشرها بين الناس والهدف من التبليغ الإلهي هو إيصال المعرفة للناس التي تكتسب أهمية رئيسية في ما يتعلق بتثبيت العلاقة بين الله والإنسان والمخلوقات في الكون.
يُعد الوحي بركة إلهية وطريقة خاصة يُذكّر بها الله الإنسان بالحق الذي يستطيع أن يتعرف على حقائق ولو بقدر معلوم وذلك بفضل قدراته الخاصة. يذكر القرآن أن الوحي يتلقاه أيضًا الإنسان الذي لا يحمل النبوة، فمن الناس الذين أوحي إليهم وهم ليسوا أنبياء أم موسى وتلاميذ عيسى. وبتعبير مجازي يخبر القرآن أن حتى الأرض والسماء والنحل تلقت العلم بالوحي والمراد من هذا الإخبار هو تبيين أن هذه المخلوقات خاضعة أيضًا لإرادة الله ولقانون الطبيعة التي خلقها والتوضيح كذلك أنه توجد علاقة بين الله وكل الخلق، إلا أن تبليغ الوحي الإلهي للناس هو واجب فقط على الأنبياء و هذا ما دلت عليه الآيات التالية: ﴿إنا سنلقي عليك قولا ثقيلًا﴾ (سورة المزمل 73 الآية رقم 5). ﴿قُم فأنذر﴾ (سورة المدثر 74 الآية رقم 2).
كما يخبّر القرآن محمد أن هناك أنبياء من قبله تلقوا الوحي: ﴿إِنَّا أَوْحَيْنَا إِلَيْكَ كَمَا أَوْحَيْنَا إِلَىٰ نُوحٍ وَالنَّبِيِّينَ مِن بَعْدِهِ وَأَوْحَيْنَا إِلَىٰ إِبْرَاهِيمَ وَإِسْمَاعِيلَ وَإِسْحَاقَ وَيَعْقُوبَ وَالْأَسْبَاطِ وَعِيسَىٰ وَأَيُّوبَ وَيُونُسَ وَهَارُونَ وَسُلَيْمَانَ وَآتَيْنَا دَاوُودَ زَبُورًا﴾ (النساء 4 الآية رقم 163). تم تنزيل الوحي على محمد بواسطة ملك يسمى في القرآن جبريل والروح الأمين وروح القدس (سورة البقرة 2 الآية رقم 97؛ الشعراء 26 الآية رقم 193؛ النحل 16 الآية رقم 102).
لم يقم محمد بمزج الكلمات التي تلقاها عن طريق الوحي بأفكاره الخاصة بل عمل على إيصالها حرفيًا لإخوانه في الإنسانية (سورة القيامة من الآية 16 إلى الآية 19؛ سورة الحاقة 69 من الآية 44 إلى الآية 47). وطبقًا لما جاء في القرآن يُعتبر محمد خاتم الأنبياء، وبه تكون نهاية تنزيل الوحي (سورة الأحزاب 33 الآية 40).
أما فيما يتعلق بمضمون الوحي فهو جملة من التوجيهات الساعية لمنح الإنسان نظام حياة جديدة وطريق العمل المستقيم.

خالص آلبيرق

مواضيع ذات صلة: **التنوير؛ الملاك؛ النبوة؛ المعجزة.**

الوصايا العشر (من وجهة نظر مسيحية)

تسمية الوصايا العشر في الأصل اليوناني هي Dekalog، وفي العبرية سُميت «عشر كلمات עשרת הדיברות» (سفر الخروج 34: 28، سفر تثنية الاشتراع 4: 13؛ 10: 4). وفي الكتاب المقدس تقليدان متوارثان للوصايا العشر، ما تسمى بالوصايا العشر الأخلاقية (سفر الخروج 20: 2–17؛ سفر تثنية الاشتراع 5: 6–21) وسلسلة الوصايا (1749–1832) المعروفة بالوصايا العشر العبادية بحسب يوهان فولفغانغ فون غوته (1794–1832) (سفر الخروج 34). وما لها أهمية مؤثرة بتاريخ اليهودية والمسيحية هي الوصايا العشر الأخلاقية المتوارثة بنسختين مختلفتين (قارن بين وصية حفظ السبت وحظر الاشتهاء) في سفري الخروج 20 وتثنية الإشتراع 5، والتي تتألف من وصايا (وصية تقديس السبت ووصية إكرام الوالدين) ونواهي («لا ...») وبأطوال مختلفة وتم تقديمها في سياق سردي كوحي إلهي مباشر على جبل اللـه في سيناء. وبعد نقشها على لوحين، وُضع اللوحان في تابوت العهد. تعدادها ليس واضحًا، إذ يمكننا التمييز بين نحو 15 وصية مختلفة. ووفقًا لذلك يتم أحيانًا في الطوائف المسيحية المختلفة أو الأديان (المسيحية واليهودية) ضم وصية «الآلهة الأخرى وتماثيلها» ووصايا «حظر الاشتهاء»، أو حذف وصية «تماثيل الآلهة» أو اعتبار الديباجة «أَنَا الرَّبُّ إِلهُكَ» كوصية قائمة بحد ذاتها. ومن حيث المضمون يمكن تمييز الوصايا العشر بين وصايا تنظم العلاقة مع اللـه (اللوح الأول) وأخرى تتناول العلاقة بين البشر تجاه بعضهم البعض (اللوح الثاني). وبما أنه ليس هناك ذكر لأية عقوبات لعدم الالتزام بالوصايا، فإن الوصايا العشر بصياغتها القاطعة إلى حدٍ ما لا تنتمي إلى مجال القانون وإنما لعلم الأخلاق اللاهوتي. الوصايا العشر لا تعود إلى زمن موسى، بل يرجّح أنها وُجدت في تشكيلاتها الأساسية قبل السبي البابلي (586 ق.م.) بزمن قصير، ولكنها لم تظهر فيما بعد في صيغتها النهائية إلا في فترة السبي أو ما بعد السبي. وفي العهد الجديد لا يمكن مقابلة الوصايا العشر تمامًا بالموعظة على الجبل (الإنجيل بحسب متى 5–7) ولا حتى بمقابلة هذه الأخيرة للحدث في جبل سيناء. وما تم تبنيه قبل غيره هو اللوح الثاني (قارن مثلاً: الإنجيل بحسب متى 5: 21 و27؛ والإنجيل بحسب مرقس 10: 19؛ ورسالة بولس الرسول لرومية 13: 9). إلا أن يسوع أكد بشكل صريح على وصيته المزدوجة في محبة اللـه والقريب (الإنجيل بحسب لوقا 10: 25–28؛ قارن بالإنجيل بحسب متى 19: 19)، الوصية التي تعتبر في المسيحية بمثابة ملخص لوحي الوصايا العشر منذ زمن أغسطينوس (354–430). وبحكم مضمونها وصياغتها الموجزة يمكن اعتبارها مصدرًا

تاريخيًا لأخلاقيات عالمية. استخدام الوصايا العشر يتم في المقام الأول في التدريس وأثناء ممارسة سر الاعتراف.

مارتن أرنيت

مواضيع ذات صلة: **العهد القديم؛ الأخلاق؛ الوصايا والنواهي؛ اليهودية؛ الأخلاق.**

الوصايا العشر (من وجهة نظر إسلامية)

كُتبت الوصايا العشر الحاملة للمبادئ الأساسية اليهودية، حسب التوراة، على لوحين حجريين، وقد تلقاها النبي موسى في جبل سيناء، وهذا ما ذُكر في سفر الخروج 20: 2 وفي سفر التثنية 5: 6. وقد تمّ تلقي هذه الوصايا في الشهر الثالث بعد الخروج من مصر.

تحتوي هذه الوصايا العشر على الأوامر التالية: عدم تقديس آلهة أخرى، تحريم صنع تمثال منحوت يكون آلهةً للعبادة، عدم النطق باسم الله باطلاً، تقديس يوم السبت وأخذه يوم راحة، والبرّ بالولدين، وتحريم القتل والزنا والسرقة وقول الزور وتحريم اشتهاء أي شيء يكون ملك شخص آخر.

لم تستعمل كلمة الوصايا العشر في القرآن، وليست فيه قائمة توافق تلك الموجودة في التوراة. ومع ذلك توجد بكل تأكيد في مواضع مختلفة من القرآن كلمات مرتبطة بالوصايا العشر. فقد تمّ ذكر قصة موسى دون تفاصيل، وخاصة عندما تلقى موسى الألواح بعد أربعين يومًا وفيها الميثاق، وقد كانت هذه الألواح تحتوي على جميع الوصايا والمحرمات التي كان على اليهود أن يتقيدوا بها، وهذا ما جاء من الآية 142 إلى الآية 145 من سورة الأعراف 7. كما يُروى أن بني إسرائيل عاهدوا الله على أن لا يعبدوا إلا إياه، وأن يبروا الوالدين والأقارب واليتامى والفقراء ولا يرهقوا الدماء، وهذا ما جاء في الآيتين 83 و84 من سورة البقرة 2. كذلك يقال أن الله طلب من الناس عدم انتهاك وصية حفظ السبت، وذلك في الآية 154 من سورة النساء 4. ومن الآيات المذكورة يتضح أن القرآن أقر إلى حد بعيد بالوصايا العشر في الديانة اليهودية، وذلك لأنها تحمل قيمًا كونيةً موجودةً تقريبًا في جميع ديانات العالم. وفي هذا السياق، فإن الوصايا العشر، باستثناء تقديس السبت، هي قواعد يجب الإلتزام بها أيضًا في الإسلام. ومن بين هذه الإلتزامات عبادة الله وحده، وذلك في الآية 163 من سورة البقرة 2، والآية 19 والآية 102 من سورة الأنعام 6، وتحريم الشرك بالله في الآية 36 من سورة النساء 4، والآية 151 من سورة الأنعام 6، والآية 18 من سورة يونس 10، والآية 20 من سورة النحل 16، وبر الوالدين في الآيتين 23 و24 من سورة الإسراء 17، والآية 8 من سورة العنكبوت 29، والآيتين 14 و15 من سورة لقمان 31، والآية 15 من سورة الأحقاف 46، وتحريم القتل في الآية 32 من سورة المائدة 5، وتحريم السرقة في

الآية 38 من سورة المائدة 5، والآية 12 من سورة الممتحنة 60، وتحريم الخيانة الزوجية في الآيتين 30 و31 من سورة النور 24، وتحريم قول الزور في الآية 72 من سورة الفرقان 25، وحسن معاملة الجار في الآية 36 من سورة النساء 4.

محمد قاتر

مواضيع ذات صلة: **الخلق؛ الوصية؛ الفرائض الدينية.**

الوصايا والنواهي (من وجهة نظر مسيحيّة)

تعرف المسيحيّة الوصايا والنواهي من العهد القديم كما من العهد الجديد. ولعلّ المجموع الأهمّ لهذا النوع هو الوصايا العشر التي ذُكرت في سفر الخروج 20 وسفر التثنية 5. تنظّم هذه الوصايا سلوك الإنسان الصحيح تجاه الله (تبجيل الله الواحد الأحد، تقديس اسمه والالتزام بيوم راحة في الأسبوع تذكارًا لله) كما تنظّم علاقات البشر مع بعضهم البعض (العلاقة بين الأهل والأولاد، تحريم القتل والزنا والسرقة والكذب). وفي أزمنة محدّدة من تاريخ الكنيسة تمّ توسيع هذه التوجيهات بطريقة مثاليّة على أنّها السلوك الصحيح للإنسان وإسقاطها على حالات فرديّة عديدة (تعيين السلوك بناء على أحكام الوصايا والنواهي/الإفتاء في قضايا الضمير) لدرجة أن نشأ خطر إهمال التوجّه الأساسيّ لكافّة الأخلاق المسيحيّة: »أحبب الربّ إلهك من كلّ قلبك، ومن كلّ نفسك، ومن كلّ فكرك. هذه هي الوصيّة الأولى والعظمى. والثانية مثلها: أحبب قريبك كنفسك. بهاتين الوصيّتين يتعلّق الناموس والأنبياء« (متّى 22: 37–40). وفي ما يتعلّق بأهميّة تطبيق باقي الوصايا العشر السارية بالنسبة إلى التعاليم الاجتماعيّة الكنيسة ومشروعيّة بحوث تكنولوجيا الجيّنات والنظام الاقتصاديّ والسياسة العائليّة وجميع مجالات إعادة تصميم الحياة البشريّة الأخرى، فإنّ هذا الأمر تجب مناقشته على الدوام بشكل متجدّد واتخاذ القرارات فيه بحيث ينشأ نطاق أوسع لعلامات توجيهيّة ومن دون عمليّة إفتاء في قضايا الضمير أيضًا. ويبيّن هذا الأمر أنّ تطبيق النظام الإلهيّ ليس بالثابت أبدًا، بل يجب تفسيره من جديد وفقًا للضرورة وجعله متأقلمًا مع ظروف الحياة الملموسة. ويوجد في الكنائس المسيحيّة المختلفة وفي الاتجاهات اللاهوتيّة المتعدّدة إرهاصات محافظة كما ليبراليّة بخصوص السؤال حول كيفيّة تطبيق الوصايا في مواقف جديدة.

بيتر أنتس

مواضيع ذات صلة: **الأخلاق؛ العائلة؛ الشؤون الماليّة؛ الضمير؛ السلوك الإلزاميّ؛ الإقتصاد؛ الوصايا العشر.**

الوضوء (من وجهة نظر إسلامية)
الوضوء هو غسل أعضاء مخصوصة، وهي على الترتيب التالي: غسل الوجه واليدين، والساعدين إلى المرفق، ثم مسح بعض الرأس وأخيرا غسل الرجلين إلى الكعبين. يعتبر الوضوء تأهيلاً جسديًا ونفسيًا للصلاة، وهو منصوص عليه في القرآن وتحديدًا في الآية 6 من سورة المائدة 5. لا يعد الوضوء عبادةً، ولكنه شرط من شروط صحة الصلاة. فهي جزء من النظافة العامة التي منحها الإسلام أهميةً كبيرةً بتمثيلها شُعبةً من شُعب الإيمان، وعند عدم وجود الماء يمكن استعمال التراب للطهارة ويسمى التيمم ويُعَدّ أيضًا تطهيراً للروح. كما توجد أيضًا طهارة الجسد كاملاً والمعروفة بالغسل، والتي تؤدى بعد حالة النفاس والحيض والجماع، وهي عبارة عن تعميم جميع أعضاء البدن بالماء، حتى البلعوم. يعتبر الوضوء تحضيرًا لعبادة الله ويعد أيضًا رمزًا للتجديد، خمس مرات على الأقل في اليوم وهو كذلك طهارة جسدية وروحية.

خالد أونال

مواضيع ذات صلة: **الصلاة؛ الطهارة.**

يسوع (من وجهة نظر مسيحية)
ولد يسوع الناصري في بيت لحم بين عامي 7 و4 قبل الميلاد. انضم في عشرينيات القرن الميلادي الأول إلى حركة يوحنا المعمدان الذي كرز بالتوبة، ولكن يسوع جعلها تأخذ منعطفًا جذريًا، إذ استبدل القرب الزماني للغضب الإلهي بالقرب الشخصي للآب الرحوم. وبذلك حلّت بواسطة يسوع معرفة اللـه عن قرب محلّ اقتراب الدينونة الوشيك. فمن خلال كرازة يسوع المقتدرة ومعجزاته المحرِّرة والتواجد معه واتّباعه يبدأ ملكوت اللـه الآن كبذار تلقى على الأرض (راجع: الإنجيل بحسب مرقس 1: 14 وما بعدها، 4: 26–32)، وسوف يكتمل الملكوت بقيام الدينونة الأخيرة مع المجيء الثاني ليسوع. وبكرازته بملكوت اللـه جمع يسوع حوله في الجليل المؤمنين به، واختار منهم اثني عشرة تلميذًا (رسولاً) كعدد رمزي، لتكون الخلية الأولى الأقرب إليه في حياته على الأرض. وفي سنة ثلاثين ميلادية تقريبًا ظهر يسوع في أسبوع الفصح من خلال عمل رمزي ورد في النبوءات في هيكل سليمان في القدس ضد أولئك الذين كان يرى أنهم نسوا اللـه (تطهير الهيكل، أي احتجاج يسوع على سوء استخدام المكان المقدس)، معلنًا بذلك سيادة اللـه في المركز الديني لشعبه. هذا ما أدى لنشوب الصراع القاتل مع نخبة الاكليروس اليهودي الذين دفعوا حاكم اليهودية الروماني بيلاطس البنطي (26–36 م) إلى صلب يسوع على أنه أحد المتمردين المدّعين أنهم المسيح (وكان عنوانه على الصليب: ملك اليهود). وفي العشاء الأخير مع تلاميذه الاثني عشر أشار

يسوع إلى موته، وفقًا لنبوءات العهد القديم (راجع: سفر إشعياء 52: 13–53: 12) مضحيًا بنفسه من أجل تجديد العهد وتعزيزه بين اللـه وشعبه (راجع: رسالة بولس الرسول الأولى إلى كورنثوس 11: 23–25).

وبعد أن تشتت تلاميذ يسوع المقربون مذعورين عقب إلقاء القبض عليه، خرجوا بعدها بفترة قصيرة حاملين بشرى قيامته وحضوره الروحي بينهم. وبذلك باتت معرفة اللـه عن قرب مرتبطة ارتباطًا وثيقًا بضرورة وجود علاقة شخصية مع يسوع المسيح القائم من الموت. ومن خلال قبول المعمودية والمشاركة بالقربان المقدّس تصبح هذه العلاقة عبادة واقعية وتؤسِّس الكنيسة المكوّنة من جماعة المؤمنين بالمسيح. وكان محور رسالة بولس الرسول التبشيرية الموجهة لكلٍّ من اليهود والوثنيين يدور حول موت يسوع وقيامته من أجل سد فجوة البعد عن اللـه (الكفارة والمصالحة). بشارة يسوع ذاتها حُفظت وتم في الوقت نفسه تحديثها في مجموعة من تعاليمه (فيما سمي بالوثيقة ق: وهي نص مفقود افتُرض وجوده كأحد مصادر إنجيلَيّ متى ولوقا). ولم يتم البدء بجمع الموروث مما قاله يسوع (أي الأناجيل) وتفسيرها لاهوتيًا إلا بعد أربعين عامًا. أما في إنجيل يوحنا يتم التركيز بشكل كبير على شخصية المعلن الإلهي والمخلّص.

وكما أعلن يسوع عن قرب اللـه وتجسّده تاريخيًا، هكذا يمكن فهم اللـه في اختبار الإيمان المسيحي وتفسيراته بشكل أقوى بكثير على ضوء اعتبار يسوع الممثل النهائي للـه (راجع مثلاً: رسالة بولس الرسول الأولى إلى فيليبي 2: 6–11؛ الإنجيل بحسب يوحنا 1: 1–18). وبشكل متلازم يُنظر إلى يسوع بأكثر وضوح على أنه كلمة اللـه وصورته وابنه ونور من نور. كما أن حقائق الإيمان المتوارث عن الحبَل الإلهي بيسوع (ولادته من عذراء) والمذكورة في إنجيلي متى ولوقا تشير أيضًا إلى أصله الإلهي. وكما أن يسوع لا يمكن معرفته إلا من خلال اللـه، كذلك يُعتبر تجسُّد اللـه في التاريخ محققًا بواسطة يسوع. فقدرة اللـه ومجده لم يتم الإعلان عنهما خارج الإنسان، وإنما من خلال تلك البشرية عينها التي شاركنا فيها يسوع في نهاية المطاف.

كنوت باكهاوس

مواضيع ذات صلة: **قيامة يسوع؛ العهد؛ الإنجيل؛ اللـه الآب؛ بنوة اللـه؛ مريم؛ المسيح؛ بولس؛ المعمودية؛ الهيكل؛ كلمة اللـه.**

اليهودية (من وجهة نظر مسيحية)

لم تشكل اليهودية في أية مرحلة من تاريخها مجتمعًا موحدًا. واليهودية تعني هنا كامل الثقافة والتاريخ والدين والتراث للشعب اليهودي الذي أطلق على نفسه اسم »شعب إسرائيل« (بالعبرية: عام إسرائيل أو بناي إسرائيل). ولكنها تتناول أيضًا

أوجه اليهودية المختلفة كمجموعات يهودية الديانة والتي تعتبر في الوقت نفسه شعبًا وطائفة من اليهود (بالعبرية: يهوديم). تطورت اليهودية من الدين القديم لإسرائيل الذي لا يمكن تحديد أصوله بشكل واضح، مرورًا بالشخصيات الأدبية مثل موسى النبي وابراهيم أبي الآباء، وحتى يومنا هذا إلى أشكال متنوعة من اليهودية الحالية. ويمكن القول بالنظر لتاريخ الأديان إن اليهودية والمسيحية والإسلام نشأت من الدين القديم لإسرائيل.

العقيد اللاهوتية الأساسية لليهودية هي: اللـه إله واحد، رب الخليقة وبالتالي رب الإنسان. واللـه بحكم طبيعته يتصف بالتفوق المطلق، ويتم التعبير عن تعاملاته بلغة تجسيدية. يتم التعبير عن هذا الإيمان الأساسي في صلوات السبت في الكنيس، أهمها صلاة »اسمع يا إسرائيل ...«، وإلى جانبها تتلى أجزاء مخصصة لكل أسبوع من التوراة وتلاوة المزامير ذات الصلة. وتتشكل الصلوات وفقًا للأعياد المحتفل به، منها الأعياد التوراتية الثلاثة: الفصح وشافوعوت (عيد الأسابيع) والسوكوت (عيد المظال)، وكذلك صلوات العيدين غير التوراتيين: حانوكا (عيد الأنوار) والبوريم أو الفوريم.

وبحسب الأدب الحاخامي ليس من الضروري أن يكون المرء يهوديًا لينال نصيبه من الحياة الثانية. ولكن يتعين عليه أن يحيا حياة يقبلها اللـه تتوافق مع شرائع نوح السبع.

إحدى السمات الأساسية لليهودية هي الإخلاص للتوراة، ولكن معيار هذا الإخلاص يفسره التلمود ويجدّده. في حين تبقى الشريعة (المكوّنة من التلمود والتوراة) دائمًا أساس الأخلاق اليهودية.

وبناء على هذا الفهم ليس هناك أي عمل تبشيري نشط في اليهودية، بغض النظر عن بعض الاستثناءات، كالفترة ما بين سنة 150 ق.م. و50 م. مثلًا، التي شكّلت موقفًا مفهومًا بالنظر لحالة الاضطرابات الدينية حينها. كان المسيحيون الأوائل من أتباع يسوع يهودًا اعتنقوا الإيمان بيسوع، وعرفوا أنه المسيا المنتظر من خلال الأنبياء اليهود. وأمام وجهة النظر الشخصية هذه لم تفهم اليهودية المعيارية المسيح بشكل شخصي، وإنما كرمز تعبيري لشخصية مجتمعية لها صفات المسيح المنتظر. وهنا يمكننا رؤية الفرق الأساسي بين اليهودية والمسيحية. بعد تدمير الهيكل في القدس سنة 70 ميلادية نجح الجناح الفريسي الحاخامي في إضفاء بنية جديدة على اليهودية مكّنتها مستقبلًا في المنفى وبلدان الشتات من تكوين حياة دينية كاملة، حتى وإن كانت بدرجات متفاوتة.

ومع هذا الإجراء بات من الضروري إيجاد تفسيرات جديدة للتقاليد اليهودية تم تجسيدها في ثلاثة اتجاهات رئيسية.

- فقد كان يُنظر للأرثوذكسية (العقيدة القويمة، ظهر كمصطلح منذ عام 1795 م) منذ البداية كمعارضة لكافة محاولات إصلاح اليهودية، شكلاً ومضمونًا. والأرثوذكسية ترى أن التوراة بأكملها هي كلمة اللـه.
- وتُعتبر اليهودية المحافِظة كرد فعل على حركة التحرر منذ منتصف القرن التاسع عشر، سواء في أوروبا أو في الولايات المتحدة الأمريكية. السمة المميزة لها هي أنها توازن بين التقاليد والتطور، وبين الأخلاق والطقوس. وفي هذا التوازن يكمن السبب الرئيسي لحصول اليهودية المحافظة على استحسان كبير في كل أنحاء العالم.
- أما التوجهات الليبرالية والتقدمية فتلتقي في بنية اليهودية الإصلاحية التي تعلّم اليهودي كيف يعيش في هذا العالم ومعه، وكيف يتعامل مع كافة التحديات الدنيوية، وكيف يصبح جزءًا من المجتمع، ومع كل هذا لا يفقد هويته اليهودية. كما اتخذ اتجاه حديث في اليهودية مصطلح »إعادة البناء« عنوانًا له، وذلك من خلال تركيزه بشدة على الحياة الأرضية من أجل تعزيز استمرار وجود الشعب اليهودي. الخبرة في هذه الحياة واحترام النصوص القديمة يشكلان أهم المعايير في تفسير القيم القديمة في ظروف جديدة. ويهودية »إعادة البناء« تجيب على ضرورة العيش في ظل ثقافتين من خلال تقديم فكرة إمكانية الإثراء من كليهما. وكنتيجة لذلك تتعرض الأساطير القديمة للنقد أو حتى الرفض أيضًا عندما تخضع التقاليد اليهودية لتفكير إبداعي.

ميشائيل هاينتسمان

مواضيع ذات صلة: **العداء لليهود/العداء للساميّة؛ المسيح؛ الأقنوم؛ التوراة.**

اليهودية (من وجهة نظر إسلامية)

لم يرد في القرآن مصطلح اليهودية كتعبير عن هذه الديانة بشكل صريح. إلا أنه وصف أتباع الديانة اليهودية بالذين (هادوا، أو اليهود). لقد وُصِفت مفاهيم العقيدة اليهودية ومنهاجها دون أن تُعْرَض هيكليتها الكاملة، وتعاليمها. وبما أن القرآن لا يستخدم أساسًا تعاليم أي دين آخر كمرجع معرفي، لذلك فإنه يعتمد فقط على إيمان الناس وعلى التطبيق المستند إلى تلك العقيدة. حيث لا تعكس المعلومات الموجودة في القرآن المبادئ الأساسية والرسمية للدين اليهودي.

يصف القرآن عقيدة اليهود على أنها عقيدة ذات صيغة قديمة، وغير كاملة، ومغايرة جزئيًا للإسلام الأول الذي جاء به آدم. ويؤكد القرآن أيضًا أن عقيدة اليهود تستند إلى أساس إلهي، ويعترف أيضًا بكتبهم المقدسة. فاليهودية وكما وصفها القرآن، هي ديانة توحيدية تؤمن باليوم الآخر، وبالملائكة، وبالكتب المقدسة، وبالأنبياء. إضافة إلى ذلك يؤمن اليهود بأنهم شعب الله المختار ولذلك

فإنهم سوف يُعامَلون معاملة خاصة يوم القيامة، وإن كان الله سوف يعاقبهم فإنهم سوف يمكثون في النار لأيام معدودة (سورة البقرة 2 الآية 80؛ أنظر تلمود، رأس السنة 33 ب؛ السبت 17 أ). لقد انتقد القرآن اليهود بسبب هذه التصورات الإعتقادية ودعاهم إلى العقيدة الحقيقية.
إن التوراة كتاب اليهود المقدس الذي قال عنه القرآن بأن فيه هدى ونورًا يحكم بها النبيون. غير أن اليهود لم يلتزموا بأوامر كتابهم، وأحلّوا محلّه تفسيرات اعتباطية. وطبقًا للقرآن يؤمن اليهود بأن عزير هو ابن الله (سورة التوبة 9 الآية 30)، وأنهم أعداء لجبريل (سورة البقرة 2 الآية 97). وإن كانت هذه المعطيات القرآنية لا تنطبق على الديانة اليهودية اليوم، إلا أن ذلك لا يعني بأن هذه المعطيات القرآنية خاطئة. فهذه المعطيات تعود إلى عقيدة يهود الحجاز آنذاك. أما موقف المسلمين اليوم تجاه الديانة اليهودية فهو شمولي: فالأقوال التي تطابق ما جاء في القرآن تُقَرّ وتُقْبَل، أما تلك التي تناقض ما جاء في القرآن فإنها مرفوضة.

باقي آدم

مواضيع ذات صلة: **العداء للسامية؛ القدس؛ الأقليات الدينية؛ الزبور؛ التوراة.**

يوم القيامة (من وجهة نظر إسلامية)
يتضمن تصور يوم القيامة تدمير نظام الكون، حيث يضطرب كل شيء ويُباد، وتنتهي الحياة بأكملها من جهة، ومن جهة أخرى تبدأ حياة جديدة أبدية، حيث يُبْعَث جميع الناس للوقوف بين يدي الله للحساب. يصف القرآن هذا الحدث بتسميات عديدة، مثلاً: يوم القيامة (سورة القيامة 75)، والساعة (سورة القمر 54 الآية 1)، وعقبى الدار (سورة الرعد 13 الآية 22، 24، 35)، والواقعة (سورة الواقعة 56 الآية 1)، والحاقة (سورة الحاقة 69 الآية 1–3)، والقارعة (سورة القارعة 101 الآية 1–3)، والغاشية (سورة الغاشية 88 الآية 1)، ويوم البعث (سورة الروم 30 الآية 56)، ويوم الحساب (سورة ص 38 الآية 16، 26، 53).
يُعْتَبَر الإيمان بيوم القيامة الركن الثاني من أركان الإيمان في الإسلام. إذ يصف يوم القيامة، وطِبقًا للقرآن، نهاية العالم الدنيوي، وبداية حياة أبدية. فالإيمان بيوم القيامة لا يعني فقط الإيمان بالبعث بعد نهاية العالم، وإنما أيضًا الإيمان بالحشر، وكذلك الإيمان بمثول العباد بين يدي الله، وبالحساب والجزاء، فإما إلى الجنة وإما إلى النار. ويخبر القرآن أيضًا عن أشراط يوم القيامة الواقع لا محالة، وأن الساعة باتت قريبة (سورة محمد 47 الآية 18؛ سورة القمر 54 الآية 1؛ سورة النحل 16 الآية 77)، ويؤكد القرآن في نفس الوقت بأن عِلم الساعة عند الله وحده، فهو الذي يعلم جلية أمرها (سورة الأعراف 7 الآية 187؛ سورة لقمان 31 الآية 34؛ سورة النازعات 79 الآية 42–44). ولقد نفى النبي محمد في حديث جبريل علمه

للساعة: فعندما أتاه جبريل وسأله عن الساعة فأجابه النبي قائلاً »ما المسؤول عنها بأعلم من السائل« (أنظر صحيح البخاري؛ وصحيح مسلم). وبالتالي فإن علم الساعة غيب لا يعلمه إلا الله وحده.

يقدّم القرآن صورة مفصلة ومروعة ليوم القيامة: فسوف تكون السماء كالمهل، وسوف تتناثر وتتساقط الكواكب، وسوف تُفَجَّر البحار (سورة المعارج 70 الآية 8–10؛ سورة الإنفطار 82 الآية 1–5)، وسوف يُنْفَخ في الصور فَيُصْعَق من في السموات ومن في الأرض إلا من شاء الله، ويقوم الناس من قبورهم، ويُحْشَرون للحساب (سورة الزمر 39 الآية 68؛ سورة القيامة 75 الآية 10–13؛ سورة التكوير 81 الآية 6–12)، وسوف يُحاسَب الناس على أعمالهم خيرها وشرها (سورة الزلزلة 99 الآية 6–8)، فمن عمل خيرًا فسوف يرى خيرًا، ومن عمل شرًا فسوف يكون مصيره إلى النار إن لم يرحمه الله. وطِبقًا للقرآن فإن كل شيء بيد الله وقدرته، فالله الذي خلق الكون قادر على أن يضع نهاية له، ويخلق مكانه عالمًا آخر.

معمر أسَن

مواضيع ذات صلة: **البعث؛ يوم القيامة؛ أشراط الساعة؛ إرادة الله.**

مصادر الحديث:
1. صحيح البخاري، كتاب الإيمان، باب 37 سؤال جبريل ...، رقم الحديث 50، عن أبي هريرة.
2. صحيح مسلم، كتاب الإيمان، باب 1 معرفة الإيمان والإسلام، رقم الحديث 93، عن عمر.

قائمة المراجع الإسلامية

ابن أبي شيبة، الكتاب المصنف في الأحاديث والآثار، تحقيق كمال يوسف الحوت، 7 أجزاء، مكتبة الرشد، طبعة 1409، في الرياض.

ابن ماجه، السنن، تحقيق محمد فؤاد عبد الباقي، عدد الأجزاء 2، دار الكتب العربية.

أبو القاسم سليمان بن أحمد الطبراني، المعجم الكبير، تحقيق حمدي بن عبد المجيد السلفي، عدد الأجزاء 25، مكتبة ابن تيمية، في القاهرة.

أبو عبد الرحمان النسائي، سنن، تحقيق عبد الفتاح أبو غدة، مكتبة المطبوعات الإسلامية، عدد الأجزاء 9، طبعة 1986، في حلب.

أبو عبد الله الواقدي، كتاب المغازي، تحقيق مارسدن جونس، عدد الأجزاء 3، طبعة 1989 عالم الكتب في بيروت.

أبو عبد الله محمد بن سعد، الطبقات الكبرى، تحقيق محمد عبد القادر عطا، 8 أجزاء، طبعة 1990، في بيروت.

أبو عيسى الضحاك الترمذي، سنن، تحقيق أحمد محمد شاكر ومحمد فؤاد عبد الباقي وإبراهيم عطوة، عدد الأجزاء 5، شركة مكتبة ومطبعة مصطفى الباقي، طبعة 1975، في مصر.

أحمد ابن حنبل، المسند، تحقيق شعيب الأرنؤوط وعادل مرشد وآخرون، 45 جزءًا، طبعة 2001.

إسماعيل العجلوني، كشف الخفاء ومزيل الإلباس عما اشتهر من الأحاديث على ألسنة الناس، تحقيق عبد الحميد بن أحمد بن يوسف بن هنداوي، عدد الأجزاء 2.الطبعة 2000 .

البيهقي، السنن الكبرى، تحقيق محمد عبد القادر عطا وعادل مرشد وآخرون، 45 جزءًا، طبعة 2001، في بيروت.

البيهقي، شعب الإيمان، تحقيق عبد العلي عبد الحميد حامد، 14 جزءًا، طبعة 2003، في الرياض.

سنن أبي داود، تحقيق محمد محيي الدين عبد الحميد، المكتبة العصرية، 4 أجزاء، في بيروت.

سنن الدارمي، تحقيق حسين سليم أسد الداراني، دار المغني للنشر والتوزيع، 4 أجزاء، طبعة 2000، في المملكة العربية السعودية.

مالك بن أنس، الموطأ، دار إحياء التراث العربي، عدد الأجزاء 1، طبعة 1985، في بيروت.

محمد بن أحمد السرخسي، المبسوط، دار المعرفة، عدد الأجزاء 30، طبعة 1993، في بيروت.

محمد بن إسماعيل البخاري، الجامع الصحيح، تحقيق محمد بن زهير ناصر الناصر، دار طوق النجاة، 9 أجزاء، طبعة 2002.

محمد بن جرير الطبري، جامع البيان عن تأويل آي القرآن، تحقيق عبد الله بن عبد المحسن التركي، دار الهجر، طبعة 2001، في القاهرة.

مسلم بن الحجاج النيسابوري، الجامع الصحيح، تحقيق محمد فؤاد عبد الباقي، 5 أجزاء، دار إحياء التراث، في بيروت.

موسوعة الحديث الشريف (صحيح البخاري، صحيح مسلم، سنن النسائي، سنن أبي داود، سنن الترمذي، سنن ابن ماجه)، الإشراف والمراجعة: صالح بن عبد العزيز محمد، دار السلام للنشر والتوزيع، طبعة 2000، في الرياض.

الناشرون

البروفسور الدكتور ريشارد هاينتسمان

ريشارد هاينتسمان، مواليد عام 1933، أتمّ دراسة الفلسفة واللاهوت الكاثوليكيّ وعلم فقه اللغة اللاتينيّة في العصور الوسطى في فرايبورغ/بريسغاو وميونخ. أنهى الدكتوراه في علم اللاهوت وأطروحة الأستاذيّة في ميونخ. أستاذ متقاعد لمادّة الفلسفة المسيحيّة والتمهيد اللاهوتيّ في جامعة لودفيغ – ماكسيميليان في ميونخ. رئيس مجلس مؤسّسة أويغن – بيزر.

البروفسور الدكتور الدكتور بيتر أنتس

بيتر أنتس، مواليد عام 1942، أتمّ دراسة علم الأديان واللاهوت الكاثوليكيّ والعلوم الاستشراقيّة في فرايبورغ/برايسغاو وباريس. أنهى الدكتوراه في العلوم الإسلاميّة وعلم الأديان وكذلك أطروحة الأستاذيّة في مجال تاريخ الأديان وعلم الأديان المقارن في فرايبورغ/برايسغاو. أستاذ متقاعد لمادّة علم الأديان في جامعة لايبنيتز في هانوفر. عضو مجلس أمناء مؤسّسة أويغن – بيزر.

البروفسور الدكتور مارتن تورنر

مارتن تورنر، مواليد عام 1970، أتمّ دراسة الفلسفة واللاهوت الكاثوليكيّ وكذلك الدكتوراه وأطروحة الأستاذيّة في ميونخ. أستاذ لمادّة الفلسفة المسيحيّة في جامعة لودفيغ – ماكسيميليان في ميونخ. عضو مجلس مؤسّسة أويغن – بيزر.

البروفسورة الدكتورة معلّى سلچوك

معلّى سلچوك، مواليد عام 1956 في ماردين، أنهت دراستها عام 1980 في كليّة الإلهيّات في جامعة أنقرة ليتمّ تعيينها في العام 1983 باحثة علميّة مساعدة في الكليّة نفسها. أنهت أطروحة الدكتوراه عام 1992 في موضوع نماذج السلوك الدينيّ لدى الأطفال في سنّ المدرسة الابتدائيّة وما قبلها. أتمّت أطروحة الأستاذيّة عام 1992 وحصلت على منصب أستاذ في العام 1999. شغلت منصب عميدة كليّة الإلهيّات في جامعة أنقرة بين عامي 2002 و2008، حيث لا تزال تمارس التدريس حتى الآن. من وظائفها الأكاديميّة والإداريّة الأخرى: أوّل عضو نسائيّ في المجلس الدينيّ لمكتب الشؤون الدينيّة / ديانت (2001-2008)؛ عضو في هيئة اليونسكو »ثقافات في حوار« (2003-2006)؛ عضويّة كاملة في »الندوة العالميّة حول التربية الدينيّة والقيم«؛ عضو »الرابطة الأوروبيّة للديانات العالميّة في

التعليم«؛ عضو المجلس الاستشاريّ لـ »المؤتمر العالمي للدين والسلام«، في اللجنة التعليميّة الدائمة.

مجال الاختصاص: التعليم الدينيّ.

البروفسور الدكتور خالص آلبيرق

خالص آلبيرق، مواليد 1955 في أرضروم، أنهى دراسته عام 1978 في كليّة الشريعة في جامعة أنقرة ليمارس بعدها نشاطه في المجلس الشؤون الدينيّة / ديانت. عمل مدرّساً لمادّة الدين قبل أن يبدأ بالتدريس في كليّة الإلهيات التابعة لجامعة أنقرة. تمّ تعيينه في العام 1984 باحثاً علميّاً مساعداً في مادّة تأويل القرآن. عُيّن بروفسوراً عام 2002. مارس نشاطاً لمدّة عامين في لجنة تطوير البرامج التابعة لوزارة الثقافة التركيّة. بين عامي 2004-2006 عمل بروفسوراً زائراً في جامعة غريغوريانا البابويّة. شغل منصب نائب عميد كليّة الشريعة في جامعة أنقرة بين عامي 2002-2008.

مجال الاختصاص: تأويل القرآن.

المؤلفون المسيحيون

أنتس، بيتر، دكتوراه في اللاهوت والفلسفة، أستاذ متقاعد لعلوم الأديان في جامعة لايبنيتس في هانوفر.

المسيحية؛ الحوار؛ الزواج؛ السلام (سياسياً)، الوصايا والمحظورات؛ الضمير؛ تعاليم الإيمان والأخلاق؛ الأسفار المقدسة؛ الأماكن المقدسة؛ الاندماج؛ الإسلام؛ إسلاموفوبيا؛ قواعد الملابس؛ القرآن؛ الحروب الصليبية؛ التبشير؛ الكنائس المشرقية؛ الكنائس الشرقية؛ الدين؛ أحكام الطعام والشراب؛ الدولة؛ التقليد؛ ترجمة الأسفار المقدسة.

أرنيت، مارتن، دكتوراه في اللاهوت، أستاذ لاهوت العهد القديم في كلية اللاهوت الإنجيلي في جامعة لودفيغ مكسيميليان في ميونيخ.

إبراهيم؛ آدم وحواء؛ الختان؛ الكتاب المقدس؛ الأوثان/الوثنية؛ المسيح؛ الفردوس؛ الشيطان؛ الوصايا العشر.

باكهاوس، كنوت، دكتوراه في اللاهوت، أستاذ تفسير العهد الجديد والتأويل الكتابي في كلية اللاهوت الكاثوليكي في جامعة لودفيغ مكسيميليان في ميونيخ.

الرؤيوية؛ الإنجيل؛ التفسير؛ الله الآب؛ المنهج التاريخي النقدي؛ يسوع؛ الصليب.

غراف، بيتر، دكتوراه في الفلسفة، أستاذ متقاعد لعلوم التربية في الثقافات المختلفة في جامعة أوسنابروك.

الحوار؛ التربية الدينية؛ الاندماج؛ الأقليات الدينية.

غروبر، هانس غونتر، دكتوراه في اللاهوت، أستاذ اللاهوت الكاثوليكي في العمل الاجتماعي في الجامعة الكاثوليكية في ميونيخ.

الإجهاض؛ الزواج؛ العائلة؛ الضمير؛ المثلية الجنسية؛ الأخلاق؛ محبة القريب؛ تعدد الزوجات؛ الطلاق؛ الذنب؛ الحياة الجنسية؛ المسؤولية.

هيرينغ، شتيفان، راهب بندكتي، دكتوراه في اللاهوت والقانون الكنسي، أستاذ القانون الكنسي وخاصة القانون الإداري وتاريخ القانون الكنسي في الكلية اللاهوتية الكاثوليكية في جامعة لودفيغ مكسيميليان في ميونيخ.

الرتب الكنسية؛ التحوّل لدين آخر؛ البابا.

هاونرلاند، فينفريد، دكتوراه في اللاهوت، أستاذ الليتورجيا في كلية اللاهوت الكاثوليكي في جامعة لودفيغ مكسيميليان في ميونيخ.

التجنيز؛ الأعياد/الاحتفالات؛ الصلاة؛ الصلاة الطقسية؛ اتجاه الصلاة؛ خدمة الصلاة؛ التقويم.

هاينتسمان، ميشائيل، دكتوراه في الفلسفة، باحث مساعد في قسم دراسات الأديان في معهد الدراسات اليهودية في جامعة بوتسدام.
العداء لليهود/العداء للساميّة؛ القدس؛ اليهودية؛ التوراة.
هاينتسمان، ريتشارد، دكتوراه في اللاهوت، أستاذ متقاعد للفلسفة المسيحية والتربية التمهيدية اللاهوتية في كلية اللاهوت الكاثوليكي في جامعة لودفيغ مكسيميليان في ميونيخ.
الأقنوم؛ الحرية الدينية؛ الموت؛ الخلود.
يورنس، كلاوس بيتر، دكتوراه في اللاهوت، أستاذ متقاعد للاهوت العملي ومدير معهد علم الاجتماع الديني في كلية اللاهوت الإنجيلي في جامعة هومبولت في برلين.
الذبيحة.
كيرشهوف، باول، دكتوراه في الحقوق ودكتوراه فخرية في الحقوق، من كبار الأستاذة البارزين في جامعة هايدلبيرغ، رئيس أكاديمية هايدلبيرغ للعلوم، قاضٍ متقاعد في المحكمة الدستورية الألمانية.
سلطة الدولة؛ الديمقراطية؛ الدستور/القانون الأساسي.
كراينر، آرمين، دكتوراه في اللاهوت، أستاذ اللاهوت الأساسي في كلية اللاهوت الكاثوليكي في جامعة لودفيغ مكسيميليان في ميونيخ.
التطور؛ العدالة الإلهية.
مولر، يوهانس، راهب يسوعي، دكتوراه في الفلسفة، أستاذ متقاعد لعلم الاجتماع وسياسة التنمية في الكلية اليسوعية للفلسفة في ميونيخ.
السياسة.
أوبيكه، يانبيرند، دكتوراه في الحقوق، أستاذ القانون العام والإدارة في جامعة فيلهلم ويستفاليا في مونستر.
قانون الدولة للشؤون الكنسية.
بيش، أوتو هيرمان، دكتوراه في اللاهوت ودكتوراه فخرية، أستاذ متقاعد للاهوت المنهجي في كلية اللاهوت الإنجيلي في جامعة هامبورغ.
إدّعاء الحقيقة؛ الخطيئة الأصلية؛ الأفخارستيا/العشاء الأخير/عشاء الرب؛ دستور الإيمان؛ النعمة؛ الملكوت؛ الجحيم؛ التجسد؛ الإلهام؛ الدينونة؛ الكنيسة – وفقاً للمفهوم الكاثوليكي؛ الحركة المسكونية؛ التبرير؛ الإصلاح الديني؛ السر المقدس؛ المعمودية.
شميت لويكل، بيري، دكتوراه في اللاهوت، أستاذ للدراسات الدينية ولاهوت الثقافات المختلفة في كلية اللاهوت الإنجيلي في جامعة فيلهلم ويستفاليا في مونستر.
تعدد الآلهة؛ النقد الديني.

شتاين، تينه، دكتوراه في الفلسفة، أستاذة العلوم السياسية تخصص في النظرية السياسية في جامعة كريستيان ألبريشت في كيل.
الوصايا الدينية والقانون.

تورنر، مارتن، دكتوراه في اللاهوت، أستاذ في الفلسفة المسيحية في كلية اللاهوت الكاثوليكي في جامعة لودفيغ مكسيميليان في ميونيخ.
القدرة الإلهية؛ الإلحاد؛ صفات الله؛ قيامة يسوع؛ قيامة الأموات التنوير؛ الرحمة؛ الأيقونة/ تحريم الأيقونات؛ التجديف؛ العهد؛ الشرف؛ الملائكة؛ الخلاص؛ الاسخاتولوجيا؛ الصوم؛ القدرية؛ المطهر؛ المرأة؛ الحرية؛ الأصولية؛ الطاعة؛ العدالة؛ لاهوت التاريخ؛ القانون؛ العنف؛ الإيمان/العقيدة؛ الله؛ البرهان على وجود الله؛ معرفة الله؛ بنوة الله؛ الخير والشر؛ الروح القدس؛ تاريخ الخلاص؛ الرياء؛ الرجال؛ الحياة الثانية؛ إجماع المؤمنين؛ الحرب؛ العلمانية؛ الألم؛ المحبة؛ مريم؛ الإنسان؛ صورة الإنسان؛ حقوق الإنسان؛ كرامة الإنسان؛ الوحدانية؛ التصوّف؛ الوحي؛ الفلسفة المسيحية؛ زيارة الأماكن المقدسة؛ النبوة؛ ملكوت الله؛ العلمانية؛ الخلق؛ النفس؛ العقاب؛ الخطيئة؛ الثيوقراطية؛ اللاهوت؛ التسامح؛ الثالوث؛ المجمع الفاتيكاني الثاني؛ العقل؛ مشيئة الله؛ حرية الإرادة؛ كلمة الله؛ المعجزة/المعجزة المثبتة.

فوغت، ماركوس، دكتوراه في اللاهوت، أستاذ علم الأخلاق المسيحية الاجتماعية في كلية اللاهوت الكاثوليكي في جامعة لودفيغ مكسيميليان في ميونيخ.
الصدقة؛ العمل؛ الملكية؛ الأخلاق؛ الشؤون المالية؛ الجماعة المؤمنة؛ المجتمع؛ النظام الاجتماعي؛ الأخلاق البيئية؛ البر/الإحسان؛ الفوائد المصرفية.

فايغل، نوربرت، دكتوراه في اللاهوت، مساعد راعي أبرشية ميونيخ فرايزينغ بالنيابة.
تكريم القديسين، الشهيد.

فينتس، غونتر، دكتوراه في اللاهوت، دكتوراه فخرية، مدير معهد لاهوت الأصول والحركة المسكونية، أستاذ قسم اللاهوت المنهجي في كلية اللاهوت الإنجيلي في جامعة لودفيغ مكسيميليان في ميونيخ.
الكنيسة والكنائس الإصلاحية.

المؤلفون المسلمون

آجار، رحيم، الأستاذ الدكتور، أستاذ فلسفة الدين في كلية الإلهيات، جامعة مرمرة ــ إسطنبول

التعددية

آدم، باقي، الأستاذ الدكتور، أستاذ تاريخ الأديان في كلية الإلهيات، جامعة أنقرة

العداء للسامية، حوار الأديان، اليهودية، التوراة، الصدقة

أردم، أنـگين، الدكتور، أستاذ مساعد، أستاذ فلسفة الدينين في كلية الإلهيات، جامعة أنقرة

الإنسان، البسملة، التصوير، الجهاد، الخلق، الشهادة، الهجرة

أرَن، محمد أمين، الدكتور، أستاذ مساعد، أستاذ علم الحديث في كلية الإلهيات، جامعة أنقرة

الإسناد / التقليد

آسلان، إبراهيم، الدكتور، أستاذ مساعد، أستاذ علم الكلام في كلية الإلهيات، جامعة أنقرة

إثبات واجب الوجود، الشرك بالله، العهد، القضاء والقدر، الشريعة، المسؤولية، إرادة الله، حرية الإرادة

أسَن، معمر، الأستاذ الدكتور، أستاذ علم الكلام في كلية الإلهيات، جامعة أنقرة

العقيدة، خلق القرآن، الإيمان، الشهادة، الشهادتان، الخير والشر، المعراج، الإمام، التكفير، الكفر، يوم القيامة، السلفية، أهل السُنة، ، الملائكة، أركان الإيمان

آقبولوت، أحمد، الأستاذ الدكتور، أستاذ علم الكلام في كلية الإلهيات، جامعة أنقرة

النبوة

آقدمير، صالح، الأستاذ الدكتور، أستاذ علم تفسير القرآن الكريم في كلية الإلهيات، جامعة أنقرة

العلمانية، الحب

آلبيرق، خالص، الأستاذ الدكتور، أستاذ علم تفسير القرآن الكريم في كلية الإلهيات، جامعة أنقرة

التبليغ، ترجمة القرآن الكريم، علم التفسير، القرآن، الوحي

آلتنتاش، رمضان، الأستاذ الدكتور، أستاذ علم الكلام في كلية الإلهيات، جامعة نجم الدين أربكان كونيا

التوحيد، العقل

أونال، خالد، الأستاذ الدكتور، أستاذ علم الفقه في كلية الإلهيات، جامعة أرجيس ــ قيصري، سابقا
الختان، قواعد الدفن، الجمعة، القبلة، الأذان، الأماكن المقدسة، الكعبة، القربان، الفرائض الدينية، الطهارة، الوضوء، آداب الطعام والشراب

أونال، إسماعيل حقي، الأستاذ الدكتور، أستاذ علم الحديث في كلية الإلهيات، جامعة أنقرة
الزواج، الملائكة، العائلة، المرأة، الصلاة، الرياء، الأمل، جهنّم، الإسلام، آداب اللباس، التحوّل الديني، حقوق الإنسان، المسجد، محمد (ص)، الجنة، الحج، حرية الأديان، الطلاق، التضامن، السنة، التسامح

آي، محمود، الأستاذ الدكتور، أستاذ الشريعة الإسلامية في كلية الشريعة، جامعة أنقرة
الطاعة، الكرامة، معجزات التأكيد

پاچجي، محمد، الأستاذ الدكتور، وزير الشؤون الدينية في مستشارية الجمهورية التركية، مستشار الشؤون الخارجية، أستاذ علم تفسير القرآن الكريم في كلية الإلهيات، جامعة أنقرة
وثيقة المدينة، خطبة الوداع، آدم وحواء (ع)، الرؤيوية، الكتب المقدسة، المنهج التاريخي النقدي، الإسلاموية، الآخرة، الجزية، الأقليات الدينية، أهل الكتاب

پهلڤان، نجم الدين، الدكتور، أستاذ مساعد، أستاذ علم المنطق في كلية الإلهيات، جامعة أنقرة
أخلاقيات الحوار

بوزقورت، ناهدة، الأستاذة الدكتورة، أستاذة التاريخ الإسلامي في كلية الإلهيات، جامعة أنقرة
عبادة الأوثان، السيرة النبوية

بيرق دار، محمد، الأستاذ الدكتور، أستاذ الفلسفة الإسلامية في كلية الإلهيات، جامعة أنقرة، وأستاذ الفلسفة في كلية العلوم الطبيعية والآداب، جامعة يدي تبة ــ إسطنبول
نظرية التطور، الروح، الأمة

تاركان، فخر الله، الدكتور، مدرس الفلسفة الإسلامية في كلية الإلهيات، جامعة أنقرة
الفلسفة الإسلامية

تان، مظفر، الدكتور، أستاذ مساعد، أستاذ تاريخ المذاهب في الإسلام في كلية الإلهيات، جامعة أنقرة
المذاهب الفقهية في الإسلام ــ الشيعة

تورجان، طالب، الأستاذ الدكتور، أستاذ علم الفقه في كلية الشريعة، جامعة سليمان ديميرال ــ إسبرطة

الإجهاض، أماكن العبادة، الصدقة، السلطة الدينية، الصوم، دار الحرب، المثلية ، الإجماع، الحرب، الشهيد، الفتوى، المدارس الفقهية في الإسلام ــ الحنفية، المذاهب الفقهية في الإسلام ــ الحنابلة، المذاهب الفقهية في الإسلام: المالكية، الشافعية، الحياة الجنسية، العقاب والثواب، الخطيئة، الزكاة.

توسُن، جمال، الأستاذ الدكتور، أستاذ التربية الدينية في كلية الإلهيات، جامعة أنقرة

الدستور، مؤسسات التربية والتعليم الدينية

توكر، إحسان، الدكتور، مدرس علم الإجتماع الديني في كلية الإلهيات، جامعة أنقرة

الثأر، الشرف، العنف، تعدد الزوجات، الثيوقراطية

جعفر صادق يـاران، الأستاذ الدكتور، أستاذ علم المنطق في كلية الإلهيات، جامعة أوندقوز ــ مايس ــ سامسون

العدالة الإلهية

چـاقين، كامل، الأستاذ الدكتور، أستاذ علم الحديث في كلية الإلهيات، جامعة أنقرة

الحديث النبوي

چـايچي أوغلو، إحسان، الأستاذ الدكتور، أستاذ علم الاجتماع الديني في كلية الإلهيات، جامعة أنقرة

العمل، الدعاء، الجماعة، المجتمع، الإحسان

چتين، رابعة، الدكتورة، أستاذة مساعدة ، أستاذة علم الكلام في كلية الإلهيات، جامعة أنقرة

صفات الله تعالى، الرحمة، معرفة الله، الخلافة، السياسة

دنيز، گوربوز، الأستاذ الدكتور، أستاذ الفلسفة الإسلامية في كلية الإلهيات، جامعة أنقرة

الرحمة، إنكار وجود الله

دوزگون، شعبان علي، الأستاذ الدكتور، أستاذ علم الكلام في كلية الإلهيات، جامعة أنقرة

الأوامر الدينية، لاهوت التاريخ، الإلهام، التأويل، الشورى، الكلام، الموت، التقليد، أخلاق البيئة، كلمة الله، تحقير المعتقدات والمقدسات، الملكية، النجاة

دوغان، رجائي، الأستاذ الدكتور، أستاذ التربية الدينية في كلية الإلهيات، جامعة أنقرة

التربية الدينية التقليدية

دوندار، عبد القادر، الأستاذ الدكتور، أستاذ تاريخ الفن الإسلامي التركي في كلية الإلهيات، جامعة أنقرة
التصوير
رجبر، محمد سعيد، الأستاذ الدكتور، أستاذ فلسفة الدين في كلية الإلهيات، جامعة أنقرة
الحقيقة المطلقة، النهضة، الحرية، الله جل جلاله، العلمانية، الخلود، الحقيقة
سروخان، مفيد سليم، الأستاذ الدكتور، أستاذ الفلسفة الإسلامية في كلية الإلهيات، جامعة أنقرة
السلام السياسي
سلچوك، معلّى، الأستاذة الدكتورة، أستاذة التربية الدينية في كلية الإلهيات، جامعة أنقرة
كرامة الإنسان، محبة الآخرين
سرينصو، أحمد نديم، الأستاذ الدكتور، أستاذ علم تفسير القرآن الكريم في كلية الإلهيات، جامعة أنقرة
الأعياد، أسباب النزول، رمضان
شاهين، أرطغرل، الدكتور، مدرس أسلوب الإنجاز الكلي في نقل التكنلوجيا في معهد دراسات ثقافة الدين الإسلامي، قسم علوم اللغة والثقافة، جامعة غوته – فرانكفورت ماين
الإسلام الأوربي
قاتر، محمد، الأستاذ الدكتور، أستاذ تاريخ الأديان في كلية الإلهيات، جامعة أنقرة
إبراهيم (ع)، الديانة المسيحية، الإنجيل، عيسى (ع)، مريم (ع)، الشيطان، الثالوث، الوصايا العشر
قاليجي، محمد، الدكتور، أستاذ مساعد، أستاذ تاريخ المذاهب في الإسلام في كلية الإلهيات، جامعة أنقرة
الدين
قوتلو، سونمز، الأستاذ الدكتور، أستاذ تاريخ المذاهب في الإسلام في كلية الإلهيات، جامعة أنقرة
العلوية، الأصولية، الماتريدية، المذاهب الفقهية الإسلامية، الجعفرية
قوركوت، شَنول، الدكتور، أستاذ مساعد، أستاذ الفلسفة الإسلامية في كلية الإلهيات، جامعة أسكي شهر عثمان غازي
العدالة، الضمير
قيليچ، رجب، الأستاذ الدكتور، أستاذ فلسفة الدين في كلية الإلهيات، جامعة أنقرة
الأخلاقيات

گـوزَلر، إسراء، الدكتورة، أستاذة مساعدة، أستاذة علم تفسير القرآن الكريم في كلية الإلهيات، جامعة أنقرة

السورة

گـول، علي رضا، الأستاذ الدكتور، أستاذ علم تفسير القرآن الكريم في كلية الإلهيات، جامعة أسكي شهر عثمان غازي

الربا

مَرْت، محيط، الأستاذ الدكتور، أستاذ أسس علم الكلام في كلية الإلهيات، جامعة فاتح ــ إسطنبول

الخير والشر

يامان، حكمت، الدكتور، أستاذ مساعد، أستاذ التصوف في كلية الإلهيات، جامعة مرمرة

معرفة الله في التصوف

EUGEN
BISER
STIFTUNG

مؤسسة-أويغن-بيزر

»نحن نعيش في زمن الحوار ولا يمكننا أن نستمر في الحياة إلا إذا تمكنّا من التغلب على التحديات المتفاقمة عن طريق ثقافة التفاهم.«

أويغن بيزر

إن مؤسسة-أويغن-بيزر (www.eugen-biser-stiftung.de)، المستقلة وغير الربحية والتي تأسست عام 2002، تركز – من منطلق فهمٍ مسيحي للعالم والقيم المثلى – على كافة مجالات الوجود الإنساني، وذلك بهدف تعزيز الحوار من أجل التطور المستقبلي للمسيحية ومن أجل التفاهم مع أديان العالم والإيديولوجيات والثقافات الأخرى.

وبناء على ذلك تكرّس المؤسسة عملها في مجالين:

أ) »مستقبل المسيحية« من وجهة نظر لاهوتية واجتماعية، وكذلك

ب) »الحوار من منطلق مسيحي أصيل« مع أديان العالم والإيديولوجيات والثقافات الأخرى.

بالنسبة للمجال أ) فإن »لاهوت المستقبل« الخاص بـأويغن بيزر يقدّم تفسيرًا للإيمان المسيحي الذي يطبع ثقافتنا ويمكنه أعادة تفعيل هذا الإيمان كمصدر إلهام للتغلب على مشاكل الزمن الحاضر. وحساسية أويغن بيزر العالية للمشاكل الراهنة التي تواجه الكنيسة والعالم جعلت منه مفكرًا رائدًا عصريًا، بالمعنى الإيجابي للكلمة، تذهب قدرته الرؤيوية والإبداعية إلى ما هو أبعد من الأوساط المسيحية، ما جعله يكتسب أهمية جوهرية بالنسبة للإنسان والمجتمع. وبناء على ذلك اهتمت مؤسسة أويغن بيزر بالمحافظة على عمله اللاهوتي والفلسفي وتطويره واستمراريته ونشره، كما ورد في قائمة مراجع هذا العمل (www.bibliographie.eugen-biser-stiftung.de). وتعمل المؤسسة، كما كان أويغن بيزر نفسه يعمل، من أجل مستقبل المسيحية؛ فهي تنشر القيم الأساسية للمسيحية وتقدّم محفزات من خلال سلسلة من الفعاليات والمؤتمرات والندوات

والبرامج التلفزيونية والفعاليات الخاصة، فضلاً عن مروحة واسعة من المطبوعات.

أما ما يتعلق بالمجال ب) فإن مؤسسة-أويغن-بيزر، وبخصوص الحوار بين الأديان والثقافات الذي تجريه من »منطلق مسيحي أصيل«، تكرّس حاليًا جهودها في المقام الأول لتعزيز التفاهم بين المسيحيين والمسلمين، وذلك نظرًا للأهمية المجتمعية الفائقة لهذا الأمر. وتشمل مشاريعها ذات الأولوية حاليًا نشر »معجم الحوار. مفاهيم أساسية من المسيحية والإسلام« الموجود بين يديك، وكذلك »دليل المسيحية والإسلام في ألمانيا – أساسيات وخبرات ووجهات نظر للعيش المشترك«، بالإضافة إلى إطلاق الندوات العلمية واجتماعات الخبراء والمدراس الصيفية المسيحية – الإسلامية ونشر مطبوعات حول قضايا أساسية متعلقة بمسائل أساسية سياسية واجتماعية ودينية في المسيحية والإسلام.

ولتمويل مشاريعها، تعتمد المؤسسة – التي لا يزال رأسمالها المساهم قيد التأسيس – على التبرعات والمساعدات.

رؤساء مجلس إدارة مؤسسة-أويغن-بيزر الفخريون واللجنة التنفيذية والمجلس الاستشاري هم: الأستاذ الدكتور ريتشارد هاينتسمان، الرئيس الفخري لمجلس أدارة المؤسسة؛ الأستاذ الدكتور مارتن تورنر، رئيس مجلس الإدارة؛ ماريانِه كوستر، رئيسة اللجنة التنفيذية؛ والدكتور غونتر بيكشتاين – العضو في برلمان ولاية بافاريا – رئيس المجلس الاستشاري.

ومن بين الفائزين بجائزة أويغن بيزر: الأستاذ الدكتور في اللاهوت وحامل دكتوراه فخرية باللاهوت فرديناند هان؛ ونيافة الأستاذ الدكتور، والحاصل على عدة شهادات دكتوراه فخرية، كارل كاردينال ليمان، مطران مدينة ماينتس والرئيس السابق لمؤتمر الأساقفة الألمان [توفي في 11 آذار/مارس 2018]؛ وصاحب السمو الأمير غازي بن محمد بن طلال، المملكة الأردنية الهاشمية؛ والدكتور مصطفى سيريتش، المفتي العام السابق في البوسنة والهرسك؛ والشيخ الحبيب علي زين العابدين الجفري، الإمارات العربية المتحدة؛ والأستاذ الدكتور نوربرت لامرت، رئيس البرلمان الألماني [منذ 1 كانون الثاني/يناير 2018 رئيس مجلس إدارة مؤسسة كونراد أديناور].

العنوان البريدي: مؤسسة-أويغن-بيزر، شارع بابنهايمشتراسِه 4، 80335 ميونيخ
Eugen-Biser-Stiftung, Pappenheimstraße 4, 80335 München
هاتف: 11 68 00 18 89 49 00، فاكس: 16 68 00 18 89 0049
العنوان الالكتروني: kontakt@eugen-biser-stiftung.de
الموقع الالكتروني: www.eugen-biser-stiftung.de